Vorgrimler · Geschichte der Hölle

Herbert Vorgrimler

Geschichte der Hölle

Wilhelm Fink Verlag · München

Umschlagabbildung:

Der Stuttgart-Psalter, Bibl. fol. 23 der Württembergischen Landesbibliothek Stuttgart, ist in Saint-Germain-des-Prés zwischen 820 und 830 entstanden. Nach Ps 31,18 zeigt David rechts auf einen Teufel, der zwei Sünder in die Hölle bringt; in dem Feuerpfuhl brennen kopfüber weitere Verdammte.

Die Deutsche Bibliothek – CIP-Einheitsaufnahme

Vorgrimler, Herbert:
Geschichte der Hölle / Herbert Vorgrimler. –
München: Fink, 1993
  ISBN 3-7705-2848-4

ISBN 3-7705-2848-4
© 1993 Wilhelm Fink Verlag, München
Herstellung: Ferdinand Schöningh GmbH, Paderborn

Inhaltsverzeichnis

Vorwort

Eine Geschichte der Höllenvorstellungen als namhafter Teil der Kulturgeschichte fehlt im deutschen Sprachbereich völlig. Aber nicht nur die Vorstellungen von einem jenseitigen Strafort haben ihre dramatische Geschichte gehabt. Es gibt auch reale Höllen im Mikrokosmischen, im geängstigten und gequälten Inneren der Menschen, wie im makrokosmischen menschlichen Zusammenleben. Sie hängen mit den Phantasien über eine göttliche Jenseitshölle engstens zusammen. Meines Wissens wurde bisher auf diese komplexen Abhängigkeiten noch nirgendwo aufmerksam gemacht.

Nun ist das von mir erforschte und zusammengetragene Höllenmaterial so umfangreich, daß es nicht möglich war, eine Enzyklopädie der Höllen vorzulegen. Die erforderliche Auswahl macht es unumgänglich, beispielsweise die rabbinischen, islamischen, hinduistischen und buddhistischen Höllen beiseite zu lassen. Dieses Werk wendet sich der christlichen Hölle, ihren Nachwirkungen und der Auseinandersetzung mit ihr zu. Aus der Geschichte der christlichen Höllenvorstellungen und aus ihrem Umfeld konnten jedoch nur die signifikantesten Beispiele geboten werden.

Die Veröffentlichung geht auf ein höchst anregendes Gespräch mit meinem anglistischen Kollegen Hermann-Josef Real und mit Herrn Raimar Zons zurück. Ihnen weiß ich mich dankbar verbunden.

Dank schulde ich auch aus meinem Mitarbeiterkreis in einer früheren Phase Frau Andrea Tafferner, bei der gegenwärtigen Verwirklichung der Publikation Frau Gunild Brunert und Herrn Caspar Söling. Unentbehrlich war mir ihre sachkundige Hilfe bei der Bildauswahl. Frau Brunert hat überdies die Computervorlage einschließlich des Literaturverzeichnisses mit größter Gewissenhaftigkeit besorgt.

Diese Geschichte der Hölle zeigt an verschiedenen Einzelbeispielen, inwiefern die Forschung verbreitert und vertieft werden könnte. Wenn sie dazu beitrüge, krankhafte und anmaßende Manipulationen des Höllenthemas durch fanatische „Christen" unwirksam und Ur-Ängste verständlich zu machen, hätte sie ein wichtiges Ziel erreicht.

Herbert Vorgrimler

1. Grunddokumente der christlichen Hölle

Die christliche Hölle tritt erstmals im Neuen Testament zutage. Zwar nicht lückenlos, aber repräsentativ sollen Höllenzeugnisse aus dieser Grundurkunde des Christentums im folgenden angeführt werden. Es ist notwendig, sie ihrer Eigenart und ihrem Stellenwert nach einzuordnen, daher sind bei der Darstellung drei Gesichtspunkte leitend: 1) die Grundlinien des Kontextes; 2) die verwendeten Motive oder Bilder; 3) die Wirkungsgeschichte, diese natürlich nur andeutungsweise und ohne Vorgriff auf das Spätere.

Die Worte „Christentum", „Neues Testament" verbinden sich unweigerlich mit der Gestalt Jesu von Nazaret. Was aber hat Jesus mit der Hölle zu schaffen? 1892 hat Martin Kähler mit Nachdruck die Frage gestellt und behandelt, wie sich der historische Jesus zu dem Christus des Glaubens verhalte. Das Problem ist auch hundert Jahre danach noch nicht gelöst. Die Fülle der Publikationen reicht von extrem skeptischen Positionen, die von dem Jesus der Geschichte kaum etwas fassen zu können meinen, bis zu fundamentalistischer Sicherheit, die alle biblischen Jesuszeugnisse ungeachtet ihrer Eigenart als historisch gleichwertig ansieht. In einer solchen Situation vieler Kontroversen und weniger Konsense muß die Darstellung dieses begrenzten Themas der Hölle sich damit begnügen, sich auf umsichtig kritische Meinungsäußerungen zu verlassen.[1] Zur genaueren Erklärung der einzelnen neutestamentlichen Stellen und Zitate sind die Kommentare unentbehrlich.

Was hat Jesus mit der Hölle zu schaffen?

Jesus von Nazaret trat als Wanderlehrer in einem Palästina an die Öffentlichkeit, das von schneidenden Gegensätzen geprägt war. Es gab nicht nur eine Oberschicht, sondern deren mehrere: Die Administration der römischen Besatzungsmacht, die Landesfürsten von Gnaden des Imperium Romanum mit ihrem Hang zu orientalischer Despotie und hellenistischem Luxus, die Hierokratie der Priesterschaft. In einer mittleren Schicht fanden sich nicht nur Kaufleute und Beamte in einer gewollten Abhängigkeit von den oberen Klassen, sondern auch „Fromme" unterschiedlichster Auffassung; Menschen, die sich die Zeit zu eingehender Meditation der Gottesweisungen und zum Gebet nahmen. Und es gab das „kleine Volk", die Land-

---

[1] Vgl. z. B., die Forschung zusammenfassend, J. Gnilka: Jesus von Nazareth. Botschaft und Geschichte. Freiburg ²1991, und P. Stuhlmacher: Biblische Theologie des Neuen Testaments. Göttingen 1992, Band 1, S. 40–161.

bevölkerung, die Unterprivilegierten in den Städten, die von der Bildung ferngehaltenen Frauen, die von der Gesellschaft ausgesonderten Kranken. Es gab die Gegensätze zwischen den Juden aus dem israelischen Kernland und den Bewohnern Samariens; die Feindseligkeiten beider gegenüber den „Heiden".

Seit der hellenistischen Religionsverfolgung gläubiger Juden durch Antiochus IV. Epiphanes (175–164 v. Chr.) sind nicht abreißende Zeugnisse von Befreiungserwartungen greifbar. Sie reichen von politisch-religiöser Restauration in Gestalt z. B. der Sehnsucht nach Wiederherstellung des Großreichs des Königs David (der rund tausend Jahre vor Jesus gelebt hatte) bis zur brennenden Hoffnung auf eine durch Gottes Eingreifen herbeigeführte völlige Geschichtswende, ja einer neuen Welt, eine wiederum unterschiedlich ausgeprägte Hoffnung, die man mit dem Oberbegriff „Apokalyptik" zu bezeichnen pflegt. Friedlich würde die Umgestaltung in keinem Fall verlaufen: Das Bestehende mußte zugrunde gehen, und darin lag in gläubiger Sicht das längst fällige Gericht Gottes, über Ungläubige, Unterdrücker und Menschenschinder, aber auch über treulos gewordene Juden. Hinsichtlich des Neuen, das „danach" kommen würde, galt die große Unterscheidung: Es würde sich, wie vor allem jene meinten, die sich an die Tradition der Weisheit hielten, auf dieser Erde einstellen, als Rettung und Erneuerung der alten Schöpfung, oder es würde, nach Auffassung der Apokalyptiker, das Kommen einer neuen Schöpfung bedeuten.

Jesus von Nazaret, der wohl bei den „Frommen" in seiner galiläischen Heimat die Synagogenschule besucht hatte und eine Zeitlang zu den Schülern des stark apokalyptisch geprägten Bußpredigers und Täufers Johannes gezählt wurde, vereinte in seiner religiös-theologischen Auffassung weisheitliche, schöpfungsbejahende und apokalyptische Elemente. Als Wanderlehrer wandte er sich an die „kleinen Leute". Zwar lehnte er positive Kontakte zu Angehörigen der Oberschicht und zu „Heiden" keineswegs ab, er sah aber in Besitz und Reichtum ebenso wie in selbstgerechter und leistungsorientierter Frömmigkeit eine Abkehr vom Willen Gottes, als dessen authentischer Interpret er sich wußte.

Im Zentrum seiner Lehre und seines praktischen Verhaltens – mit einer unbestrittenen Heilungsgabe und mit symbolischen Gesten – stand die Herrschaft Gottes, das Gottesreich, die Basileia. Sie sollte zuerst aus Israel, dem Eigentumsvolk Gottes, eine Gemeinschaft mit Gott und miteinander versöhnter Menschen in einem Zustand immerwährender Gerechtigkeit und Freiheit machen. In diesen Frieden sollten – wie u. a. sein Lieblingsprophet Jesaja angesagt hatte – auch die Völker aus der „Heidenwelt" einbezogen sein. Da bei dieser umfassenden Versöhnung alle Arten von Aggressivitäten, Macht- und Gewaltausübung aufgehoben sein würden, wäre die ganze Schöpfung von ihr geprägt. So wäre die Menschheit definitiv in jenem gott-gemäßen, friedvollen und versöhnlichen Zustand, der es Gott ermöglichen würde, in seiner nun vollendeten Schöpfung bleibend „sein Zelt aufzuschlagen".[2]

---

[2]   Vgl. dazu J. Blank: Jesus Christus/Christologie. In: Neues Handbuch theologischer Grundbegriffe, hrsg. von P. Eicher. München ²1991, Bd. 3, S. 7–20. TRE 15, 1986, S. 172–244.

Mächte des Bösen, die Jesus illusionslos identifizierte, leisteten gegen diese Verwirklichung des Willens Gottes von Anfang an Widerstand. Das Kommen der Gottesherrschaft mußte daher zugleich einen intensivierten Kampf gegen diese Mächte bedeuten. Da das Böse in Menschen und durch sie wirksam war, erklärte Jesus die „Umkehr" der Menschen, die Neuorientierung ihres Lebens, für vordringlich. Er forderte zu einer praktischen Haltung auf, in der das alte Regelverhalten, z. B. von Schlag und Gegenschlag, außer Kraft gesetzt wäre.

Es macht die Einzigartigkeit Jesu unter den anderen Propheten und Weisheitslehrern in Israel aus, daß er die Gottesherrschaft nicht nur unaufhaltsam am Kommen sah, sondern daß er ihr Angebrochensein in seiner eigenen Person und in seinem Auftreten verkündete. Seine Lehre und Zeichenhandlungen sollten deutlich machen, daß die Herrschaft Gottes in Gestalt eines Angebots gegenwärtig war, das unverzüglich wahrgenommen werden mußte, freilich aber auch abgelehnt werden konnte.

Wenn Botschaft und Wirken Jesu, wie in diesem Rahmen skizziert, in der theologischen Literatur als „eschatologisch" bezeichnet werden, dann ist damit nicht an ein Jenseits „nach dem Tod" gedacht. Jesus verkündete nicht „den Himmel" („Himmelreich" ist bei Matthäus aus Ehrfurcht vor dem Namen Gottes die Umschreibung für Gottesreich), sondern die Inkraftsetzung der Herrschaft Gottes in dieser konkreten Schöpfung. Da sein Gott ein Gott des Lebens und der Lebendigen war, würden die verstorbenen Gottgetreuen als Auferweckte in diesem Gottesreich leben. Es würde, nach der Vernichtung aller gottwidrigen Mächte, zu denen vorrangig auch der Tod gehört, endgültig, unwiderruflich und unüberbietbar sein. Das meint das Wort „eschatologisch"[3]. Jesus selber wußte sich als Sieger über die Mächte des Bösen, die unaufhaltsam ihrem Ende entgegengingen.

Für die Hörerinnen und Hörer der Botschaft Jesu war damit eine dramatische Entscheidungssituation vor Augen gestellt. Die Ablehnung des Heilsangebotes Gottes und seines Heilsboten würde für sie bedeuten, ohne nochmalige Chance zusammen mit den Mächten des Bösen – zu denen sie sich ja mit ihrer Ablehnung bekannt hätten – in den unwiderruflichen Untergang gehen zu müssen. Darum sind die Appelle Jesu zu Entscheidung und Umkehr von großer Dringlichkeit und von tiefem Ernst charakterisiert.

Das in den christlichen Kirchen heute weithin übliche Gerede von einem überaus sanften Jesus, der einen bedingungslos gutmütigen Gott verkündet hätte, ist zweifellos eine wissenschaftlich nicht haltbare Projektion eines risikofreien Angenommenseins. In der historischen Wissenschaft wird nirgendwo bezweifelt, daß Jesus zwar von einem grenzenlosen, aber nicht von einem bedingungslosen Erbarmen Gottes gesprochen hat, und daß für Jesus das Kommen der Gottesherrschaft unweigerlich das Gericht Gottes zur Voraussetzung hatte.[4] Das Gerichtsthema nahm bei ihm nicht den alles beherrschenden Raum ein, den es bei dem Täufer

---

[3] Vgl. dazu H. Vorgrimler: Hoffnung auf Vollendung. Aufriß einer Eschatologie. Freiburg ²1984.
[4] Vgl. z. B. M. Reiser: Die Gerichtspredigt Jesu. Eine Untersuchung zur eschatologischen Verkündigung Jesu und ihrem frühjüdischen Hintergrund. Münster 1990.

Johannes hatte; sein Auftreten sollte eine Freudenbotschaft von Gottes Heil bringen; aber es war für ihn um so unfaßlicher, daß sich ein Mensch diesem Heil verweigern könnte.

Nachdem es Jesus nicht gelungen war, ganz Israel für seine Botschaft der dringlichen Annahme der Gottesherrschaft zu gewinnen und sein Tod am Kreuz dieses Mißlingen dokumentiert hatte, machte der treu gebliebene Kern seiner Anhängerinnen und Anhänger die das Neue Testament im ganzen prägende Erfahrung, daß der Totgeglaubte zum Leben erweckt worden war und von ihnen die Fortführung seiner Verkündigung erwartete. Mit dem Ostererlebnis war alsbald und zunächst die feste Überzeugung verbunden, der zu Gott Erhöhte werde bald(igst) wiederkommen, dieses Mal in offenbarer Herrlichkeit als der von Gott mit dem Gericht beauftragte Richter. Diese Glaubenshaltung und -erwartung wirkte auf die sprachliche Gestaltung der Jesuszeugnisse zurück, die als Spruch- und Erzählgut schon bald gesammelt wurden. Ein Beispiel dafür, wie die von Jesus mit der Stellungnahme zu seiner Person verbundene Heilsentscheidung erweitert wurde um die Identifizierung des verachteten und geschändeten Menschensohns mit dem in Herrlichkeit kommenden Richter, bietet Mk 8,38:

> Denn wer sich meiner und meiner Worte schämt unter diesem abtrünnigen und sündhaften Geschlecht, dessen wird sich auch der Sohn des Menschen schämen, wenn er kommen wird in der Herrlichkeit seines Vaters mit den heiligen Engeln.

Die Gemeinde der Jesusanhänger versuchte noch einige Zeit, sich innerhalb der jüdischen Glaubensgemeinschaft zu halten, aber sie gewann vermutlich schon im Zusammenhang mit dem Ostererlebnis neue Mitglieder aus der hellenistischen Diaspora der Juden, die als Pesach-Pilger z. B. aus dem Kulturzentrum Alexandrien gekommen waren. Damit wurde es möglich, die Jesusbotschaft auch anderen Adressaten als den „kleinen Leuten" Palästinas zu vermitteln, solchen etwa, die in Sprache und Denken der Griechen heimisch waren. Wie schon die jüdisch-hellenistische Weisheitsliteratur zeigt, spielte dabei die Konzeption der Seele/Psyche, die im Tod in die geistige Welt Gottes eintritt, eine wichtige Rolle. Fragen, die hellenistisch denkende Individualisten mit Recht an die christliche Botschaft stellten, konnten damit beantwortet werden.

Diese „Öffnung" auf „gebildete" Schichten wurde erst recht von Bedeutung, als nach der Entfremdung der Jesusgemeinde von der jüdischen Muttergemeinschaft in einer neuen charismatischen Initiative die sogenannte Heidenmission begonnen wurde. Der Kreis der Adressaten reichte nun von z. T. sehr kleinen jüdischen Synagogengemeinden über das Proletariat antiker Hafen- und Großstädte bis zu einem Bildungsbürgertum mit Hochschulniveau. Die Anfänge dieser enormen Ausweitungen spiegeln sich im Neuen Testamemt wider. Im Hinblick auf das Thema dieses Buches bedeutet das: Die Nachricht vom kommenden Gericht wurde weitervermittelt, aber Israel wurde seine privilegierte Rolle abgesprochen; die Christengemeinde würde es sein, die über die zwölf Stämme Israels richtet. Die Aufforderung Jesu, sich auf den schwierigen Weg der Umkehr zu machen, wurde dahingehend verschärft, daß ihn von den Erstberufenen Israels nur wenige gehen würden:

Gehet ein durch die enge Pforte! Denn die Pforte ist weit, und der Weg ist breit, der zum Verderben hinführt, und viele sind es, die auf ihm hineingehen; denn die Pforte ist eng, und der Weg ist schmal, der zum Leben hinführt, und wenige sind es, die ihn finden (Mt 7,13 f.).

Die Gemeinde der Jesusanhänger mußte die Erfahrung machen, daß die Hoffnung auf das baldige Kommen ihres himmlischen Herrn sich nicht in der Art erfüllte, wie sie es erwartet hatte. Auch diese Einsicht hatte ihre Folgen. Innerhalb der christlichen Gemeinde hielten sich Eifer, Lauterkeit und Liebe des Anfangs nicht durch, vielmehr kamen z. T. grobe Verfehlungen gegen einander sowie Abfälle vom Glauben vor. So wurden die Gerichtsdrohungen Jesu in einer Art und Weise erweiternd formuliert, daß solche „Christen" sich in erster Linie angesprochen fühlen mußten.

Des weiteren führten vermehrte Todesfälle in den christlichen Gemeinden dazu, daß die selbstverständliche Redeweise Jesu vom Leben der Gerechten bei Gott und die Andeutungen seiner eigenen Hoffnung über den Tod hinaus (Mk 14,25) zu vermehrt apokalyptischen Schlußfolgerungen führten: Die Gottesherrschaft würde erst im Gefolge einer radikalen Verwandlung dieser alten Schöpfung in einer neuen Welt realisiert werden. Diese hat mit der Auferweckung Jesu bereits zu existieren begonnen, und der Eintritt in sie würde auf absehbare Zeit hinaus durch den individuellen Tod hindurch erfolgen. Damit war aber zwangsläufig der Gedanke verbunden, daß ein Mensch im Augenblick des Todes vor dem Angesicht Gottes individuelle Rechenschaft über sein Tun und Lassen zu geben haben würde.

Nach dieser kurzen Darlegung der Grundlinien, innerhalb derer sich das Thema der Hölle findet, sind nun die wesentlichen Motive und Bilder zur Sprache zu bringen, und zwar in der Reihenfolge, in der gewöhnlich die neutestamentlichen Schriften gruppiert werden.

Voraussetzungen und Horizonte der Hölle in den synoptischen Evangelien

Bei Jesus selber waren die Folgen einer Fehlentscheidung gegenüber dem Heilsangebot Gottes gewiß in erster Linie im Kontext menschlicher Eigenverantwortung und Freiheit angesprochen worden: Wer infolge seiner hochfahrenden Einstellung gegenüber Gott oder infolge seines fehlenden Mitgefühls gegenüber Armen und Notleidenden keinen Einlaß fand ins Reich Gottes, „draußen" bleiben mußte, der hatte sich bewußt für „draußen" entschieden. Jesus hielt sich nicht mit einer Beschreibung dieses „Draußen" auf. Aber für einen gläubigen Juden konnte kein Zweifel daran sein, daß Gott nicht nur die Möglichkeit hatte, gottwidrige Mächte zu vernichten, also regelrecht zur Nichtexistenz zu bringen, sondern daß es Gott auch im höchsten Maß widerstrebte, einmal von ihm geschaffene Menschen solchermaßen ins Nichts zu führen. Insofern ließ die Erwartung der Gottesherrschaft, gegebenenfalls in einem „neuen Himmel" und einer „neuen Erde", durchaus noch Raum für die Vorstellung, „draußen" befinde sich ein Bereich der Verbannung, des schattenhaften, freudlosen Daseins. Der Aktion des Menschen, nämlich der Freiheitsentscheidung gegen Gottes Einladung, würde Gottes Aktion, die Verweisung in dieses üble „Draußen", auf dem Fuß folgen.

Es kann, historisch gesehen, kein Zweifel daran sein, daß Jesus selber mit drohenden Worten vom Gericht und seinen Folgen gesprochen hat. Es wäre nicht seriös, die in Aussicht gestellten negativen Konsequenzen mit „Folter" oder Konzentrationslager zu vergleichen: Es würde sich nicht um Willkürmaßnahmen und Gewaltanwendung gegen Kleine und Schwache handeln, sondern um die Entfernung Hochfahrender und Erbarmungsloser aus der Herrlichkeit der Gegenwart Gottes.[5] Auch mit „Ausgrenzung" wäre die Aktion Gottes, wie Jesus sie drohend ansagte, nicht exakt wiedergegeben. Die Aktion Gottes verstand er als Ratifizierung einer Distanzierung, die auf die Verantwortung des Menschen hin eingetreten war.

Wie die Gerichtsankündigungen Jesu im einzelnen gelautet haben, läßt sich kaum mehr ausmachen. Bei Matthäus finden sich die Versionen, daß es Sodom und Gomorrha „am Tage des Gerichtes" erträglicher ergehen werde als denen, die die Jesusboten nicht aufnehmen (Mt 10,15 / Lk 10,12) und daß „die Menschen von jedem ungerechten Worte, das sie reden werden, am Tage des Gerichtes werden Rechenschaft geben müssen" (Mt 12,36). Bei Matthäus findet sich aber auch jene detaillierte Gerichtsschilderung, die für die künftigen christlichen Höllenvorstellungen von entscheidender Bedeutung war und die darum in ganzer Länge wiedergegeben werden muß:

Wenn aber der Sohn des Menschen in seiner Herrlichkeit kommen wird und alle Engel mit ihm, dann wird er sich auf den Thron seiner Herrlichkeit setzen, und vor ihm werden alle Völker versammelt werden, und er wird sie voneinander sondern, wie der Hirt die Schafe von den Böcken sondert. Und die Schafe wird er zu seiner Rechten stellen, die Böcke aber zur Linken.
Dann wird der König denen zu seiner Rechten sagen: Kommet her, ihr Gesegneten meines Vaters, ererbet das Reich, das euch von Grundlegung der Welt an bereitet ist! Denn ich war hungrig, und ihr habt mir zu essen gegeben; ich war durstig, und ihr habt mich getränkt; ich war fremd, und ihr habt mich beherbergt; [ich war] nackt, und ihr habt mich bekleidet; ich war krank, und ihr habt mich besucht; ich war im Gefängnis, und ihr seid zu mir gekommen.
Dann werden ihm die Gerechten antworten und sagen: Herr, wann sahen wir dich hungrig und haben dich gespeist? oder durstig und haben dich getränkt? Wann sahen wir dich als Fremden und haben dich beherbergt? oder nackt und haben dich bekleidet? Wann sahen wir dich krank oder im Gefängnis und sind zu dir gekommen? Und der König wird ihnen antworten und sagen: Wahrlich, ich sage euch: Wiefern ihr es einem dieser meiner geringsten Brüder getan habt, habt ihr es mir getan.
Dann wird er auch sagen zu denen zur Linken: Gehet hinweg von mir, ihr Verfluchten, in das ewige Feuer, das mein Vater dem Teufel und seinen Engeln bereitet hat! Denn ich war hungrig, und ihr habt mir nicht zu essen gegeben; ich war durstig, und ihr habt mich nicht getränkt; ich war fremd, und ihr habt mich nicht beherbergt; [ich war] nackt, und ihr habt mich nicht bekleidet; [ich war] krank und im Gefängnis, und ihr habt mich nicht besucht. Dann werden auch sie antworten: Herr, wann sahen wir dich hungrig oder durstig oder als Fremden oder nackt oder krank oder im Gefängnis und haben dir

[5] Naiv und nur aus wissenschaftlicher Ignoranz erklärbar ist der Versuch bei G. Baudler: Jesus und die Hölle. In: Theologie der Gegenwart 34, 1991, S. 163–174, Jesus von der Androhung einer „aktiven, gewalthaften Verstoßung des Menschen durch Gott" freizusprechen.

nicht gedient? Dann wird er ihnen antworten: Wahrlich, ich sage euch: Wiefern ihr es einem dieser Geringsten nicht getan habt, habt ihr es auch mir nicht getan. Und diese werden in die ewige Strafe gehen, die Gerechten aber in das ewige Leben (Mt 25,31–46).

Die Gerichtsinszenierung, die Scheidung der Menschheit in Gute und Böse, der Urteilsspruch mit der Verweisung in das ewige Feuer: diese Elemente wirkten bei der Ausprägung christlicher Höllenvorstellungen viel nachhaltiger als die überaus starke Betonung der Barmherzigkeit. Das von Jesus selber geforderte Bekenntnis zu ihm als dem entscheidenden Gottesoffenbarer fehlt bei den Kriterien dieses Gerichts völlig. Die Schilderung ist, wie die exegetischen Kommentare im einzelnen zeigen, von den Gerichtswarnungen bei Jesus stark unterschieden: Sie läßt Jesus von seinem (abermaligen) Kommen in Herrlichkeit, ja sogar als König sprechen; sie weitet den Bereich der Gottesherrschaft noch über die bei Matthäus als universal gedachte Kirche hinaus auf die ganze Menschheit aus; sie versteht unter dem Gericht das Urteil nicht wie gewohnt nur über die Bösen, sondern auch als Lobspruch über die Guten; Grundlage des Urteils ist hier ausschließlich individuelles Verhalten. Zu diesen Eigenheiten kommen Wendungen, die für Matthäus typisch sind. Zu ihnen gehört das „ewige Feuer", das in der Wirkungsgeschichte im Zentrum der Aufmerksamkeit stand.

Solche und andere Merkmale veranlassen zusammengenommen auch katholische Exegeten, diese „apokalyptische Belehrung" oder „Offenbarungsrede" Jesus abzusprechen.[6] Eine solche Feststellung bedeutet nicht, daß der Evangelist das Lehrstück frei erfunden hätte. Die Evangelien als Endprodukte einer Überlieferung von vierzig bis fünfzig Jahren greifen auf Spruch- und Erzählgut zurück, dessen Andeutungen und „Anknüpfungspunkte" sie ausbauen und mit eigener Schwerpunktsetzung weiter ausführen.

Nach einer Anzahl neutestamentlicher Zeugnisse hat Jesus selber das Wort „Hölle" verwendet. Das deutsche Wort „Hölle" geht auf eine gemeingermanische Wurzel hel-, verbergen (vgl. heute noch „hehlen") zurück. Der westgotische Bischof Ulfila (gestorben 383 oder 382) gibt mit dem gotischen halja das griechische Wort hades wieder, das einfachhin das Totenreich bezeichnet. Den fremden Begriff „Gehenna" aus dem Neuen Testament übernimmt er als Lehnwort „gaiainna"[7]. Im zwölften und dreizehnten Jahrhundert wird dann die Verwendung des Wortes „Hölle" („helle" u. ä.) mit der praktisch ausschließlichen Bedeutung von Strafort für Verstorbene verbunden. Die Bezeichnung Gehenna im neutestamentlichen Grie-

---

[6]   R. Schnackenburg: Matthäusevangelium. Würzburg 1987, Die Neue Echter Bibel I/2, S. 248–252 zu Mt 25,31–46, sagt hier S. 252, die diese Schilderung prägende Tradition gehöre wahrscheinlich dem hellenistischen Judenchristentum zu. – J. Gnilka: Das Matthäusevangelium. Freiburg 1988, Bd. II, S. 367–377 zu Mt 25,31–46, stellt hier 369 fest, die Perikope stamme vom Evangelisten. Vgl. auch E. Brandenburger: Das Recht des Weltenrichters. Matthäus 25,31–46 in der neueren Exegese. Stuttgart 1980.
[7]   A. Götze (Hrsg.), Trübners Deutsches Wörterbuch, Bd. III, Berlin 1939, S. 469; H. Bächtold-Stäubli (Hrsg.), Handwörterbuch des deutschen Aberglaubens, Bd. IV, Berlin 1987, S. 185.

chisch ist ein Lehnwort aus dem Hebräischen. Dort heißt ge-hinnom (in der längeren Form ge-ben-hinnom) das Hinnomtal in der Nähe Jerusalems. Dort wurde der assyrische Gott molek (Moloch) an einem Kultort namens Tophet durch Brandopfer, manchmal wohl auch durch Kinderopfer im achten und im siebenten Jahrhundert v. Chr. verehrt. Vom Propheten Jeremia wird ein Gottesfluch über diese Stätte berichtet:

> Sie haben die Höhe des Tophet im Tal Ben-Hinnom gebaut, um ihre Söhne und Töchter zu verbrennen, was ich ihnen niemals geboten habe und was mir nie in den Sinn gekommen ist. Darum siehe, es werden Tage kommen, spricht der Herr, da wird man nicht mehr „Tophet" und „Tal Ben-Hinnom" sagen, sondern „Mordtal", und man wird im Tophet begraben müssen, weil sonst kein Raum mehr ist. Und die Leichname dieses Volkes werden den Vögeln des Himmels und den Tieren der Erde zum Fraße dienen, und niemand wird sie verscheuchen.
> (Jer 7,31–33; ein noch ausgedehnterer Fluch Jer Kap. 19)

Zur Zeit Jesu war ge-hinnom eine geläufige Bezeichnung eines Ortes geworden, der von Gott verworfen und zur Stätte seiner Strafe bestimmt sei.

Das Markusevangelium läßt Jesus im Zusammenhang mit seiner Warnung vor der Verführung zur Sünde von der Gehenna sprechen:

> Und wenn dich deine Hand zur Sünde verführt, so haue sie ab! Es ist besser, daß du verstümmelt in das Leben eingehst, als daß du beide Hände hast und in die Hölle kommst, in das unauslöschliche Feuer. Und wenn dich dein Fuß zur Sünde verführt, so haue ihn ab! Es ist besser, daß du lahm in das Leben eingehst, als daß du beide Füße hast und in die Hölle geworfen wirst. Und wenn dich dein Auge zur Sünde verführt, so reiß es aus! Es ist besser, daß du einäugig in das Reich Gottes eingehst, als daß du zwei Augen hast und in die Hölle geworfen wirst, wo „ihr Wurm nicht stirbt und das Feuer nicht verlischt".
> (Mk 9,43–48; das Zitat im letzten Satz ist aus Jes 66,24.)

Nach exegetischem Erkenntnisstand gehen diese Sätze bis auf gewisse Erweiterungen (etwa um das Jesaja-Zitat) auf Jesus selber zurück.[8] Die Exegeten machen allerdings auf die Notwendigkeit aufmerksam, die Aussageabsicht solcher Höllensätze sorgfältig zu beachten. Dafür sei je ein evangelischer und ein katholischer Exeget zitiert:

> Wer daraus schlösse, er müsse an ewige Höllenqualen glauben, hätte nicht recht verstanden. Dagegen ließe sich auf Röm. 11,32 oder 1. Tim. 2,4 weisen. So ist der dogmatische Satz, daß einige in der Hölle büßen werden, ebenso unmöglich wie der gegenteilige, daß alle selig sein werden. Beide nehmen vorweg, was nur Gott zusteht. Kann man jenen Satz nur je in der eigenen Versuchung als äußerste Warnung Gottes hören, so diesen nur je in der eigenen Anfechtung als letzte Verheißung Gottes. Sobald man sie ummodelt zu dogmatischen Sätzen, ist es nicht mehr demütiges Hören, in dem sich ei-

---

[8]   Vgl. z. B. J. Gnilka: Das Evangelium nach Markus. Zürich-Neukirchen 1979, Bd. II, S. 62–68; auch J. Kremer: Auferstehung der Toten in bibeltheologischer Sicht. In: Resurrectio mortuorum. Zum theologischen Verständnis der leiblichen Auferstehung, hg. v. G. Greshake und J. Kremer, Darmstadt 1986, S. 7-161, hier S. 52.

ner zum Glauben rufen läßt, sondern ein Verfügenwollen über die Zukunft, das Gott die Hände bindet und ihm sein zukünftiges Handeln nicht mehr freiläßt.[9]
Die Sprüche bieten Regeln für das Diesseits, nicht Aufklärung über das Jenseits. Gott kann äußerste Warnungen und letzte Verheißungen aussprechen. Die einen sollen uns in der Versuchung stark machen, die anderen in der Anfechtung trösten.[10]

Solche Auslegungsgrundsätze sind auch für die folgenden Höllenzitate relevant.
Bei Matthäus 10,28 (mit einer Parallele Lk 12,5) findet sich folgendes Jesuswort:

Und fürchtet euch nicht vor denen, die den Leib töten, die Seele aber nicht töten können, sondern fürchtet vielmehr den, der Seele und Leib verderben kann in der Hölle.

Auch hier geht es nicht um Information über das Jenseitsgeschick von Menschen. Ziel der Aussage Jesu ist, Furcht vor dem rettenden und richtenden Gott nahezulegen, die Befreiung von Menschenfurcht bewirkt.[11] Übereinstimmung besteht darin, daß derjenige, der den ganzen Menschen verderben *kann,* Gott ist, und daß es abwegig wäre, hier an den Teufel zu denken.[12]
Im Rahmen der Bergpredigt überliefert Matthäus folgende Weisungen Jesu:

Ihr habt gehört, daß zu den Alten gesagt ist: „Du sollst nicht töten"; wer aber tötet, soll dem Gericht verfallen sein. Ich aber sage euch: Jeder, der seinem Bruder zürnt, soll dem Gericht verfallen sein. Wer aber zu seinem Bruder sagt: Raka! [ein Ausdruck der Verachtung] soll dem Hohen Rat verfallen sein. Wer aber sagt: du Tor! soll der Hölle mit ihrem Feuer verfallen sein. (Mt 5,21 f.)

Die starke Radikalisierung der jüdischen Tora, die Jesus bis zum letzten Buchstaben erfüllt wissen wollte, ihre Konzentration auf die Liebe zu Gott und – wie hier – zu allen Menschen sind ohne Zweifel Jesus selber zuzusprechen. Im Rahmen solcher Mahnungen wird er, ohne sadistische Ausschmückungen und ohne das letzte Urteil Gottes vorwegnehmen zu wollen, die Warnung vor der Gehenna vorgebracht haben, als Hinweis auf die Situation des Unheils für alle, die den in der Tora bekanntgemachten Willen Gottes bewußt mißachten. Der Evangelist hat den Jesusworten allenfalls hinzugefügt: „mit ihrem Feuer".[13]
Als erstes Zwischenergebnis sei festgehalten, daß Jesus selber nach der Überzeugung heutiger Exegeten in warnender Absicht von der Möglichkeit, aufgrund eigener Freiheitsentscheidung in die Gehenna „geworfen" zu werden, gesprochen hat. Der Evangelist hat diese Drohung allenfalls verschärft mit der Hinzufügung des „Feuers". Die Hölle wie auch ihr Feuer waren, wie die Einfügung des Jesajazitats (66,24 in Mk 9,48) gezeigt hat, für die Hörerinnen und Hörer der Jesusbotschaft geläufige Vorstellungen; es handelte sich bei ihnen also nicht um neue Offenbarungsinhalte.

[9] E. Schweizer: Das Evangelium nach Markus. Göttingen 1975 (NTD), S. 107 zu Mk 9,48.
[10] Gnilka (Anm. 8), S. 66.
[11] W. Wiefel: Das Evangelium nach Lukas. Berlin 1988 (Theol. Handkommentar zum NT), S. 233.
[12] E. Schweizer: Das Evangelium nach Matthäus. Göttingen 1973 (NTD), S. 160 f.
[13] U. Luz: Das Evangelium nach Matthäus. Zürich-Neukirchen 1985, Bd. I, S. 252 f.

Ein weiteres mit solchen Vorstellungen verbundenes Motiv ist die (ewige) Finsternis. Etliche Male ist es kombiniert mit „Heulen und Zähneknirschen", die in jener Finsternis herrschen sollen. Bei Matthäus findet sich beispielsweise folgende Warnung an israelitische Zuhörer:

> Ich sage euch aber: Viele werden von Morgen und Abend kommen und sich mit Abraham und Isaak und Jakob im Reich der Himmel zu Tische setzen, die Söhne des Reiches dagegen werden in die Finsternis, die draußen ist, hinausgestoßen werden. Dort wird Heulen und Zähneknirschen sein.
> (Mt 8,11 f.; mit Parallele Lk 13,28 f.)

Aus der Glaubenstradition seines Volkes nahm Jesus in diesem Redestück zwei traditionelle Verheißungselemente, die Wallfahrt der (Heiden-)Völker zum Zion und das große Festmahl, beides für das „Ende der Zeiten" erwartet, und wendete sie hier mahnend und drohend gegen die ihm Glauben verweigernde Zuhörerschaft. Um eine Weissagung, die etwas, das unabänderlich eintreten wird, ansagt, handelt es sich nicht. Das zugespitzte Drohwort mit seinem Hinweis auf das Unglück, „draußen" bleiben zu müssen, kann nach exegetischer Meinung durchaus auf Jesus selber zurückgehen. Die Anschaulichkeitsmotive der Finsternis, des Heulens und Zähneknirschens können redaktionell eingefügt sein, wie an anderen Stellen auch (Finsternis: Mt 22,13; 25,30; Heulen und Zähneknirschen: Mt 13,42.50; 22,13; 24,51; 25,30).[14]

In der Auslegungsgeschichte gaben diese Anschaulichkeitsmotive wie auch dasjenige des Feuers (oder des in der jüdischen Gerichtstradition geläufigen Feuerofens: Dan 3,6–22) Anlaß zu abenteuerlichen und uferlosen Spekulationen. Mit Feuer, Heulen und Zähneknirschen sollten Elemente extremer Schmerzerfahrung als Warnung vor „Draußen" benannt werden. Finsternis ergab sich als Bild für das Getrenntsein vom Land der Lebenden aus der Dunkelheit des Grabes und der mit ihm verbundenen Totenwelt. Sobald die Warnungsworte als buchstäblich zu nehmende Vorausinformation verstanden wurden, wurde über ein Feuer gerätselt, das brennt und nicht verbrennt und sich gleichzeitig mit Finsternis vereinbaren ließe. Aus dem Heulen und vor allem Zähneknirschen oder -klappern erschloß man eine Strafe von äußerster Kälte (gefolgt von Wut oder Reue auf seiten der Bestraften), woraus sich das Problem ergab, wie eine Koexistenz von Feuer und Kälte zu denken sei.

Die Warnungen Jesu bewegten sich im Rahmen jüdischer Gerichtsvorstellungen, nach denen die uneinsichtig Bösen aus der Mitte der Gerechten entfernt werden würden bzw. müßten. Aus dem damit verbundenen, im ganzen durchaus zurückhaltend eingesetzten Bildmaterial wurden gegen die Aussageabsicht bei Jesus Zukunftsansagen gemacht.

---

[14] Vgl. zu 8,12: U. Luz: Das Evangelium nach Matthäus Bd. II. Zürich-Neukirchen 1990, S. 13 f.; zu 13,42: ebd. S. 15 f.; zu 22,13: Gnilka (Anm. 8), S. 235–241, hier S. 241: Der Ausschluß von der Tafel des Gastgebers, wie von Jesus im Gleichnis drohend angeführt, war bereits eine schimpfliche Strafe. Der Evangelist metaphorisiert sie wie schon öfter mit Hilfe der Bilder der äußersten Finsternis, des Heulens und Zähneknirschens.

Aus dem Höllenmaterial des Neuen Testaments ist schließlich, soweit es in den Evangelien enthalten ist, noch ein ungemein viel besprochener Text anzuführen, eine Beispielerzählung Jesu, die nur Lukas (16,19–31) überliefert hat:

Es war ein reicher Mann, der kleidete sich in Purpur und kostbare Leinwand und lebte alle Tage herrlich und in Freuden. Ein Armer aber mit Namen Lazarus lag vor seiner Türe; der war mit Geschwüren bedeckt und begehrte sich von dem zu sättigen, was vom Tisch des Reichen abfiel; dagegen kamen die Hunde und beleckten seine Geschwüre. Es begab sich aber, daß der Arme starb und daß er von den Engeln in Abrahams Schoß getragen wurde. Aber auch der Reiche starb und wurde begraben. Und als er im Totenreich, von Qualen geplagt, seine Augen erhob, sah er Abraham von ferne und Lazarus in seinem Schoß. Und er rief mit lauter Stimme: Vater Abraham, erbarme dich meiner und sende Lazarus, damit er die Spitze seines Fingers ins Wasser tauche und meine Zunge kühle; denn ich leide Pein in dieser Flamme. Abraham aber sprach: Kind, gedenke daran, daß du in deinem Leben dein Gutes empfangen hast und Lazarus gleichermaßen das Böse; jetzt dagegen wird er hier getröstet, du aber leidest Pein. Und bei alledem besteht zwischen uns und euch eine große Kluft, damit die, welche von hier zu euch hinübergehen wollen, es nicht vermögen, noch die, welche dort sind, zu uns herübergelangen können.
Da sagte er: So bitte ich dich denn, Vater, daß du ihn in das Haus meines Vaters sendest – denn ich habe fünf Brüder –, auf daß er ihnen sichere Kunde bringe, damit nicht auch sie an diesen Ort der Qual kommen. Abraham aber sprach: Sie haben Mose und die Propheten, sie sollen auf sie hören! Der jedoch sagte: Nein, Vater Abraham, sondern wenn einer von den Toten zu ihnen geht, werden sie Buße tun. Da sprach er zu ihm: Wenn sie auf Mose und die Propheten nicht hören, werden sie sich auch nicht gewinnen lassen, wenn einer von den Toten aufersteht.

Nach der Meinung heutiger Exegeten stammt die Erzählung mit ihrer dramatischen Warnung vor dem unsensiblen Verhalten der Reichen von Jesus selber. Möglicherweise hat er sich dabei einer im Vorderen Orient in mehreren Fassungen verbreiteten märchenhaften Geschichte über das unterschiedliche „jenseitige" Schicksal eines Reichen und eines Armen bedient.[15] Es handelt sich um eine Veranschaulichung dessen, was Jesus, z. B. Lk 6,20–26, in seinen Seligpreisungen der Armen und Weherufen über die Reichen grundsätzlich ausgeführt hat.

Für die Entwicklung späterer Gedanken über Himmel und Hölle war die Erzählung in mehrfacher Hinsicht von großer Bedeutung: Aus ihr wurde erschlossen, daß ein (individuelles) Gericht unmittelbar im Tod erfolge, dem sich sogleich Lohn bzw. Strafe anschlössen. (Dem entspricht die Zusage an den mit Jesus gekreuzigten Verbrecher: „Heute wirst du mit mir im Paradiese sein", Lk 23,43.) Die Geschichte bedeutet auch eine entschiedene Stellungnahme in der damaligen Apokalyptik-Diskussion: Die neue Welt Gottes würde sich nicht erst nach dem Ende dieser alten Weltzeit einstellen; sie ist vielmehr jetzt schon verwirklicht (wie sich auch aus der Bezeichnung der Glaubensväter Abraham, Isaak und Jakob als „Lebendige" bei Jesus ergibt, Mk 12,26). Spätere Spekulationen bezogen sich auf den „Schoß Abrahams" als eigenem, vom „Himmel" unterschiedenen Seligkeitsort und – wegen des

---

[15] Vgl. Wiefel (Anm. 11), S. 297–300.

hier erzählten Dialogs von Hier nach Dort – auf seine geographische Lage zur Hölle, die übrigens in dieser Erzählung nicht „Gehenna", sondern „Hades" heißt, gleichwohl aber ein Ort der Qualen ist.

Keine Hölle im Johannesevangelium

Das vierte Evangelium, nach Johannes, hat keinerlei Drohungen mit dem Wort „Hölle" und keinerlei Bezugnahmen auf dortige schmerzhafte Bestrafung. Seine warnenden Ansagen beziehen sich auf das Gericht, das in zweifacher zeitlicher Perspektive gesehen wird. Zum einen ergeht es „jetzt", zur Zeit der Verkündigung Jesu und der Stellungnahme zu ihr: „Jetzt ergeht ein Gericht über diese Welt; jetzt wird der Fürst dieser Welt hinausgeworfen werden" (Joh 12,31). Zum anderen wird es für eine zukünftige Stunde in Aussicht gestellt:

> Denn die Stunde kommt, in welcher alle, die in den Gräbern sind, seine Stimme hören und hervorgehen werden, die das Gute getan haben, zur Auferstehung für das Leben, die das Böse verübt haben, zur Auferstehung für das Gericht (Joh 5,28 f.).

Die unterschiedlichen Schichten einer präsentischen und einer futurischen Eschatologie gehen möglicherweise auf verschiedene Redakteure zurück. Das Evangelium legt unzweideutig nahe, daß denjenigen, für die das Gericht gilt (im besonderen also Jesus nicht Glaubende), ein schlimmes Geschick droht; eine Auferstehung, die nicht zum Leben ist (5,29), kann zu einem zweiten „Tod" führen. Eine negative Wendung findet sich auch in einer Gebetsäußerung Jesu:

> Als ich bei ihnen war, erhielt ich sie bei deinem Namen, den du mir gegeben hast, und ich habe sie behütet, und keiner von ihnen ist verlorengegangen außer dem Sohn des Verderbens, damit die Schrift erfüllt würde (Joh 17,12).

In der Sicht des Evangeliums ist überall dort, wo keine Zugehörigkeit zu Jesus ist, Verderben (oder Verlorenheit). Die Stelle war Anlaß dafür, daß in der älteren Literatur der „Sohn des Verderbens", Judas, zumal angesichts seines Todes durch eigene Hand, zu den sicheren Höllenbewohnern gerechnet wurde. Die heutige Exegese sieht die Gestalt des Judas ganz anders[16] und lehnt mit guten Gründen die Annahme einer sicheren Voraussage über das ewige Schicksal des Judas ab.

Gericht und Zorn Gottes bei Paulus

Die Briefe des Apostels Paulus sind im Zusammenhang mit unserem Thema von besonderem Gewicht, da die älteren von ihnen in die frühen fünfziger Jahre zu datieren sind und damit nur zwanzig Jahre nach dem Tod Jesu entstanden. Paulus thematisiert, anders als die synoptischen Evangelien, die Hölle nicht. Er sagt aber mehrfach und unmißverständlich ein kommendes Gericht Gottes an und hebt das

---

[16]   H.-J. Klauck: Judas – ein Jünger des Herrn. Freiburg 1987.

Motiv des Zornes Gottes über Gottlosigkeit und Ungerechtigkeit mit viel größerer Wucht hervor als die Evangelien.

Mit dieser Erwartung gehört Paulus deutlich in eine bestimmte apokalyptische Tradition: Mit der Auferstehung Jesu hat eine neue Wirklichkeit begonnen, die „jetzt" empirisch noch verborgen ist, mit einem Vollendungsereignis aber „bald" offenbar werden soll. Das abermalige Kommen Jesu (die „Parusie") werde sich noch in der Lebenszeit des Paulus ereignen, das Ende der alten, unerlösten Welt mit sich bringen, mit der allgemeinen Totenerweckung bzw. Verwandlung der Lebenden verbunden sein – diese neue Existenzform wird 1 Kor 15 ohne materialistischen Realismus beschrieben – und in einem universalen Gericht gipfeln. Die Tonart wechselt bei Paulus ebenso wie das Vokabular, das von einem mystischen Verlangen, bei Jesus zu sein, bis zu den Posaunen der Gerichtsengel reicht.

Hier können nur einige Textbeispiele angeführt werden. Von Neubekehrten in Griechenland schreibt Paulus, wie sie nun gleichfalls „aus den Himmeln" den Sohn Gottes erwarten, „den er von den Toten auferweckt hat, Jesus, unseren Retter vor dem zukünftigen Zorn" (1 Thess 1,10). An die Adresse solcher, die bei bösem Tun verharren wollen:

> Meinst du denn aber, o Mensch, der du die richtest, die solches verüben, und dasselbe tust, daß du dem Gericht Gottes entrinnen werdest? [...] Nach deiner Verstocktheit und deinem unbußfertigen Herzen häufst du dir selbst Zorn auf den Tag des Zornes und der Offenbarung des gerechten Gerichtes Gottes, der einem jeden vergelten wird nach seinen Werken: denen, die durch Ausdauer im Wirken des Guten nach Preis und Ehre und Unvergänglichkeit trachten, ewiges Leben; denen dagegen, die widerspenstig und der Wahrheit ungehorsam sind, der Ungerechtigkeit aber gehorchen, Zorn und Grimm (Röm 2,3.5–8).

Oder auch: „Denn wir alle müssen vor dem Richterstuhl Christi offenbar werden, damit jeder empfange, je nachdem er im Leibe gehandelt hat, es sei gut oder böse" (2 Kor 5,10).

Ungleich ausführlicher spricht Paulus freilich von der Herrlichkeit, die den Glaubenden erwartet. Ähnlich verhält es sich bei seinen ethischen Weisungen. Das positive Leben der Christen wird in Wendungen geschildert, die z. T. recht nahe bei den Imperativen Jesu stehen, z. T. aber auch in Tugendkatalogen zusammengefaßt sind, die ihre Entsprechungen in der „heidnischen" Ethik haben. Die „Lasterkataloge" sind hier relevant, weil aus ihnen auch die Auffassung des Paulus über das „jenseitige" Schicksal der Sünder deutlich wird.

In der exegetischen Forschung besteht Übereinstimmung, daß Paulus unter „Fleisch" bzw. „Werken des Fleisches" die Bestrebungen und das konkret praktische Verhalten des von Gott abgekehrten „alten" Menschen in seiner leib-seelischen Ganzheit meint, daß also unter seinen Wendungen gegen das „Fleisch" nicht Leibfeindlichkeit mitgehört werden darf.

Als ein Beispiel für paulinische Lasterkataloge sei der folgende zitiert:

> Offenbar aber sind die Werke des Fleisches, welche sind: Unzucht, Unkeuschheit, Ausschweifung, Götzendienst, Zauberei, Feindschaft, Streit, Eifersucht, Zornausbrüche, Ränke, Zwietrachten, Parteiungen, Neid, Völlerei, Schwelgerei und was dem ähnlich ist,

wovon ich euch zum voraus sage, wie ich zum voraus (schon) gesagt habe, daß die, welche solche Dinge verüben, das Reich Gottes nicht ererben werden (Gal 5,19–21).

Zwei Beobachtungen an solchen Lasterkatalogen (vgl. z. B. auch Röm 1,28–32; 1 Kor 6,9 f. u. ö.) sind für die spätere Geschichte der Hölle wichtig.

Zum einen geht auch Paulus, vielleicht noch zurückhaltender als Jesus selber, von der Gewißheit aus, daß es Menschen geben wird, die aufgrund der eigenen Verhaltensweise – und nicht aufgrund eines göttlichen Willkürurteils gegen kleine und schwache Menschen – aus der endgültigen Herrschaft Gottes ausgeschlossen werden.[17] Zum anderen wird diese Verhaltensweise, also das Sündersein, mit Material verdeutlicht, das weitgehend aus der Umwelt der Adressaten aufgenommen ist.[18] Auch die stoischen Verhaltensregeln in Sentenzenschätzen lassen sich nach den beiden Gesichtspunkten der Pflichten gegenüber Gott und gegenüber den Mitmenschen gliedern, ohne daß damit die Einzelsünden erklärt wären. Daß Paulus aufgrund seiner monotheistischen Glaubensüberzeugung Götzendienst, Zauberei und die häufig metaphorisch für Glaubensabfall verwendete Unzucht, die auch mit Tempelprostitution zusammenhängen kann, als Sünden schwerer Art namhaft macht, dürfte leicht verständlich sein. Die im Bereich des Mitmenschlichen genannten Sünden haben weniger mit den an Liebe und sozialem Verhalten orientierten Weisungen der Bergpredigt zu tun (wenn sie auch durchaus mit ihnen „vereinbar" sind) als mit dem stoisch-hellenistischen Sittlichkeitsideal der Apatheia, der ruhigen und völligen Selbstbeherrschung des Menschen im Bereich der Triebe, Affekte und Neigungen. Aus solchen neutestamentlichen Vorbildern bei der Umschreibung schwerer Sünden erklärt sich das spätere Phänomen bei Höllenschilderungen, daß für die Versetzung bestimmter Personengruppen in die Hölle die ethischen Maßstäbe einer konkreten Umwelt den Ausschlag gaben.

Andere neutestamentliche Briefe

Aus der übrigen Briefliteratur des Neuen Testaments seien im folgenden noch einige Stellen zitiert, die in der Höllentradition zur Geltung kamen. Viel bestimmender als eigentliche Höllenaussagen sind die Ansagen eines kommenden (End-)Gerichts, teils in individueller, teils in kosmischer Wendung: „Und wie den Menschen bevorsteht, einmal zu sterben, danach aber das Gericht" ...(Hebr 9,27).

Denn die Zeit ist da, daß das Gericht anfange beim Hause Gottes[19]. Wenn es aber zuerst bei uns anfängt, was wird das Ende derer sein, die dem Evangelium Gottes nicht gehorsam sind? (1 Petr 4,17).

---

[17]   Strafe oder ewiges Verderben z. B. Gal 6,8; Phil 3,19; 2 Thess 1,9.
[18]   Vgl. dazu A. Vögtle: Die Tugend- und Lasterkataloge im Neuen Testament. Münster 1936; S. Wibbing: Die Tugend- und Lasterkataloge im Neuen Testament. Berlin 1959; zum Einfluß der Redeweise kynisch-stoischer Wanderprediger speziell auf Paulus: Th. Schmeller: Paulus und die „Diatribe". Münster 1987.
[19]   Also bei der Kirche, die nicht mehr einfachhin der Ort der Rettung ist.

Sehr starke Berührungen zum apokalyptischen Material der jüdischen Umwelt weisen zwei pseudonyme neutestamentliche Briefe auf, der 2. Petrus- und der Judas-Brief.[20] Mit der Autorität des „Himmelspförtners" Petrus galt eine Briefstelle zur Jenseitsgeographie als besonders wichtige Gottesoffenbarung:

> Und aus Habsucht werden sie durch ersonnene Reden euch ausbeuten; aber das Gericht über sie zögert von jeher nicht, und ihr Verderben schlummert nicht. Denn hat Gott Engel, die gesündigt hatten, nicht verschont, sondern sie in finstre Höhlen der Unterwelt [Tartaros!] hinabgestoßen und zur Aufbewahrung für das Gericht übergeben [...], so [sieht man: es] weiß der Herr Fromme aus der Versuchung zu erretten, Ungerechte aber für den Tag des Gerichts zur Bestrafung zu verwahren (2 Petr 2,3.4.9).

Im Zusammenhang mit drastischen Warnungen vor gottlosen Verführern zitiert der Judasbrief sogar aus dem apokryphen Henoch-Buch, von dem später noch die Rede sein wird:

> Dementsprechend hat über diese Henoch, der siebente von Adam an, geweissagt: Siehe, der Herr ist gekommen mit seinen heiligen Zehntausenden, um wider alle Gericht zu halten und alle Gottlosen zu bestrafen wegen aller Werke ihrer Gottlosigkeit, die sie verübt, und wegen aller frechen Worte, die sie als gottlose Sünder wider ihn geredet haben (Jud 14.f.).

Der Ausgang des Gerichts kann für die Sünder auch nach diesen Briefen einfach „Verderben" heißen: „Einer ist der Gesetzgeber und Richter, der retten und verderben kann" (Jak 4,12; s. auch oben 2 Petr 2,3).

Er kann aber auch mit Höllenumschreibungen bezeichnet werden.

> Auch die Zunge ist ein Feuer. Als die Welt der Ungerechtigkeit erweist sich die Zunge unter unsern Gliedern, sie, die den ganzen Leib befleckt und den Kreis des Lebens in Brand steckt und von der Hölle (Gehenna) in Brand gesteckt wird,

heißt es im Jakobusbrief (3,6). Damit liegt ein Zeugnis vor, wie das Organ des Sündigens besonders bestraft wird. Der Judasbrief will daran erinnern, daß Gott „die Engel, die ihre Würde nicht bewahrten, sondern ihre eigene Wohnung verließen, für das Gericht des großen Tages mit ewigen Fesseln unten in der Finsternis verwahrt hat" (6); daß Sodom und Gomorrha „die Strafe des ewigen Feuers erleiden" (7). Eine Feuerstrafe droht auch der zweite Petrusbrief der „alten Welt" an:

> Aber die jetzigen Himmel und die [jetzige] Erde sind durch das gleiche Wort für das Feuer aufgespart und werden aufbehalten für den Tag des Gerichts und des Verderbens der gottlosen Menschen (3,7).

Damit werden topographische Vorstellungen vom Jenseits weiter genährt. Und so lautet die Warnung des Hebräerbriefs:

> Denn wenn wir vorsätzlich sündigen, nachdem wir die Erkenntnis der Wahrheit erlangt haben, so bleibt für solche Sünden kein Opfer mehr übrig, sondern [nur] eine schreck-

---

[20] Vgl. dazu R. Heiligenthal: Zwischen Henoch und Paulus. Studien zum theologiegeschichtlichen Ort des Judasbriefes. Münster 1992.

liche Erwartung des Gerichts und ein Eifer des Feuers, das die Widerspenstigen verzehren wird (10,26 f.).

Vielleicht ist das Urteil berechtigt, daß mit dem erlahmenden Eifer des Anfangs, mit
der Bedrohung durch abweichende Glaubensmeinungen und ethische Verwahrlosung der Gemeinden die Warnungen vor der (Feuer-)Hölle wieder zunahmen, daß
sie sich aber – mit wenigen Ausnahmen wie der zitierten Anleihe bei der jüdischen
Apokalyptik – sachlich nicht von dem entfernten, was von Jesus überliefert wurde.
Das Bildmaterial reichert sich an, aber von sadistischen Ausmalungen kann nicht
die Rede sein.

Das Höllenthema in der Johannesapokalypse

Das letzte Buch des Neuen Testaments, die „Offenbarung des Johannes", nimmt
in der Geschichte der Hölle einen bedeutenden Platz ein.

> Immer wenn die christliche Welt aus den Fugen zu geraten schien, wurde diese einzige
> Apokalypse des Neuen Testaments befragt, um die (sprichwörtlich: apokalyptischen)
> Schreckensbilder der eigenen geschichtlichen Stunde zu deuten. Dieses umstrittene
> Werk wurde allzuoft mißbraucht: Mit neugieriger Sensationslust suchte man nach In-
> formationen über die Weltgeschichte: mit reger Phantasie spekulierte man über das
> Ende der Menschheit; mit blindem Fanatismus wollte man verhängnisvolle Irrwege der
> Kirchengeschichte durch zusammenhanglose Zitate aus der Offb rechtfertigen: Ob es
> die Idee des „Tausendjährigen Reiches" war (20,1–10), oder ob es die Gleichsetzung
> der verdorbenen (römischen) Großkirche mit der Synagoge des Satans (2,9; 3,9) bzw.
> mit der Hure Babylon (17 f.) war, die Holzwege solchen Textverständnisses waren er-
> schütternd.[21]

Das Buch gehört zur apokalyptischen Literatur, d. h., es nimmt Stellung angesichts
einer – seiner Überzeugung nach – unmittelbar bevorstehenden Katastrophe, und
es proklamiert Gott als den machtvoll und endgültig eingreifenden Retter der Glaubenden. Das spezifisch Christliche dieses Buches besagt in der für die Christen
lebensbedrohlichen Situation zur Zeit des Kaisers Domitian (81–96 n. Chr.): Die
Wende der Geschichte kommt nicht erst; sie ist in Tod und Auferstehung Jesu bereits erfolgt; der Kampf der Kirche mit den Feinden Gottes ist grundsätzlich siegreich für die Christen entschieden, aber dieser Sieg wird im dramatischen Geschehen der jetzigen Verfolgung und Katastrophen erst Zug um Zug vollendet.

Die Feinde Gottes in der Offb sind die Satansmächte, Satan und sein Gefolge,
die für den (vielleicht nach der jüdischen Katastrophe des Jahres 70 aus Palästina
in die heutige Türkei ausgewanderten judenchristlichen) Verfasser ihren Inbegriff
im Imperium Romanum haben. Die große Bedrängnis der Christen, von der er
schreibt, war wohl die Verfolgung unter Kaiser Nero.

---

[21] H. Ritt: Offenbarung des Johannes. Würzburg 1986 (Die Neue Echter Bibel 21), S. 5.

Im Hinblick auf das Höllenthema ist eine Aussage über das Schicksal der christlichen Märtyrer dieser Zeit von Belang. Im Zug der Eröffnung mehrfacher Siegel hat der Seher die Vision eines Altars:

> Und als es [das himmlische Lamm] das fünfte Siegel eröffnete, sah ich unter dem Altar die Seelen derer, die hingeschlachtet worden waren um des Wortes Gottes willen und um des Zeugnisses willen, das sie festhielten. Und sie riefen mit lauter Stimme: Wie lange, heiliger und wahrhaftiger Herr, richtest du nicht und rächst unser Blut nicht an denen, die auf Erden wohnen? (6,9 f.)

Man entnahm der wörtlich verstandenen Stelle die Information, daß es für verstorbene Gerechte einen „Zwischenzustand" zwischen ihrem Tod und dem Endgericht gebe, in dem sie zwar wohl bewahrt (unter einem Altar), aber noch in der Existenzform leibfreier Seelen seien. Und man folgerte aus dem Text, daß das Gericht nicht nur wegen der Gerechtigkeit Gottes, sondern auch um der Rache willen stattfinden würde.

Die Durchsetzung des göttlichen Sieges auf der Erde erfolgt nach der Vision der Offb in zwei Phasen. In der ersten befinden sich die Satansmächte gefesselt in einem unterirdischen Gefängnis:

> Und ich sah einen Engel aus dem Himmel herabkommen, der den Schlüssel der Unterwelt und eine große Kette in seiner Hand hatte. Und er ergriff den Drachen, die alte Schlange, die der Teufel und der Satan ist, und er legte ihn auf tausend Jahre in Fesseln und warf ihn in die Unterwelt [in den „Abyssos"] und schloß zu und versiegelte über ihm, damit er die Völker nicht mehr verführte, bis die tausend Jahre vollendet wären. Nachher muß er auf kurze Zeit losgelassen werden. (20,1–3)

In der zweiten Phase erfolgt ein kurzer fruchtloser Angriff des Satans: Dieser mit seinem Gefolge wird der ewigen Strafe zugeführt, die Toten stehen auf, Gott hält Gericht mit einem doppelten Ausgang, da mit den Bösen auch der Tod und das Totenreich (der „Hades") für ewig in einen Feuersee geworfen werden, während die Gerechten in einer erneuerten Schöpfung mit dem vom Himmel gekommenen neuen Jerusalem sich des ewigen Lebens erfreuen werden. Besonders bedeutsam für die Höllenauffassungen waren folgende Verse:

> Und wenn die tausend Jahre vollendet sind, wird der Satan aus seinem Gefängnis losgelassen werden, und er wird ausgehen, um die Völker zu verführen, die an den vier Ecken der Erde sind, den Gog und Magog, um sie zum Krieg zu versammeln; und ihre Zahl ist wie der Sand am Meer. Und sie zogen herauf auf die breite Fläche der Erde und umringten das Heerlager der Heiligen und die geliebte Stadt. Und es fiel Feuer vom Himmel und verzehrte sie. Und der Teufel, der sie verführte, wurde in den See des Feuers und Schwefels geworfen, wo auch das Tier und der falsche Prophet sind, und sie werden gepeinigt werden Tag und Nacht in alle Ewigkeit.
> Und ich sah einen großen weißen Thron und den, der darauf saß; und vor seinem Angesicht floh die Erde und der Himmel, und es fand sich keine Stätte [mehr] für sie. Und ich sah die Toten, die großen und die kleinen, vor dem Throne stehen, und es wurden Bücher geöffnet; und ein andres Buch wurde geöffnet, das [das Buch] des Lebens ist. Und die Toten wurden gerichtet aufgrund dessen, was in den Büchern geschrieben war, nach ihren Werken. Und das Meer gab seine Toten [wieder], und der Tod und das Totenreich gaben ihre Toten [wieder]; und sie wurden gerichtet, jeder nach seinen

Werken. Und der Tod und das Totenreich wurden in den Feuersee geworfen. Dies ist der zweite Tod, der Feuersee. Und wenn jemand nicht im Buch des Lebens aufgezeichnet gefunden wurde, so wurde er in den Feuersee geworfen.
(20,7–15)

Der Untergang dieser alten Erde in einer Feuerkatastrophe und das Tribunal des königlichen Richters mit Urteilen, denen eine aktive Ausführung folgt (das Werfen in das Feuer), sind Elemente, die wie gesehen auch in Endzeitaussagen der Evangelien eine Rolle spielen. Hier ist jedoch der Aspekt der rächenden Abrechnung zweifellos verschärft; auch die Endgültigkeit der Strafe wird eindeutiger ausgesprochen. Unter den Folgen dieser Schilderung für christliche Vorstellungen seien besonders genannt: Die Identifizierung des Teufels mit einem Drachen und mit der Paradiesschlange; die Fesselung des Satans; der Feuer- und Schwefelsee; die Inszenierung des Gerichts mit Büchern, die die „Werke" enthalten. Das letzte Buch des Neuen Testaments greift vielfach auf jüdisches Material zurück, so z. B. auf biblische Kapitel (Ez 37–48; Jes 65), aber auch auf das nichtbiblische Vierte Esrabuch (dessen 7. Kapitel).

Eine Frage, die von anderen neutestamentlichen Schriften her ernsthaft gestellt werden kann, ob nämlich nach der darin vertretenen Glaubensüberzeugung auch eine Auslöschung (Vernichtung) bzw. Nicht-Wiederbelebung der Bösen von Gottes Offenbarung in Aussicht gestellt werde, ist in der Offb negativ beantwortet: Der im johanneischen Schrifttum (1 Joh 3,14; 5,16) und bei Paulus (Röm 6,23) nicht-biologisch genannte „Tod" meint hier eindeutig ein in der ewigen Trennung von Gott begründetes, aber auch mit anderen Peinen verbundenes ewiges Verderben.

Der Höllenabstieg Jesu Christi

Zur Abrundung der vom Neuen Testament gebotenen Höllenvorstellungen ist nun noch ein Thema zu erwähnen, das seiner Herkunft und Tragweite nach nicht vollständig aufzuhellen ist, das des „Descensus Christi", des Abstiegs Jesu in seinem Tod in die „Hölle". Es gibt im Neuen Testament Andeutungen dieses Themas, die eher an die Unterwelt im antiken Sinn, das nicht durch Strafe qualifizierte Totenreich, denken lassen. Die neue römisch-katholische Übersetzung des Glaubensbekenntnisses „hinabgestiegen in das Reich des Todes" legt dieses Verständnis nahe. Immer wieder benannte Texte dafür sind: Ein Jesus in Mt 12,40 zugeschriebenes Wort „Denn wie Jona drei Tage und drei Nächte im Bauch des Meerungetüms war, so wird der Sohn des Menschen drei Tage und drei Nächte im Schoß der Erde sein"; sodann eine Stelle bei Paulus in Röm 10,6 f., an der er auch mit Zitaten aus Dtn 30 arbeitet:

Die Gerechtigkeit aber, die aus Glauben kommt, sagt so: „Sprich nicht in deinem Herzen: Wer wird in den Himmel hinaufsteigen?" nämlich um Christus herabzuholen; „oder: Wer wird in die Unterwelt [in den „Abyssos"] hinabsteigen?" nämlich um Christus von den Toten herauszuholen;

Abb. 1 Kapitell der Kathedrale von Vézelay, 14. Jahrhundert

oder der Satz im deuteropaulinischen Epheserbrief (4,8 f.), in dem aus Ps 68,19 zitiert wird:

„Er ist in die Höhe hinaufgestiegen
und hat Gefangene weggeführt,
er hat den Menschen Gaben gegeben."
Das Wort aber „Er ist hinaufgestiegen", was bedeutet es anderes, als daß er auch hinabgestiegen ist in die Gebiete unter der Erde?

An dieser Stelle klingt im Psalmzitat bereits ein erlösendes, befreiendes Wirken Jesu im Totenreich, das wie ein Gefängnis, nicht aber wie ein Folterort gedacht wird, an.

Die „eigentlichen" Descensus-Aussagen finden sich jedoch im pseudonymen ersten Petrusbrief:

> Denn auch Christus ist einmal der Sünde wegen gestorben als Gerechter für Ungerechte, damit er uns Gott zuführte, indem er getötet wurde nach dem Fleisch, aber lebendig gemacht wurde nach dem Geist. In diesem ist er auch hingegangen und hat den Geistern im Gefängnis gepredigt, die vorzeiten ungehorsam waren, als die Langmut Gottes in den Tagen Noahs zuwartete [...] (3,18–20)
> Denn dazu wurde auch den Toten das Evangelium verkündigt, daß sie zwar dem Fleische nach in Menschenweise gerichtet werden, dem Geiste nach aber in Gottes Weise leben. (4,6)

Erst das wortwörtliche Verständnis und die Kombination dieser Stellen ergaben dann den von manchen gesuchten Informationsgehalt: Die Hölle befindet sich unten, im Innern der Erde; sie ist selbst für „Geister" orthaft, nämlich wie ein Gefängnis gedacht; Jesus trat einen Siegeszug dorthin an, um Gefangene – aber welche? – von dort zu befreien, was offenbar erst möglich war, nachdem er die „Pforten der Hölle" (Mt 16,18) aus den Angeln gehoben und ihre Riegel zerbrochen hatte. Wie würde sich ein solchermaßen geleertes Gefängnis zu demjenigen verhalten, das sich im Fortgang der Geschichte von neuem füllen müßte?

Die Weiterentwicklung in den frühen christlichen Gemeinden

Die christlichen Höllenvorstellungen haben gewiß ihre Herkunft und Vorgeschichte, über die noch eigens zu sprechen sein wird. Sie wären aber nicht ans Licht getreten und weiterentwickelt worden, wenn nicht Jesus von Nazaret selber von der Hölle gesprochen hätte. Das hängt zunächst damit zusammen, daß er selber in seiner Geschichtsauffassung und hinsichtlich des Materials, das er in seiner Lehrtätigkeit zur Veranschaulichung verwendete, zum Teil Apokalyptiker war. Sein zentrales Thema vom Anbruch der Gottesherrschaft und der damit zusammenhängenden Entscheidungssituation, also vom Anbruch eines Neuen und Endgültigen, das dem Alten unwiderruflich ein Ende machen würde, hätte er ohne apokalyptische Elemente gar nicht vortragen und verständlich machen können.

Zweifellos gab es zu seiner Zeit Lehrer und Prediger, die apokalyptisches Vorstellungsmaterial viel stärker und drohender einsetzten. Aber es kann auch kein Zweifel daran sein, daß Jesus den Hörerinnen und Hörern ein endgültiges Gericht Gottes im individuellen und im kosmischen Bereich mit möglicherweise doppeltem Ausgang zum Guten oder zum Bösen in Aussicht stellte.

Auch die nach Jesus wiederaufgenommene Predigt seiner Anhänger kam nicht ohne Zuhilfenahme apokalyptischer Kategorien aus[22]. Sie benötigte sie, um das Bekenntnis zu Jesus in seiner vollen Tragweite zu formulieren: Menschensohn, Wiederkunft (Parusie), Gericht; um die Vollendung der Menschen und des Kosmos auszusprechen: Auferweckung der Toten, Leben nach dem Gericht in neuer Schöpfung (neuem Himmel und neuer Erde) oder aber im Unheilsbereich „draußen"; um

---

[22]   B. Daley unter Mitarbeit von J. Schreiner und H. E. Lona: Eschatologie. In der Schrift und Patristik. Freiburg 1986 (HDG IV 7a), S. 80.

die Zeit zu verstehen: baldiges Ende dieser alten Zeit, baldiges Offenbarwerden der siegreichen Herrschaft Gottes. Das verwendete Material wurde höchst unterschiedlich (Logienquelle Q, Paulus, Synoptiker, Johannes) eingesetzt und z. T. gegenüber Jesus selber verschärft und vermehrt.

Beim Fortgang der christlichen Verkündigung in der zweiten Hälfte des ersten Jahrhunderts wurde die ursprüngliche Botschaft mit Sicherheit stärker apokalyptisiert. Dafür waren sowohl äußere Faktoren als auch eine intensive Glaubensreflexion verantwortlich. Zu den Faktoren von außen her zählen die jüdische Niederlage gegen die Römer mit der Zerstörung Jerusalems und die Bedrängnisse der christlichen Gemeinden von Seiten der Römer. Vom Glauben her mußten sich die Christen nicht nur mit dem Ausbleiben der Parusie auseinandersetzen. Diese stellte für die frühe Kirche jedenfalls keine religiös-theologische Katastrophe dar, weil man durch die Erfahrung der Auferweckung Jesu begonnen hatte, in anderen Dimensionen als denen der geläufigen Apokalyptik zu denken. Eine spezifisch christliche apokalyptische oder eschatologische Sicht entstand: Gott hat sich gegen die gottwidrigen Mächte bereits durchgesetzt; das neue Zeitalter mit der neuen Welt hat schon begonnen. An die Stelle einer strikten Abfolge der Zeiten trat eine Gleichzeitigkeit, wobei die alte Welt und das alte Zeitalter für die noch darin lebendigen Gläubigen durch Gottes Sieg neu qualifiziert sind.

Es war den Verfassern bzw. Redaktoren der späteren neutestamentlichen Schriften (wie des lukanischen Doppelwerks, teilweise des Johannesevangeliums, vor allem der deuteropaulinischen Briefe Hebr, Kol und Eph) nicht möglich, diese Koexistenz der alten, dem Endgericht entgegengehenden Welt und der neuen, die Glaubenden aufnehmenden Welt ohne Zuhilfenahme räumlicher Vorstellungen zur Sprache zu bringen. Das zeitgenössische Weltbild war zu selbstverständlich, als daß es einfach durch geistig-transzendentale Kategorien hätte ersetzt werden können. Der „Himmel" als Ort des Thronsaales Gottes wurde gleichsam „erweitert" um den zur Rechten Gottes erhöhten Jesus, um die zu ihm gelangten Märtyrer und Gerechten, um die Vorstellung einer himmlischen Liturgie (Offb!). Die Unterwelt als Schattenreich der Toten wurde Zug um Zug zur Strafhölle ausgebaut. Im Neuen Testament sind Ansätze zu einem geistigen, personalen Verständnis des „Jenseits" vorhanden (z. B. das paulinische Bei-Jesus-Sein), aber auch die Möglichkeiten gegeben, eine regelrechte Jenseitsgeographie zu entwerfen.

2. Die Vor- und Umwelt der jüdisch-christlichen Höllenvorstellungen

Vorgeschichte: Die Unterwelt im Alten Orient

Sumer, Akkad, Babylon, Assur

Weder das Judentum noch das Christentum können den Anspruch erheben, die Hölle sei ihrem Geist entsprungen. Die Religionsgeschichte zeigt, wie alt und wie weit verbreitet Unterwelts- und Höllenvorstellungen in der Geschichte der Menschheit sind.[1] Dieses Aufkommen hängt eindeutig mit der Überzeugung zusammen, der Mensch sei mehr als nur eine Tierart und er habe daher auch im Tod ein anderes Geschick als ein Tier. „Die älteste uns faßbare religiöse Äußerung des frühen Menschen ist sein Glaube an eine in ihm wohnende nichtmaterielle Seelengestalt", stellte J. Ozols im Hinblick auf Funde der Altsteinzeit fest.[2] Mit diesem Glauben war, wie die ältesten schriftlichen Zeugnisse der Menschheit erkennen lassen, die Vorstellung verbunden, im Tod verlasse diese nichtmaterielle „Seite" des Menschen den Leib, um das Totenreich aufzusuchen und dort für immer zu verweilen.

Die Trennung von der Existenzweise des leiblichen Lebens wurde nicht als etwas Erfreuliches gedacht. Mit dem Leib fehlt dem weiterlebenden Geist die Quelle zahlloser Freuden, vor allem auch die Möglichkeit der Kommunikation mit seinesgleichen. Das Totenreich galt zuerst ganz unabhängig von der Idee möglicher Bestrafung als Ort der Entbehrungen. Das Grab legte sich in dieser Vorstellungswelt als Pforte oder Durchgangsweg zum Totenreich nahe. Es war von sich her schon mit dem Eindruck des Dunkels versehen; da der Tote aus dem Reich der Lebenden und der Sonne geschieden war, mußte er selber nun im Dunkeln weilen.

Die Menschen der Vor- und Frühgeschichte verbanden nicht nur mit Gräbern düstere und abschreckende Empfindungen. Es gab auch in der Natur, selbst abgesehen von Katastrophen wie Vulkanausbrüchen, Erdbeben oder Überschwemmungen oder von der Bedrohung durch Tiere, mehrfache furchteinjagende Begebenheiten, Örtlichkeiten oder Gegenden, die man zunächst nicht zu betreten oder zu überwinden wagte, Wüsten, Gebirge, große Wasser. In ihnen oder jenseits ihrer

---

[1] Vgl. dazu aus der neueren Literatur H.-J. Klimkeit (Hrsg.): Tod und Jenseits im Glauben der Völker, Wiesbaden ²1983; L. Moraldi: Nach dem Tode. Jenseitsvorstellungen von den Babyloniern bis zum Christentum. Zürich 1987; G. Minois: Histoire des enfers. Paris 1991, dieser hat jedoch S. 13–35 relativ wenig Materialien zum Alten Orient.

[2] J. Ozols: Über die Jenseitsvorstellungen des vorgeschichtlichen Menschen. In: Klimkeit (Anm. 1), S. 14–39, hier 14.

Stuttgart-Psalter, Illustration zu Ps 19, 4, um 820

Stuttgart-Psalter, Illustration zu Ps 21, 9 und 10, um 820

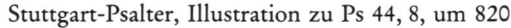

Stuttgart-Psalter, Höllenabstieg Christi, Illustration zu Ps 24, 7–10, um 820

Stuttgart-Psalter, Illustration zu Ps 44, 8, um 820

konnte sich Unbekanntes verbergen. War es möglich, daß das Land der Toten oder doch der Eingang zu ihm in einer solchen Ferne zu suchen wäre?

Zu den Selbstverständlichkeiten der Gedanken und Gefühle im Hinblick auf das Totenreich gehörte die Annahme, daß auch dort Gottheiten zu finden seien. Wenn das Leben der Verstorbenen als eine Art schattenhafte Verlängerung des diesseitigen Lebens gedacht war, dann konnte man versuchen, für sie noch Gutes zu tun, beispielsweise durch Opfergaben für jene Unterweltsgötter. Da sich die Menschen bis in die Neuzeit hinein – bis zum Beginn bürgerlicher Monarchien und demokratischer Obrigkeiten, die natürlich nichts Gottähnliches an sich haben – ihre Götter stets nach der Art ihrer Herrscher vorstellten, wurden die Gottheiten im Totenreich immer entsprechend den überirdischen Göttern und den irdischen Herrschaften gedacht. Schon früh begann man aber auch, sich vor Schadensdämonen zu fürchten[3], die man sich eher nach Art unbekannter Tiere grotesk und grausig ausmalte, zum Teil mit menschlichen Körperteilen versehen. Ihnen traute man zu, daß sie beiden Welten angehörten und teils auf Erden, teils in der Unterwelt ihr Unwesen trieben.

Von den alten Unterweltsvorstellungen seien hier nur summarisch jene erwähnt, die im Vorderen Orient und im mittelmeerischen Kulturbereich zutage getreten sind und daher in den weiteren Umkreis von Judentum und Christentum gehören – ohne daß Ähnlichkeiten konstruiert oder angenommen werden dürften, wo sie nicht nachzuweisen sind.

Anders als archäologische Befunde reichen literarische Belege für sumerische Vorstellungen höchstens, grob gesprochen, bis rund 2000 v. Chr. zurück. Aus jener uralten Zeit ist z. B. auf schlecht erhaltenen Tafeln ein Bericht über eine Fahrt des Königs Urnammu von Ur in das Jenseits überliefert; er bedachte die Gottheiten, unter ihnen Gilgamesch, mit Geschenken und wurde im Totenreich bewirtet; doch wird ihm die Rückkehr auf die Erde untersagt, und er muß mit den dort Hinterbliebenen das grausame Trennungslos beklagen.[4] Zur gleichen Gattung ist der Text „Tod des Gilgamesch" zu rechnen; des weiteren ist das Lied „Abstieg Inannas in die Unterwelt" zu nennen. (Inanna wird durch einen selber in die Unterwelt verbannten Gott namens Tammus gerettet, der in Ez 8,14 erwähnt wird.)

Aus diesen alten Texten geht nicht hervor, daß die Unterwelt als eine Art Straf- oder Folterort gefürchtet war, wenngleich das Schicksal der Toten, in diesem Land „Kur", am „Ort ohne Wiederkehr" in Finsternis und Schmutz, bei bitterem Brot und salzigem Wasser ohne jede Hoffnung für immer verbleiben zu müssen, Grund für lautes Klagen über und unter der Erde bot.

Aus der Ninive-Rezension des Epos von Ištars Gang zur Unterwelt seien beispielsweise einige Zeilen zitiert[5], die die Trostlosigkeit dieses Weiterlebens nach dem Tod illustrieren:

---

[3] H. Haag: Teufelsglaube. Tübingen 1974, S. 143 f.: wenige Einzelheiten über solche Schadendämonen bei den Sumerern, vieles über die von Dämonenfurcht bestimmte babylonische Religion.
[4] Moraldi (Anm. 1), S. 16 f.
[5] H. Schützinger: Tod und ewiges Leben im Glauben des Alten Zweistromlandes. In: Klimkeit (Anm. 1), S. 48–61, hier 52 f.

> Zum Land ohne Rückkehr, dem Bereich der Ereškigal (?),
> richtete Ištar, die Tochter des Sîn, ihren Sinn.
> Ihren Sinn richtete die Tochter des Sîn
> zum finsteren Hause, dem Wohnsitz der Göttin von Erkalla,
> zum Hause, aus dem niemand herauskommt, der es betrat,
> zum Wege, dessen Begehen ohne Rückkehr ist,
> zum Hause, [in dem,] der es betritt, des Lichtes entbehrt,
> wo Staub ihre Nahrung, Lehm ihre Speise,
> sie Licht nicht sehen, im Dunkeln sitzen,
> wie Vögel mit einem Flügelkleide bekleidet sind,
> auf Tür und Riegel Staub lastet.

Zur Ausstattung dieses Totenreiches gehörten Elemente, die bei den Höllenvorstellungen bis in die Neuzeit wiederkehren: Ein „menschenverschlingender Fluß" oder ein großes Meer; ein Boot mit Fährmann, das zur Überfahrt dient; ein Abstieg zum Totenreich, ein unterirdischer Palast, streng bewachte Unterweltspforten.[6]

Die letzte Grundhaltung der Anhänger dieser Religion war fatalistische Ergebenheit gegenüber den Gottheiten, die nach Gutdünken und Willkür über Menschenschicksale verfügten und auch die Macht hatten, eine Wiederkehr ins Leben zu verhindern. Das Schlimmste, das einem der ohnehin zum Tod bestimmten Menschen widerfahren konnte, war entweder ohne Begräbnis oder ohne Erinnerung im Gedächtnis der Lebenden bleiben zu müssen.

Andere „Mythen zur Ergründung des Jenseits" aus dem alten Zweistromland müssen hier außer Betracht bleiben.[7] Nur eine Beobachtung sei, weil sie für die Weiterentwicklung der Höllenvorstellungen von Belang ist, erwähnt: Im Unterschied zu Sumer und Akkad kennt Babylon, das deren Erbe antrat, eine Einschränkung herrscherlicher Willkür. Im Codex Hammurabi, etwa 1750 v. Chr., ist für jedes Vergehen eine ihm angemessene, nicht eine willkürlich festzusetzende Strafe vorgesehen. Höllenvorstellungen waren häufig Widerspiegelungen irdischer Justizverhältnisse. Und so ist es nicht verwunderlich, daß auch von einem Tribunal im Totenreich für Neuankömmlinge gesprochen wird. Im Mythos mußte auch Gilgamesch sterben; er wurde aber in der Unterwelt mit einer Richterfunktion betraut. Über die Kriterien des Urteils und die Folgen der Verhandlung ist aus dem Mythos freilich nichts bekannt.[8]

Bemerkenswert in der Gedankenwelt der Assyrer, die offenkundig brutaler und schreckensbesetzter war als die frühere in Mesopotamien, ist das Vorkommen gräßlicher Gottheiten, die halb Tier-, halb Menschengestalten waren, in der Vision des Prinzen Kumma, die dem achten vorchristlichen Jahrhundert zuzurechnen ist. Nimmt man die Ausweitung der Anzahl der über- und unterirdischen Dämonen hinzu, angefangen von den über sechzig bekannten Krankheits- und anderen Unter-

---

[6]   Moraldi (Anm. 1), S. 17–20 mit Quellen.
[7]   Moraldi (Anm. 1), S. 20–26 berichtet über den Traum eines Fürsten, über Etana, Adapa und das Gilgamesch-Epos.
[8]   Bei Moraldi (Anm. 1) eine wichtige Darstellung, wie die Geister der Verstorbenen zu fliehen versuchen, wie sie zu Quälgeistern der Lebenden werden konnten, über Beschwörungsformeln usw.

weltsdämonen bis hin zu der Möglichkeit, daß von den Lebenden nicht bestattete oder nicht (für ihren Marsch durch die Wüste bis zum Eingang des Totenreiches oder zur Überfahrt über das Wasser) mit Nahrung, Kleidung und anderen Gaben ausgestattete oder nicht in ehrendem Andenken behaltene Verstorbene als Schadensgeister umherschweifen und zu ihren Angehörigen zurückkehren konnten, dann ist das Urteil berechtigt, daß das Leben in Babylon und Assur stark von Dämonenfurcht bestimmt war.[9] Das Faktum, daß ein großer und expansiver Kulturbereich über Jahrhunderte hin die Gedanken an Tod und Verstorbene mit Schrekken und gräßlichen Phantasien verband, auch wenn eine Folterhölle darin noch gar nicht vorkam, sollte nicht unterschätzt werden. Kollektive Ängste waren der denkbar beste Nährboden für die Entstehung eigentlicher Höllenvorstellungen (und für deren Manipulation).

Ägypten

Schon öfter wurde behauptet[10], die ägyptischen Ausmalungen des Jenseits hätten die jüdischen, christlichen und griechischen Konzeptionen der Hölle stark beeinflußt, ohne daß aber Nachweise für diesen Einfluß im einzelnen gelungen wären. Die Religionsgeschichte ist immer geneigt, aus plausiblen Ähnlichkeiten regelrechte Abhängigkeiten und Parallelen zu machen.

Für Ägypten müssen älteste und ältere Auffassungen von den jüngeren unterschieden werden. Die Zeugnisse für die Jenseitshoffnung der ägyptischen Menschen sind sehr alt. Sie bieten keineswegs eine systematisierte Lehre, sondern stellen magische Texte (Totenbuch) oder sagenhaft-mythische Elemente nebeneinander. Aus den Grabbefunden ist zu erschließen, daß an ein Weiterleben des geistigen „Teils" des Menschen, und zwar in der Nähe des bestatteten Leichnams, schon um 3000 v. Chr. geglaubt wurde.

Die älteren Auffassungen, wie sie etwa in den heterogenen Elementen des Totenbuchs 2100 v. Chr. deutlich werden, sind hinsichtlich des „jenseitigen" Schicksals zuversichtlich. Die Existenz des Verstorbenen wird wie eine Art jenseitiger Verlängerung des diesseitigen Lebens angesehen, mit eigener Tätigkeit, mit der Benützung von Gebrauchsgegenständen usw. Weist dieses weitere Leben auch manche Entbehrungen und Defizite auf, so ist der Verstorbene doch durchaus in Frieden. Dieser wird allerdings dadurch gefährdet, daß die Angehörigen sich nicht fürsorglich um das Ergehen des Toten kümmern. Dieser kann sich an ihnen dann als Schadensdämon rächen.

Von der von früh an gepflegten Sonnenverehrung her erhofften sich die Ägypter schon in alter Zeit ein Leben in sonnenhafter Unsterblichkeit (Zeugnisse dafür beginnen schon mit dem Alten Reich um 2778 v. Chr.[11]), veranschaulicht als Auf-

---

[9]   Haag (Anm. 3), S. 144; Schützinger (Anm. 5), S. 50 f., 54 f.
[10] Zuletzt von G. Minois (Anm. 1), S. 39.
[11] Vgl. dazu Moraldi (Anm. 1), S. 51 ff.

nahme in die Barke des Sonnengottes oder in das Paradies des Osiris. Diese Hoffnung kann freilich nur nach einem Gericht (des Osiris) über die ethische Qualität
der Verhaltensweisen der Menschen erfolgen.

Im Zusammenhang mit dieser hoffnungsvollen Perspektive tritt nun das Motiv
der „Seelenwägung" auf den Plan. Es ist von Abbildungen her weithin bekannt und
bietet Anlaß dafür, Einflüsse auf andere Kulturkreise zu vermuten: In die eine Waagschale wird bildhaft oder symbolisch die Gottheit der Wahrheit (Mâet) gelegt, in die
andere das Herz des Toten. Das Ungeheuer Ammit mit Krokodilskopf, Löwen- und
Nilpferdkörper lauert in der Nähe, um den, der das Wägegericht nicht besteht, zu
verschlingen. Zu dem ausgedehnten Gerichtszeremoniell gehört auch das Lebens-
bekenntnis vor zweiundvierzig Richtern in der berühmten negativen Form, z. B.:
„Nicht habe ich Unrecht geübt anstelle der Gerechtigkeit. Den Armen habe ich
nicht bedrückt. Niemandem habe ich Leid verursacht. Nicht habe ich die Milch
geraubt vom Mund des Kindes."[12] Seit etwa 2160 v. Chr. aus der Zeit des Mittleren
Reiches sind diese Prozeduren, die eine hohe soziale Sensibilität bezeugen, bekannt.
Zugleich lassen die Zeugnisse nun aber erkennen, daß die ältere zuversichtliche
Stimmung gewichen ist. Unnachsichtig werden die ethisch Bösen mit schweren Strafen belegt. In Texten aus zwei jüngeren Perioden, nämlich der von etwa 1200 bis
656 v. Chr. reichenden und der ptolemäischen um 332/330 v. Chr., wird eine Jenseitsgeographie detailliert beschrieben, mit Regionen, Höhlen, Mauern und Toren,
Sümpfen und Feuerseen. Nun werden auch zahlreiche körperliche und geistige
Peinigungen bis ins einzelne vor Augen geführt, die von dämonischen Henkers-
knechten vorgenommen werden.

> Die vielfältigen Strafdämonen haben erschreckende Namen wie „Packender", „Pres-
> sender", „Fürchterlicher", „Quetschender"; sie erfüllen die Hölle mit Gebrüll, sprü-
> hen Feuer aus den Augen, fesseln die Verdammten, leben von deren Blut oder Einge-
> weiden, entfachen die Glut unter den großen siedenden Kesseln, in denen die verwor-
> fenen Sünder gekocht und gesotten werden.[13]

Zeugnisse und Etappen der Entwicklung dieser ägyptischen Vorstellungen sind sehr
gut erforscht.[14] Aber handelt es sich wirklich um die Idee einer ewigen Strafhölle?
Hätte deren Wiege also in Ägypten gestanden?

Vieles spricht dafür, daß – unter dem dominierenden Prinzip eines „gerechten
Ausgleichs" im Jenseits – die Folterbilder eine sukzessive Ausrottung der Bösen
anschaulich machen sollten. Die Meinung einer ewigen Koexistenz paradiesischer
Seligkeit mit qualvoller Bestrafung (an eine befristete Läuterung durch Peinigung
wird in Ägypten nicht gedacht) ist nicht zu erkennen.

Das letzte Motiv, warum die Jenseitsvorstellungen mit der individuellen Gerichts-
verantwortung in der ägyptischen Religion eine so große Rolle spielten, wird, wie
sich aus den Bekenntnisformulierungen vor dem Totengericht erschließen läßt, die

---

[12] Moraldi (Anm. 1), S. 58.
[13] Haag, (Anm. 3), S. 146.
[14] E. Hornung: Altägyptische Höllenvorstellungen. Berlin 1968; Ägyptische Unterweltsbücher, über-
      setzt von E. Hornung. 3 Bde. Zürich 1972.

Einschärfung sozialer Sensibilität und der Einhaltung sozialer Regeln gewesen sein. Ein starkes „herrschaftskritisches" Element war darin einbezogen: Vor dem letzten Gericht mußten sich der Pharao, seine Familie, die höchsten Würdenträger ebenso verantworten wie die Angehörigen einfacher Volksschichten. Die gesellschaftliche Ordnung entsprang nicht obrigkeitlicher Willkür, sondern göttlichem Willen: Die Gottheiten waren an Ordnung und Wohlergehen des ganzen Volkes interessiert.

Iran

Auch von den religiösen Anschauungen im alten Iran wird gesagt, daß sie denen des Judentums und den jüdischen Wurzeln des Christentums nahe kämen wie sonst keine anderen.[15] Die iranische Geschichtsauffassung sei linear-endzeitlich wie in Israel gewesen, und bei dem iranischen Auferstehungsglauben habe es sich um die Erwartung eines neuen Lebens, nicht um eine Art Verlängerung des alten irdischen Lebens ins Jenseits wie bei den Ägyptern gehandelt.

Ältere iranische Jenseitsvorstellungen wurden von dem „Priester" Zoroaster oder Zarathustra präziser gefaßt. Seine Gesänge bzw. die ihm zugeschriebenen Gathas („älteres Avesta") sollen zwischen dem achten und dem sechsten vorchristlichen Jahrhundert entstanden sein. Der außergöttliche, die Weltgeschichte bestimmende Dualismus (dem der göttliche Dualismus von Ahura Mazda gegen Angra Mainyu entspricht) kommt im Tod des einzelnen Menschen weiter zur Geltung. Die in einer Art feinstofflicher Existenz gedachte Seele gelangt, vier Tage nach ihrer Trennung vom Leib, geleitet von bösen Dämonen und guten Geistern vor ein dreiköpfiges Gericht. Ihre Taten werden auf die „Goldwaage" gelegt. Nach manchen Texten muß sie eine Brücke überschreiten, von der die Bösen in die dunkle Hölle fallen – ein ungemein weit verbreitetes Motiv! Nach anderen Texten stürzt der eigene böse Geist den Sünder direkt dorthin, wo ihn Schreie erwarten und ihm üble Speise zugedacht ist. Das Sterben des Frommen dagegen, dem das Erbe des guten Reiches verheißen ist, ist wie die Einkehr des müden Reisenden in die Herberge, eine liebevolle Aufnahme durch den Herbergsvater am Ende eines durchwanderten Tages.[16] Die sonst nicht weiter ausgemalte Hölle heißt „bösestes Dasein", „Sphäre der Lüge" oder „Haus der Lüge", wie auch die Insassen Anhänger des „Lügenknechtes" genannt werden.

Spätere Texte differenzieren mehr. Sie kennen dann auch konkretere Strafen durch Hitze und Kälte, Quälereien durch Dämonen, lassen aber die Möglichkeit eines guten Ausgangs des Ganzen offen. Nach den jüngeren Avesta-Texten ist – nach ausgestandener Läuterung der Welt und der Bösen – eine Rettung aller in Vereinigung mit Ahura Mazda möglich. In der Literatur findet sich auch der Hinweis, daß die Griechen seit dem vierten Jahrhundert v. Chr. den iranischen Jenseits- und Welt-

---

[15] H.-J. Klimkeit, Der iranische Auferstehungsglaube. In: Klimkeit (Anm. 1), S. 62–76.
[16] Klimkeit (Anm. 1), S. 68.

erneuerungsglauben gekannt haben.[17] Die Religion des Mithras wird diese optimistische Perspektive noch verstärkt haben.[18]

Ein definitiv schlechtes Schicksal scheint dem bösen „Gott" Angra Mainyu (Ahriman) zugedacht worden zu sein: Nachdem er mit seinen Scharen einen letzten Ansturm gegen die Himmelsfestung unternommen hatte, stürzte er in die (heimische) Finsternis zurück und bleibt gefesselt in der Hölle.[19]

Es fragt sich, wessen Religion dieser Zoroastrismus genau gewesen sein mag. Die ursprüngliche Intention Zarathustras wird die Umformung der altiranischen Volksreligion gewesen sein. Im Lauf der späteren Entwicklung, die religionsgeschichtlich auch unter dem Begriff „Mazdaismus" behandelt wird, entstand eine mächtige Priesterschaft. Die Höllenvorstellungen können zum Teil Instrumente in moralpädagogischer Absicht gewesen sein.

Der griechische Hades

Zwischen der christlichen Hölle und der griechisch-römischen Unterwelt, meist Hades und Orcus, gibt es mannigfache Beziehungen. Zum Teil lag das daran, daß die antiken Autoren, die am eingehendsten über die Unterwelt geschrieben hatten, im Christentum in hohen Ehren standen, obwohl sie „Heiden" waren. Zum Teil war das wohl darin begründet, daß die Antike zwischen dem Bereich des Göttlichen und der Menschenwelt, zwischen Glauben und Wissen nicht streng geschieden hat. Die Existenz der Unterwelt gehörte zum „Weltbild"; es war keine Frage, daß der Zugang zu ihr prinzipiell, wenn auch nur für Privilegierte, möglich war. Den Berichten über Hadesfahrten wurde nicht einfach religöser Glaube entgegengebracht; man hielt sie für reale Gegebenheiten der Empirie. Inwiefern einzelne Weise Dichtungen und Mythen als solche durchschauten oder vielleicht als Einkleidungen geistiger Realitäten verstanden, läßt sich nachträglich kaum mehr ausmachen.

Daß die Menschen mit ihrem Tod nicht einfach vergangen sind, sondern ins Reich der Schatten eingehen, wo sie eine freudlose, von Licht und Lebenslust abgeschnittene Existenz führen, war eine der ganzen antiken Welt gemeinsame Idee.[20] Aus dem weiten Bereich der Hadesschilderungen können hier nur jene angeführt werden, die auf die christlichen Höllenvorstellungen besonderen Einfluß ausübten oder in ihnen direkt weiterlebten.

Homer

Der bei den christlichen Theologen mindestens im ersten Jahrtausend hoch angesehene Platon zollte Homer ein höchstes Lob:

---

[17]   Klimkeit (Anm. 1), S. 71 f.
[18]   Minois (Anm. 1), S. 40.
[19]   Haag (Anm. 3), S. 263–269; F. König: Zarathustras Jenseitsvorstellungen und das Alte Testament. Wien 1964.
[20]   F. Cumont: Lux perpetua. Paris 1949, S. 24.

Abb. 2 Ovid-Illustration einer französischen Handschrift, 14. Jahrhundert

Also, Glaukon, fuhr ich fort, wenn du Leuten begegnest, die Homer rühmen und behaupten, dieser Dichter habe Griechenland erzogen und man müsse ihn bei der Einrichtung und Pflege aller menschlichen Angelegenheiten heranziehen und von ihm lernen und müsse sein ganzes Leben nach diesem Dichter gestalten, dann sei freundlich und höflich zu ihnen, denn sie sind so gut, wie sie eben können. Und du mußt ihnen zugestehen, daß Homer der größte Dichter überhaupt und der erste unter den tragischen Dichtern ist.[21]

Es gibt bei Homer verschiedene Andeutungen über das „jenseitige" Leben der Toten und über das Strafgeschick, das manche von ihnen dort erleiden. So quälen z. B. nach der Ilias die Erinnyen die „toten" Meineidigen (III 278 f.; XIX 259 f.). Aber am berühmtesten wurde die sogenannte Hadesfahrt des Odysseus. Im X. Buch der Odyssee erklärt die Zauberin Kirke die Art und Weise, wie er den Kontakt mit der

---

[21] Platon, Politeia X 606 e, übertr. v. R. Rufener. Zürich 1974.

Unterwelt aufnehmen solle. Von großer Bedeutung war in der Antike die Nekyia, das Herausrufen der Totengeister durch Speise- und Trankopfer.[22] Auch bei Odysseus handelt es sich nicht um eine Reise in den Hades, vielmehr kommen die Toten als Eidolon (in diesem Fall: Schatten) oder, wie Homer auch sagt, als Psyche, „Seele", „herauf", zwar ohne Körper, aber doch mit Sinnen wahrnehmbar, und zwar in dem Zustand, in dem sie bei ihrem Tod waren. Sie haben ihr Erinnerungsvermögen verloren, erlangen es aber (befristet) durch Blutgenuß bei der Nekyia wieder. Homer läßt Odysseus die immerwährenden Strafen der drei berühmten „Büßer" Tityos, Tantalos und Sisyphos, der Frevler gegen die Götter, schauen (Odyssee XI 576–600). Auch andere Verstorbene müssen ein unglückliches Leben im Hades führen, denn im XIV. Buch erwähnt die Odyssee schrille Schmerzensschreie ähnlich den Schreien der Fledermäuse. Da es im homerischen „Jenseits" auch Verstorbene in seliger Existenzweise gibt, auf den elysäischen Feldern oder auf der Insel der Seligen, muß es sich beim Hades, auch wenn nur die wenigen Strafen veranschaulicht werden, um ein ewiges Strafgeschick handeln.[23]

Altgriechische Kunst

Die altgriechische Kunst hat zahlreiche Unterweltsmotive abgebildet und damit zusätzlich zur Dichtung zu ihrer Verbreitung – durch den Handel auch auf internationaler Ebene – beigetragen. So zeigen z. B. Vasenmalereien des sechsten Jahrhunderts v. Chr. das Einfangen des Höllenhundes Kerberos durch Herakles, die Figur des Unterwelts-Fährmanns Charon, die Tore der Unterwelt (wie sie in Ilias V 646 vorkommen), die Gestalten des Sisyphos und anderer Büßer wie die Danaiden und Oknos, deren Strafe allesamt in hoffnungslos vergeblicher Arbeit besteht. Weitere Strafen werden im Detail abgebildet: Tityos, der von Pfeilen Apollons getroffen und dessen Leber von Geiern zerfleischt wird; Tantalos, der inmitten einer Fülle köstlicher Speisen Hunger und Durst leidet und von einem Stein ständig bedroht ist; Prometheus, der im Kaukasus an einem Pfeiler gefesselt erleben muß, wie ein Adler seine Leber frißt und diese ihm Nacht für Nacht nachwächst; Ixion, der an ein Rad gefesselt ist, das ewig im Äther rollt, usw. So sind in dieser Vielfalt der Unterweltsmotive im Mittelmeerraum des sechsten vorchristlichen Jahrhunderts bereits jene sadistischen Darstellungen auszumachen, die später die christliche Hölle berüchtigt gemacht haben.

Ein nicht mehr erhaltenes, aber in der Literatur genau beschriebenes Unterweltsgemälde des Polygnot wurde, wohl im fünften vorchristlichen Jahrhundert, in der Lesche der Knidier in Delphi angebracht.[24] Nach der Beschreibung des Pausanias

---

[22] A. Dieterich: Nekyia. Stuttgart 1893, ³1969.
[23] Vgl. dazu Moraldi (Anm. 1), S. 64–95; hier auch Hinweise auf Clemens von Alexandrien, der Homer die „Gabe des Wahrsagers, der Wahrheit aufnimmt" (Strom. V 14,116,1) zusprach, und auf Basilius, der in seiner Rede an die Jugend über den nützlichen Gebrauch der heidnischen Literatur Homer einen Lehrmeister der Tugend für junge Männer nannte.
[24] Vgl. W. Felten: Attische Unterweltsdarstellungen des VI. und V. Jahrhunderts v. Chr. München 1975; Abbildungen.

zeigte es nicht nur Foltern in Einzelheiten, sondern auch Quälgeister wie die Erinnyen, die herznagenden Keren, die mit Fackeln brennenden „Straferinnen", aber auch tierähnliche Monster, wie sie später auch als christliche Dämonen auftraten. Es muß von zahlreichen Pilgern wahrgenommen worden sein. Die altgriechischen Jenseitsvorstellungen haben auch in den Mysterien und im Schauspiel ein weites Echo gehabt, in Eleusis, Delphi, zum Teil bei den Orphikern, bei Aischylos, Pindar, Sophokles und Aristophanes. So setzten sich in der altgriechischen Welt die Meinungen von einem Gericht nach dem Tod und von einem ungleichen Geschick von Gerechten und Ungerechten fest.

Die volkstümlichen Anschauungen lassen Freude an rächender Strafe bei anderen erkennen.

Platon

Platon († 348/347 v. Chr.) wurde vom zweiten nachchristlichen Jahrhundert an von christlichen Theologen als „der" Philosoph in Anspruch genommen. In seinem Gottesdenken kam er der jüdisch-christlichen Gottestradition so nahe, daß sogar die Meinung aufkam, er habe das Alte Testament wenigstens gekannt, wenn nicht bewußt angenommen. Dazu trugen Platons Äußerungen bei wie: „Den Vater und Schöpfer des Alls zu finden ist weder leicht, noch gesichert, daß man ihn nach dem Finden allen sagen kann" (Tim. 28 C). Der frühchristliche Theologe und Philosoph Justin († um 160) stellte kurzerhand fest: „Was alles auch von euch schön formuliert wurde, gehört uns Christen" (Apol. II 13,4). Der Märtyrerbischof Irenäus von Lyon († um 202) schrieb gegen den Gnostiker Markion:

> Wie weit frommer als dieser erweist sich da Platon, der denselben Gott als gerecht wie auch als gut bekennt. Er besitzt die Vollmacht über alle Dinge, er selbst werde Gericht halten. Er [Platon] sagt so: „Gott – wie auch das alte Wort sagt – umfaßt den Anfang und das Ende und die Mitte aller Dinge, die da sind, bringt sie glücklich zustande und umgibt sie gemäß seiner Natur; ihm folgt aber beständig die Gerechtigkeit als Rächerin gegen die, welche vom göttlichen Gesetz abweichen" (Nom. IV 715 E). Und umgekehrt erklärt er den Schöpfer und Gestalter dieses Alls zu einem guten Wesen und sagt: „In dem Guten aber entsteht niemals irgendwelcher Neid über jemanden" (Tim. 29 E). Damit gründet er Anfang und Ursache der Weltschöpfung auf die Güte Gottes, nicht auf seine Unkenntnis, noch auf einen umherirrenden Äon, die Frucht eines Fehltrittes, eine weinende und wehklagende „Mutter" oder einen anderen Gott und Vater.[25]

Es ist gewiß, daß die christliche Theologie ohne Platon ihre Sprache nicht gefunden hätte.

Daher versteht es sich von selbst, daß auch in seinen Darlegungen zu einer Rechenschaft nach dem Tod und zum Schicksal der Gerechten und Ungerechten im Jenseits große Entsprechungen zur biblischen Botschaft, aber auch weitere Aufschlüsse über das noch Unbekannte gefunden wurden.

---

[25] Adv. haer. III 25,5.

Hier seien vier wesentliche Texte Platons zu diesem Themenkreis zur Sprache gebracht; andere verändern ihren Sachverhalt nicht in entscheidender Weise. Die ersten drei sind jenen Dialogen entnommen, in denen Platons Gedanken um den Tod des verehrungswürdigen Sokrates (hingerichtet um 399 v. Chr.) kreisen.

In der „Apologie", die sich vehement gegen die Unterstellungen wendet, deren Opfer Sokrates wurde, läßt Platon den Verurteilten in einer dritten Rede sich dazu bekennen, daß der Tod in jedem Fall etwas in höchstem Maß Wünschbares sei. Zwei Möglichkeiten kommen im Tod nur in Betracht: Entweder ist er ein Übergang vom Sein zum bloßen empfindungslosen Nichtsein, eine Meinung, die gerade in gebildeten Kreisen – die die volkstümlichen Mythen ablehnten – weit verbreitet gewesen sein mag, oder er ist der Übergang von einem Ort zu einem anderen, der jedenfalls für den Gerechten sehr viel angenehmer sein würde als dieses Leben. Für einen guten Menschen, sagt Sokrates, gibt es kein Übel, weder im Leben noch im Tod. Welches Schicksal ihn erwartet, bleibt offen; gelangt er in jenes andere und bessere Land, dann verspricht er sich davon eine Steigerung seiner lustvollen Tätigkeit, des philosophischen Disputierens:

> Ist dagegen der Tod gewissermaßen eine Reise von hier an einen anderen Ort und stimmt das, was man sagt, daß dort alle Verstorbenen versammelt sind, was könnte es dann für ein größeres Glück geben als dies, ihr Richter? Denn wenn einer in den Hades kommt und, der Leute ledig, die sich hier „Richter" nennen, die wahren Richter findet, die, wie man sagt, dort Recht sprechen, Minos und Rhadamanthys, Aiakos und Triptolemos und die übrigen Halbgötter, die auf Erden ein gerechtes Leben geführt haben: würde sich diese Übersiedelung nicht lohnen? Was würde wohl mancher unter euch darum geben, wenn er mit Orpheus und Musaios, mit Hesiod und Homer zusammentreffen dürfte? Ich will gern mehr als einmal sterben, wenn das wahr ist; denn für mich wäre es ein wunderbarer Aufenthalt dort, wenn ich den Palamedes und Aiax, den Sohn des Telamon, anträfe oder wer sonst noch von den Alten einem ungerechten Urteil zum Opfer gefallen ist. Wenn ich dann mein Geschick mit dem ihrigen vergleichen könnte, so wäre es, glaube ich, nicht ohne Reiz. Das Höchste aber wäre es, die Leute dort unten ebenso zu prüfen und auszuforschen, wie ich es hier tat, wer von ihnen weise sei und wer sich zwar für weise hält, es aber nicht ist. Was würde man nicht darum geben, ihr Richter, wenn man den ausfragen könnte, der das große Heer nach Troja geführt hat, oder den Odysseus oder den Sisyphos oder noch viele andere, die man da aufzählen könnte, Männer und Frauen?
>
> Sich mit diesen zu unterhalten, mit ihnen zusammenzuleben und sie zu prüfen, das wäre wohl eine unbeschreibliche Glückseligkeit. Sicher werden sie dort auch niemanden deswegen hinrichten. Denn dort sind sie überhaupt glücklicher als hier, und außerdem sind sie für alle Zukunft unsterblich, sofern wahr ist, was man erzählt.[26]

Leitgedanke des hochgeschätzten Dialogs „Gorgias" ist die ethische Maxime: Lieber sterben als Unrecht tun. Der Tod ist die Möglichkeit, gerechtes Tun zu belohnen, ungerechtes zu bestrafen, daher muß sich nur ein Ungerechter vor dem Tod fürchten. Platon läßt Sokrates in diesem Reflexionszusammenhang von jenseitigen Strafen sprechen. Sie haben einen zweifachen Effekt. Bei den einen bewirken sie

---

[26] Apol. 40 E–41 C; übertr. v. R. Rufener. Zürich 1974.

jenseits des Todes Einsicht und Besserung, dann sind es heilende Strafen. Andere bleiben uneinsichtig; sie werden für ewig gestraft, und ihre Strafen dienen dann anderen zur Abschreckung. Im Hintergrund steht über die individuelle Ethik hinaus das Problem der Macht. Platon weist darauf hin, wie nahe bei der Macht ihr Mißbrauch in offenkundiger Ungerechtigkeit liegt. Die Abschreckung gilt daher zunächst den Machthabern. Aber auch für andere gilt die Weisung, so zu leben, daß ein Bestehen vor dem jenseitigen Gericht möglich ist. Platon läßt Sokrates auf eine alte Tradition zurückgreifen, zu der er einleitend die merkwürdige Bemerkung macht:

> So höre denn – wie man zu sagen pflegt – einen sehr schönen Logos. Du wirst ihn zwar, wie ich glaube, für einen Mythos halten, ich halte ihn für einen Logos; denn was ich dir jetzt berichten will, erzähle ich dir als etwas, was wahr ist.

Homer, erzählt Sokrates, berichte von der Zeit, als Zeus, Poseidon und Pluton die Herrschaft von ihrem Vater empfangen und unter sich verteilt hätten.

> Nun galt zur Zeit des Kronos für die Menschen das Gesetz, und bei den Göttern gilt es auch jetzt noch immer: wer von den Menschen sein Leben gerecht und fromm gelebt hat, der gelangt nach seinem Tode nach den Inseln der Seligen und wohnt dort, fern von allen Leiden, in völliger Glückseligkeit. Wer aber ungerecht und gottlos gelebt hat, der kommt in das Gefängnis der Vergeltung und Strafe, das man Tartaros nennt.

Ein Mißstand wird nun beklagt, nämlich daß Lebende über Lebende ein endgültiges Gericht halten. Zeus ändert das und setzt von seinen eigenen Söhnen Minos als Vorsitzenden, Rhadamanthys und Aiakos als „jenseitige" Richter ein, die „auf der Wiese" Gericht halten sollen, „am Dreiweg, von wo die beiden Wege abzweigen, der eine zu den Inseln der Seligen, der andere in den Tartaros". Aus diesen alten Geschichten zieht nun Sokrates Schlußfolgerungen über den Tod als Trennung von Leib und Seele und über die „jenseitige" Gestalt, die die individuellen Schicksale von Leib und Seele erkennen lasse. Hier läßt Platon den Richter seine Auffassung von „Sünden" außer der Gottlosigkeit genauer erkennen:

> Und er [der Richter] sieht, wie die Seele durch Willkür, Üppigkeit, Übermut und Unbesonnenheit im Handeln mit Maßlosigkeit und Schändlichkeit beladen ist. Bei diesem Anblick aber schickt er diese sofort mit Schimpf und Schande in den Kerker, wo sie die verdienten Strafen erdulden soll.
> Wer aber der Strafe verfallen ist und von einem anderen auf richtige Art bestraft wird, der muß entweder besser werden und davon seinen Vorteil haben oder den anderen als Beispiel dienen, damit sie, wenn sie sehen, was er leiden muß, aus Furcht sich bessern. Die aber durch die Strafe gefördert werden, welche sie von Göttern und Menschen erhalten, sind solche, die heilbare Vergehen begangen haben; dennoch wird ihnen sowohl hier wie im Hades Nutzen nur durch Schmerzen und Pein zuteil. Denn es ist nicht möglich, anders von der Ungerechtigkeit befreit zu werden. Die aber die schlimmsten Dinge begangen haben und durch solche Übeltaten unheilbar geworden sind, werden zu abschreckenden Beispielen. Sie selbst haben keinen Vorteil mehr davon, weil sie unheilbar sind; aber anderen dient es zum Nutzen, wenn sie sehen, wie diese für alle Zeiten ihrer Sünden wegen die größten, schmerzhaftesten und entsetzlichsten Leiden ausstehen und dort im Hades im Gefängnis geradezu als Beispiel aufgehängt sind, den Ungerechten, die stets neu dorthin kommen, als Schauspiel und Warnung.

Zu diesen, behaupte ich, wird auch Archelaos gehören – wenn das wahr ist, was Polos sagt – und wer sonst noch ein solcher Tyrann ist. Ich glaube übrigens, daß die meisten dieser abschreckenden Beispiele aus den Tyrannen und Herrschern und Machthabern und Politikern hervorgegangen sind; denn diese begehen wegen ihrer Machtfülle die größten und gottlosesten Verbrechen. Das bezeugt auch Homer; denn Könige und Machthaber sind es, die er im Hades ewige Strafen erdulden läßt, Tantalos, Sisyphos und Tityos.[27]

In dem Dialog „Phaidon" erörtert Platon das Verhalten des Philosophen angesichts des Todes. Der wichtige Dialog, der u. a. auf Cicero und in anderer Weise auf Seneca Einfluß hatte, enthält wieder Elemente aus alten griechischen Traditionen und aus Platons ureigener Philosophie. Die Überzeugungen von der Unsterblichkeit der Seele und von der Möglichkeit, sich auf das Ergehen im „Jenseits" in richtiger Weise vorzubereiten, hatte Platon aus der pythagoreischen Überlieferung (mit Empedokles im fünften vorchristlichen Jahrhundert) empfangen. Hier aber vertieft er sie, indem er das Thema der Gerechtigkeit mit voller Wucht und Konsequenz einbringt: Die Schlechten, sagt Sokrates, dürfen keinen Vorteil haben, indem sie nicht nur von ihrem Leib, sondern auch von ihrer Seele samt ihrer Schlechtigkeit getrennt werden – und somit einfach tot sind. Der ethische Aspekt wird insofern radikalisiert, als nun auch die (bloßen) Begierden in die Schlechtigkeit einbezogen sind. Das „Jenseitsschicksal" aber wird mit einer detaillierten Ortsbeschreibung fast wissenschaftlicher Art unterbaut, eine Jenseitsgeographie, die Aristoteles tief beeindruckt und zur Diskussion veranlaßt hat. Die Verstorbenen werden hier, wie das in der christlichen Tradition in vergleichbarer Weise Augustinus vorgenommen hat, in vier Gruppen eingeteilt.

Zunächst die Mitteilung über den Gang zum Hades, das Gericht und das ruhelose Umherirren der Seele:

Denn nichts anderes kann sie [die Seele] in den Hades mitbringen als ihre Bildung und Erziehung, und das wird, wie man sagt, dem Verstorbenen am meisten nützen oder schaden, schon gleich am Anfang der Reise dorthin. Denn es heißt ja, daß einen jeden der eigene Daimon, der einen fürs Leben erlost hatte, nach dem Tode an einen bestimmten Ort zu führen anhebt. Dort müssen sich die Verstorbenen versammeln, um dann, wenn das Gericht über sie ergangen ist, mit jenem selben Führer in den Hades zu wandern, der schon die Aufgabe hat, sie von hier dorthin zu bringen. Wenn ihnen aber dort zuteil geworden ist, was sie verdient haben, und wenn sie die vorgeschriebene Zeit dort geblieben sind, bringt sie ein anderer Führer nach vielen und langen Zeitläufen wieder hierher. Diese Wanderung ist also nicht so, wie es der Telephos des Aischylos erzählt. Er sagt nämlich, daß ein einfacher Weg zum Hades führe; ich glaube aber, es sei weder einfach noch gebe es nur einen einzigen. Sonst brauchte man doch keinen Führer; denn wenn es nur einen Weg gäbe, könnte sich gewiß niemand verirren. Nun aber weist er offenbar Abzweigungen und zahlreiche Querpfade auf; ich schließe das aus den Opfern und den religiösen Bräuchen hier auf Erden.
Die gesittete und verständige Seele folgt nun und versteht, was sich abspielt. Die Seele aber, die sich begierig am Leibe festhält, bewegt sich, wie ich früher erklärt habe, die

---

[27]   Gorg. 523 A–526 A in Ausw., übertr. v. R. Rufener. Zürich 1974.

längste Zeit angstvoll um ihn und um die sichtbare Stätte herum, und erst nach langem Sträuben und vielem Leiden wird sie mühsam und mit Gewalt von dem ihr zubestimmten Daimon weggeführt. Wenn sie aber dort ankommt, wo die anderen sind, und ist sie unrein und hat etwas Derartiges getan, indem sie frevelhafte Mordtaten verübt oder andere Verbrechen begangen hat, was damit verwandt oder das Werk verwandter Seelen ist, dann meidet sie jeder und wendet sich von ihr ab, und niemand will ihr Begleiter oder Führer sein. Sie aber irrt in völliger Hilflosigkeit umher, bis eine gewisse Zeit vorüber ist, nach deren Verlauf sie zwangsweise in die Behausung gebracht wird, die ihr gebührt. Die Seele aber, die rein und maßvoll ihr Leben verbracht hat, bekommt Götter zu Begleitern und Führern, und jede erhält den Wohnsitz, der ihr zukommt.

Nach einer eingehenden Schilderung von Erde, Meer und Himmel, Luft und Lebewesen kommt Sokrates auf die Unterwelt zu sprechen:

In ihrem [der Erde] Inneren aber finden sich, entsprechend ihren Vertiefungen [auf der Oberfläche] rings um sie herum zahlreiche Örtlichkeiten. Die einen sind tiefer und ausgedehnter als die Höhlung, in der wir wohnen, die anderen sind zwar tiefer, aber mit einer engeren Öffnung als unser Ort; schließlich gibt es noch solche, die weniger tief sind als die unsrigen, und breiter. Diese alle aber sind unter der Erde vielfach durch bald engere, bald weitere Gänge miteinander verbunden und haben Durchlässe, durch die vom einen zum andern viel Wasser fließt wie in Mischkrüge. Und gewaltige, nie versiegende Ströme fließen unter der Erde, bald mit warmem, bald mit kaltem Wasser, und viel Feuer und mächtige Feuerströme. Und in großer Zahl auch solche, die flüssigen Schlamm, teils reineren, teils wieder schmutzigeren mit sich führen, wie die Schlammströme, die in Sizilien der Lava vorangehen, und wie die Lava selbst. Durch diese werden dann jeweils die Räume ausgefüllt, zu welchen sie der Kreislauf gerade bringt. Das Ganze aber bewegt sich auf und ab, wie wenn eine Art Schaukel in der Erde wäre. Die Bewegung dieser Schaukel beruht ungefähr auf folgender natürlicher Ursache: unter den Schlünden der Erde ist einer, der größte von allen, der ganz durch sie hindurchgeht. Diesen meint Homer, wenn er sagt:
Fern, wo der tiefste Schlund sich findet unter der Erde.
An anderer Stelle hat er ihn mit vielen anderen Dichtern „Tartaros" genannt. In diesen Schlund fließen alle Ströme zusammen, und ihm entströmen sie auch wieder.

Nach der Beschreibung dieses gigantischen Pumpsystems des grundlosen Gewässers der Unterwelt geht Sokrates zu den vier besonders großen Flüssen über, Okeanos, Acheron (der „unterirdisch in den acherusischen See mündet, wohin auch die Seelen der meisten Gestorbenen gelangen"), Pyriphlegetos, der kochend und feurig ist, und schließlich, in einer wilden und furchtbaren Gegend von blauer Farbe, die man die stygische nennt mit einem See namens Styx, der Kokytos. Damit ist die unentbehrliche geographische Grundlage für die genaue Kenntnis des Jenseitsschicksals gelegt:

Wenn nun die Gestorbenen an den Ort gelangen, wohin einen jeden sein Daimon führt, dann wird zuerst Gericht über sie gehalten, über die, welche gut und fromm, und auch über die, welche nicht so gelebt haben. Deren Lebenswandel als mittelmäßig befunden wird, die nehmen ihren Weg zum Acheron, besteigen die Schiffe, die für sie bereit sind, und gelangen mit diesen zum See. Dort wohnen sie, und wenn sie sich gereinigt und für ihre Sünden gebüßt haben, werden sie erlöst, wenn einer etwas Unrechtes begangen hat; für ihre guten Werke aber werden sie belohnt, ein jeder nach seinem Verdienst.

Doch wer wegen der Größe seiner Verfehlungen als unheilbar befunden wird, weil er
große Tempelräubereien und zahlreiche ungerechte und gesetzwidrige Mordtaten oder
andere derartige Verbrechen begangen hat – diese wirft das gerechte Schicksal in den
Tartaros, von wo sie nie wieder heraufkommen. Die aber, deren Verbrechen zwar als
groß, aber doch als heilbar befunden werden, indem sie zum Beispiel im Zorn gegen ihren
Vater oder gegen ihre Mutter Gewalt angewendet, ihr weiteres Leben dann aber in Reue
verbracht haben, oder die auf ähnliche Art zu Mördern geworden sind: diese müssen
zwar ebenfalls in den Tartaros gestürzt werden; sind sie aber ein Jahr lang dort gewesen,
dann wirft sie die Woge wieder aus, die Mörder in den Kokytos, wer sich an Vater oder
Mutter vergangen hat, in den Pyriphlegeton. Wenn sie dann in die Nähe des acherusischen Sees getragen werden, beginnen sie zu schreien und rufen nach denen, die sie
umgebracht oder mißhandelt haben, und wenn sie dann diese herbeigerufen haben, so
flehen sie sie an und bitten sie, sie möchten sie in den See aussteigen lassen und sie aufnehmen. Wenn sie sie dazu bewegen können, so steigen sie heraus und werden von ihren Leiden befreit; andernfalls trägt sie die Strömung wieder in den Tartaros und von
dort wieder in die Flüsse. Und dieses Geschick müssen sie so lange erleiden, bis sie bei
ihren Opfern Erhörung finden; das ist die Strafe, die ihnen von den Richtern auferlegt
ist.
Welche aber in ihrem Lebenswandel als besonders heilig befunden werden, die bleiben
von diesen unterirdischen Orten verschont und wie aus Kerkern entlassen; sie fahren
auf zu jener reinen Stätte und erhalten ihre Wohnung über der Erde.[28]

Besonders bemerkenswert im Hinblick auf spätere Höllen- und Jenseitsvorstellungen sind folgende Elemente: Die vier verschiedenen Gruppen von Menschen
umfassen die Guten (Frommen und Heiligen), die Mittelmäßigen (die sowohl Gutes als auch Unrechtes getan haben), die großen, aber heilbaren Verbrecher sowie
die unheilbaren Verbrecher. Bei den drei letzteren sind Strafen in der gleichen
wüsten Landschaft fällig. Auch große Verbrecher haben eine Chance. Ihnen kann
durch die Opfer geholfen werden. Obwohl es sich um „Seelen" handelt, bewegen
sie sich in Räumen, zum Teil in schauerlicher Landschaft, mit angsterregenden Flüssen. Die Gerechtigkeit verlangt, daß keine Schuld ungesühnt bleibe.
    Die „Politeia", Platons zehn Bücher über den Staat, kann man als Zusammenfas-
sung der ganzen platonischen Philosophie ansehen. Das große Gespräch steht unter dem Thema der Gerechtigkeit, und unter diesem Leitmotiv wird die Frage behandelt, wie der Staat auszusehen habe, nicht im Sinn des unerreichbaren Ideals,
als Utopie, sondern im Sinn einer realen Möglichkeit. Die Ausführungen des vielleicht 375 v. Chr. verfaßten Werkes beinhalten eine scharfe Abrechnung mit den
Tyrannen. Auch in diesem Kontext bringt Platon seine Grundüberzeugung vor: Gerechtigkeit kann nicht unbelohnt bleiben, und der Ungerechte muß seine Vorteile
wieder einbüßen; ist beides in diesem Leben nicht möglich, dann jedenfalls im Kommenden. Platon schildert das Erwartete, indem er den – von früheren Historikern
ererbten – Mythos des Pamphyliers Er aufgreift, der in der Schlacht gefallen, am
zwölften Tag aber wieder zum Leben gekommen war und von „drüben" erzählt
hatte. Wenn Platon bewußt den Mythos wählt, dann nicht, weil er an der Gewißheit des kommenden Lebens und des gerechten Ausgleichs irgendeinen Zweifel

---

[28] Phaidon 107 c–114 b in Ausw., übertr. v. R. Rufener. Zürich 1974.

hätte, sondern weil der Mythos ihm die angemessene Form zu sein scheint, über das dunkel bleibende Wie des Kommenden zu sprechen. Platon läßt Sokrates sprechen:

Ich werde dir indes, so fuhr ich fort, nicht eine Geschichte erzählen, wie sie Alkinoos von Odysseus zu hören bekam, sondern die eines tapferen Mannes, des Er, der ein Sohn des Armenios war und aus Pamphylien stammte. Dieser Er war im Kriege gefallen. Als man nun nach zehn Tagen die schon verwesten Leichen aufhob, da fand man ihn noch unversehrt und brachte ihn nach Hause, um ihn zu bestatten; doch am zwölften Tage, als er bereits auf dem Scheiterhaufen lag, wurde er wieder lebendig und erzählte nun, was er im Jenseits gesehen hatte. Nachdem seine Seele aus ihm herausgetreten sei, sagte er, habe sie sich mit vielen anderen auf den Weg gemacht, und sie seien zu einem wunderbaren Orte gelangt, wo sich unmittelbar nebeneinander zwei Öffnungen in der Erde befanden, und gegenüber, am Himmel oben, zwei andere. Zwischen ihnen aber seien Richter gesessen. Wenn diese ihr Urteil gefällt hatten, so ließen sie die Gerechten den Weg einschlagen, der rechts hinauf durch den Himmel führt, nachdem sie ihnen Zeichen des Urteilsspruches an die Brust geheftet hatten. Die Ungerechten aber wiesen sie nach links und nach unten; auch diese trugen die Zeichen für alle ihre Taten, aber auf dem Rücken. Als nun auch er hinzutrat, hätten sie ihm gesagt, er solle den Menschen von den Dingen im Jenseits Kunde bringen, und hätten ihm befohlen, auf alles zu hören und zu achten, was sich dort abspielte. Er habe nun also gesehen, wie die Seelen, nachdem sie ihr Urteil empfangen, durch die eine Öffnung des Himmels und der Erde verschwanden. Durch die anderen aber seien Seelen zurückgekehrt. Die aus der einen von der Erde heraufkamen, waren voll Schmutz und Staub; aus der anderen aber stiegen andere rein vom Himmel herab. Und alle, die jeweils eintrafen, hätten den Eindruck gemacht, als kämen sie von einer langen Reise, und sie seien gerne auf jene Wiese gegangen und hätten sich dort wie bei einem Volksfest gelagert und sich begrüßt, wenn sie einander kannten. Und die aus der Erde kamen, fragten die anderen nach den Zuständen drüben, und die vom Himmel kamen, fragten, wie es bei den anderen gewesen sei. Und so hätten sie dann einander erzählt: die einen unter Jammern und Weinen, wenn sie daran zurückdachten, was sie auf ihrer Wanderung unter der Erde (die tausend Jahre dauere) alles erlitten und gesehen hatten, während die aus dem Himmel von ihrem Wohlergehen berichteten, und wie unerhört schön das gewesen sei, was sie geschaut hätten. Um nun das alles ausführlich zu erzählen, Glaukon, brauchte es eine lange Zeit. Die Hauptsache aber, sagte er, sei das: Für jedes Unrecht, das einer je getan, und für jeden Menschen, an dem er es begangen habe, seien sie der Reihe nach bestraft worden, und zwar für jedes Vergehen zehnmal, das heißt, jede Strafe habe hundert Jahre gedauert, weil auch das menschliche Leben so lang sei, damit sie also für ihr Unrecht die zehnfache Buße leisteten. Wer zum Beispiel den Tod vieler Menschen verschuldet hatte, indem er ganze Städte oder Heere verriet, oder wer andere in die Sklaverei verkauft hatte oder sonst an einem großen Elend mitschuldig war, der sollte für jede von allen diesen Übeltaten zehnfache Qualen erdulden. Wer dagegen Gutes getan hatte, wer gerecht und fromm gewesen war, der sollte im selben Maße erhalten, was ihm gebührte. Von denen aber, die gleich nach der Geburt starben oder nur kurze Zeit lebten, erzählte er wieder anderes, das aber nicht der Erwähnung wert ist. Doch für Ehrfurchtslosigkeit oder Ehrfurcht gegen Götter und Eltern und für eigenhändigen Mord seien die Strafen und die Belohnungen noch größer, sagte er. Er sei nämlich gerade dazugekommen, wie einer den anderen fragte, wo der große Ardiaios sei. Dieser Ardiaios war vor damals schon tausend Jahren in einer Stadt Pamphyliens Tyrann gewesen, hatte seinen greisen Vater und seinen älteren Bruder ermordet und soll auch sonst viele Greueltaten begangen haben.

Der Gefragte, so erzählte er, habe nur geantwortet: „Er ist nicht da und wird auch kaum je hierher kommen. Wir sahen nämlich neben manchem anderen schrecklichen Schauspiel auch das folgende: schon waren wir nahe an der Mündung und standen eben im Begriffe, hinaufzusteigen, nachdem wir alle anderen Leiden hinter uns hatten. Da sahen wir plötzlich jenen Ardiaios mit einigen anderen; die meisten davon waren Tyrannen, doch gab es auch einige gewöhnliche Bürger darunter, die aber auch große Verbrechen begangen hatten. Diese glaubten schon, sie könnten nun hinaufsteigen; aber die Mündung nahm sie nicht auf, sondern stieß ein Gebrüll aus, so oft einer dieser unheilbaren Bösewichter oder sonst einer, der seine Strafe noch nicht genügend abgebüßt hatte, hinaufzusteigen versuchte. Da standen denn“, fuhr er fort, „wilde Männer von feurigem Aussehen bereit, die wußten, was dieses Getön bedeutete. Sie packten die einen von ihnen und schleppten sie weg; den Ardiaios aber und andere fesselten sie an Händen und Füßen und am Kopf, warfen sie zu Boden, zogen ihnen die Haut ab und schleppten sie seitab vom Wege, wo sie sie in den Dornensträuchern zerkratzten. Und allen Vorübergehenden taten sie kund, weshalb dies geschah, und sagten, sie führten sie nun ab, um sie in den Tartaros zu werfen.“ Von all den vielen und mannigfachen Schrecken, die sie dort auszustehen hatten, sagte er, sei das der schlimmste gewesen, daß ein jeder fürchten mußte, das Gebrüll könnte ertönen, wenn er hinaufsteigen wolle, und heilfroh sei jeder aufgestiegen, wenn es sich nicht hören ließ. Solcher Art etwa sind also die Bußen und Strafen, und ebenso die Belohnungen, die jenen entsprechen.[29]

Platon wählt geschickt die sprachliche Gestalt des alten Mythos, um zu verstehen zu geben: Ganz wörtlich muß eine derartige Erzählung nicht aufgefaßt werden, aber auf jeden Fall ist eine strengste Bestrafung des bewußt getanen Unrechts zu erwarten. Es ist nicht zu leugnen, daß Platon mit dem Angstmotiv arbeitet. Aber im Mittelpunkt steht die Idee der Gerechtigkeit, die nicht existieren würde, hätte sie nicht über den Tod hinaus Geltung. Bei aller Schrecklichkeit der angedrohten Strafen – und in diesem alten Mythos geht es nicht ohne sadistische Züge ab – bleibt bei Platon der Gedanke vorherrschend, daß es eine Entwicklung auch nach dem Tod gibt und daß (fast) jeder eine Chance zu Einsicht und Besserung hat. So sehr hier durch zwar proportionale, aber überharte Strafen abgeschreckt wird, so deutlich ist, daß ihr letzter Sinn therapeutisch ist.

Plutarchos

Der Platoniker Plutarchos († nach 120 n. Chr.), der auch von Peripatos und der Stoa beeinflußt war, änderte, nachdem er von zwei Visionen erfuhr, die er in „Moralia“ festhielt, sein Leben. Er wurde Priester Apollons in Delphi. Die erste Vision widerfuhr einem Thespesios, der nach einem unmoralischen Leben gestorben und nach drei Tagen wieder ins Leben zurückgekehrt sei. Er berichtete, wie seine Seele den Leib verließ und in einen Raum gelangte, in dem andere Seelen von Winden umhergewirbelt wurden, wobei sie Klagelaute ausstießen. Etliche erkannte er, auch solche, die in höheren Räumen glücklich und zufrieden lebten. Einige erschienen ihm hell glänzend, andere voller Flecken, wieder andere ganz schwarz. Ein Gericht er-

---

[29] Politeia X 614 d–616 a, übertr. v. R. Rufener, Zürich 1974.

Höllendarstellung aus den Apsismosaiken der Kathedrale von Otranto, ca. 1163

Höllendarstellung aus den Apsismosaiken der Kathedrale von Otranto, ca. 1163

warte die Bösen. Die Unverbesserlichen würden den Erinnyen übergeben und in einen Abgrund gestoßen. Thespesios berichtete von der Wahrnehmung von Strafen, von drei Seen aus brodelndem Gold, gefrorenem Blei, aus von Wirbeln aufgewühltem Eisen und von Dämonen, die die Seelen der Reihe nach in diese Seen tauchten. Auch eine Reinigungsmöglichkeit, bei der Schmiede die Seelen für ein weiteres Leben in unterschiedliche Gestalten umarbeiteten, sah er. Die zweite Vision erzählte ein Timarchos. Aus hohen Lüften sah dessen Seele in einem Meer, in dem Seelen schwammen, lodernde Inseln. Unterhalb ihrer habe sich ein finsterer, runder Schlund befunden, aus dem Seufzer zu hören gewesen seien; der Schlund habe Seelen angezogen, andere seien aus ihm herausgeschleudert worden.[30]

Der römische Orcus

Cicero

Die Gedanken der Griechen wurden neben anderen vor allem von Marcus Tullius Cicero (43 v. Chr. ermordet) an die römische Welt weitervermittelt. Auch er war in der christlichen Theologie der Alten Kirche, besonders bei Hieronymus, Ambrosius und Augustinus, hoch angesehen. Im Zusammenhang mit der Höllenthematik ist sein „Somnium Scipionis" von großer Bedeutung geworden. Es handelt sich um eine Erzählung, die in Ciceros Abhandlung vom besten Gemeinwesen, „De re publica" VI, eingefügt ist, einem Dialog, der 54/52 v. Chr. entstanden war, vom Autor auf das Jahr 129 zurückdatiert wurde.

Scipio Africanus Maior erscheint in dieser Erzählung dem Scipio Aemilianus im Schlaf und offenbart ihm aus dem „Jenseits" die persönliche und die staatliche Zukunft. Allen, die dazu beitragen, daß die Heimat nach innen und nach außen zu Glück und Frieden kommt, wird ein ewiges Leben voller Glück durch den höchsten, die ganze Welt regierenden Gott beschieden; Gerechtigkeit und „Frömmigkeit" (Ehrfurcht), iustitia und pietas, sind dem Vaterland und den Nächsten zu erweisen. Cicero läßt den verstorbenen Helden aus der Region der Seligen im Himmel, der Milchstraße, berichten, von der aus sich erweist, wie wenig die winzige Erde als ewige Heimat taugen würde. Die griechische Auffassung von der Unsterblichkeit der Seele ist ihm unumstößliche Gewißheit:

> Wisse wohl: nicht du bist sterblich, sondern nur dieser dein Körper; denn du bist nicht der, der durch diese deine Gestalt dargestellt wird, sondern der Geist eines jeden Menschen ist der eigentliche Mensch, nicht die äußere Gestalt, auf die man mit dem Finger zeigen kann.

Unter Berufung auf die Annalen des Ennius und damit auf Homer (VI 2) hat Cicero folgende Aussage zu jenseitiger Bestrafung:

> Die Seelen derer, die sich den Genüssen des Körpers überlassen, sich gleichsam zu dessen Dienern hergeben und unter dem Antrieb der den Genüssen dienstbaren Lüste der

---

[30] J. Le Goff: Die Geburt des Fegefeuers. München 1990, S. 133 f.

Götter und der Menschen Rechte verletzt haben, die müssen, wenn sie den Körpern entglitten sind, um die Erde selber kreisen und kehren erst, nachdem sie viele Jahrhunderte lang umgetrieben worden sind, an diesen Ort zurück.[31]

Noch ist der Gedanke der verletzten Gerechtigkeit da. Aber Ciceros Tugendauffassung kreist sehr stark um die ausgewogene Seelenlage des Individuums, die durch Beherrschung der Affekte und „Triebe" zu erreichen ist. Dadurch wurde er nicht nur für die genannten Theologen, sondern auch für spätere Mystiker und Pädagogen zur großen Autorität. In die Aufzählung der Sünden, die sich „jenseitige" Strafen zuziehen, kam so die Nachgiebigkeit gegenüber den Genüssen des Körpers hinein, ein Aspekt, der in den Höllenvorstellungen des christlichen Mönchtums zu vorrangiger Geltung kam.

Vergil

Der Dichter Vergil († 19 v. Chr.) kam sicherlich infolge entsetzlicher Erfahrungen im Bürgerkrieg zu den Themen: Verlust der Heimat – Verlust des Lebens. Um so hoffnungsvoller war die Perspektive, die sich ihm mit der Protektion durch den späteren Kaiser Augustus auftat. Vergil stand in der Alten Kirche in hohem Ansehen, nicht nur wegen der großen Ernsthaftigkeit seiner Dichtungen und der von ihm verkörperten Tugenden, sondern in besonderer Weise wegen seiner 4. Ekloge. Hier preist Vergil, natürlich im Hinblick auf Augustus, die Geburt eines göttergleichen Jungen, mit dem eine Ära des Friedens und des Glücks auf der ganzen Welt beginnen werde. Der aus Gründen politischer Opportunität dem Christentum sehr geneigte Kaiser Konstantin († 337, auf dem Sterbebett ließ er sich taufen) deutete in seiner Karfreitagspredigt des Jahres 323 diese Passage auf das göttliche Kind von Bethlehem. Hinfort galt Vergil als Prophet und Seher des christlichen Heils, obwohl er „Heide" war. Die Verehrung für ihn hielt im Mittelalter und in der Zeit des Humanismus an.

In der zwischen 29 und 19 v. Chr. entstandenen „Aeneis" wollte Vergil im mythischen Gründer der römischen Nation den gegenwärtigen Augustus ehren.[32] In Aeneas entwarf er eine Art Gegenbild zu Odysseus; wie dieser sollte auch Aeneas durch einen Gang in die Unterwelt Aufschluß über das künftige Geschick erhalten. Davon handelt das VI. Buch.

Die Sibylle von Cumae soll Aeneas das Höllentor öffnen, denn er möchte seinen verstorbenen Vater sehen. Er weiß: „Hier ist doch das ‚Tor des Unterweltsfürsten', wie man es nennt, und der nächtige Pfuhl, des Acheron Stauung" (106 f.). Die Sibylle erklärt: „Leicht ist zum Avernus der Abstieg, Nacht und Tag steht offen das Tor des düsteren Pluto. Aber zurückzulenken den Schritt zu den Lüften des Himmels, Leistung ist es und Last" (124–129); es heißt ja „zweimal den stygischen See zu befahren, zweimal zu sehn des Tartarus Nacht" (134 f.). Immer willens, die von

---

[31] De re publ. – Vom Gemeinwesen, lat.-dt. von K. Büchner. Zürich ²1960.
[32] Vergil: Aeneis, deutsch von J. Götte, mit einem Nachwort von 1983 von B. Kytzler. Darmstadt ⁶1983.

der Sibylle verlangten Leistungen zu erbringen, gelangt Aeneas „zum qualmum-
schwelten Schlund des Avernus" (201) und zu einer Stelle, wo ein Blutopfer dargebracht werden soll; „hochauf ragte die Höhle, gewaltig mit klaffendem Rachen,
schroff und geschützt vom schwarzen See und finsteren Wäldern" (237 f.). Aeneas
folgt der Seherin, die sich „in den Rachen der Grotte" hineinwirft:

> Dunkel schritten sie dort unter einsamer Nacht durch Schatten
> und durch Plutos öden Palast und die Reiche der Ohnmacht,
> wie bei ungewiß gleißendem Mond unter boshaftem Flimmern
> dämmert durch Wälder der Weg, wenn Juppiter schattend umwölkt den
> Himmel und düstere Nacht den Dingen löscht ihre Farben.
> Gleich an der Vorhalle selbst, zunächst im Schlunde des Orcus,
> lagert der Gram, dort lauern die rächend nagenden Sorgen,
> hausen Krankheitsdämonen bleich und grämliches Alter.
> Furcht und Hunger, der übel berät, und schimpfliche Armut,
> Larven, gräßlich zu schauen! Dort lagern der Tod und die Mühsal,
> bleierner Schlaf, dem Tode verwandt, und des Herzens verworfne
> Lüste; todbringend hockt auf der Schwelle der Dämon des Krieges,
> dort ist der Furien eisern Gemach, dort sinnlose Zwietracht,
> die ihr Schlangenhaar aufknotet mit blutigen Bändern.(268–281)

Der Palast besitzt einen Hof und ein Tor, an dem „Wunder- und Mischgestalten
viel von mancherlei Tieren hausen" (285 f.), darunter Kentauren und Skyllen in
Doppelgestalt, Hundertarmige, die gräßlich zischende Lernäische Schlange, die
flammengewappnete Chimaera, Gorgonen und Harpyien: Aeneas wird „jäh von
Grauen gepackt" (285 ff.; 290). Die Sibylle ermutigt ihn, da es sich nur um „leibloses
Leben" handle, das „dürftig umherflattre im Trugbild echter Gestalt" (292 f.). Zum
wesentlichen Inventar der Unterwelt gehören der Fluß Acheron und der Fährmann
Charon:

> Hier führt weiter der Weg zu des höllischen Acheron Wogen.
> Trübe von Schlamm und wüst hinwirbelnd siedet und braust der
> Strudel und speit all seinen Sand in des Klagestroms Fluten.
> Hier die Gewässer und Ströme bewacht als grausiger Fährmann
> Charon, strotzend von gräßlichem Schmutz, verwildert umwuchert
> grau und struppig der Bart sein Kinn; starr glühn seine Augen,
> schmutzig hängt von den Schultern herab am Knoten sein Umhang,
> selber stößt er das Floß mit der Stange, bedient es mit Segeln,
> fährt im eisenfarbigen Kahn die Toten hinüber,(295–303),

die als „wimmelnde Menge" am Ufer drängen (305). Der Fährmann darf nur jene
weiterbefördern, die auf Erden ein Grab gefunden haben; die anderen müssen hundert Jahre „flatternd" am Gestade des Unterweltflusses umherirren (329). Zu diesen
gehört des Aeneas einstiger Steuermann Palinurus, der bei der Überfahrt von Liby-
en her im Meer ertrunken war; er klagt Aeneas sein Leid, aber dieser kann ihn nur
mit der Aussicht auf ein späteres Begräbnis seiner Gebeine unter Darbringung von
Opfern am Grabhügel trösten. Charon richtet das Wort an Aeneas und belehrt ihn:
„Hier ist das Reich der Schatten, der schlaftrunknen Nacht und des Schlummers"
(390). Auf die Intervention der Sibylle hin muß er Aeneas trotz ursprünglicher Wei-

gerung in sein Boot nehmen: „Alle die Seelen (animas!), die schon auf langen Bän-
ken da saßen, jagte er fort und räumte die Gänge" (411 f.). Am jenseitigen Ufer befindet sich der Eingang einer Höhle, bewacht vom Höllenhund Cerberus, der von riesiger
Gestalt ist, einen dreifachen Schlund und einen Drachenkamm besitzt und laut bellt,
aber von der Sibylle mit einem Zauberkloß in Schlaf versetzt wird (417 ff.). Aeneas
vernimmt nun zunächst das Wimmern der Seelen von Kindern, die noch als Säug-
linge starben; dicht neben ihnen sitzen „die fälschlich zum Tode Verdammten" (430),
deren Prozesse von Minos und seinem Totengericht neu aufgerollt werden (432 ff.).

> Anschließend wohnen sodann voll Trauer, die ohne Verschulden
> Tod sich gaben mit eigener Hand, aus Ekel am Licht ihr
> Leben von sich warfen; wie gern jetzt würden sie droben
> unter dem Himmel Armut ertragen und drückende Mühsal.
> Götterspruch wehrt es, der widrige Pfuhl der Wasser des Grames
> hemmt sie, es hält sie der Styx mit neunfach wehrender Windung.
> Nicht gar weit von hier, nach überallhin sich dehnend,
> liegen die Trauergefilde: so heißen sie drunten mit Namen.
> Einsame Pfade verbergen hier alle die, denen harte
> Liebe grausam zehrte am Mark, es birgt sie ein Wald von
> Myrtenbäumen: doch will sie ihr Gram selbst im Tod nicht verlassen. (434–444)

Aeneas begegnet hier namentlich bekannten Gestalten aus Mythologie und Geschichte, die ihr Geschick tränenreich beklagen. Er trifft Kriegshelden, auch als
Seelen mit ihren Wunden und Verstümmelungen. Die für den Besuch in der Unterwelt gesetzte Frist droht unter vielerlei Gesprächen mit den Toten zu verstreichen,
daher mahnt die Sibylle zum Weiterziehen und erklärt:

> Hier ist der Ort, da der Weg nach beiden Seiten sich spaltet:
> wo der rechte zur Burg hinstrebt des mächtigen Pluto,
> führt zum Elysium uns die Bahn; der linke dort aber
> straft die Bösen und schickt sie hinab zum Pfuhl der Verruchten (540–543).
> Umschaut Aeneas sich jetzt, und hart unterm Felsen zur Linken
> sieht er die wuchtende Burg, umwallt von dreifacher Mauer,
> die der flammenstrudelnde Strom rings wütend umwirbelt,
> Phlegethons höllische Flut, fortwälzend dröhnende Felsen.
> Vorn ragt riesig das Tor, aus härtestem Erze die Säulen,
> daß nicht Menschenmacht, ja selbst nicht Himmelsbewohner
> je sie brächen im Krieg; hoch ragt ein eiserner Turm auf,
> lauernd hockt Tisiphone dort, blutfarben ihr Umhang,
> schlaflos hütet den Vorhof sie durch Nächte und Tage.
> Stöhnen drang von hier herauf, und wütende Schläge
> klatschten, Eisengeklirr ward laut und Kettengerassel;
> jäh vom Geräusche entsetzt und gebannt blieb stehen Aeneas:
> „Welche Verbrechen sind hier, sag an, o Jungfrau, und welche
> Strafen erleiden sie, welch ein Jammer hallt in die Lüfte?" (548–561)

Die Sibylle sagt ihm, daß kein Frommer je die Schwelle des Frevels überschreiten
dürfe, daß sie selber aber einmal die Strafen schauen durfte. „Diese Reiche der Qual
beherrscht Rhadamanthus aus Knossos", der peinliche Verhöre führt und die Schul-

digen zu Geständnissen zwingt (566 ff.). Sie werden alsbald von der Rächerin Tisi-
phone gepeitscht, ehe sie das Tor des Fluches betreten müssen. Drinnen haust eine
riesige Schlange „mit fünfzig düsteren Rachen" (576). Dann klafft der Tartarus auf;
die Sibylle nennt Namen aus der Mythologie (unter ihnen Tityos und Ixion), zählt
aber auch generell die Untaten auf, die mit Höllenstrafen im Tartarus geahndet
werden:

> Wer seine Brüder im Leben gehaßt oder wer seinen Vater
> schlug und wer mit Betrug am Schützling schnöde gefrevelt,
> wer da einsam brütend gehockt auf gehortetem Reichtum
> und ihr Teil den Seinen nicht gab – und das sind die meisten –,
> wer wegen Ehebruchs niedergehaun, wer ruchlosem Krieg sich
> anschloß, wer sich nicht scheute, dem Herrn die Treue zu brechen,
> wartet in Fesseln der Pein (608–614).
> Dieser verkaufte für Gold sein Vaterland, half dem Tyrannen
> also zur Macht, er gab und tilgte für Geld auch Gesetze;
> jener entehrte der Tochter Gemach durch verbotenen Umgang.
> Frevel wagten sie alle ohn' Maß und genossen ihr Wagnis.
> Hätte ich hundert Zungen und hundert Münder, dazu von
> Eisen die Stimme, nicht könnte ich jede Art von Verbrechen,
> nicht die Namen der Strafen dir je erzählend berichten (621–627).

Aeneas muß sich mit diesen Erzählungen und Erläuterungen der Priesterin begnügen; er wird zum raschen Rückweg gedrängt. Außerhalb des Tores kommen sie
zum „Ort der Freude" (locos laetos) (638).

In schattigen, lorbeerduftenden Hainen verweilen dort die Seligen im Glück. Unter ihnen befindet sich auch Aeneas' Vater Anchises. Aber auch diese Seligen sind
nur Geister: es gelingt Aeneas nicht, den Vater zu umarmen; dieser ist leicht wie ein
Windhauch, ähnlich einem flüchtigen Traumbild (702). Ein wesentlicher Bestandteil der Seligkeit liegt darin, daß die Abgeschiedenen am Fluß Lethe tiefes Vergessen trinken können und so ihre Sorgen loswerden. Im Unterschied zu der Unterwelt,
die von der Sibylle als wirkliche Strafhölle geschildert worden war, gibt es hier auch
Peinigungen, die der Läuterung dienen. Ohne in der Hölle zu sein, hausen die Leidenden in einem „finsteren Kerker" (734). Anchises erklärt seinem Sohn:

> Ja, selbst wenn mit letztem Blick das Leben dahinschied,
> weicht nicht jegliches Übel den Armen, weichen nicht alle
> Seuchen des Körpers von Grund aus fort, denn, lange und tief den
> Seelen verwachsen, bleibt noch viel erstaunlich verwurzelt.
> Daher suchen Peinen sie heim; für frühere Sünden
> büßen Strafen sie ab: breit hangen die einen im leeren
> Windraum schwebend gereckt, den anderen wird über wüsten
> Wassern der Schandfleck getilgt oder ausgebrannt durch Feuer (735–742).

Vergil spricht in diesem Zusammenhang von einer tausendjährigen Tilgung der
Makel und von der Möglichkeit, nach dem Trank des Vergessens am Strom Lethe
„erinnerungslos" in Körper auf der Erde zurückzukehren (748 ff.). Nachdem Aeneas
vom Vater die erhoffte Auskunft über Roms künftiges Schicksal erhalten hatte, verläßt er mit der Sibylle durch eine Elfenbeinpforte die jenseitige Welt.

Dieses VI. Buch der Aeneis war wegen des erwähnten hohen Ansehens Vergils in christlichen Kreisen durch Jahrhunderte von riesigem Einfluß. Ein strenger Unterschied zwischen Dichtung und Prophetie war weiten Kreisen nicht bewußt. So kehren in der späteren Literatur wie in der bildenden Kunst lebende und starre Requisiten dieser Reisebeschreibung wieder. Die als unüberwindbar geschilderten ehernen Höllenpforten spielten eine besondere Rolle. Die Topographie mit Flüssen, Höhlen und Palästen wiederholte sich. Personifizierte Mächte wie der Tod, mythische Figuren wie Dämonen und Furien, Mischgestalten zwischen Mensch und Tier wurden zum geläufigen Inventar der Hölle. Die in die Unterwelt gelangten Menschen führen eine leiblose Schattenexistenz, sind aber gestalthaft wahrnehmbar und daher auch abbildbar.

Ein Gericht vor der einen oder anderen Instanz steht allen Verstorbenen als Forum individueller Rechenschaft bevor. Je nach dem Urteil ist das jenseitige Schicksal dann unterschiedlich. In einem milderen Höllenbereich droht auch Unschuldigen ein bitteres Todeslos, das auf eine in der lateinisch-westlichen Antike verbreitete Unsensibilität schließen läßt. Die gewaltsam Umgekommenen trauern über die Wunden ihres Erdenlebens. Es gibt keine Vergebung (Dido vergibt Aeneas trotz seiner flehentlichen Bitten nicht, da sie sich aus Kummer über seine Abreise den Tod gegeben hatte). Die für Verbrechen vorgesehenen Höllenstrafen geben Aufschluß über zeitgenössische ethische Wertvorstellungen und über gesellschaftliche Mentalität. Im strengen Sinn religiöse Sünden gründen in der hybriden Auflehnung gegen die Götter, insbesondere gegen Juppiter, den „pater omnipotens" (591). Politische Tugenden werden an den Gegenbildern kenntlich: Vaterlandsverrat, Käuflichkeit, Teilnahme am ungerechten Krieg, Treuebruch. Auch die weiteren Sünden zeigen ein deutliches soziales Profil: Bruderhaß, Vatermißhandlung, Betrug an Schwachen, Horten des Reichtums ohne zu teilen, Ehebruch. Inbegriff des guten Verhaltens, das vor der Hölle bewahrt, ist die Gerechtigkeit („discite iustitiam": 620). Die Dichtung läßt ihre politische Intention deutlich werden. Die von den Zielvorstellungen des römischen Rechts her als „Verbrechen" deklarierten Verhaltensweisen finden auf jeden Fall eine jenseitige Ahndung. Die Dichtung hat von daher moralpädagogischen Charakter. Die Einschätzung der Menschen durch den Dichter wird an den drei Kategorien von Toten erkennbar. Eine unschätzbar große Zahl ist in die Hölle verdammt, aber größer ist die Zahl derer, die zur Läuterung im Jenseits gepeinigt werden und zur Wiederverkörperung bestimmt sind; ganz klein ist die Zahl der wahrhaft Schuldlosen, die in ewigem Glück wohnen.

Aus manchen Stellen läßt sich erschließen, daß der Dichter selber an die Existenz dieses Totenreiches geglaubt hat. Er führt sowohl prophetische Visionen als auch trügerische Träume auf Einflüsse zurück, die aus zwei Pforten der Unterwelt ins Diesseits dringen.[33]

---

[33] Wohl abhängig von den zwei Pforten der Odyssee Homers XIX 560 f.: Moraldi (Anm. 1), S. 134.

Andere Römer

Bei weitem nicht so einflußreich waren die kurzen, antikes Gemeingut enthalten-
den Verse Ovids zum Thema der Unterwelt in „Metamorphosen" IV. Hier heißt
es beispielsweise:

> Ohne Fleisch und Gebein irren da die blutlosen Schatten,
> Manche bevölkern den Markt, das Haus des Herren der Tiefe
> andere, manche betreiben – als Nachbild früheren Lebens –
> andere Künste, ein Teil ist gebannt an den Ort seiner Strafe (443–446).

So zeichnet sich ein in sich sehr differenziertes, in einigen Grundzügen aber ein-
faches und allgemeines Höllenbild der mittelmeerischen Antike ab. Es existiert nach
diesem Fürwahrhalte-Glauben eine jenseitige Welt, je nach dem „wissenschaftlichen" Weltbild am Rand der empirischen Welt oder in der Tiefe der Unterwelt
gelegen, wo die Toten ihr Leben in veränderter Weise fortführen. Dominant ist die
Vorstellung von einer Rechenschaft über das irdische Leben und einem Gerichts-
urteil göttlicher Mächte unter dem ethischen Leitbild ausgleichender Gerechtigkeit.
Das konkret an individuelles Verhalten angelegte Kriterium ist jeweils stark von der
gesellschaftlichen Mentalität geprägt. Die Schicksale im Jenseits lassen sich in drei
Gruppen einteilen: selige Vollendung, Peinigung mit medizineller Absicht, z. T. mit
dem Gedanken einer Reinkarnation verbunden (weniger allgemein vertreten), sowie ewige Bestrafung. Die Existenzbeschreibungen suchen durch bildhafte Vorstellungen die Identität der Menschen (etwa mit Hilfe identischer Körpermerkmale) in
Diesseits und Jenseits zu sichern, andererseits die Andersartigkeit des Lebens jenseits der Todesgrenze durch Elemente des Schattens, der Flüchtigkeit, der unkör-
perlichen Transparenz usw. zu betonen.

Gegen solche Vorstellungen erhob sich wenig ausdrückliche bekanntgewordene
Opposition. Von ihr ist vor allem die Auffassung des Lukrez († 55 v. Chr.) in „De
natura rerum" zu nennen.[34] Die mythischen Erzählungen von der Hölle und ihren
Strafen erreichen seiner Überzeugung nach ihr Ziel nicht. Sie vermögen Verbrechen
nicht zu verhindern und deformieren die Religion der Menschen durch Angst. Lukrez meint, das irdische Leben mit den Leiden des menschlichen Ich, mit seinen
Ängsten, mit einer Liebe, die nie ans Ziel gelange, sei die wahre Hölle und die Höl-
lenmythen seien nur Allegorien dafür.

---

[34] Minois (Anm. 1), S. 48 f.

3. Das Alte oder Erste Testament

Gericht, Tod und Auferweckung

Das Erste (Alte) und das Neue Testament bilden für den abendländischen Kulturkreis eine unlösbare Einheit. Da das Zweite Testament ohne das Erste unverständlich bleiben muß, ist den alttestamentlichen Jenseitsauffassungen größere Aufmerksamkeit zuzuwenden. Sie sind in den letzten Jahrzehnten außerordentlich gut erforscht worden.[1]

Das Erste Testament sieht ohne Zweifel den Gott Jahwe als einen wirkmächtigen Gott, dessen Macht sich auch auf die Zukunft erstreckt. Die Zukunft, zunächst als diejenige des Volkes im Blick, steht unter dem Vorzeichen seiner Verheißungen (des Landes, der Mehrung des Volkes usw.). Widerstreben und gegenläufiges Verhalten gegenüber den Weisungen Jahwes führen jedoch auch zur Ansage einer Zukunft, die durch Unheil und Gericht geprägt ist. Mit den Gerichtsdrohungen der Propheten kommt ein Element in die Jenseitsauffassungen, das auch für spätere Höllenauffassungen entscheidend wurde. Zunächst jedoch fassen diese Gerichtsansagen nicht einen Zustand oder ein Ereignis „jenseits" des Todes ins Auge.

In den Visionen des Propheten Amos (Kap. 7–9) wird um 760 v. Chr. ein Ende als Gericht über das Volk Israel angedroht. Von einem göttlichen Strafgericht sprechen auch die Propheten Jesaja (Kap. 2), Micha (Kap. 2), Zephanja (Kap. 1), Ezechiel (Kap. 7) und andere. Gegenstand dieser Drohworte ist weder das Ende der Welt (wie in der späteren Tradition) noch das Ende des Gottesvolkes; allenfalls ist das Ende der Staaten Israel und Juda gemeint.[2] Die Androhungen stehen im Dienst einer eindringlichen Mahnung zur Umkehr, wobei jedoch von einer möglichen Rettungschance nur sehr andeutungsweise die Rede ist. Heil aus der – in der Sicht der alttestamentlichen Schriftsteller selbstverschuldeten – nahenden Katastrophe stellen dann spätere prophetische Texte, etwa Jeremia (Kap. 31), Ezechiel (Kap. 40–48) und der „Heilsprophet" Deutero-Jesaja (Kap. 40; 54) zur Zeit des babylonischen Exils seit 587 v. Chr. in Aussicht. Eine wunderbare Neuschöpfung ist Thema bei Trito-Jesaja (Kap. 65).

Die „Innenseite" dieses Vorgangs, bei dem harte Drohungen und tröstliche Verheißungen wechseln, stellt ein Gottesbild dar, das schon früh durch „liebende Selbst-

---

[1] Hier stütze ich mich auf die zusammenfassenden Darlegungen von J. Schreiner in: Eschatologie. In der Schrift und Patristik. HDG IV 7 a, von B. Daley unter Mitarbeit von J. Schreiner und H. E. Lona. Freiburg 1986.
[2] Schreiner (Anm. 1), S. 6 f.

beschränkung" des göttlichen Zornes (Hos 11,8) charakterisiert ist und in dem Erbarmen mit den Menschen, die aus eigener Kraft zur Beachtung der Weisungen Jahwes nicht fähig sind (Jer 13,23), und für ewig geltende Liebe dominieren. Mit vielfältigen Motiven werden eine positive Wende im Geschick des Volkes, ja der Menschheitsvölker und ein ewiges Heil in Aussicht gestellt (neuer Geist, neues Herz, ewiger Bund, Friedens- und Fruchtbarkeitsbilder, Sammlung, Heimkehr, Völkerwallfahrt zum Zion usw.).

Da in den gesammelten heiligen Traditionen sowohl die Unheils- als auch die Heilsseite der Zukunft zugleich vergegenwärtigt wurden, trat die Gerichtsangst vor „jenem Tag", die Angst vor Gottes rächendem Zorn und seinen Strafen, nie ganz in den Hintergrund (vgl. die Beispiele für angstmachende Drohungen: Jes 10,25; Am 5,18–20; Zef 1,15 f.).

Bei den grundlegenden Zukunftsaussagen des Ersten Testaments steht der nationale Aspekt gewiß im Vordergrund. Das Ethos, das auch den „Fremden" und die nicht-jüdischen Völker umfaßt, und der Jahwe-Glaube, der im Gott Israels zugleich den Schöpfer und Lenker der Welt sieht, sprengen den bloß nationalen Rahmen der Zukunftserwartungen. Es läßt sich auch nicht behaupten, wie das in der früheren Literatur öfter der Fall war, die Zukunftsansagen hätten das Individuum ausgeklammert, als habe in Israel der einzelne Mensch nur als Glied des Volksganzen Geltung gehabt. Alle wesentlichen spirituellen Strömungen, das Prophetentum, die Weisheit und die Apokalyptik, betonen die Verantwortlichkeit der Individuen. Die Aufforderungen zu Entscheidung und Umkehr, d. h. Neuorientierung des Lebens, die im Doppelgebot der Gottes- und Nächstenliebe kulminiert, sind verbunden mit Erwähnungen des künftigen Schicksals, das gegebenenfalls als Strafe in Aussicht gestellt wird. Ebenso sind in der Gebetsliteratur Israels genügend Texte erhalten, die der Reue, Klage und Hoffnung des Individuums Ausdruck geben. Das ausgebildete Rechtswesen dieses Volkes wäre nicht denkbar ohne die zugrundeliegende Überzeugung der individuellen Verantwortlichkeit.

So kann man sagen, daß die drohenden Zukunftsansagen des Ersten Testaments zwar moralisch-pädagogischen Charakter haben, zum Teil auch erkenntlich an bestimmte Gruppen (des Hofes und der Oberschicht, die Priesterschaft usw. wegen ihres gottwidrigen Lebens) gerichtet sind, dabei stark unter dem Vorzeichen der schließlich siegreichen Gerechtigkeit stehen, daß aber die mögliche bloße Manipulation immer wieder durch die Mächtigkeit des Jahwe-Glaubens und durch ein hohes Ethos gebannt wird.

In zahlreichen Zeugnissen thematisiert das Erste Testament den Tod des Menschen. Die Lebensumstände wie Krankheit, Naturkatastrophen, äußere und innere gewalttätige Feinde führen die Allgegenwart des Todes vor Augen. Über die Vorstellungen, was im Tod mit dem einzelnen Menschen geschähe, die weithin mit den Auffassungen der anderen Völker des Alten Orients übereinstimmen, ist hier gesondert und im einzelnen zu sprechen. Zu den Besonderheiten im Gedankengut Israels gehört, daß Jahwe selber vom Totenreich und den Mächten des Todes völlig unangefochten ist. Es bestehen keinerlei Parallelen zu den dem Sterben und Auferstehen unterworfenen Natur- und Fruchtbarkeitsgottheiten der Umwelt. Jahwe

ist auch mächtig über den Tod und über dessen „Reich", die Unterwelt. Aus dieser
Gottesauffassung entsteht in Israel die Hoffnung für das Menschenschicksal über
den Tod hinaus. Es ist nicht richtig, daß die Zeugnisse für diese Hoffnung erst
„spät", etwa in die beiden vorchristlichen Jahrhunderte, zu datieren und hellenistischem Unsterblichkeitsdenken zuzuschreiben seien.

Da der Tod als Abbruch der Lebensbeziehung auch zu Jahwe und somit als Trennung von Gott verstanden wurde, schrieb man zuerst einzelnen Gottesfreunden
Errettung aus diesem Schicksal zu, zunächst nicht in Gestalt einer eigentlichen Auferstehung, sondern als Entrückung in die Lichtherrlichkeit Jahwes, wie Henoch
(Gen 5,21–24) und Elija (2 Kön 2,11 f.). Die Hoffnung erstreckte sich dann auf
gerechte, d. h. an den Weisungen Gottes orientierte und getreue Menschen (Ps
16,10 f.; 49,16; 73,23 f.).

Die Metapher Ez 37,1–14 bezeugt wenigstens den festen Glauben, daß Jahwe
imstande ist, dürre Gebeine durch seinen Geist wieder lebendig zu machen, auch
wenn sie an dieser Stelle keine Ansage künftiger Auferweckung der Toten ist.

Die beginnende Apokalyptik gibt dann der Hoffnung, daß Gemeinschaft mit Gott
über den Tod hinaus möglich ist, die Gestalt eines eigentlichen Auferweckungs-
glaubens, nicht ohne innerjüdischen Widerspruch (wie Koh 3,19 ff.).[3] Wenn auch
das Wie einer solchen Auferweckung nicht thematisiert wird, so zeigen doch die
Zusätze zur sogenannten Jesaja-Apokalypse zwischen dem vierten und dem Ende
des dritten vorchristlichen Jahrhunderts die feste Zuversicht einer Auferstehung der
Toten und eines ewigen Lebens (Jes 25,8a; 26,19).

In markanter Weise spricht die Vision des Propheten Daniel um 165 v. Chr., zur
Zeit der Verfolgung der palästinischen Juden durch Antiochus IV. Epiphanes (175–
164), von der Auferstehungserwartung:

> Zu jener Zeit wird sich Michael erheben, der große Fürst, der die Söhne deines Volkes
> beschützt, und es wird eine Zeit der Bedrängnis sein, wie noch keine gewesen ist, seit
> Völker bestehen, bis auf jene Zeit. Und in jener Zeit wird dein Volk errettet werden,
> ein jeder, der sich aufgezeichnet findet im Buche. Und viele von denen, die schlafen im
> Erdenstaube, werden erwachen, die einen zu ewigem Leben, die andern zu Schmach,
> zu ewigem Abscheu. Die Weisen aber werden leuchten wie der Glanz der Himmelsfeste
> und, die viele zur Gerechtigkeit geführt, wie die Sterne immer und ewig (Dan 12,1–3).

Bemerkenswert ist auch das an Daniel persönlich gerichtete Gotteswort: „Du nun
gehe hin und ruhe! Du wirst zu deinem Erbteil erstehen am Ende der Tage" (Dan
12,13).

So sehr diese Texte in einer Art und Weise von der Totenerweckung sprechen,
als handle es sich um eine weithin bekannte Erwartung, so vieles lassen sie offen.
Undeutlich ist, ob die Vielen eine Umschreibung für alle Menschen ist. Unklar ist
der Ort der Auferweckung: denkt der Apokalyptiker an diese Erde oder an eine
Himmelsregion? Das Buch der Weisheit zeigt, daß eine Erweckung der Toten, nämlich der Getreuen, zu einer Gemeinschaft mit Gott in Liebe, angesprochen werden

---

[3] Schreiner (Anm. 1), S. 28 f., auch zum Folgenden.

konnte ohne eine Erwähnung des Leibes, also ohne Bekenntnis zu einer Auferstehung im wörtlichen Sinn. Ohne Zweifel sind sowohl die Zukunftsansagen bei Daniel wie diejenigen im Buch der Weisheit von der Erwartung einer Vergeltung durch Gott, von der festen Überzeugung, daß sich Gottes ausgleichende Gerechtigkeit durchsetzen werde, geprägt. Die Intentionen der Aussagen sind eindeutig: Es handelt sich um eine Bestärkung des Widerstandswillens gegen eine von Gottlosigkeit und Ungerechtigkeit gekennzeichnete Umgebung.

Das 2. Makkabäerbuch (in der evangelischen Christenheit nicht als kanonisch anerkannt) beschreibt im ersten vorchristlichen Jahrhundert zur Stärkung der Diasporajuden in Alexandrien das Leiden einer Mutter mit ihren sieben Söhnen. Hier ist ebenfalls die Erwartung einer gerechten Vergeltung dominierend. Die Auferstehungshoffnung beinhaltet die feste Erwartung einer Wiederherstellung des Leibes (Kap. 7; vgl. 12,43 f.; 14,46). Zur Zukunftsansage dieses Buches gehört, daß dem gottlosen Verfolger das sichere Gericht in Aussicht gestellt wird. Im Buch Daniel ist das Gericht über die gottwidrigen Reiche szenisch ausgemalt. Die dramaturgischen Elemente gingen später eine enge Verbindung mit den christlichen Höllenvorstellungen ein: Ein Alter oder Hochbetagter, der Gott darstellen soll, auf einem flammenden Thron sitzend, von Myriaden dienender Wesen umgeben, bei dem ein Gericht zusammentritt, vor dem Bücher aufgetan werden, in denen die Ergebnisse menschlicher Geschichte registriert sind (vor allem Dan 7).

Während diejenigen Texte, die von individueller Verantwortung sprechen, ein Gericht im Tod als Ort individueller Rechenschaft nahelegen, meinen apokalyptische Texte wie die eben erwähnten ein universales Gericht am Ende der (bisher bekannten) Zeiten, an einem „Ende der Welt", das den Beginn eines neuen Äons oder einer erneuerten Schöpfung mit heraufführt.

Unterwelt / Totenreich

Die ältesten Zeugnisse für eine „Bestrafung" von Übeltätern (Lügner, Hasser, Wucherer, Räuber, usw.) nach ihrem Tod verstehen darunter die Auslöschung ihres Andenkens.

> Im nächsten Geschlecht soll sein Name erlöschen [...]
> daß [der Herr] sein Gedächtnis von der Erde vertilge (Ps 109,13.15).

Manche Texte klingen so (was nichts über die wirkliche Geltung von Anschauungen besagt), als lebe ein Mensch nach seinem Tod nur im Ansehen seines Namens fort (vgl. in dem von evangelischen Christen nicht als kanonisch anerkannten Buch Jesus Sirach Kap. 44).

Weit verbreitet war jedoch, ganz entsprechend den Vorstellungen der altorientalischen Umwelt Israels, die Meinung von der Existenz einer durchaus örtlich-geographisch gedachten Unterwelt. Das Dahingelangen wurde als Hinabsteigen gedacht. Bei der Trauer Jakobs um den vermeintlichen Tod seines nach Ägypten verkauften Sohnes Josef heißt es:

Er aber ließ sich nicht trösten und sagte: Ich will trauernd zu meinem Sohn in die Unterwelt [scheol] hinabsteigen (Gen 37,35).

Außer dem Hinabsteigen wird auch „hinabfahren" gesagt, und das vorzugsweise beim Geschick von „Frevlern" nach ihrem Tod:

Hinabfahren müssen die Frevler zum Totenreich [scheol] (Ps 9,18).
Scheitern sollen die Frevler, verstummen und hinabfahren ins Reich der Toten [scheol] (Ps 31,18).

Die Lokalisierung kann auch mit „Tiefen der Erde" zum Ausdruck gebracht werden:

Manche trachten mir ohne Grund nach dem Leben, aber sie müssen hinabfahren in die Tiefen der Erde (Ps 63,10).

Diese Stellen könnten leicht vermehrt werden. Besonders aussagestark für die hebräische Auffassung vom Tod und von dem, was „danach" den Menschen erwartet, sind folgende Psalmverse:

Der Mensch bleibt nicht in seiner Pracht;
er gleicht dem Vieh, das verstummt.
So geht es denen, die auf sich selbst vertrauen
und so ist das Ende derer, die sich in großen Worten gefallen.
Der Tod führt sie auf seine Weide wie Schafe,
sie stürzen hinab zur Unterwelt.
Geradewegs sinken sie hinab in das Grab;
ihre Gestalt zerfällt, die Unterwelt [scheol] wird ihre Wohnstatt.
Doch Gott wird mich loskaufen aus dem Reich des Todes [scheol],
ja, er nimmt mich auf.
Laß dich nicht beirren, wenn einer reich wird
und die Pracht seines Hauses sich mehrt;
denn im Tod nimmt er das alles nicht mit,
seine Pracht steigt nicht mit ihm hinab.
Preist er sich im Leben auch glücklich und sagt zu sich:
„Man lobt dich, weil du dir's wohl sein läßt",
so muß er doch zur Schar seiner Väter hinab,
die das Licht nie mehr erblicken (Ps 49,13–20).

Das Absteigen ist nicht nur mit dem Weltbild der Antike gegeben; es hängt auch mit dem Phänomen des Grabes zusammen. Statt zur Unterwelt oder ins Totenreich hinabfahren, wie es oft heißt, kann auch „zur Grube" gesagt werden (Hi 17,14; vgl. dort den Kontext). Die Abwärtsbewegung wird meist einfach dem Menschen zugeschrieben. Selten einmal kann es auch heißen, die Seele steige ab ins Grab (Hi 33,28).

Die Unterwelt ist der Bereich tiefsten Dunkels, aus dem es keine Wiederkehr gibt. Dafür seien einige signifikante Texte aus dem Hiob-Buch zitiert:

Die Wolke schwindet, vergeht,
so steigt nie mehr auf, wer zur Unterwelt [scheol] fuhr (Hi 7,9).
Laß ab von mir, damit ich ein wenig heiter blicken kann,
bevor ich fortgehe ohne Wiederkehr

ins Land des Dunkels und des Todesschattens,
ins Land, so finster wie die Nacht,
wo Todesschatten herrscht und keine Ordnung,
und wenn es leuchtet, ist es wie tiefe Nacht (Hi 10,20–22).
Ich habe keine Hoffnung. Die Unterwelt [scheol] wird mein Haus,
in der Finsternis breite ich mein Lager aus (Hi 17,13).

Der Abbruch der Gottesbeziehung durch den Tod und die Beziehungslosigkeit, die im Totenreich herrscht, kommen besonders durch den Hinweis zum Ausdruck, daß die Toten Gott nicht mehr loben:

Herr, wende dich mir zu und errette mich,
in deiner Huld bring mir Hilfe.
Denn bei den Toten denkt niemand mehr an dich.
Wer wird dich in der Unterwelt [mawæt] noch preisen? (Ps 6,5 f.).
Tote können den Herrn nicht mehr loben,
keiner, der ins Schweigen hinabfuhr (Ps 115,17).
Ja, in der Unterwelt [scheol] dankt man dir nicht, die Toten loben dich nicht; wer ins Grab gesunken ist, kann nichts mehr von deiner Güte erhoffen (Jes 38,18).

Die auch von Gottes Seite her gestörte Beziehung zu den Toten ist in einem klagenden Psalm beschrieben:

Denn meine Seele ist gesättigt mit Leid,
mein Leben ist dem Totenreich [scheol] nahe.
Schon zähle ich zu denen, die hinabsinken ins Grab,
bin wie ein Mann, dem alle Kraft genommen ist.
Ich bin zu den Toten hinweggerafft,
wie Erschlagene, die im Grabe ruhen;
an sie denkst du nicht mehr,
denn sie sind deiner Hand entzogen.
Du hast mich ins tiefste Grab gebracht,
tief hinab in die finstere Nacht (Ps 88,4–7).
Wirst du an den Toten Wunder tun,
werden Schatten aufstehn, um dich zu preisen?
Erzählt man im Grab von deiner Huld,
von deiner Treue im Totenreich [abaddon]?
Werden deine Wunder in der Finsternis bekannt,
deine Gerechtigkeit im Land des Vergessens? (Ps 88,11–13).

Den Toten wird also – wie auch andernorts im Alten Vorderen Orient und in der mittelmeerischen Antike – ein schattenhaftes Fortleben zugeschrieben, das mit vielfältigen Elementen der Düsternis umschrieben, aber nicht als Strafe bezeichnet wird. Zur defizitären Existenz in der Unterwelt zählen das Fehlen von Wissen und das Unvermögen zu Tun und Können:

Die Toten erkennen überhaupt nichts mehr. Sie erhalten auch keine Belohnung mehr; denn die Erinnerung an sie ist in Vergangenheit versunken (Koh 9,5) [...] auf ewig haben sie keinen Anteil mehr an allem, was unter der Sonne getan wurde (ebd. 9,6). Es gibt weder Tun noch Rechnen noch Können noch Wissen in der Unterwelt [scheol], zu der du unterwegs bist (Koh 9,10).

Schönes ist jedenfalls in der Unterwelt nicht zu erwarten:

> Beschenk den Bruder, und gönne auch dir etwas;
> denn in der Unterwelt [scheol] ist kein Genuß mehr zu finden (Sir 14,16).

Gottes Macht über die Unterwelt

Das Versetztwerden in das Totenreich gleicht einerseits in vielen Zeugnissen einer naturhaften Automatik; ein Eingreifen Gottes in diesen Ablauf wird allenfalls im vorzeitigen Tod des „Frevlers" gesehen. „Zu den Vätern versammelt werden", in den „Staub" oder „zur Grube" fahren ist das Los aller, die von Müttern geboren werden. Andererseits aber ist die Konzeption Gottes in Israel dergestalt, daß auch noch die naturhafte Automatik von seiner Macht umgriffen ist. In dem uralten – also keineswegs einer unmittelbar vorchristlichen, weisheitlichen Schicht angehörenden – Lied der Hanna heißt es:

> Der Herr macht tot und lebendig, er führt zum Totenreich [scheol] hinab und führt auch heraus (1 Sam 2,6).

So reicht Gottes Wissen in das Totenreich hinein:

> Totenreich [scheol] und Unterwelt [abaddon] liegen offen vor dem Herrn,
> wie viel mehr die Herzen der Menschen (Spr 15,11).

Ja, Gott ist auch dort gegenwärtig:

> Steige ich hinauf in den Himmel, so bist du dort,
> bette ich mich in die Unterwelt [scheol], bist du zugegen (Ps 139,8).
> Die Totengeister zittern drunten,
> die Wasser mit ihren Bewohnern.
> Nackt liegt die Unterwelt [scheol] vor ihm [Gott],
> keine Hülle deckt den Abgrund [abaddon] (Hi 26,5).

Der Gedanke an diese Mächtigkeit Gottes bringt in die Zukunftsansagen noch einmal eine ander Note als die der ausgleichenden Gerechtigkeit: Es ist der Wille dieses Gottes, Vergeltung zu üben oder, drastischer ausgedrückt, die Mißachtung seines souveränen und allen bekannten Willens zu rächen, gemäß der allgemeinen prophetischen Ansage:

> Seht her, alles ist aufgeschrieben bei mir, und ich werde nicht schweigen, sondern zahle ihnen heim, wie sie es verdienen; ich zahle ihnen den Lohn aus für ihre Schuld (Jes 65,6 f.).
> Denn du wirst jedem vergelten, wie es seine Taten verdienen (Ps 62,13).
> Verlaß dich nicht auf die Vergebung [...]
> denn sein Zorn bricht plötzlich aus,
> zur Zeit der Vergeltung wirst du dahingerafft (Sir 5,5.7).
> Ja, er vergilt jedem Menschen, wie sein Tun es verdient (Spr 24,12).

Von solchen Grund-Sätzen aus, die immer und immer wieder meditiert wurden, kam in die gläubigen Vorstellungen die Überzeugung hinein, daß jede Schuld gerächt

würde, in diesem oder in einem jenseitigen Leben, und daß – wie später ein Axiom
der christlichen Kirchenväter lautete – keine Sünde unbestraft (nullum peccatum
impunitum) bleiben würde.

Werden die beiden Aspekte nun zusammen gesehen, die Souveränität Gottes auch
über Tod und Unterwelt, und die Unerbittlichkeit seiner Vergeltung, so ist es nicht
verwunderlich, daß die Versetzung in das Totenreich auch Strafcharakter annehmen kann. Hierbei werden konkrete Sünden aufgezählt, ein Verfahren, das immer
auch zeitbedingte Anschauungen hinsichtlich dessen, was eigentlich Schuld vor Gott
und den Menschen ist, zu erkennen gibt. Dafür mögen die folgenden ausgewählten Beispiele stehen:

> Der Weg der Sünder ist frei von Steinen; doch sein
> Ende ist die Tiefe der Unterwelt [hades] (Sir 21,10).
> Wer abirrt vom Weg der Einsicht, wird bald in der Versammlung der Totengeister ru-
> hen (Spr 21,16).
> Darum sperrt die Unterwelt [scheol] ihren Rachen auf, maßlos weit reißt sie ihr Maul
> auf, so daß des Volkes Pracht und Reichtum hinabfährt, der ganze lärmende, johlende
> Haufen (Jes 5,14).

Die Verdikte gegen den Reichtum sind oft kombiniert mit ausdrücklichen Schutzaus-
sagen zugunsten der Witwen, Waisen und Armen: wer sie beeinträchtigt, der hat
mit Gottes Vergeltung zu rechnen. Todeswürdige Sünden sind außerdem: Ehebruch
mit der Frau des Nächsten (Hi 31,9–12), der Ehebruch der Frau:

> Ihr Haus sinkt hinunter zur Totenwelt [mawæt], ihre Straße
> führt zu den Totengeistern hinab (Spr 2,18);
> Ihre Füße steigen zur Unterwelt [scheol] hinab, ihre Schritte
> gehen der Unterwelt [scheol] zu (Spr 5,5).

Ähnliches gilt dem, der eine Jungfrau lüstern ansieht (Hi 31,1).

Strafrequisiten

Zu den Elementen, die zur allmählichen Ausgestaltung des Totenreiches zu einer
Hölle im Sinn einer Strafanstalt führten, gehört die Ausstattung der Unterwelt mit
bestimmten Attributen der Aktivität. Zunächst einmal fällt auf, daß der Unterwelt
ein aktives Eingreifen zugesprochen wird:

> Wo ist der Mann, der ewig lebt und den Tod [mawæt] nicht schaut,
> der sich retten kann vor dem Zugriff der Unterwelt [scheol]? (Ps 89,49; vgl. Sir 51,2).

Öfter wird sie in alttestamentlichen Texten mit einem lauernden Löwen verglichen.
Der oben zitierte Text Jes 5,14 verwendet das Bild des maßlos aufgesperrten Ra-
chens, das ebenfalls nicht singulär ist:

> Alles Arbeiten des Menschen ist für den Rachen des Totenreichs, und dessen Schlund
> wird niemals voll (Koh 6,7; vgl. auch Hi 36,16).

Die Unterwelt verfügt über Bande und Schlingen, ein Bild, das im neutestamentlichen Wort vom „Binden und Lösen" (Mt 16,18; 18,18) wirkungsgeschichtlich bedeutsam wurde:

> Die Bande der Unterwelt [scheol] umstricken mich, über mich
> fielen die Schlingen des Todes (Ps 18,6).
> Mich umfingen die Fesseln des Todes [mawæt],
> mich befielen die Ängste der Unterwelt [scheol],
> mich trafen Bedrängnis und Kummer (Ps 116,3).

Des weiteren ist die Rede von den Toren der Unterwelt:

> Haben sich dir die Tore des Todes [mawæt] geöffnet, hast du
> der Finsternis Tore geschaut? (Hi 38,17; auch Sir 51,9).

Aus der Szenerie der Unterwelt, die bereits Strafcharakter hat, wurden Wurm und Feuer zu sprichwörtlichen Requisiten:

> Denn der Wurm in ihnen [in den Leichen derer, die sich gegen Gott aufgelehnt haben]
> wird nicht sterben, und das Feuer in ihnen wird niemals erlöschen (Jes 66,24).
> Doch weh den Völkern, die mein Volk bekämpfen. Am Tag des Gerichts straft sie der
> allmächtige Herr, er schickt Feuer und Würmer in ihr Gebein; in Ewigkeit sollen sie
> heulen vor Schmerz (Jdt 16,17).

Dieser Text aus dem Buch Judith, einer Lehrschrift an der Wende des zweiten zum ersten vorchristlichen Jahrhundert, zieht bereits eine ewige, d. h. unbefristete Bestrafung von Gottesfeinden nach ihrem Tod in Betracht.

Zu den bemerkenswerten Einzelheiten der Entwicklung des Totenreichs zu einer Strafhölle gehört das Spottlied auf den König von Babel (Jes 14,1–21), von dem wenigstens folgende Verse zitiert seien:

> Das Totenreich [scheol] drunten geriet in Aufruhr ob dir, als du nahtest; es jagte die
> Schatten auf um deinetwillen, alle Fürsten der Erde, ließ aufstehen von ihren Thronen
> alle Könige der Welt. Sie alle heben an und sprechen zu dir: „Auch du bist schwach
> geworden wie wir, uns bist du gleich geworden!" Ins Totenreich [scheol] ist gestürzt
> deine Hoheit und das Rauschen deiner Harfen; auf Moder bist du gebettet, und Würmer sind deine Decke. Wie bist du vom Himmel gefallen, du strahlender Morgenstern!
> Wie bist du zu Boden geschmettert, du Besieger der Völker! Du hattest bei dir gesprochen: „Zum Himmel empor will ich steigen, hoch über den Sternen Gottes aufrichten
> meinen Sitz, will thronen auf dem Götterberg im äußersten Norden! Ich will über
> Wolkenhöhen emporsteigen, dem Höchsten mich gleichstellen!" Doch ins Totenreich
> [scheol] wirst du hinabgestürzt, in der Grube tiefsten Grund. Die dich sehen, schauen
> auf dich, betrachten dich: „Ist das der Mann, der die Erde erzittern, der Königreiche
> erbeben machte, der den Erdkreis zur Wüste wandelte und seine Städte zerstörte, der
> seinen Gefangenen den Kerker nicht aufschloß?" Die Könige der Völker, sie alle ruhen in Ehren, ein jeder in seiner Gruft; du aber bist hingeworfen fern von deinem Grabe wie ein verachtetes Schoß, bedeckt mit Erschlagenen, vom Schwerte Durchbohrten,
> wie ein zertretenes Aas. Mit ihnen, die hinabkommen zu den Steinen der Gruft, wirst
> du nicht vereint im Grabe, weil du dein Land zugrunde gerichtet, dein Volk gemordet
> hast (Jes 14,9–20).

Der Text geht jedenfalls von der Möglichkeit qualitativ unterschiedlicher Schicksale von Menschen nach ihrem Tod aus. Schließlich seien noch zwei Sonderaspekte dieser Unterweltsauffassungen im Ersten Testament erwähnt.

Nach der alten Erzählung war es möglich (wenn auch verboten), daß König Saul durch eine Totenbeschwörerin den Samuel über die Zukunft befragte (1 Sam 28,6–25). Ein Kontakt der irdischen Welt zur Unterwelt erschien also als denkbar. Das Buch Jesus Sirach erinnert daran: „Aus der Erde erhob er [Samuel] seine Stimme und weissagte" (Sir 46,20).

Einmal wenigstens soll nach dem gleichen Buch Gott seine Macht, aus dem Totenreich auch wieder heraufzuführen, ausgeübt haben, im Fall des Elija: „Einen Verstorbenen hast du vom Tod erweckt, aus der Unterwelt [scheol]" (Sir 48,4).

Die Versuche, in die unterschiedlichen, an einer Harmonisierung selber gar nicht interessierten Jenseitszeugnisse des Ersten Testaments eine chronologische Linie zu bringen, sind bisher gescheitert.[4] Es ist nicht möglich, exakt anzugeben, wann der Gedanke einer über den Tod hinausreichenden Vergeltung durch Gott, wann genau die Überzeugung von einer individuellen Verantwortung aufkamen und von wann an sie es bewirkten, daß das alte Totenreich der Schattenexistenzen wenigstens zum Teil in einen Strafort „umgedacht" wurde. Des weiteren ist es nicht möglich, die Zeit zu bestimmen, von der ab das Totenreich die Eigenart einer gottwidrigen aktiven Macht annahm. Einflüsse von außerhalb können mit Sicherheit angenommen werden, sind im einzelnen aber nicht nachgewiesen. Daß eine geographische Lokalisierbarkeit der Unterwelt mit dem antiken Weltbild gegeben war, steht fest. Ob die Verfasser biblischer Texte mit den Requisiten wie Wurm, Feuer, Tore, Rachen usw. konkrete Gegebenheiten meinten oder sie metaphorisch zu Illustrations- und Abschreckungszwecken einsetzten, läßt sich bis heute nicht entscheiden.

„Typisch" israelisch sind die Glaubensüberzeugung von der über den Tod hinausreichenden Macht Jahwes, sein unerbittliches Bestehen auf Recht und Gerechtigkeit, gerade zugunsten der sozial Schwachen und im irdischen Leben Benachteiligten, die Verfügung von Strafe nicht nach Willkür, sondern entsprechend den Prinzipien, die im voraus zu seinem Gericht bekannt waren. Unter diesen Gesichtspunkten ragen die Jenseitsansagen in Israel qualitativ-ethisch weit über die der Umwelt hinaus.

---

[4] Die Datierungen bei G. Minois: Histoire des enfers. Paris 1991, sind äußerst fragwürdig.

4. Höllenbeschreibungen in der nicht-offiziellen jüdischen und christlichen Theologie

Jüdische Apokalyptik

Daß sich in den fünf Jahrhunderten vor Christus überall die Idee einer Hölle als Strafort im Interesse der göttlichen Gerechtigkeit siegreich gegenüber dem indifferenten Ruhe-Jenseits durchgesetzt habe[1], ist eine pauschal richtige Beobachtung. Sie erklärt die großen Unterschiede in der „Beschreibung" der Jenseitsgeographie und in der konkreten Ausmalung der Höllenstrafen – bei beidem verhalten sich die israelischen Quellen äußerst sparsam – nicht. So sehr sich den alttestamentlichen Texten die Tendenz zu einer „Personifizierung" des Totenreichs im Sinn einer aktiv greifenden Macht entnehmen läßt, so wenig ist diese Tendenz von der Gefahr geprägt, aus der Unterwelt eine höllische Gegenmacht gegen den Gott Israels zu machen. Noch viel weniger spielt der Teufel oder Satan die Rolle eines Fürsten der Unterwelt.

Der Übergang von den alttestamentlichen Todes- und Unterweltstexten zu denen des Neuen Testaments und erst recht die Kombination beider zu dem, was man mit Recht „typisch christliche Höllenvorstellungen" nennen kann, sind nicht verständlich zu machen ohne das Schrifttum der jüdischen Apokryphen.

Mit „Apokryphen" werden Schriften im Umkreis beider Testamente, d. h. deren Religiosität zugehörig, bezeichnet, die – aus welchen Gründen auch immer – nicht in den Kanon der heiligen Bücher aufgenommen wurden. Von ihnen interessieren hier nur jene, in denen Jenseitsvorstellungen ausgesprochen sind, solche also, die der Apokalyptik zugehören. „Apokalyptik" ist der Begriff für ein mehrschichtiges Phänomen, das sowohl eine religiöse Mentalität, eine geistige Strömung, als auch eine Literaturgattung umfaßt. Die Erforschung der Apokalyptik, die nach J. Schreiner[2] etwa vom Beginn des zweiten Jahrhunderts v. Chr. bis nach der Wende zum zweiten Jahrhundert n. Chr. zu datieren ist, in einem weiteren Sinn aber nach beiden Richtungen noch weiter ausholt, ist in den letzten dreißig Jahren entscheidend vorangetrieben worden. Ihre Verbindung zum Ersten Testament ist darin zu sehen, daß in ihr Entwicklungslinien, die in der alttestamentlichen Literatur greifbar sind und die Zukunftsperspektiven betreffen, aufgenommen und weitergeführt werden. Ihren Namen hat die Apokalyptik von „Apokalypsen", Offenbarungsschriften, die

---

[1]   G. Minois: Histoire des enfers. Paris 1991, S. 60 ff.
[2]   J. Schreiner, in: B. Daley unter Mitarbeit von J. Schreiner und H. E. Lona: Eschatologie. In der Schrift und Patristik. Freiburg 1986 (HDG IV 7a), S. 33.

im Kontext mit dem Ersten Testament die ältere Prophetie bewußt fortführen wollen. Anfänge der Apokalyptik sind im Ersten Testament gegeben: Jes 24–27; 65 f.; Ez 38 f. sowie die Prophetenbücher Sacharja und Daniel.[3]

Kennzeichen der apokalyptischen Literatur und so auch der jüdischen außerbiblischen Apokalyptik sind nach Ph. Vielhauer[4]: Die Schriften treten unter Pseudonym auf, sie fingieren eine vorzeitliche Auffassung. Sie enthalten visionäre Berichte über Träume, visionäre Ekstasen oder Entrückungen (während die „klassische" Prophetie im allgemeinen nur Auditionen, Gehörtes, wiedergibt). Was in der Vision geschaut wird, ist oft undeutlich, zusammenhanglos, daher bedarf es der Deutung, die in der apokalyptischen Literatur häufig durch einen Deute-Engel (angelus interpres) gegeben wird. Bereits geschehene Geschichte wird in Gestalt von Weissagungen eingebracht, um durch diese Übereinstimmung mit der Wirklichkeit um so größere Glaubwürdigkeit zu erzielen, besonders was die Ansagen des Endes angeht, auf dem die große Betonung dieser Literaturgattung liegt. Die literarische Form ist nicht rein, sondern meist eine Mischgestalt; so sind oft ansprechende Hymnen, Psalmen o. ä. eingefügt.

Innere Grundzüge der Apokalyptik sind eine dualistische Sicht der erfahrenen Realität: die Gegenwart oder der zu Ende gehende alte Äon ist durchwegs negativ charakterisiert, insbesondere durch zunehmende Gottlosigkeit und durch Verfall der Sittlichkeit. Der Übergang zum Neuen, Kommenden, von Gott allein in seiner Macht Verfügten, zum neuen Äon, geschieht nicht kontinuierlich, sondern unter Katastrophen und durch Abbruch. „Die Apokalyptiker kompensieren ihr Leiden an dem Leid *dieser Welt* durch phantastische Ausmalungen des Jenseits, der Herrlichkeit der Seligen und der Qualen der Gottlosen".[5]

Der Erwartungshorizont ist über den nationalen (israelischen) Rahmen oft auf die Menschheit ausgeweitet, aber die Einzelansagen gelten betont den Individuen, die – eventuell nach einem Strafgericht über die gottfeindlichen Mächte – zum Gericht auferstehen werden. Durchweg steht dieses Ende nahe bevor: In der Ungeduld dieser Naherwartung spiegeln sich die Nöte der Gegenwart wider (wie z. B. die Bedrängnisse der Makkabäerzeit oder die Zerstörung Jerusalems im Jahr 70 n. Chr.), aber der eigentliche Grund für diese Sicht liegt tiefer: Die Welt gilt als alt geworden, die Schöpfung ist erschöpft.[6]

Die Erforschung der Apokalyptik hat deutlich machen können, wo ein solches Denken zuerst greifbar ist: In Kreisen israelischer „Frommer", die nach der Rückkehr aus dem babylonischen Exil des Jahres 587 v. Chr. und nach dem Wiederaufbau des Tempels in Opposition zur dortigen „eschatologielosen Theokratie" standen[7], vor allem also zur klerikalen Oberschicht. Sie waren mit den Essenern und

---

[3]   Schreiner (Anm. 2).
[4]   E. Hennecke / W. Schneemelcher: Neutestamentliche Apokryphen in deutscher Übersetzung. II. Bd. Apostolisches, Apokalypsen und Verwandtes. Tübingen 1964, 407–420.
[5]   Vielhauer (Anm. 4), S. 413.
[6]   Vielhauer (Anm. 4), S. 416; Schreiner (Anm. 2), S. 36 f.
[7]   Vielhauer (Anm. 4), S. 419 f.

Qumran-Leuten verwandt, aber nicht identisch (deren Eschatologie gesonderte Züge aufweist). Bei diesen Schriften handelt es sich also um eine Konventikel-Literatur mit gespeichertem Geheimwissen, die nicht für eine breite Öffentlichkeit bestimmt war.[8] Gerade das machte sie für Menschen, denen die eschatologischen Aussagen der beiden Testamente inhaltlich nicht genügten, um so interessanter.

Im Folgenden sollen die wichtigsten jüdisch-apokalyptischen Texte, die für die Höllenvorstellungen unmittelbar relevant sind, im einzelnen dargestellt werden.

Das äthiopische Henochbuch: Erste jüdische Jenseitsbeschreibung

Das äthiopische Henochbuch[9] ist in Teilen die älteste der hier in Betracht kommenden Schriften. Das Buch Henoch gibt vor, von dem Patriarchen dieses Namens (vgl. Gen 4,17; 5,18–24) in biblischer Urzeit verfaßt worden zu sein, der als Typ des Gerechten vor Gott galt. Es ist eine Sammlung mehrerer „Traktate", eine Apokalypse, die nur in der äthiopischen Version vollständig erhalten ist (in der äthiopischen orthodoxen Kirche gehört es zum Kanon der biblischen Bücher).

Einflüsse des Henochbuches auf das Neue Testament und auf die frühchristliche Literatur sind nachgewiesen. Es war frühchristlichen Apologeten wie Justin bekannt, Kenntnis von ihm hatten Minucius Felix, Irenäus, Clemens von Alexandrien, Origenes, Cyprian und Hippolyt. Tertullian forderte zweimal, es müsse in den biblischen Kanon aufgenommen werden, da es apostolisch bezeugt sei und Hinweise auf Jesus Christus enthalte.[10]

S. Uhlig geht von folgenden Voraussetzungen für die Entstehung des Henochbuches aus.[11] Seit dem dritten vorchristlichen Jahrhundert entstand eine Bewegung, die die Bemühungen um Wiederherstellung des Tempels und des Kultes und damit die theokratische Verfassung nicht als ausreichend für die von Gott gewollte Wiederherstellung der „neuen Bundesgemeinde" ansah. Da die Priesterschaft sich einseitig um die Tora kümmerte und die prophetisch-eschatologischen Elemente vernachlässigte, entstanden apokalyptische Kreise oder, wie Uhlig sagt, das prophetische Traditionsgut wurde in „pietistischen" Konventikeln gepflegt, die sich als Bollwerk gegen die hellenistischen Versuchungen und gegen religiös-synkretistische Tendenzen verstanden. In der „Bußbewegung der Chassidim" verbanden sich strenge Treue zur Tora mit einer radikalen Geschichtsdeutung, in der die Gegenwart als Zeit des Gerichtes oder des Zornes Gottes galt. In diesem Interesse entstand eine neue Literatur, die den Anspruch erhob, Kenntnis vom Gericht, von der Auferstehung und von den ewigen Strafen zu haben, kurz: visionäre Einblicke in Gottes Pläne und Vorausbestimmungen zu genießen.

---

[8] Vielhauer (Anm. 4), S. 420.
[9] S. Uhlig: Das äthiopische Henochbuch. Gütersloh 1984 (Jüdische Schriften aus hellenistisch-römischer Zeit V/6).
[10] Uhlig (Anm. 9), S. 471.
[11] Uhlig (Anm. 9), S. 491 f.

Als ältester Teil des Henochbuches identifiziert S. Uhlig das „Buch der Wächter" (I–XXXVI), entstanden zwischen dem Ende des dritten und der Mitte des zweiten Jahrhunderts v. Chr., von einem jüdischen Verfasser, für den Jerusalem das Zentrum der Welt bildet. Der Visionär gibt an, in Visionen und Träumen mehrere Reisen in die Zukunft und in das Jenseits unternommen zu haben, bei denen ihm von verschiedenen Engeln bzw. Erzengeln die unterschiedlichsten Straftaten und -orte vorgeführt wurden – um den Kreis der Eingeweihten vor Versuchungen zu immunisieren. Die Autorität des Visionärs Henoch bewirkte, daß das Geschilderte als authentische Information galt.

> Und von dort aus ging ich zu einem Ort, der war schrecklicher als jener, und ich sah schreckliche Dinge: Ein großes Feuer [war] da, das loderte und flammte, und der Ort hatte eine Kluft bis zum Abgrund, voll großer Feuersäulen, die man hinabfallen ließ, und ich konnte weder seine Ausdehnung noch seine Größe sehen, noch konnte ich ihren Ursprung erblicken. Da sprach ich: „Wie schrecklich ist dieser Ort und [was für] eine Pein, ihn anzusehen!" Da antwortete Uriel, einer von den heiligen Engeln, der bei mir war – er antwortete mir und sprach zu mir: „Henoch, warum hast du solche Furcht und Schrecken?" [Und ich antwortete:] „Wegen dieses schrecklichen Ortes und vor dem Anblick dieser Pein!" Und er sprach zu mir: „Dieser Ort [ist] das Gefängnis der Engel, und hier werden sie bis in Ewigkeit gefangengehalten werden."[12]

Neutestamentliche Unheilsansagen über das Feuer, das den bösen Engeln zugedacht ist (Mt 25,41), oder über ein (jenseitiges) Gefängnis, konnten deshalb wie selbstverständlich eingesetzt werden, weil sie von solchen Zeugnissen her in den Kreisen der „Frommen" vertraut waren.

Die eben zitierte zweite Jenseitsreise Henochs wird fortgesetzt; erstmals in jüdischen Zeugnissen wird das Totenreich mit verschiedenen Räumen ausführlich beschrieben. In bemerkenswerter Weise werden die Toten als Geister oder Seelen verstanden und doch auf Räumlichkeiten begrenzt:

> Und von dort ging ich an einen anderen Ort, und er zeigte mir im Westen einen großen und hohen Berg und hartes Felsgestein und vier [hohle] Räume. Und darinnen war es sehr tief und breit und glatt [...] „Wie glatt [sind] [die Hohlräume], und wie tief und finster ist es anzusehen!" Da antwortete Rufael [= Rafael], einer von den heiligen Engeln, der bei mir war, und sprach zu mir: „Diese [Hohlräume] [sind dazu bestimmt], daß sich dort die Geister der Seelen der Toten sammeln; dafür sind sie geschaffen, um hier alle Seelen der Menschenkinder zu versammeln. Und diese Räume sind gemacht, um sie unterzubringen bis zum Tage ihres Gerichtes und [bis] zur festgesetzten Frist, dem großen Gericht über sie.[13]

Von Texten wie diesem her erklären sich die Auffassungen vom zunächst unentschiedenen Schicksal der Verstorbenen, von ihrer „Aufbewahrung" bis zum Endgericht.

Auf die Frage des Henoch nach der Trennung der Hohlräume folgt die Erklärung Rafaels:

---

[12] XXI 7–10; Uhlig (Anm. 9), S. 554 f.
[13] XXII 1–4; Uhlig (Anm. 9), S. 555 f.

Und er antwortete und sprach zu mir: „Diese drei [Hohlräume] sind gemacht, um die
Geister der Toten zu trennen; und so sind die Seelen der Gerechten getrennt, da, wo
die Quelle des Wassers ist, darüber Licht. Und in gleicher Weise wurde [ein Raum] geschaffen für die Frevler, wenn sie sterben und in der Erde begraben werden und das
Gericht nicht während ihres Lebens stattfand; dort werden ihre Seelen abgesondert für
diese große Qual bis zu dem großen Tag des Gerichtes, der Strafe und der Pein für die
Lästerer in Ewigkeit und der Vergeltung für ihre Seelen; dort wird er sie binden bis in
Ewigkeit. Tatsächlich besteht er vom Anbeginn der Welt. Und ebenso wurde [ein Raum]
geschaffen für die Seelen derer, die klagen, die Einblick geben in die Vernichtung, als
sie in den Tagen der Frevler getötet wurden. So ist [dieser Raum] auch für die Seelen
der Menschen geschaffen worden, die nicht Gerechte, sondern Frevler waren, Vollkommene der Bosheit – und bei den Bösen, gleich ihnen, werden sie sein; und ihre Seelen
werden nicht getötet werden am Tag des Gerichtes, noch werden sie von hier auferstehen."[14]

Der folgende Text bezieht sich nach S. Uhlig auf das Hinnom-Tal, das im Ersten
Testament Inbegriff des Götzendienstes und daher vorbestimmter Strafort für Ab-
gefallene und Ungläubige war; in der Apokalyptik wird die Deutung erweitert: der
Gerichtsakt erfolgt vor den Augen der Gerechten, und die Strafe wird nicht nur
physischer, sondern auch geistiger Natur sein.

Da sprach ich: „Wofür ist dieses gesegnete Land, das ganz mit Bäumen gefüllt ist, und
[wofür] diese verfluchte Schlucht dazwischen?" Da antwortete Uriel, einer von den heiligen Engeln, der bei mir war, und sprach zu mir: „Diese verfluchte Schlucht ist [be-
stimmt] für die bis in Ewigkeit Verfluchten; hier werden alle versammelt werden, die
in ihrem Munde ungehörige Worte führen und die über seine Herrlichkeit Schlimmes
hören lassen – hier man sie versammeln, und hier [wird] ihr Gerichtsort [sein]. In
den letzten Tagen wird sich an ihnen das Schauspiel eines Gerichtes in Gerechtigkeit
vor den Gerechten vollziehen für alle ewigen Tage; da werden die, die Erbarmen üb-
ten, den Herrn der Gerechtigkeit, den König der Welt, preisen."[15]

Von dieser Sicht aus erklärt sich die spätere christliche Frage, welche Empfindungen die Seligen beim Anblick der Verdammten haben würden.

Der zweite Teil des Henochbuches trägt die Bezeichnung „Bilderreden" (XXXVII–
LXXI). Zeitlich wird er zum Teil dem Ende der vorchristlichen Epoche, zum Teil
den ersten nachchristlichen Jahrzehnten zugeschrieben. Zunächst informiert Henoch über das kommende Gericht und die Sünder:

Erste Bilderrede. Wenn die Gemeinde der Gerechten sichtbar werden wird und die
Sünder wegen ihrer Sünden gerichtet werden und von der Oberfläche des Festlandes
vertrieben werden, wenn die Gerechtigkeit erscheinen wird vor dem Angesicht der Gerechten, den Auserwählten, deren Werke gewogen werden von dem Herrn der Geister,
und [wenn] das Licht der Gerechten und Auserwählten erscheinen wird denen, die auf
dem Festland wohnen – wo [wird dann] die Wohnung der Sünder und wo der Aufenthaltsort derer, die den Herrn der Geister verleugnet haben, sein? Es wäre für sie besser, wenn sie nicht geboren wären. Wenn seine [= des Messias] Geheimnisse den Gerech-

---

[14] XXII 9–13; Uhlig (Anm. 9), S. 557 f.
[15] XXVII 1–3; Uhlig (Anm. 9), S. 563 f.

ten offenbart werden, werden die Sünder gerichtet, und die Frevler werden weggetrieben vom Angesicht der Gerechten und Auserwählten. Und von nun an werden die, die die Erde besitzen, nicht mehr mächtig und nicht mehr erhaben sein, und sie vermögen nicht das Angesicht der Heiligen zu sehen, denn das Licht des Herrn der Geister ist erschienen auf dem Angesicht der Heiligen, Gerechten und Auserwählten. Und die Könige und Mächtigen werden in dieser Zeit zugrunde gehen, und sie werden in die Hand der Gerechten und Heiligen gegeben werden. Und von da an wird niemand mehr für sie zu dem Herrn der Geister um Gnade bitten, denn ihr Leben wird zu Ende sein.[16]

Das angekündigte Gericht wird dominiert von Gerechtigkeit. Die zu bestrafenden Sünden bestehen in der Ablehnung Gottes und in der Machtausübung der Herrschenden und Besitzenden. Eine Fürbitte um Gnade ist nur vor dem Gericht sinnvoll.

Unter deutlicher Auswertung der Gerichtsszenerie von Dan 7 wird beim Gericht über die „Starken" dem „Menschensohn" die Richterfunktion zugeschrieben. Dabei heißt es u. a.:

> Und das Angesicht der Starken wird er verstoßen, und sie werden voller Scham sein; und Finsternis wird ihre Wohnung, und Würmer werden ihr Ruhelager sein, und sie [können] nicht hoffen, daß sie von ihrem Lager aufstehen werden, denn sie erhöhen nicht den Namen des Herrn der Geister.[17]

Finsternis und Würmer gehören zu den neutestamentlichen Requisiten der Strafe nach dem Tod. Das Henochbuch kennt jedoch auch Marterwerkzeuge:

> Und die Sünder werden von dem Angesicht des Herrn der Geister vertilgt werden und werden von der Oberfläche seiner Erde unaufhörlich weggetrieben, für immer und ewig. Denn ich habe alle Strafengel gesehen, wie sie sich niederließen und alle [Marter-]Werkzeuge Satans zubereiteten. Und ich fragte den Engel des Friedens, der mit mir ging: „Jene [Marter-]Werkzeuge – für wen bereiten sie sie zu?" Und er sprach zu mir: „Sie bereiten diese zu für die Könige und für die Mächtigen dieser Erde, daß sie damit vertilgt werden."[18]

Die Strafen werden weiter ausgemalt:

> Und ich blickte auf und wandte mich einem anderen Teil der Erde zu, und ich sah dort ein tiefes Tal mit loderndem Feuer. Und man brachte die Könige und Mächtigen, und man warf sie in dieses tiefe Tal. Und dort sahen meine Augen, was man an [Marter-]Werkzeugen für sie machte: eiserne Ketten von unermeßlichem Gewicht. Und ich fragte den Engel des Friedens, der mit mir ging, indem ich sprach: „Diese Folterketten – für wen werden sie zubereitet?" Und er sprach zu mir: „Sie werden zubereitet für das Heer Azaz'els, um sie zu ergreifen und sie in die tiefste Verdammnis zu werfen, und man wird ihre Kinnbacken [mit] rauhen Steinen bedecken, wie der Herr der Geister befohlen hat. Und Michael, Rafael, Gabriel und Fanuel werden sie an jenem großen Tag packen und sie an jenem Tage in den brennenden Feuerofen werfen, damit der Herr der Geister Rache an ihnen nehme für ihre Ungerechtigkeit, dafür, daß sie Diener Satans geworden sind und die verführt haben, die auf dem Festland wohnen."[19]

---

16 XXXVIII 1–6; Uhlig (Anm. 9), S. 576–578.
17 XLVI 6; Uhlig (Anm. 9), S. 588.
18 LIII 2–5; Uhlig (Anm. 9), S. 596.
19 LIV 1–6; Uhlig (Anm. 9), S. 598.

Hier tritt der Gedanke der Rache besonders hervor. Das gereicht den „Gerechten"
zur Freude:

> Und jener Herr der Geister wird sie [die Könige und Herrscher] treiben, daß sie eilen
> und sich entfernen von seinem Angesicht, und ihre Angesichter werden mit Scham [oder:
> Schande] erfüllt, und auf ihre Angesichter wird Finsternis gehäuft werden. Und er wird
> sie den Strafengeln ausliefern, damit sie Vergeltung an ihnen üben [dafür], daß sie sei-
> ne Kinder und Auserwählten unterdrückt haben. Und sie werden für die Gerechten und
> für seine Auserwählten ein Schauspiel sein; sie werden sich über sie freuen, weil der Zorn
> des Herrn der Geister auf ihnen ruhen und sein Schwert trunken wird von ihnen. Und
> die Gerechten und Auserwählten werden an jenem Tage gerettet werden, und sie wer-
> den das Angesicht der Sünder und Ungerechten nicht mehr sehen von nun an.[20]

An anderer Stelle wird die Hölle ausdrücklich angeführt, wenn die Könige und
Mächtigen zur Zeit der Strafe klagen:

> „Unsere Seele ist satt vom ungerechten Gut, aber es wird nicht verhindern, daß wir in
> die Flamme der Höllenpein hinabfahren."[21]

Eine weitere detaillierte Strafbeschreibung mit einer nachhaltigen Wirkungsgeschichte im christlichen Bereich:

> Und ich sah jenes Tal, in dem eine gewaltige Erschütterung [war] und ein Beben der
> Wasser. Und als das alles geschah, wurde von jenem feurigen Metallfluß und dem Be-
> ben, das sie [= die Wasser] erschütterte, an jenem Ort ein Schwefelgeruch hervorge-
> bracht, und er verband sich mit jenen Wassern. Und jenes Tal der Engel, derer, die sie
> [= die Menschen] verführt haben, brennt dort unter der Erde. Und durch ihre [= der
> Erde] Täler kommen Feuerströme hervor: Dort werden jene Engel gerichtet [oder:
> gestraft], die die verführt haben, die auf dem Festland wohnen. Und jene Wasser wer-
> den in jenen Tagen den Königen, den Mächtigen, den Hohen und denen, die auf dem
> Festland wohnen, zur Heilung des Leibes und zum Gericht des Geistes dienen; und ihr
> Geist ist voll von Wollust, so daß ihr Leib gerichtet [oder: gestraft] wird, weil sie den
> Herrn der Geister verleugnet haben; und sie sehen jeden Tag ihr Gericht, und sie glau-
> ben [doch] nicht an seinen Namen. Und so stark wie das Brennen ihres Leibes [ist],
> ebenso [wird sich] an ihnen eine Veränderung des Geistes [vollziehen] für immer und
> ewig, denn niemand kann vor dem Herrn der Geister eine leere Rede führen. Denn das
> Gericht wird über sie kommen, weil sie an die Begierde ihres Leibes glauben und den
> Geist des Herrn leugnen.[22]

Wollust und Begierde, die mit ewiger Strafe geahndet werden, sind hier noch Kennzeichen der Mächtigen, die sich der heilenden Quellen am Toten Meer bedienen;
es sind [noch] nicht „fleischliche" Schwächen von jedermann und jederfrau.

Beim dritten Teil des Henochbuches (LXXI–LXXXII) handelt es sich um eine
für unser Thema nicht relevante astronomische Schrift aus dem dritten oder dem
zweiten Jahrhundert v. Chr.

Der vierte, von den andern divergierende und in sich sehr geschlossene Teil zeichnet in zwei Traumvisionen, daher „Buch der Traumvisionen" genannt (LXXXIII–

---

[20] LXII 10–13; Uhlig (Anm. 9), S. 614 f.
[21] LXIII 10; Uhlig (Anm. 9), S. 617.
[22] LXVII 5–10; Uhlig (Anm. 9), S. 621 f.

XCI), das Weltgericht sowie die Heilsgeschichte von Adam bis zum Anbruch des messianischen Reiches. Es wird dem zweiten Jahrhundert v. Chr. zugeordnet.

Vor dem Anbruch des messianischen Reiches wird über die versagenden „Hirten" und verirrten „Schafe" Israels Gericht gehalten. Hier heißt es:

> Und jene siebzig Hirten wurden gerichtet und als Sünder [befunden], und sie wurden in diese Feuertiefe geworfen. Und ich schaute in jener Zeit, wie sich eine gleiche Tiefe öffnete mitten auf der Erde, die voll von Feuer [war], und man brachte jene verblendeten Schafe, und sie wurden alle gerichtet und als Sünder [befunden], und sie wurden in jene Feuertiefe geworfen, und sie brannten; und diese Tiefe war zur Rechten jenes Hauses. Und ich schaute jene Schafe, während sie brannten, und ihr Gebein brannte.[23]

Der fünfte und letzte Teil aus dem ersten Jahrhundert v. Chr. besteht aus einer „Epistel Henochs" (XCII–CV, CVI–CVIII): Aus Gerichtsandrohungen und Wehe-Rufen ergibt sich die vom Autor vertretene Sündenauffassung, die auf Reichtum und Ungerechtigkeit konzentriert ist:

> Wehe denen, die Ungerechtigkeit und Unrecht aufrichten und Betrug als Fundament legen, denn plötzlich [oder: bald] werden sie zerschmettert werden und keinen Frieden haben. Wehe denen, die ihre Häuser mit Sünde bauen, denn sie werden aus all ihrem Fundament gerissen werden, und durch das Schwert werden sie fallen; und die Gold und Silber erwerben – im Gericht werden sie plötzlich [oder: bald] vernichtet. Wehe euch Reichen, denn ihr habt auf euren Reichtum vertraut, aber aus eurem Reichtum werdet ihr heraus müssen, weil ihr in den Tagen eures Reichtums nicht an den Höchsten gedacht habt. Ihr habt Blasphemie und Ungerechtigkeit begangen, und ihr seid für den Tag des Blutvergießens und den Tag der Finsternis und den Tag des großen Gerichtes bereitet.[24]

Ein anderer Wehe-Ruf droht ausdrücklicher mit der Hölle:

> Wehe euch, die ihr das Böse bis zu eurem Nächsten ausbreitet, denn ihr werdet in der Hölle getötet werden.[25]

Interessant ist eine Drohung, in der eine Dimension oder Region des „Totenreiches" ausdrücklich als Strafhölle beschrieben wird. Es heißt da über diejenigen, die in Wohlstand und Reichtum gestorben sind:

> Ihr sollt wissen, daß man ihre Geister wird zum Totenreich hinabfahren lassen, und es wird ihnen übel ergehen: Die Trübsal [wird] groß [sein]. In Finsternis, in Umstrickung und in lodernden Flammen wird euer Geist zu dem großen Gericht kommen; und das große Gericht wird stattfinden für alle ewigen Generationen. Wehe euch, denn ihr werdet keinen Frieden haben.[26]

---

[23] XC 25–27; Uhlig (Anm. 9), S. 702.
[24] XCIX 11; Uhlig (Anm. 9), S. 717.
[25] XCIX 11; Uhlig (Anm. 9), S. 727.
[26] CIII 7f; Uhlig (Anm. 9), S. 737 f.

Das 4. Buch Esra: Befristung des göttlichen Erbarmens

Mit dem „4. Buch Esra" liegt eine ebenfalls in christlichen Kreisen sehr einflußreiche jüdische Schrift vor, die J. Schreiner zeitlich um 100 n. Chr. ansetzt[27] und die damit in großer zeitlicher Nähe zum Neuen Testament steht. Der Verfasser des einheitlich konzipierten Werkes bedient sich „pseudepigraphisch" des Namens Esra, der im dreißigsten Jahr nach dem Untergang Jerusalems 587 v. Chr. Dialogpartner des Engels Uriel gewesen sei und im Babylonischen Exil sieben Visionen mit Offenbarungen empfangen habe. Der Verfasser ist zu den „Frommen" zu rechnen, die apokalyptische Hoffnungen hegten; er konnte auf bereits geformte Traditionsstoffe zurückgreifen. Das Buch imponiert noch heute durch die Radikalität, mit der es Anfragen an die Treue und Gerechtigkeit des Gottes Israels stellt. Zu den Informationen, die der Visionär vom Engel erhalten haben will, gehören auch solche über das endzeitliche Gericht. In der christlichen Höllenlehre wurde die Begrenzung des göttlichen Erbarmens und seine Ablösung durch die Gerechtigkeit von entscheidender Bedeutung. Interessant ist die Vorstellung vom Schlafen der Toten in der Erde und vom Aufbewahrtsein der „Seelen" in „Kammern":

> Die Erde gibt die heraus, die in ihr schlafen, der Staub die, die still in ihm ruhen, und die Kammern geben die Seelen heraus, die ihnen anvertraut sind. Der Höchste offenbart sich auf dem Richterthron [dann kommt das Ende]; das Erbarmen vergeht [die Barmherzigkeit entfernt sich], die Langmut verschwindet, nur das Gericht bleibt. Die Wahrheit besteht, der Glaube erstarkt, das Werk folgt nach, der Lohn zeigt sich, die gerechten Taten erwachen, die ungerechten schlafen nicht mehr. Dann erscheint die Grube der Pein und gegenüber der Ort der Ruhe. Der Ofen der Hölle zeigt sich und gegenüber das Paradies der Wonne. Dann wird der Höchste zu den auferweckten Völkern sagen: Seht und erkennt den, den ihr geleugnet, dem ihr nicht gedient, dessen Gebot ihr verachtet habt. Schaut nun hinüber und herüber: Hier Wonne und Ruhe, dort Feuer und Pein. Das wird er zu ihnen am Tag des Gerichts sagen.[28]

Die räumliche Nachbarschaft von Hölle und Paradies mit der Möglichkeit des Hin- und Hersehens kam in christlichen Kreisen in Verbindung mit dem Jenseitsgleichnis vom armen Lazarus und dem Reichen in Lk 16,19–30 auf.

Die Schrift läßt den Engel sagen, welch unterschiedliche Strafen, nämlich sieben, einen Sünder nach seinem Tod treffen werden:

> Wenn er nun einer der Verächter war, die den Weg des Höchsten nicht beachtet, sein Gesetz verachtet und die Gottesfürchtigen gehaßt haben – diese Seelen gehen nicht in die Kammern ein, sondern müssen sogleich unter Qualen umherschweifen, immer klagend und traurig auf sieben Arten. Die erste Art ist, daß sie das Gesetz des Höchsten verachtet haben; die zweite Art, daß sie keine echte Umkehr vollziehen können, um zu leben; die dritte Art, daß sie den Lohn sehen, der für jene bereitliegt, die dem Bund des Höchsten geglaubt haben; die vierte Art, daß sie die Pein erwägen, die ihnen für die letzte Zeit bereitet ist; die fünfte Art, daß sie sehen, wie die Kammern anderer [Seelen] von Engeln in großer Ruhe behütet werden; die sechste Art, daß sie sehen, wie sich die Pein

---

[27] J. Schreiner: Das 4. Buch Esra. Gütersloh 1981 (Jüdische Schriften aus hellenistisch-römischer Zeit V/4), S. 301.
[28] VII 32–38; Schreiner (Anm. 27), S. 346 f.

über sie erstreckt; die siebte, die größer ist als alle voraus genannten Arten, daß sie in
Scham vergehen, sich in Schande verzehren und in Furcht erschlaffen, wenn sie die Herrlichkeit des Höchsten schauen, vor dem sie im Leben gesündigt haben, und vor dem
sie in der Endzeit gerichtet werden sollen.[29]

Die Strafen sind hier affektiv-immaterieller Art. Wie häufig in Schriften dieser Art
zu beobachten, schwanken die Zukunftsansagen zwischen ewigen Qualen für die
Sünder und deren Vernichtung (oder Zugrundegehen). Sie lassen sich nicht systematisieren. Auch in diesem Buch sind die Qualen der Hölle von Gott ausgedacht
worden. So ist die Rede von „Durst und Qualen, die vorbereitet sind".[30] Offen bleiben muß in dieser Entwicklungsphase auch die Frage, ob es Jenseitsstrafen gibt, die
der Läuterung dienen sollen und darum einmal ein Ende haben werden. In christlicher Sprache: Hölle und Fegefeuer sind noch beisammen. Dafür ein Beispiel aus
diesem Buch:

> Denn alle, die mich in ihrem Leben nicht erkannt haben, als sie von mir Wohltaten emp-
> fingen, und alle, die mein Gesetz verschmäht haben, als sie noch die Freiheit hatten,
> und den Raum der Buße, als er für sie noch offen war, nicht wahrnahmen, sondern ver-
> achteten, die müssen nach dem Tod in der Marter zur Erkenntnis kommen. Du also for-
> sche nicht weiter, wie die Frevler gepeinigt werden, sondern frag, wie die Gerechten
> gerettet werden, denen die Welt gehört und wegen derer sie ist, und wann.[31]

Die syrische Baruch-Apokalypse: Genaueres zur Auferstehung

Mit dem 4. Buch Esra ist der schriftliche Reflex auf eine Situation erhalten, die in
vielerlei (aber nicht in jeder) Hinsicht derjenigen der frühen christlichen Gemeinden vergleichbar war: Das erhoffte und von charismatischen Persönlichkeiten für
baldige Zukunft in Aussicht gestellte, die Not endgültig wendende Heil blieb aus;
ja – was die Juden anging –, die Zerstörung des Tempels und der Stadt Jerusalem,
die Vertreibung aus der Heimat hatten die Lage ungleich verschlimmert.

Ein weiteres Buch, das in diesem Zusammenhang zu beachten ist, wird gemeinhin
als „Syrische Baruch-Apokalypse" bezeichnet. Der Verfasser, der sich des Pseud-
onyms Baruch bediente, lebte zu Beginn des zweiten Jahrhunderts n. Chr. in Palästina, in einer Zeit, in der die Bedrängnisse für die Juden noch größer geworden und
sie des Trostes noch bedürftiger waren.[32] Mit apokalyptischen Bildern und Zukunfts-
visionen suchte er von dem fiktiven Zeitpunkt der Deportation nach Babylon, nach
der Zerstörung des ersten Tempels, aus seine Mitgläubigen zu ermutigen. Die Forschung hat bemerkenswerte Parallelen mancher Aussagen dieser Schriften zum
Neuen Testament (Paulus und Johannes-Apokalypse) sowie eventuell zum christlichen „Barnabasbrief" festgestellt.[33]

---

[29] VII 79–87; Schreiner (Anm. 27), S. 353 f.
[30] VIII 59; Schreiner (Anm. 27), S. 370.
[31] IX 10–13; Schreiner (Anm. 27), S. 372.
[32] A. F. J. Klijn: Die syrische Baruch-Apokalypse. Gütersloh 1976 (Jüdische Schriften aus hellenistisch-
römischer Zeit V/2), S. 103–191, hier 107.
[33] Klijn (Anm. 32), S. 112.

Einige signifikante Texte aus dem Bereich der Höllenthematik seien zitiert. In einem Gebet läßt der Verfasser Baruch zu Gott sagen:

> Schilt darum auch den Todesengel, laß deine Herrlichkeit erscheinen, erkennen [jetzt] die Größe deiner Schönheit, und laß das Totenreich versiegelt sein, daß es von nun an keine Toten mehr empfange. Die Schatzkammern der Seelen sollen wiedergeben die, die noch darin verschlossen sind.[34]

In einer Antwort Gottes kommen die Gerichtsbücher und wiederum die jenseitigen Kammern zum Vorschein:

> Denn siehe, die Tage kommen, da die Bücher aufgetan werden, worin die Sünden aller, die gesündigt haben, aufgeschrieben sind; und weiter auch die Vorratskammern, in denen die Gerechtigkeit all derer aufgespeichert ist, die in der Schöpfung sich recht zeigten.[35]

Der Gerichtstag soll nach Gottes Auskunft folgendermaßen beginnen:

> Und danach wird geschehen: Vollendet sich die Zeit der Erscheinung des Messias und kehrt er dann in die Herrlichkeit zurück, dann werden alle jene auferstehen, die in der Hoffnung auf ihn eingeschlafen sind. Und es wird dann zu jener Zeit geschehen, daß jene Schatzkammern geöffnet werden, in denen die bestimmte Zahl der Seelen der Gerechten aufbewahrt ist. Sie werden dann hinausgehen, und all die vielen Seelen werden nun zugleich erscheinen als *eines* Sinnes *eine* Schar. Die Ersten freuen sich, die Letzten aber sind nicht traurig. Sie wissen doch: gekommen ist die Zeit, von der es heißt, daß sie das Ende aller Zeiten sei. Die Seelen der Gottlosen aber werden um so mehr vergehen, wenn sie dies alles schauen werden. Sie wissen ja, daß ihre Peinigung sie jetzt erreicht, ihr Untergang herbeigekommen ist.[36]

Auf die Rückfrage des Baruch nach der genauen Verwirklichung der Totenerweckung erhält er diese göttliche Mitteilung:

> Da antwortete er und sprach zu mir: Höre, Baruch, dieses Wort und schreibe ins Gedächtnis deines Herzens alles, was immer du erfährst! Denn sicher gibt die Erde ihre Toten dann zurück, die sie jetzt empfängt, um sie aufzubewahren; dabei wird sich an ihrem Aussehen nichts verändern. Denn wie sie sie empfangen hat, so wird sie sie auch wiedergeben, und wie ich sie ihr übergab, so wird sie sie auch auferstehen lassen. Denn dann wird's nötig sein, den Lebenden zu zeigen, daß die Toten wieder aufgelebt sind und daß die zurückgekommen sind, die einstmals weggegangen sind. Und haben dann die einander erkannt, die sich jetzt kennen, wird kräftig sein mein [göttliches] Gericht. Und kommen wird, was vorher ist gesagt.
> Wenn dieser festgesetzte Tag vorüber ist, [dann] wird sich die Gestalt derer verändern, die schuldig erfunden sind, und auch die Herrlichkeit von denen, die als Rechtschaffene gelten können. Das Aussehen derer, die hier frevelhaft gehandelt haben, wird schlimmer gemacht werden, als es jetzt ist, weil sie Martern erleiden müssen. Die Herrlichkeit von denen, die sich jetzt rechtschaffen gezeigt haben, wie mein Gesetz es will, und die in ihrem Leben Einsicht hatten und die in ihrem Herzen hier der Weisheit Wurzel

---

[34] XXI 23; Klijn (Anm. 32), S. 137.
[35] XXIV 1; Klijn (Anm. 32), S. 139.
[36] XXX 1–5; Klijn (Anm. 32), S. 142.

pflanzten – ihr Glanz wird dann verherrlicht sein in unterschiedlicher Gestalt. Ins Licht ihrer Schönheit wird verwandelt sein das Ansehen ihres Angesichts. So können sie die Welt bekommen und empfangen, die nicht vergeht, so wie sie ihnen versprochen ward. Besonders darum werden, die dann kommen, traurig sein, weil sie mein Gesetz gering geachtet und ihre Ohren so verstopft haben, daß sie Weisheit nicht hören und Einsicht nicht empfangen konnten. Darum – wenn sie sehen werden, daß die, über die sie sich jetzt hoch erhaben dünkten, alsdann erhoben und verherrlicht werden weit mehr als sie und verwandelt werden diese wie auch jene – zum Glanz der Engel diese, jene [aber] zu bestürzenden Erscheinungen und gräßlichen Gestalten – noch schlimmer werden sie vergehen. Zuschauen werden sie zuerst, dann aber gehen sie dahin, um Pein zu leiden.[37]

Die Genugtuung der Geretteten über die Bestrafung der Sünder wird nach dieser Ansicht dadurch erhöht, daß die Auferstehungsgestalt der Frevler schauerlich sein wird. Die zitierten Bilder und Vorstellungen werden in dieser Schrift noch mannigfaltig wiederholt, einschließlich der Ansage vielfältiger Strafen im Feuer für die Verfolger Israels, ohne daß neue Elemente dazuträten. Die Schrift versteht sich ausdrücklich als Mahnung an die Frommen, die Tora gewissenhaft zu beachten und damit dem kommenden Gericht zu entgehen.

Eine Darstellung, die enzyklopädische Vollständigkeit des Materials anstrebte, müßte hier noch weitere jüdische Schriften aus dem Bereich der Apokalyptik benennen, z. B. das „Buch der Jubiläen", vielleicht aus dem zweiten vorchristlichen Jahrhundert[38], oder das „Testament Abrahams", wohl aus dem ersten vorchristlichen Jahrhundert.[39] Sie würden aber den zugrundeliegenden Auffassungen und dem verwendeten Bildmaterial nach keine neuen Aspekte der Höllenvorstellungen zum Vorschein bringen. Mit Sicherheit läßt sich sagen, daß die großen Bedrängnisse der jüdischen Gemeinden und die militärischen Katastrophen der Jahre 70 und 135 n. Chr. zu einer Vermehrung der Reflexionen über die Strafhölle beigetragen haben. Sonderformen dieser Literatur bilden jene jüdischen Schriften, die von christlichen Autoren überarbeitet und in christliche Kreise übernommen wurden. Im Zusammenhang mit dem fünften nachchristlichen Jahrhundert ist eine solche Schrift später ausdrücklich vorzustellen.

Christliche Apokalyptik

Rückblick auf das Neue Testament

Das Urteil Ph. Vielhauers[40] ist auch heute noch gültig: Das frühe Christentum, sowohl in seiner palästinensischen Ausprägung als auch in seiner hellenistisch-judenchristlichen Gestalt, hatte „weitgehend" die Stimmung und die Vorstellungswelt der

[37] L 1–4, LI 1–6; Klijn (Anm. 32), S. 155 f.
[38] Haag (Kap. 2, Anm. 3), S. 227–232; K. Berger: Buch der Jubiläen. Gütersloh 1979 (Jüd. Schriften aus hellenist.-röm. Zeit II).
[39] Moraldi (Kap. 2, Anm. 1), S. 199–202.
[40] Hennecke/Schneemelcher (Anm. 4), S. 420.

jüdischen Apokalyptik. Wie immer der apokalyptische Anteil am Gedankengut Jesu von Nazaret gewesen sein mag, der eigentliche und nähere Anlaß für ein breites Einströmen apokalyptischen Wort- und Bildmaterials in das frühe Christentum war die baldige Erwartung des (Wieder-)Kommens Christi nach dem gewaltsamen Ende Jesu. Mit dem Anspruch des historischen Jesus, daß sich an der Stellungnahme zu seiner Person und Sendung das ewige Heil oder Unheil eines Menschen entscheiden würde, verband sich die Überzeugung, daß er an dem baldigst erwarteten Ende der Tage vom Himmel als Retter und Richter kommen werde.[41] Dem zu Gott und zu himmlischer Würde Erhöhten wurden Aussprüche zugeschrieben, die sich zu apokalyptischen Reden kombinieren ließen. Die Thematik wurde erweitert: Erfolgt in einer ersten Schicht der urchristlichen Missionspredigt die Belehrung über die „Parusie", verbunden mit Darstellungen des zu erwartenden Gerichts, so schilderte man bald auch die Zeit vor dem abermaligen Kommen des Christus, die Vorzeichen, die Bedrängnisse der Christen, verbunden mit dem Glaubensabfall vieler von ihnen, das Auftreten einer Gegenspieler-Gestalt, des „Antichrist".[42]

Bei dieser Apokalyptisierung der christlichen Botschaft griff man eben auf jüdische Materialien zurück. Zu ihnen gehörte die feste Erwartung, daß an den Bedrängern Vergeltung geübt werden würde, ja, die ausdrückliche Ansage von „Rache" (2 Thess 1,5–10). Die Notsituation des Judentums, die im apokalyptischen Schrifttum vielfach klagenden Ausdruck fand, wurde angesichts der Anfeindungen der Christen kombiniert zu der Vorstellung einer „letzten bösen Zeit"[43], von der die jüdisch-apokalyptische Literatur durchweg spricht. Die Feinde der Glaubenden wurden dabei nicht nur in menschlichen Gestalten gesehen: als Satan, böse, gefallene Engel, als Drache usw. nahmen sie auch jenseitig-dämonische Züge an. Sobald das Totenreich zu einem Reich der Strafhölle gemacht worden war, konnte man sich diese unheimlichen Figuren als dessen Beherrscher denken, die vom „Jenseits" aus ihre Angriffe auf Erden führten. Die Johannes-Apokalypse stellt im biblisch-neutestamentlichen Bereich die breiteste Sammlung solcher Vorstellungen dar. Jedoch ist trotz aller Probleme, die sich damit ergeben, zu konstatieren, daß die Hölle innerhalb des Neuen Testaments nirgendwo so breit ausmalend dargestellt wird wie die Freuden des „Himmels" oder das „Neue Jerusalem". Die altorientalisch geläufige Strafsymbolik, bei der das Feuer an erster Stelle steht, wird durchaus sparsam eingesetzt.

Für die unmittelbar nachbiblische christliche Zeit sind zwei grundsätzlich verschiedene Strömungen zu beobachten. Zum einen sind Zeugnisse einer theologisch und spirituell niveauvollen Reflexion erhalten, die zwar an der Überzeugung, die Glaubensentscheidung betreffe auch ewiges Heil oder Unheil des Menschen, keinen Zweifel lassen, die aber an der Ausmalung jenseitiger Zustände oder gar Strafen nicht interessiert sind. Zum andern aber vermehren sich christlich-apokalyptische Schriften, die sich eingehend mit dem Jenseits beschäftigen und dabei in

---

[41] Vielhauer (Anm. 4), S. 429.
[42] Vgl. zu ihm Vielhauer (Anm. 4), S. 432.
[43] Vielhauer (Anm. 4), S. 431.

weitestem Umfang jüdische, dann aber auch heidnische Materialien übernehmen. Die literarischen Eigenarten des Judentums werden christlich adaptiert: Meist verwenden die Verfasser Pseudonyme angesehener Personen; sie fingieren die bekannten Modalitäten der Offenbarungen, Visionen und Entrückungen.[44]

Für die Entwicklung der Höllenvorstellungen ist diese zweite, apokalyptische Strömung die wichtigere, daher soll die Aufmerksamkeit zunächst ihr gelten.

Die Petrus-Apokalypse, ein entscheidendes Höllenbuch

Nach dem bisherigen Stand der Forschung muß an erster und entscheidender Stelle die „Apokalypse des Petrus" genannt werden,[45] die etwa um 135 n. Chr.[46] vermutlich in Ägypten entstanden ist. Es handelt sich um das älteste christlich-nachbiblische Zeugnis über das Ergehen des Menschen nach seinem Tod.[47] In der östlichen und in der westlichen Kirche war die Schrift weit verbreitet. Ihre Höllenbeschreibungen waren nachgewiesenermaßen bedeutenden Theologen der alten Kirche bekannt; sie wirkten auf andere christlich-apokalyptische Bücher ein, mit Nachwirkungen noch bei Dante. Die Materialien zur Höllenbeschreibung sind nach A. Dieterich orphisch-pythagoreischen Mysterien (wenigstens weitgehend), nach J. Le Goff dem iranischen Mazdaismus entlehnt, während bei der Gesamtkomposition mit Weltuntergang im Feuer, Gericht, Totenauferstehung jüdische Einflüsse evident sind.[48]

Der unbekannte Verfasser, dessen Intention sich aus dem Gehalt der Schrift erschließen läßt, läßt die Apostel auf dem Ölberg an den Auferstandenen die Bitte richten, den seligen Lohn der Gerechten im Himmel schauen zu dürfen, damit ihre Verkündigung darüber noch wirksamer werde. Die Bitte wird erfüllt; Petrus berichtet über die zuteilgewordene Schau. Außer dem Ort der Herrlichkeit wird auch der Ort der Bestrafung beschrieben. Wegen der großen Wirkungsgeschichte dieser Schilderung sei sie hier in aller Breite wiedergegeben:

> Betreffs der Erwählten, die Gutes getan haben, sie werden zu mir kommen, indem sie den Tod verzehrenden Feuers nicht sehen werden. Die Bösewichter, Sünder und Heuchler aber werden in den Tiefen nicht verschwindender Finsternis stehen, und ihre Strafe ist das Feuer, und Engel bringen ihre Sünden herbei; und bereiten ihnen einen Ort, wo sie für immer bestraft werden, je nach ihrer Versündigung. Der Engel Gottes Urael bringt die Seelen derjenigen Sünder, die in der Sintflut umgekommen sind, und aller, die in allen Götzen, jeglichem Gußbild, jeglicher Liebe und in Bildern, und derer, die auf allen Hügeln und in Steinen und am Wege wohnen, [die] man Götter nannte; man wird sie mit ihnen [d. h. den Gegenständen, in denen sie hausten] in ewigem Feuer verbrennen. Nachdem alle mit ihrer Wohnstätte zugrunde gegangen sind, wird man sie ewig strafen.

---

[44] Vielhauer (Anm. 4), S. 421.
[45] Ch. Maurer; Übersetzung des äthiopischen Textes durch H. Duensing. In: Hennecke/Schneemelcher II (Anm. 4), S. 468–483.
[46] Maurer (Anm. 45), S. 469.
[47] Moraldi (Kap. 2, Anm. 1), S. 229.
[48] Maurer (Anm. 45), S. 471.

Dann werden Männer und Weiber an den ihnen bereiteten Ort kommen. An ihrer Zunge, mit der sie den Weg der Gerechtigkeit gelästert haben, wird man sie aufhängen. Man bereitet ihnen ein nie verlöschendes Feuer.

Und siehe wiederum ein Ort: da ist eine große volle Grube. Darin die, welche verleugnet haben die Gerechtigkeit. Und Strafengel suchen [sie] heim, und hier in ihr zünden sie das Feuer ihrer Strafe an. Und wiederum zwei Weiber: Man hängt sie an ihren Nacken und Haaren auf, in die Grube wirft man sie. Das sind die, welche sich Haarflechten gemacht haben nicht zur Schaffung des Schönen, sondern um sich zur Hurerei zu wenden, damit sie fingen Männerseelen zum Verderben. Und die Männer, die sich mit ihnen in Hurerei niedergelegt haben, hängt man an ihren Schenkeln in diesen brennenden Ort und sie sagen untereinander: „Wir haben nicht gewußt, daß wir in die ewige Pein kommen müßten." Und die Mörder und die mit ihnen gemeinschaftliche Sache gemacht haben, wirft man ins Feuer, an einen Ort, der angefüllt ist mit giftigen Tieren, und sie werden gequält ohne Ruhe, indem sie ihre Schmerzen fühlen, und ihr Gewürm ist so zahlreich wie eine finstere Wolke, und der Engel Ezrael bringt die Seelen der Getöteten herbei; und sie sehen die Qual [derer, die sie] getötet haben, und sie sagen untereinander: „Gerechtigkeit und Recht ist das Gericht Gottes [Ps 19,10; Offb 16,7; 19,2]. Denn wir haben es zwar gehört, aber nicht geglaubt, daß wir an diesen ewigen Gerichtsort kommen würden."

Und bei dieser Flamme ist eine große und sehr tiefe Grube, und es fließt dahinein [?] alles von überall her: Gericht [?] und Schauderhaftes und Aussonderungen. Und die Weiber [sind] verschlungen [davon] bis an ihre Nacken und werden bestraft mit großem Schmerz. Das sind also die, welche ihre Kinder abtreiben und das Werk Gottes, das er geschaffen hat, verderben. Gegenüber von ihnen ist ein anderer Ort, wo ihre Kinder sitzen; aber beide lebendig, und sie schreien zu Gott. Und Blitze gehen aus [und] von diesen Kindern, welche die Augen derer durchbohren, welche durch diese Hurerei ihren Untergang bewirkt haben.

Andere Männer und Weiber stehen nackt oberhalb davon. Und ihre Kinder stehen hier ihnen gegenüber an einem Ort des Entzückens. Und sie seufzen und schreien zu Gott wegen ihrer Eltern: „Das sind die, welche vernachlässigt und verflucht und deine Gebote übertreten haben. Und sie töteten uns und fluchten dem Engel, der [uns] geschaffen hatte, und hängten uns auf. Und sie enthielten das Licht, das du für alle bestimmt hast, [uns] vor." Und die Milch ihrer Mütter fließt von ihren Brüsten und gerinnt und stinkt, und daraus gehen fleischfressende Tiere hervor, und sie gehen heraus, wenden sich und quälen sie in Ewigkeit mit ihren Männern, weil sie verlassen haben das Gebot Gottes und ihre Kinder getötet haben. Und ihre Kinder wird man dem Engel Temlakos geben. Und die sie getötet haben, wird man ewig quälen, weil Gott es so will.

Es bringt der Zornengel Ezrael Männer und Weiber zur Hälfte [des Körpers] brennend und wirft sie an einen Ort der Finsternis, der Hölle der Männer, und ein Geist des Zornes züchtigt sie mit jeglicher Züchtigung, und nimmer schlafendes Gewürm frißt ihre Eingeweide. Das sind die Verfolger und Verräter meiner Gerechten.

Und bei denen, die hier waren, andere Männer und Weiber, die kauen ihre Zunge, und man quält sie mit glühendem Eisen und verbrennt ihre Augen. Das sind die Lästerer und Zweifler an meiner Gerechtigkeit.

Anderen Männern und Weibern – ihre Taten [bestanden] in Betrug – schneidet man die Lippen ab, und Feuer geht in ihren Mund und in ihre Eingeweide. [Das sind die], welche die Märtyrer getötet haben lügnerischerweise.

Und an einem nahe bei ihnen gelegenen Orte, auf dem Stein eine Feuersäule [?], und die Säule ist spitzer als Schwerter – Männer und Weiber, die man kleidet in Plunder und schmutzige Lumpen und darauf wirft, damit sie das Gericht unvergänglicher Qual

Höllenmaul, Codex der Königin Eleonore, um 1240

Ein Engel verschließt die Hölle, Psalter der St. Swithuin's Priory, ca. 1150

erleiden. Das sind die, welche vertrauen auf ihren Reichtum und Witwen und Weib [mit] Waisen verachtet haben Gott ins Angesicht.

Und an einem andern Ort dabei wirft man mit Ausscheidungen Gesättigte, Männer und Weiber, hinein bis an die Knie. Das sind die, welche leihen und Zins nehmen.

Und andere Männer und Weiber stoßen sich selbst von einer Höhe herunter und kehren wieder zurück und laufen, und Dämonen treiben sie an. Das sind die Götzendiener, und man stellt sie an das Ende des Denkens, und sie stürzen sich hinab. Und also tun sie fortwährend, in Ewigkeit werden sie gequält. Das sind die, welche ihr Fleisch geschnitten haben als Apostel eines Mannes und die Weiber, die mit ihnen waren, und darin die Männer, die wie Weiber sich untereinander befleckt haben.

Und bei diesen, und unter ihnen macht der Engel Ezrael einen Ort von vielem Feuer, und alle goldenen und silbernen Götzen, das Werk von Menschenhand, und was glich den Bildern von Katzen und Löwen, von Reptilien und wilden Tieren, und welche Bilder davon angefertigt hatten, Männer und Weiber, in feurigen Ketten, die gezüchtigt werden wegen ihrer Verirrung von ihnen [den Götzenbildern], und so ist ihr Gericht in Ewigkeit.

Und bei ihnen andere Männer und Weiber, die brennen in der Flamme des Gerichtes, für ewig ist ihre Pein. Das sind die, welche verlassen haben das Gebot Gottes und sind gefolgt [...] Dämonen.

Und ein anderer sehr hoher Ort [...], die Männer und Weiber, welche einen Fehltritt begehen, gehen rollend hinunter dahin, wo der Schrecken ist. Und wiederum, indem das bereitete [Feuer] fließt, steigen sie herauf und wieder herab und wiederholen so das Rollen. So werden sie gestraft in Ewigkeit. Das sind also die, welche Vater und Mutter nicht geehrt haben und freiwillig sich ihrer enthalten haben. Deshalb werden sie gestraft ewiglich. Weiter bringt der Engel Ezrael Kinder und Jungfrauen, um ihnen die Bestraften zu zeigen. Sie werden bestraft mit Schmerz, mit Aufhängen [?] und vielen Wunden, die ihnen fleischfressende Vögel beibringen. Das sind die, welche trauen auf ihre Sünde, ihren Eltern nicht gehorsam sind, und die Lehre ihrer Väter nicht befolgen und, die älter sind als sie, nicht ehren. Bei ihnen Jungfrauen, und die bekleiden sich mit Finsternis als Kleidern, und sie werden ernst bestraft, ihr Fleisch wird auseinandergerissen. Das sind die, welche ihre Jungfrauenschaft nicht bewahren bis dahin, wo sie in die Ehe gegeben werden, und sie werden mit dieser Strafe bestraft, indem sie fühlen.

Und wiederum andere Männer und Frauen, welche ruhelos ihre Zunge zerkauen, indem sie gequält werden mit ewigem Feuer. Das sind die Sklaven, welche ihren Herren nicht gehorsam gewesen sind. Dies ist also ihr Gericht auf ewig.

Und bei dieser Qual sind blinde und stumme Männer und Weiber, deren Gewand weiß ist. Dann pferchen sie sich gegenseitig zusammen und fallen auf Kohlen nie verlöschenden Feuers. Das sind die, welche Almosen geben und sagen: „Wir sind gerecht vor Gott", während sie doch der Gerechtigkeit nicht nachgetrachtet haben.

Der Engel Gottes Ezrael läßt herausgehen aus dieser Flamme und stellt hin Gericht der Entscheidung (?). Dies ist also ihr Gericht. [Und] ein Feuerbach fließt, und es zieht sich herunter alles Gericht [= alle Gerichteten?] mitten in den Bach. Und es stellt sie [dort] hin Urael. Und Feuerräder gibt er, und Männer und Weiber daran aufgehängt durch die Kraft seines Rollens. Die in der Grube sind, brennen. Das sind nämlich die Zauberer und Zauberinnen. Diese Räder [sind] bei aller Entscheidung durch Feuer ohne Zahl (?). Darauf brachten Engel meine Auserwählten und Gerechten, die vollkommen sind in aller Gerechtigkeit, indem sie sie trugen auf ihren Händen, indem sie bekleidet waren mit den Kleidern des ewigen Lebens. Sie sehen [ihre Lust] an jenen, die ihn gehaßt haben, indem er sie bestraft. Qual [ist] einem jeden in Ewigkeit nach seinem Tun. Und alle, die in der Qual sind, sagen einstimmig: „Erbarm dich unser, denn jetzt haben wir

erkannt das Gericht Gottes, das er uns vorher angekündigt hat und wir nicht geglaubt
haben." Und es kommt der Engel Tatirokos und züchtigt sie mit noch größerer Qual
und sagt zu ihnen: „Jetzt habt ihr Reue, wo es nicht mehr Zeit zur Reue gibt und nichts
vom Leben übriggeblieben ist." Und alle sagen: „Gerecht ist das Gericht Gottes; denn
wir haben gehört und erkannt, daß gut ist sein Gericht, denn wir werden gestraft nach
unserem Tun."[49]

Die Schrift galt nicht nur in der Christengemeinde von Alexandria, in der sie vermutlich entstanden war, längere Zeit hindurch als kanonisch. Selbst geistig hoch-
stehende Theologen wie Clemens von Alexandrien und Makarius sahen ihre Sprüche als Offenbarungen des Apostels Petrus an. Erst eine Synode des Jahres 397 in
Karthago schloß die Petrus-Apokalypse aus dem Kanon der biblischen Bücher aus.
Die Kreise, in denen sie benützt wurde, suchten mit Hilfe ihrer sadistischen Phantasie nicht nur überlieferte Weisungen des Dekalogs, sondern auch zeitgenössische
Moralvorstellungen einzuschärfen. So wurde sie gerade im Schrifttum moralischer
Rigoristen, z. B. des Novatian, einflußreich.[50]

Die Sibyllen

Die Petrus-Apokalypse eröffnet, nach heutigem Kenntnisstand, die Reihe der älteren, nachbiblischen christlichen Apokalyptik. Sie erstreckt sich über das ganze zweite nachchristliche Jahrhundert. Es gibt ihr zugehörige Schriften, die das Höllenthema
kaum oder sehr dezent darlegen („Himmelfahrt des Jesaja", „Epistola Apostolorum", 5. und 6. Buch Esra usw.). Eine Sonderform der Apokalyptik ist die Sibyllistik:
Die hellenistisch gebildeten Juden in der Diaspora griffen in der zweiten Hälfte des
zweiten vorchristlichen Jahrhunderts auf die griechische Sibyllenliteratur zurück; sie
sahen darin ein Mittel, ihre religiösen Ideen, gestützt auf angeblich erfüllte Weissagungen, wirksamer zu verbreiten, vor allem mit Jenseitsdrohungen den Polytheismus
zu bekämpfen. Es handelte sich also um eine Literaturgattung, die durchaus zur Verwendung „nach außen", nicht nur zur Immunisierung der inneren Zirkel der Frommen bestimmt war. Die Pseudonymität erstreckte sich auf die Sibyllen, geheimnis-
volle Frauen, die – ohne gefragt zu sein – meist unangenehme Zukunftsbotschaften
verkündeten. So wird ein jüdisches Sibyllenbuch im zweiten vorchristlichen Jahrhundert in Alexandrien entstanden sein.[51] In der zweiten Hälfte des zweiten nachchristlichen Jahrhunderts machten sich Christen diese Dichtung für ihre Zwecke zu
eigen. Von den heute vorliegenden „Oracula Sibyllina" sind die Bücher VI–VIII
ausschließlich christlich; die Bücher I und II gehen auf einen jüdischen Grundbestand zurück, sind aber eingehend christlich überarbeitet. Als Beispiel dieser
christlichen Unheils- und Höllendichtung seien einige Verse aus Buch II zitiert:

> Und dann werden sie alle den Strom des Feuers durchschreiten,
> Unauslöschlicher Flammen verzehrende Glut. Die Gerechten

---

[49] Ziff. 6–13; Duensing (Anm. 45), S. 475–480.
[50] J. Le Goff: Die Geburt des Fegefeuers. Vom Wandel des Weltbildes im Mittelalter. Stuttgart 1990,
S. 50 f.
[51] Vielhauer (Anm. 4), S. 422; A. Kurfess. In: Hennecke/Schneemelcher (Anm. 4), S. 498–501.

Werden gerettet; verloren, verdammt sind auf ewige Zeiten
Alle, die früher in Sünden gelebt und Böses getan und
Morde verübet, auch alle, die Mitwisser waren, die Lügner,
Diebe, Betrüger und schreckliche Frevler an anderer Habe,
Schlemmer, Ehebrecher und solche, die üble Nachrede führen,
Schlimme Verbrecher und Frevler, vor allem die Götzenanbeter,
Solche, die abgefallen vom großen, unsterblichen Gott, und
Alle, die Gotteslästerung getrieben, die Frommen verfolgten,
Gläubige gemordet, und die nach dem Leben Gerechter getrachtet,
Auch alle, welche mit schlauem und schamlosem Mienenspiele
Einst als Presbyter und ehrwürd'ge Diakonen schauten
Auf die Person und den Reichtum der Partner und ungerecht richtend (?)
Anderen Unrecht taten, von falschen Zeugen
                              beeinflußt...
Schlimmer als Perdel und reißende Wölfe ...
Und die entsetzlichen Stolz und Hochmut zeigten, die Wuch'rer,
Welche sich häuserweise ihr Geld auf Zinsen anlegten
Und arme Witwen und Waisen sogar um das Letzte gebracht und
Welche den Witwen und Waisen nur geben von unrechtem Gute,
Die aber, wenn sie für ehrliche Arbeit haben gegeben,
Noch dafür schmähen; und solche, die ihre Eltern im Alter
Haben verlassen, ohn' ihnen etwas zu geben; und die nicht gehorchten,
Gegen die Eltern nur harte Worte im Munde geführet;
Ferner die Treu und Glauben genommen und dann es geleugnet,
Auch die Diener, die gegen den eigenen Herrn auftraten,
Und wieder die ihr eigenes Fleisch mit Unzucht befleckten,
Und alle, die den jungfräulichen Gürtel gelöset und heimlich
Beilager suchten, und Frauen, die töten im Leibe die Frucht, und
Welche den Eltern ganz recht- und gesetzlos weisen die Schwelle,
Giftmischer oder Giftmischerinnen mitsamt ihrem Anhang
Wird der Zorn des himmlischen, unvergänglichen Gottes
Nun an den Pranger stellen da, wo um sie alle im Kreise
Unermüdlich der Feuerstrom fließt, doch all diese zusammen
Fesseln mit unzerreißbaren Ketten von oben herab und
Züpht'gen gar schrecklich mit lodernden Peitschen und feurigen Ketten
Abgesandte des ew'gen und immerwährenden Gottes.
Dann aber werden im schwarzen Dunkel der Nacht sie geworfen
Unter die vielen und schrecklichen Tiere im Tartarus drunten,
In der Gehenna, wo undurchdringliche Finsternis herrschet.
Aber wenn sie dann vielerlei Pein allen auferlegt haben,
Deren Herz grundschlecht war, dann wieder das feurige Drehrad
Aus dem mächtigen Strom sie dränget und wirbelt umher, weil
All ihr Sinnen und Trachten auf törichte Werke gerichtet.
Und dann werden sie jammern bald hier und bald dort in der Ferne
Über ihr schreckliches Los, die Väter und arglosen Kinder,
Mütter samt ihren Kleinen, die weinen am nährenden Busen.
Nicht wird der Tränen je Sättigung sein, und niemand vernimmt das
Flehen der bald hier bald dort wehklagenden Jammergestalten.
Drunten jedoch in des weiten und breiten Tartarus Dunkel
Marter erduldend sie schrein, an unheiligem Orte sie büßen

Dreifach jeglichen Frevel, den einst sie aus Bosheit begangen,
Brennend in ewiger Glut. Mit den Zähnen knirschen sie alle,
Furchtbar geplagt von brennendem Durst und harter Bedrängnis.
Und sie rufen: „Wie schön wär' der Tod!", doch der meidet sie alle;
Denn sie wird nicht mehr der Tod, nicht mehr die Nacht sie erlösen.
Ach, vergebens sie flehen zu Gott, dem Herrscher der Höhe.
Offensichtlich wendet er jetzt sein gnädiges Antlitz von ihnen.
Siebenmal schon ist verstrichen die Frist zur Bekehrung und Buße,
Die er den Irrenden gab durch der heiligen Jungfrau Vermittlung.[52]

Neben den in den neutestamentlichen Lasterkatalogen auftretenden Sünden werden hier Verstöße gegen die Ehrfurchts- und Gehorsamspflicht gegenüber den Eltern sowie, über das biblische Maß hinaus, sexuelle Fehltritte besonders herausgehoben. Die vom Neuen Testament her gewohnten Warnungen zum Schutz der „Kleinen", zumal der Witwen und Waisen, und die Hinweise auf die verhängnisvollen Folgen des Reichtums gehören zum geläufigen Bestand der Höllenwarnungen. Was aber neuartig hervortritt: Es muß schon im zweiten Jahrhundert einen pflichtvergessenen und verkommenen Klerus aus Priestern und Laien gegeben haben, der hier ausdrücklich in die Hölle versetzt wird.

Petrus-Apokalypse wie Sibyllinische Orakel zeigen deutlich, wie einzigartig die Stellung Alexandrias für die Weiterentwicklung sowohl des jüdischen wie auch des christlichen Denkens war. In Alexandria hatten Juden damit begonnen, hellenistische Begriffe und Vorstellungen zu übernehmen und mit ihrer Hilfe ihr Glaubenserbe verständlich und vermittelbar zu machen. Schon bald nach der Jerusalemer Ostererfahrung folgten ihnen darin die Christen, wahrscheinlich solche, die als Juden zum Osterfest nach Jerusalem gepilgert waren, um die einzigartige Qualität Jesu in hellenistischer Sprache (der ewige, bei Gott prae-existierende „Logos") zu fixieren. Das zweite Jahrhundert zeigt die Fortsetzung dieses Prozesses gerade in der Eschatologie. Bei der sprachlichen Einkleidung der Jenseitserwartungen greifen die Alexandriner Christen auf das Vokabular der griechischen Mythologie zurück (Tartarus für die Hölle, Elysium für den Himmel), aber noch mehr: Sie erweitern, ergänzen die biblischen Drohansagen um konkret ausgeschilderte Martern, wie sie in der griechischen Mythologie gleichfalls geläufig waren. Die Frage, ob dabei echte Visions-Erlebnisse eine Rolle gespielt hätten, kann für diese Frühzeit durchaus zurückgestellt werden. Die Verwendung von Pseudonymen (wie bei der Petrus-Apokalypse) und die Übernahme und Adaption jüdischer Schriften, die ihrerseits einen heidnischen Ursprung vortäuschen (wie die Sibyllinen), zeigen, daß bewußte Literaturfiktionen vorliegen. Die Adressaten sind, ob es sich nun um Ermutigungsliteratur für den inneren Zirkel oder um Propagandaschriften nach außen handelt, relativ gebildete Christen, bei denen die Verfasser sich Erfolg der Moralpredigten durch Einsatz sadistischer Jenseitsphantasien versprechen.

---

[52] II 252–312; Kurfess (Anm. 4), S. 507 f.

Gnosis: Thomasakten

Die Gnosis, eine Weisheitslehre außerchristlichen Ursprungs (mit jüdischen, irani-schen, babylonischen, ägyptischen und griechischen Elementen), die ihren „Einge-weihten" den Aufstieg aus dem Bereich des Bösen und der dumpfen Materie ver-sprach und damit eine Erlösung durch eigene Kraft in Aussicht stellte, gilt als eine der gefährlichsten Versuchungen und Bedrohungen des jungen Christentums. Im Neuen Testament finden sich sowohl gnostische Einflüsse als auch Spuren eines christlichen Kampfes gegen christliche Gnostiker. Die Anhänger der Gnosis prak-tizierten strenge Moral und Askese, da das Bewußtwerden seiner selbst und das Wachstum in der Erkenntnis an radikale Enthaltsamkeit gebunden seien. Aus die-ser Sicht ist auch verständlich, warum die Gnosis allmählich eine Verbindung mit dem Manichäismus, der Mitte des dritten Jahrhunderts von dem Babylonier Mani gegründeten Heilslehre, einging. Um die eigenen Anhänger gegen weltliche Versu-chungen zu immunisieren, wurden in manche gnostische Schriften Höllenansagen aufgenommen. Nicht selten genossen Bücher der Gnosis auch in großkirchlichen Kreisen hohes Ansehen, gerade auch wegen des vermeintlichen Geheimwissens, das sie enthielten. Zuweilen ist heute nicht mehr mit Sicherheit auszumachen, ob eine Schrift dem sektiererischen oder dem großkirchlichen Bereich entstammte. Für die Höllenauffassungen solcher Schriften seien zwei Beispiele angeführt.

Nach den „Thomasakten" war der Apostel Thomas ein Zwillingsbruder Jesu und als solcher mit besonderen Geheimnissen vertraut, die er an Eingeweihte weiterge-ben durfte. Die Schrift entstammt dem gnostischen Christentum Syriens, dem drit-ten Jahrhundert (dieses Christentum war ursprünglich gnostisch und wurde erst viel später „katholisiert").[53] Die syrisch verfaßten „Thomasakten" sind eine christlich-gnostische Sonderform der hellenistischen Romanliteratur. Sie enthalten unter an-derem dreizehn „Praxeis", Wundertaten des Apostels Thomas, in denen die Macht der Finsternis, verkörpert in den Dämonen, eine große Rolle spielt. In der 6. „Tat" bewirkt Thomas, daß ein ermordetes Mädchen ins Leben zurückkehrt. Auf Geheiß des Apostels erzählt es von seiner Höllenfahrt. Nach G. Bornkamm gibt die Schil-derung der Höllensphären die fünf manichäischen Elemente der finsteren Welt wie-der.[54]

Der Apostel aber spricht zu ihr: Erzähle uns, wo du gewesen bist. Sie aber antwortete: Du, der du mit mir warst, dem ich auch übergeben wurde, du willst es hören? Und sie fing an zu erzählen: Ein Mensch empfing mich, von Ansehen häßlich, ganz schwarz; sein Kleid aber war sehr beschmutzt. Und er führte mich an einen Ort, an dem viele Klüfte waren, und viel übler Geruch und sehr häßliche Ausdünstung verbreitete sich von dort. Er veranlaßte mich aber, in jede Kluft hineinzublicken, und ich sah in der [ersten] Kluft brennendes Feuer, und Feuerräder liefen [hierhin und] dorthin, und Seelen hingen auf jenen Rädern, aneinander anschlagend. Geschrei aber und sehr viel Jammern war da-selbst, und kein Erlöser war da. Und jener Mann sprach zu mir: Diese Seelen sind dir stammverwandt und wurden in den Tagen der Zählung zur Strafe und Vernichtung über-

[53] G. Bornkamm. In: Hennecke/Schneemelcher (Anm. 4), S. 307.
[54] Bornkamm (Anm. 53), S. 301.

geben. Und dann [wenn die Züchtigung einer jeden beendet ist] werden andere statt ihrer hineingeführt, in gleicher Weise aber werden wiederum auch sie in eine andere [Kluft] geführt. Das sind die, welche das Zusammenleben von Mann und Frau verkehrt haben. Und indem ich beobachtete, sah ich [neugeborene] Kinder aufeinander gehäuft und miteinander ringen und einander angreifen. Der aber hob an und sprach zu mir: Das sind deren Kinder, und sie werden deshalb hierher gesetzt zum Zeugnis über sie. Er brachte mich aber zu einer anderen Kluft, und als ich hineinschaute, sah ich Schlamm und Gewürm hervorquellen und Seelen sich dort wälzen und [hörte] großes Knirschen von dorther aus ihrer Mitte hervordringen. Und jener Mensch sprach zu mir: Das sind die Seelen von Frauen, welche ihre Männer [und von Männern, welche ihre Frauen] verlassen und mit andern Ehebruch getrieben haben und in diese Qual gebracht worden sind. Eine andere Kluft zeigte er mir, und als ich in sie hineinschaute, sah ich Seelen, von denen die einen an der Zunge hingen, die andern an den Haaren, andere an den Händen, andere an den Füßen mit nach unten hängendem Kopf und [alle] von Rauch und Schwefel dampfend. Über diese gab mir der Mann, der mich begleitete, folgende Auskunft: Diese Seelen, welche an der Zunge hängen, sind verleumderische und die falsche und häßliche Worte reden und sich [dessen] nicht schämen. Die aber an den Haaren hängenden sind die Schamlosen und die sich durchaus nicht scheuen und die barhäuptig in der Welt umhergehen. Die aber an den Händen Hängenden sind die, welche das Fremde wegnahmen und stahlen und den Ärmeren niemals etwas freiwillig gaben noch die Bedrängten unterstützten [und] sich durchaus nicht um Recht und Gesetzgebung kümmerten. Die aber verkehrt an den Füßen Hängenden sind die, welche leichtsinnig und bereitwillig [auf] bösen Wegen und ungeordneten Bahnen laufen, Kranke nicht besuchen und die aus dem Leben Scheidenden nicht bestatten. Und deshalb empfängt eine jede Seele, was sie getan hat. Wiederum führte er mich fort und zeigte mir eine sehr dunkle Höhle, die viel üblen Geruch aushauchte; viele Seelen aber schauten aus von dorther, indem sie in irgendeinem Maß an der Luft teilhaben wollten. Ihre Wächter aber ließen sie nicht ausschauen. Und mein Begleiter sprach zu mir: Dies ist das Gefängnis dieser Seelen, die du gesehen hast. Denn wenn sie ihre Strafen für das, was eine jede getan hat, voll empfangen haben, lösen andere sie ab. Einige aber werden völlig verzehrt, einige zur Erleidung noch anderer Strafen übergeben. Es sprachen nun zu dem Manne, der mich übernommen hatte, die Wächter der in der dunklen Höhle befindlichen Seelen: Gib sie uns, damit wir sie zu den anderen führen, bis die Zeit kommt, daß sie zur Bestrafung übergeben wird. Der aber antwortete ihnen: Ich gebe sie euch nicht, da ich mich vor dem fürchte, der sie mir übergeben hat. Denn mir wurde nicht befohlen, sie hier zurückzulassen; ich bringe sie mit mir hinauf, bis ich Befehl über sie empfange. Und er nahm mich und führte mich an einen andern Ort, an welchem Menschen waren, die bitter gequält wurden.[55]

Wie ersichtlich, nimmt die christliche Ausgestaltung eines jenseitigen Konzentrationslagers immer deutlichere Konturen an. Das Wachpersonal führt Befehle aus, die letztlich auf Gott zurückgehen. Dabei unterscheiden sich befristete Quälereien von Dauerstrafen. Die Vorstellung, daß „Seelen" körperlich geschunden werden, bereitet offenbar keine Verständnisschwierigkeiten. In der Art der Strafen zeichnet sich eine Tendenz ab, die Exekution möglichst an dem Körperglied vorzunehmen, mit dem gesündigt wurde, vielleicht eine Schlußfolgerung aus dem Jesuswort Mk 9,43–48.

---

[55] Bornkamm (Anm. 53), S. 331 f.

Die „Geschichte von Josef dem Zimmermann"

Vielleicht ägyptischen Ursprungs ist die „Geschichte von Josef dem Zimmermann",
die sich nur ungefähr auf das dritte oder vierte Jahrhundert datieren läßt und die
jedenfalls auch gnostische Vorstellungen enthält. In der ganzen westlichen Kirche
wurde diese Schrift viel beachtet.[56] Die Geschichte läßt Jesus seinen Jüngern von
Josef erzählen und damit den Tod eines frommen Menschen mustergültig vor Augen stellen. Josef möchte nicht sterben. Aber der Tod tritt an sein Bett, begleitet vom
„Orcus", d. h. der personifizierten Unterwelt, vom Teufel und von feuerspeienden
Ungeheuern. Josef spricht ein Gebet, das großen Einfluß auf die Texte der römisch-
katholischen Totenliturgie hatte:

> Laß nicht geschehen, daß auf dem Wege, den ich durchschreiten muß, sich Geister von
> furchterregender Gestalt mir nahen, ehe ich unversehrt zu dir gelangt bin. O laß nicht
> zu, daß die Wächter meiner Seele den Eintritt ins Paradies verwehren. Wenn du die
> Schuld meines Lebens erforschst, so gib mich vor deinem furchtbaren Gericht nicht der
> Schande preis. Den Löwen sei nicht gestattet, über mich herzufallen. Die Fluten des
> Feuermeeres, das jede Seele durchqueren muß, mögen mich nicht verschlingen, noch
> ehe ich zu dir komme, um deine göttliche Herrlichkeit zu schauen [...] Sei mir nahe mit
> deinem Erbarmen und sei mir Licht auf meinem Weg, damit ich zu dir gelange.[57]

Aus der Schrift wird deutlich, daß von Vertretern der christlichen Religion sehr stark
mit Einschüchterung und Verängstigung gearbeitet wurde und daß diese sich nicht
nur auf dasjenige bezogen, was im „Jenseits" auf die Seele wartete, sondern daß auch
der Moment des Todes selber und die unmittelbar darauf folgende „Jenseitsreise"
mit Furcht und Schrecken besetzt wurden. Dabei wurden ungeniert Szenarien aus
der heidnischen Mythologie übernommen. Der zugrundeliegende religiöse Gedanke,
der in dieser Schrift ausgebreitet ist, besagt: Jeder Mensch hat Gutes *und* Böses
getan. Wegen des Bösen bedarf er, je nach dessen Schwere, der göttlichen Barmherzigkeit in der Stunde des Todes oder bei seiner Jenseitsreise oder im Augenblick
des jenseitigen Gerichts.

In dieser Schrift bittet Jesus seinen göttlichen Vater um Geleit für Josefs Seele
durch die „sieben dunklen Zeitalter", durch finstere Strafsphären mit schrecklichen
Dämonen; er bittet um Schutzgeleit durch Michael, Gabriel und den Chor von
Engeln. Umgekehrt bittet Josef Jesus um Vergebung wegen seiner strengen Erziehung. So kommt das Geleit zustande, und Josef stirbt einen schönen Tod (Kap. 21–
23).[58]

---

56 L. Moraldi: Nach dem Tode. Jenseitsvorstellungen von den Babyloniern bis zum Christentum. Zürich 1987, S. 220.
57 13,4; Moraldi (Anm. 56), S. 221 f.
58 Kap. 21–23; Moraldi (Anm. 56), S. 222.

5. Anfänge der Höllentheologie in der westlichen Kirche

Unmittelbar nachbiblische Zeit

Mit diesem Überblick über Höllenvorstellungen in apokryphen Schriften sind wir bereits am Ende des dritten, möglicherweise im vierten nachchristlichen Jahrhundert angelangt. Die apokalyptischen Erwartungen ebbten nun für eine Weile ab, möglicherweise unter dem Einfluß des politischen Siegeszuges des Christentums („Konstantinische Wende"). Deshalb sei an dieser Stelle ein kurzer Rückblick auf die offizielle, kirchlich anerkannte Theologie unternommen. Das Material ist in hervorragender Weise von B. Daley gesammelt und präsentiert worden.[1] Es handelt sich um die Anfänge der Patristik oder Literatur der Kirchenväter. Mit dem Begriff „Kirchenväter" („Kirchenmütter" kommen im Altertum offenbar nicht vor) werden herkömmlicherweise Theologen bezeichnet, deren Schriften von der (katholischen) Großkirche akzeptiert sind und empfohlen werden, im Unterschied zu den „Kirchenschriftstellern", deren Schriften keine anerkannten Glaubens-, sondern nur historische Zeugnisse sind.

Die ersten Kirchenväter werden wegen ihrer Nähe zu den Aposteln am Ende des ersten und in der ersten Hälfte des zweiten Jahrhunderts „Apostolische Väter" genannt. Der von Ordnungssinn bestimmte Klemensbrief, um 96 n. Chr., spricht in seiner Eschatologie (23–28) von der zukünftigen Bestrafung der Ungläubigen wie der zu erwartenden Belohnung der Gerechten, die beide durch Gottes Treue gegenüber seinen Ankündigungen garantiert seien, doch gingen die Einzelheiten über menschliches Begreifen hinaus. Deutlicher apokalyptisch geprägt und stärker von moralischen Motiven bestimmt ist der (unter Pseudonym verfaßte) Barnabasbrief, wahrscheinlich zwischen 130 und 140 in Alexandrien geschrieben. Er erwartet schon für die nächste Zeit den Angriff des „Schwarzen", des „bösen Fürsten" (4,10.13), wobei kein Zweifel an Gericht und Vergeltung sowohl für die Gerechten wie auch für die Sünder sein kann (21,1). Die sieben Briefe des Märtyrerbischofs Ignatius von Antiochien wurden um 110 zur Ermutigung an zurückgelassene Gemeinden gesandt. Nach der Meinung dieses einflußreichen Bischofs sind alle, die „die Gnade, die wir haben", nicht im Glauben annehmen, zur Zerstörung im ewigen Feuer verdammt (IgnEph 11,1; 16,2; IgnSm 6,1).[2]

---

[1]   B. Daley: Eschatologie. In der Schrift und Patristik. Unter Mitarbeit von J. Schreiner und H. E. Lona. Freiburg 1986 (HDG IV 7a).
[2]   Daley (Anm. 1), S. 91 f.

Der bisher älteste Bericht über den Tod eines christlichen Märtyrers, das wohl kurz nach dessen Hinrichtung in Smyrna 156 abgefaßte „Martyrium des Polykarp", erklärt über den Feuertod der Glaubenszeugen:

Das Feuer ihrer unmenschlichen Qualen war kalt; denn sie hielten vor Augen das Entkommen vor dem ewigen, nie gelöschten Feuer, während sie mit den Augen des Herzens auf das Gute schauten, was auf jene wartet, die geduldig ausharren (2,3).

Dem römischen Prokonsul Quadratus hält Polykarp vor: „Du kennst nicht das Feuer des kommenden Gerichts und der ewigen Strafen, das auf die Gottlosen wartet" (11,2).

Die als „Zweiter Klemensbrief" überlieferte Predigt, die vor 150 in einer hellenistischen Gemeinde gehalten sein wird, dient der Warnung vor dem Kommenden: Wenn der Richter Christus kommen wird, steht dem Himmel die Auflösung bevor, und die Erde „wird wie im Feuer schmelzendes Blei sein" (16,3). Dann werden die Ungläubigen mit „unendlichen Qualen und unvergänglichem Feuer" bestraft werden (17,7; vgl. 6,7; 7,6), während auf die Gerechten Auferstehung und immerwährender Segen wartet.[3]

Eine aus mehreren Teilen zusammengesetzte Schrift, die in der jetzigen Form als „Hirt des Hermas" Mitte des zweiten Jahrhunderts redigiert sein wird und ältere Stoffe enthält, trägt ihre Bußmahnungen an die römische Kirche in metaphernreicher Sprache vor, wobei die Bilder nicht immer stimmig sind. Gleicht das Leben der Gemeinde einem Turmbau, so werden Steine, die infolge der Sünde nicht mehr brauchbar sind, weggeworfen oder verbrannt (Vis. III 2,7.9; 7,1–2). Ebenso werden Heiden und Sünder in der „künftigen Welt" wie trockene Äste verbrannt werden (Sim. IV 2–4). Sünder, die nicht bereuen können, werden ewiger Zerstörung überantwortet (Sim. VI 2,4; VIII 7,3 u. ö.).[4]

Wie sind die Höllenzeugnisse dieser ältesten kirchlichen Theologie „nach" dem Neuen Testament (zum Teil noch gleichaltrig mit diesem) zu interpretieren? Man kann ihnen die Zuversicht der Gläubigen angesichts der für baldige Zeit erwarteten Parusie Christi und der damit verbundenen Endzeitkatastrophen entnehmen, eine siegreiche Stimmung gegenüber den Verfolgern und gegenüber denen, die die Predigt des Christenglaubens nicht angenommen haben, verbunden mit kurzen, mitleidlosen Anspielungen auf biblisches Drohmaterial (Qualen, Feuer usw.). Man kann im Vergleich mit der apokryphen, also nicht anerkannten apokalyptischen Literatur die Nüchternheit und Sparsamkeit dieser Zeugnisse im Hinblick auf die Hölle hervorheben. Auf der anderen Seite zeigen diese Texte aber einen Rahmen, der durch Wiederholungen um so stabiler wurde und der von den Multiplikatoren und Adressaten phantasievoll ausgemalt werden konnte, ohne daß die Ausmalungen in Widerspruch zu den Stereotypen des Rahmens geraten wären. Insofern lassen sich die kirchlich akzeptierten Texte nicht einfach wegen eines angeblich rühmlichen Niveaus gegen die apokalyptischen Phantastereien ausspielen.

---

[3] Daley (Anm. 1), S. 94 f.
[4] Daley (Anm. 1), S. 96 f.

Fortgang im zweiten Jahrhundert

Das Bild wird abgerundet, wenn die nächste Phase der kirchlich gutgeheißenen Theologie betrachtet wird.

„Apologeten" heißen jene Theologen vor allem des zweiten Jahrhunderts, die sich mit Verteidigungs- und Bittschriften zugunsten der bedrängten Christen an staatliche Autoritäten, nicht zuletzt an den römischen Kaiser selbst, wandten. Von ihnen ist Aristides einer eigenen Erwähnung wert, weil er in seiner Verteidigungsschrift an Kaiser Hadrian (117–138) sagt, die Christen weinten bitterlich beim Tod eines Sünders, weil sie wissen, daß er mit Sicherheit bestraft werden wird (15). Solche Mitleidsbekundungen sind in der alten Kirche absolut selten. Der aus Palästina stammende, in der griechischen Philosophie bewanderte Apologet Justin verfaßte zwischen 155 und 165, ehe er selber den Märtyrertod starb, zwei Apologien an den Kaiser und einen Dialog mit dem Juden Tryphon. Seiner Darlegung nach unterscheiden sich die Christen von der leichtsinnigen Gesellschaft der Zeitgenossen durch ihren festen Glauben, daß die Bösen in ewigem Feuer bestraft, während die mit Gott vereinten Gerechten frei von Leiden sein werden (II Apol. 1; auch 14), daher handle es sich bei ihnen um gute Staatsbürger. Mit geläufigen apologetischen Begriffen schildert er den Ablauf der Endereignisse: Schon sehr bald wird Gott durch den siegreichen Christus Abrechnung halten (Dial. 28.32.40); er wird in einem alles verschlingenden Feuer Gericht über die Welt halten (II Apol. 7 u. ö.). Bis zu diesem Gericht würden die Seelen der Frommen an einem besseren, die der Sünder an einem schlechteren Ort aufbewahrt (Dial. 5 u. ö.). Beide erlangten dann ihre Körper wieder (I Apol. 18 u. ö.), auch die Sünder, damit sie dann ihre ewige Strafe, die fast immer „Feuer" heißt (I Apol. 8), mit Satan und den Dämonen (ebd. 28.52) in der Gehenna (ebd. 19) erleiden könnten.[5] Viel kürzer, aber sachlich identisch sind die Zeugnisse bei anderen Apologeten wie Tatian, Athenagoras und Theophilus von Antiochien.

Gegen Ende des zweiten Jahrhunderts wurde der aus Kleinasien stammende Presbyter Irenäus zum Bischof von Lyon gewählt; um 202 wird er den Märtyrertod gestorben sein. Sein Werk „Adversus haereses" (Entlarvung und Widerlegung der falschen Gnosis) zeigt einen auf die Kontinuität der Glaubensüberlieferung bedachten, weitgehend unpolemischen, an Geistesgeschichte interessierten Theologen. Seine Auffassung vom baldigen Ende der Menschheitsgeschichte weist viele traditionelle, apokalyptische Züge auf: Der Antichrist samt Anhang wird in den „Feuerpfuhl" geworfen werden (Adv. haer. 5,30,4). Gerechte und Ungerechte werden in ihrem eigenen Leib auferstehen, weil das für die göttliche Gerechtigkeit zu einer jeweils angemessenen Vergeltung notwendig ist (Adv. haer. 2,33,5). Dann aber findet sich der originelle Gedanke: Gott ist nicht die unmittelbare Ursache der Bestrafung der Verdammten; vielmehr bereitet er nur den „Feuerofen" zu; da sie die Flucht vor Gott und dem Licht angetreten haben, verbannen sie sich vielmehr selber (Adv. haer. 4,39,4–40,2; 5,27,2).[6]

---

[5]   Daley (Anm. 1), S. 99 f.
[6]   Daley (Anm. 1), S. 107 ff.

Das Höllenthema im dritten Jahrhundert: Einfluß von Juristen

Die erste Hälfte des dritten Jahrhunderts sieht ein ganz bemerkenswertes, bis heute relevantes Auseinandertreten eschatologischer Auffassungen im Westen und im Osten der christlichen Kirchen. Im Westen des römischen Reiches treten nach einer Phase zeitweiliger Stabilität wieder Gewalttätigkeiten und auch wirtschaftliche Katastrophen auf; die Christen müssen als bequeme Sündenböcke herhalten. In ihrer großen Mehrzahl gehören sie zu den einfachen Leuten. Die Theologen führen heftige Angriffe auf die Gnosis und auf das Heidentum, üben harte Kulturkritik und vertreten durchweg einen moralischen Rigorismus. Die Situation begünstigt die Naherwartung des Endes der Welt. Insoweit dürfte das Urteil vieler über diese Zeit übereinstimmen.[7] Es ist aber fraglich, ob das Urteil G. Minois', so schroff und pauschal wie es klingt, aufrechterhalten werden kann. Zwar ist es eine unbestrittene Beobachtung, daß kirchlicherseits bei einer Schwächung der Moral immer eine Pastoral der Angst einsetzte. Ob es aber für die Mehrzahl der doch sehr bescheidenen Christen zutrifft, daß die Schilderung höllischer Qualen symbolisch ihre Aggressivität und Sexualität befriedigt habe[8], dürfte sehr fraglich sein. Die Zeugnisse sind zu dürftig, um die Mentalitätsgeschichte zuverlässig zu rekonstruieren. Unbezweifelbar ist, daß nun auf seiten der Theologie zunehmend volkstümliche Höllenvorstellungen bewußt übernommen und biblische Bilder systematisiert werden, so daß allmählich ein Lehrstück über die Zustände nach dem Tod zustande kommt.

Der Jurist Tertullian kehrte spätestens 207 der Großkirche wegen seiner extrem rigorosen Moralansichten den Rücken; er wird daher nicht zu den Kirchenvätern, sondern nur zu den Kirchenschriftstellern gezählt. Dennoch blieben seine Schriften in der kirchlichen Theologie des Altertums von großem Einfluß. Nach der Ansicht dieses schroffen, unsensiblen Juristen ist das kommende Ende vor allem durch die Abrechnung Gottes geprägt (De paen. 2,11). Die Auferstehung aller Toten ist notwendig, damit alle gerichtet werden können, weil „die Seele allein ohne eine feste Materie [...] nichts erleiden kann" (Apol. 48); möglicherweise ist ihr aber eine feinstoffliche Körperlichkeit zuzuschreiben (De An. 7; De Resurr. 17). Die Gehenna enthält ein wirkliches, unvergängliches Feuer (De Resurr. 35; Apol. 45.47; De carne Christi 14; De paen. 12), das Tertullian in Übernahme einer stoischen Spekulation intelligentes Feuer nennt, weil es „tötet", ohne zu vernichten. Es bewirkt „ein nie endendes Töten [...] schrecklicher als ein bloß menschliches Ermorden" (De Resurr. 35). Die Strafe in diesem Feuer ist unterschiedlich, je nach den Sünden (De spect. 30). Tertullian erwartet, selber zu den Seligen zu gehören, und zu den Freuden, die er für sich in der Seligkeit erhofft, gehört der Anblick der Qualen der anderen, dieses „Schauspiels" göttlicher Vergeltung. Der Passus, der sadistische Schadenfreude als Motiv der Höllenbeschäftigung dokumentiert, sei zitiert:

---

[7] Daley (Anm. 1), S. 110.
[8] G. Minois: Histoire des enfers. Paris 1991, S. 101.

Das wird ein großartigeres und für die Frommen erfreulicheres Schauspiel sein als die Gladiatorenkämpfe und Tierhetzen. O, wie werde ich jubeln, wie werde ich lachen, wie werde ich entzückt sein, wenn ich so viele vergötterte Kaiser mit ihrem Jupiter in der tiefsten Finsternis klagen hören werde, wenn ich die Philosophen mit ihren Schülern brennen, die Schauspieler im Feuer herumtanzen, die Wagenführer mit feurigen Rädern fahren sehen werde! [...] Welcher Konsul, welcher Prätor könnte solche Spiele veranstalten! Und in der vollen Gewißheit, dieses Schauspiel einst zu genießen, freue ich mich schon jetzt darauf! (De spect. 30.)

Tertullian ist der Prototyp der christlichen Fanatiker, die mit Gewißheit davon ausgehen, daß in der Hölle nur die anderen sind.

Tertullian spricht deutlicher als die Zeugnisse vor ihm über einen Zwischenzustand zwischen dem individuellen Tod und der allgemeinen Totenauferstehung. Die Märtyrer werden in das Paradies kommen, das nicht mit dem Himmel identisch ist; die übrigen Gerechten gelangen in den Schoß Abrahams. Die Seelen der Bösen kommen in die Hölle, wo sie bereits leiden und brennen (De Resurr. 17); auch der Gedanke an das Kommende läßt sie leiden (Apol 48). In der Schrift „De anima" entwirft er ein detailliertes Panorama des „Hades" (Kap. 55–58). Es handelt sich um „einen riesigen unterirdischen Raum, der tief im Erdinnern verborgen liegt" und als „Empfangsraum" (hospitium) für *alle* Toten dient (55); dafür beruft er sich auf das Lazarusgleichnis und auf die Texte vom Höllenabstieg Christi (57.55). Dieser Warteraum ist zwar noch eine „Verbannung" bis zur Auferstehung (56 f.), doch erfolgt ja bereits eine „sichere Vorwegnahme" von Strafe und Trost (58).[9]

Die „Passio Perpetuae et Felicitatis" über das Martyrium dieser beiden Frauen im März 203 in Karthago, eine Schrift, die vielleicht von Tertullian bearbeitet wurde und bei der Entwicklung der Fegfeueridee eine Rolle spielt, weist ähnliche Ideen auf.

Der von Tertullian abhängige römische Jurist Minucius Felix behauptete in seinem „Octavius" (zwischen 200 und 245), einem Dialog zwischen einem Christen und einem Heiden, es bestehe eine gemeinsame Auffassung von Stoikern, Epikuräern, Platon und den Christen, daß diese Welt im Feuer zugrunde gehe (34), und auch die griechisch-römische Mythologie, z. B. die Aeneis, spreche von den Feuerqualen in der Unterwelt (35). Das „intelligente Feuer" des Hades sei nur denen zugedacht, die den wahren Gott nicht kennen. Als „Beweis" für dieses weise Feuer führt er Aetna und Vesuv an (35). Die Absicht dieser „Beweisführung" wird offen ausgesprochen: Was in der Menschheit so weit verbreitete Auffassung ist, kann kein Irrtum sein.[10]

Der griechische Kirchenschriftsteller Hippolyt, der um 235 starb, trat in Rom als Gegenpapst auf. Unter den Schriften, die unter seinem Namen überliefert sind, kommen ein Kommentar zum Buch Daniel und „De Christo et Antichristo" für das Höllenthema in Betracht. In der letzteren Schrift sind endzeitliche Texte aus dem Alten und Neuen Testament zusammengestellt und geordnet. Das Feuermotiv tritt

---

⁹ Daley (Anm. 1), S. 110–113.
¹⁰ Daley (Anm. 1), S. 95 f.

stark hervor. Eine Schrift „De Universo" oder „Gegen Platon, Über die Ursache des Alls" wird wohl zu Unrecht Hippolyt zugeschrieben. Sie ist mit Tertullian verwandt. Die menschlichen Seelen werden nach dem Tod durch Engel, die als Hadeswächter fungieren, in ein dunkles, unterirdisches Gewölbe gebracht, wo sie bis zur Auferstehung verwahrt werden. Die Bösen, die die Verdammung verdient haben, erleiden „vorübergehende Strafen für ihre Lebensweise", bekommen aber auch die künftige Bestrafung schon zu sehen: Sie werden in der Nähe des „Feuerpfuhls" verwahrt, sehen die Flammen und riechen den Rauch. Die Gerechten dagegen sind im besseren Teil des Hades, im Schoß Abrahams, in der Gesellschaft der Engel und Patriarchen, und sehen ihren künftigen Lohn voraus. Christus wird die Sünder im Gericht ins ewige Feuer schicken; ihre Leiber tragen die jetzige Gestalt mit allen Krankheiten usw.; ihre Strafe ist ohne Unterbrechung und Hoffnung.[11]

Diese gegenseitige Einsichtnahme geht natürlich auf das Lazarusgleichnis bei Jesus zurück und wird Bestandteil der systematisch entwickelten Lehre von der Hölle.

Bei Cyprian, der 248–258 Bischof von Carthago war, Märtyrer, ein sehr angesehener Theologe der westlichen Kirche, seiner Bildung nach wie viele altkirchliche Theologen Jurist für den Beruf eines Rhetors, griff in Briefen und kleineren Schriften ein Thema der stoischen Philosophie auf: das der alt und müde gewordenen Welt, der „senectus mundi". Nicht wenigen christlichen Theologen der ausgehenden Antike erschien dieses Thema in großer Nähe und Verwandtschaft zu den neutestamentlichen und apokryphen Äußerungen über das bevorstehende Weltende und über das erneute Kommen Christi zum Gericht über Lebende und Tote. Von da aus lag es nahe, nach Auskünften über das Schicksal der einzelnen Menschen beim Weltuntergang zu suchen.

Cyprian war also davon überzeugt, daß die Geschichte der Menschheit an ihrem Abend angelangt sei (Ep. 63,16) und daß die Welt an allgemeiner Erschöpfung ihrer natürlichen Kräfte, verbunden mit den angehäuften Auswirkungen der menschlichen Sünde (Ad Dem. 3–8 u. ö.), sterben werde. Er befaßte sich viel mehr mit den positiven als mit den negativen Perspektiven. Für ihn war es wichtig, daß unsere Hoffnungen erfüllt würden, uns eine große Schar unserer Lieben erwarte (Ad Dem. 26), wir mit Kuß und Umarmung Jesu begrüßt würden (Ep. 6,4). Kein Zweifel, daß die Treugebliebenen sofort in das Gottesreich aufgenommen werden würden (Ad Fort. 13). Aber trotz der Betonung des Positiven erwähnt er als selbstverständliche Glaubenswahrheit die Bestrafung der Sünder: sie werden mit Leib und Seele der Gehenna übergeben und dort ohne Hoffnung auf ein Herauskommen in alle Ewigkeit „züngelnden Flammen" ausgeliefert (Ad Dem. 24).[12]

Verfolgungen der Christen wie diejenige, deren Opfer Cyprian wurde, und insbesondere die große Verfolgung 303–313 waren nach damaliger christlicher Auffassung Bestandteile der Vorzeichen des Weltendes, wie sie in den Evangelien voraus-

---

[11] Daley (Anm. 1), S. 116.
[12] Daley (Anm. 1), S. 117 f.

gesagt worden waren. Die Situation der christlichen Gemeinden in der Bedrängnis erklärt auch das Interesse an heidnischen Unterweltszeugnissen und an apokalyptischen Höllenschilderungen. In der westlichen Kirche kam als wesentliches Reflexionselement eine ausgesprochen juristische Sicht dazu. Sie prägte die Vorstellungen vom göttlichen Gericht wie von der Exekution der Bestrafung.

Ein Zeuge für die Mischung dieser Bestandteile ist Lactantius, ein Rhetor aus Nikomedien, der nach 317 starb. Als Christ in den Ruhestand zwangsversetzt, schrieb er die Apologie „Divinae Institutiones". In ihrem 7. Buch (später bildete es die Kapitel 64–68 der „Epitome") stellte er die christlichen Endzeiterwartungen eingehend und anschaulich dar, unter Einbeziehung des bisherigen lateinischen Denkens und auch östlicher Überlieferungen, zum Gebrauch für gebildete Christen. Das Motiv, wie die politischen Tyrannen und Christenverfolger bestraft werden würden, spielt eine große Rolle. Auch Lactantius verwendet die stoische Meinung von der alt und müde gewordenen Welt. Im Tod würden alle einer Feuerprobe unterzogen; die Gläubigen würden gerettet, die Sünder einem einzigartigen Feuer ausgeliefert, das von sich selber lebe und dasjenige, was es verschlingt, wiederherstelle (20 f.). Der Gedanke, daß die Ungläubigen eine körperliche Auferstehung erfahren mit dem Ziel, ewig bestraft zu werden, bereitet ihm nicht die geringsten Schwierigkeiten (26). Die Beschreibung dieser Ereignisse, von Lactantius als „Lehre der heiligen Propheten" ausgegeben (26), stellt nach dem sachkundigen Urteil B. Daleys eine seltsame Mischung christlicher Apokalyptik, heidnischer Literatur (aus den Sibyllinischen Orakeln, aber auch aus der Zarathustrareligion) und Volksglauben dar. Das individuelle und kollektive Los wird in einem farbigen, konkreten Bild beschrieben, wie es von da an dann weit verbreitet wird. „Von nun an sollte dieser christliche apokalyptische Mythos mit den darin aufgenommenen nichtchristlichen Elementen ein Eigenleben führen."[13]

---

[13] Daley (Anm. 1), S. 139 f., das Zitat S. 140.

6. Der Gegenentwurf des christlichen Ostens und Widerspruch zu ihm

Die Entwicklung eines Höllenglaubens aus einer Mischung biblischer und heidnischer antiker Traditionen war nicht zwangsläufig. Das Christentum konnte aus einer Begegnung mit den Griechen auch zu einer ganz anderen Auffassung, zu einer wahren Alternative, gelangen. Das zeigt der christliche Osten, in dem ein solcher Gegenentwurf zur westlichen Entwicklung (die allerdings auch ihre Parallelen im Osten hatte) zur Geltung kam.

Den Anfang, soweit heute bekannt, macht Clemens von Alexandrien († um 215), ein klassisch gebildeter Philosoph und Presbyter, der ein umfassendes theologisch-philosophisches Programm entwarf, an dessen Beginn der Versuch steht, Heiden zur „wahren (nämlich christlichen) Philosophie" zu bekehren, und dessen Ende die Unterweisung des „wahren Gnostikers", das heißt des in Spiritualität und Denken vollkommenen Christen, steht.

Clemens war in der platonischen und in der stoischen Welt- und Jenseitsauffassung bewandert; er kannte sich in den apokryphen Schriften der Christen und in denen der Gnostiker aus. Den Weg der Glaubenden zeichnete er als ein Voranschreiten, als eine positive Entwicklung, den Tod als Befreiung zu Gott, das Ziel des Menschen als reine, nie gestillte Schau Gottes in Liebe. In dieser konstruktiven Perspektive setzte er nicht Drohungen, sondern Verlockungen ein: Die bei Gott vollendeten Menschen würden zwar alle in Herrlichkeit sein, jedoch in unterschiedlichem Maß, je nachdem, wie groß und intensiv ihre Gotteserkenntnis im irdischen Leben gewesen war. Die Auferstehung sah er als Inbegriff menschlicher Erfüllung in der Vollendung an.

Auch bei Clemens findet sich der Begriff „Strafe" für Zuständlichkeiten nach dem Tod, aber er verstand diese Bestrafung als ein vorübergehendes Heilmittel. Strafe anders als mit pädagogischen und therapeutischen Mitteln einzusetzen widerspräche einem guten Gott. „Gott übt keine Rache, denn Rache heißt Böses mit Bösem vergelten, er aber straft nur um des Guten willen" (Strom. VII 26). Clemens weiß, daß er mit dieser Auffassung in der antiken Tradition steht. Er kann sich auch volkstümlicher Anschauungen bedienen, verwendet die Begriffe Tartarus und Gehenna, nennt sie aber „Korrektivqualen" (Strom. V 14,91 u. ö.). (Übrigens ist er, wie manche Theologen der Antike, davon überzeugt, daß die Griechen die hebräische Bibel gekannt und bei ihr Anleihen gemacht hatten.) Entschlossen setzt er das „intelligente Feuer" rein metaphorisch ein:

> Die christliche Lehre besagt, daß das Feuer weder Fleisch noch Opfer heiligt, sondern
> sündige Seelen, wobei sie das Feuer nicht als die alles verschlingende Flamme des All-

tags auffaßt, sondern als eine verständige Flamme, welche die durch das Feuer gehende Seele durchdringt (Strom. VII 6,34).

Selbst wenn die Strafe nur der Läuterung dient, ist es dem „wahren Gnostiker", dem vollkommenen Christen, nicht möglich, anders als voll Mitleid an die Leidenden zu denken (Strom. VII 12,78). Ganz behutsam deutet er eine Allversöhnung (Apokatastasis), ein universales Heil für alle intelligenten Lebewesen, an (ebd. 2,12 u. ö.), weil ohne die vollkommene Wiederherstellung kein menschliches Geschöpf glücklich sein könne.[1]

Origenes, der Höhepunkt

Den einsamen Höhepunkt dieser christlich-theologischen Verarbeitung der Höllentraditionen stellt Origenes († um 253/254) dar. Zuerst Leiter der Katechetenschule in Alexandria, wegen der Verfolgung der Christen in Palästina tätig, dort gegen die kirchliche Ordnung zum Priester geweiht, starb er an den Folgen der Folter in der decischen Verfolgung. Unbestritten war er der genialste Theologe der östlichen Kirche, aber wegen einer bewußt vorläufigen und oft kühnen Ausdrucksweise wie wegen seines souveränen Verhaltens vielfach verdächtigt und schließlich in einem obskuren Verfahren kirchlich verurteilt, so daß bis zur Gegenwart nur ähnlich souveräne und kühne Theologen es wagten, so zu denken wie er.

Zu den großen Zielen, die er sich als Exeget, Systematiker, Philosoph und Prediger gesteckt hatte, gehörte die konstruktive Entmythologisierung der apokalyptischen Vorstellungen in Tradition und Volksglauben. Dabei unterschied er die „Kleinen", mit denen er behutsam umgehen wollte, von den „Fortgeschritteneren". Für die „Kleinen" sprach er von der erschöpften, alt und müde zu Ende gehenden Welt, vom Erscheinen Christi in Herrlichkeit. An die Adresse der „Fortgeschritteneren" sagte er, die Parusie Christi erfolge, wenn dieser in den Seelen der „Vollkommenen", die imstande sind, seine geistige Schönheit zu erfassen, gegenwärtig werde: „Mit dieser Parusie ist in dem, der zur Reife gelangt, das Ende dieser Welt verbunden" (Comm. ser. in Mt 32).

Auch die biblisch genannten Plagen und Greuel als Vorzeichen des Weltendes verstand Origenes metaphorisch. Das Leben des Christen müßte seiner Überzeugung nach ein Prozeß sein, der dazu befähigt, zur wesentlichen Freude, der Anschauung Gottes als der höchsten Wahrheit und Schönheit vorzudringen. Gewiß wollte er am „Kern" der biblischen Aussagen und so auch an einer Auferstehung der Leiber festhalten, aber den üblichen theologischen Materialismus mit der Ansicht, daß der irdische Leib wieder erstehe, weil ja bei Gott alles (Unwahrscheinliche) möglich sei, lehnte er ab. Er hielt sich an die völlige Andersartigkeit, wie sie Paulus in 1 Kor 15 von den „letzten Ereignissen" aussprach. „Unsere Hoffnung ist nicht eine,

---

[1]   Zu Clemens: B. Daley unter Mitarbeit von J. Schreiner und H. E. Lona: Eschatologie. In der Schrift und Patristik. Freiburg 1986 (HDG IV 7a), S. 119–122; J. Le Goff: Die Geburt des Fegefeuers. Vom Wandel des Weltbildes im Mittelalter. Stuttgart 1990, S. 73 f.

Höllendarstellung aus dem Beatus-Kommentar des Facundus, 1047

Höllendarstellung aus dem Beatus-Kommentar des Facundus, 1047

die für Würmer passend ist; auch sehnt sich unsere Seele nicht nach dem verwesten Leib" (Cels. 5,19). Zur Anschauung Gottes sei ein höherer Leib als der irdische vonnöten. Ebenso müßten die zur Strafläuterung bestimmten Sünder wohl einen Leib haben, welcher der Dunkelheit und Unwissenheit ihres Geistes entspräche (De princ. 2,10,8). An die Adresse der „Kleinen" richtet er eine Belehrung über die Bestrafung nach dem Tod, die sich einfach an der Bibel und der bisherigen „Verkündigung der Kirche" orientiert (De princ. praef. 5; 2,10,1); in diesem Kontext kann er von Feuer und Teufel reden.

Aber an dieser traditionellen Redeweise bringt er dann vorsichtig entmythologisierende Korrekturen an. Für „Fortgeschrittenere" will er das Höllenfeuer als Metapher verstehen. Er sagt, daß „jeder Sünder selber die Flammen seines eigenen Feuers anzündet und nicht in irgendein Feuer eingetaucht wird, das von einem anderen angezündet wurde oder vor ihm existierte" (De princ. 2,10,4); das „Feuer" ist also das „Fieber" in ihm, nämlich das Unausgeglichene an seinen Leidenschaften; die Schmerzen sind die Vorwürfe eines beunruhigten Gewissens (ebd. 5 f. u. ö.). Diese Deutung hat Polemiker wie Hieronymus besonders aufgeregt. Eine andere Korrektur besteht darin, daß er es ablehnt, die biblische Redeweise von einer „ewigen" Bestrafung buchstäblich zu nehmen. Er sieht als Bibelwissenschaftler klar, daß „ewig, aionios" nicht notwendigerweise „endlose Dauer" bedeuten muß, daß es auch einfach eine „sehr lange Zeit" meinen kann. So erklärt er zur „ewigen Strafe": „Es scheint mir, daß man darüber kein Urteil fällen kann, da ich es überhaupt nicht weiß und vor allem weil darüber nichts geschrieben steht" (Joh.-Komm. 28,8,63–66).

Wie Clemens war Origenes davon überzeugt, daß „alle Peinigungen eines guten Gottes zum Wohle jener, die sie erleiden, gedacht sind" (Hom. I in Ez. 3). Den „Kleinen" ist das verborgen; für sie kann die „Abschreckung" durch ein ewiges Feuer ethisch bedeutsam sein. Andererseits aber gibt es Anlässe, bei denen offen über die befristeten Besserungsstrafen gesprochen werden muß, um das „häretische", gnostische Bild eines grausamen, richtenden Gottes zu widerlegen (ebd. u. ö.). Dabei wollte Origenes um keinen Preis der Lässigkeit Vorschub leisten. Er war sicher, daß ausnahmslos alle der Läuterung bedürfen, eines mühseligen Prozesses, der die Ablösung vom Bösen und die Zunahme an Erkenntnis und Weisheit bedeute. Es kann kein Zweifel sein, daß Origenes, wie Clemens auch, davon überzeugt war, daß alle Menschen letztlich gerettet und in liebender Gottesschau für immer mit Gott vereinigt würden. Eine Wiederherstellung, in der „das Ende immer dem Anfang gleicht" (De princ. 1,6,2 u. ö.), hielt er als wesentliche Offenbarung aus 1 Kor 15,24–28 für sicher, ein heilvolles Ende, in dem alles Böse vollkommen aufhören würde. Ein endgültiges Bleiben des Bösen – in welcher Form auch immer – hielt er für unvereinbar mit dem Gottesbild der biblischen Offenbarung. Eine noch nicht abgeschlossene Diskussion erstreckt sich darauf, inwiefern Origenes in diese Sicht einer universalen Versöhnung auch eine Erlösung des Teufels und seiner Dämonen einbezogen wissen wollte. In De princ. 1,6 überließ er das Urteil den Lesern.

Das Urteil Brian Daleys ist vollkommen zutreffend: Origenes wollte zugleich der Bibel und einer authentischen christlichen Tradition treu bleiben und den Glauben intellektuell verantwortlich gegenüber den Wissenschaften und der Philosophie seiner Zeit darlegen. So mußte er gleichzeitig gegen kritische Heiden wie Celsus, gegen traditionsvergessene christliche Gnostiker und gegen kirchliche Fundamentalisten Position beziehen. Bei den einer mystischen, spirituellen Theologie Zugeneigten fand er wenigstens bis zum Konzil von Nicaea (325) begeisterte Zustimmung; von den Anhängern einer wörtlichen Bibelauslegung wurde er um so wütender angegriffen.[2]

Anhänger des Origenes und Andersdenkende

Gerade im christlichen Osten hatte Origenes Anhänger, die bis heute zu den namhaftesten Theologen der Kirche gerechnet werden. Wenigstens einige von ihnen seien hier erwähnt. Bei den theologischen und kirchlichen Auseinandersetzungen des vierten Jahrhunderts, die zum Konzil von Konstantinopel 381 führten, spielten die „drei Kappadokier" Basilius, sein Freund Gregor von Nazianz und sein Bruder Gregor von Nyssa eine führende Rolle. Im Unterschied zu Basilius, dessen Höllenauffassung H. U. von Balthasar „scheußlich" nannte, war Gregor von Nazianz († um 390) ein vorsichtiger Anhänger des Origenes. Auch er, eher rhetorisch und poetisch als theologisch begabt, konnte für die „Kleinen" die Hölle düster beschreiben (in den „Moralischen Geschichten"). Anderswo aber sagt er, das End-Drama werde im Kern innerlich und geistig sein; Ankläger unserer Sünden seien wir selber; die Qual bestehe darin, von Gott verstoßen zu sein „und die grenzenlose Scham des Gewissens zu kennen" (16. Predigt, das Zitat 9). Er äußert Verständnis für diejenigen, die bezüglich des unauslöschlichen Feuers „eine mildere Vorstellung dieses Feuers vertreten, die des Bestrafenden würdiger ist" (Über die hl. Taufe 40,36).[3]

Der originellste der drei Kappadokier, Gregor von Nyssa († um 395), kann als authentischer Erbe des Origenes gelten. Er bekannte sich tiefsinnig zu einer Apokatastasis: Am Ende unseres Lebensweges werden wir in den alten Zustand wiederhergestellt werden, der nichts anderes war als Gleichheit mit der göttlichen Wirklichkeit (Predigt über die Toten). Das Böse muß grundsätzlich endlich sein, darum kann es auch nicht in irgendeinem auf Dauer bleiben (In Cant. hom. 15). Die Wiederherstellung schließt auch die ein, die zur Hölle verdammt gewesen waren (Leben des Mose 2,82).

Die Erkenntnis und die Liebe, diese beiden Grundfähigkeiten des Menschen, müssen notwendigerweise gereinigt werden, wenn sie an der ewigen Bewegung der Erkenntnis und der Liebe Gottes teilnehmen sollen. Gregor von Nyssa sah darin das Motiv zu einer christlichen Askese und die Begründung für die biblischen Strafankündigungen, die in Metaphern erfolgt seien. „Feuer" und „Wurm" der eschatologischen Tradition seien ganz anders als ihre Entsprechungen auf Erden, darauf weise die Bezeichnung „ewig" hin (Große Kat. 40). Eine ewige Bestrafung könne

---

[2]   Daley (Anm. 1), 123–135; Le Goff (Anm. 1), S. 75 f.
[3]   Daley (Anm. 1), S. 151 f.

nur auf einen rachsüchtigen Gott schließen lassen, aber Gott strafe nur, „um das Gute vom Bösen zu trennen und in die Gemeinschaft der Glückseligkeit hineinzuziehen" (De an. et resurr.).[4]

Didymus der Blinde (✝ 398), ein gelehrter Asket in Alexandria, lehrte wie Origenes in der Auslegung von 1 Kor 15,28, daß einmal alle das Heil erlangen würden und alle Feindschaft gegen Gott aufhören werde (Comm. in Zach. 3,307 f.).

Evagrius Ponticus (✝ 399), ein ehemaliger kaiserlicher Beamter, der seine letzten fünfzehn Lebensjahre als Einsiedler in der Nitrischen Wüste zubrachte, war in seinen Äußerungen noch eindeutiger und radikaler als Origenes. Über das jenseitige Feuer lehrte er, es sei nur eine Reinigung des „leidensfähigen Teils" der Seele (Kephalaia Gnostica 3,18). In Auslegung des Lazarusgleichnisses brachte er seine Allversöhnungs-Überzeugung auf einen kurzen Begriff: „Es gab eine Zeit, als das Böse nicht war, und es wird eine Zeit geben, in der es nicht sein wird; aber es gab keine Zeit, als die Tugend nicht war, und es wird auch keine Zeit geben, in der sie nicht sein wird" (Ep. 59).[5]

Die Leitgedanken dieser Sicht, die der Hölle ein definitives Ende zusprach, waren also nicht mitleidige Sentimentalitäten, wie die spätere Polemik wollte. Sie besagten vielmehr, daß es menschliche Anmaßung sei, sich Gott nach eigenem Gutdünken zurechtzudenken und ihm insbesondere vorzuschreiben, daß mit dem Tod des Menschen die göttliche Barmherzigkeit am Ende und nur noch Gottes Gerechtigkeit am Werk sei. Die so dachten, konnten keinen Grund erkennen, warum die menschliche Freiheit mit dem Tod aufgehoben und keiner Entscheidungsakte mehr fähig sei. Sie hielten eine ewige Koexistenz des Bösen in Gestalt des verstockten Teufels und der reuelosen Verdammten mit der ewigen Liebe und Schönheit Gottes für undenkbar. Und so plädierten sie lieber für eine allumfassende Versöhnung, für eine Wiedergewinnung aller scheinbar Verlorenen durch die Allmacht Gottes als für eine gnadenlose, rachebestimmte Abrechnung. Diese letztere Sicht trug freilich in der amtlichen kirchlichen Auffassung bis ins zwanzigste Jahrhundert hinein einen offiziellen, wenn auch vordergründigen Sieg davon.

Erbitterte Anfeindungen gegen die Art von Theologie, wie sie Origenes und seine „Schüler" (im weiteren Sinn) vertraten, kamen aus der Wüste. Das Christentum hatte schon früh asketische Bewegungen in Gang gesetzt und so auch Menschen dazu gebracht, sich in die Einsamkeit zurückzuziehen, wo sie unter Fasten und Beten auf das baldigst erwartete Kommen Christi harrten. Mit dem vierten Jahrhundert setzt eine neue und mächtige Welle einer Absetzbewegung aus der „Welt" ein. Der Grund dafür war die völlig veränderte Situation der christlichen Kirche nach der „Konstantinischen Wende": Viele verabscheuten die Anpassung der Christen an Karriere, Zivilisation und Luxus; darin sahen sie nicht nur Verlockungen zu mannigfachen Sünden, sondern auch Behinderungen der Spiritualität, der Meditation und des Gebets. Die hauptsächlichen Texte, in denen Zeugnisse für diese Welle

---

[4] Daley (Anm. 1), S. 153–156.
[5] Zu Didymus und Evagrius: Daley (Anm. 1), S. 158 f.

der Weltflucht und -verachtung enthalten sind, finden sich in den Schriften des frühen ägyptischen Mönchtums, wie in der Vita des Einsiedlers Antonius, die der alex-
andrinische Bischof Athanasius kurz nach 356 verfaßte und die unter anderem
künstlerische Darstellungen bis zur Gegenwart inspirierte, ferner in Briefsamm-
lungen, die unter den Namen Antonius und Ammonas erhalten sind, in den Viten
des Pachomius Ende des vierten oder Anfang des fünften Jahrhunderts und in der
Sammlung asketischer Aussprüche mit dem Titel „Apophthegmata Patrum"
(5. Jahrhundert).[6]

In den Schriften über die Wüstenmönche oder von diesen spielen Meditationen
über die „letzten Dinge", Tod, Gericht, Himmel und Hölle eine sehr große Rolle.
Aus ihnen ist ersichtlich, daß kraß anschauliche Vorstellungen über das möglicherweise zu Erwartende wesentlich zur Aufnahme eines asketischen Lebens beitrugen.
So geht bereits aus dem ersten dem Antonius zugeschriebenen Brief hervor, daß die
Furcht vor den „für die Bösen bereitgehaltenen Schmerzen und Qualen" ein fundamentaler Bestandteil der Berufung zum Mönchtum war.[7] Asketische Selbstquälereien können durchaus zu neurotischen und psychotischen Visionen von Dämonen und teuflischen Versuchungen geführt haben. Aus diesen Zusammenhängen
erklärt es sich, warum diese Mönche gegen eine nicht primär von Angst bestimmte
Spiritualität und Theologie, wie es diejenige des Origenes war, einen so wütenden
Kampf führten.

Sie sahen ihr eigenes Leben als Teil der riesigen kämpferischen Auseinandersetzung, die ihrer Meinung nach zwischen Gott und dem Satan, Engeln und Teufeln
tobte und die sich im individuellen Leben vor allem auf die Stunde des Todes konzentrierte, da die eine Seite der anderen die Seele definitiv abzujagen versuchen
würde. Diese Kampfsituation malten sie sich mit dem in der Tradition angehäuften
apokalyptischen Material höchst anschaulich aus. Sie nahmen ein „schmerzhaftes
Schweigen", „bitteres Stöhnen", „Schmach vor dem Angesicht Gottes, der Engel
und Erzengel und aller Menschen", das ewige Feuer und den „nie ruhenden Wurm"
(Apophth. Patr. Evagrius 1) buchstäblich. Eine Sondergeschichte, die in variierter
Form später wieder auftauchte, findet sich in einer Erzählung über Makarius: Dieser soll in der Wüste einen Totenkopf gefunden haben, der ihm von den Qualen der
Hölle erzählte; Menschen, in diesem Fall Heiden, brennen im Feuer und können
die anderen Verdammten um sich herum nicht sehen; die Gebete der Mönche machen wenigstens flüchtige Blicke möglich (Apophth. Patr. Macarius 38).[8]

Höllentheologen des Ostens

Auch bei durchaus niveauvollen Schriftstellern und Theologen dieser Zeit finden
sich Aussagen zur Hölle, die von den Reflexionen eines Origenes weit entfernt sind.

---

[6]   Daley (Anm. 1), S. 141.
[7]   Daley (Anm. 1), S. 141.
[8]   Daley (Anm. 1), S. 142.

Zu ihnen zählen im kirchlichen Osten der „persische Weise" Aphraates († nach 345) und der syrische Dichter und Exeget Ephräm († 373).[9]

Unter den namhaften Theologen des Ostens, die sich die Höllentradition unkritisch zu eigen gemacht haben, müssen hier die wichtigsten genannt werden. Neben Kyrill von Jerusalem († 386)[10] ist da zunächst Basilius von Caesarea, einer der drei Kappadokier († 379), der sich von einer früheren Bewunderung des Origenes gründlich abgekehrt hatte. Er hielt es für eine klare biblische Aussage, daß es für Unbekehrte keine Vergebung geben werde (Über das Gottesgericht, Prolog zu den „Moralia"); weil die ewige Bestrafung von ihm strikt parallel zum ewigen Leben gesehen wird, darum kann das Höllenfeuer nie erlöschen (Regula brev. tract. Resp. 267). B. Daley nimmt an, daß Basilius zu solchen Äußerungen, die in Predigten und Briefen vielfach wiederholt werden, kam, weil er sich als Bischof für die Moral der Menschen verantwortlich fühlte. In der Tat gibt es vom Altertum an Zeugnisse für die Meinung, daß die Angst vor der Hölle eine positive sittliche Auswirkung habe. Nicht einmal Origenes war von solchen Anwandlungen ganz frei.[11] Ein prägnantes Beispiel sei aus einer Predigt des Basilius zitiert:

> Derjenige, der in seinem Leben viel Böses getan hat, wird sich furchterregenden, unheilvoll aussehenden Engeln gegenübersehen, die wegen der Härte ihres Wesens in ihrem Atem und ihren Blicken Feuer ausströmen und mit ihrem finsteren, drohenden Verhalten im Antlitz der Nacht gleichen. Seht den tiefen Abgrund, undurchdringliche Finsternis, Feuer ohne Helligkeit, das zwar brennen kann, aber des Lichtes beraubt ist. Dann stellt euch eine Art Wurm vor, der giftig und fleischfressend ist, der gierig fressen kann, ohne jemals satt zu werden, und mit seinen Bissen unerträgliche Schmerzen auslöst. Denkt dann an die allerschlimmste Strafe: ewige Vorwürfe und Schande. Fürchtet diese Dinge; und, durch diese Furcht geschult, zügelt eure Seele vor dem Verlangen nach dem Bösen (Hom. in Ps 33,8).[12]

Ein anderer „bedeutender" Höllenprediger im kirchlichen Osten war Johannes Chrysostomus, Patriarch von Konstantinopel († 407). Er hatte zuerst als Asket in der Wüste gelebt, und bei seiner bischöflichen Tätigkeit schwebte ihm eine Mönchsgemeinschaft als Ideal für die christlichen Gemeinden vor. Seine schriftliche und mündliche Tätigkeit war voller Polemik gegen das überlebende klassische Heidentum, aber auch gegen die Juden. In seinen eschatologischen Anschauungen, in denen er sich bewußt von Origenes unterscheiden will, spricht er viel mehr von der Verdammung als von der Seligkeit. Die Äußerungen sind stark individualisiert, wie sich an seiner Verschiebung der Naherwartung auf den eigenen Tod zeigt: „Ist nicht für jeden von uns die Vollendung der Welt das Ende des eigenen Lebens? Warum macht ihr euch Sorgen um das gemeinsame Ende?" (In I Thess. 9,1).

Gäbe es Gericht und Vergeltung nicht, dann wäre das fundamentale Gerechtigkeitsgefühl der Menschen sinnlos, da es in diesem Leben oft den Bösen so wohl

---

[9]   Zu ihren Auffassungen Daley (Anm. 1), S. 143–146.
[10] Daley (Anm. 1), S. 148.
[11] Daley (Anm. 1), S. 149.
[12] Daley (Anm. 1), S. 150.

ergeht, während die Guten leiden; auch hätte der Glaube an Gottes Vorsehung dann keinen Sinn (In Mt. hom. 13,5). Das Gericht wäre auch ohne darauf folgende Hölle eine furchtbare Strafe, weil sie die moralische Wertlosigkeit der Menschen an den Tag bringt und sie damit entehrt (In II Cor. hom. 10,3 u. ö.).

Über die Hölle weiß der bischöfliche Prediger anschauliche Einzelheiten. Sie liegt „außerhalb dieser Welt" (In Rom. hom. 31,4).

> Sie ist ein Feuermeer, kein Meer solcher Dimensionen, die wir hier kennen, sondern viel größer und heftiger, mit Wellen aus Feuer, Feuer einer seltsamen und fürchterlichen Art. Dort gibt es tatsächlich einen großen Abgrund von furchtbaren Flammen, und man sieht Feuer überall herumrasen wie irgendein wildes Tier. [...] Es wird niemand geben, der widerstehen, der entkommen kann; das sanfte, friedvolle Antlitz Christi wird nirgends zu sehen sein. Aber wie die zur Grubenarbeit Verurteilten rauhen Männern übergeben werden und ihre Familien nicht mehr sehen, sondern nur ihre Zuchtmeister, so wird es auch dort sein – beziehungsweise nicht einfach so, sondern viel schlimmer. Denn hier kann man den Kaiser um Gnade ersuchen und den Gefangenen befreien lassen – aber dort nie! Sie werden nicht befreit, sondern bleiben dort, schmorend und mit unaussprechlichen Qualen (In Mt. hom. 43[44],4).

Wie bei Basilius und anderen ist das Höllenfeuer nicht hell, sondern finster; es verschlingt nicht, sondern brennt ewig (Ad Theod. laps. 1,10), aber nicht im Gebranntwerden liegt das Leidvolle der Bestrafung, sondern im Ausgeschlossensein von der Gegenwart Christi und der Gemeinschaft der Heiligen im Himmel (In Phil. hom. 13,4 u. ö.). Die Höllenqualen unterscheiden sich also in physische und psychische; außerdem sind sie je nach der Schwere der Sünden und den schon im irdischen Leben dafür empfangenen Sündenstrafen unterschiedlich schwer (In Mt. hom. 75[76],6); auf jeden Fall sind sie ewig (viele Stellen), denn nur so entsprechen sie der Gerechtigkeit Gottes, aber auch seiner Fürsorge für die Menschen, denn: „Er sagt, daß er die Gehenna bereitet hat, damit er nicht in die Gehenna hineinwerfe" (In Ps. 7,12). Mit dem Tod ist die Zeit möglicher Umkehr, aber auch die Zeit der Gnade zu Ende; mit dem Tod verlieren die Menschen die Freiheit, ihre Entscheidungen zu ändern (De Lazaro conc. 2,3 u. ö.). Die Verdammten leiden sehr unter ihrem verfehlten Leben, aber wie bei schiffbrüchigen Seeleuten oder bei Ärzten, deren Patienten gestorben sind, ist alles Bedauern umsonst (In II Cor. 9,4 u. ö.)[13].

Auch der einflußreiche Bischof und Theologe Kyrill von Alexandrien († 444) zählt zu den Klassikern unter den Höllenkennern.[14]

Westliche Höllentheologen im vierten Jahrhundert

Auch aus dem lateinischen Westen der Kirche seien einige Namen genannt, die Bausteine in der sich bildenden stereotypen Höllentradition sind und die gleichfalls

---

[13] Daley (Anm. 1), S. 170 ff.
[14] Daley (Anm. 1), S. 173 ff.; ebd. auch Hinweis auf die 57 Homilien unter dem Namen des Ägypters Makarius.

die veränderte Tradition des Christentums nach der „Konstantinischen Wende" bezeugen. Der um 346 verfaßte Traktat „De errore profanarum religionum" des Sizilianers Julius Firmicus Maternus zeigt, daß sich der strafende Zorn Gottes nach christlicher Meinung nicht mehr auf die im Argen liegende „Welt" oder auf das römische Reich richtet, sondern auf das überlebende Heidentum als die falsche Religion. Sie sei, appelliert der Verfasser an die Söhne Konstantins, schleunigst zu unterdrücken. Auf die heidnischen Tempel und ihre Besucher warte unausweichlich das Feuergericht. In der nun einsetzenden umgekehrten Verfolgung werden die apokalyptischen Bilder instrumentalisiert.[15]

Einzelheiten über das Jenseits weiß Hilarius von Poitiers (✝ 367), ein Bischof, der sich sehr um die Vermittlung von östlicher und westlicher Theologie bemühte, persönlich aber an Tertullian und Cyprian orientiert war. Bis zu dem Gericht, das auf die Parusie Christi folgt, „schlafen" die Seelen und Leiber aller Verstorbenen in einer „mors temporaria" (In Mt. 27,4). Der Tod bedeutet, daß eine menschliche Willensentscheidung endgültig wird, die Freiheit also zu Ende und eine Reue unmöglich ist (In Ps. 51,23). Die Ungläubigen bleiben nicht im Tod, sondern müssen auferstehen, „damit es für das ewige Feuer in ihnen ewigen Stoff gebe" (In Mt. 5,12 u. ö.); ihre auferstandenen Leiber werden eine trockene, staubige Qualität aufweisen, „um von den spielerischen Bewegungen ihrer Strafen hin- und hergeworfen zu werden" (In Ps. 1,14).[16]

Bischof Ambrosius von Mailand (✝ 397), ein sehr intelligenter und gebildeter Theologe, der als Philosoph Neuplatoniker, als Exeget Anhänger einer allegorischen Methode und daher nicht ohne Sympathien für Origenes war, ging von der stoischen Meinung, die Welt sei müde und erschöpft geworden, aus. Von daher erwartete er ein nahes Ende der Welt. Er kann sagen, daß Gottes Gericht die Werke der Menschen wie auf einer Waage wäge (Ep. 2,4), aber eigentlich sind es die Werke des Menschen, die ihn selber richten (Ep. 77,10). Wer ins Paradies eingehen will, muß am Flammenschwert des Cherubs vorbeigehen, das als „Feuer" eines schmerzhaften persönlichen Gerichts zu verstehen ist (Hom. in Ps 118: 3,16 u. ö.). Da das Böse keine Substanz ist, kann und muß es vergehen (Hom. in Ps 1,47 f.). Nach dem Tod ist ein läuternder Prozeß möglich, an dessen Ende die Rettung stehen wird; das, meint er, sei mit der ersten und zweiten Auferstehung der Johannes-Apokalypse bezeugt. Bis zu einem gewissen Grad müsse jeder Mensch das Feuer erdulden (In Ps. 36,26). Öfter findet sich bei Ambrosius das feste Bekenntnis, daß kein Mensch von der Barmherzigkeit Gottes ausgeschlossen sei. Andererseits kann der Bischof von Mailand gelegentlich auch in höchst traditioneller und scharfer Weise reden. So behauptet er, die unverbesserlichen Feinde Gottes, nämlich die Dämonen, die Ungläubigen und die Gotteslästerer, ganz allgemein die „impii", würden „dem Ort des Feuers und Schwefels, wo das Feuer nie erlischt, damit die Strafe nie zu Ende gehe", überantwortet (De fide 2,119 u. ö.). Bei der Äußerung, die Seelen der Ver-

---

[15] Daley (Anm. 1), S. 160.
[16] Daley (Anm. 1), S. 161 ff.

storbenen kämen in „Vorratskammern" („animarum promptuaria"), zitiert er 4 Esra
7,32 f. als Schriftbeweis! (De bono mortis 10,45–48).[17]

Der Asket, Bibelwissenschaftler und Polemiker Hieronymus († 420) war zunächst
ein Sympathisant des Origenes. Auch als er sich von ihm abkehrte, behielt er manche origenistische Inspirationen bei. Die Naherwartung des Endes verstand er lange Zeit vom individuellen Tod, während er in seinem Alter der Lehre von der alt
und erschöpft gewordenen Welt anhing. Er ließ keinen Zweifel daran, daß unmittelbar nach dem Tod das individuelle Verhalten (ohne Seelenschlaf) belohnt bzw.
bestraft werden würde. Die Bestrafung sah er physisch, überwiegend aber in der
Peinigung durch ein schuldbewußtes Gewissen (In Hab. 2,3,2). Die christlich Glaubenden würden, meinte er, durch Gottes Barmherzigkeit in den Himmel aufgenommen, während hartnäckige Sünder wie Häretiker, Apostaten und Ungläubige zusammen mit den Dämonen „in ewigem Feuer vernichtet" werden würden (Dial.
gegen die Pelagianer 1,28). In seinem Jesajakommentar (um 410) äußerte er sich sehr
tolerant gegenüber endzeitlichen Deutungen, die auf Origenes zurückgingen: Er ließ
die Meinung gelten, daß die traditionellen Höllenbilder Metaphern für die Gewissensqualen sind. Er anerkannte Bibelstellen, auf denen sich die Hoffnung gründete, daß die jenseitige Bestrafung schwerer Sünder einmal zu Ende sein werde. Seine eigene Meinung formulierte er so:

> Das sollen wir dem Wissen Gottes allein überlassen, der in seiner Waagschale nicht nur
> Barmherzigkeit, sondern auch Strafen bereithält, und er weiß, wen er wie und wie lan-
> ge richten soll. Lasset uns, wie es sich für unsere menschliche Gebrechlichkeit ziemt,
> einfach sagen: „Herr, züchtige mich nicht in deinem Zorn, in deinem Grimm strafe mich
> nicht" (Ps 6,2). Und ebenso wie wir glauben, daß der Teufel und alle Apostaten und
> gottlosen (impii) Sünder, die sich im Herzen sagen: „Es gibt keinen Gott", ewige Stra-
> fen erleiden werden, glauben wir auch, daß jene, die Sünder – selbst impii – und den-
> noch Christen sind, es zwar erleben werden, daß ihre Werke gerichtet und im Feuer
> geläutert werden, aber vom Richter ein gemildertes, mit Barmherzigkeit vermischtes
> Urteil erhalten werden (In Is. 18,66,24).[18]

---

[17]   Daley (Anm. 1), S. 164 ff.
[18]   Daley (Anm. 1), S. 167–170.

7. Eine neue apokalyptische Welle ·

Während die ernsthaften Theologen sich im Zeichen der Bemühungen um sachgemäße Bibelinterpretation zum Teil um einen Ausgleich zwischen buchstäblicher und metaphorischer Deutung sorgten, zum Teil die eine oder andere Exegese favorisierten, taucht mit dem Ende des vierten und am Anfang des fünften Jahrhunderts eine neue Welle apokalyptischer Literatur auf, die vor allem vom kirchlichen Osten ausging. Mitursächlich waren vielleicht kriegerische Gefährdungen durch Überfälle von seiten der Barbaren, aber wohl auch der Zorn über die verweltlichte, den politischen Machthabern willfährige Kirche. Wie bei der früheren Apokalyptik geben sich die Schriften (pseudonym) als Werke angesehener Autoren aus. Die dramatischen Materialien sind traditionell, aber es fällt auf, daß viel mehr Aufmerksamkeit dem Tod des einzelnen Menschen gilt und dem, was „danach" kommt, als dem „Ende" der Welt, dem Weltenbrand als dem Vorzeichen des Kommens des Weltenrichters Christus und dem darauf folgenden Weltgericht.

Die Paulus-Apokalypse

An erster Stelle ist eine Schrift zu erwähnen, die in ihrem Grundbestand auf die Mitte des dritten Jahrhunderts zurückgehen wird – Origenes hat sie mit großer Wahrscheinlichkeit gekannt und ihr 13. Kapitel verwendet –, die aber vor allem mit ihrer wohl dem Ende des vierten Jahrhunderts entstammenden längsten Version zur Geltung kam: die „Paulus-Apokalypse" („Visio Sancti Pauli").[1] Kürzere Versionen entstanden noch im neunten Jahrhundert; ihr Einfluß reicht bis Dante. Der wohl in Ägypten beheimatete Verfasser gibt vor, vom Apostel Paulus über ein Ereignis belehrt worden zu sein, von dem es im neutestamentlichen 2. Korintherbrief heißt:

> Ich weiß von einem Menschen in Christus, daß vor vierzehn Jahren – ob im Leibe, weiß ich nicht, ob außer dem Leibe, weiß ich nicht, Gott weiß es – der Betreffende bis in den dritten Himmel entrückt wurde. Und ich weiß von dem betreffenden Menschen – ob im Leibe, ob ohne den Leib, weiß ich nicht, Gott weiß es –, daß er in das Paradies entrückt wurde und unaussprechliche Worte hörte, die ein Mensch nicht sagen darf (12,2 f.).

---

[1]   Vgl. zu Entstehung und Übersetzungen H. Duensing. In: E. Hennecke/W. Schneemelcher: Neutestamentliche Apokryphen in deutscher Übersetzung. Bd. II: Apostolisches, Apokalypsen und Verwandtes. Tübingen 1964, S. 536–567; L. Moraldi: Nach dem Tode. Jenseitsvorstellungen von den Babyloniern bis zum Christentum. Zürich 1987, S. 232–334; J. Le Goff: Die Geburt des Fegefeuers. Vom Wandel des Weltbildes im Mittelalter. Stuttgart 1990, S. 52–55.

Eine solche Andeutung mußte die Neugier leichtgläubiger Menschen wecken, so daß sich weite Kreise für den Text interessierten, mit dem Paulus schließlich sein Schweigen gebrochen habe. Der christliche Dichter Aurelius Prudentius Clemens führt die Schrift in einem Hymnus des Jahres 405 an, aber Augustinus erklärt sie 416 zum Bereich der Fabeln gehörig, die die Kirche nie anerkannt habe.[2] Dennoch zeigen Augustinus-Texte wie Enchiridion 12 oder De Civitate 21, daß auch er nicht unberührt von diesem Text geblieben war. Um 440 berichtet Sozomenos, die Apokalypse des Paulus werde in Palästina von vielen Mönchen hoch gepriesen.[3]

Bei der Jenseitsreise, die das einzige Thema der Schrift ist, wird Paulus von einem Deute-Engel (angelus interpres) geleitet. Am dritten Himmel angekommen, werden zwei verschiedene geographische Jenseitsregionen genannt:

> Und antwortend sagte der Engel zu mir: Folge mir, und ich will dir den Ort der Gerechten zeigen, wohin sie geführt werden, wenn sie abgeschieden sind. Und danach will ich dich zum Abgrund nehmen und dir die Seelen der Sünder zeigen, in was für einen Ort sie geführt werden, wenn sie abgeschieden sind. Und ich ging hinter dem Engel, und er führte mich in den Himmel, und ich sah das Firmament und sah dort die Macht, und dort war das Vergessen, welches täuscht und zu sich die Herzen der Menschen verführt, und der Geist der Verleumdung und der Geist der Hurerei und der Geist der Wut und der Geist der Unverschämtheit, und dort waren die Fürsten der Bosheiten; die sah ich unter dem Firmament des Himmels. Und wiederum blickte ich und sah Engel ohne Erbarmen, die kein Mitleid hatten, deren Miene voll Wut war, und ihre Zähne ragten aus dem Munde hervor; ihre Augen blitzten wie der Morgenstern des Ostens, und von den Haaren ihres Hauptes gingen Feuerfunken aus, auch aus ihrem Munde. Und ich fragte den Engel sagend: Wer sind diese, Herr? Und der Engel sagte antwortend zu mir: Das sind die, welche bestimmt werden für die Seelen der Gottlosen in der Stunde der Not, die nicht geglaubt haben, daß sie den Herrn als Helfer hätten, und nicht auf ihn gehofft haben.[4]

Der fingierte Paulus möchte sehen, wie die Seelen der Gerechten und die der Sünder aus dieser Welt scheiden. Das wird ihm gewährt, und eingehend wird der schöne Tod eines Gerechten geschildert, sein Geleit durch Engel, die ihn küssen und den Kampf mit den bösen Engeln, die ihnen die gerechte Seele abjagen wollen, aufnehmen und gewinnen. Ausführlich wird der Tod eines Sünders beschrieben, der die Lebenszeit als Zeit möglicher Reue nicht genützt hat; seine Seele stinkt so schrecklich, daß die Engel den Gestank nicht aushalten; sie wird in die äußerste Finsternis verbannt, wo sie aufbewahrt wird bis zum Tag des großen Gerichts (14–16). Eine Seele, die leugnet, daß sie gesündigt habe, wird vor den Thron Gottes gebracht, der als gnädiger und gerechter Richter nur wissen möchte, ob sie ihr Leben wenigstens ein Jahr vor dem Tod bereut habe. Gott konfrontiert sie mit den Seelen derer, die von ihr geschädigt worden waren, und läßt das individuelle Urteil ergehen, wobei sich Einblicke in die Höllenkonzeption ergeben:

[2]   Moraldi (Anm. 1), S. 234.
[3]   Moraldi (Anm. 1), S. 234.
[4]   11; Duensing (Anm. 1), S. 542 f.

Und in derselben Stunde wurden die Seelen in die Mitte gebracht, und die Seele des Sünders erkannte sie. Und der Herr sagte zur Seele des Sünders: Ich sage dir, Seele, bekenne deine Taten, die du begangen hast gegen diese Seelen, die du siehst, als sie in der Welt waren. Und antwortend sagte sie: Herr, es ist noch kein volles Jahr, seitdem ich diese getötet und ihr Blut auf die Erde vergossen habe, und mit der andern habe ich gehurt; nicht aber dies allein, ich habe sie auch sehr geschädigt, denn ich habe ihr Vermögen weggenommen. Und es sagte Gott, der Herr, der gerechte Richter: Oder wußtest du nicht, daß, wer einem andern Gewalt antut, wenn der, welcher die Gewalt erlitten hat, eher stirbt, an diesem Ort aufbewahrt wird, bis der Schädigende stirbt, und dann treten beide vor den Richter, und nun wird jeder empfangen nach dem, was er getan hat? Und ich hörte die Stimme eines, der sagte: Jene Seele möge in die Hände des Tartarus übergeben werden, und sie muß hinab zu den Unterirdischen geführt werden, man führe sie in das Gefängnis der Unterirdischen, und sie werde in Qualen geschickt und dort gelassen bis zum großen Tage des Gerichtes. Und wiederum hörte ich tausend mal tausend von Engeln, die dem Herrn einen Hymnus sagten und ausriefen: Gerecht bist du, Herr, und gerecht sind deine Gerichte.[5]

Eingehend werden, in lyrischer Sprache und mit idyllischen Bildern, die Freuden der Geretteten geschildert, die zuerst vom Erzengel Michael im Acherusischen See gereinigt werden. Die „Stadt Christi" und die dort wartenden Genüsse werden beschrieben. Es gibt die Möglichkeit einer Läuterung noch im Jenseits für solche, die im allgemeinen gerecht lebten, es aber an Demut fehlen ließen: „Die Wurzel aller Übel ist der Stolz" (24). Dann aber führt die Jenseitsreise in die Hölle der Verdammten. Wegen der Wirkungsgeschichte dieses Textes ist es notwendig, ihn ausführlich zu zitieren:

Und als er aufgehört hatte, mit mir zu reden, führte er mich nach draußen außerhalb der Stadt mitten durch Bäume und rückwärts weg von den Stätten des Landes der Güter und stellte mich an den Fluß von Milch und Honig. Und danach führte er mich zum Ozean, der die Fundamente des Himmels trägt. Und der Engel antwortete und sagte zu mir: Begreifst du, daß du von hier fortgehst? Und ich sagte: Ja, Herr. Und er sagte zu mir: Komm und folge mir, und ich will dir die Seelen der Gottlosen und Sünder zeigen, damit du erkennst, wie beschaffen der Ort ist. Und ich brach mit dem Engel auf, und er trug mich nach Sonnenuntergang zu, und ich sah den Anfang des Himmels gegründet auf einem großen Fluß Wassers, und ich fragte: Was ist dieser Fluß von Wasser? Und er sagte zu mir: Dies ist der Ozean, welcher die ganze Erde umgibt. Und als ich an der Außenseite des Ozeans war, blickte ich umher, und es war nicht Licht an jenem Orte, sondern Finsternis und Traurigkeit und Betrübnis, und ich seufzte.
Und ich sah dort einen Fluß von Feuer siedend, und hineingeschritten war eine Menge von Männern und Weibern, eingesunken bis an die Knie, und andere Männer bis an den Nabel, andere bis an die Lippen, andere aber bis zu den Haaren. Und ich fragte den Engel und sagte: Herr, wer sind die im feurigen Flusse? Und der Engel antwortete und sagte zu mir: Sie sind weder heiß noch kalt, weil sie weder in der Zahl der Gerechten gefunden sind noch in der Zahl der Gottlosen. Diese verwandten nämlich die Zeit ihres Lebens auf Erden, indem sie einige Tage mit Gebeten zubrachten, andere Tage aber in Sünden und Hurereien bis zum Tode. Und ich fragte und sagte: Wer sind die, Herr, welche bis zu den Knien im Feuer eingesunken sind? Antwortend sagte er zu mir:

⁵ 18; Duensing (Anm. 1), S. 548.

Das sind die, welche, wenn sie aus der Kirche gegangen sind, sich damit beschäftigen, in fremdartigen Gesprächen zu debattieren. Die aber, welche bis zum Nabel eingesunken sind, das sind die, welche, wenn sie Leib und Blut Christi genommen haben, hingehen und huren und nicht ablassen von ihren Sünden, bis sie sterben. Die bis an die Lippen Eingesunkenen sind wechselseitige Verleumder, wenn sie in der Kirche Gottes zusammenkommen. Die bis an die Augenbrauen Eingesunkenen aber sind die, welche sich zuwinken, ihrem Nächsten [dabei] Bosheit heimlich bereiten.

Und ich sah nach Norden zu einen Ort von mannigfaltigen und verschiedenen Strafen, voll von Männern und Weibern, und ein feuriger Fluß floß auf sie herab. Ich blickte aber und sah Gruben von außerordentlicher Tiefe, und in ihnen waren sehr viele Seelen zusammen, und die Tiefe jenes Ortes war ungefähr dreitausend Ellen, und ich sah sie seufzend und weinend und sagend: Erbarme dich unser, Herr! Aber niemand erbarmte sich ihrer. Und ich fragte den Engel und sagte: Wer sind diese, Herr? Und antwortend sagte der Engel zu mir: Dies sind die, welche nicht auf den Herrn gehofft haben, daß sie ihn zum Helfer haben könnten. Und ich fragte und sagte: Herr, wenn diese Seelen von vor dreißig oder vierzig Generationen so eine auf der andern bleiben, wenn sie nicht tiefer hinabgelassen werden, glaube ich, würden die Gruben sie nicht fassen. Und er sagte zu mir: Der Abyssus hat kein Maß, überdies folgt auch auf ihn nämlich der [Abgrund?], welcher darunter ist. Und es ist so, wie wenn etwa jemand einen Stein nimmt und wirft ihn in einen sehr tiefen Brunnen, und nach vielen Stunden gelangt er zur Erde, so ist der Abyssus. Wenn die Seelen dahineingeworfen werden, gelangen sie kaum nach fünfhundert Jahren auf den Grund.

Ich aber, als ich das gehört hatte, weinte und seufzte über das menschliche Geschlecht. Es antwortete der Engel und sagte: Warum weinst du? Bist du barmherziger als Gott? Da nämlich Gott gütig ist und weiß, daß es Strafen gibt, trägt er geduldig das menschliche Geschlecht, indem er einem jeden nach seinem eigenen Willen zu handeln erlaubt in der Zeit, wo er auf der Erde wohnt.

Und ich blickte noch auf den feurigen Fluß und sah dort, wie einem Menschen von tartarushütenden Engeln die Kehle zugeschnürt wurde, die in ihren Händen ein Eisen mit drei Zacken hatten, womit sie die Eingeweide jenes Greises durchbohrten. Und ich fragte den Engel und sagte: Herr, wer ist jener Greis, dem solche Qualen auferlegt werden? Und antwortend sagte der Engel zu mir: Der, welchen du siehst, war ein Presbyter, der seinen Dienst nicht wohl versehen hat. Während er aß und trank und hurte, brachte er dem Herrn das Opfer an seinem heiligen Altar dar.

Und ich sah nicht weit entfernt einen anderen Greis, den vier böse Engel in Eile laufend herzubrachten, und sie ließen ihn bis an die Knie in den feurigen Fluß hinab und bewarfen ihn mit Steinen und verwundeten sein Gesicht wie ein Sturm und erlaubten ihm nicht zu sagen: Erbarme dich meiner! Und ich fragte den Engel, und er sagte zu mir: Der, welchen du siehst, ist Bischof gewesen, aber er hat sein Bischofsamt nicht gut ausgeführt; er hat zwar einen großen Namen erhalten, aber er ist nicht eingetreten in die Heiligkeit dessen, der ihm den Namen gegeben hat, in seinem ganzen Leben, weil er nicht gerechtes Gericht gehalten und sich der Witwen und Waisen nicht erbarmt hat. Nun aber ist ihm vergolten gemäß seiner Ungerechtigkeit und seinen Werken.

Und ich sah einen anderen Menschen im feurigen Flusse bis an die Knie. Es waren aber seine Hände ausgestreckt und blutig, und Würmer gingen aus seinem Munde und aus seinen Nasenlöchern, und er war seufzend und weinend, und ausrufend sagte er: Erbarme dich meiner, denn mir wird mehr Leid zugefügt als den übrigen, die in dieser Strafe sind. Und ich fragte: Wer ist dieser, Herr? Und er sagte zu mir: Dieser, den du siehst, ist Diakon gewesen, der die Opfergaben aufaß und hurte und das Rechte angesichts Gottes nicht tat. Deshalb bezahlt er unaufhörlich diese Strafe.

Und ich blickte und sah an seiner Seite einen andern Menschen, den man in Eile brachte und in den feurigen Fluß warf, und er war [darin] bis an die Knie. Und es kam der Engel, der über die Strafen [gesetzt] war, mit einem großen feurigen Schermesser, und damit zerfleischte er die Lippen jenes Mannes und die Zunge in gleicher Weise. Und seufzend weinte ich und fragte: Wer ist jener, Herr? Und er sagte zu mir: Der, welchen du siehst, ist Vorleser [Lektor] gewesen und hatte dem Volke vorgelesen, er selbst aber beobachtete die Gebote Gottes nicht. Nun bezahlt auch er seine besondere Strafe.

Und ich sah eine Menge von Gruben an jenem Orte und in der Mitte davon einen Fluß, der angefüllt war mit einer Menge von Männern und Weibern, und Würmer verzehrten sie. Ich aber weinte, und seufzend fragte ich den Engel und sagte: Herr, wer sind diese? Und er sagte zu mir: Das sind die, welche Zinseszins eintrieben und auf ihre Reichtümer vertrauten, nicht hoffend auf Gott, daß er ihnen Helfer wäre.

Und wiederum blickte ich und sah einen andern sehr engen Ort, und er war wie eine Mauer und in seinem Umkreis Feuer. Und ich sah darin Männer und Weiber, die ihre Zunge zerkauten, und fragte: Wer sind diese, Herr? Und er sagte zu mir: Dies sind die, welche in der Kirche das Wort Gottes verunglimpfen, nicht darauf achtend, sondern gewissermaßen Gott und seine Engel für nichts achtend. Deshalb bezahlen sie nun in gleicher Weise ihre besondere Strafe.

Und ich blickte und sah ein anderes Loch unten in der Grube, und sein Anblick war wie Blut. Und ich fragte und sagte: Herr, was ist dieser Ort? Und er sagte zu mir: In dieser Grube fließen alle Strafen zusammen. Und ich sah Männer und Weiber, eingetaucht bis an die Lippen, und fragte: Wer sind diese, Herr? Und er sagte zu mir: Diese sind Zauberer, welche Männern und Weibern magische Zaubermittel dargereicht haben und es nicht möglich machten, daß sie zur Ruhe kamen, bis sie starben. Und wiederum sah ich Männer und Weiber mit sehr schwarzem Angesicht in der Feuergrube und seufzte und weinte und fragte: Wer sind diese, Herr? Und er sagte zu mir: Diese sind Hurer und Ehebrecher, die, obwohl sie eigene Frauen hatten, die Ehe gebrochen haben; gleicherweise haben auch die Weiber in derselben Weise die Ehe gebrochen, obwohl sie eigene Männer hatten. Deshalb bezahlen sie unaufhörliche Strafen.

Und ich sah dort Mädchen, welche schwarze Gewänder hatten, und vier fürchterliche Engel, die in ihren Händen feurige Ketten hatten. Und sie legten sie [die Ketten] an ihre Nacken und führten sie in die Finsternis. Und wiederum weinend fragte ich den Engel: Wer sind diese, Herr? Und er sagte zu mir: Diese sind solche, welche, obwohl sie als Jungfrauen bestellt waren, ihre Jungfrauenschaft ohne Wissen ihrer Eltern verunreinigt haben. Deshalb bezahlen sie unaufhörlich ihre besonderen Strafen.

Und wiederum erblickte ich dort Männer und Weiber mit zerschnittenen [oder: abgeschnittenen] Händen und Füßen gestellt und nackt an einen Ort von Eis und Schnee, und Würmer verzehrten sie. Wie ich es aber sah, weinte und fragte ich: Wer sind diese, Herr? Und er sagte zu mir: Diese sind die, welche Waisen und Witwen und Arme geschädigt und nicht auf den Herrn gehofft haben. Deshalb bezahlen sie unaufhörlich ihre besonderen Strafen.

Und ich blickte und sah andere hängend über einem Wasserlauf, und ihre Zungen waren hinlänglich trocken, und viele Früchte waren in ihrem Anblick angebracht, aber es wurde ihnen nicht erlaubt, von diesen zu nehmen. Und ich fragte: Wer sind die, Herr? Und er sagte zu mir: Das sind die, welche vor der festgesetzten Stunde das Fasten gebrochen haben. Deswegen bezahlen sie unaufhörlich diese Strafen.

Und ich sah andere, Männer und Weiber, aufgehängt an ihren Augenbrauen und Haaren, und ein feuriger Fluß zog [?] sie, und ich sagte: Wer sind diese, Herr? Und er sagte zu mir: Dies sind solche, die sich nicht den eigenen Männern und Frauen hingeben, sondern Ehebrechern, und darum bezahlen sie unaufhörlich die besonderen Strafen.

Und ich sah andere, Männer und Weiber, mit Staub bedeckt, und ihr Anblick war wie Blut, und sie waren in einer Grube von Pech und Schwefel und liefen in einen feurigen Fluß hinab. Und ich fragte: Wer sind diese, Herr? Und er sagte zu mir: Diese sind die, welche die Gottlosigkeit von Sodom und Gomorra begangen haben, Männer mit Männern. Deshalb bezahlen sie unaufhörlich Strafen.

Und ich blickte und sah Männer und Weiber, angetan mit hellen Gewändern, welche blinde Augen hatte, in eine Grube von Feuer gesetzt. Und ich fragte: Wer sind diese, Herr? Und er sagte zu mir: Diese sind von den Heiden, die Almosen gegeben haben, und den Herrn Gott nicht kannten; deshalb zahlen sie unaufhörlich ihre besonderen Strafen.

Und ich blickte und sah andere Männer und Weiber auf einer Spitzsäule, und Tiere zerrissen sie, und es wurde ihnen nicht erlaubt zu sagen: Erbarme dich unser, o Herr! Und ich sah den Engel der Strafen in stärkster Weise Strafen auf sie legen und sagen: Erkennt das Gericht des Sohnes Gottes an! Denn es ist euch vorausgesagt; wenn euch die göttlichen Schriften vorgelesen wurden, gabt ihr nicht acht; deshalb ist das Gericht Gottes gerecht; eure bösen Handlungen haben euch erfaßt und euch in diese bösen Strafen geführt. Ich aber seufzte und weinte und fragte und sagte: Wer sind diese Männer und Weiber, die im Feuer erwürgt werden und Strafe bezahlen? Und er antwortete mir: Dies sind die Weiber, welche das Gebilde Gottes befleckten, indem sie aus dem Mutterschoß Kinder hervorbrachten, und das sind die Männer, die ihnen beiwohnten. Ihre Kinder aber gingen den Herrn Gott und die Engel, die über die Strafen [gesetzt] waren, an, sagend: Verteidige uns vor unsern Erzeugern, denn sie haben das Gebilde Gottes befleckt; den Namen Gottes zwar habend, aber seine Gebote nicht beobachtend, haben sie uns zur Speise den Hunden und zum Zertreten den Schweinen gegeben, andere in den Fluß geworfen. Jene Kinder aber wurden den Engeln des Tartarus, die über die Strafen waren, übergeben, daß sie sie an einen geräumigen Ort des Erbarmens führten. Ihre Väter und Mütter aber wurden in ewiger Strafe erstickt.

Und darauf sah ich Männer und Weiber angetan mit Lappen voll von Pech und Schwefel von Feuer, und Drachen waren gewunden um ihre Hälse und Schultern und Füße, und Engel, die feurige Hörner hatten, hielten sie im Zaum und schlugen sie und schlossen ihre Nasen, sagend: Warum habt ihr nicht erkannt die Zeit, in welcher es recht war, und ihr Buße tatet und Gott dientet, und habt es nicht getan? Und ich fragte: Wer sind diese, Herr? Und er sagte zu mir: Diese sind die, welche der Welt zu entsagen schienen, indem sie unser Gewand anlegten, aber die Hindernisse der Welt machten sie zu Elenden, indem sie nicht eine einzige Agape veranstalteten, und der Witwen und Waisen erbarmten sie sich nicht; den Ankömmling und Fremden nahmen sie nicht auf, auch nicht eine Gabe [Oblation] darbringend, und erbarmten sich nicht des Nächsten. Ihr Gebet aber stieg auch nicht an einem Tage als reines zu dem Herrn Gott empor; viele Hindernisse der Welt aber hielten sie ab, und sie konnten nicht das Rechte tun angesichts Gottes. Und Engel gingen mit ihnen umher an dem Ort der Strafen. Es sahen sie aber die, welche in Strafen waren, und sagten zu ihnen: Wir wenigstens in der Welt lebend haben Gott vernachlässigt; warum habt ihr gleicherweise gehandelt? Und sie führten sie an einen andern Ort, und auch die sagten in gleicher Weise zu ihnen: Wir, da wir in der Welt waren, wußten, daß wir Sünder waren; wir sahen aber euch in heiligem Gewande und priesen euch selig, indem wir sagten: „Die sind gerecht und Diener Gottes." Nun aber haben wir erkannt, daß ihr eitel nach dem Namen Gottes genannt seid; deshalb zahlt ihr die beständige Strafe.

Und seufzend weinte ich und sagte: Wehe den Menschen, wehe den Sündern! Weshalb sind sie geboren worden? Und antwortend sagte der Engel zu mir: Warum weinst du? Bist du barmherziger als der Herr Gott, der gepriesen ist in Ewigkeit, der Gericht festgesetzt hat und einem jeden erlaubt hat, nach eigenem Willen Gut und Böse zu wählen und zu tun, was ihm beliebt? Wiederum weinte ich noch auf das heftigste, und er sagte zu mir: Weinst du, während du bisher noch nicht größere Strafen gesehen hast? Folge mir, und du wirst welche sehen, die siebenmal größer sind als diese.

Und er trug mich nach Norden, dem Ort aller Strafen und stellte mich an einen Brunnen, und ich fand ihn mit sieben Siegeln versiegelt. Und antwortend sagte der Engel, der mit mir war, zu dem Engel jenes Ortes: Öffne die Mündung des Brunnens, damit Paulus, der Höchstgeliebte Gottes, hineinblicke, weil ihm die Vollmacht gegeben ist, daß er alle Strafen der Unterwelt sehe. Und der Engel sagte zu mir: Steh entfernt, weil du nicht den Gestank dieses Ortes auszuhalten vermagst! Als also der Brunnen geöffnet worden war, stieg sogleich ein harter und sehr bösartiger Geruch auf, der alle Strafen übertraf. Und ich blickte in den Brunnen und sah feurige Massen von allen Seiten brennend, und die Enge des Brunnens war an der Mündung des Brunnens so eng, daß er nur einen einzigen Menschen zu fassen vermochte. Und der Engel antwortete und sagte zu mir: Wenn einer in diesen Brunnen des Abgrundes geschickt und über ihm versiegelt worden ist, geschieht niemals seiner Erwähnung vor dem Vater und dem Sohne und dem heiligen Geiste und den heiligen Engeln. Und ich sagte: Wer sind diese, Herr, welche in diesen Brunnen geschickt werden? Und er sagte zu mir: Diese sind: wer nicht bekannt hat, daß Christus im Fleisch gekommen ist und daß ihn die Jungfrau Maria geboren hat, und wer sagt, daß das Brot der Eucharistie und der Kelch des Segens nicht Leib und Blut Christi sind. Und ich blickte von Norden nach Westen und ich sah dort den nicht ruhenden Wurm, und an dem Orte war Zähneknirschen. Der Wurm aber hatte an Maß eine Elle, und zwei Köpfe waren daran. Und ich sah dort Männer und Weiber in Kälte und Zähneknirschen. Und ich fragte: Herr, wer sind diese an diesem Orte? Und er sagte zu mir: Dies sind die, welche sagen, daß Christus von den Toten nicht auferstanden ist und daß dieses Fleisch nicht aufersteht. Und ich fragte und sagte: Herr, gibt es nicht Feuer und Wärme an diesem Orte? Und er sagte zu mir: An diesem Orte gibt es nichts anderes als Kälte und Schnee. Und wiederum sagte er zu mir: Auch wenn die Sonne über ihnen aufginge, würden sie nicht warm wegen der übermäßigen Kälte jenes Ortes und des Schnees.

Als ich dies hörte, streckte ich meine Hände aus und weinte, und seufzend sagte ich wiederum: Besser wäre es für uns, wenn wir nicht geboren wären, wir alle, die wir Sünder sind. Als aber die, welche an demselben Orte waren, mich bei dem Engel weinen sahen, riefen sie aus und weinten auch selbst sagend: Herr Gott, erbarme dich unser! Und danach sah ich den Himmel geöffnet und Michael, den Erzengel, herabsteigend vom Himmel und mit ihm das ganze Heer der Engel, und sie gelangten zu denen, die in die Strafen gesetzt waren; und als sie ihn sahen, riefen sie wiederum weinend aus und sagten: Erbarme dich unser, Erzengel Michael, erbarme dich unser und des menschlichen Geschlechtes, weil wegen deiner Gebete die Erde besteht. Wir haben nun das Gericht gesehen und den Sohn Gottes erkannt. Es war vordem uns unmöglich, hierfür zu beten, ehe wir an diesen Ort kamen. Denn wir haben gehört, daß ein Gericht sein würde, ehe wir aus der Welt gingen, aber die Hindernisse und das weltliche Leben ließen es nicht zu, daß wir Buße taten. Und Michael antwortete und sagte: Hört, wenn Michael redet: ich bin es, der ich zu jeder Stunde vor Gott stehe, ich lasse nicht ab, nur an einem Tage oder einer Nacht, unaufhörlich zu beten für das menschliche Geschlecht, und ich bete für die, die [noch] auf der Erde sind. Sie aber hören nicht auf, Schlechtigkeit zu begehen und Hurerei, und sie standen mir nicht bei im Guten, solange sie auf Erden gesetzt waren. Und ihr habt die Zeit, in der ihr hättet Buße tun müssen, in Nichtigkeit zugebracht. Ich aber habe immer so gebetet und flehe jetzt, daß Gott Tau sende und Regen bestimmt werde über die Erde, und noch bitte ich, bis die Erde ihre Früchte hervorbringe; und ich sage, daß, wenn einer auch nur ein bißchen Gutes getan hat, ich für ihn kämp-

fe, ihn schützend, bis er entgeht dem Gericht der Strafen. Wo sind also eure Gebete?
Wo eure Buße? Ihr habt die Zeit verächtlich verloren. Nun aber weint, und ich und die
Engel, die mit mir sind, werden weinen zusammen mit dem höchstgeliebten Paulus, ob
der barmherzige Gott Erbarmen übe und euch Erquickung gebe. Als aber jene diese
Worte hörten, riefen sie aus und weinten sehr und sagten alle einstimmig: Erbarme dich
unser, Sohn Gottes! Und ich, Paulus, seufzte und sagte: Herr Gott, erbarme dich deines Gebildes, erbarme dich der Menschenkinder, erbarme dich deines Bildes.
Und ich blickte und sah den Himmel bewegen wie einen Baum, der vom Winde bewegt
ist. Plötzlich aber warfen sie sich auf ihr Angesicht vor dem Thron; und ich sah die
vierundzwanzig Ältesten und die vier Tiere Gott anbeten, und ich sah den Altar und
den Vorhang und den Thron, und alles war frohlockend, und es erhob sich der Rauch
eines guten Geruches neben dem Altare des Thrones Gottes, und ich hörte die Stimme
eines, der sagte: Um weswillen bittet ihr, unsere Engel und unsere Diener? Und sie riefen aus sagend: Wir bitten, da wir deine große Güte gegen das Menschengeschlecht
sehen. Darauf sah ich den Sohn Gottes herabsteigen vom Himmel, und es war ein
Diadem auf seinem Haupte. Als aber die, welche in die Strafen gesetzt waren, ihn sahen, riefen sie alle einstimmig aus sagend: Erbarme dich, Sohn des erhabenen Gottes!
Du bist es, der du allen Erquickung gewährt hast im Himmel und auf Erden, erbarme
dich unser gleicherweise; seitdem wir nämlich dich gesehen haben, haben wir Erquik-
kung. Und es ging eine Stimme vom Sohne Gottes aus durch alle Strafen hin sagend:
Und welches Werk habt ihr getan, daß ihr von mir Erquickung fordert? Mein Blut ist
um euretwillen vergossen worden, und ihr habt auch so nicht Buße getan. Um euretwillen habe ich eine Krone aus Dornen auf meinem Haupte getragen; für euch habe ich
Backenstreiche auf meine Kinnbacken erhalten, und auch so habt ihr nicht Buße getan. Um Wasser habe ich am Kreuze hängend gebetet, und sie gaben mir Essig mit Galle
gemischt; mit einer Lanze haben sie meine rechte Seite geöffnet. Meines Namens willen haben sie meine Diener, die Propheten und die Gerechten, getötet, und bei all diesem habe ich euch Raum zur Buße gegeben, und ihr habt nicht gewollt. Nun aber: um
Michaels, des Engels meines Bundes, und der Engel, die mit ihm sind, und um Paulus,
meines Hochgeliebten, den ich nicht betrüben will, um eurer Brüder, die in der Welt
sind und Opfergaben darbringen, und um eurer Kinder, weil meine Gebote in ihnen
sind, und noch mehr um meiner eigenen Güte willen: an dem Tage nämlich, an welchem ich von den Toten auferstanden bin, gewähre ich euch allen, die ihr in Qualen
seid, eine Nacht und einen Tag Erquickung für immer. Und alle riefen aus und sagten:
Wir preisen dich, Sohn Gottes, daß du uns eine Nacht und einen Tag Erquickung gegeben hast. Besser ist nämlich für uns die Erquickung eines Tages als alle Zeit unseres
Lebens, die wir auf der Erde waren, und wenn wir deutlich erkannt hätten, daß dieser
[Ort] bestimmt ist für die, welche sündigen, würden wir überhaupt keine andere Arbeit gemacht haben, nichts gehandelt haben und keine Bosheit begangen haben. Was
wäre es für uns nötig gewesen, in die Welt [hinein] geboren zu sein? Hier nämlich ist
unser Stolz gefaßt, der aus unserm Munde gegen den Nächsten aufsteigt. Beschwerde
und unsere allzu großen Ängste und Tränen und die Würmer, welche unter uns sind,
das ist weit schlechter für uns als die Strafen, welche [...] uns. Als jene dies redeten, wurden die bösen Engel und die über die Strafen erzürnt auf sie sagend: Wie lange habt
ihr geweint und geseufzt? Denn ihr habt nicht Erbarmen gehabt. Dies nämlich ist das
Gericht Gottes über den, der nicht Erbarmen geübt hat. Diese große Gnade aber habt
ihr erhalten: in der Nacht und am Tage des Sonntags Erquickung um des hochgeliebten
Paulus willen, der zu euch hinabgestiegen ist.[6]

---

[6]   31–44; Duensing (Anm. 1), S. 553–561.

Die Reise nimmt ihren Fortgang mit einem Besuch im Paradies bei den Propheten und Gerechten der Vorzeit. Schließlich wird Paulus auf den Ölberg zurückgeführt, wo er die übrigen Apostel antrifft.

Bemerkenswert an diesem weit verbreiteten Höllentext ist die Mischung griechisch-römischer und jüdisch-christlicher Elemente (mit einem starken Gewicht der Johannes-Apokalypse). Die Strafen werden mitleiderregend erzählt. Das Bemühen um eine gerecht-angemessene Strafe für jede Sünde ist unverkennbar. Obwohl nicht gerade die Großen der Welt, sondern einfach-alltägliche Leute in die Hölle versetzt werden, kommen darin immerhin die kirchlichen Hierarchen vom Bischof über den Diakon bis zum Presbyter exemplarisch vor. Die heuchlerischen Mönchs-Asketen bilden eine eigene Gruppe der Bestraften. Obwohl den „Kleinen" (Witwen und Waisen) auch nach diesem Text besonderer himmlischer Schutz vor Bedrückern gilt und die Gesellschaft gegen Wucherer gesichert werden soll, wie es nun schon zur Höllentradition gehört, ist doch das Ausmaß sexualethischer Verfehlungen ganz beträchtlich erweitert worden. Die wesentlichen Dogmen des Christentums werden durch die Erwähnungen in diesem Text auch in ungewöhnlicher Art stabilisiert. Das eigentlich Überraschende in einem christlichen Höllentext ist jedoch die Ankündigung einer allsonntäglichen Linderung der Höllenqualen, ein Thema, das der christlichen Theologie noch zu schaffen machte.

Die griechische Esra-Apokalypse und -Vision

Eine weitere interessante Schrift dieser Literaturgattung ist die „Griechische Esra-Apokalypse". Die erhaltene Form ist eine Mischung aus jüdischem und christlichem Text, wobei der Grundstock der jüdischen Schrift wohl in das zweite nachchristliche Jahrhundert zu datieren ist, die christliche Bearbeitung vielleicht im fünften Jahrhundert vorgenommen wurde.[7] Das Buch ist ursprünglich mit dem 4. Buch Esra verwandt: Esra rechtet mit Gott. In der christlichen Bearbeitung fehlt dieser Rechtsstreit mit Gott; die Höllenstrafen werden geschildert. In den Zusammenhang des Esra-Rahmens der Kapitel 6–9 ist die „Visio beati Esdrae" einzuordnen.[8] Nach dieser kleinen Schrift geleiten sieben Engel den frommen Esra durch die siebzig Kreise der Unterwelt. Höllentore, von feuerspeienden Löwen bewacht, mit Türen aus Flammen, die aber nur Sünder treffen, sind zu passieren. Esra erblickt nun Sündergruppen und ihre Strafen: 1. Engel peitschen Menschen mit Feuer: Ehebrecher und Verführerinnen; – 2. Engel schlagen Menschen, die im Feuer aufgehängt sind: Mutterentehrer. – 3. In einem Herd voll Pech und Schwefel stecken Verleumder, Neider, solche, die nicht gastfreundlich waren und Bedürftigen nicht halfen. – 4. Ein „Wurm von riesiger Gestalt, der niemals stirbt", verschlingt bei seinem Atemholen

---

[7]   U. B. Müller: Die griechische Esra-Apokalypse. Gütersloh 1976 (Jüdische Schriften aus hellenistisch-römischer Zeit V/2), S. 85–102, hier 90.

[8]   Der Text wurde von O. Wahl, Leiden 1977, veröffentlicht; vgl. die Darstellung bei L. Moraldi (Anm. 1), S. 192–199.

Sünder und speit sie als Verfärbte wieder aus, an einem finster-lichtlosen Ort: Strafe für jede Art Bosheit. – 5. Das Totengericht: eine Brücke über einen gewaltigen Feuerstrom ist zu passieren, die für die Sünder nur ein dünner Faden ist: sie stürzen hinab. – 6. „Unterweltsengel" treiben denen Dornen in die Augen, die Wanderern böswillig den falschen Weg angaben. – 7. Könige und Fürsten dieser Welt werden in einen großen Feuerofen geschleudert, von „Kleinen", die sie gequält und geknechtet haben, angeklagt. – 8. In einen Ofen aus Pech und Schwefel werden solche geworfen, die als Söhne ihre Eltern mißhandelten; Gottesleugner; solche, die Arbeitern den gerechten Lohn vorenthielten. – 9. In einen Herd werden Frauen geworfen, die Kinder aus einem Ehebruch töteten, von diesen Kindern angeklagt. – 10. Aufgehängt werden Frauen, an deren Brüsten Schlangen saugen, weil sie ihre eigenen Kinder töteten oder Waisen ihre Muttermilch vorenthielten.

Michael und Gabriel führen Esra, nachdem sie ihm auf seine Bitte, alle Strafen sehen zu dürfen, noch wilde Tiere gezeigt haben, die falsche Zeugen und Diebe zerfleischen, wieder durch die Höllentore zum Paradies und zu den Gottespforten im siebenten Himmel. Gott rechtfertigt sich wegen der Höllenstrafen, die trotz der Fürbitten verhängt werden: Die Leiden treffen nur selbstverantwortliche Sünder.

Das – nach bisheriger Erkenntnis – Neue an dieser Höllenschau besteht wohl darin, daß erstmals in einer Schrift aus christlichen Kreisen ein namentlich genannter Mensch in die Hölle versetzt wurde: Esra will den König Herodes auf einem Flammenthron gesehen haben, inmitten seiner Ratgeber, die ebenfalls brennen.[9]

Der Pseudo-Titus-Brief; weitere westliche Höllentheologie

In den lateinischen Westen der Kirche führt eine andere apokryphe Schrift, der „Pseudo-Titus-Brief", wie aus dem Titel ersichtlich pseudonym unter dem Namen des Apostelschülers Titus verfaßt, wohl in radikal asketischen Kreisen in Spanien im fünften Jahrhundert.[10] Der Verfasser muß extrem ehefeindlich gewesen sein. Unter anderem zitiert er wohlgefällig ein (apokryphes) Gebet des Apostels Johannes, das dieser vor seinem Tod gesprochen habe: „O Herr, der du mich von meiner Jugend an bis zu diesem Alter vom Weibe bewahrt hast, der du davon meinen Körper abgehalten hast, so daß der bloße Anblick einer Frau Abscheu in mir erregte."[11] In dieser Schrift ist ein kleines Fragment einer sonst unbekannten Elias-Apokalypse wiedergegeben. Ein Engel soll dem Propheten Elias ein tiefes Tal namens „Gehenna" gezeigt haben, in dem immer Pech und Schwefel brennen und „Seelen" auf unterschiedliche Weise gequält werden. Der eher sadistische und sexualpathologische Text zeigt das Bemühen, bestimmten Sünden bestimmte Strafen zuzuordnen:

---

[9] Vgl. dazu auch Le Goff (Anm. 1), 51 f.
[10] A. de Santos Otero: In: E. Hennecke/W. Schneemelcher: Neutestamentliche Apokryphen in deutscher Übersetzung. II. Bd.: Apostolisches, Apokalypsen und Verwandtes. Tübingen 1964, S. 90–109.
[11] de Santos Otero (Anm. 10), S. 103.

Das Leiden einiger von ihnen besteht darin, daß sie an den Geschlechtsteilen, bzw. an den Zungen, oder an den Augen, oder aber kopfüber hängen. Die Frauen werden an ihren Brüsten gefoltert, und die Jungen hängen an ihren Händen. Manche Jungfrauen werden auf dem Rost gebraten, und andere Seelen werden einer immerwährenden Qual unterzogen. Die Mannigfaltigkeit der Qual entspricht der Verschiedenheit der jeweiligen Sünden: an ihren Geschlechtsteilen werden die Ehebrecher und Verführer der Minderjährigen gefoltert. Die an ihren Zungen Hängenden sind die Gotteslästerer und falsche Zeugen. Verbrannt werden die Augen derer, die mit ihren Blicken Anstoß genommen und die sich frevelhafte Dinge mit Begierde angeschaut haben. Kopfüber hängen diejenigen, die die Gerechtigkeit Gottes gehaßt haben, die bösgesinnt, streitsüchtig zu ihren Mitbrüdern gewesen sind. Mit Recht werden sie also nach der ihnen auferlegten Strafe verbrannt. Wenn einige Frauen mit Qual an ihren Brüsten bestraft werden, dann geht es um diejenigen, die den Männern ihre eigenen Körper zum Spott hingegeben haben, und aus diesem Grund werden auch diese an den Händen hängen.[12]

Nicht nur in solch makabren Mönchsphantasien, sondern auch in den Zeugnissen ernsthafter Theologen des fünften Jahrhunderts nimmt die eschatologische Thematik breiten Raum ein. Die Gründe dafür sind nicht nur in der schon erwähnten Angststimmung wegen kriegerischer Bedrängnis, die allüberall im ganzen Jahrhundert zu registrieren ist, zu suchen, sondern auch in der großen Verunsicherung, die vom Zusammenbruch der römischen Institutionen und vom Verfall der Kultur ausging. So lebte auch die Naherwartung wieder auf: Wie würde es den Christen ergehen beim baldigen Ende der Menschheit und der Welt? Ehe der bedeutendste Zeuge dieser Zeit ausführlich zu Wort kommt, seien zwei andere Theologen des Westens wenigstens kurz erwähnt.

Bischof Maximus von Turin († zwischen 408 und 423) hinterließ Predigten, aus denen seine Sorgen um Rettung der Christen deutlich werden.

Denkt an den kommenden Tag des Gerichts und an die unauslöschlichen Feuer der Gehenna, das furchtbare Zähneknirschen und die letzte Pein der Finsternis, und dann, wenn ihr es könnt, verlaßt die Kirche und beschäftigt euch mit weltlichen Sorgen (Serm. 32,2).

„Die Feuer der Gehenna lodern bereits" (Serm. 91,2), aber das Wasser der Taufe löscht sie aus (Serm. 22a,3). Den Christen winkt die ewige Herrlichkeit, „während die abscheuliche Gemeinschaft der Juden im Tartarus zurückgelassen wird" (Serm. 19,3).[13]

Zu der strengen nordafrikanischen Sonderkirche der Donatisten gehörte Tyconius († etwa zwischen 370 und 380), der einen viel beachteten Kommentar zur Apokalypse des Johannes schrieb. Vieles davon ist in der Zusammenstellung von Apokalypse-Kommentaren des spanischen Mönchs Beatus von Liébana (8. Jahrhundert) erhalten. Für Augustinus, der sich in der Bekämpfung der Donatisten hervortat, wurde die Geschichtsauffassung des Tyconius von Bedeutung. Danach ist die Menschheit

---

[12]   de Santos Otero (Anm. 10), S. 102.
[13]   B. Daley unter Mitarbeit von J. Schreiner und H. E. Lona: Eschatologie. In der Schrift und Patristik. Freiburg 1986 (HDG IV 7a), S. 188.

in zwei „Staaten" (civitates) gespalten, in die große Hure (Offb 17), die vom Teufel ist und zu der auch Christen gehören, und in die Braut des Lammes (Offb 21), die große, heilige Stadt (Offb 17 und 21), die von Gott stammt. Die Bedrängnisse jetzt dienen der Läuterung. „Jene, die nicht jetzt durch Buße gefoltert werden, werden zweifellos dann in der Gehenna gefoltert werden."[14]

---

[14] Daley (Anm. 13), S. 189–192.

8. Augustinus

Einen ganz bedeutenden Markstein in der Entwicklung einer Höllentheologie stellt Augustinus (354–430) dar. Der Bischof von Hippo faßte mit einer ungeheuren Arbeitsintensität die Überlegungen der griechisch-östlichen Kirche seit Origenes und die der lateinisch-westlichen seit Tertullian und Hippolyt einschließlich der Traditionen seiner nordafrikanischen Heimat zusammen. Er war darüber hinaus gleichermaßen mit der Bibel wie mit der für ihn klassischen Literatur vertraut, ein scharfsinniger Philosoph und ein souveräner Systematiker. Zu den positiven Merkmalen gehört, daß er seine persönlichen Lebens- und Glaubenserfahrungen in seine Theologie einbrachte und sich selber nicht hinter dem „System" versteckte. Augustinus ist in den Kirchen der katholischen und reformatorischen Tradition eine große theologische Autorität bis heute; über tausend Jahre lang war er im Abendland sogar die theologische Autorität schlechthin. Es ist hier nicht möglich, auf seine eschatologischen Anschauungen im ganzen einzugehen.[1] Da Augustinus die wissenschaftliche und charakterliche Größe hatte, eingesehene Irrtümer und weniger haltbare Ansichten zu korrigieren und das offen zu erklären, seien hier nur diejenigen Höllenauffassungen zur Sprache gebracht, die er selber nach einer Reflexion von mehreren Jahrzehnten als die zutreffendsten ansah. Es handelt sich um zwei Alterswerke, das „Enchiridion" und den „Gottesstaat".

Das „Enchiridion"[2] wurde etwa 421/424 auf Bitten eines theologisch interessierten Freundes als Zusammenfassung der christlichen Glaubensinhalte und Spiritualität geschrieben. Da Augustinus darin zunächst dem Aufbau des Glaubensbekenntnisses folgt, kommt er im Zusammenhang mit dem Thema der Auferstehung des Fleisches und des ewigen Lebens auf die Hölle zu sprechen.[3]

Zunächst ein Artikel über das Schicksal der „Seelen" nach dem Tod:

Während der Zeit zwischen dem Tode des Menschen und der letzten Auferstehung verweilen die Seelen in verborgenen Aufenthaltsräumen (receptacula), je nachdem die

---

[1] Gute Zusammenfassungen auf dem neuesten Stand finden sich bei B. Daley unter Mitarbeit von J. Schreiner und H. E. Lona: Eschatologie. In der Schrift und Patristik. Freiburg 1986 (HDG IV 7a), S. 197–207, und bei J. Le Goff, Die Geburt des Fegefeuers. Vom Wandel des Weltbildes im Mittelalter. Stuttgart 1990, S. 84–103.

[2] Zitiert wird hier nach der Ausgabe: Aurelius Augustinus: Enchiridion de fide spe et caritate. Handbüchlein über Glaube Hoffnung und Liebe. Text und Übersetzung mit Einleitung und Kommentar hrsg. v. J. Barbel, Düsseldorf 1960.

[3] Zum Verständnis sind die beiden Exkurse bei J. Barbel sehr nützlich: 240–242 über die Hölle und 229–231 über die „Misericordes".

einzelne Seele Ruhe oder Schmerz verdient hat, d. h. je nach dem Los, das ihr während ihres Lebens im Fleische zugefallen ist.[4]

Das bedeutet: Das Schicksal der Menschen ist schon entschieden; es gibt im „Jenseits" keinen unentschiedenen Zustand; Lohn und Strafe sind aber nicht in ihrer Vollgestalt verwirklicht. Nur von Märtyrern sagt Augustinus manchmal, daß sie im Himmel seien. Sonst weilen die Gerechten in Abrahams Schoß, im Paradies oder einfach in der Ruhe.[5] Er übernimmt also die Anschauung von unterschiedlichen Räumen im Hades. Bei den Verstorbenen unterscheidet er nun verschiedene Gruppen von Menschen; Ausgangspunkt ist die Frage, welchen Verstorbenen durch Gebete und Almosen geholfen werden könne:

> Es gibt nämlich Menschen, deren Lebensführung nicht gut genug ist, so daß sie diese [Fürbitten] nach ihrem Tode nicht nötig hätten, und auch wieder nicht schlecht genug, so daß sie ihnen nichts nützen könnten. Dagegen gibt es andere, deren Leben so im Guten begründet war, daß sie nicht darauf angewiesen sind, und wieder andere, deren Leben so im Bösen verwurzelt war, daß sie ihnen nach ihrem Tode nichts mehr nützen können. Demnach wird hienieden alles Verdienst erworben, durch das jemand nach diesem Leben erhoben oder auch belastet werden kann. Niemand darf sich daher der Hoffnung hingeben, nach seinem Tode von Gott das noch zu verdienen, was er hier auf Erden vernachlässigt hat.[6]

Kurz danach kennzeichnet er diese Menschengruppen mit Bezeichnungen, die in der Tradition sehr wichtig geworden sind:

> Wenn also die Opfer des Altares oder der Almosen für alle verstorbenen Getauften dargebracht werden, so sind die für die ganz Guten [valde boni] Danksagungen, für die nicht ganz Schlechten [non valde mali] Sühne, und für die ganz Schlechten [valde mali] sind sie zwar keine Hilfe für die Verstorbenen [selbst], aber doch irgendein Trost für die Lebenden.[7]

Die ungetauft gestorbenen Kinder überantwortet er dem Höllenfeuer[8], so wie das auch can. 3 der Synode von Karthago 418 getan hatte, den Augustinus ausdrücklich lobte. Doch immerhin: die Frage bedrängt ihn. Diese unbegreifliche Sicht ergibt sich für ihn aus der Meinung, infolge der Sünde der ersten Menschen und des Übergangs dieser Sünde auf alle ihre Nachkommen sei die Menschheit als ganze an sich der ewigen Verdammung verfallen: „die von Gott verdammte Gesamtheit der Menschen [totius humani generis massa damnata]" (Ench. 27).[9] Davon geht er auch bei seinen fundamentalen Äußerungen zum ewigen Leiden und zweiten Tod aus (zu beachten sind bei Augustinus, im Unterschied zu anderen Theologen, immer die offenen Bekenntnisse dessen, was er alles nicht weiß):

---

4   109; Barbel (Anm. 2), S. 181.
5   Stellen bei Barbel (Anm. 2), S. 182.
6   110; Barbel (Anm. 2), S. 183.
7   110; Barbel (Anm. 2), S. 183.
8   Stellen bei Barbel (Anm. 2), S. 156 f.
9   Vgl. dazu den Kommentar von Barbel (Anm. 2), S. 62 ff.

Alle diejenigen aber, die aus der durch den ersten Menschen verschuldeten, dem Verderben geweihten Menschenmasse (perditionis massa) nicht durch den einen Mittler zwischen Gott und den Menschen gerettet werden, werden zwar auch ein jeder in seinem Fleische auferstehen, aber [nur] um mit dem Teufel und seinen Engeln gestraft zu werden. Lohnt es sich überhaupt, Mühe auf die Lösung der Frage zu verwenden, ob sie mit den Fehlern und Entstellungen ihrer Leiber, mit all dem, was ihre Glieder an Mängeln und Mißbildungen an sich trugen, nun auch auferstehen werden? Wir brauchen uns auch nicht abzumühen bei der Erörterung ihrer Haltung und Schönheit. Das alles ist ungewiß. Gewiß und auch ewig ist [allein] ihre Verdammung. Auch darüber wollen wir uns nicht beunruhigen, wie ihr Leib „unverderblich" sein und doch leiden, wie er „verderblich" sein und doch nicht sterben kann. Denn nur dort ist wahres Leben, wo man glücklich lebt, und nur dort ist wahre Unverderblichkeit, wo das Heil durch keinen Schmerz beeinträchtigt wird. Wo aber ein Unglücklicher nicht sterben kann, da stirbt sozusagen der Tod selbst nicht. Und wo ein ewiger Schmerz nicht tötet, sondern quält, da nimmt die Verderblichkeit kein Ende. Dieser Zustand wird in der Heiligen Schrift „Zweiter Tod" genannt.
Weder der Erste Tod, durch den die Seele gezwungen wird, ihren Leib zu verlassen, noch der „Zweite Tod", der es der Seele nicht erlaubt, einen ihr zur Qual gewordenen Leib zu verlassen, wären über die Menschen hereingebrochen, wenn niemand gesündigt hätte. Am gnädigsten wird die Strafe noch ausfallen für die, welche außer der Erbsünde keine andere Sünde begangen haben. Diejenigen aber, welche solche Sünden noch dazu begangen haben, werden dort eine um so erträglichere Verdammung erleiden, je geringer ihre Ruchlosigkeit hienieden gewesen ist.[10]

Wie es mit der Sensibilität eines Theologen bestellt ist, der sich selber ohne Zweifel zur kleinen Zahl der Geretteten rechnet, aber imstande ist, anderen eine „erträglichere Verdammung" (damnatio tolerabilior) zuzudenken, braucht hier nicht erörtert zu werden.

Die schließliche Zusammenfassung des endgültigen Schicksals lautet:

Wenn nach der Auferstehung das Allgemeine Gericht abgehalten und vollstreckt ist, dann haben die beiden, das Reich Christi und das Reich des Teufels, ihre festen Grenzen. Das eine umschließt die Guten, das andere die Bösen, und beide umfassen sowohl Engel als auch Menschen. Diesen fehlt der Wille, jenen überhaupt die Möglichkeit, noch zu sündigen. Ausgeschlossen ist auch jede Möglichkeit zu sterben. Die Guten führen im ewigen Leben ein wahrhaftiges und glückseliges Leben, die Bösen verharren unglückselig im ewigen Tode, ohne die Möglichkeit zu sterben. Und beide ohne Ende. In der Glückseligkeit der Guten aber hat der eine den Vorrang vor dem anderen, in dem Elend der Bösen trifft einen ein erträglicheres Los als den anderen.[11]

Mit der Autorität des Augustinus ist hier festgeschrieben, daß es nach dem Tod auf seiten der Geschöpfe keine Freiheit, sich zu ändern, mehr geben wird. Desgleichen wird hier entschieden geleugnet – was in der Tradition zuweilen gesagt oder angedeutet worden war –, daß nur die Gerechten auferstehen, die Sünder aber im Grab verbleiben würden. Jedoch auch Gott wird darauf festgelegt, daß an dieser Verfestigung niemals mehr etwas zu ändern sein wird. Ob die Auffassung von zwei in

---

[10]   92–93; Barbel (Anm. 2) 155, 157.
[11]   111; Barbel (Anm. 2) 185, 187.

Ewigkeit koexistierenden, in fundamentaler Feindschaft zueinander stehenden Reichen, dem des Teufels und dem Christi, nicht doch einen metaphysischen Dualismus verrät, der der jüdisch-christlichen Tradition widerspricht, braucht hier nicht entschieden zu werden.

Der „Gottesstaat", verfaßt zwischen 413 und 426, stellt unbestritten das theologische Hauptwerk des Augustinus dar. Der Anlaß für Augustinus, der seit 396 ein arbeitsintensives Bischofsamt zu versehen hatte, diese umfangreiche weltgeschichtliche Betrachtung niederzuschreiben, war die Eroberung Roms durch die Goten Alarichs im Jahr 410. Augustinus führte eine Auseinandersetzung mit Anhängern der spätantiken Götterreligion über die Frage, wer die Schuld an der Katastrophe trage bzw. was die Übernahme des Christenglaubens dem Reich eigentlich genützt habe. Er bringt die Antagonismen der Geschichte auf den Begriff der Gegensätzlichkeit der beiden Staaten oder Reiche (die nicht mit den Begriffspaaren Staat – Kirche oder Ungläubige – Gläubige identisch sind). Das Werk ist in zweiundzwanzig Bücher gegliedert. Es beschreibt die Weltgeschichte in sechs Epochen; die sechste ist die christliche. In den Büchern 19 bis 22 befaßt sich Augustinus mit der Endzeit: In Buch 19 legt er als den Höhepunkt das ewige Leben dar, in Buch 20 geht es um das Ende des irdischen Staates mit dem Weltgericht, in Buch 21 um das Strafgericht über die Bösen, in Buch 22 um das selige Ende der Guten, die Auferstehung und den Sabbat des siebenten Weltalters. Nebenbei sei bemerkt, daß in dem Werk, das Augustinus auf Bitten des kaiserlichen Tribuns und Notars Marcellinus in Karthago schrieb, eine riesige Hochschätzung Vergils („euer erlauchtester Dichter") zum Ausdruck kommt.

Wenn auch in früheren Büchern des „Gottesstaates" relevante Äußerungen zu unserm Thema gemacht werden (so führt Augustinus im Buch 13 den Begriff des zweifachen Todes ein), so muß sich die Darstellung hier doch auf die Bücher 20 bis 22 beschränken.[12]

Leitmotiv des Augustinus bei den Darlegungen über das Gericht (ab 20,1) ist der Gedanke der Gerechtigkeit. Er ist hier wie auch in den folgenden Passagen ungemein um eine breite biblische Begründung seiner Ausführungen bemüht. Es ist für ihn von zentraler Bedeutung, daß vom Gericht Gottes ab kein Raum mehr sein wird „für die unverständige Klage, daß ein Ungerechter glücklich und ein Gerechter unglücklich ist".[13] Dafür beruft er sich auf Koh 8,14 und auch auf Koh 12,13 f. (20,3).

In 20,7 legt er eine nicht-buchstäbliche Deutung von Offb 20,1–6 (mit der Ankündigung eines tausendjährigen Reiches) vor: der „Abgrund", in den der Teufel nach dieser Stelle befristet geworfen wurde, ist in den Herzen der unzählbaren Menge der Gottlosen (multitudo innumerabilis impiorum, quorum [...] profunda corda) zu suchen.

Nach 20,15 werden die Verstorbenen vor dem Gericht in die Unterwelt (infernus, nicht infernum!) versetzt, wobei die Bösen bestraft werden (poenas apud infernos),

---

[12] Zitiert wird hier nach der Ausgabe Aurelius Augustinus: Der Gottesstaat. De Civitate Dei, lat.-dt. hrsg. und übersetzt von C. J. Perl. 2 Bde. Paderborn 1979, hier Bd. II.
[13] 20,1; Perl (Anm. 12), S. 521.

die Gerechten aber vom Ort der Qualen weit entfernt sind (locis quidem a tormentis impiorum remotissimis).

Die Guten werden das Schicksal der Bösen erkennen:

Wie aber werden die Guten hinausgehen, um die Strafen der Bösen zu sehen? Ob sie mit leibhaftiger Bewegung ihre seligen Sitze verlassen werden und sich aufmachen werden zu den Strafstätten, um sich tatsächlich die Qualen der Bösen anzusehen? Nein, sondern ihr Hinausgehen wird ein Akt der Erkenntnis sein. Das Wort weist lediglich darauf hin, daß sich die den Qualen Unterworfenen außerhalb befinden werden. Deshalb nennt der Herr auch diese Stätte „die Finsternis draußen" (Mt 25,30).[14]

Nach 21,1 will Augustinus in diesem Buch „mit besonderer Sorgfalt über die künftige Strafpein des Teufels und seiner ganzen Anhängerschaft" sprechen.[15] Pein und Seligkeit werden leibliche Zustände sein, und es ist schwieriger zu glauben, „daß ein menschlicher Leib eine ewige Qual durchsteht, als daß er schmerzlos in ewiger Seligkeit verbleibt".[16] Für Augustinus bilden die „göttlichen Aussprüche" die Basis der Meinungsbildung. Weil die Ungläubigen aber eine Berufung auf die Allmacht Gottes ablehnen (21,2), will er sie durch Beispiele aus der Natur überzeugen. Es geht also zunächst um das Leiden eines Leibes, der nicht sterben kann. Augustinus nennt mit einer von Plinius stammenden Tradition den Salamander, der im Feuer lebe und nicht verbrenne, ferner die Vulkane in Sizilien, die seit alters in Flammen lodern und unversehrt bleiben – beides stelle einen „ausreichenden Beweis" dafür dar, daß nicht alles, was leiden kann, auch sterben muß (21,4). Über solche und andere „Naturwunder" äußert sich Augustinus des langen und breiten, immer an die Adresse der Ungläubigen, deren Unglaube sich speziell auf eine ewige Feuerstrafe für die Leiber der auferstandenen Sünder bezieht. Eine aufschlußreiche Bemerkung läßt einen Einblick in die persönliche Eigenart des Augustinus zu:

Ich will ja auch nicht, daß blindlings alles geglaubt wird, was ich angeführt habe, denn es wird auch von mir selbst nicht so geglaubt, als bestünde bei mir darüber kein Zweifel, ausgenommen nur das, was ich entweder selbst in Erfahrung gebracht habe oder was jeder andere leicht nachprüfen kann.[17]

Nachdem er in 21,8 Beispiele aus Schriften bedeutender heidnischer Gelehrter angeführt hat, die zeigen, „es sei möglich, daß sich eine Sache anders verhält, als es vorher an ihr im Rahmen ihrer Natur bekannt war"[18], nennt Augustinus die Bibelstellen über die ewige Strafpein der Verdammten, angefangen von Jes 66,24. Von da aus geht er zu den in Christenkreisen vorgetragenen Deutungen über (21,9). Es gebe solche, die das Feuer und den Wurm der Bibelstellen nur als Strafpeinen des Geistes auffassen wollen. Es gebe andere, die meinen, mit dem Feuer werde der Leib gebrannt, vom Wurm der Betrübnis aber gewissermaßen der Geist zernagt. Das,

---

[14] 20,22; Perl (Anm. 12), S. 605.
[15] Perl (Anm. 12), S. 645.
[16] Perl (Anm. 12), S. 645.
[17] 21,7; Perl (Anm. 12), S. 669.
[18] Perl (Anm. 2), S. 671.

meint Augustinus, sei das Wahrscheinlichere für ihn. Aber das Fazit ist noch einmal sehr aufschlußreich für den Theologen Augustinus:

> Schließlich soll sich ein jeder aussuchen, was ihm beliebt: entweder das Feuer dem Leibe zuteilen, den Wurm dem Geiste, das eine wirklich, das andre gleichnishaft, oder beides tatsächlich dem Leibe. Ich habe bereits genug darüber gesprochen, daß es Lebewesen gibt, die auch im Feuer existieren können, in der Glut, ohne verzehrt zu werden, im Schmerz, ohne zu sterben: das ist das Wunder des allmächtigen Schöpfers. Wer Gott diese Möglichkeit abspricht, der weiß nicht, von wem das kommt, was an allen Naturen bewundert wird. Gott ist es, der alle großen und kleinen Wunder in dieser Welt, die von uns genannten und ungezählte von uns nicht genannte dazu, geschaffen hat und sie einschloß in diese Welt, die ein einziges und das größte aller Wunder ist. Also nochmals: es soll sich jeder entscheiden, wie er will, ob er den Wurm im eigentlichen Sinn auf den Leib bezieht oder annimmt, daß er mit Hilfe einer das Körperliche auf das Unkörperliche übertragenden Ausdrucksweise auf den Geist zu beziehen sei. Welche der beiden Auffassungen die richtige ist, wird sich dann sehr leicht zeigen, wenn erst das Wissen der Heiligen so groß sein wird, daß sie zur Erkenntnis dieser Strafen keiner Erfahrung mehr bedürfen werden, sondern dieses Wissen, das voll und ganz sein wird, allein ausreichen wird; wenn die Weisheit groß genug sein wird, um es zu wissen, denn jetzt ist unser Wissen nur Stückwerk, bis das Vollendete kommt (1 Kor 13,9). Indes dürfen wir keinesfalls glauben, daß unsere Leiber dann so geartet sein werden, daß ihnen vom Feuer keine Schmerzen verursacht würden.[19]

Damit wird eine kirchlich legitime Tradition begründet, den Wurm metaphorisch, das Feuer aber real aufzufassen.

Nun taucht die Frage auf: Wie soll das Feuer böse Geister betreffen können? Auch hier wirkte die Antwort des Augustinus traditionsbegründend:

> Denkbar wäre, und es gibt Gelehrte, die es behaupten, daß Dämonen eine gewisse Art von Leiblichkeit haben, die aus einer dicken, feuchten Luft besteht, deren Gewicht man zum Beispiel bei wehendem Wind verspürt.[20]

Damit kann sich Augustinus nicht anfreunden, sondern:

> Warum sollen wir nicht einfach sagen, daß auch unkörperliche Geister zwar wunderbar, aber nichtsdestoweniger wirklich, der Strafe eines körperhaften Feuers ausgesetzt sein werden? Die Geister der Menschen, die doch entschieden unkörperhaft sind, konnten ja auch in körperhafte Glieder eingeschlossen werden, und sie werden auch dereinst unlösbar an ihre Leiber gefesselt sein. Die Geister der Dämonen oder, besser gesagt, die Geistdämonen, die Unkörperlichen, wenn ihnen tatsächlich keine Leiber gegeben sind, werden also derart mit dem körperhaften Feuer verbunden werden, daß es sie peinigt.[21]

Diese Theorie der Bindung oder Fesselung von Geistigem an körperliches Feuer ließ viel theologische Tinte fließen. Am Ende dieser Pein-Überlegungen kommt, gestützt auf ein neutestamentliches Wort, eine klare Auskunft über die Hölle:

---

[19] 21,9; Perl (Anm. 12), S. 679, 681.
[20] 21,10; Perl (Anm. 12), S. 681.
[21] 21,10; Perl (Anm. 12), S. 681, 683.

Hingegen wird jene Hölle, die auch Feuer- und Schwefelpfuhl heißt, ein leibhaftiges Feuer sein und wird die Leiber der Verdammten peinigen, sowohl die massigen der Menschen als auch die luftigen der Dämonen, oder bloß die Menschenleiber samt ihren Geistern, die Dämonengeister aber ohne Leiber, die vom Feuerkörper nicht loskommen, um die Strafe zu empfangen, ohne daß sie diesem Körper Leben verleihen. Denn es wird ein einziges Feuer sein für beide, so wie die Wahrheit (Mt 25,41) es gesagt hat.[22]

Nun verteidigt Augustinus gegen diejenigen, die es für ungerecht halten, daß jemand für Sünden, die in kurzer Zeit begangen wurden, zu ewiger Strafe verdammt wird, die, wie er meint, christliche Glaubenslehre, nicht ohne Rückgriff auf die ebenfalls endgültige Todesstrafe:

> Aber die Sünden, die mit so besonders langen Strafen geahndet werden, sind in kürzester Zeit verübt worden, und kein Mensch wird verlangen, daß die Qualen der Übeltäter so rasch vorübergehen sollen, wie etwa ein Mord begangen wird, ein Ehebruch, ein Gottesfrevel oder irgendeine andere Untat, die nicht nach ihrer Zeitdauer, sondern nach dem Ausmaß ihres Unrechts, nach ihrer Gottlosigkeit zu bemessen ist. Oder sieht etwa das Gesetz, wenn es sich um ein großes Verbrechen handelt, worauf die Todesstrafe steht, die kurze Zeitspanne, in der der Täter umgebracht wird, als seine Strafe an und nicht vielmehr den Umstand, daß er für immer aus der Genossenschaft der Lebenden ausgestoßen wird? Was aber diese Ausstoßung des Menschen aus dem sterblichen Staat durch die Strafe des ersten Todes bedeutet, das bedeutet die Ausstoßung des Menschen aus dem unsterblichen Staat durch die Strafe des zweiten Todes.[23]

Es muß also eine innerchristliche Opposition gegen die Ewigkeit der Höllenstrafen gegeben haben. Augustinus bemüht sich zwar um Argumente wie die eben zitierten. Am Ende bleibt ihm aber doch nur die Ausflucht, die Menschen seien zu beschränkt zum Begreifen:

> Die Ewigkeit der Strafe erscheint unserm menschlichen Empfinden deshalb so hart und ungerecht, weil uns bei der Mangelhaftigkeit unserer dem Tode verfallenen Gefühlsorgane das Verständnis für die höchste und reinste Weisheit abgeht und weil wir einfach gar nicht fassen können, welcher Frevel mit jener ersten Auflehnung [der Ursünde] begangen worden ist.[24]

Abermals fällt das Urteil, der erste Mensch samt der „in ihm verwurzelten Nachkommenschaft" habe sich gerade diese Strafe verdient; „die gesamte Masse des Menschengeschlechtes ist verdammt (hinc est universa generis humani massa damnata)".[25] Und wiederum zeigt sich der unbegreifliche Mangel an Sensibilität bei Augustinus:

> Hierdurch findet eine Zerteilung des Menschengeschlechtes statt: an einigen zeigt sich, was die erbarmende Gnade vermag, an den übrigen erweist sich die gerechte Strafe.[26] Im Zustand der Vergeltung befinden sich deshalb weit mehr als in dem der Gnade, weil gezeigt werden soll, was eigentlich allen gebühren würde.[27]

---

[22] 21,10; Perl (Anm. 12), S. 683.
[23] 21,11; Perl (Anm. 12), S. 685.
[24] 21,12; Perl (Anm. 12), S. 687.
[25] 21,12; Perl (Anm. 12), S. 687.
[26] 21,12; Perl (Anm. 12), S. 687.
[27] 21,12; Perl (Anm. 12), S. 687.

Nichts deutet darauf hin, daß Augustinus auf die Idee gekommen wäre, den hinter diesem Gedanken einer Vergeltung und einer „gerechten Strafe" stehenden herrisch-despotischen Gott in Frage zu stellen. Die Andersdenkenden, gegen die er sich wendet, nennt er zunächst „Platoniker". Er findet sich in Übereinstimmung mit ihnen in dem berühmten, noch Jahrhunderte weiterwirkenden Axiom „nullum peccatum impunitum", daß keine Sünde ungestraft bleiben darf, aber:

> Die Platoniker meinen, obwohl sie nicht wollen, daß auch nur eine Sünde ungestraft bleibe, daß alle Strafen nur zur Besserung verhängt werden. Sie machen hierin keinen Unterschied zwischen Strafen, die durch menschliche oder göttliche Gesetze verhängt werden, und solchen, die in diesem Leben auferlegt werden, oder erst nach dem Tode.[28]

Obwohl Augustinus auch bei dieser Auseinandersetzung durchaus erkennen läßt, daß er kein gefühlloser Schreibtischtheologe ist – zeigt er doch mit Beispielen auf, daß das Leben der Sterblichen schon an sich eine einzige Strafe ist (21,14), wozu dann bei den Gläubigen noch der unablässige und mühsame Kampf gegen die Leidenschaften kommt (21,15) –, hält er es für einen genügenden Erweis der göttlichen Barmherzigkeit, daß es in der Hölle Strafstufen gibt:

> Trotzdem ist keineswegs daran zu zweifeln, daß auch das ewige Feuer gewisse Abstufungen besitzen wird, die sich nach den verschiedenen Verdiensten richten werden, so daß es für die einen gelinder, für die anderen heftiger spürbar sein wird. Entweder wird sich seine Gewalt und Hitze entsprechend der Strafwürdigkeit eines jeden verschieden auswirken, oder es wird zwar in der gleichen Stärke brennen, jedoch nicht mit der gleichen Pein empfunden werden.[29]

Nun geht der Bischof von Hippo genauer – und nicht unfair – auf seine theologischen Gegner ein. Daß er sich der genauen Problemstellung bewußt ist, läßt sich daran erkennen, daß er die Andersdenkenden als „Barmherzige" bezeichnet, und genau darum geht es: um die Frage, ob die Zukunftserwartungen von unerbittlicher Gerechtigkeit nach Art menschlicher Justizauffassungen oder von möglicherweise unvorstellbarem Erbarmen bestimmt sein sollen. Augustinus listet sieben Arten von Gegnern auf.

1) Nun gibt es unter uns eine Sorte mitleidiger Menschen (misericordes nostri), mit denen wir auch verhandeln müssen, und zwar wollen wir uns friedlich auseinandersetzen. Sie sträuben sich, daran zu glauben, daß es für bestimmte oder gar für alle Menschen, die der gerechte Richter dereinst zur Strafpein der Hölle verurteilen wird, eine Strafe auf Ewigkeit geben soll. Sie glauben vielmehr, daß jeder nach dem Ausmaß seiner Sünde nach einer gewissen Zeit, früher oder später, aus der Pein entlassen werden würde. Besonders mitleidig hat sich in dieser Frage Origenes gezeigt, indem er sogar den Teufel und seine Engel nach besonders schweren und langen Strafen für ihre Vergehen schließlich doch den Peinigungen entrissen und den heiligen Engeln zugesellt werden läßt. Nicht mit Unrecht hat die Kirche ihn abgelehnt und diese und noch einige andere seiner Ansichten verworfen; vor allem hat sie seine Anschauung von einem ununter-

---

[28] 21,13; Perl (Anm. 12), S. 689.
[29] 21,16; Perl (Anm. 12), S. 697.

brochenen Wechsel von Seligkeit und Unseligkeit verdammt, der sich in bestimmten Abschnitten der Weltzeiten zu- und abnehmend und unbegrenzt abspielen soll.[30]

Wie immer es mit der Frage bestellt sei, ob Augustinus hier die Anschauungen des Origenes sowie das amtlich-kirchliche Vorgehen gegen ihn korrekt widergibt: Die Allversöhnungslehre, die sich mit einer ewigen Koexistenz guter und böser Geister nicht abfinden kann, stellt hier die erste abgelehnte Meinung dar.

2) Ganz anders verhält es sich mit dem Irrtum jener anderen, von denen wir eingangs sprachen, der aber nur auf einem sehr begrenzten, rein menschlichen Mitleid beruht und annimmt, daß alle Menschen, die beim Jüngsten Gericht verdammt werden, früher oder später aus der über sie verhängten Unseligkeit befreit und zur ewigen Glückseligkeit gebracht würden.[31]

Diesen wirft er (ebd.) vor, ihr Mitleid sei nicht groß genug, da es sich ja nicht auf die verdammten Engel und den Teufel erstreckte, also komme das Argument gar nicht aus echtem Mitleid.

3) Es gibt auch Leute [...], die sagen, es sei zwar von Gott den bösen und ungläubigen Menschen die ihnen gebührende Strafe vorausgesagt worden, aber wenn es erst zum Gericht komme, werde das Erbarmen Oberhand gewinnen. Der barmherzige Gott werde ihnen, sagen sie, auf Bitten und Fürsprache seiner Heiligen Mitleid gewähren.[32]

Die so dächten, beriefen sich auf Stellen in der Bibel, nach denen Gott zwar manchmal wahre und ernste Drohungen ausgestoßen, auf deren radikale Verwirklichung aber verzichtet habe. Eine Antwort schiebt Augustinus vorerst auf.

4) Andere wieder gibt es, die zwar nicht allen Menschen die Befreiung von ewiger Strafpein versprechen, dafür aber den durch die Strafe Christi gereinigten, die seines Leibes teilhaftig sind, wie immer sie auch gelebt haben, in welche Häresie oder Gottlosigkeit auch immer sie gefallen sein mögen.[33]

Auch diesen, die sich auf eine magische Wirkung der Taufe verlassen, gibt Augustinus zunächst keine Antwort.

5) Dem entgegen gibt es welche, die eine Vergebung der ewigen Strafe nicht allen versprechen, die die Sakramente der Taufe und des Leibes Christi empfangen haben, sondern nur den Katholiken, auch wenn sie ein schlechtes Leben führen, weil sie nicht nur im Sakrament, sondern in Wirklichkeit (non solo sacramento, sed re ipsa) den Leib Christi genossen hätten, eingegliedert seien in seinen eigenen Leib (unter Zitation von 1 Kor 10,17).[34]

Hier ist die Antwort ebenfalls vertagt.

6) Es gibt aber auch welche, die aufgrund des Schriftwortes: „Wer ausharrt bis ans Ende, wird gerettet werden" (Mt 24,13) nur den in der katholischen Kirche Verbliebe-

[30] 21,17; Perl (Anm. 12), S. 697, 699.
[31] 21,17; Perl (Anm. 12), S. 699.
[32] 21,18; Perl (Anm. 12), S. 699.
[33] 21,19; Perl (Anm. 12), S. 703.
[34] 21,20; Perl (Anm. 12), S. 703.

nen, auch wenn sie in ihr schlecht leben, versprechen, durch das Feuer gerettet zu werden in Ansehung der Glaubensgrundlage, über die der Apostel sagt ...
(Es folgt die Zitation von 1 Kor 3,11–15).[35]

Wiederum erfolgt die Antwort noch nicht.

7) Ich habe auch von solchen gehört, die glauben, nur die würden auf ewig mit der Feuerqual bestraft werden, die versäumten, für ihre Sünden entsprechende Werke der Barmherzigkeit zu üben, gemäß dem Wort des Apostels Jakobus: „Denn ein Gericht ohne Erbarmen wird über den ergehen, der keine Barmherzigkeit übt" (Jak 2,13).[36]

Augustinus kündigt an: „Sobald ich auf all das mit Gottes Hilfe geantwortet habe, soll dieses Buch abgeschlossen werden".[37]
Er müht sich nun um Beweise für seine Ansicht aus dem Neuen Testament. Sie gipfeln in dem Satz:

„So werden die einen eingehen in die ewige Pein, die Gerechten aber in das ewige Leben" (Mt 25,46). Sind beide ewig, dann müssen auch beide, je nachdem, was man unter „ewig" versteht, entweder als langandauernd mit einem Ende oder als immerwährend ohne Ende aufgefaßt werden. Denn sie sind beide ganz gleich bezeichnet nebeneinandergestellt, hier die ewige Pein und dort das ewige Leben. In ein und demselben Sinne zu sagen, das ewige Leben werde endlos sein, die ewige Pein aber werde ein Ende haben, ist völlig sinnlos. Weil also das ewige Leben der Heiligen ohne Ende sein wird, deshalb wird auch die Strafpein für die Verdammten ewig sein und zweifellos kein Ende haben.[38]

Augustinus weist auch mit einem Argument aus der kirchlichen Praxis darauf hin, daß die Kirche für die bösen Engel und den Teufel nicht betet, weil sie von diesen, und nur von diesen, mit Sicherheit weiß, daß sie für das ewige Feuer vorherbestimmt sind.[39] Die einzige Konzession, die Augustinus an das Mitleid macht, geht davon aus, daß Gottes Zorn sich auf alle Menschen zu Recht erstreckt:

Mag auch sein Erzürnen weiterhin das Elend unsrer Vergänglichkeit bestimmen, er fühlt dennoch auch in seinem Zorn noch Mitleid. Auf solche Weise also erfüllt sich die Wahrheit dieses göttlichen Gesanges (Ps 77,10), und es ist nicht nötig, sie auch dort ergründen zu wollen, wo die nicht zum Gottesstaat Gehörenden mit der ewigen Pein bestraft werden. Aber wem daran liegt, diesen Ausspruch auch auf die Qualen der Gottlosen auszudehnen, der soll ihn zumindest so auffassen, daß Gottes Erzürnen gegen sie, mit dem er ihnen die ewige Strafpein angekündigt hat, bestehen bleibt, Gott aber in seinem Zorn doch Mitleid fühlt und ihnen nicht mit jener ganzen Strenge die vielen großen Strafen auferlegt, die sie eigentlich verdient haben, Strafen trotzdem, die nicht vergehen werden und nicht irgendeinmal enden, die sie aber in milderer und leichterer Form werden ertragen müssen. Auf diese Weise würde Gottes Erzürnen bestehen bleiben, er würde aber trotzdem in seinem Zorn Mitleid fühlen. Ich möchte allerdings diese Ansicht nicht bestärken, wenn ich mich ihr auch nicht geradezu entgegenstelle.[40]

---

[35] 21,21; Perl (Anm. 12), S. 705.
[36] 21,22; Perl (Anm. 12), S. 705.
[37] 21,22; Perl (Anm. 12), S. 707.
[38] 21,23; Perl (Anm. 12), S. 709.
[39] 21,24; Perl (Anm. 12), S. 711, 713.
[40] 21,24; Perl (Anm. 12), S. 715.

Augustinus führt im Verlauf seiner Auseinandersetzung viele Bibelworte, die Drohungen gerade gegen Verhärtete und Selbstgerechte enthalten, an, um die Anhänger der sieben mitleidigen Theorien zu widerlegen, die hier nicht im einzelnen benannt werden können, aber alle diese Anstrengungen scheinen an jenen Bibelworten zu scheitern, die vom uneingeschränkten Erbarmen Gottes gegenüber *allen* Menschen sprechen. Und da begeht Augustinus den entscheidenden und bei einem Theologen seines Ranges unverständlichen Fehler, indem er das „alle" einschränkt auf die „Vorherbestimmten":

> Was heißt: an allen? Es heißt sowohl an denen, die er aus den Heiden, als auch an denen, die er aus den Juden vorherbestimmt und auch berufen, gerechtfertigt und auch verherrlicht hat (Röm 8,30): Von diesen allen wird er keinen verdammen; aber nur von diesen allen (non omnium hominum, sed istorum omnium).[41]

Über den Ort der Hölle und das Aussehen der Verdammten stellt der alte Augustinus keine Spekulationen an. Insofern hat er der Neugier und der Wundersucht keinen Vorschub geleistet. Was in der Wirkungsgeschichte von seinen Höllenlehren verhängnisvoll blieb, war die Entschiedenheit, mit der seine Prädestinationslehre dem Erbarmen Gottes Grenzen setzte und den größten Teil der Menschheit in die ewige Hölle einer zugleich geistigen und materiellen Peinigung versetzte.[42]

Kaiserlich-kirchliche Verurteilung des Origenes

Die ganz andere Denkweise des Origenes, die nicht vom Leitbild einer Gerechtigkeit um jeden Preis bestimmt war, sondern auf die alle menschlichen Vorstellungen transzendierende Güte Gottes setzte, fand zwar im ausgehenden Altertum, wie erwähnt, hervorragende Anhänger. Im Rahmen der großen Kirchen wurde sie jedoch derart verfemt, daß sie bis zur Gegenwart immer nur von wenigen einzelnen Persönlichkeiten akzeptiert wurde. Das hängt damit zusammen, daß Origenes selber den verhängnisvollen Unterschied zwischen „Kleinen" und „Fortgeschritteneren" gemacht und sich sprachlich nicht eindeutig geäußert hatte, noch mehr aber hatte es damit zu tun, daß Origenes von Anfang an polemische Feinde und ungeschickte Anhänger hatte.

Hieronymus, der gelehrte Polemiker, hatte sich derart von Origenes abgekehrt, daß er ausdrücklich dem Teufel, den vom Glauben Abgefallenen und den Ungläubigen ewige Höllenstrafen zudachte. Sein Freund, Papst Anastasius I. († 402), nahm wiederholt gegen Lehren, die dem Origenes zugeschrieben wurden, Stellung. Auf ihn bezieht sich Augustinus, wenn er sagt (De Civ. Dei 21,17), „die Kirche" habe den Origenes verworfen und einige seiner Ansichten abgelehnt – ein Beispiel jenes

[41] 21,25; Perl (Anm. 12), S. 719, 721.
[42] Zu den Anschauungen des etwas jüngeren Augustinus: Logik des Schreckens. Augustinus von Hippo: De diversis quaestionibus ad Simplicianum I 2. Lat.-Dt. Deutsche Erstübersetzung v. W. Schäfer; hrsg. und erklärt v. K. Flasch, Mainz 1990; dazu A. Schenker: Entzauberter Augustinus? In: Theologische Revue 88, 1992, S. 97–100.

verkehrten Sprachgebrauchs, der die Meinung nahelegt, der Papst sei „die Kirche". Ein Echo dieser römischen Haltung findet sich in dem „Decretum Gelasianum", einer zu Beginn des sechsten Jahrhunderts von einem Kleriker in Norditalien oder Südfrankreich erstellten Sammlung von Dokumenten. Darunter befindet sich auch eine Aufzählung von „anzunehmenden" und „nicht anzunehmenden" Büchern. Sie geht wahrscheinlich auf Papst Damasus I. († 384) zurück, der gleichfalls im Gedankenaustausch mit Hieronymus gestanden hatte. In diesem Text werden diejenigen Schriften des Origenes, die der „beatissimus Hieronymus" nicht verurteilt, als lesbar bezeichnet, während alles andere „zusammen mit seinem Verfasser" abzulehnen (renuenda) sei.[43] So wurde in der römischen Kirche ein einzelner in Rom genehmer Theologe zum Maßstab der Beurteilung einer so wesentlichen Thematik gemacht.

Im kirchlichen Osten war Origenes in manchen Kreisen wegen seiner kirchenrechtlich nicht einwandfreien Priesterweihe suspekt. In jenen Teilen des Mönchtums, die sich von einer buchstabengetreuen Bibelauslegung Informationen über das Jenseits versprachen, wurde er heftig abgelehnt. Darüber hinaus traf ihn das Mißgeschick, daß sein Anhänger Evagrius Ponticus († 399) seine unterschiedlichen Äußerungen systematisierte und Dinge, die Origenes absichtlich offen gelassen hatte, von sich aus auffüllte, so daß nicht mehr eindeutig geklärt werden kann, ob in den folgenden Auseinandersetzungen eher Origenes selber oder die Meinung seiner Anhänger bekämpft wurde. Wie weit manche seiner Epigonen gingen, zeigt das Beispiel des Stephan bar Sudaili († um 543), eines syrischen Mönchs, der in der judäischen Wüste lebte, als dort um das Kloster Mar Saba 514 erbitterte Streitigkeiten über Origenes und die endzeitliche Rettung aller Kreaturen ausbrachen. In dem ihm zugeschriebenen „Liber Hierothei" heißt es:

> Die Hölle wird vergehen, und die Qualen werden abgeschafft sein; die Gefangenen werden befreit; denn selbst die Verdammten werden losgesprochen, und die Verworfenen kehren zurück [...] und die Strafe hört auf [...] und der Richter wird nicht mehr richten [...]; denn den Dämonen wird Gnade und den Menschen Barmherzigkeit zuteil [...], und alles wird eins werden. Denn selbst Gott wird vergehen, und Christus wird beseitigt, und der Geist wird nicht mehr Geist genannt – denn alle Namen werden vergehen, jedoch nicht das Wesen [...]. Das ist die Grenze aller und das Ende von allem (5,2).[44]

Kaiser Justinian I. war selber Partei in diesen Streitigkeiten. Sein „Brief an Menas" sammelt die dem Kaiser von Mönchen hinterbrachten Vorwürfe an die Adresse von Origenes im Jahr 543. Ersichtlich ist, wie vieles mißverstanden, auf Unkenntnis beruht oder einfach falsch wiedergegeben ist. Es handelt sich um Ansichten, die im Zusammenhang mit dem Höllenthema nicht direkt einschlägig sind (wie die untergeordnete Stellung Christi, die Präexistenz menschlicher Seelen vor der Geburt), aber auch um Gedanken hinsichtlich des Auferstehungsleibes und der Apokatastasis. Offensichtlich hat der Kaiser die zum 5. ökumenischen Konzil eingeladenen Bischö-

---

[43] Denzinger-Schönmetzer Nr. 353.
[44] Daley (Anm. 1), S. 220 f.

fe unter Druck gesetzt, so daß dieses Konzil im Jahre 553 in Konstantinopel Origenes namentlich in einer Reihe der verurteilten und exkommunizierten Häretiker aufzählt.[45] Merkwürdigerweise ist dieser Kanon 11 von Papst Vigilius, der in Opposition zum Kaiser stand, nicht anerkannt worden. Aber die Autorität des Konzils hat bewirkt, daß die Verurteilung von folgenden Konzilien einfach wiederholt wurde. Die Geistesart des Justinian wird auch daraus ersichtlich, daß auf seinen Befehl hin der größte Teil des Werkes von Origenes aus den Bibliotheken des Reiches entfernt und vernichtet wurde.[46]

Diese Umstände machen es erklärlich, daß in einer autoritätshörigen und nicht an historischen Genauigkeiten interessierten Dogmatik die kirchliche Verurteilung einfach jeder Apokatastasisanschauung und in der Umkehrung das Bekenntnis zur Ewigkeit der Höllenstrafen als Gemeinplätze bis in die Gegenwart weitergeschleppt wurden.

Die Hölle in kirchlichen Lehrtexten des Altertums

Im fünften Jahrhundert taucht die Hölle in Texten der kirchlichen Lehrverkündigung auf, die sich im Laufe der Geschichte amtliche Geltung verschafften. Eine Synode in Arles verlangt im Jahr 473 ein Unterwerfungsschreiben des Priesters Lucidus im Zusammenhang mit Streitigkeiten über die Vorherbestimmung. Darin mußte er bekennen, daß für diejenigen, die bis zu ihrem Lebensende ihre Kapitalsünden nicht bereut haben, ewiges Feuer und Höllenstrafen bereitet sind.[47] Ein Text, der als „Fides Damasi" überliefert ist, aber gegen Ende des fünften Jahrhunderts in Südfrankreich entstanden sein wird, stellt für das Lebensende entweder das ewige Leben als Belohnung der guten Taten oder als Strafe für die Sünden ewige Pein in Aussicht.[48] Das „Athanasianische Glaubensbekenntnis" oder Symbolum „Quicumque", das weder von Athanasius stammt noch ein Glaubensbekenntnis, sondern ein Text der Klerusunterweisung ist und zwischen 451 und 589 vielleicht in Spanien entstanden sein wird, faßt das endgültige Schicksal der Menschen im Zusammenhang mit dem Kommen des Richters Christus in die Worte:

> Bei seiner Ankunft werden alle Menschen in ihren Leibern auferstehen und Rechenschaft ablegen über ihre eigenen Handlungen. Und die, welche Gutes getan haben, werden eingehen zum ewigen Leben, die aber Böses getan haben, ins ewige Feuer.[49]

Wie ersichtlich, sind diese amtlichen Texte in ihren Höllenaussagen sehr zurückhaltend. Es dauerte von da an bis ins dreizehnte Jahrhundert, bis sich wieder ein Text ähnlicher Relevanz mit der Hölle befaßte.

---

[45] Denzinger-Schönmetzer Nr. 433.
[46] Vgl. dazu H. Crouzel: Origenistische Streitigkeiten. In: LThK VII, S. 1233–1235 (Crouzel ist um die Rekonstruktion der authentischen Meinungen des Origenes hoch verdient); zur Apokatastasislehre des Origenes: L. Lies: Origenes' „Peri Archon". Darmstadt 1992, S. 140–168.
[47] Denzinger-Schönmetzer Nr. 342.
[48] Denzinger-Schönmetzer Nr. 72.
[49] Denzinger-Schönmetzer Nr. 76.

Westliche Höllenpredigten im Altertum

In der Zeit des Übergangs von der Spätantike ins Frühmittelalter sind keine eigentlich schöpferischen und originellen Theologen zu registrieren. Soweit das Interesse den Traditionszeugnissen und den Theorien galt, konzentrierte man sich auf das Sammeln. Soweit das Schwergewicht einer Tätigkeit in der (kirchlichen) Praxis lag, artikulierte man die überlieferten Anschauungen je nach der persönlich-individuellen Ausprägung. Dafür seien noch zwei Beispiele angeführt, die zum lateinischen Westen der Kirche gehören.[50]

Von Petrus Chrysologus, Erzbischof von Ravenna († um 450), sind zahlreiche Predigten erhalten. Darin spricht er in der nun gewohnten Weise von dem, was auf den einzelnen Menschen zukommt. Der Tod, zugleich die Folge der (ersten) Sünde und ein Werk des Teufels (Serm. 17,1), dient trotz seiner Häßlichkeit, dem Verfall und der abscheulichen Verwesung des Leibes, einem heilbringenden Zweck: Er erinnert die Menschen an ihre Abhängigkeit von Gott (Serm. 19,5). Die Auferstehung der Leiber ist notwendig, damit Gott seine Gerechtigkeit ausüben könne, die Gerechten zu belohnen in dem Fleisch, in dem sie jetzt leben, und die Sünder eben darin zu bestrafen (Serm. 57,11 u. ö.); darüber hinaus ist sie auch ein Erweis der göttlichen Schöpfermacht und Liebe. Einmal aber läßt er die Frage einer Rettung auch der Sünder ausdrücklich offen. Bei der Auslegung des Lazarusgleichnisses deutet er die „große Kluft" (Lk 16,26) zwischen dem unglücklichen Reichen und dem glücklichen Armen so:

> Dieser Ausdruck klingt ja furchterregend, für uns, Brüder und Schwestern, äußerst furchterregend. Er zeigt nämlich, daß jene, die nach dem Tod einmal der Strafgefangenschaft der Hölle übergeben worden sind, nicht in den Frieden der Heiligen verlegt werden können, es sei denn, sie werden durch die Gnade Christi freigekauft und durch die Fürbitte der heiligen Kirche aus dieser Verzweiflung befreit (Serm. 123,8).[51]

Eine andere Mentalität zeigen die Predigten des Erzbischofs Caesarius von Arles († 542), der zwar eifrig Augustinus studiert und dessen Predigten für seine eigenen, die er fast täglich hielt, benützte, der aber vor allem von Schlichtheit und kämpferischem Geist (gegen „Sittenverderbnis, heidnische Gewohnheiten und Aberglauben"[52]) geprägt war. Von ihm wird berichtet, daß er lieber über die Hölle als über Auferstehung und Paradies predigte. Er sagte von sich selber, die Zuhörer machten ihm den Vorwurf, daß er ständig von schrecklichen Dingen (tam dura) rede. Er war aber innerlich besetzt von der Vorstellung, wie seine Gläubigen vor dem ewigen Richter stehen würden, und wollte sie, um sie auf dem rechten Weg zu halten, von der Realität des ewigen Höllenfeuers überzeugen: ein bewußtes Bekenntnis zu der Maxime „Seelsorge durch Einschüchterung".[53] Man wird von diesen beiden ty-

---

[50] Zum Osten vgl. Daley (Anm. 1), S. 215–242, eine Übersicht, die mit dem großen Sammler Johannes von Damaskus, gestorben um 750, endet.
[51] Daley (Anm. 1), S. 211 ff.
[52] P. Th. Camelot. In: LThK II, S. 964.
[53] Vgl. zu Caesarius Le Goff (Anm. 1), S. 109 f.

pischen Beispielen aus nicht von zwei unterschiedlichen Höllen oder grundverschie-
denen Höllenvorstellungen sprechen können, aber von verschiedenen Weisen, sie
zur Geltung zu bringen.

9. Visionen statt Theologie; die Weltbilder

Der Übergang von der Antike zum Frühmittelalter ist durch vielerlei Veränderungen charakterisiert, die in der souveränen Arbeit Arnold Angenendts[1] umfassend dargestellt sind. Hier seien nur die wichtigsten genannt: Nach dem Tod des Kaisers Theodosius 395 wird die Teilung des Römischen Reiches in eine Ost- und eine Westhälfte endgültig. 476 bedeutet das Ende des weströmischen Kaisertums: im Westen haben nun die sogenannten Germanen freie Hand. Mit der Taufe Chlodwigs 498/499 beginnt jene Entwicklung, die zur Allianz der Päpste mit den Frankenkönigen führte. Das Jahr 529 sieht die Schließung der Akademie von Athen, der letzten „heidnischen" Hochschule, und das Aufkommen der Benediktiner und damit den Beginn einer eigentümlich christlichen Bildung. (Das Jahr 622 als Beginn der islamischen Beherrschung des Mittelmeerraums sei gleichfalls als wichtiges Datum in Erinnerung gerufen.) Vom achten Jahrhundert ab entstehen das Karolinger- und dann das Frankenreich, aus denen Frankreich und Deutschland werden; die Randländer erstarken: England, Spanien, Skandinavien, die Länder der Slaven. Mit der Zerstörung des Römischen Reiches ist gegeben, daß zunächst die Städte zu großen Dörfern herabsinken, die Bildungseinrichtungen zugrunde gehen, der Westen, von einer kriegerischen Adelsschicht beherrscht, agrarisch wird. Zugleich setzt sich das Christentum mit seiner römisch-katholischen Ausprägung immer mehr durch: der Westen des (ehemaligen) Reiches gehört dieser Kirche an. Das Christentum war vorher eher eine städtische Religion, nunmehr wird es agrarisch geprägt; damit ist ein immer stärkeres Eindringen archaischer Elemente gegeben.

Angenendt macht auf eine „Wellenbewegung" aufmerksam: Die einfachen Kulturen, die vor der eigentlichen Antike gegeben waren, sahen in religiöser Hinsicht die Ereignisse und Schicksale von Welt und Menschen durch Götter und Dämonen, gute und böse Geister bestimmt. Die Antike sieht eine „Entzauberung", ein Heraufkommen von Rationalität, mit deren Hilfe die Eigenwirksamkeit der Kräfte der Natur und der Menschen durchschaut wird. In der Spätantike setzt dann eine Art „Gegenaufklärung" ein. Gott und der Teufel als sein „Gegenspieler" bestimmen gänzlich das Geschehen; Natur und Menschen werden von ihnen gelenkt, aber sie sind beeinflußbar durch die guten oder bösen Taten der Menschen.[2] So ist das Frühmittelalter von der „Volksfrömmigkeit" beherrscht; eine eigentliche theologische Leistung fehlt; wo Traditionen gesammelt und überliefert werden, sind volkstümliche und archaische, „prärationale" Vorstellungen dominierend.[3]

---

[1] A. Angenendt: Das Frühmittelalter. Die abendländische Christenheit von 400–900. Stuttgart 1990.
[2] Angenendt (Anm. 1), S. 156 ff.
[3] Angenendt (Anm. 1), S. 155 f.

Diese Merkmale treffen natürlich ausnahmslos auch auf das Höllenthema zu. Sie machen es erklärlich, daß nun kaum seriöse theologische Autoren zu finden sind, die sich mit der Hölle beschäftigen (ein paar wenige Ausnahmen werden später genannt). Das Höllenthema ist vielmehr ausgewandert in die Visionsliteratur. Ehe die wichtigsten Zeugnisse angeführt werden, ist einiges zur Forschungslage und zu grundlegenden Charakteristiken zu sagen.

Viele Autoren von M. Landau (1909) bis J. Le Goff (1981) haben die Visionsliteratur illustrierend herangezogen. Wirklich erforscht, analysiert und kategorisiert wurde sie jedoch erst von Forschern wie P. Dinzelbacher und C. Carozzi. Dinzelbacher hat in seinem Standardwerk[4] wichtige grundsätzliche Feststellungen zu den visionären Phänomenen getroffen. Er bietet eine Definition von Vision an:

> Wenn ein Mensch das Erlebnis hat, aus seiner Umwelt auf außernatürliche Weise in einen anderen Raum versetzt zu werden, er diesen Raum beziehungsweise dessen Inhalte als beschreibbares Bild schaut, diese Versetzung in Ekstase (oder im Schlaf) geschieht, und ihm dadurch Verborgenes offenbar wird.[5]

Ekstase oder Traum rechnet Dinzelbacher also zu den wesentlichen Elementen einer Vision. Im Unterschied dazu versteht er „Erscheinung" als eine „übersinnliche eidetische Wahrnehmung" unter gleichzeitiger Wahrnehmung der natürlichen Umwelt.[6] Erscheinungen bzw. die Berichte davon sind häufiger als Visionen, zu deren Wesensmerkmalen der Ortswechsel gehört. Es geht beim Höllenthema also nicht um „Erscheinungen", so interessant sie im Zusammenhang auch sein mögen (wenn aus der Hölle Teufel auf Erden erscheinen, wovon im Mittelalter viel häufiger berichtet wird als von Engelserscheinungen).[7]

Bei den Motiven, warum es zu Berichten über Visionen kam, kann man grundsätzlich zwischen Erzählungen über authentische übersinnliche Erfahrungen und Dichtungen unterscheiden. Die Frage, ob ein Zeuge oder eine Zeugin bei einem Bericht über eine eigene Erfahrung glaubwürdig ist, kann aus der Entfernung und über weite Zeiträume hinweg oft nicht mehr beantwortet werden. Sie bleibt bei dem Überblick über die wichtigsten Visionen daher außer Betracht. Wenn eine Dichtung vorliegt, ist dies an bestimmten Merkmalen oft erkennbar, z. B. wenn eine Vorlage verwendet und variiert wird oder wenn der Bericht sichtlich eine gezielte, etwa politische oder kirchliche Absicht verfolgt.

Dinzelbacher bietet eine chronologische Tabelle der wichtigeren Visionäre vom Anfang des sechsten Jahrhunderts bis ins erste Viertel des sechzehnten Jahrhunderts und eine chronologische Tabelle literarischer Visionen und Traumdichtungen vom Anfang des achten Jahrhunderts bis etwa zum Jahr 1500. Insgesamt handelt es sich um rund 170 Zeugnisse, die für das Frühmittelalter so gut wie vollständig sind; aus dem Hochmittelalter werden die umfangreicheren, aus dem Spätmittelalter typische

---

[4] P. Dinzelbacher: Visionen und Visionsliteratur im Mittelalter. Stuttgart 1981, reiche Literaturangaben.
[5] Dinzelbacher (Anm. 4), S. 29.
[6] Dinzelbacher (Anm. 4), S. 33.
[7] Dinzelbacher (Anm. 4), S. 33, Anm. 72.

Beispiele registriert.[8] Des weiteren findet sich bei Dinzelbacher ein umfangreiches Bemühen um die visionären Räume und deren Zuordnung zu spätantiken und mittelalterlichen „Weltbildern"[9], ein äußerst schwieriges Unterfangen, da die visionären wie die kosmologischen Vorstellungen sehr divergieren.

Von antiken wissenschaftlichen Anschauungen aus – basierend auf Aristoteles († 322 v. Chr.) und Ptolemäus († 160 n. Chr.) – dachte man sich die Erde als Kugel im Mittelpunkt eines Systems anderer, konzentrisch angeordneter Kugeln, die ihrerseits eine Art durchsichtiger Träger der Himmelskörper (Sonne, Mond, Planeten) seien. Die äußerste Kugel, an der die Fixsterne befestigt seien, umfasse das ganze Universum. Wenn in dieser Sicht die Hölle untergebracht werden mußte, dachte man sie sich im Innersten der Erde. Die Vulkane als vermeintliche Zugänge zur Hölle trugen das Ihre zu dieser Auffassung bei.

Eine andere Anschauung für das Altertum bezeugt der ägyptische Mönch Kosmas Indikopleustes im sechsten Jahrhundert. In seinem Werk „Christliche Topographie" meint er die einzig christliche, weil auf der Bibel beruhende Sicht wiederzugeben. Danach ist die Erde – wie oft in der alten vorderorientalischen Mythologie – eine Scheibe, vom Meer umschlossen, vom Himmel überwölbt. Nach Kosmas könnte man sich das Weltall auch als große Kiste mit zwei Ebenen, dem Himmel und der Erde, denken. Am sogenannten Ende der Welt würden alle Menschen, die gerecht waren und gerettet wurden, die Erde verlassen und zu Gott, Jesus Christus und den Engeln in den Himmel ziehen. Die Erde wäre wüst und öde, ohne Pflanzen und Tiere: sie wäre dann die Hölle der Verdammten.[10]

Die Hölle im Inneren der Erde stellte man sich schon in der Antike oft in eine obere und untere Hölle zweigeteilt vor; die untere war der geeignete Ort für die schlimmsten Qualen im Feuer und in absoluter Finsternis, aber je nach der vorherrschenden Auffassung mußten auch große Flüsse, Meere und Eisfelder dort untergebracht werden. Sobald sich keltische und germanische Vorstellungen in den Vordergrund drängen, kann die Hölle auch anderswo lokalisiert sein: auf Inseln jenseits großer Meere, bis hin nach Island, auf hohen Bergen, vorzugsweise dort, wo finstere Nebel brauen, daher oftmals im Norden als einer mythologisch besonders bösen Himmelsrichtung. Schließlich nehmen andere die Hölle eher oberhalb der Erde, in einem der unteren Himmel an, zumal dort, wo man mehrere Himmel schichtartig übereinander denkt.

Von großer Bedeutung ist das Ergebnis der Forschungen Dinzelbachers, daß zwischen zwei großen Phasen der Visionsberichte unterschieden werden muß. Die erste Phase kann vom sechsten bis zum frühen dreizehnten Jahrhundert datiert werden. Sie beginnt also in der Zeit des Übergangs von der Spätantike zum Frühmit-

---

[8] Dinzelbacher (Anm. 4), S. 11–28.
[9] Dinzelbacher (Anm. 4) vor allem 90–120.
[10] Vgl. dazu B. Lang/C. McDannell: Der Himmel. Eine Kulturgeschichte des ewigen Lebens. Frankfurt 1990, 118 f. In dem Werk finden sich viele Informationen und Graphiken zu Weltbildern der Antike und des Mittelalters. Übrigens hatte Augustinus beide oben angeführten Weltbilder gekannt und die Beschäftigung damit für nutzlos erklärt (De gen. ad litt. 2,9 f.; Ench. 9).

telalter.[11] Charakteristika sind die allgemeine Unsicherheit (Völkerwanderung, Entstehen neuer Reiche), Vulgarisierung und Barbarisierung, daher einerseits die Betonung des Heldischen, andererseits die Suche nach Rechtssicherheit. Die bildungsmäßig an die Stelle der Städte getretenen Klöster stellen, wie Dinzelbacher formuliert, Inseln der Bildung im Meer des Analphabetismus dar. Von daher sind die schriftlichen Zeugnisse aus dieser Zeit monastisch geprägt, in der völkerverbindenden Sprache des Kirchenlateins. Die Visionen sind zuerst unterschiedlich eingehend erwähnt in Briefen, Heiligenleben (Viten), religiös-erbaulichen Schriften sowie in Geschichtsbüchern. Eine eigenständige literarische Gattung „Visionsliteratur" beginnt mit dem späten siebenten Jahrhundert (der „Visio Baronti").[12] Die Visionen sind vom sechsten Jahrhundert bis zur Mitte des zwölften Jahrhunderts fast reine Männersache.[13] In der ganzen ersten Phase dominieren die Räume, tritt bei den Ausmalungen realistische Detailfreudigkeit hervor.

Die erste Phase wird nicht einfach von der zweiten abgelöst. Die beiden laufen vielmehr eine gute Weile parallel. Das Neue beginnt in der zweiten Hälfte des elften Jahrhunderts, wird deutlicher im zwölften Jahrhundert und etabliert sich im dreizehnten Jahrhundert. Entsprechend den konstitutiven Elementen des Hochmittelalters (Dinzelbacher nennt[14] Differenzierung, Rationalisierung, Individualisierung, Humanisierung) nehmen die Höllenvisionen quantitativ ab; das Interesse an Räumen wird abgelöst vom Interesse an Personen und Personenbeziehungen; vom dreizehnten Jahrhundert an werden Visionen vorwiegend von Frauen berichtet. Mit Recht sagt Dinzelbacher[15], daß nun das Hören wichtiger wird als das Schauen; daß die Furcht, von Jesus und den Himmlischen nicht geliebt zu werden, größer ist als die Angst vor der Hölle.

Das Spätmittelalter sieht dann den bewußten Einsatz von Dichtung in der Visionsliteratur.[16] Neue, differenzierende Momente sind prägend: Unterschiedliches Unheil wie Kriege und Seuchen; die Zunahme öffentlicher Kunst und von daher die Frage, inwieweit das in der Kunst Geschaute in Visionen reproduziert wird; Interesse am individuellen Tod („ars moriendi", Totentänze usw.). Eine besondere Rolle im Visionenbereich spielen Charismatikerinnen: manche von ihnen leiden unter einer zuweilen entsetzlichen Dämonenplage.

Die Funktionen der Visionen lassen sich nur aus genauer Analyse der einzelnen Zeugnisse unter Beachtung des Kontextes und Milieus erschließen.[17] Da man Kenntnisse über die Erde, das Erdinnere, die fernen Ozeane usw. im Sinn eines verifizierbaren Erfahrungswissens nicht hatte, war man mehr als geneigt, die Aussagen von Ekstatikern und Träumern als echte Informationen anzunehmen. Da man jedes Wort der Bibel für untrügliches Gotteswort hielt, konnte man deren spärliche Unter-

---

[11] Zur zeitgeschichtlichen Einordnung Dinzelbacher (Anm. 4); S. 235–238 zum Beginn dieser Phase.
[12] Dinzelbacher (Anm. 4), S. 238.
[13] Dinzelbacher (Anm. 4), S. 226.
[14] Dinzelbacher (Anm. 4), S. 239–255.
[15] Dinzelbacher (Anm. 4), S. 167.
[16] Zu dieser Teilphase Dinzelbacher (Anm. 4), S. 258–265.
[17] Vgl. dazu Dinzelbacher (Anm. 4), S. 210 ff.

welt-Stellen leicht mit den Inhalten der Visionen und den Überlieferungen der Alten kombinieren und so zum Glauben an die Hölle und deren geographischer Lokalisierbarkeiten kommen. Unverkennbar sind die sozialkritischen Inhalte der Visionen, die ebenfalls leicht mit den parteiischen Worten der Bibel zugunsten der Armen und „Kleinen" vereinbar waren. Die Kritik an der Kirche und generellen Mißständen in ihr war oft der Inhalt der Visionen. Zu dieser Funktion gehört auch das Faktum, daß die Stimmen von Charismatikern/innen und Visionären/innen sehr oft jenem Personenkreis in der Kirche Geltung, ja überhaupt erst Gehör verschaffen konnten, der vom Klerus als der göttlich privilegierten Klasse sprachlos gehalten wurde, den Laien. Umstritten ist die Frage, wie groß der Anteil von eigentlich Pathologischem an den Inhalten der Visionen ist. Dinzelbacher warnt[18] vor vorschneller Sexualpsychologie, weil einschlägige Berichte nicht vor dem zwölften Jahrhundert zu finden seien. Allerdings muß man fragen, inwieweit bei evidentem Sadismus und regelrechten Rachephantasien nicht außer der generellen Pathologie auch eigentliche Sexualpathologie gerade aus klösterlichen Kreisen vorliegt. Schließlich ist auch damit zu rechnen – von Dinzelbacher nicht in Betracht gezogen –, daß in Höllenvisionen unbegriffene Ängste, archetypische Schreckensbilder, Äußerungen eines Selbstzerstörungstriebes u. ä. ans Bewußtsein drängen und nach Heilung rufen. Dabei wird nicht nur das individuelle und kollektive Unbewußte, sondern auch das Bedrohliche an der Natur (Vulkane, Erdbeben, Abgründe, Flüsse, Meere, Wüsten, Nebel; Tiere, insbesondere Löwen, Reptilien usw.) eine große Rolle gespielt haben.[19]

Im Folgenden sollen einige ausgewählte Zeugnisse aus dieser Visionsliteratur den Fortschritt der christlichen Höllenvorstellungen illustrieren. Es empfiehlt sich, die Linie dieser Visionsberichte bis ins Spätmittelalter zu verfolgen und sie nicht durch Hinweise auf die Höllenspekulationen der Theologen zu unterbrechen. Diese letzteren sollen vielmehr im Anschluß an die Visionen gesondert zur Sprache kommen. Bei der Wertung der unterschiedlichen Visionen ist die Studie von C. Carozzi von besonderem Wert.[20]

Die Hölle des Papstes Gregor I.

Den weitaus größten Einfluß sollten die Visionserzählungen des Papstes Gregor I. († 604) ausüben.[21] Sie stellen nicht den schlechthinnigen Anfang dieser merkwür-

---

[18] Dinzelbacher (Anm. 4), S. 176.
[19] Einen wertvollen Vergleich der Visionen des Mittelalters mit gleichen oder ähnlichen Phänomenen der Neuzeit und Gegenwart legt Dinzelbacher in der Einleitung zu seiner Anthologie vor: Mittelalterliche Visionsliteratur. Eine Anthologie, hrsg. und übersetzt von P. Dinzelbacher, Darmstadt 1989. Wichtig für die Bearbeitung dieser Literatur als Geschichtsquelle ist: P. Dinzelbacher: Reflexionen irdischer Sozialstrukturen in mittelalterlichen Jenseitsschilderungen. In: Archiv für Kulturgeschichte 61, 1979, S. 16–34.
[20] C. Carozzi: La géographie de l'au-delà et sa signification pendant le Haut Moyen Age: Popoli e paesi nella Cultura altomedievale (Settimane di Studio del Centro Italiano di Studi sull'Alto Medioevo XXIX). Spoleto 1983, S. 423–481; eine kontroverse Diskussion Carozzi – J. Le Goff ebd. 483–485.
[21] Vgl. dazu Carozzi (Anm. 20), S. 425–430; Angenendt (Anm. 1), S. 238–244.

Abb. 3 Jüngstes Gericht auf dem Tympanon der Kathedrale von Bourges,
13. Jahrhundert

digen Literatur dar: Vor ihm sind die Vision der Märtyrerinnen Perpetua und Felici-
tas sowie der Kommentar des Makrobius über den Traum des Scipio zu erwähnen[22],
und Gregor selber beruft sich auf Augustinus, aber seine Texte sind ungleich eingehender als die früheren, und fast alle Späteren beziehen sich direkt oder indirekt
auf ihn.[23] Gregor, aus einer römischen Beamtenfamilie, war zuerst Stadtpräfekt,
wurde dann Mönch, übernahm höhere kirchliche Aufgaben und wurde 590 Papst.
Auf seine kirchliche und theologische Bedeutung im allgemeinen kann hier nicht
eingegangen werden. „Dem Mittelalter war Gregor moraltheologische, asketische,
mystische Autorität.“[24] Unzweifelhaft echt sind seine „Dialogi“, vier Bücher, die

---

[22] Carozzi (Anm. 20), S. 425.
[23] Carozzi (Anm. 20), S. 425.
[24] L. M. Weber. In: LThK IV, S. 1178.

wohl 593/594 fertiggestellt wurden; es handelt sich um Erzählungen aus dem Leben (oder ganze Lebensbeschreibungen) großer Asketen Italiens, die Gregor sammelte und in die Form des Dialogs brachte, mit seinem Diakon Petrus als fingiertem Gesprächspartner. Im IV. Buch sind Zeugnisse für die vom gegenwärtigen Leben aus möglichen Einblicke in das Jenseits zusammengetragen. Der Papst war selber sehr wundergläubig und hielt von den Wundern frommer Asketen große Stücke; umgekehrt aber bewirkte die Autorität seines Amtes, daß durch seine Erzählungen die mittelalterlichen Jenseitsvorstellungen, der Totendienst und generell die Wundersucht päpstlich sanktioniert wurden.[25]

In Kapitel 3 des IV. Buches der Dialogi antwortet Gregor (G) auf die Frage des Petrus (P) nach dem Auferstehungsleib der Ungläubigen:

> Jedoch auch bei den Verdammten hört das Fleisch nicht gänzlich auf, unter den Peinen zu existieren; denn immerwährend sterbend lebt es fort, so daß diejenigen, welche mit Geist und Fleisch gesündigt haben, immer dem Wesen nach fortleben und doch nach Fleisch und Geist ohne Ende sterben.[26]

Viele Erzählungen handeln von einem frommen, wunderbaren Sterben mit Erscheinungen der Heiligen. In Kapitel 18 wird von einem etwa fünfjährigen Jungen berichtet, dem wegen „gotteslästerlicher Redensarten" das „Feuer der Hölle" beschieden war. In Kapitel 27 fragt Petrus, wie es mit den Seelen der Bösen beim Tod bestellt sei. Die Antwort erfolgt in Kapitel 28: ohne Zweifel würden sie von ihrem Todestag an in der Hölle gepeinigt. Es folgt in Kapitel 29 die wesentliche Ausgangsfrage, wie denn ein körperliches Feuer ein unkörperliches Wesen ergreifen könne. Der Kern der Antwort:

> Schon dadurch duldet er [der Geist] das Feuer, daß er es sieht, und er wird gebrannt, wenn er sich brennen sieht. So kommt es, daß etwas Körperliches ein geistiges Wesen brennt, indem das sichtbare Feuer eine unsichtbare Hitze und einen unsichtbaren Schmerz erzeugt, so daß das körperliche Feuer den körperlosen Geist auch mit körperloser Flamme peinigt. Indessen können wir aus den Worten des Evangeliums schließen, daß die Seele das Brennen nicht bloß im Sehen, sondern auch im wirklichen Erfahren leidet. Die ewige Wahrheit sagt nämlich ...
> (Es folgen Hinweis und Zitat aus Lk 16; Mt 25.)[27]

In Kapitel 30 erzählt Gregor eine Geschichte, die er noch als Mönch von einem hohen Diener der Kirche gehört hatte. Der Vater von dessen Schwiegervater bekam von einem „sehr tugendhaften Einsiedler" auf der Insel Lipari erzählt, daß der König Theoderich von zweien seiner Opfer, Papst Johannes I. und Senator Symmachus, der eine im Gefängnis gestorben, der andere hingerichtet, „ohne Gürtel und Schuhe und mit gebundenen Händen" nach Lipari geführt „und in den nahen Kerker

---

25 Weber (Anm. 24), S. 1179; Angenendt (Anm. 1), S. 238–244.
26 Die Zitate folgen der Ausgabe: Des hl. Papstes und Kirchenlehrers Gregors des Großen vier Bücher Dialoge, deutsch v. J. Funk. München 1933 (BKV 2. Reihe Bd. III); die 60 Kapitel des IV. Buches ebd. 185–272. Das Zitat ebd. S. 188.
27 Funk (Anm. 26), S. 224 f.

des Vulcanus (Volcano bei Lipari) geworfen" worden sei.[28] Nach Kapitel 31 „sieht"
ein gewisser Reparatus, wie der Priester Tiburtius, weil er „fleischlichen Gelüsten
ergeben" war, im Höllenfeuer Qualen erduldet.[29] Das Kapitel 32 berichtet, daß aus
dem Grab eines Mädchenverführers „lange Zeit vor aller Augen Flammen" schlagen; was werde dann erst die lebende Seele für ihre Schuld erdulden, „wenn schon
die gefühllosen Gebeine zur Strafe von solchem Feuer verzehrt werden?"[30]
In Kapitel 33 stellt Petrus eine neue Frage: Ob im Himmel ein Guter den anderen, in der Pein ein Böser den anderen erkennt? Für Gregor ist die Antwort „sonnen-
klar", wegen Lk 16, und nach diesem Text sehen auch die Guten die Bösen und umgekehrt.[31] Eine Geschichte, die zu diesem Kontext paßt, erzählt Gregor in Kapitel
35. Ein Sterbender spricht davon, daß das Schiff bereit sei, „mit welchem wir nach
Sizilien fahren müssen".

> P: Das ist schrecklich, was du da erzählst; aber ich bitte dich, warum erschien der ster-
> benden Seele ein Schiff und warum sagte der Sterbende, daß er nach Sizilien fahren
> müsse?
> G: Die Seele bedarf keines Fahrzeuges, jedoch ist es nicht zum Verwundern, wenn dem
> noch im Leibesleben befindlichen Manne etwas erschien, was er leiblich zu sehen ge-
> wohnt war, damit er daraus abnehmen könnte, wohin die Seele geistigerweise kommen
> sollte. Wenn er aber sagte, daß er nach Sizilien fahre, was kann man da anderes darun-
> ter verstehen, als daß auf den Inseln dieses Landes mehr als sonstwo in einem aufstei-
> genden Feuer die Schlünde der ewigen Pein sich auftun? Leute, die es gesehen haben,
> erzählen, daß die Öffnungen sich von Tag zu Tag erweitern und größer werden; denn
> je näher das Weltende kommt und je größer die Zahl derer wird, die dort gewiß dem
> Feuer überantwortet werden sollen, um so mehr erweitert sich der Ort der Pein. Der
> allmächtige Gott wollte, daß zur Besserung der in dieser Welt Lebenden diese Erschei-
> nung sich zeige, damit die Ungläubigen, welche nicht an die Höllenqualen glauben, die
> Orte der Pein sehen, nachdem sie nicht daran glauben wollen, wenn sie davon hören.[32]

In der Folge dieser Antwort erwähnt Gregor, daß nach Joh 14,2 die Guten zwar nur
eine Seligkeit, aber, wie durch die vielen Warnungen im Evangelium angedeutet,
verschiedenartigen Lohn empfangen; aus Mt 13,30 liest er sodann folgendes:

> Die Engel lesen als Schnitter das Unkraut in Büscheln zum Verbrennen zusammen, wenn
> sie Gleiches und Gleiches in derselben Pein vereinigen, so daß Stolze mit Stolzen, Un-
> züchtige mit Unzüchtigen, Geizige mit Geizigen, Betrüger mit Betrügern, Neidische mit
> Neidischen, Ungläubige mit Ungläubigen das ewige Feuer erdulden müssen. Indem also
> die gleichen Sünder der gleichen Strafe übergeben werden, sammeln die Engel, welche
> ihnen die Straforte anweisen, gleichsam das Unkraut in Bündeln zum Verbrennen.[33]

Man könnte daraus folgern: nur eine Pein, aber unterschiedliche Straforte, jedoch
ist später von Gregor noch Genaueres dazu zu vernehmen. Nicht nur die Vulkane

---

[28]   Funk (Anm. 26), S. 225 f.
[29]   Funk (Anm. 26), S. 227 f.
[30]   Funk (Anm. 26), S. 229.
[31]   Funk (Anm. 26), S. 229 ff.
[32]   Funk (Anm. 26), S. 234.
[33]   Funk (Anm. 26), S. 235.

dienen nach der Meinung dieses Papstes zur Warnung vor der Hölle, sondern auch die Erzählungen von Wiederbelebten und „Reanimierten". Auf eine entsprechende Frage des Diakons Petrus sagt Gregor in Kapitel 36:

> Wenn dies geschieht, Petrus, so ist es, genau genommen, kein Irrtum (des Herrn über Leben und Tod nämlich), sondern eine Mahnung. Denn in ihrer großen Barmherzigkeit läßt es die göttliche Güte geschehen, daß einige nach dem Hinscheiden wieder zu ihrem Leibe zurückkehren, damit sie die Höllenpeinen, an die sie nicht glaubten, wenn sie davon hörten, wenigstens fürchten, nachdem sie sie gesehen haben. So erzählte mir öfters ein illyrischer Mönch, der hier zu Rom mit mir im Kloster war, er habe damals, als er noch Einsiedler war, erfahren, daß ein Mönch, Petrus, aus Spanien gebürtig, der sich mit ihm in der Evasa genannten weitläufigen Einöde aufhielt, einer Krankheit erlag, bevor er zu ihm in die Einöde kam; so hat es ihm der Mönch Petrus selbst erzählt; aber mit einemmal wurde er wieder ins Leben zurückversetzt, und da bezeugte er, er habe die Höllenstrafen und unzählige Flammenherde gesehen; ja auch einige Große dieser Welt sah er, wie er berichtete, in den Flammen schweben. Schon sollte auch er in diese versenkt werden, als plötzlich ein Engel in glänzendem Gewande erschien und verbot, ihn ins Feuer zu werfen, und zu ihm sprach: „Geh' und siehe wohl zu, wie du von nun an leben mußt!" Nach diesen Worten strömte wieder Wärme in seine Glieder, und er erwachte vom Schlaf des ewigen Todes und erzählte alles, was sich um ihn zugetragen hatte. Von da an tötete er sich so sehr mit Fasten und Nachtwachen ab, daß schon sein Wandel verkündete, er habe die Höllenqualen gesehen und sei von Furcht vor ihnen durchdrungen worden, wenn auch seine Zunge geschwiegen hätte.[34]

Immer noch im Zuge dieser Antwort erzählt Papst Gregor eine andere Geschichte, die für die Höllentradition sehr bedeutsam wurde. Zunächst stirbt da ein Schmied namens Stephanus, von dem ein anderer, der nur zeitweise im Jenseits war, erfahren hatte, daß er würde in die Hölle kommen müssen.

> Es wurde aber auch ein Soldat ebenfalls in unserer Stadt von der Pest befallen und kam dem Tode nahe. Er verschied und lag tot da, kehrte aber bald wieder zurück und erzählte, was mit ihm geschehen war. Er sagte – und dies ist damals noch vielen bekannt geworden –, es sei eine Brücke dagewesen, unter welcher ein schwarzer, düsterer Strom dahinfloß, der einen Nebel von unerträglichem Geruch ausdünstete. Jenseits der Brücke waren freundliche, grünende Wiesen voll von wohlriechenden Blumen, und dort schien der Sammelpunkt von weißgekleideten Menschen zu sein. Ein solcher Wohlgeruch herrschte an jenem Orte, daß die Menschen, die dort wohnten, ganz davon durchdrungen waren. Ein jeder hatte dort seine Wohnung, die ganz von strahlendem Licht durchflutet war. Dort wurde gerade ein wunderbar herrliches Haus gebaut, zu dem goldene Ziegelsteine verwendet wurden; aber er konnte nicht erfahren, für wen es bestimmt war. Auch an den Ufern des Stromes standen Wohnungen; die einen wurden von dem aufsteigenden übelriechenden Nebel berührt, die andern dagegen berührte der vom Strome aufsteigende abscheuliche Geruch nicht. Auf der Brücke aber mußte man die Probe bestehen; wenn ein Ungerechter über sie gehen wollte, fiel er in den düstern, übelriechenden Fluß, während die Gerechten, denen keine Schuld ein Hindernis in den Weg legte, sicheren und unbehinderten Schrittes zu den freundlichen Gestaden gelangten. So, sagte er, habe er auch den Kirchenvogt Petrus, der vor vier Jahren gestorben

---

[34] Funk (Anm. 26), S. 236.

ist, tief unten an einem abscheulichen Ort, mit einer schweren und großen Kette gefesselt und niedergedrückt gesehen. Als er fragte, warum das also wäre, hat er Dinge vernommen, an die wir uns gar gut erinnern; haben wir ihn ja doch in diesem geistlichen
Hause wohl gekannt. Es wurde ihm nämlich gesagt: Dies leidet er deshalb, weil er, so
oft er eine Strafe zu vollziehen hatte, seinen Dienst mehr aus grausamer Lust, die Leute zu quälen, als aus Gehorsam leistete. Daß dies der Fall war, weiß jeder, der ihn gekannt hat. Er behauptete auch, einen fremden Priester dort gesehen zu haben, der, als
er zur Brücke kam, sie ebenso mutig überschritt, als er rein auf Erden gelebt habe. Er
beteuerte, auf dieser Brücke auch den erwähnten Stephanus erkannt zu haben. Als dieser
die Brücke überschreiten wollte, strauchelte sein Fuß, und er fiel mit dem halben Körper außerhalb der Brücke und wurde von einigen furchtbaren Männern, die aus dem
Fluß heraufstiegen, an den Hüften abwärts, hingegen von einigen weißgekleideten,
wunderschönen Männern an den Armen aufwärts gezogen. Während dieses Kampfes,
wobei ihn die guten Geister aufwärts, die bösen abwärts zogen, kehrte derjenige, der
dieses sah, zum Leibe zurück und wußte nicht, was mit Stephanus weiter geschehen sei.
Daraus läßt sich hinsichtlich des Lebens des Stephanus erkennen, daß in ihm Fleischessünden gegen die Werke der Barmherzigkeit stritten. Denn da er an den Hüften abwärts,
an den Armen aufwärts gezogen wurde, so erhellt daraus, daß er zwar gerne Almosen
gegeben, aber den Fleischessünden, die ihn abwärts zogen, nicht vollkommen Widerstand geleistet hat. Was aber bei jener Prüfung durch den verborgenen Schiedsrichter
obsiegte, ist uns und dem, der es gesehen hat und zurückgerufen wurde, verborgen. Das
jedoch steht fest, daß jener Stephanus, nachdem er, wie oben erzählt, die Hölle gesehen und zum Leibe zurückgekehrt war, sein Leben durchaus nicht vollkommen bes-
serte, da er nach vielen Jahren noch in einem Kampf zwischen Leben und Tod vom Leibe
schied. Daraus sieht man, daß der Anblick der Höllenstrafen den einen zur Rettung,
den andern zum Zeugnis wider sie gereicht. Jene sollten das Böse sehen, vor dem sie
sich in acht nehmen mußten, diese aber um so ärgere Strafen empfangen, weil sie die
Höllenstrafe nicht meiden wollten, obwohl sie diese sahen und kennenlernten.[35]

In Kapitel 37 bittet Petrus um eine Deutung des Nebels, der Brücke und des Stro-
mes. Gregor antwortet nicht mit neuen Visionsgeschichten, sondern tritt nun als
theologischer Interpret in Funktion:

> G: Aus dem Bild, Petrus, wird uns die Bedeutung einer Sache klar. Er sah die Gerech-
> ten über eine Brücke an den Ort der Freude wallen, weil der Weg sehr schmal ist, der
> zum Leben führt. Einen übelriechenden Strom sah er, weil hier auf Erden täglich die
> Fäulnis des Lasters dem Abgrunde zuströmt. Die Wohnungen der einen wurden von
> dem übelriechenden Nebel erreicht, die der andern nicht, weil es viele gibt, die zwar
> schon viel Gutes tun, aber in ihren Gedanken noch an fleischlichen Genüssen Gefal-
> len haben. Es ist ganz gerecht, daß sich dort über jene ein übelriechender Nebel lagert,
> die hier die Fäulnis des Fleisches ergötzt. Deshalb sah der heilige Job, daß die Fleisches-
> lust mit widerwärtigem Geruche verbunden sei, indem er von dem Wollüstigen und
> Unzüchtigen das Urteil fällte: „Seine Süßigkeit sind Würmer" (Hiob 24,20). Die aber
> ihr Herz vollkommen vor aller Fleischeslust bewahren, deren Wohnstätten werden
> erklärlicherweise von dem übelriechenden Nebel nicht berührt. Dabei ist zu beachten,
> daß der üble Geruch und der Nebel als dasselbe erscheinen, weil die Fleischeslust den
> Geist verdunkelt, der mit ihr behaftet ist, so daß er den Glanz des wahren Lichtes nicht
> sieht, sondern durch die von unten stammende Lust gegen oben hin blind wird.

---

[35] Funk (Anm. 26), S. 237 ff.

P: Läßt sich das wohl durch das Ansehen der Heiligen Schrift beweisen, daß die Fleischessünden durch üblen Geruch bestraft werden?
G: Allerdings; denn nach dem Zeugnis der Genesis wissen wir, daß der Herr Feuer und
Schwefel über die Sodomiter regnen ließ, so daß sie das Feuer in Brand setzte und der
Schwefelgeruch tötete. Denn weil sie von unerlaubter Liebe zum verweslichen Fleische
entbrannten, fielen sie dem Feuer und dem Verwesungsgeruch anheim, damit sie in ihrer Pein erkennen sollten, wie sie sich durch ihre Lust an dem üblen Geruch dem ewigen Tode überliefert hätten.
P: Ich gestehe, es bleibt mir zu den Zweifeln, die ich hatte, nichts mehr zu fragen übrig.[36]

Kapitel 38 führt die Geschichten über Visionen mit massiv pädagogischem Charakter
weiter. Gregor erzählt von einem Ordensmann, der eher aus Zwang in das Kloster
Gregors eingetreten und kein frommer Mönch geworden war.

Bei der Pest aber, die vor kurzem das Volk dieser Stadt zum großen Teil dahinraffte,
wurde auch er von Unterleibsschmerzen befallen und kam zum Sterben. Als er in den
letzten Zügen lag, kamen die Brüder zusammen, um ihm durch ihr Gebet beim Hinscheiden beizustehen. Die Extremitäten waren schon abgestorben, und nur in der Brust
war noch Lebenswärme. Je mehr das Hinscheiden nahte, um so inständiger beteten die
Brüder für ihn. Da rief er ihnen plötzlich zu, mit lautem Schreien ihre Gebete unter-
brechend: „Gehet weg, gehet weg; denn ein Drache muß mich verschlingen, eure Gegenwart hindert ihn daran! Meinen Kopf hat er schon im Rachen; machet Platz, damit
er mich nicht weiter quäle, sondern tue, was doch geschehen soll! Wenn er mich verschlingen muß, warum verhindert ihr das?" Da sagten die Brüder zu ihm: „Was sagst
du da, Bruder? Bezeichne dich doch mit dem heiligen Kreuz!" Er aber schrie laut: „Ich
möchte ja gern das Kreuzzeichen machen, aber ich kann nicht, weil die Schuppen des
Drachen mich drücken!" Da die Brüder dieses hörten, warfen sie sich mit Tränen zur
Erde und beteten mit noch größerer Inbrunst um seine Rettung. Und sieh, auf einmal
ging es mit dem Kranken besser, und er rief mit lauter Stimme: „Gott sei Dank! Sehet,
der Drache, der mich verschlingen sollte, ist geflohen; er konnte nicht bleiben, euer
Gebet hat ihn vertrieben. Leget Fürbitte ein für meine Sünden; denn ich bin bereit, jetzt
ein Mönch zu werden und das Weltleben ganz zu verlassen!"[37]

Er blieb am Leben und bekehrte sich aufrichtig. Im gleichen Kapitel erzählt Gregor noch weitere Geschichten, die Aufschluß über die seelsorgerliche Methode
geben, den Gedanken an das Sterben und das Nahen der Todesstunde zusätzlich
zur natürlichen Todesangst möglichst derb mit religiösen Schrecken zu besetzen.

Chrysaorius war, wie mir sein Vetter, der oben [IV 12] erwähnte Probus, oft erzählte,
zwar ein Mann von großer Weltgewandtheit, aber ebenso reich an Lastern wie an zeitlichen Gütern, stolz, den Wollüsten ergeben und voll von Habsucht im Erwerb von
zeitlichen Gütern. Der Herr beschloß, so vielem Bösen ein Ende zu machen, und schickte
ihm eine tödliche Krankheit. Als sein letztes Stündlein herannahte und er schon im Sterben lag, sah er abscheuliche, pechschwarze Geister vor sich stehen und ihm fürchter-
lich drohen, sie würden ihn mit in die Hölle nehmen. Er begann zu zittern, zu erblas-
sen und in Schweiß auszubrechen und bat mit lauter Stimme um Aufschub und rief
seinen Sohn Maximus, den ich, selbst schon Mönch, im Mönchsgewand gesehen habe.

---

[36] Funk (Anm. 26), S. 240 f.
[37] Funk (Anm. 26), S. 242 f.

Laut und geängstigt schrie er: „Maximus, komm doch! Ich habe dir gewiß nie etwas Böses getan, nimm mich in deinen Schutz!" Der erschrockene Maximus erschien alsbald, und trauernd und klagend kam die ganze Familie zusammen. Die bösen Geister aber, die ihm so schrecklich zusetzten, sahen sie nicht, sondern merkten deren Gegenwart nur durch die Verwirrung, die Blässe und die Angst des Sterbenden, den sie mit sich fortschleppen wollten. Aus Furcht vor den entsetzlichen Gestalten wälzte er sich im Bette hin und her; lag er auf der linken Seite, so konnte er ihren Anblick nicht ertragen, wandte er sich gegen die Wand, so waren sie auch da. Als er in diesen Ängsten keine Möglichkeit einer Rettung mehr sah, rief er mit lauter Stimme: „Gebt mir Frist nur bis morgen! Frist nur bis morgen!" Aber während er so schrie, verschied er. Hier ist es wohl ersichtlich, daß er um unsert-, nicht um seinetwillen diese Erscheinung gehabt hat, damit sie uns nütze, auf die die göttliche Geduld noch langmütig wartet. Denn was nützte es ihm, daß er vor seinem Tode die entsetzlichen Geister sah und um Aufschub bat, da er den Aufschub doch nicht erhielt?[38]

Die dritte Geschichte dieses Kapitels spielt in einem Kloster in Ikonium, wiederum von einem Priester auf Reisen erzählt. Ein Mönch genoß dort große Hochachtung, „aber wie das Ende zeigte, war die Wirklichkeit ganz anders als der Schein". Denn er gab sich zwar den Anschein, mit den anderen Mönchen zusammen zu fasten, aß aber heimlich etwas. Wie es kommen mußte: er wurde krank und lag im Sterben. Die Mönche kamen zusammen, um beim Tod eines solchen Menschen „etwas Großes und Erfreuliches" zu hören.

> Aber trauernd und zitternd mußte er ihnen offenbaren, was für einem Feinde er bei seinem Scheiden übergeben werde. Er sagte nämlich: „Als ihr meintet, ich faste mit euch, da habe ich verstohlenerweise gegessen, und seht, jetzt bin ich einem Drachen überantwortet, der mich verschlingen muß; seinen Schweif hat er schon um meine Knie und um die Füße gewunden, und seinen Kopf steckt er in meinen Mund, um mir die Seele herauszuziehen."[39]

Kaum gesagt, starb er, und auch dieses Exempel geschah nur zum Nutzen der Zuschauer. Während es in den Kapiteln 39 und 40 um die Möglichkeit der Läuterung von geringen, ganz kleinen Sünden nach dem Tod geht, stellt Diakon Petrus in Kapitel 41 die Frage, wo die Hölle sei, über oder unter der Erde. Die Antwort des Papstes lautet in Kapitel 42:

> Darüber wage ich nicht leichthin zu entscheiden. Einige glaubten, die Hölle sei in irgendeiner Gegend der Erde, andere aber halten dafür, sie sei unter der Erde. Aber dies drängt sich doch dem Geiste auf: Wenn wir sie deshalb Unterwelt [infernus] nennen, weil sie unten liegt, dann muß sie sich in ähnlicher Beziehung zur Erde befinden wie die Erde zum Himmel.[40]

Nachdem Gregor dazu noch mehrere Bibelstellen bemüht hat, schließt er: „Ich sehe keinen Grund, warum man die Hölle nicht unter die Erde verlegen soll."[41] Auf die

---

[38] Funk (Anm. 26), S. 243 f.
[39] Funk (Anm. 26), S. 244 f.
[40] Funk (Anm. 26), S. 249 f.
[41] Funk (Anm. 26), S. 250.

Frage des Petrus, ob es nur ein Höllenfeuer gebe oder vielmehr so viele, wie es Sünden gibt, antwortet Gregor in Kapitel 43:

> Es gibt zwar nur ein Höllenfeuer, aber nicht alle Sünder quält es auf die gleiche Weise, sondern jeder fühlt die Strafe in dem Grade, in welchem es seine Schuld einfordert.[42]

Als Illustration zieht er die Menschen heran, die unter ein und derselben Sonne auf unterschiedliche Weise den Sonnenbrand bekommen. Petrus fragt nun, ob ein Mensch, der einmal dorthin verdammt ist, immer darin brennen müsse; darauf der Papst in Kapitel 44:

> Es ist ganz gewiß und unzweifelhaft wahr, daß wie die Freude der Guten kein Ende hat, so auch die Qual der Bösen endlos sein wird.[43]

Mt 25,46 dient als Schriftbeweis dafür. Wäre die dort ausgesprochene Drohung eine Täuschung, meint Gregor, dann auch die Verheißung. Petrus möchte gern wissen, inwiefern es gerecht sei, daß eine in endlicher Weise begangene Schuld ohne Ende gestraft wird. Immer noch in Kapitel 44 lautet die Antwort:

> Dies könnte man mit Recht einwenden, wenn der strenge Richter nicht die Herzen der Menschen, sondern nur ihre Taten abwägen würde. Denn die Bösen haben deshalb in endlicher Weise gesündigt, weil auch ihr Leben ein endliches war. Sie hätten, wenn es möglich wäre, endlos leben wollen, um ohne Ende sündigen zu können. Denn wer während seines Lebens von der Sünde nicht abläßt, zeigt, daß er immer in der Sünde leben will.[44]

Petrus hakt nach: Ein Gerechter freut sich nicht an bloßer Grausamkeit; irdische Züchtigungen dienen doch der Besserung, die eben bei Menschen im Höllenfeuer nicht mehr möglich sei. Darauf Gregor, weiterhin in Kapitel 44:

> Der allmächtige Gott hat, insofern er gütig ist, kein Wohlgefallen an der Qual der Unglücklichen; aber insofern er gerecht ist, wird er durch die Strafe der Bösen in Ewigkeit nicht milde gestimmt. Alle, die der ewigen Pein überantwortet sind, müssen zwar für ihre Bosheit leiden, aber doch ist ihre Feuersqual zu etwas gut; es erkennen nämlich die Gerechten in Gott die Freude, deren sie teilhaftig werden, und sehen in jenen die Qualen, denen sie entrannen; dadurch sollen sie um so mehr ihre ewige Dankespflicht der göttlichen Huld gegenüber erkennen, je mehr sie die Sünde auf ewig bestraft sehen, die sie mit Gottes Hilfe überwunden haben.[45]

Der Allmächtige, wie der Mönch und Papst Gregor ihn sich vorstellt und nach eigenem Bild formt, instrumentalisiert also ohne weiteres ewige Feuersqualen bei Menschen, die er mit seiner Hilfe, wenn er nur gewollt hätte, schon vor der Sünde hätte bewahren können. Petrus fragt nun nach, warum für die Menschen in den Feuersqualen nicht gebetet wird, da Heilige doch nach der Aufforderung des Evangeliums sogar für ihre Feinde beten sollen. Gregor antwortet, weiterhin in Kapitel 44:

---

[42] Funk (Anm. 26), S. 251.
[43] Funk (Anm. 26), S. 251.
[44] Funk (Anm. 26), S. 252.
[45] Funk (Anm. 26), S. 252 f.

Aus demselben Grunde betet man nicht für Menschen, die zum ewigen Feuer verdammt sind, aus welchem man auch jetzt nicht für den Teufel und seine Engel betet, die der ewigen Strafe verfallen sind. Daher kommt es auch, daß Heilige nicht für ungläubige und gottlose Verstorbene beten; sie wollen nämlich nicht, daß ihr Gebet in den Augen des ewigen Richters wertlos sei, wenn sie für solche beten, die sie schon der ewigen Strafe verfallen wissen. Wenn nun jetzt schon die lebenden Gerechten mit den verstorbenen und verdammten Ungerechten keinerlei Mitleid üben, da sie doch wissen, daß sie selbst noch an ihrem Fleische manches erdulden, was dem Gerichte verfällt, um wie viel strenger werden sie dann auf die Qualen der Verdammten herabsehen, wenn sie von aller Gebrechlichkeit des verweslichen Fleisches befreit, schon enger und näher mit der Gerechtigkeit selbst verbunden sind? Denn infolge ihrer Vereinigung mit dem gerechtesten Richter geht ihr Geist dergestalt in der strengen göttlichen Macht auf, daß sie an nichts mehr Gefallen finden, was mit der Weisheit der ewigen Ordnung in Widerspruch steht.[46]

Die Theorie schon des Augustinus, daß Gebete für Verdammte nutzlos sind, ist hier in einer Logik des Schreckens und der Gnadenlosigkeit auf die Spitze getrieben: je heiliger, um so mitleidsloser. Ein letztes Zitat dieses Theologen, aus Kapitel 45, möge illustrieren, wie man sich ein Sterben der Seele, die doch, wie Petrus geltend macht, unsterblich ist, zurechtlegte:

Da man in zweifachem Sinn von „Leben" spricht, so muß man auch bei dem Wort „Tod" einen Doppelsinn zugestehen. Etwas anderes verstehen wir unter dem Leben in Gott, etwas anderes unter dem uns anerschaffenen natürlichen Leben, d. h., das eine bedeutet ein Leben in Seligkeit, das andere ein bloßes Dasein. So kann man auch von der Seele sagen, sie sei sterblich und unsterblich; sterblich ist sie, wenn sie der ewigen Glückseligkeit verlustig geht, unsterblich dagegen, insofern sie nie aufhört, dem Wesen nach zu sein, und ihr natürliches Leben nie verlieren kann, auch wenn sie zum ewigen Tod verdammt ist. Denn in diesem Fall verliert sie zwar das glückselige Dasein, das Dasein selbst aber nicht. Deshalb wird sie immer gezwungen, den Tod ohne Tod, das Aufhören ohne Aufhören, das Ende ohne Ende zu erleiden, so daß ihr der Tod unsterblich, das Aufhören unaufhörlich, das Ende unendlich ist.[47]

Gregor hat zweifellos erheblich dazu beigetragen, die Jenseits- und speziell die Höllenvorstellungen zu verfestigen: die unterschiedlichen Orte für Gerechte und Verdammte; die Sündenliste, die zu der Auffassung zu zählen ist, daß jeder Sünde die ihr gebührende Strafe gehört. Zu den Requisiten aus antiken Religionen treten solche aus dem nördlichen „Heidentum", zu dem Gregor Verbindung hatte. Carozzi macht darauf aufmerksam[48], daß Gregor Hinweise darauf gibt, manche seiner Jenseitselemente seien nur Bilder; so mit der Feststellung, die Seele brauche kein Fahrzeug; auch die Brücke über den Feuerstrom ist allegorisch eingesetzt. Aber er bleibt absichtlich zweideutig und tut nichts dagegen, daß er wörtlich verstanden werden kann, wenn er von dem bedrohlichen Drachen erzählen läßt oder geographisch Hölleneingänge in Sizilien suggeriert. Etwas Neues tritt nach Carozzi bei Gregor hinsichtlich der Jenseitszeugen hervor[49]: Gregors Hauptgewährsleute wandern zwi-

---

[46]   Funk (Anm. 26), S. 253 f.
[47]   Funk (Anm. 26), S. 254.
[48]   Carozzi (Anm. 20), S. 428 f.
[49]   Carozzi (Anm. 20), S. 430.

schen dem Diesseits und dem Jenseits hin und her. Das muß die Meinung, es gebe
parallel zu dieser Welt eine sogar geographisch faßbare Himmels- und Höllenwelt,
ungemein bestärken.

Seit dem achten Jahrhundert wird Gregor zu den „Kirchenlehrern" gezählt. Diese
Aufsteigerung des Begriffs „Kirchenvater" umfaßt in römisch-katholischer Sicht vier
Merkmale: Rechtgläubigkeit der Lehre, Heiligkeit des Lebens, hervorragende wissenschaftliche Leistung und ausdrückliche Anerkennung durch die oberste kirchliche Autorität. Der ungemein große Einfluß Gregors ist dieser Einordnung mit zu
verdanken.

Gregor von Tours

Einflußreich im Frankenreich war Gregor, Bischof von Tours († 594). Als Bischof
schrieb er „Historiarum libri decem" (auch: „Historia Francorum" genannt) sowie
acht Bücher Wundererzählungen und anderes, fast unerschöpfliche Quellen für die
Frömmigkeitsgeschichte[50], ein weiterer Zeuge für jenen Prozeß, in dem naive Wundersucht das theologische Nachdenken ersetzte.[51] Schwerlich läßt sich Carozzis
Urteil widersprechen, daß mit der Entfernung des Christentums von seinem Ursprung immer mehr Elemente aus anderen Religionen übernommen werden.[52]

Der Teufel, für den Gregor 32 (!) Bezeichnungen kennt, rückt in die Position eines wirklichen Gegenspielers Gottes und der Heiligen ein. Es gibt Möglichkeiten,
mit Leistungen bestimmter Art die himmlischen Mächte günstig zu stimmen; Gott
selber ist berechenbar.[53] Wer das beizeiten versäumt, der hat für die Sünde vollen
Ausgleich zu bezahlen. Dabei werden die Organe, mit denen der Mensch gesündigt
hat, in „spiegelnder Entsprechung" bestraft.[54] Die Hölle, die Infernum, Tartarum,
carcer oder ergastulum heißt, liegt „unten", wohin man hinabsteigt oder -geworfen
wird und wo die Feuerstrafe wartet. In Gregors „dualisierendem Weltbild" sind eigentlich nur Mönche imstande, den Kampf mit den Dämonen zu führen, von denen die Welt voll ist.[55]

Der Mönch Fursy

Nachdem die Kirche vom siebenten Jahrhundert an die Verbreitung von Jenseits-
erzählungen, die nicht von großen Heiligen wie in den pseudonymen Schriften der
jüdisch-christlichen Antike, sondern von nicht besonders herausragenden Zeitgenossen vorgebracht wurden, zugelassen und unterstützt hatte, erfolgte eine Art
„visionärer Durchbruch" mit einer ganzen Serie von Zeugnissen.[56]

---

[50] H. Rahner. In: LThK IV, S. 1193 f.
[51] Angenendt (Anm. 1), S. 182–186; Carozzi (Anm. 20), S. 430–435.
[52] Carozzi (Anm. 20), S. 435.
[53] Angenendt (Anm. 1), S. 184.
[54] Angenendt (Anm. 1), S. 185.
[55] Angenendt (Anm. 1), S. 186.
[56] Carozzi (Anm. 20), S. 435; Angenendt (Anm. 1), S. 336.

Von ihnen sei zunächst ein Stück aus der Vision des Mönches Fursy zitiert. Dieser irische Mönch starb 649 oder 650 in Mazerolles, nachdem er die Klöster Lagny und Péronne gegründet hatte. Seine Jenseitsreise, die zur Gattung der „Auffahrtsvisionen" gehört, ist in seiner Vita erzählt, die bald nach seinem Tod von einem Schüler verfaßt wurde.[57]

In seiner Jugendzeit in Irland habe Fursy den Auszug seiner eigenen Seele aus dem Leib und dabei den Angriff der Dämonen erlebt, die versuchten, diese Seele den drei beschützenden Engeln zu entreißen:

Da sagte der Engel des Herrn, der zu seiner Rechten da war, indem er ihn tröstete: „Fürchte dich nicht, du hast einen Schutz!" Die Engel erhoben ihn; nichts sah er vom Dach oder vom Haus, aber er hörte das Heulen und Rufen der Dämonen. Und als er mitten durch sie hindurch ging, hörte er einen von ihnen sagen: „Wenden wir uns nach vorne und beginnen wir vor seinem Antlitz den Kampf!" Da sah er, wie sich eine schwarze Wolke auf der linken Seite ballte und sich vor seinem Antlitz eine Schlachtreihe aufbaute. Die Leiber der Dämonen aber, soweit sie seiner Seele erscheinen konnten, waren voller Verzerrung und Schwärze, mit langgezogenem Hals, von Magerkeit verzogen und mit jedem Schrecken behaftet, wobei der Kopf wie ein eherner Kessel anschwoll. Wenn sie aber flogen oder wenn sie kämpften, konnte er keine Körpergestalt außer einem schrecklichen und flüchtigen Schatten sehen. Doch wer von den klugen Lesern wird nicht wissen, daß sogar dies von den unreinen Geistern zum Schrecken der Seele getan wird? Und ihre Gesichter konnte er niemals sehen wegen der schrecklichen Finsternis sowie auch nicht die der heiligen Engel wegen der allzu großen Helle. Die kämpfenden Dämonen also schleuderten Feuerpfeile gegen jene, doch vom Engelsschild wurden alle die ruchlosen Geschosse ausgelöscht. Es fielen also die Widersacher vor dem Antlitz des kämpfenden Engels, der gleichsam mit ihnen argumentierte, indem er sprach: „Verzögert unseren Weg nicht, denn dieser Mensch hat keinen Teil an eurer Verderbnis!" Es widersprach aber der Widersacher und sagte fluchend, es sei ungerecht von Gott, wenn ein Mensch, der einem Sünder zustimme, nicht der Verdammung anheimfalle, da geschrieben steht: „Nicht nur, die es tun, sondern auch die den Tuenden zustimmen, sind des Todes würdig." Als aber der Engel kämpfte, vermeinte der heilige Mann, der Lärm des Kampfes und der schreienden Dämonen werde auf der ganzen Erde gehört. Und nachdem der wie eine Schlange zertretene Satan das giftige Haupt wieder erhoben hatte, sagte er: „Müßige Reden hat er oft geführt", und [deshalb] dürfe er nicht unangefochten die Seligkeit genießen. Der heilige Engel antwortete: „Wenn du nicht Hauptsünden vorbringst – wegen läßlicher [Sünden] wird er nicht zugrunde gehen." Der Alte Ankläger sagte: „Es ist geschrieben: ‚Wenn ihr nicht den Menschen ihre Sünden nachlaßt, wird auch euer himmlischer Vater euch eure Sünden nicht erlassen'." Der heilige Engel antwortete: „Wo hat er sich gerächt, oder wem tat er unrecht?" Der Teufel sagte: „Es ist nicht geschrieben: ‚Wenn ihr nicht rächt', sondern ‚Wenn ihr nicht aus euren Herzen vergebt'." Der heilige Engel sagte entschuldigend: „Nachsicht hatte er im Herzen, aber er beschränkte sie nach Menschenbrauch." Der Teufel antwortete: „So wie er das Böse dem Brauch nach angenommen, so soll er Vergeltung vom obersten Richter empfangen." Der Engel des Herrn sagte: „Lassen wir uns vor dem Richter richten!" Da erneuert der besiegte Feind sein Schlangengift, indem er sagt: „Wenn Gott

---

57 Auszüge deutsch bei Dinzelbacher (Anthologie) (Anm. 19), S. 45–49; dort auch Quellenangabe; zur Analyse Carozzi (Anm. 20), S. 436–439.

148   9. Visionen statt Theologie; die Weltbilder

gerecht ist, wird dieser Mensch nicht ins Himmelreich eingehen. Geschrieben steht nämlich: ‚Wenn ihr euch nicht bekehrt und werdet wie die Kinder, werdet ihr nicht ins Himmelreich eingehen‘, dieses Wort hat er gar nicht erfüllt.“ Der heilige Engel sprach: „Lassen wir uns vor dem Richter richten!“ Da der heilige Engel stritt, wurden die Widersacher zermalmt.
Dann sprach der heilige Engel, der zu seiner Rechten war: „Blicke auf die Welt zurück!“ Da blickte der heilige Mann zurück und sah ein dunkles Tal unter sich in der Tiefe ausgebreitet. Und er sah ebendort vier Feuer in der Luft, durch bestimmte Abstände voneinander getrennt. Und wiederum sprach der heilige Engel: „Was sind diese Feuer?“ Der Mann Gottes antwortete, er wisse es nicht. Ihm sagte der Engel: „Dies sind vier Feuer, die die Welt entflammen, nachdem in der Taufe alle Sünden vergeben wurden durch Beichte und Widersagung dem Teufel gegenüber und seinen Werken und seinen Lastern. Die das leugnen, was sie versprochen haben, entzünden das Feuer der Lüge. Das zweite aber ist das Feuer der Begierde, das durch das lügenhafte Versprechen entzündet wird, der Welt zu entsagen. Das dritte Feuer aber ist das der Zwietracht, das aus Gierigkeit erwächst. Das vierte Feuer aber ist das der Unbarmherzigkeit, das auch selbst aus der Zwietracht entsteht. Und daher kommen Ruchlosigkeit, Trug – durch den sie die Schwachen ohne Erbarmen berauben –, Streit, Neid, und ähnliches. Ein jeder entzündet das Feuer, weil durch die Anhäufung der Übeltaten die Sünden gemäß der Schuld wachsen.“ Die Feuer aber wuchsen. Eines wurde riesig und näherte sich ihm. Und da er sich [der Mann Gottes] vor dem drohenden Feuer fürchtete, sagte er zu dem heiligen Engel, der mit ihm sprach: „Das Feuer nähert sich mir.“ Ihm antwortete der Engel: „Was du nicht entzündest, wird nicht gegen dich brennen. Mag dieses Feuer zwar auch schrecklich und riesengroß sein, so prüft es dennoch gemäß der Verdienste ihrer Werke die einzelnen, weil die Begierde jedes einzelnen in diesem Feuer brennen wird. Wie der Leib durch unerlaubte Lust brennt, so wird auch die Seele durch die geschuldete Strafe brennen.“ Dann sah er den heiligen Engel voranschreiten und Feuer und Flamme in zwei Wände auf jeder Seite teilen, und die zwei heiligen Engel schützten ihn auf jeder Seite vor dem Feuer.[58]

Nach einem weiteren, eher verbalen Dämonenangriff und einem Besuch in der hellen Zone des „regnum caelorum“ wird er von zwei im Himmel weilenden irischen Bischöfen zurückgeschickt: Er müsse zur Erde zurückkehren, denn das Ende der Geschichte stehe bevor, und da sei es notwendig, bei Laien und Klerikern zu predigen. Bei der Rückkehr muß er wieder Feuer durchqueren; Dämonen werfen dort einen brennenden Menschen auf ihn, so daß er am Körper bleibende Brandmale davonträgt. Das sei die Strafe dafür, daß er von diesem Menschen, als der auf dem Sterbebett lag, ein Geschenk (für das Kloster) angenommen, es aber für sich behalten hatte. Nach einem letzten Mahnwort des Engels und einer Vorausschau auf seinen eigenen Leichnam kehrt Fursy in den Leib zurück.

Nach Carozzi sind hier wieder Hinweise auf Geistiges (z. B. Dämonen) mit massiv Materiellem (Auftreffen eines „jenseitigen“ Körpers) ohne Suche nach Ausgleich gemischt. Das Interesse an geographischen Einzelheiten fehlt; Gott selber wird nicht gesehen; der Begriff „Hölle“ (infernum oder ähnlich) fällt nicht.[59]

[58] Dinzelbacher (Anthologie) (Anm. 19), S. 45, 47, 49.
[59] Carozzi (Anm. 20), S. 438 f.

Barontus

Höllenqualen in Zuordnung zu bestimmten Sünden begegnen in der Vision des Barontus. Dieser vornehme französische Laie wollte im Kloster St.-Pierre de Lonrey sein Leben im Mönchshabit beschließen. 678 oder 679 soll seine Seele – während er einen Tag und eine Nacht gleichsam tot war – in einer Art „Luftleib" eine Jenseitsreise angetreten haben.[60]

Dann machten wir uns auf den Weg und kamen zur Hölle, aber sahen nicht, was darinnen vorging, wegen der Dunkelheit der Finsternisse und der Dichte des Rauches. Aber was ich in jenen Gefängnissen, die von Dämonen bewacht werden, gesehen habe, soweit Gott es mir erlaubt, will ich berichten: Ich sah dort eine unzählbare Menge Menschen; von Dämonen gebunden und gefesselt, wurden sie äußerst hart gehalten, und sie stöhnten schmerzlich. Und so wie Bienen zu ihren Stöcken zurückeilen, so schleppten Dämonen sündenverstrickte Seelen zu den Höllenqualen und befahlen ihnen, sich im Kreis auf bleierne Sessel zu setzen. Aber wie die Anordnung der Bösen und ihre Gruppierung war, will ich im einzelnen angeben. Dort wurden die Hochmütigen mit Hochmütigen gehalten, die Hurer mit Hurern, die Meineidigen mit Meineidigen, die Mörder mit Mördern, die Neider mit Neidern, die Verleumder mit Verleumdern, die Betrüger mit Betrügern. Sie stöhnen gemäß dem, was der heilige Gregor in den Dialogen darlegte: „Sie banden sie in Bündel zum Verbrennen" usw. Dort war auch eine unzählbare Zahl Kleriker, die hier ihre Gelübde übertreten und sich getäuscht mit Frauen befleckt hatten, und in Qualen gepreßt stießen sie ein großes Geheul aus. Aber es nützte ihnen nichts, gemäß dem, was der heilige Gregor sagte: „Vergebens kommt der mit Bitten zum Herrn, der die Zeit angemessener Buße verabsäumte." Dort saß auch, wegen Täuschung verdammt, erschöpft Bischof Wulfoleudus [von Bourges, † 672] in schändlichster Kleidung ähnlich einem Bettler. Dort auch der Bischof Dido [von Poitiers, gestorben nach 660], und wir erkannten einige unserer Verwandten dort. Dort wurden auch törichte Jungfrauen, die sich ob ihrer Jungfräulichkeit in der Welt geschmeichelt und nichts an guten Werken mit sich gebracht hatten, gehalten. Dämonen waren [ihnen] zur Bewachung beigesellt, und sie seufzten bitter genug. Und etwas anderes sah ich dort, was von den Sündern genügend gefürchtet werden sollte: Alle jene, die mit Fesseln gebunden in der Bewachung der Dämonen gehalten wurden und die in der Welt zum Teil etwas Gutes getan hatten, denen wurde etwa zur sechsten Stunde vom Paradiese gebrachtes Manna, das einem Nebel ähnelte, geboten und vor ihre Nase und ihren Mund gehalten, und davon schöpften sie Linderung. Und die es darboten, hatten Ähnlichkeit mit Leviten und waren in weiße Gewänder gekleidet. Und die anderen, die nichts Gutes in der Welt getan hatten, denen wurde nichts geboten, sondern sie schlossen stöhnend ihre Augen und schlugen an ihre Brust und riefen mit lauter Stimme: „Weh uns Armen, die wir nichts Gutes getan, solange wir konnten!"[61]

Der Text läßt das Ansehen des Papstes Gregor ebenso erkennen wie die von Augustinus für tolerierbar erklärte Erfrischung in der Hölle für die weniger Schlimmen. Der Zweck der Erzählung ist im Folgenden, nachdem Barontus noch ein sehr materielles Paradies, das einem verklärten Kloster glich, besucht und den Fußweg von

---

[60] Carozzi (Anm. 20), S. 440–445; Dinzelbacher (Anthologie) (Anm. 19): das Höllenkapitel lat.-dt. 50–53, mit Quellenangabe.

[61] Dinzelbacher (Anthologie) (Anm. 19), S. 51, 53.

dort zur Erde (statt des Fluges der Hinreise!) angetreten hatte, ausdrücklich genannt: er soll nicht nur anderen predigen, sondern auch selber Buße tun. Bemerkenswert ist die Art und Weise, wie in dieser Vision sowohl Verdammte als auch Selige konkret und namentlich benannt werden. Anderes ist nun schon bekannt: auch um des Barontus leibartige Seele kämpfen Engel und Dämonen; auch Barontus wird angeklagt, wobei der heilige Petrus zugleich Verteidiger und Richter ist. Obwohl Barontus in seinem Erdenleben drei Frauen gehabt und Ehebruch begangen hatte, entkommt er wegen seiner Almosen der Verdammnis und wird ins Kloster zurückgeschickt.

Abb. 4 Nicolas Le Rouge: Bestrafung der Sieben Todsünden, 1496

Bonellus

Noch einige andere Visionen aus dieser Kategorie der „Reisen" sind erwähnenswert. Drei von ihnen finden sich bei Valerio de Bierzo im letzten Viertel des siebenten Jahrhunderts.[62] Die Erzählungen sind nur sehr kurz; alle handeln sie von einem Mönch namens Bonellus, der zweimal das Paradies, einmal die Hölle erlebt. Hier handelt es sich nun um eine Bewegung nicht nach oben, sondern nach unten: Bonellus stürzt von der Höhe eines Gipfels durch ein Erdloch, und er fällt wie ein Stein tiefer, und zwar in zwei Phasen. Auf dem Grund trifft er den Teufel, der hier erstmals beschrieben wird: Er hat den Kopf eines eisernen Vogels, dem eines Raben gleich, und ist gefesselt. In dieser Tiefe lodert ein ungeheures Feuer und befindet sich ein Meer von glühendem Pech. Nicht weit davon sieht Bonellus die Brunnen des Abgrunds, wo die grausamsten Strafen vollzogen werden. Er begegnet auch drei grotesken Dämonen und wird von Pfeilschützen angegriffen, was ein Gefühl wie kaltes Wasser verschafft.

Der Mönch von Wenlock

Der Glaubensbote, Märtyrer und Erzbischof Bonifatius († 754) erzählt in Brief 10, datiert von 717, das Erlebnis, das ein Mönch von Wenlock kurze Zeit vorher gehabt habe. Bonifatius oder ein Mönch seiner Umgebung redigierte um 747 eine zweite, unvollständige Vision.[63] Einflüsse von Fursy sind wahrscheinlich.[64] Typisch ist die „Anreicherung": zuerst habe er von der Vision gehört, später will er den Mönch selber gesprochen haben. Die von den Engeln emporgetragene Seele gerät in die Psychomachie zwischen Himmel und Erde, wobei wieder die Fehler und Tugenden des Mönchs von Bedeutung sind. Von oben sieht der Visionär in den unteren Regionen der Erde Flammenbrunnen, in denen Menschenseelen als schwarze Vögel im Feuer fliegen. Beim Blick zum Paradies ereignet sich ein Bruch in der Erzählung: Er sieht plötzlich die Brücke über den Flammenfluß, Tartarus, in den die Seelen je nach ihren Sünden unterschiedlich tief eingetaucht werden. Engel erklären, es handle sich hier um die leichteren Sünden. Wiederum ist eine Synthese der unterschiedlichen Elemente offenbar nicht beabsichtigt und auch nicht möglich. Bemerkenswert ist, daß das Jenseits dem Diesseits immer mehr angeglichen wird.[65] Die zweite Vision ändert das Bild der Hölle nicht.

Neue Höllenberichte

Damit hören nun bis zum elften Jahrhundert die Visionen mit Luftreisen auf; an ihre Seite treten Berichte von Jenseitsreisen als Ortsbewegungen von einer Welt in die

---

[62] Carozzi (Anm. 20), S. 446–448.
[63] Brief 114.
[64] Carozzi (Anm. 20), S. 448–451.
[65] Carozzi (Anm. 20), S. 450.

andere. Das „dualisierende Welt- und Menschenbild" verstärkt sich noch. Angenendt zitiert aus Alkuins Vita Willibrords, daß dieser sich folgendermaßen an den Friesenkönig Radbod gewandt habe:

> „Es ist kein Gott, den du verehrst, sondern der Teufel, der dich, König, in schlimmstem Irrtum getäuscht hat, damit er deine Seele den ewigen Flammen übergeben kann. [...] Wenn du mich verachtest, der ich dir den Weg des Heils weise, wisse für sicher, daß du die ewigen Strafen und höllischen Flammen mit dem Teufel, dem du gehorchst, wirst erleiden müssen."[66]

Im „karolingischen Moralismus" ist das dominierende Motiv die Drohung mit dem Gericht Gottes, das realistisch einschließlich der Registrierung der Taten und Gedanken in Gerichtsbüchern (nach Offb 20,12 ff.) ausgemalt wird.[67] Die Einschüchterung mit diesem Gericht und die schon erwähnte und dokumentierte Vorstellung des Engel- und Dämonenkampfes (Psychomachie) um jede einzelne Seele beeinflussen die Angehörigen und Hinterbliebenen, mit Fürbitten und finanziellen Stiftungen einzugreifen. Die Todesliturgie wird um entsprechende Motive angereichert und nimmt in den Gemeinden breitesten Raum ein.[68]

Drythelm

Der Anfang einer neuen, reicheren Höllensicht ist nicht im karolingischen Schrifttum, sondern im angelsächsischen Bereich zu konstatieren. Der Mönch Beda († 735), der wegen seiner gelehrten Geschichtsschreibung Ruhm erlangte, beschreibt im 5. Buch seiner „Historia ecclesiastica gentis Anglorum" (731) die Jenseitsreise des Laien Drythelm, die um 705 stattgefunden habe. Drythelm will in seiner Vision gesehen haben, wie ihn nach seinem Tod ein Führer zu Fuß – also nicht etwa Engel im Flug! – in die Richtung des Aufgangs der Sommersonne geleitete. Sie gelangten zunächst zu einem Tal, dessen linkes Ufer voll Flammen war, während das rechte aus Eis bestand. Die dort befindlichen Seelen, die ausdrücklich nicht in der Hölle sind, werden von einer Seite zur anderen geworfen. Sie trafen dann auf einen Brunnen, aus dem feurige Kugeln springen, das sind Menschengeister (spiritus), die wie Funken auf- und absteigen. Drythelm sieht, wie fünf Seelen von Klerikern, weiblichen und männlichen Laien in einen Abgrund geworfen werden, und ist selber von dunklen Geistern, aus deren Augen, Mündern und Nasenlöchern Flammen schlagen, bedroht, da sie ihn mit feurigen Widerhaken oder Zangen zu ergreifen suchen. Dieser Ort ist die Hölle. Drythelm und sein Gefährte gingen nun in die Richtung des Aufgangs der Wintersonne. Sie kamen oben auf eine unendlich lange, torlose Mauer, sehen Blumenfelder, riechen Düfte, sehen weißgekleidete Menschen im Licht. Der Geleitende erklärt, das sei noch nicht das Himmelreich, zu dem sie auch gar nicht gelangen würden. Er gibt dem Drythelm die nötigen Erläuterungen: Die

---

[66]   Angenendt (Anm. 1), S. 427.
[67]   Angenendt (Anm. 1), S. 449.
[68]   Angenendt (Anm. 1), S. 337.

im halb feurigen, halb eisigen Tal Gequälten haben erst im Augenblick des Todes ihre Sünden bereut, daher erleiden sie die Strafen, bevor sie ins Himmelreich gelangen. Ihnen kann durch die Lebenden geholfen werden, durch Gebet, Almosen, Fasten und besonders durch die Stiftung von Messen. Der Brunnen ist der Rachen der Gehenna, aus dem es in Ewigkeit kein Entkommen gibt. Die Wiese ist für diejenigen bestimmt, die jetzt noch nicht in der für das Himmelreich notwendigen Vollkommenheit sind; sie werden es erst nach dem Jüngsten Gericht erreichen.[69]

C. Carozzi weist auf das Neue, das hier begegnet, hin: Erstmals werden die von Augustinus zurechtgelegten Kategorien für Menschen nach dem Tod angewendet: Ganz Schlechte, nicht ganz Schlechte, nicht ganz Gute, ganz Gute (valde mali, non valde mali, non valde boni, valde boni). Ihnen entsprechen die vier Örtlichkeiten der Jenseitsgeographie: Läuterungsort, Hölle, Paradies, Himmelreich. Die zwei Richtungen nehmen das „Bivium" (Y) des Pythagoras auf, das auch aus Vergil bekannt ist: links geht es zur Hölle, rechts zum Paradies. In diese klar umrissene Jenseitslandschaft gelangt man durch eine Wanderung; sie liegt gleichsam in der Nachbarschaft. Diese Vorstellungswelt ist nach dem Urteil Carozzis typisch keltisch und germanisch.[70]

Dieses von Beda festgehaltene Schema dient den karolingischen Visionstexten mit bestimmten Modifikationen als Grundlage. Alkuin († 804), der Berater des Frankenkönigs Karl, nahm den Text über die Jenseitsreise Drythelms in seine „Versus de Sanctis Euboricensis Ecclesiae" auf.[71] Eine besondere Eigenart dieser karolingischen Höllentexte besteht darin, daß fast alle eine politische Zielsetzung haben. Einige Beispiele seien angeführt.

Wetti

Der Mönch Wetti erzählte ganz kurz vor seinem Tod 824 seinen Ordensbrüdern eine Vision. Unmittelbar nach dem Tod wurde sie vom Abt des Klosters Heito, zugleich Bischof von Basel († 836), aufgeschrieben; von dem St. Galler Abt Walafrid Strabo auch in Versform überliefert.[72] Nach einem ersten Teil der Vision, bei dem der Teufel in Gestalt eines Priesters, schwarz und entsetzlich häßlich, mit Folterwerkzeugen und einem Heer von Dämonen den Kranken einzufangen suchte, was von Mönchsgestalten und einem Engel verhindert wurde, bat der Kranke um die „Dialogi" Gregors I. (!), in denen er las. Danach setzte sich die Vision fort. Wetti wurde von dem Engel in eine Jenseitslandschaft geführt, sah unzählige Verdammte in einem Strom, darunter zahlreiche Priester und von ihnen verführte Frauen, die an ihren Geschlechtsteilen gemartert wurden. Er sah auch einen Bischof in Höllenqualen. Und dann sah er einen Fürsten, der aus dem Kontext identifiziert werden

[69] Vgl. zu Drythelm Carozzi (Anm. 20), S. 451–454; J. Le Goff: Die Geburt des Fegefeuers. Vom Wandel des Weltbildes im Mittelalter. Stuttgart 1990, 140–143.
[70] Carozzi (Anm. 20), S. 453 f.
[71] Carozzi (Anm. 20), S. 454.
[72] Carozzi (Anm. 20), S. 545–458; Le Goff (Anm. 69), 143–146.

kann und bei Walafrid Strabo auch mit Namen genannt wird: Karl den Großen. Diese Passage sei zitiert:

> Dort, sagte er, habe er auch einen gewissen Fürsten stehen gesehen, der einst die Szepter Italiens und des römischen Volkes führte, und gesehen, daß seine Schamteile durch den Biß eines gewissen Tieres zerfleischt wurden, während der übrige Körper von dieser Verwundung unberührt blieb. Von heftigem Staunen ergriffen, wunderte er sich, wie ein so großer Mann, der bezüglich der Verteidigung des katholischen Glaubens und der Regierung der heiligen Kirche in der gegenwärtigen Generation unter den übrigen fast einzigartig erschien, von einer so häßlichen Strafe gebrandmarkt werden konnte. Ihm wurde von seinem Führerengel sogleich geantwortet, daß, obwohl er viel Wunderbares und Lobenswertes und Gott Genehmes getan habe, dessen Lohn er nicht beraubt werden soll, er sich doch den Lüsten der Hurerei hingab; als ob – da er darin trotz der Darbringung der übrigen Güter an Gott sein lang dauerndes Leben endigen wollte – die geringe Unkeuschheit und die der menschlichen Gebrechlichkeit zugestandene Freiheit mit der Menge so großer Güter hätte verhüllt und getilgt werden können. „Er ist dennoch", sagte er, „im Los der Erwählten zum Leben bestimmt."
> Dort erblickte er auch ganz wunderbare und zahllose Geschenke, von bösen Geistern pompös zur Schaustellung in Tüchern und Silbergefäßen geschmückt, wobei Pferde und feines Leinen hervorstachen. Als er fragte, wem sie gehörten und was sie ihrer Vorbedeutung nach darstellen sollten, sagte der Engel: „Das gehört den Grafen, die die Gerechtsame der verschiedenen Provinzen leiten, daß sie, wenn sie hierher kommen, das finden und wissen, was sie durch Geschenke, Raub und Habgier zusammengesammelt haben." Indem er einige von ihnen beim Namen nannte, sagte er, daß diese Dinge niemals vergehen oder zerstört werden würden, bis sie selbst kommen und das in ihren Schoß nehmen würden.[73]

Gewiß ist Karl hier nicht in die Hölle versetzt. Mit dem Griff nach einem so hohen Würdenträger ist jedoch eine gewisse Hemmschwelle durchbrochen; von da an war es möglich, Päpste und Kaiser auch in der Hölle zu sehen. Die Aufmerksamkeit des Mönchs gilt zunächst der sexuellen Enthaltsamkeit, eine Tendenz, die ja bereits früher zu beobachten und auch bei Gregor I. breit vertreten war. Die Jenseitsvisionen, die eine solche klösterliche Fixierung auf den Bereich des Sexuellen verraten, hatten natürlich die Absicht, asketische Bestrebungen, unter anderem in kirchenreformerischen Kreisen, zu unterstützen. Zum andern wird in dieser Vision aber auch die Raffsucht führender Kreise angeprangert. Die Scheu, Verdammte mit Namen zu nennen, nimmt immer mehr ab. Dieses Verfahren sollte Lebenden zur Abschreckung dienen. Für kriegerische Verbrechen und andere Gewalttaten der „Großen" interessierten sich die Mönche dagegen nicht. Im Fortgang der Vision Wettis, die ihn auch in die Nähe des Thrones Gottes und zu einer Gesprächsbegegnung mit heiligen Jungfrauen führte, hielt ihm der Engel eine lange Rede über die Laster, die zur Hölle führen, wobei er sich besonders ausführlich, unterbrochen von einer Abschweifung über Sünden in Nonnenklöstern, über „Sodomie" (Homosexualität oder auch Verkehr mit Tieren) als ein Laster, das Gott vor allem beleidige, verbreitete. Seuchen benannte der Engel als direkte Strafen für solche Laster. Nach den

---

[73] Dinzelbacher (Anthologie) (Anm. 19), S. 53, 55.

Abb. 5 Utrecht-Psalter, Illustration zu Ps 103 (102), ca. 816

langen Engelsreden erwachte Wetti und diktierte seine Vision einem Mitbruder auf eine Wachstafel; der Abt schrieb sie später auf Pergament.

Carozzi weist darauf hin[74], daß Erzbischof Hinkmar von Reims (✝ 882) zwei Visionen redigiert habe, 858 diejenige des hl. Eucherius, Bischof von Orléans (✝ 738), der das Kirchengut gegen Karl Martell verteidigt hatte, und 878 die eines gewissen Bernoldus. Bei Eucherius ist Karl Martell, bei Bernoldus Karl der Kahle in der ewigen Hölle.

Karl der Dicke

Ein unbekannter Autor schrieb eine Vision Karls des Dicken kurz nach dessen Tod 888 auf.[75] Der Kaiser wurde im Traum von einem Führer ins „Labyrinth der Höllenstrafen" geleitet. Dort sieht er die bekannten Requisiten, Brunnen mit glühenden Materialien wie Pech, Schwefel und Blei, tiefe Täler, hohe Feuerberge, brennende Sümpfe und Flüsse, sowie das höllische Bestiarium, das sich im Denken der Angel-

---

[74] Carozzi (Anm. 20), S. 455 f.
[75] Text bei Le Goff (Anm. 19), 146–149.

sachsen, Kelten und Franken entwickelt hatte, Drachen mit feuerspeienden Schlünden usw. Er sieht die Kirchenfürsten seines Vaters und seiner Onkel, die als Zwietrachtstifter gequält werden und ankündigen, daß auch seine Bischöfe, die heute
Ähnliches tun, dorthin kommen würden. Er trifft auf hohe Persönlichkeiten vom
Hof seines Vaters und seiner Brüder, die bis zu den Haaren, bis zum Kinn oder bis
zum Nabel in brodelndem Metall standen, und mit lautem Heulen schreien, sie
würden wegen ihrer Gewalttaten aus irdischer Habgier gestraft; ähnlich ergeht es
schlechten Ratgebern seines Vaters und seiner selbst. Ein Tal ist auf einer Seite
dunkel, obwohl es „wie mit den Flammen eines Ofens loderte", auf der anderen
heiter:

> Ich wandte mich nach der Seite, die in Finsternis gehüllt war und Flammen spie und
> sah dort mehrere Könige meiner Familie große Qualen leiden. Da packte mich große
> Angst, denn ich stellte mir sogleich vor, daß ich selbst diesen Martern pechschwarzer
> Riesen ausgesetzt wäre, die das Tal in Brand steckten. Und während ich zitternd dastand
> und der Faden des Knäuels mir leuchtete, sah ich auf derselben Seite des Tales ein Licht,
> das einen Augenblick lang aufleuchtete. Dort flossen zwei Quellen. Die eine war ko-
> chend heiß, die andere klar und lau, und es waren dort zwei Becken. Als ich, geleitet
> vom Faden des Knäuels, näher herantrat, verweilte ich mit dem Blick auf dem Becken
> mit kochendem Wasser und sah dort meinen Vater Ludwig [Kaiser Ludwig der Deut-
> sche] bis zu den Schenkeln in diesem Becken stehen. Er war furchtbaren Schmerzen
> ausgesetzt, die durch seine Ängste noch verstärkt wurden, und sprach zu mir: „Mon-
> seigneur Karl, fürchte dich nicht, denn ich weiß, daß deine Seele in deinen Körper
> zurückkehren wird. Gott hat dir erlaubt, hierherzukommen, damit du siehst, für wel-
> che Sünden ich und alle anderen, die du sahst, solche Pein erleiden. Ich stehe in der
> Tat einen Tag lang in diesem Becken mit kochendem Wasser, aber am folgenden Tag
> werde ich zu jenem anderen Becken gebracht, dessen Wasser kühl und erfrischend ist.
> Solches verdanke ich den Gebeten des heiligen Petrus und des heiligen Remigius, un-
> ter dessen Schirmherrschaft unsere königliche Familie bis heute regierte. Aber wenn
> ihr, du und deine Getreuen, Bischöfe, Äbte und Mitglieder des Klerus mir schnell mit
> Messen, Opfergaben, Psalmodien, Wachen und Almosen zu Hilfe kommt, werde ich
> bald aus diesem Becken mit kochendem Wasser erlöst sein, denn mein Bruder Lothar
> und sein Sohn Ludwig wurden dank der Gebete des heiligen Petrus und des heiligen
> Remigius schon dieser Pein entrissen und in die Freuden des Himmels geleitet." Er hieß
> mich zu meiner Linken schauen, und ich sah zwei tiefe Becken. „Diese wurden für dich
> bereitet, so du dich nicht züchtigst und für deine abscheulichen Verbrechen Buße tust",
> fügte er hinzu.[76]

Bemerkenswert ist, wie sich nun die Aufmerksamkeit führender Kreise darauf richtet, auf das Jenseits Einfluß zu nehmen. Das alte Thema der Fürbitten für Verstorbene wird jetzt um mögliche weitere Leistungen namhaft erweitert.[77] In den folgenden Jahrhunderten nimmt daher das Interesse am jenseitigen Läuterungsgeschehen
immer mehr zu, dasjenige an der Hölle – die etabliert ist – zunächst ab.[78]

---

[76]   Le Goff (Anm. 19), S. 147 f.
[77]   Vgl. besonders J. Ntedika: L'évocation de l'Au-delà dans la prière pour les morts. Löwen/Paris 1974.
[78]   Festzuhalten ist noch Carozzis Beobachtung, daß die karolingischen Jenseitsvisionen kaum das Ele-
       ment des individuellen Gerichts und gar nicht das Motiv der Brücke kennen. Carozzi (Anm. 20),
       S. 457 f.

Brandan der Seefahrer

Neben einer relativ breiten Tradition wie der karolingischen sollte nicht übersehen werden, daß es auch regionale Überlieferungen gab, die eine andere Art von Höllenerfahrung repräsentieren. Die verbreitetste von ihnen ist wohl diejenige von Brandan dem Seefahrer.[79]

Der Erzählung könnte eine historische Persönlichkeit, eines vielleicht 484 geborenen Aristokraten und Klostergründers aus Südwest-Irland, zugrunde liegen. Die Geschichte dieses Helden einer abenteuerlichen Seefahrt, die „Navigatio Sancti Brendani", wurde wohl in der ersten Hälfte des zehnten Jahrhunderts oder auch früher von einem irischen Mönch aufgezeichnet und erfuhr eine unglaubliche Verbreitung. Dieses Stück aus der Gattung der altirischen Fischermärchen läßt Brandan sich mit siebzehn Mönchen auf der Suche nach einem verheißenen Land der Heiligen einschiffen. Im Meer fern im Westen gelangen sie zum Land der Toten, sie finden nicht weniger als neun Fegefeuer, haben Erlebnisse mit Teufeln und stoßen unter anderem auf die Hölle des Judas, der in weiten mittelalterlichen Kreisen als der größte vorstellbare Sünder galt. Diese Episode sei wörtlich angeführt:

Nun fuhren sie weiter. Da sahen St. Brandan und seine Brüder einen nackten Mann auf einem trockenen Stein in dem Meer sitzen, der hatte unsägliche Leiden und saß allein auf dem Stein. Und war ihm der Leib so schwarz und gefroren von dem Harz und dem Pech, die in der Hölle an ihn flossen, von den Beinen bis auf die Schultern. Und an beiden Seiten brannte er so stark, daß ihm große Löcher in seinen Leib gingen, da schlugen die Flammen heraus. Und hing ihm ein kleines Tüchlein vor seinen Augen, das vertrieb ihm ein wenig die Hitze. Und ein Hagel fiel oben auf ihn, der kräftigte ihn auch ein wenig. Und auf den trockenen Stein kam er jeden Samstag zur Nacht und war darauf bis an den Sonntag zur Mittagszeit; so kamen dann die Teufel und führten ihn wieder in die Hölle. Und [da] ihn St. Brandan in der großen Pein sah [und] zu ihm gekommen war, da fragte er ihn, wer er sei. Da sprach er: „Ich bin der arme Judas, der Gott verriet, und aus rechter Verzweiflung erhing ich mich selbst. Und hätte ich wahre Reue gehabt, so hätte mir Gott Gnade gewährt. Doch habe ich durch Gottes Erbarmen hier eine kurze Ruhepause bis morgen zur Mittagszeit. So kommen dann die Teufel aus der Hölle und führen mich hin in großes, unsägliches Leid." Da sprach St. Brandan: „Wie kannst du größere Pein haben als die, die ich hier an dir sehe?" Da sprach der arme Judas: „Sollte ich keine größere Pein als diese haben, so wollte ich nicht klagen. Wie groß sie [auch] ist, so tut sie mir nicht so weh, wie die Pein in der Hölle. Und wenn ich morgen in die Hölle komme, so werfen mich die Teufel in das wabernde Pech, daß ich mich ewiglich [darin] hin und her wälze. Und sind mir durch das Erbarmen Gottes dieser Frost und diese Hitze hier gemacht, daß ich jeden Samstag zur Nacht mit dieser Pein herkomme bis zum Sonntag zur Mittagszeit; so muß ich danach in eine Hitze, die ist so groß, daß ein stählerner Berg wohl darin schmelzen würde. O weh, lieber Herr St. Brandan, das ist mein Mahl, zu dem ich muß, und wolle Gott, daß diese Nacht lang währen sollte." Da sprach St. Brandan: „Kann dir keine Bitte zur Hilfe kommen, das sag mir? So wollen ich und meine Brüder Gott ernstlich und mit allem Eifer für dich

---

[79] St. Brandans wundersame Seefahrt. Nach der Heidelberger Handschrift Cod. Pal. Germ. 60 hrsg., übertragen und erläutert von G. E. Sollbach. Frankfurt a. M. 1987.

bitten." Da sprach der arme Judas: „Alles Bitten für mich ist gar verloren, denn Gott will sich nimmermehr meiner erbarmen. Sieh, heiliger Brandan, dieses Tüchlein nützt mir etwas gegen die Hitze; das stahl ich Gott, als ich mit ihm ging und sein Jünger war. Und das reute mich so sehr, daß ich es einem armen Menschen gab. Und daher kommt es mir auch sehr zu guter Hilfe, so habe ich auch Pein darum, daß ich es stahl." Da blieb St. Brandan die Nacht über bei ihm bis zum Sonntag zur Mittagszeit. Und da erhob sich erst die allergrößte Klage von Judas, die je gehört wurde. Er schrie gar jämmerlich: „O weh, ach und weh, muß ich aber in die große, unsägliche Pein!" Als das St. Brandan hörte, da ließ er seinen ganzen Reliquienschatz auf den Schiffsbord setzen. Und fielen sie alle auf ihre Knie nieder, denn St. Brandan merkte wohl an den Gebärden des Judas, daß ihn die Teufel holen und wieder in die Hölle führen wollten. Und als nun die Teufel kamen, da schienen die Luft und das Meer ganz feurig, und kamen die Teufel in einem großen Gewitter. Da sprach der Bruder, der den Zaum in dem Saal stahl, mit großer Angst: „Wir sollten uns davongemacht haben." Und da fuhren die Teufel um das Schiff hin und her und schossen aus ihren Mäulern Rauch, Pech, Feuer und Schwefel, daß sie alle in dem Schiff von dem bösen Geruch beinahe verdorben wurden. Und wo sie über dem Meer hin und her fuhren, da ließen sie große Schwefelstücke fallen, und das brannte in dem Meer, als ob es mit Feuer entzündet wäre. Und da nun die Teufel Judas an sich genommen hatten, da gebot ihnen St. Brandan, daß sie ihn noch eine Weile sitzen ließen. Und bat da St. Brandan Gott sehr, daß er ihm um seinetwillen die Nacht [noch] Aufschub gebe. Das gewährte ihm Gott. Und da ihn die Teufel [noch] eine Weile sitzen lassen mußten, da schrien sie alle jämmerlich über St. Brandan und drohten Judas gar sehr, daß sie ihn desto schlimmer zurichten wollten. Und des Morgens kamen sie mit großem Schall und mit feurigen Keulen und schlugen die an Judas entzwei. Und zogen ihn zwischen sich und taten ihm so große Pein an, daß es kaum zu schreiben ist. Und die Teufel schalten da St. Brandan sehr und sprachen zu ihm: „Ihm muß noch viel Schlimmeres von uns geschehen als zuvor." „Nein", sprach St. Brandan, „ich gebiete euch bei dem lebendigen Gott, daß ihr ihm nichts Schlimmeres tut, als ihr ihm vorher getan habt." Und da fuhren die Teufel mit großem Ungestüm in die bittere Hölle.[80]

Diese Judasepisode zeigt anschaulich das Bild eines im ganzen unerbittlichen Gottes, einen mitleidigen Heiligen, der sogar einem zur Hölle Verdammten zeitweilige Linderung verschaffen kann, also auch das Vertrauen mittelalterlicher Menschen in himmlische Nothelfer, aber nicht weniger ihre heute unvorstellbare Teufelsangst. Bisher ist ungeklärt[81], wie die Hoffnung auf zeitweilige Erquickung der Bestraften, die zuerst in der Paulus-Apokalypse begegnete, zu den irischen Mönchen kam. Sollbach weist darauf hin, daß der apokryphe Text von Johannes Scottus Eriugena (9. Jahrhundert) ins Lateinische übersetzt wurde.[82] In irischen Mönchskreisen konnte er daher durchaus bekannt sein.

---

[80] Sollbach (Anm. 79), 153, 155, 157, 159.
[81] Sollbach weist in seiner umsichtigen Einleitung auf die Quelle und die mögliche Übermittlung hin; Sollbach (Anm. 79), S. 46–55.
[82] Sollbach (Anm. 79), S. 53.

Exkurs: Benedikt, Liturgie, Dichtung

War die jahrhundertelange Übergangszeit von der Spätantike zum Frühmittelalter auch theologisch dürftig, so fand das Höllenthema doch auch noch an anderen Stellen Echo als nur in der Visionsliteratur. Die Mentalität einer Zeit äußert sich ja auch im Bereich der Spiritualität, des Gottesdienstes und der Dichtung. Einige Beispiele für das Weiterleben und -wirken der Höllenangst seien auch aus dieser langen Periode angeführt.

Das Mönchtum bedurfte, sobald es sich vom bloßen Einsiedlerdasein weg zu einem Gemeinschaftsleben entwickelte, eigener Klosterregeln, die ein Gerüst sowohl für die Lebendigkeit der religiösen Einstellung als auch für ein möglichst reibungsloses Funktionieren des Zusammenlebens abgeben mußten. Klosterregeln sind seit dem vierten Jahrhundert bekannt. Zu den angesehensten gehört die Regel des heiligen Benedikt von Nursia († vor 560, vielleicht 547), den die Benediktiner und einige sich von ihnen abzweigende Reformgruppen wie die Zisterzienser als ihren Gründervater verehren. Die Benediktregel fußt ihrerseits zu großen Teilen auf der Regula Magistri, die im ersten Viertel des sechsten Jahrhunderts in der Gegend von Rom entstanden war.[83] In der Benediktregel spielt die Hölle im Zusammenhang mit den grundlegenden Weisungen eine Rolle, wenn die Mönche gemahnt werden, den Tag des Gerichtes zu fürchten und vor der Hölle zu zittern (Ziff. 4,44.45). Unter den Motiven, warum ein Mönch den Oberen gehorsam sein müsse, wird die Furcht vor der Hölle angeführt (Ziff. 5,3). Die Demut der Mönche (und der Nonnen, die die Benediktregel übernommen haben) wird in einem Stufenaufbau gesehen, bei dem zunächst auch die Hölle eine Rolle spielt:

> Immer denkt er [der demütige Mönch] an alle Gebote Gottes, und immer erwägt er in seinem Herzen, wie das Feuer der Hölle die Gottesverächter wegen der Sünden brennt, daß aber auch das ewige Leben den Gottesfürchtigen bereitet ist (Ziff. 7,11).

Allerdings ist die höhere Demut am Ende der Stufen nicht mehr aus Furcht, sondern aus Liebe zu Jesus Christus und aus Freude an der Tugend motiviert (Ziff. 7,69). In einer Zeit, da die theologische Bildung nicht mehr von Bischöfen und Patriarchen, sondern von den Klöstern ausging und diese auch als Seelsorgezentren eine wesentliche Rolle spielten, war es natürlich von großer Bedeutung, daß mit Hilfe der Ordensregel der Gedanke an die Hölle ständig wachgehalten wurde.

Historisch noch weithin ungeklärt ist der genaue Ursprung wichtiger Texte der Totenliturgie. Im Sacramentarium Leonianum (oder Veronese), das fast ausschließlich römisches Material aus dem fünften und sechsten Jahrhundert verwendet, sind fünf Formulare von Totenmessen überliefert. Eine wichtige Quelle für diese Art von Liturgie ist auch das sogenannte Missale von Bobbio, das wahrscheinlich dem Kreis wandernder Mönche zuzurechnen ist und zeitlich um 700 angesetzt wird. Großen Aufschwung nahm die Totenliturgie dann durch die im sechsten und siebenten Jahr-

---

[83] Vgl. zu Benedikt: A. de Vogué. In: TRE V, 1980, S. 538–549. Zur Regel: G. Holzherr (Hrsg.): Die Benediktsregel. Zürich ²1982.

hundert im angelsächsischen Mönchtum ausgedachte und vom achten Jahrhundert an auf dem Kontinent verbreitete Gebetsverbrüderung, eine Art Vertrag mit dem Ziel, daß sich religiöse Gemeinschaften gegenseitig durch Gebete, Eucharistiefeiern und übliche gute Werke unterstützten, besonders auch für das Leben nach dem Tod. Die nachdrücklichste Erinnerung an die Hölle fand sich im „Offertorium", dem die Gabenbereitung begleitenden Gesang:[84]

> Herr Jesus Christus, König der Herrlichkeit, bewahre die Seelen aller verstorbenen Gläubigen vor den Qualen der Hölle [de poenis inferni] und vor den Tiefen der Unterwelt [de profundo lacu]. Bewahre sie vor dem Rachen des Löwen [de ore leonis], daß die Hölle [tartarus] sie nicht verschlinge, daß sie nicht hinabstürzen in die Finsternis. Vielmehr geleite sie Sankt Michael, der Bannerträger, in das heilige Licht, das du einstens dem Abraham verheißen und seinen Nachkommen.
> Opfergaben und Gebete bringen wir zum Lobe dir dar, o Herr; nimm sie an für jene Seelen, deren wir heute gedenken. Herr, laß sie vom Tode hinübergehen zum Leben, das du einstens dem Abraham verheißen und seinen Nachkommen.

Im „Tractus", der zwischen Lesung und Evangelium gesungen wurde, hieß die Bitte um Rettung: „Deine Gnade komme ihnen zu Hilfe, auf daß sie entrinnen dem Rachegericht [iudicium ultionis]." Im Tagesgebet des alten Requiems, der Totenmesse, hieß es von der Seele des/der Verstorbenen: „Übergib sie nicht den Händen des Feindes und vergiß sie nicht für immer, sondern laß die heiligen Engel ihr entgegeneilen und sie zur Heimat des Paradieses geleiten." Diese Texte stellen also das Bild eines Gottes vor Augen, dem ein Rachegericht zuzutrauen ist und bei dem es auch nicht befremdlich wäre, wenn er eine Menschenseele den Händen des Feindes (= des Teufels) übergäbe.

In der alten Totenliturgie wurden in Gegenwart der Leiche (später einer Sargattrappe, der Tumba) das Gebet „Non intres" und das Responsorium „Libera me" verrichtet. Im ersteren wurde die Bitte an Gott gerichtet, sein Richterspruch möge den Verstorbenen nicht niederschmettern, vielmehr möge die Gnade ihn dem Rachegericht entrinnen lassen. Im letzteren hieß es:

> Rette mich, Herr, vor dem ewigen Tod an jenem Tag des Schreckens, wo Himmel und Erde wanken, da du kommst, die Welt durch Feuer zu richten. Zittern befällt mich und Angst; denn die Rechenschaft naht und der drohende Zorn, wo Himmel und Erde wanken. O jener Tag! Tag des Zornes, des Unheils, des Elends! O Tag, so groß und so bitter, da du kommst, die Welt durch Feuer zu richten.

Der Text wurde bis zum Stichwort „wanken" wiederholt, was den Eindruck verstärken mußte. Die zitierten Gebete und Gesänge waren ausnahmslos bei jeder Begräbnisliturgie vorgeschrieben; die zuerst für die Eucharistie selber genannten bei jeder Totenmesse, also auch bei Jahresgedächtnissen usw.; Rücksicht auf die Seelenlage der Angehörigen, die Umstände des Todes, das Alter des/der Verstorbenen

---

[84] Vgl. zur älteren römisch-katholischen Totenliturgie L. Kunz: LThK VIII S. 1246 f., der seinerseits auf J. A. Jungmanns Forschungen zurückverweist; danach soll das hier zitierte „Offertorium" altkoptische Züge tragen.

wurde nicht genommen, so daß auch ein zurückhaltendes Urteil sagen muß: Kirchlicherseits wurde das schreckliche Geschehen des Scheidens eines Menschen aus seinem Leben gezielt mit Einschüchterung und Verängstigung besetzt; die Emotionen von Menschen wurden in einer pastoralen Strategie ausgenutzt. Nach zum Teil mehr als tausendjähriger Praxis hat erst die Liturgiereform im Anschluß an das Zweite Vatikanische Konzil hier Abhilfe geschaffen.[85] Immerhin sind der erwähnte „Tractus" und das zitierte „Offertorium" wahlweise noch gestattet, und ein Auswahlgraduale greift im Zusammenhang mit der Erwähnung des Höllenabstiegs Christi nach der erneuerten Liturgie die alten mythologischen Schrecken wieder auf:

> Befreie mich, Herr, von den Wegen der Unterwelt, der du die ehernen Pforten zerbrochen und die Unterwelt besucht hast und denen du das Licht gebracht hast, damit sie dich sehen: die da waren in den Qualen der Finsternis. Sie schrien und sprachen: Gekommen bist du, unser Erlöser.

Zur Liturgie gehören alle Sakramente, nicht nur die Eucharistiefeier. Daher ist in diesem Zusammenhang vor allem auch die Weiterentwicklung des sakramentalen Bußwesens zu erwähnen. Die öffentliche Buße, die vom dritten Jahrhundert an bestens bezeugt ist und die nur einmal im Leben vollzogen werden konnte, daher fast allgemein auf das Sterbebett verschoben wurde – damit man von dieser (nach der Taufe) zweiten „Planke nach dem Schiffbruch" nicht mehr herunterfallen konnte –, wurde von einer neuen Bußform abgelöst, die sich auf dem Kontinent vom Ende des sechsten Jahrhunderts an trotz des Widerstands kirchlicher Institutionen bis zum Jahr 1000 allgemein durchsetzte. Sie wurde von irischen und schottischen Mönchen propagiert und praktiziert. Das neue Element gegenüber der alten Kirchenbuße war vor allem die Wiederholbarkeit. Aber auch anderes war neu: Der „Beichtvater" fragte die Sünden ab mit Hilfe von Bußbüchern, die für die einzelnen Sünden genaue Bußtarife enthielten. Die Absolution erfolgte sehr bald, ohne die mühseligen Bußleistungen des kirchlichen Altertums, die mit einem diffamierenden Bußplatz und anderen Merkmalen eines Büßerstandes verbunden waren.[86] Die Bußbücher in ihren verschiedenen literarischen Familien sind unersetzliche Dokumente für das Niveau der christlichen Bevölkerung in der zweiten Hälfte des ersten Jahrtausends. Daß angesichts der durchgängigen Barbarisierung und Brutalisierung des öffentlichen und privaten Lebens die Hinweise auf die Ungewißheit des jenseitigen Schicksals und die Notwendigkeit einer Verantwortung vor Gottes Gericht einen zivilisierenden Charakter haben konnten, wird allgemein nicht bestritten. Die Gewalttätigkeiten waren so schrecklich, daß die Höllenstrafen der Visionäre und der kirchlichen Verkündigung durchaus in einer gewissen Proportionalität dazu standen. Die phantastischen Dämonengestalten entsprachen dem verbreiteten Aberglauben der Zeit. Aus dem neuen Bußwesen, das auf dem alten Grundsatz beruhte, was in die-

---

[85] Vgl. dazu A. Gerhards: Eschatologische Vorstellungen und Modelle in der Totenliturgie. In: Die größere Hoffnung der Christen. Eschatologische Vorstellungen im Wandel, hrsg. von A. Gerhards. Freiburg 1990, S. 147–158.

[86] H. Vorgrimler: Buße und Krankensalbung. Freiburg 1978 (HDG IV 3); ders.: Sakramententheologie. Düsseldorf ³1992, S. 247–249, 350 (Literaturangaben).

sem Leben nicht „abgebüßt" sei, müsse im jenseitigen Leben abgegolten werden bzw. sei dort nicht mehr „abgeltbar", ergab sich für die Höllensicht vor allem eine Verstärkung der Tendenz, jeder Sünde eine gerade ihr entsprechende Strafe zuzuordnen. So verfestigte sich das Rechtsempfinden auch mit Hilfe der Liturgie.

In Zeugnissen der Dichtung fehlt das Höllenthema ebenfalls nicht. Da es sich bei den Dichtungen der neu entstehenden Nationen weitgehend um religiöses Gedankengut handelt, können sie auch als Dokumente der verbreiteten Mentalität und Vorstellungen gelten. Ein Beispiel sei zitiert. In dem Gedicht „Muspilli", Ende des neunten Jahrhunderts vielleicht in Fulda in der germanischen Kunstform des Stabreims verfaßt[87], heißt es:

> Wenn sich dann die Seele auf den Weg macht und die Leibeshülle zurückläßt, kommt eine Schar von den Sternen des Himmels, eine andere aus dem Feuer der Hölle; die werden um die Seele kämpfen. In Sorge muß die Seele ausharren, bis die Entscheidung fällt, welcher der Scharen sie als Kampfpreis zufällt. Denn wenn das Volk des Satans sie erringt, dann führt er sie unverzüglich dorthin, wo nur Leid auf sie wartet, in Feuern und in Finsternis: Das ist wahrlich ein grauenvolles Urteil.

---

[87] A. M. Haas: Die Auffassung des Todes in der deutschen Literatur des Mittelalters. In: Der Tod in Dichtung, Philosophie und Kunst, hrsg. von H. H. Jansen. Darmstadt ²1989, S. 145–160, hier in der Umschrift von Haas S. 149. Das Gedicht ist nach H. Rosenfeld, ebd. S. 213, zwischen 802 und 814 entstanden.

Fortsetzung der Visionen im Mittelalter

Nach jahrhundertelangen schrecklichen Geburtswehen entstand die neue, mittel-alterliche Kultur. Stichwortartig sei an die grandiose Stadtentwicklung erinnert, an das Weiterbestehen des Feudalsystems (aus zwei Klassen, der Aristokratie und dem mittleren sowie niederen Ritteradel) mit den geschundenen Bauernmassen, ein System, gegen das allmählich das Bürgertum rebellisch wird, an die Weiterentwicklung des Bildungswesens, in dem die Schulen der städtischen Stifte die der Klöster er-gänzten. Die Beobachtung J. Le Goffs ist zweifellos zutreffend: Angesichts dieses Gesellschaftssystems hatte der Klerus seine Option getroffen; er stand auf seiten der lehnsherrlichen Gewalt (zumal die Kirche die größten Lehnsgüter besaß). Er war auf der einen Seite der Garant dieses Systems und hielt sich auf der anderen Seite mit Hilfe der religiösen Dimension, zu der er den „Zugriff" hatte, von ihm frei.[88] Die Kirche machte diese religiöse Dimension materialisiert greifbar, und so, wie die jenseitige Dimension in der diesseitigen präsent geglaubt wurde, so hielt man die jenseitige für eine Art Verlängerung der diesseitigen. Gewiß bestand die Tendenz, zusammen mit Landschaften und Architektur (Schlössern, Kerkern ...) auch die gesellschaftlichen Strukturen ins Jenseits hinein zu „verlängern", aber die Kirche widerstand hier in der Besinnung auf ihr biblisches Grunddokument: Die jenseitigen Ränge konnten von allen erreicht werden, je nach moralischer Leistung; sie waren nicht eine Angelegenheit privilegierter Abstammung und Bildung. Da es innerhalb des Feudalsystems für das Überleben entscheidend war, daß auch die Herrschen-den sich an das Recht hielten, war die Rechtsdimension auch bei der Sicht auf das Jenseits entscheidend.

Was sich aus dieser neu entstandenen europäischen Kultur für das Thema Hölle ergab und wie dieses unter den mittelalterlichen, zum Spätmittelalter hinführenden Erschütterungen abgewandelt wurde, das läßt sich – außer an der später geschlos-sen zu behandelnden Kunst – aus drei großen Bereichen, aus denen reiche Zeug-nisse erhalten sind, ablesen: aus der neu auflebenden Visionsliteratur, aus der ent-stehenden und aufblühenden Theologie und aus der Mystik.

Die immer größere zeitliche Annäherung an das Hochmittelalter bedeutet eine immer stärkere Aufmerksamkeit für die Läuterungsmöglichkeiten im Jenseits. Es ist daher nicht verwunderlich, daß es Perioden gibt, in denen nicht viel Neues von der Hölle bekannt wird. Zu ihnen gehören das zehnte und das elfte Jahrhundert. C. Carozzi macht als Visionsexperte zwar darauf aufmerksam, daß im elften Jahrhun-dert ein merkwürdiges Phänomen begegnet. Die Visionen kehren zur „Luftreise" zurück, und diese Luftwelt tritt noch in drei Visionen des zwölften Jahrhunderts auf.[89] Dementsprechend löst sich die fest umrissene Geographie im Jenseits der Karolingerzeit auf; andererseits bleiben gewisse klassische Elemente (Brunnen, Ge-fängnisse) erhalten; die Strafen schwanken zwischen krassem Realismus und viel-

---

[88] Le Goff (Anm. 69), S. 159 f.
[89] Carozzi (Anm. 20), S. 459–465.

leicht beabsichtigter bloßer Bildhaftigkeit.[90] Eine Kohärenz dieser Visionen läßt sich nicht feststellen, daher, meint Carozzi[91], kehrt im zwölften Jahrhundert die karolingische Visionslösung wieder.

Alberich

Doch zunächst ist eine Vision zu erwähnen, die gleichsam eine Synthese apokrypher Traditionen darstellt, die des Alberich von Monte Cassino.[92] Alberich, Sohn eines Ritters von Settefrati, geboren um 1107, hatte im Alter von zehn Jahren eine Vision während einer schweren Erkrankung und Bewußtlosigkeit von neun Tagen und Nächten. Nach der Genesung ins Benediktinerkloster Monte Cassino eingetreten, erzählte er dem Abt davon, der die Vision aufzeichnen ließ. Wegen bestimmter Unzufriedenheiten mit diesem Text ließ ein späterer Abt zwischen 1127 und 1137 durch Alberich und einen Gehilfen eine neue Vision erstellen. Diesmal geriet sie sehr ausführlich. Von einer Taube getragen, vermag Alberich das ganze Jenseits zu überblicken: achtzehn Höllenorte, das Paradies, sechs Himmel; von Petrus und zwei Engeln geführt, wandert seine Seele durch den Läuterungsort; in die Hölle darf sie, der mittelalterlichen Tradition gemäß, nur hineinschauen. Das folgende Zitat gibt einen Begriff davon, daß man sich auch das Läuterungsgeschehen so schrecklich dachte, daß es zuweilen als eine zeitlich befristete Hölle bezeichnet wurde:

> Nach diesem allen wurde ich zu den Höllengefilden und zur Mündung des Höllenschlundes hinabgeführt, der einem Brunnen ähnlich erschien. Ebendiese Gefilde aber waren von schrecklichen Finsternissen und ausdünstendem Gestank, auch von Stöhnen und Heulen allzuvoll. Neben dieser Hölle war ein Wurm von unendlicher Größe mit einer riesigen Kette gefesselt; das eine Ende dieser Kette schien in der Hölle angebunden zu sein. Vor dem Maul des Wurmes selbst stand eine unzählbare Menge von Seelen, die er alle wie Fliegen zugleich aufsaugte, so daß er, wenn er den Atem einzog, alle zugleich verschlang, wenn er den Atem ausstieß, alle wie zu Asche verbrannt ausspie. Und dies geschieht so lange, bis die Sünde gereinigt ist, von der jene Strafe kommt, und sich der Prophetenspruch erfüllt: „Ihr Wurm wird nicht sterben und das Feuer nicht verlöschen." Die Foltern aber, die den Sündern bereitet waren, schaute ich rings um die Hölle. Der Apostel sagte mir auch: „In jenen Dunkelheiten, wo die Hölle ist, dort sind Judas, Annas, Kaiphas und Herodes." Ich weiß trotzdem nicht, ob er sagte, sie lägen in den Finsternissen oder in der Hölle. So dicht und undurchdringlich waren aber die Finsternisse, daß auf keine Weise dort irgend etwas erkannt werden konnte. Das Stöhnen und Heulen hörte ich trotzdem. Von den Sündern aber, die dort sind, sagte mir der Apostel, daß sie nicht gerichtet werden, sondern ohne Gericht zugrunde gehen.[93]

Nach einer gewissen Übergangszeit konsolidierte sich die Situation von Mentalität und Spiritualität vom zwölften Jahrhundert ab.[94] Das Bild hat sich gegenüber der

---

[90] Vgl. zu diesen schwankenden Übergängen auch Dinzelbacher (Anm. 4), S. 183–185.
[91] Carozzi (Anm. 20), S. 470.
[92] Vgl. dazu auch Dinzelbacher, Anthologie (Anm. 19), 76 f.; Carozzi (Anm. 20), S. 466–468.
[93] Nr. 9; Dinzelbacher (Anthologie) (Anm. 19), S. 81.
[94] Von A. Angenendt ist eine große Monographie zum Frömmigkeitswandel im 12. Jahrhundert in Vorbereitung.

Karolingerzeit radikal verändert. Nähe und Liebe zu Gott treten immer stärker ins Zentrum der Aufmerksamkeit. Das hat selbstverständliche Auswirkungen auf die Visionen. Was in Ekstase oder Traum wahrgenommen wird, konzentriert sich auf Bewohner und Freuden des Himmels und viel weniger auf die Geographie des Jenseits. Vielleicht darf man sagen, daß die nun folgenden „großen" Höllenvisionen das Höllenbewußtsein dieses und des folgenden Jahrhunderts dennoch am Leben hielten.

Tundal

Die berühmteste aller mittelalterlichen Jenseitsbeschreibungen (P. Dinzelbacher) ist die Visio Tnugdali oder Tundali. Der irische Mönch Mark schrieb sie Anfang 1149 im Regensburger Schottenkloster auf. Der weltliche Ritter Tundal soll 1148 während eines Essens in eine dreitägige Ekstase gefallen sein und danach sein Leben radikal geändert haben. Die Psychomachie tritt wieder auf: Die Seele des Ritters sei von Dämonen bedroht, von einem Engel durch die dunkle Zone des Jenseits geleitet worden. Sie nahm dort verschiedenartige Straforte hintereinander wahr, von denen die meisten der Läuterung dienten (ein Berg voll Feuer und Hagel, ein Schwefelfluß, das seelenvertilgende Ungeheuer Acheron, eine Nagelbrücke über einen von feuerspeienden Tieren angefüllten Sumpf, ein Haus aus Flammen, ein weiterer schrecklicher Dämon, die Schmiede des Vulkan usw.). Beim Fürsten der Finsternis befinden sich im tiefsten Höllenschlund die gerichteten und für immer verdammten „animae", die durchaus körperliche Züge aufweisen.[95] Ein Zwischenbereich zwischen Licht und Finsternis enthält die von Augustinus erdachten, von Beda weiter überlieferten Zwischenqualitäten der „non valde mali" und der „non valde boni". Die Sexualpathologie dieser Vision zeigt typische Merkmale von Neid- und Rachephantasien, wie der folgende Auszug zeigt:

> Als der Engel also voranschritt, sahen sie eine Bestie, die allen Bestien, die sie vorher gesehen hatten, ganz unähnlich war, zwei Füße und zwei Flügel hatte, auch einen sehr langen Hals und eisernen Schnabel. Sie hatte auch eiserne Krallen, und durch ihr Maul ergoß sich eine unauslöschliche Flamme. Diese Bestie saß über einem Sumpf aus gefrorenem Eis. Die Bestie verschlang aber alle Seelen, die sie nur immer finden konnte, und nachdem sie in ihrem Bauch durch Martern zu nichts gemacht worden waren, gebar sie sie in den Sumpf aus gefrorenem Eis, und dort wurden sie wiederum zur Qual erneuert. Es wurden aber alle Seelen, die in den Sumpf hinabstürzten, schwanger, sowohl die Männer als auch die Frauen, und so erwarteten sie schwanger die Zeit, daß sie zur Geburt kommen sollten. Innen aber wurden sie in den Eingeweiden nach Schlangenart von der empfangenen Nachkommenschaft gebissen, und so vegetierten sie armselig in der stinkenden Woge des durch das feste Eis toten Meeres dahin. Und als es Zeit war, daß sie gebären sollten, erfüllten sie schreiend die Hölle mit Geheul und gebaren auf diese Weise Schlangen. Es gebaren, sage ich, nicht nur die Frauen, sondern auch die Männer, nicht nur durch diese Glieder, die die Natur als für diesen Vorgang passend

---

[95] Vgl. zu Tundal Dinzelbacher (Anthologie) (Anm. 19), S. 86 f.; Carozzi (Anm. 20), S. 471–475.

Abb. 6 Nicolas Le Rouge: Bestrafung der Sieben Todsünden, 1496

angelegt hat, sondern auch zugleich durch die Arme und durch die Brust; und sie ka-
men, durch alle Glieder hervorbrechend, ins Freie.
Es hatten aber diese Bestien, die geboren wurden, glühende Eisenköpfe und schärfste
Schnäbel, mit denen sie die Leiber, wo sie herauskamen, zerfetzten. An ihren Schwän-
zen hatten aber dieselben Bestien viele Stacheln, die, wie Haken zurückgebogen, diese
Seelen, aus denen sie herauskamen, zerstachen. Die Bestien aber, die hinaus wollten,

hörten nicht auf, da sie ihre Schwänze nicht mit sich ziehen konnten, ihre glühenden Eisenschnäbel auf die Leiber, aus denen sie herauskamen, zurückzuwenden, bis sie sie, bis auf Mark und Bein ausgedörrt, auffraßen. Und so brüllte alles zusammen: das Knirschen des überschwemmenden Eises und das Heulen der leidenden Seelen und das Stöhnen der herauskommenden Bestien stieg zum Himmel, daß auch selbst die Dämonen, wenn in ihnen nur ein Funken an Mitleid wäre, zu Recht zu Erbarmen und Mitleid bewegt würden. Es befanden sich nämlich in allen verschiedenen Gliedern und Fingern die Köpfe der verschiedenen Bestien, die die Glieder selbst bis auf Mark und Bein bissen. Sie hatten auch lebende Zungen nach Vipernart, die den ganzen Gaumen und die Luftröhre ganz bis zu den Lungen verschlangen. Selbst auch die Schamteile von Männern und Frauen waren ähnlich wie Schlangen, die die unteren Teile des Bauches zu zerreißen und die Eingeweide dort herauszuziehen suchten.

Da sprach die Seele: „Sag mir bitte, was diese Seelen Böses getan haben, denen diese, allen anderen Strafen, die ich je gesehen, unvergleichbare Strafe, wie ich meine, bereitet ist." Doch der Engel sagte: „Vorher habe ich dir gesagt, daß die, die einen heiligeren Vorsatz haben, wenn sie irren, zu härteren Strafen verurteilt werden, wie sie dagegen größeren Ruhm erlangen, wenn sie dieses nicht durch ihre Schuld verdienen. Dies ist nämlich", sagte er, „die Strafe der Mönche, Kanoniker, Nonnen und übrigen Kirchenstände, von denen man weiß, daß sie, sei es durch die Tonsur, sei es durch den Habit, Gott anlügen. Und daher werden ihre Glieder von verschiedenen Peinen verzehrt, weil sie sie nicht von Verbotenem zurückhielten. Sie schärften nämlich ihre Zungen wie Schlangen, und daher erleiden sie, daß jene glühen. Auch in die Schamteile, die sie nicht vom Verkehr verbotener Unzucht zurückhalten, werden entweder zur Anhäufung der Pein wilde Bestien geschickt, oder sie werden selbst dazu." Und er fügte hinzu: „Darüber haben wir genug gesagt. Mag auch jene Pein speziell zu jenen gehören, die sich Religiose nennen, aber es nicht sind, so werden dennoch die, die sich durch ungezügelte Unzucht beflecken, sie [auch] erdulden. Und daher wirst du diesem nicht entkommen können, weil du dich, solange du im Körper warst, nicht gescheut hast, dich selbst zügellos zu beflecken."

Und nach diesen Worten holten die im Sturm kommenden Dämonen die Seele und gaben sie der Bestie zum Verschlingen. Was aber die verschlungene Seele sowohl innen erlitt als auch im stinkenden See, müssen wir nicht wiederholen, weil wir es vorher gesagt haben. Als sie also nach den vorgenannten Qualen beim Gebären der Schlangen war, war der Geist des Mitleid bei ihr und tröstete sie, indem er sie freundlich ansprach: „Komm", sagte er, „meine liebste Freundin, du wirst dies nicht weiter leiden." Und er heilte sie, indem er sie berührte und befahl, ihm auf dem Weg weiter zu folgen. Und so wußte die Seele beim Weitergehen lange nicht, wohin sie gingen; außer dem Leuchten des Lebensgeistes nämlich hatten sie, wie wir oben sagten, kein Licht. Sie gelangten also zu schrecklichen und im Vergleich zu den vorigen viel schauerlicheren Orten. Es war nämlich der Weg sehr eng und wie vom Gipfel eines sehr hohen Berges immer steil abstürzend. Und je weiter sie hinabstieg, desto weniger hoffte die Seele auf ihre Rückkehr zum Leben.[96]

Die Fachleute für Visionsliteratur sind sich einig, daß – bei allem chaotischen Eindruck – die Tendenz dieser und der folgenden Visionen darauf hinausläuft, (gegen Skeptiker?) ein klar umrissenes, „jenseits" der empirischen Welt liegendes vierteiliges Universum zu zeichnen entsprechend der augustinischen Menscheneinteilung. Diese

---

[96] Nr. 10; Dinzelbacher (Anthologie) (Anm. 19), S. 91, 93.

Welt wird mit Traditionselementen ausgestattet, wobei die Einflüsse im einzelnen (Respekt vor Gregor I.?) oft kaum nachzuweisen sind. In dieses Raster trägt der einzelne Visionär die Phantasien ein, die sich aus seiner eigenen Psyche ergeben.

Edmund von Eynsham

Der Mönch Edmund von Eynsham, in dieses Benediktinerkloster 1194 nach einer Audition (unerklärliche akustische Wahrnehmung) eingetreten, erlebte nach schwerer Erkrankung an Ostern 1196 zwei Tage und Nächte hindurch Zustände mystischer Ergriffenheit und Ekstase, während deren er, vom heiligen Nikolaus geleitet, durch das Jenseits geführt worden sei. Der Subprior des Klosters zeichnete die Inhalte der Visionen auf.[97] Edmund will drei Qualen- und Strafbereiche erlebt haben, ohne daß das Wort „Hölle" fällt. Eine Besonderheit dieser angelsächsisch-irischen Vision ist die noch genauere Zuordnung einzelner Strafen zu einzelnen Sünden. Dafür seien die Beispiele der Giftmischer und Wucherer angeführt:

> Giftmischer und Frauen, die ihre Leibesfrüchte entweder nach der Geburt verleugnet, ausgesetzt oder getötet hatten oder die empfangenen mit verschiedenen Zaubereien abzugehen gezwungen hatten, sah ich in vielfältigem Gemetzel und Zerschneiden durch Marterhaken zerfetzt werden und gezwungen, verschiedene Metalle, wie Erz und Blei, im Feuer geschmolzen und mit stinkendstem Unrat vermischt, zu trinken. Die verfluchte Art des Trankes durchdrang sie, ihr ganzes Inneres verbrennend, mit bejammernswerter Zerstörung, und durch die Körperöffnungen ausgeschieden, wurde er den Ärmsten wiederum zum Trinken eingeflößt. Ungeheure Schlangenmonster aber, die sie mit mißgestalteten Muskeln umfaßten, wobei ihre Krallen sehr tief in Nacken und Hüften einschlugen, hingen an den Brüsten dieser Frauen; mit Vipernmaul und Zähnen saugten sie und zerbissen sie ihre Brustwarzen.
> Die Wucherer waren in zusammengescharrte Haufen gleich Bergen von feurigem Geld eingetaucht und bezeugten mit ruhelosem Schreien und unermüdlichem Geheul, daß sie die Flamme der Habsucht zu ihrem Übel durch unrechtmäßiges Übervorteilen genährt hatten, während sie in der Welt lebten.[98]

Patrick von Irland

Die Komposition über das Purgatorium des heiligen Patrick, von dem Zisterzienser Henri de Saltrey 1190 oder 1208/1215 vielleicht unter Rückgriff auf ältere Quellen aufgezeichnet, ist, wie der Titel sagt, an der individuellen Läuterungsmöglichkeit im Jenseits, das vom Diesseits aus leicht zu erreichen ist, interessiert.[99] Die augustinische Vierteilung der Sünder ist zugunsten einer Dreiteilung aufgegeben, wobei die „non valde mali" und die „non valde boni" als Läuterungskandidaten zu einer einzigen Gruppe zusammengezogen sind. Die Geschichte spielt zu zwei ganz verschiedenen

---

[97] Vgl. dazu Dinzelbacher (Anthologie) (Anm. 19), S. 122 f.; Carozzi (Anm. 20), S. 475 f.
[98] Nr. 38 und 39; Dinzelbacher (Anthologie) (Anm. 19), S. 123, 125.
[99] Vgl. dazu Carozzi (Anm. 20), S. 472–475; Le Goff (Anm. 69), S. 233–246.

Zeiten. Zunächst wird dem heiligen Patrick im fünften Jahrhundert von Christus die noch heute im Mittelpunkt einer irischen Wallfahrt stehende Grube gezeigt, in der sich Sünder läutern könnten.[100] In der zweiten Sektion der Erzählung tritt angeblich im Jahr 1153 ein Ritter Owein von dieser Grube aus eine Jenseitsrundreise an. Er sieht abscheuliche Quälereien, die den oben aus dem zwölften Jahrhundert zitierten an Sadismus in nichts nachstehen. Das Inventar ist weitestgehend das geläufige, mit Feuer und Kälte, Dämonen und Untieren. Der Reisende gelangt jedoch nur bis zum Eingang der eigentlichen Hölle, einem Schlund, der ihn in seinen Sog zu ziehen versucht; hier sagen ihm Dämonen:

> Dies ist die Höllenpforte, das Tor der Gehenna, der breite Weg, der zum Tode führt; wer sie betritt, entkommt ihr nie wieder, denn in der Hölle gibt es keine Vergebung. Hier lodert das für Satan und seine Handlanger, in deren Mitte du dich befindest, bereitete ewige Feuer.[101]

Seltsamerweise befindet sich neben dem Schlund eine schmale, glatte Brücke über einem Feuerstrom – als hätte das Requisit Gregors I. hier künstlich untergebracht werden müssen. Die weitere Reise in lichtere Gefilde interessiert hier nicht mehr. Beachtenswert ist die Feststellung J. Le Goffs[102], daß sich auch in Zeugnissen dieser Zeit, ja vom elften bis zum dreizehnten Jahrhundert, die Ansicht hält, der Ätna auf Sizilien sei der Eingang der eigentlichen, ewigen Hölle, eine „denkwürdige Mischung heidnischer Legenden und höchst orthodoxen Christentums, der Theologie der letzten Dinge und der Vulkanologie."[103]

Thurkill

Besonders eigentümlich ist eine Vision vom Anfang des dreizehnten Jahrhunderts, die wiederum aus dem Milieu der Zisterzienser stammt, zwischen 1207 und 1218 von Ralph von Cogeshall aufgezeichnet wurde und dem Bauern Thurkill widerfahren sein soll. Vom heiligen Julien l'Hospitalier sei er ins Jenseits geführt worden, habe in einer Art Theaterdekoration eine Seelenwaage in einer Basilika gesehen, in östlicher Richtung das Purgatorium und jenseits davon einen Tempel für die Auserwählten erblickt, in der unheilverheißenden nördlichen Richtung aber hinter einer Mauer den Höllenbrunnen, in den die Verdammten geworfen werden. Merkwürdigerweise steigen diese in jeder Nacht von Samstag auf Sonntag herauf, um in einer Theateraufführung ihre irdischen Sünden darzustellen.[104] Ob sich mit einer solchen Anbindung an die Theaterwelt nicht sogar schon in den Visionen ein Unernst meldet, der beginnt, die Höllenphantasien ad absurdum zu führen?

---

[100] Genaueres dazu bei Le Goff (Anm. 69), S. 234 f.
[101] Le Goff (Anm. 69), S. 237.
[102] Le Goff (Anm. 69), S. 246–253.
[103] Le Goff (Anm. 69), S. 252.
[104] Carozzi (Anm. 20), S. 476 f.

Hildegard von Bingen

Schließlich zu Hildegard von Bingen († 1179), die als Mystikerin und Theologin zu den bedeutendsten Persönlichkeiten der Frühscholastik gehört. In ihrem Buch „De Operatione Dei" gibt sie visionäre Einblicke in den Aufbau des Universums nach dem Plan Gottes wieder.[105] Aus der sehr umfangreichen Beschreibung seien Texte wiedergegeben, die Aufschluß über Hildegards Sicht der Hölle zu geben vermögen. Gott selber erklärt der Seherin:

> Denn Ich, der Ich in allen Enden der Welt zu Hause bin, Ich offenbare meine Werke in Ost und Süd und West. Den vierten Teil im Norden aber ließ ich leer; weder Sonne noch Mond geben dort einen Schein. Deshalb ist an dieser Stelle, außerhalb des Weltgefüges, die Hölle, die weder oben ein Dach, noch unten einen Grund hat. Dort ist es, wo lauter Finsternis herrscht, die gleichwohl im Dienst all der Leuchten Meines Ruhmes steht. Wie nämlich könnte Lichtes erkannt werden, wenn nicht durch die Dunkelheit? Und wie wüßte man um die Finsternisse, wenn nicht durch den strahlenden Glanz Meiner lichten Diener?[106]

In einer anderen Vision überblickt Hildegard die Erde und nimmt dabei auch die Unheilsregion wahr:

> Gegen Westen erschienen außerhalb der Rundung der Erde Finsternisse, die von beiden Teilen dieser Rundung bis zu ihrer Mitte, zu der auch die beiden Flügel heruntergingen, sich wie ein Bogen ausspannten. Zwischen der West- und Nordecke klafften zwei andere dichtere und noch gewaltigere Finsternisse wie ein entsetzliches Maul, das zum Verschlingen aufgerissen war. Außerhalb davon hafteten an ihnen noch andere äußerst dichte und schlimme Finsternisse, als wären sie deren Maul und Rachen. Von diesen unermeßlichen Finsternissen wußte ich nur, konnte sie aber nicht sehen.[107]

Die Erde, sagt Hildegard, sei in fünf Teile gegliedert, vier je nach den Himmelsrichtungen, einer in der Mitte. Neben dieser dem Gleichgewicht dienenden Einteilung gibt es aber auch eine qualitativ differenzierende Gliederung, die ebenfalls auf Gottes schöpferisches Wirken zurückgeht:

> Gott hat den Erdkreis dergestalt inmitten der drei Elemente aufgehängt, daß er nicht zerfließen und sich nicht auflösen kann. Darin zeigt Er sich wunderbar und mächtig. Denn auch Fleisch und Knochen des Menschen läßt Er nicht in Staub verfallen; Er stellt sie vielmehr am Jüngsten Tage zur Unversehrtheit (ad integritatem) wieder her. Den einen Teil der Erde schuf Er im hellen Licht, den zweiten dunkel, den dritten schaudererregend, den vierten als Strafort, wobei er einige Teile geeignet für die Menschen, andere aber unbewohnbar machte, wie Er auch einige Seelen Seinem Reiche beigesellt, andere aber nach gerechtem Richterspruch zur Hölle verurteilt.[108]

---

[105] Hildegard von Bingen. Welt und Mensch. Das Buch „De Operatione Dei", aus dem Genter Kodex übersetzt und erläutert von H. Schipperges, Salzburg 1974.
[106] Nr. 12 der vierten Schau; Schipperges (Anm. 105), S. 84.
[107] Nr. 1 der fünften Schau; Schipperges (Anm. 105), S. 188.
[108] Nr. 2 der fünften Schau; Schipperges (Anm. 105), S. 188.

In der fünften Schau kehrt Hildegard zur Erdeinteilung der vierten zurück, und da nimmt sie die – geographisch fixierbare – Hölle wahr, ohne sie jedoch sehen zu können:

Nach Westen hin erscheinen außerhalb der genannten Erdrundung die Finsternisse, die sich auf jeder Seite dieser Ausrundung in Form eines Bogens erstrecken bis zur Mitte des Teiles, wo die beschriebenen Flügel sich nach unten niedersenken. In jener Gegend außerhalb der Welt herrschen äußerste Finsternisse. Von einem Teil aus verlängern sie sich bis zur Mitte der Südgegend, mit einem anderen Teil bis zur Mitte der Nordgegend; und so erheben sie sich in der Bosheit ihrer Aufsässigkeit gegen die Fülle von Gottes Schutz. Der alte Krieger, der hier haust und über die der Vergessenheit anheimgegebenen Seelen herrscht, freut sich, diese mißhandeln zu können.

Zwischen der nördlichen und der westlichen Ecke gibt es noch andere dichtere und bittere Finsternisse, die die Gestalt eines gräßlichen und zum Verschlingen geöffneten Maules tragen. In diesen Gebieten außerhalb der Welt existiert in seiner ganzen Härte der Schlund des Höllenpfuhls, der die Seelen der Verdammten verschlingt und mit harten Strafen peinigt, weil sie mehr Werke der Verdammnis vollbrachten, als daß sie Gott liebten, und so dem Teufel gefolgt sind [...] Im Höllenschlund erleiden die Verworfenen ihre unsagbaren Strafen. Und so kannst du diese unermeßlichen Finsternisse lediglich wissen. Sehen aber kannst du sie nicht, da der Mensch die Hölle und ihre harten Peinigungen durch Wissen und Einsicht zwar wahrnehmen kann, sie indes niemals, solange er im Leibe weilt, mit sterblichem Blick erschauen könnte noch auch zu unterscheiden vermöchte, wie groß und welcher Art die Qualen dort sind. Kann er doch, solange er in der Welt lebt, auch nicht seine Seele noch deren Verdienste erkennen.[109]

Die Erschaffung der Hölle kommt in der gleichen Vision Hildegards im Zusammenhang mit der Rebellion des Engelsfürsten Luzifer vor:

Er [Gott] war es auch, der Geister in großer Herrlichkeit erschuf. Ihnen setzte Er einen mächtigen Fürsten vor, auf den alle blickten, so wie ein Leuchter angeschaut wird, auf dem eine brennende Flamme leuchtet. Denn in ihm erglänzten alle Schmuckstücke der Geister gleichsam wie Edelsteine. Jener aber hatte sein Augenmerk auf einen leeren Ort gerichtet, wo er seinen eigenen Sitz errichten wollte. Deshalb wurde er mitsamt seinem Anhang einem Strohhalme gleich in den Sumpf der Hölle gefegt, dergestalt, daß mit seinem Fall die äußersten Finsternisse und der höllische Schlund des Sumpfes mit diesem Sumpf bereitet wurden. Dieser Sumpf kann nicht ausgemessen werden, wie ja auch die Zahl der gefallenen Engel ohne Zahl ist! Gegen diesen Götzen, der ja Gott ähnlich sein wollte, wurden jene äußersten Finsternisse errichtet; und wegen der unerlaubten Zwietracht, mit der er zwischen Gottes Streitmacht und seiner eigenen sein wollte, wurde der Schlund des Höllenpfuhls errichtet; und seines Neides wegen, mit dem er Gott in keiner Weise preisen wollte, wurde ihm der Sumpf der Hölle bereitet. Gott aber umschirmte die seligen Geister so mit der Kraft Seiner Majestät, daß sie künftighin durch keinen Anschlag des alten Betrügers erschreckt werden könnten; Er erfüllte ihr Antlitz mit solcher Klarheit, daß sie immerfort danach verlangten, Sein Antlitz zu schauen; und Er spannte Sein Reich derartig über die Hölle aus, daß der alte Verführer weder durch Kampf noch durch List die Vollzahl der zu Errettenden vernichten konnte, so wie er sich selbst nach Schlangenart umbringt.[110]

---

[109] Nr. 13 der fünften Schau; Schipperges (Anm. 105), S. 199.
[110] Nr. 14 der fünften Schau; Schipperges (Anm. 105), S. 200.

Die Beispiele machen deutlich, wie viel höher das theologische und religiöse Niveau
der Benediktinerin ist als das der zeitgenössischen Mönchs-Visionäre. Dennoch ließ
die Gottesauffassung Hildegards es nicht zu, daß sie die Hölle als Geschöpf Gottes
und die Ewigkeit ihrer Qualen in Frage stellte.

Änderungen seit der Mitte des 12. Jahrhunderts

Waren die Personen, von denen Visionen berichtet werden, vom sechsten bis zum
zwölften Jahrhundert fast ausschließlich Männer, so ändert sich dieses Bild von der
Mitte des zwölften Jahrhunderts an. Seit dem dreizehnten Jahrhundert werden
Visionen vorwiegend Frauen zugeschrieben. P. Dinzelbacher gibt bemerkenswerte Gründe für diesen Wechsel an, vor allem, daß Frauen sich ihrer Zurücksetzung
in der christlichen Welt durch Verwehrung der Priesterweihe, durch das Predigt-
verbot usw. bewußt wurden und sich unter anderem durch den direkten Umgang
mit den Himmlischen eine einzigartige Autorität in der Kirche zu verschaffen wußten.[111] Nach der Mitte des dreizehnten Jahrhunderts werden Beschreibungen der
Jenseitsgeographie immer seltener[112], und erst recht machen die Ausführungen über
die höllischen Greuel nur noch ein kleines Quantum der Visionserzählungen aus.
Charakteristisch für den Wandel ist des weiteren, daß in der „klassischen" Visionsliteratur seit dem siebenten Jahrhundert mit ihrem Höhepunkt im zwölften Jahrhundert gewöhnlich von einer einzigen großen Vision in einem Menschenleben die
Rede ist. Mit dem Wandel ab Mitte des zwölften Jahrhunderts tritt ein anderer Typ
von Visionen auf den Plan: Gerade bei den Frauen, von denen nun die übergroße
Mehrzahl von Visionen berichtet wird, seien in einem einzigen Menschenleben viele
Hunderte von Visionen zu verzeichnen gewesen.[113]

Da auch im dreizehnten Jahrhundert in den Visionszeugnissen bekannte Stereotypen verwendet werden, soll hier ein Beispiel genügen.

Adam von Kendall

Adam von Kendall war von 1212 bis 1223 Abt des Zisterzienserklosters Holme
Cultram in Schottland. Da er mit Hilfe von Bestechungen, wofür er auch auf Gel-
der des Konvents zurückgriff, Bischof werden wollte, wurde er abgesetzt. Mit Hilfe seines Dieners, der für ihn Bußpsalmen beten mußte, erlangte er eine Vision über
die Zukunft, die ihn erwartete; er sah Schreckliches. Nachdem er die Vision erzählt
hatte, schnappte er über; und zwar wurde er von den Mönchen angekettet, aber er

---

[111] Dinzelbacher (Anm. 4), S. 226.
[112] Dinzelbacher (Anm. 4), S. 119, weist darauf hin, daß sie fast auf Italien beschränkt sind, ein Um-
stand, der vielleicht auf den großen Eindruck der Dichtung Dantes zurückzuführen ist.
[113] P. Dinzelbacher: Die „Vita et revelationes" der Wiener Begine Agnes Blannbekin († 1315) im Rahmen der Viten- und Offenbarungsliteratur ihrer Zeit. In: Frauenmystik im Mittelalter, hrsg. v. P.
Dinzelbacher/D. R. Bauer, Ostfildern 1985, S. 152–177, hier 171–174.

entkam ihnen, stürzte in die Kirche, umklammerte den Mönch, der dort gerade für ihn die Messe hielt, und starb schreiend, so, wie Maria es ihm in der Vision vorausgesagt hatte. Die Vision wurde zwischen 1441 und 1447 von Walter Bowermaker aufgeschrieben.[114] Der im folgenden zitierte Text macht die klösterliche Zweckbestimmung dieser Vision deutlich. Ein früherer Mönch Thomas ist der Jenseitsführer:

Und er führte mich in ein sehr großes und schönes Haus hinein, das überall wie in einem Refektorium zubereitete Tische aufwies, reichlichst mit besten Speisen angefüllt. Von diesem allen verbreitete sich ein sehr süßer Duft und erfüllte meine Nase so wunderbar, daß mir nur von dem Wohlgeruch solcher Süße schien, ohne weiteres Kosten in Ewigkeit leben zu können. Davon auf wunderbare Weise erfreut, fragte ich ihn, was für ein Haus dies sei und zu wessen Gebrauch so herrlich ausgestattet. „Das Haus ist das Refektorium der Klosterleute und armen Konversen, die das Joch innerer Disziplin und äußeren Gehorsams geduldig und beständig trugen; sie empfangen täglich unschätzbare Tröstungen an solchem Ort." Und als ich ein wenig verweilen und mich an so großer Süße ergötzen wollte, erlaubte es mein Führer nicht und sagte, daß ich keinen Anteil oder Teilhabe an jenem Haus hätte. Und er führte mich sogleich in ein anderes, sehr großes und stinkendes Haus, und ich sah die Tische allenthalben mit schmutzigsten Gerichten dichtest vollgestopft; die Gerichte waren nämlich vom Fleisch schrecklich stinkender Kadaver, so daß ich es, obwohl die Nase zuhaltend, nicht ertragen konnte. Als ich ihn fragte, was das für ein Haus sei, antwortete er und sagte: „Dies ist das Refektorium der Kellermeister", nämlich für ihn und seine Genossen vorbereitet, die ich wenig zuvor mit gesenkten Häuptern und verhüllten Gesichtern sitzen gesehen hatte, und für andere, ihnen ähnliche, die wegen Gerichtsterminen und Rechtssachen die Höfe der Könige und Adeligen zu frequentieren gewohnt waren. Und da sie unter Mißachtung der Armut ihrer Brüder und des Klosterlebens, der Völlerei und Zecherei ergeben, das Laster der Eigenliebe unter dem Vorwand nötiger Geschäfte und allgemeinen Nutzens bemäntelten, deswegen, damit die Strafe der Schuld entspreche, werden sie in täglichen Peinen gezwungen, sich Tag für Tag an solchen Speisen vollzufressen. „Aber komm weiter", sagte er, „und ich werde dir zeigen, was übrig ist." Und wir betraten ein drittes, sehr weites, aber in der Art einer Krypta oder eines Kellers unter der Erde liegendes Haus. Und er sagte mir: „Was immer du siehst, betrachte genau und behalte alles gut im Gedächtnis!" Und hinschauend sah ich unter dem Gewölbe des Hauses Fleischstücke dicht nebeneinander herabhängen, die wir mit dem volkstümlichen Namen Speckseiten nennen. Sie waren aber alle mit schauderbarem und schweflgem Feuer in Brand gesetzt, so sehr, daß ihr Fett in heftigem Fluß nach unten abließ. Unter den Speckseiten gab es aber in die Erde, also in den Hausboden, gehöhlte Gruben nach Maß und Umfang des menschlichen Körpers. Und in diesen Gruben lagen rücklings Menschen, und alle verschlangen mit offenem Mund und gierigen Kehlen mit widerlicher Gier das schweflige Fett, das schnell herabfloß. Und da ich mit großem Erstaunen und Schrecken fragte, was das für ein Haus sei, antwortete er, daß dieser Raum den Äbten bereitet sei, die gerne für sich in Stuben wohnten, deren Lieblingsbeschäftigung es war, fett zu essen und viel zu trinken. Und deswegen empfangen sie nun in Peinen gebührende Vergeltung, weil sie, an eine Machtposition gesetzt, Fleischeslüste wider Gott suchten. Ich aber fragte ihn, ob ich, wenn ich stürbe, an diesen Peinort kommen sollte,

---

[114] Dinzelbacher (Anm. 4), S. 199 f., wo eine moderne psychologische und medizinische Erklärung gegeben wird; Dinzelbacher (Anthologie) (Anm. 19), S. 136 f.

und er sagte mir: „Wisse ohne Zweifel, daß dich dein noch leerer Platz erwartet, bis du stirbst!" Und sogleich zeigte er mir meine leere Grube und die darüber drohenden Speckseiten und sagte mir: „Siehe, in zuverlässiger Offenbarung hast du deinen Zustand geschaut, aber wir müssen auf dem Weg, den wir gekommen sind, zur glorreichen Mutter der Barmherzigkeit zurückkehren."[115]

Die von Maria aufgezeigte Bußmöglichkeit konnte Abt Adam infolge seiner geistigen Verwirrung nicht mehr wahrnehmen.

---

[115] Dinzelbacher (Anthologie) (Anm. 19), S. 139, 141.

10. Am Schnittpunkt von Dichtung, Visionen und Theologie: Dante

Ehe die exemplarische Übersicht über das Thema der Visionen abgeschlossen wird, ist ein Werk zu erwähnen, das zwar bewußte Dichtung ist, aber an Einfluß die Visionsliteratur möglicherweise übertraf: Dantes „Göttliche Komödie".

Dante Alighieri, 1265 in Florenz geboren, adliger Herkunft, war klassisch gebildet mit einer großen Verehrung für Vergil, zugleich auch theologisch bewandert, mit guten Beziehungen sowohl zu den Dominikanern als auch zu den Franziskanern. Für seine dichterische Entwicklung war die Liebe zu der (verheirateten) Beatrice, die 1290 starb, von größter Bedeutung; für sein Lebensschicksal war seine Verstrickung in die Florentiner Streitigkeiten zwischen Ghibellinen und Guelfen (letztere optierten gegen das alte Reichswesen für Italien; zu ihnen gehörte Dante) entscheidend. Nachdem er zunächst politische Ämter in Florenz bekleidet hatte, geriet er im Zusammenhang mit einer Spaltung innerhalb der Guelfen in Gegensatz zur Papstpartei und wurde 1302 auf Lebenszeit aus Florenz verbannt. Er hielt sich als Flüchtling in verschiedenen Städten und bei unterschiedlichen Gönnern auf. Als er angesichts einer möglichen Amnestie Reue und Widerruf verweigerte, wurde er 1315 zum Tod verurteilt und mit seinen beiden Söhnen von Florenz für vogelfrei erklärt. Er fand seine letzte Bleibe in Ravenna, wo er 1321 starb. Die „Göttliche Komödie" – der Titel stammt nicht von ihm, er nannte die Dichtung gelegentlich „Komödie" – hat eine lange Entstehungszeit. Der Teil über die Hölle wurde wahrscheinlich vor 1310 beendet.[1] Die „Göttliche Komödie" verarbeitet historische und mythologische Stoffe zu einer großen Synthese, die gewiß religiöse Absichten verfolgt, aber primär Dantes politische Auffassung zur Geltung bringen und Abrechnung mit seinen Gegnern halten will. Dante arbeitet sehr stark mit Allegorien, die in der Forschung noch nicht gänzlich entschlüsselt sind. Im Zusammenhang mit Jenseitsstrafen sind dabei seine bildhaften Einkleidungen der Tugenden und Laster, die er in der Perspektive von Aristoteles und Thomas von Aquin sieht, von Belang.

Die „Göttliche Komödie" gibt sich als Schilderung einer visionären Jenseitsreise, bei der Dante selber die drei jenseitigen Regionen der Hölle (Inferno), des Läuterungsberges (Purgatorio) und des Himmels (Paradiso) eingehend zu sehen be-

---

[1] Dante Alighieri: Die Göttliche Komödie. Vollständige Ausgabe. Aus dem Italienischen übertragen von Wilhelm G. Hertz. Mit einem Nachwort von Hans Rheinfelder sowie Anmerkungen und Literaturhinweisen von Peter Amelung. München 1978. Ich zitiere nach dieser Ausgabe. Zum zeitlichen Ansatz des Inferno: H. Rheinfelder, ebd. 474. Bei den Literaturangaben von P. Amelung fehlt das in unserem Zusammenhang wichtige Werk von A. Rüegg: Die Jenseitsvorstellungen vor Dante und die übrigen literarischen Voraussetzungen der ‚Divina Commedia'. Einsiedeln 1945. Bd. I.

kommt. Dante läßt diese Reise am Karfreitagmorgen des Jahres 1300, des ersten von einem Papst verkündeten „Heiligen Jahres", beginnen und bis Donnerstag in der Woche nach Ostern dauern. Entsprechend den drei Regionen besteht die Dichtung aus drei Teilen („cantiche") von je dreiunddreißig Gesängen; vor dem Höllenteil befindet sich noch ein Einleitungsgesang. Die Gesamtzahl der Verse beträgt 14 233. Die Inspektion der Hölle dauert zwei Tage und die zwischen ihnen liegende Nacht.

Abb. 7 Gustave Doré: Illustration zu Dantes Inferno

Tugendleiter nach Johannes Klimakos, 2. Hälfte des 12. Jahrhunderts

Höllenbild aus den Très Riches Heures des Jean Duc de Berry, vor 1416

Dante versuchte, das ihm aus früheren Höllenzeugnissen bekannte Material, das hinsichtlich der Jenseitsgeographie Widersprüche enthielt, so zu gestalten, daß die Widersprüche beseitigt wären. Er entwirft eine geographisch exakte Darstellung, die von darstellenden Künstlern auch rekonstruiert wurde. Die Hölle liegt für ihn im Innern der Erde. Sie hat die Form eines Trichters, der mit seiner weiten Öffnung unterhalb der nördlichen Erdhälfte beginnt und sich in Richtung des Erdmittelpunktes verengt. Sie ist in acht konzentrische Ringstreifen, der achte in zehn konzentrische Gräben unterteilt. Der tiefste, neunte Kreis besteht aus einer Eisfläche, in deren Mittelpunkt, der zugleich der Mittelpunkt der Erde ist, der Höllenfürst Luzifer (oder „Dis", vom lateinischen Gott des Reichtums) eingefroren ist. Einen Hauptwiderspruch im überlieferten Material beseitigt Dante nicht: Die Hölle besitzt Bauwerke, Flüsse, Pflanzen, die Verdammten aber sind „Seelen", denen der Auferstehungsleib noch fehlt (VI. Gesang), die aber gleichwohl unter physisch-materiellen Torturen ächzen, Hitze und Kälte empfinden, bluten, Teile verlieren und auf wunderbare Weise wieder erhalten.

Die folgende Darstellung zeigt das Wesentliche der Höllenstrafen auf; sie kann aber auf die italienischen und Florentiner Einzelheiten und Personen, um die es Dante zu tun war, nicht eingehen.

I. Gesang: Dante findet sich in einem wilden Wald, einer Allegorie für die Verirrungen des Lebens, bedrängt von drei Tieren, die Laster verkörpern; er wird von Vergil, der vom Himmel, übermittelt durch Beatrice, den Auftrag dazu erhielt, abgeholt. Durch den Abgrund der Hölle und auf die Höhe des Läuterungsberges soll er Dante führen; dort wird er von Beatrice abgelöst, deren Stelle nacheinander dann Bernhard von Clairvaux und Maria einnehmen werden. Dante nennt Vergil hier „aller anderen Dichter Ruhm und Licht".

II. Gesang: Vergil erläutert seinen Auftrag. Hier werden die Jenseitsreisen des Aeneas und des Paulus (2 Kor 12,1 ff.) erwähnt. Dante scheint die Apokalypse des Paulus gekannt zu haben.

III. Gesang: Dante nimmt die Inschrift des Höllentores wahr:

> Durch mich gelangt man zu der Stadt der Schmerzen
> Durch mich zu wandellosen Bitternissen,
> Durch mich erreicht man die verlorenen Herzen.
>
> Gerechtigkeit hat mich dem Nichts entrissen;
> Mich schuf die Kraft, die sich durch alles breitet,
> Die erste Liebe und das höchste Wissen.
>
> Vor mir ward nichts Geschaffenes bereitet,
> Nur ewges Sein, so wie ich ewig bin:
> Laßt jede Hoffnung, die ihr mich durchschreitet.

Mit Weh- und Wutgeheul versammeln sich Geisterscharen, „Adams schlimme Saat", am Acheron, wo sie durch den böse dargestellten Charon übergesetzt werden sollen.

IV. Gesang: Der erste Kreis ist noch nicht die Strafhölle; es handelt sich um den Aufenthaltsort der vorchristlichen Gerechten, die weder Sünden noch übernatürliche Verdienste und auch nicht die Taufe aufzuweisen hatten, also um die „Vorhölle", die in der Fachtheologie auch „Limbus" (Saum, Rand) hieß. Dante vertritt hier die zeitgenössische theologische Ansicht, daß in diesem jenseitigen Aufbewahrungsort auch die gerechten Juden der vorchristlichen Zeit verweilen mußten, bis

Abb. 8 Gustave Doré: Illustration zu Dantes Inferno

sie durch den Descensus („Höllenabstieg") Christi befreit wurden, während die „Heiden" weiterhin darin verblieben. So handelt es sich auch um den Jenseitsort Vergils, der trotz seiner Verdienste eben doch nur eine unzulängliche Gottesverehrung gehabt habe. Dante sieht in dieser „Vorhölle" unter anderen Homer, Horaz, Ovid, Lucan; Aeneas, Hektor, Caesar, Lucrezia, Julia; den Muslim Saladin; Platon, Sokrates, Diogenes und andere griechische Philosophen; Seneca, Hippokrates; die arabischen Philosophen Avicenna und Averroes, die dem lateinischen Abendland die Kenntnis des griechischen Denkens, insbesondere des Aristoteles, neu vermittelt hatten. Die Großzügigkeit Dantes bei der Auswahl dieser Persönlichkeiten, von denen nicht wenige durch kirchliche Eiferer in die Strafhölle versetzt wurden, ist bemerkenswert.

V. Gesang: Die Besucher gelangen zum zweiten Kreis, wo der mythologische kretische König Minos als Totenrichter fungiert; er „examiniert die Sünden an der Schwelle, verurteilt".

> Die Höllenwindsbraut, welche niemals ruht,
> Verschont mit ihrer Wucht die Geister nimmer
> Und stößt und wirbelt sie herum voll Wut.

Die fortwährend böse Herumgewirbelten, die ununterbrochen jammern und klagen, sind „Fleischessünder", die an exponierter Stelle und z. T. unter Zurechtbiegung der Gesetze Ehebruch und ähnliches begingen (während Dante die Wollüstigen sonst auf den Läuterungsberg versetzt und also der Hölle entkommen läßt): Semiramis, Dido, Kleopatra, Helena; Paris und Tristan. Dante unterhält sich mit Francesca da Rimini, die wegen ihres Ehebruchs ermordet worden war.

VI. Gesang: Im dritten Kreis müssen die Schlemmer, vom Höllenhund Cerberus bewacht, unter ewigem eisigem Regen aushalten:

> Im dritten Kreise strömt, ein Katarakt,
> Der Regen nieder, kalt, im monotonen
> Ununterbrochenen, argen, gleichen Takt.

> Da sich ergießt durch diese finsteren Zonen
> Des Hagels, Schnees und schmutzigen Wassers Fluß,
> So stinkt die Erde in den Sumpfregionen.

Cerberus ist an der jenseitigen Folter beteiligt:

> Mit schmutzgem, fettgem Bart und Augenhöhlen,
> Rot angelaufen, dickem Bauch und Kralle
> Zerfleischt und kratzt und schindet er die Seelen [!].

In diesem Höllenkreis begegnet auch der römische Gott Pluto, hier als Symbol des Geizes vorgestellt.

VII. Gesang: Die Jenseitswanderer sehen im vierten Kreis Geizige und Verschwender, unter ihnen Päpste, Kardinäle und Priester, wie sie sinnlos schwere Lasten wälzen müssen:

> Mehr Volk als je sah ich auf dieser Schwelle,
> Auf beiden Seiten; ihr Geschrei war groß;
> So wälzen sie Gewichte von der Stelle.
>
> Als es gekommen zum Zusammenstoß,
> Da ging nach rückwärts wieder ihre Reise:
> „Was hältst du fest?" schrien sie, „was läßt du los?"

Im fünften Kreis sind Zornige und Verdrossene, d. h. solche, die keinerlei Gefühle hatten, dazu verdammt, einander im Fluß Styx zu bekämpfen:

> Dort, wo zum Sumpfe namens Styx sich weitet
> Der trübe Bach, sobald er in das Feld
> Am Fuß der argen, grauen Hänge gleitet,
>
> Sah ich, als ich zum Schaun mich hingestellt,
> Viel schlammbedecktes Volk im Sumpfe stöhnen,
> Ganz nackt sie alle und vom Zorn entstellt.
>
> Nicht nur die Hände schlugen sich bei jenen,
> Auch Kopf und Brust und Füße, hinten, vorne,
> Sich Stück um Stück zerfleischend mit den Zähnen.

So finden sich in den Höllenkreisen 2 bis 5 jene, die gravierend gegen die aristotelische Haupttugend des Maßes (Mäßigkeit, Maßhalten) gesündigt haben; sie werden also relativ mild beurteilt.

VIII. Gesang: Dante und Vergil werden vom Fährmann Phlegias, dem Symbol für Rachezorn, über den Styx gesetzt; sie gelangen zum Tor der Höllenstadt „Dite" (nach dem Gott des Reichtums Dis, hier mit Luzifer gleichgesetzt), in der die tieferen Kreise 6 bis 9 der Hölle liegen. Die Landschaft ist gekennzeichnet von Gräben und Mauern, ewigem Brand und tiefem Kot. Das Tor ist von einer riesigen Schar höhnender Teufel versperrt. Der altchristliche Impetus gegen die Reichen, der auch jüdische Höllentexte prägt, wird hier von Vergil so formuliert:

> Wie viele, die einst große Herren schienen,
> Siehst du den Säuen gleich im Kote stehn,
> Und nichts als Schimpf und Schande bleibt von ihnen!

IX. Gesang: Vergil erzählt von seiner einstigen Höllenfahrt. Auf einem Turm drohen Furien und die Medusa. Ein Himmelsbote öffnet die Tür zum sechsten Kreis, in dem „Ketzer" in Flammensärgen gequält werden:

> Denn unter Gräbern sah ich Flammen kreisen,
> Von denen sie erglüht in solchem Brand,
> Daß wohl kein Handwerk braucht ein heißeres Eisen.
>
> Die Deckel lagen alle aufgespannt:
> Und aus den Gräbern klang zu uns ein Weinen,
> Das offenbar aus Qual und Pein entstand.
>
> Und ich: „Mein Herr, wer liegt in diesen Schreinen,
> aus deren Tiefen eben zu mir scholl
> Ein solches Seufzen und ein solches Greinen?"

Und er: „Erzketzer zahlen darin Zoll
Mit ihrem Troß, von allen Sekten; reicher
Sind sie, als man's für möglich halten soll.

Mit Gleichen ist begraben hier ein Gleicher;
Verschieden heiß ist jedes Totenmahl."

X. Gesang: Von den Ketzern und Gottlosen, die nun namentlich angeführt werden, ist nur Epikur, der die Unsterblichkeit der Seele geleugnet haben soll, eine
überregionale Größe; andere sind Toskaner, denen Dantes Abneigung gilt. Kaiser
Friedrich II., erfährt Dante, und ein Kardinal (Ottaviano) seien auch da.

XI. Gesang: Die Atmosphäre in diesem „Ketzerbereich", aus dem noch weitere
Namen genannt werden, wird folgendermaßen beschrieben:

Da es hier übermäßig schlecht gerochen
Nach Düften, die die Tiefe hochgesandt,
Sind hinter einen Deckel wir gekrochen

Des großen Sargs, auf dem geschrieben stand:
„Hier drinnen muß Papst Anastasius siechen,
Den Photin von dem rechten Pfad gewandt."

„Wir müssen langsam hier hinunterkriechen
Und etwas unseren Sinn gewöhnen an
Den eklen Hauch, um dann nichts mehr zu riechen."

Historisch gesehen wird Anastasius zu Unrecht hier eingereiht. Vergil erklärt im
Folgenden die untere Hölle.

XII. Gesang: Die Besucher gelangen über einen vom mythologischen Minotaurus
(halb Mensch, halb Stier) bewachten Felssturz zum siebenten Kreis, erster Ring:
Solche, die Gewalt gegen ihre Nächsten ausübten, kochen hier in einem Strom aus
Blut, von Kentauren bewacht:

Nun zogen los wir mit dem Treugeleit,
Den Strand entlang der roten Siedeglut,
Drin laut der Haufen der Gesottenen schreit.

Bis zu den Brauen staken sie im Sud;
Der große Zentaur rief: „Das sind Tyrannen,
Die sich vergriffen einst an Gut und Blut.

Du hörst beklagen sie, was sie ersannen,
Nimmst Alexander, Dionysus wahr,
Um den Siziliens Tränen lange rannen."

Auch Attila und andere politische Gewalttäter, jedoch auch einfache Raubritter
kommen hier vor.

XIII. Gesang: Im siebenten Kreis, zweiter Ring, befinden sich solche, die sich selber den Tod gaben, und solche, die ihr Hab und Gut sinnlos verpraßten (die „Selbstmörder" sollen, eine originelle Ansicht, bei der Auferstehung ihre Leiber nicht

wiedererhalten). Auch Menschen, die in Gebüsch verwandelt sind und durch Brechen eines Zweiges verwundet werden können, kommen hier zu Wort. Die Pein besteht darin, von Hunden gehetzt zu werden:

> Doch hinter ihnen war des Waldes Stätte
> Ganz voll von schwarzen, gierigen, flinken Hunden,
> Den Bracken gleich, die los von ihrer Kette.

> Sie bissen den, der sich am Grund gewunden,
> Und sie zerfleischten Stück um Stück ihn dann
> Und schleppten fort die Glieder, voller Wunden.

XIV. Gesang: Neben dem Wald der Bestraften findet sich eine Sandwüste, wo solche, die sich aggressiv gegen Gott und gegen die Natur vergangen haben, in einem ewigen Flammenregen gequält werden. Dante spricht hier ausdrücklich Gottes Rache an:

> O Rache Gottes, ach, wie muß dich scheun
> Jedweder, der, dies lesend, wird erfahren,
> Was meinen Augen sichtbar ward an Pein!

> Der nackten [!] Seelen sah ich große Scharen
> Und hörte jämmerlich sie alle weinen;
> Verschiedenes Gesetz schien sie zu paaren.

> Rücklings am Boden schaute ich die einen,
> In sich geduckt die andren dort zumal;
> Die dritten waren ständig auf den Beinen.

> Es lief herum die allergrößte Zahl,
> Die kleinste hat am Boden flach gelegen,
> Mit loserer Zunge doch für ihre Qual.

> Rings auf dem Sand flog träg hinab ein Regen
> Aus Feuerflocken; ähnlich sah ich schon
> Den Alpenschnee, wenn's windstill, sich bewegen.

> Genauso wie in Indiens Glutregion
> Auf Alexanders Heerschar einst gefallen
> Die Feuerflammen, ohne zu verlohn,

> So daß den Grund er stampfen ließ von allen,
> Damit verlösche ja des Feuers Glut,
> Bevor die Flocken sich zusammenballen,

> So trieb hinunter hier die ewige Glut;
> Den Schmerz zu doppeln, flammte das Gelände,
> Wie unterm Stahle es der Zunder tut.

Bei dem aus Blut bestehenden Fluß Phlegeton erklärt Vergil die Ursprünge der drei Höllenflüsse.

XV. Gesang: Die genannte Sandwüste entlanggehend, treffen die beiden auf die „Sodomisten" (in der Sprache der klassischen und alten Theologie Homosexuelle und solche, die sexuell mit Tieren verkehrten, nach der von Gott bestraften Stadt Sodoma).

> Vernimm denn schnell: Sie waren Priester alle,
> Gelehrte auch von großem Ruf und Rang;
> Die gleiche Sünde brachte sie zu Falle.

Unter den hier Verdammten begegnet Dante auch seinem geliebten Lehrer Brunetto Latini.

XVI. Gesang:

> O welche Leibeswunden, welch ein Graus,
> von jetzt und früher, durch die Flammenzungen!
> Beim Denken rinnen Tränen schon heraus.

Nach Unterhaltung mit drei florentinischen Feldherrn gelangen die Höllenbesucher zum Absturz des Flusses Phlegeton und zu dem Drachen Geryon, dem Symbol der Falschheit.

XVII. Gesang: Dante spricht mit Wucherern in der Sandwüste, denen Beutesäcke an den Hälsen hängen:

> Aus ihren Augen sprang heraus die Pein;
> Bald vor den Flammen, bald vorm Glutengrunde
> Mußt ihre Hand für sie der Helfer sein:
>
> Nicht anders machen sommers es die Hunde,
> Wenn Bremse, Fliege oder Floh sie sticht,
> Sei's mit den Füßen, sei es mit dem Munde.
>
> Dann sah ich einigen in das Gesicht,
> Die stets das wehe Feuer aufgefangen;
> Ich kannte keinen, doch entging mir nicht,
>
> Daß jedem hier am Hals ein Sack gehangen
> – Gezeichnet anders jeder und bemalt –,
> Worin sich ihre Blicke ganz verfangen.

Dante und Vergil schweben sodann auf dem Rücken des Drachen Geryon zum achten Kreis hinab.

XVIII. Gesang: Der in zehn Gräben eingeteilte achte Kreis wird beschrieben. Im ersten Graben werden Kuppler und Verführer gestraft:

> Hier, sowie dort, sah ich am Fels, dem graun,
> Gehörnte Teufel mit der Peitsche toben
> Und fürchterlich von hinten auf sie haun.
>
> O weh, wie ihre Fersen sich da hoben
> Beim ersten Schlag, und ich sah davon keinen
> Den zweiten oder dritten mehr erproben.

Im zweiten Graben werden Schmeichler und Dirnen gefoltert:

> Der Abgrund ist so tief, daß, wer erstrebt
> Hineinzuschaun, besteigen muß den Rücken
> Des Bogens, wo die Klippe meist sich hebt.
>
> Wir langten an; dort bot sich meinen Blicken
> Im Graben Volk, erstickt in einem Brei,
> Den die Kloaken schienen herzuschicken.
>
> Und als ich nachsah, wer dort wohl dabei,
> Sah einen Kopf ich, so von Kot zerfressen,
> Daß nicht zu sehn, ob's Pfaff, ob's Laie sei.

XIX. Gesang: Der dritte Graben des achten Kreises ist die Folterstätte für Simonisten (kirchliche Amtsinhaber, die Kirchenämter gegen Bestechung vergaben). Ihre Strafe besteht darin, mit dem Kopf nach unten in Felslöcher gesteckt zu sein und zu brennen:

> Aus jeder Öffnung hat herausgestreckt
> Ein Sünder seine Füße und die Beine
> Bis hin zum Schenkel; sonst war er versteckt.
>
> Die Sohlen glühten all im Flammenscheine;
> Drum sah ich die Gelenke sie verdrehn,
> Daß sie zerrissen hätten Tau und Leine.
>
> Wie Feuer wir auf öligen Dingen sehn,
> Wo auf der Oberfläche nur es jagt,
> So war es von den Fersen zu den Zehn.

Dante redet mit dem in einem solchen Loch steckenden Papst Nikolaus III., der seinerseits noch die Päpste Bonifaz VIII. († 1303) und Clemens V. († 1314) an diesem Ort erwartet, über Habgier und Verweltlichung der Kirche.

XX. Gesang: Im vierten Graben des achten Kreises befinden sich Wahrsager und Zauberer. Sie müssen mit völlig verdrehtem Körper ewig nach rückwärts schauen und vergießen ihre Tränen durch den Hintern:

> Im runden Tale sah ich dann Personen,
> Die still und weinend da im Takt geschritten,
> Gleichwie in unserer Welt die Prozessionen.
>
> Als dann mein Blick noch mehr hinabgeglitten,
> Schien dran mir jeder wunderbar verkehrt,
> Was zwischen Kinn und Brustbeginn inmitten;
>
> Denn nach den Lenden war ihr Blick gekehrt;
> Und rückwärts gings's so auf der Tränenwiese,
> Da ihnen ja das Vorwärtsschaun verwehrt.

XXI. Gesang: Im fünften Graben werden Betrüger in öffentlichen Ämtern in siedendes Pech getaucht, überwacht von mit Bratspießen bewaffneten Teufeln. Das Bildmaterial, das Dante hier verwendet, war in der christlichen Ikonographie

und Phantasie besonders einflußreich; dabei ist es Gott, der das Gräßliche bewerk-
stelligt:

> So sott durch Gottes Kunst und nicht durch Brände
> Ganz unten eines dicken Pechs Gewühl,
> Das überall verklebt die Seitenwände.
>
> Ich sah's, jedoch ich sah darin nicht viel,
> Als daß der Sud beständig Blasen braute,
> Daß er erst anschwoll, dann zusammenfiel.
>
> [...]
> Ein schwarzer Teufel kam daher im Lauf,
> Von hinten auf der Klippe Steingerüste.
>
> Wie wild er blickte, als er kam herauf!
> In welchem Grimme schien er herzusprengen
> Auf leichten Füßen und die Flügel auf!
>
> Auf spitzer Schulter hatt er einen hängen
> Mit beiden Hüften, den er trug hinweg;
> Er hielt gepackt ihn an den Fußgelenken.
>
> [...]
> Nicht anders läßt der Koch die Küchenjungen
> Mit ihren Haken in den Topf das Fleisch
> Hinunterstochern, wenn's emporgedrungen.

Der letzte Dreizeiler bezieht sich auf das vom Teufel in siedendes Pech geworfene
Opfer. Als Geleit werden elf Teufel zur Verfügung gestellt, deren Namen genannt
werden: Schwinghupf, Reifestampfer, Hunderachen, Krausbart, Lustgockel, Schup-
pendrachen, Sauhauer, Hanswurst, Rötel, Hundekralle, Irrwisch.

XXII. Gesang: Mit diesem Geleit gehen die Wanderer den Pechsee entlang; ein
Opfer wird zum Vorzeigen herausgezogen, und ihm gelingt die Flucht; statt dessen
fallen zwei Teufel ins Pech und müssen geborgen werden – ein Spottintermezzo.

XXIII. Gesang: Im sechsten Graben müssen Heuchler in schweren Bleimänteln
einhergehen: „O Mantel, dessen Qual nie endet mehr!" Der an der Verurteilung
Jesu beteiligte Hohepriester Kaiphas liegt gekreuzigt am Boden. Dante und Vergil
werden von Teufeln verfolgt.

XXIV. Gesang: Diebe werden im siebenten Graben von Schlangen gebissen, auch
unablässig zu Asche verbrannt, aus der sie neu entstehen:

> Ich sah darinnen grause Schlangenbrut,
> Ganz ungeheuerlich und ohnegleichen,
> So daß beim Denken dran noch stockt das Blut,
>
> Der libysche Sand ist ihr nicht zu vergleichen;
> Die Ottern, Vipern, Hydern dort in Sicht,
> Und seine Lanzennattern, Doppelschleichen

Sind nicht solch schlimmes, giftiges Gezücht;
Auch in Äthiopien wird's nicht angetroffen
Und auch im Land am Roten Meere nicht!

Durch diesen argen Knäuel, diesen schroffen,
Sah nackte Körper laufen ich voll Bangen;
Auf Loch und Heliotrop war nicht zu hoffen:

Die Hände hingen ganz verschnürt mit Schlangen,
Die durch die Lenden Kopf und Schwanz gestochen
Und vorne sich zu einem Knoten schlangen.

Und eine Schlange kam herangekrochen,
Bei uns, zu einem, den sie dann durchstieß,
Wo sich der Hals knüpft an die Schulterknochen.

So schnell schrieb man die O's nie und die I's,
Als Feuer fing und brannte der Geselle
Und fallend nichts als Asche übrigließ.

Und als er so zerstört lag auf der Schwelle,
Vereinte sich zur früheren Gestalt
Der Staub dann ganz von selber auf der Stelle.

Auch hier ist der Schrecken auf Gott selber zurückzuführen:

Wie bist du streng, o Gott, in deiner Macht!
Wie führst du rächend Schlag auf Schlag von oben!

XXV. Gesang: Außer zwei konkreten zeitgeschichtlichen Personen werden anonyme Sünder in der Schlangenpein vorgeführt:

Wie ich erhoben hielt auf sie die Brauen,
Stürzt sich sechsfüßig eine von den Schlangen
Vor einen hin und packt ihn mit den Klauen.

Der Bauch ward mit den Mittelfüß umfangen;
Die vordern dienten als der Arme Band;
Dann biß sie ihn in seine beiden Wangen;

Der Schenkel mit den hintern ward umspannt,
Der Schwanz gesteckt durch seine beiden Beine
Und dann entlang dem Rücken aufgewandt.

Den Efeu sah man nie so im Vereine
Mit einem Baum, wie dieses garstige Tier
Gewunden um die fremden Glieder seine.

Zusammen klebten da die beiden schier,
Wie heißes Wachs, die Farben ganz vermengend,
Und keiner war wie vorher, schien es mir!

Der Gesang übertrifft die anderen an Ausführlichkeit und Widerlichkeit der Qualenbeschreibung.

XXVI. Gesang: Falsche Ratgeber stehen in Flammen. Namentlich wird Odysseus vor Augen gestellt. Damit beginnt der achte Graben.

XXVII. Gesang: Weiter werden im achten Graben politische Gespräche geführt. Hier fällt eine wichtige Maxime in Dantes Sicht der Hölle: „Wer nicht bereut, dem kann man nicht vergeben!"

XXVIII. Gesang: Im neunten Graben befinden sich Zwietrachtstifter und Glaubensspalter, die unablässig von einem Teufel zerhauen werden. Unter den namentlich Genannten ragt Mohammed hervor.

> Kein Faß, das Daub und Boden ließ im Sturz,
> Wies solchen Anblick je, wie einer bot,
> Vom Kinn zerspalten bis hinab zum Furz.
>
> Inzwischen Beinen schien der Därme Rot,
> Und das Gekrös quoll mit dem schmutzgen Sacke,
> Der alles, was er einschluckt, macht zu Kot.
>
> [...]
>
> Die andern alle, die in gleichem Sinn
> Von Streit und Zwist gelebt, der Welt zum Harme,
> Sind so zerspalten deshalb auch hierin.
>
> Ein Teufel richtet hinten zu uns Arme
> So fürchterlich mit seines Schwertes Schnitt,
> Zerhackend jeden wiederum vom Schwarme,
>
> Sooft den Leidensweg durchmaß sein Schritt:
> Sind doch schon seine Wunden wieder heil,
> Noch eh er wieder vor den Teufel tritt.
>
> [...]
>
> Den andern, dem die Kehle ganz durchbohrt,
> Die Nase abgeschlitzt bis zu den Brauen,
> Und dem von seinen Ohren eins war fort.
>
> [...]
> Die Zunge abgeschnitten bis zum Ende.
>
> Gewiß sah ich, als säh ich es noch eben,
> Ein Rumpfstück ohne Kopf in meiner Nähe
> Und vorwärts wie die andern sich begeben:
>
> Am Haar hielt seinen Kopf es in die Höhe;
> Gleich einer Lampe hing er an der Hand
> Und sah uns an und sagte nichts als: „Wehe!"

XXIX. Gesang: Im zehnten Graben werden Fälscher mit ekelhaften Krankheiten gepeinigt:

> So war es hier, und ein Gestank entsprang,
> Gleich faulem Fleisch, aus diesen Leidensstätten.

[...]

Sie lagen aufeinander kunterbunt:
Der auf dem Bauch, der auf des andern Rücken;
Der kroch auf allen vieren auf dem Grund.

Nur Schritt auf Schritt gelang's uns vorzurücken;
Wir sahn und hörten still die Kranken an,
Die ewig sich am Boden mußten drücken.

Wie Topf an Topf am Herd man sehen kann,
Sah angelehnt ich sitzen zwei Gestalten;
Von Kopf zu ihren Füßen Grind daran.

[...]

Wie jeder hier sich gab den Nägeln preis,
Das Jucken sich zu lindern dort durchs Schaben,
Da sonst er sich nicht mehr zu helfen weiß;

Ich sah die Nägel in den Grind sich graben.

XXX. Gesang: Zu den Fälschern zählen, im Fortgang des zehnten Grabens, Falsch-
münzer und Lügner:

Doch nicht auf Thebens noch auf Trojas Grund
Sah man den Wahnsinn je so schrecklich toben
In Tier und Mensch, wie hier im Höllenschlund

Zwei Schatten, nackt und bleich, vorüberschnoben
Und laufend um sich bissen, gleich dem Schwein,
Wenn es heraus sich stürzt aus seinem Koben.

Unter den bekannten Personen ist hier die Frau Putiphars, die nach der Bibel (Gen
37,7–18) Joseph in Ägypten zu verführen suchte und ihn beim Mißlingen verleum-
dete.

XXXI. Gesang: Über dem neunten Höllenkreis ragen turmhohe Riesen auf. Einer von ihnen setzt Dante und Vergil auf den Höllengrund: „Der Luzifer nebst Judas
hält umfaßt".

XXXII. Gesang: In diesem neunten Kreis sind Verräter im eisigen Fluß Cocytus
eingefroren: Verräter an Verwandten erkennt man am gesenkten, politische Verräter am gehobenen Kopf.

So staken blau bis wo die Scham man sieht,
Die schmerzensreichen Schatten in dem Eise;
Die Zähne klapperten das Storchenlied.

Sie alle schauten abwärts gleicherweise;
Ihr Mund hat laut die Kälte ausgedrückt;
Ihr Herzeleid bezeugt der Augen Weise.

In einem Loch nagt ein Graf an einem Erzbischof.

XXXIII. Gesang: Die beiden werden als bekannte Pisaner vorgestellt. Verräter an Gastfreunden müssen auf dem Rücken ausharren; ihre Augenhöhlen sind vereist:

> Wir gingen weiter, wo sich arg das Eis
> Um andre preßt, die nicht sich abwärts kehren:
> Sie liegen auf dem Rücken rudelweis.
>
> Die Zähren lassen hier nicht durch die Zähren;
> Die Tränen, die sich an den Augen staun,
> Drehn sich dann rückwärts, um die Not zu mehren:
>
> Die ersten Tränen ballen sich zum Zaun,
> Um gleich Kristallvisieren auszufüllen,
> Die ganzen Augenhöhlen unter'n Braun.

XXXIV. Gesang: Im Mittelpunkt der Erde angelangt, sind die Höllenbesucher nun bei Luzifer, der in seinen drei Mäulern (höllische Trinität) die drei „Erzverräter" (in der Sicht Dantes) zermalmt:

> Wenn er so schön war, wie er jetzt gemein,
> Und gegen seinen Schöpfer hob die Brauen,
> So muß von ihm entspringen jede Pein.
>
> Ich wollte meinen Augen nicht mehr trauen!
> Am Kopfe waren drei Gesichter dran;
> Eins vorn, von Farbe rötlich anzuschauen,
>
> Und zwei noch, die sich angeschlossen dann,
> Ein jedes oberhalb der Schultermitte,
> Und sich am Hinterkopfe rührten an.
>
> [...]
>
> Drei Flügelpaare kamen drunter her [...]
> Sie waren, gleichwie bei den Fledermäusen,
> Der Federn bar und flatterten voll Eifer.
>
> [...]
>
> Und jedes seiner Mäuler brach mit Zähnen
> Je einen, wie die Breche Flachs zerbricht,
> So daß ich hier vernahm ein dreifach Stöhnen.
>
> Das Beißen schien so schlimm dem Vordern nicht
> Wie das Zerkratzen; manchmal sah ich scheinen
> Sein Rückgrat bloß von jeder Oberschicht.
>
> „Die Seele, die den meisten Grund zum Weinen,
> Ist Judas oben!" fuhr der Meister fort;
> „Drin mit dem Kopf und zappelnd mit den Beinen.
>
> Die andern zwei, kopfabwärts baumelnd dort,
> Sind Brutus, der vom schwarzen Maul hängt nieder
> – Sieh, wie er sich verdreht und spricht kein Wort –,
>
> Und Cassius, Eigentümer mächtger Glieder."

Die beiden Höllenbesucher tasten sich am Körper Luzifers entlang, seine Haare als Leiter benutzend, und kommen durch einen Höhlengang auf die südliche Halbkugel, zum Läuterungsberg (Purgatorio).

Interessant ist im Zusammenhang mit dem Höllenthema, welche Arten von Sünden Dante nur im Purgatorio bestraft wissen will, so daß den betreffenden Sündern schließlich die himmlische Seligkeit in Aussicht steht: die im Kirchenbann starben; die aus Trägheit erst im letzten Augenblick ihr Seelenheil sicherten; gewaltsam Gestorbene, die im Frieden mit Gott starben; Fürsten, die über lange Zeit ihr Seelenheil vernachlässigt haben; Stolze; Neider; Zornige; Träge; Geizige; Schlemmer; Wollüstige. Bei den letzten sieben Kategorien ist zu beachten, daß Dante solche Sünder in die Hölle versetzte, die exzessiv gegen die Hauptugend des Maßhaltens verstießen.[2]

Dantes „Göttliche Komödie" ist in erster Linie eine politische Dichtung. In der Art und Weise, wie Dante im Zug seiner Abrechnung mit politischen Widersachern, aber auch mit solchen, die er von früher her als verantwortlich für Krisen und Übelstände in Kirche und Gesellschaft ansah, verfuhr, ist er der offiziellen kirchlichen Lehre nicht gefolgt: Diese hat nie einen Menschen namentlich und mit Gewißheit in die Hölle versetzt. Natürlich läßt Dantes Hölle (wie das Purgatorio) einen starken „demokratischen" Impuls erkennen, insofern die Verantwortungsträger strenger gerichtet werden als mit Schwachheiten behaftete Durchschnittsbürger. Diesen Aspekt teilt Dante mit früheren Höllenvisionären, die sich ebenfalls als drastische Mahnung an die Lebenden verstanden.

Was die Sünden angeht, die nach Dante mit der ewigen Höllenstrafe geahndet werden, so hat er auf der einen Seite am biblischen Erbe festgehalten: Bedroht sind die Reichen und Mächtigen wegen ihres hemmungslosen Umgangs mit Besitz und Macht; des weiteren die Ungläubigen und Abgefallenen, die einmal Kenntnis vom Evangelium und der Kirche gehabt hatten. Auf der andern Seite ist ein Kriterium für Todsünde auch mit der aristotelischen (und stoischen) Tugendlehre gegeben. Die Liebe zu Gott und zu den Nächsten tritt ihr fast äußerlich zur Seite. Reue und Buße sind Möglichkeiten der Rettung vor der Hölle, die mit dem Tod zu Ende sind. Als Ehemann und Familienvater beurteilt Dante die „Fleischessünden" ersichtlich milder als die Höllenvisionäre aus dem zölibatären Mönchtum. Von Sadismus sind seine Schilderungen nicht frei. Dantes Inferno hat als weitverbreitete Dichtung mit Sicherheit die umlaufenden Höllenvorstellungen gefestigt, wenn auch im einzelnen nicht nachzuweisen ist, inwieweit Predigt und Katechese von ihm beeinflußt wurden. Evident und auch in der Literatur aufgezeigt ist Dantes Nachwirkung in der bildenden Kunst, wobei die Rezeption sich prinzipiell in zwei Richtungen unterscheiden läßt: Für die einen ist Dante ein Gewährsmann dafür, wie die Hölle in Wirklichkeit sein wird und abzubilden ist; für die andern ist er der Poet, dessen Dichtung unabhängig vom Realitätsgehalt die Kunst anregt.

---

[2] Zu Dantes Purgatorio im einzelnen: J. Le Goff: Die Geburt des Fegefeuers. Vom Wandel des Weltbildes im Mittelalter. Stuttgart 1990, S. 407–434.

11. Hochmittelalter:
Die Hölle der scholastischen Theologie

Der Überblick über die Entstehung von Höllenvorstellungen ist mit Dante bereits im vierzehnten Jahrhundert angekommen. Die Ausmalung der Hölle ist damit zugleich auch am Ende: neue Elemente tauchen nicht mehr auf. Das Höllenmotiv wurde in den verschiedenen Kirchenregionen in unterschiedlicher Weise eingesetzt. Zweifellos spielte es in Zeiten moralischer Verwahrlosung oder missionarischer Impulse eine bedeutende Rolle, es gab also regelrechte Wellen der Höllenaktualisierung, die jeweils einem Prozeß der Erschöpfung oder des Totlaufens unterlagen. Anhand der erhaltenen Predigtliteratur lassen sich diese Wellen besonders gut studieren. Angesichts der relativen Dürftigkeit der biblischen Höllentexte verließ sich die kirchliche Praxis weitgehend auf die visionären Zeugnisse, in denen man direkte und aktuelle Zugänge zur jenseitigen Welt zu haben meinte. Inwieweit das christliche Volk, das die Höllenpredigten über sich ergehen lassen mußte und die Darstellungen der Künstler in den Kirchen häufig genug vor Augen hatte, faktisch an die jenseitigen Lokalitäten und an die höllischen Grausamkeiten glaubte, läßt sich nicht mehr eruieren.

In den Kreisen der „Gebildeten" wird man angesichts der allzeit drohenden Ketzerverfolgungen meist nicht gewagt haben, seine Meinung zu diesem Thema frei heraus zu sagen, doch sind einige Zeugnisse erhalten, die darauf hinweisen, daß mancherorts die Instrumentalisierung des Höllenmotivs zu moralpädagogischen Zwecken durchschaut wurde. Ein Beispiel für den Spott, den dieses Verfahren auf sich zog, aus einer relativ späten Zeit sei hier zitiert.

In dem kurz nach 1200 entstandenen französischen Gedicht von Aucassin und Nicolette[1] sagt der Held Aucassin:

> Was hab' ich im Paradies zu tun? Es kommen dahin jene alten Priester, jene alten Krüppel und Lahmen, die Tag und Nacht vor den Altären und in den alten Grüften hocken. [...] Die kommen ins Paradies.

Er aber möchte lieber in die Hölle:

> Denn in die Hölle kommen die schönen weisen Meister und die schönen Ritter [...] und es kommen dahin die schönen höfischen Damen. [...] Mit diesen will ich gehen, wenn ich nur Nicolette, meine süße Freundin, bei mir habe.

---

[1] Deutsche Ausgabe von F. von Oppeln-Bronikowski, Leipzig 1911, S. 32 f.; B. Lang/C. McDannell: Der Himmel. Frankfurt 1990, S. 136 f.

Für Interessenten gab es freilich außer den Visionszeugnissen und der normalen kirchlichen Verkündigung in Predigt und Katechese noch eine andere Quelle, die das Nachdenken über die Hölle nähren konnte: die Theologie.

Bei der Darstellung der Theologie der Alten Kirche wurde bereits das heute allgemein vertretene Urteil wiedergegeben, daß die Zeit der zu Ende gehenden Spätantike und des Übergangs ins Frühmittelalter theologisch dürftig gewesen sei, von wenigen Ausnahmen abgesehen. Diese Situation änderte sich nun in dem Maß, als das Bildungswesen von den zerstreuten Klöstern und Pfalzschulen (die städtischen Schulen sind hier kaum zu nennen) an eigentlich geistig-kulturelle Zentren überging, wie sie mit den Kathedralschulen und den Universitäten entstanden. Geistesgeschichtlich handelte es sich um den Beginn und die Blüte der scholastischen Theologie. Diese ist nicht denkbar ohne die neue Beachtung der griechischen Philosophie, insbesondere des Aristoteles. Von ihm her war es möglich, zu einer geschlossenen Weltsicht unter dem Leitgedanken der gestuften Ordnung des Ganzen zu kommen. Die Elemente der biblischen Religion fügten sich dieser einheitlichen Weltsicht fugenlos ein, sobald die Grundunterscheidung von Schöpfungsordnung und Erlösungs-(Heils-)Ordnung gefunden war. Ihr entsprachen weitere wesentliche Unterscheidungen wie die von Wissen (vor allem aus der Naturerkenntnis) und Glauben, Philosophie und Theologie, Wissenschaft und Frömmigkeit.

Die Scholastik entwickelte sich im Rahmen der Kirche und berief sich deshalb in Angelegenheiten des Glaubens auf kirchlich anerkannte Autoritäten. In erster Linie war das die Bibel; dazu kamen die Zeugnisse einer ungebrochenen Tradition, zu der wiederum vor allem die kirchlich anerkannten Theologen gehörten. Was sonst noch an Glaubenswahrheiten vorgetragen wurde, mußte sich an den strengen Regeln der – wiederum von Aristoteles übernommenen – Logik orientieren: Was nicht als Schlußfolgerung aus den Autoritäten überzeugend vorgetragen werden konnte, blieb suspekt. Die scholastische Methode bestand darin, mit großer Freiheit zunächst Fragen zu stellen und damit auch Zweifel zuzulassen. Aus den Autoritäten wurden mit logischer Strenge Gründe und Gegengründe zu einer möglichen Antwort zusammengetragen und damit die Grundlage zu einer eigenen entscheidenden Meinung des Meisters gelegt. Wo sich andere einer solchen Sentenz widersetzten, entstanden daher mehrere theologische Schulen als Beginn eines theologischen und kirchlichen Pluralismus. In der Folge der regen, disputierfreudigen Tätigkeit entstanden in zunehmendem Maß Synthesen des ganzen theologischen Denkens in der Literaturgattung der „Summen".

Historisch gesehen unterscheidet man in relativ grober Einteilung die Frühscholastik von etwa 800 bis 1200, in der die Methoden entwickelt wurden, die Hochscholastik von etwa 1200 bis 1400 mit ihren großen Summen und mit dem Auseinandertreten der beiden Schulen der an Aristoteles orientierten Dominikaner und der das Erbe des Augustinus (und damit des Neuplatonismus) pflegenden Franziskaner, die Spätscholastik von etwa 1400 bis 1500 mit dem Abgleiten in ein Glasperlenspiel steriler Fragestellungen und gesuchter Begriffsbildungen. Zu diesen großen Epochen der Scholastik kommen noch Sonderformen wie die Barockscholastik besonders in Spanien und Italien als Reaktion auf die Renaissance und Reformation und

Giotto di Bondone: Details aus dem „Jüngsten Gericht" aus der Capella
degli Scrovegni in Padua, 1305

Giusto di Menabuoi: Detail aus dem „Jüngsten Gericht", Vilboldone, ca. 1363

die von der römischen Kirchenleitung im neunzehnten und in der ersten Hälfte des
zwanzigsten Jahrhunderts favorisierte Neuscholastik als Reaktion auf das Denken
der Neuzeit, insbesondere der Aufklärung.

Die scholastische Theologie bildete in der Zeit, die nun zur Sprache zu bringen
ist, auch die Grundlage für offizielle kirchliche Äußerungen. Bei beiden Arten von
Zeugnissen, den Äußerungen der Theologen wie der kirchlichen Lehrautorität, wird
sich der Unterschied zur Visionsliteratur, was das Thema der Hölle angeht, sehr bald
herausstellen.

Julian von Toledo, Johannes Scottus Eriugena

Ehe die Aufmerksamkeit der Scholastik selber gelten soll, sei auf zwei profilierte
Theologen aufmerksam gemacht, die im Zusammenhang mit dem Nachdenken über
die Hölle Bedeutung haben.

Julian, Erzbischof von Toledo († 690), verfaßte 688 eine eschatologische Gesamt-
darstellung unter dem Titel „Prognosticon futuri saeculi". Die Autoritäten dieses
Theologen, der selber an der Kathedralschule von Toledo ausgebildet worden war
und die Position dieser Stadt unter anderem durch Synoden ungemein gestärkt hatte,
waren Augustinus und Gregor I. Er unterscheidet zwei Paradiese und zwei Höllen.
Von den letzteren nimmt er an, daß sie eher beide übereinander unter der Erde zu
finden sind. Die Seelen haben seiner Ansicht nach eine Art Leib (similitudo corporis),
so daß sie Erquickung oder Qual empfinden können, was bei ihnen vom Todestag
an der Fall ist. An der Existenz des ewigen Höllenfeuers, das materiell, aber von
einem gewöhnlichen Feuer dennoch verschieden ist, zweifelt er nicht. Die Qualen
der Verdammten würden aber je nach der Schwere ihrer Schuld unterschiedlich sein.
Diskutiert wird über den Ort des Weltgerichts, ob das zwischen Jerusalem und dem
Ölberg gelegene Tal Josaphat (das beim Propheten Joel 4,2 als Gerichtsort genannt
wird) figürlich oder buchstäblich gemeint sei. Julian kennt die Ansicht mancher
Theologen, die das Gericht eher in der Luft abgehalten sehen wollen, weil dort alle
Verstorbenen Platz haben. Daß Lohn und Strafe nach der Auferstehung der Lei-
ber auch körperliche Qualität haben würden, ist für ihn selbstverständlich.[2]

Ein origineller theologischer Einzelgänger, dem sich die heutige Forschung neu
zuwendet, war Johannes Scottus Eriugena, ein Ire, der an der Hofschule Karls des
Kahlen tätig war († um 877). Dieser bedeutendste Gelehrte der karolingischen
Renaissance äußerte sich zum Höllenthema im Zusammenhang mit einem Theolo-
gendisput über die ewige Vorherbestimmung. Die im Namen Jesu Getauften besitzen seiner Meinung nach die (von Gott geschenkte) Freiheit, tiefere Weisheit zu erlangen und so Gott zu finden, ihr ewiges Glück. Die andern fallen der Hölle anheim.
In Kapitel XIX seiner Abhandlung „De praedestinatione", das überschrieben ist:

---

[2] Zu Julian: J. Le Goff: Die Geburt des Fegefeuers. Vom Wandel des Weltbildes im Mittelalter. Stuttgart 1990, S. 122 f.; L. Ott: Eschatologie. In der Scholastik. Aus dem Nachlaß bearbeitet von E.
Naab. Freiburg 1990 (HDG IV 7 b), S. 49, 56.

„De igne aeterno", erklärt er: Die Leiber der Heiligen hätten eine „ätherische", die der Verdammten eine „aerische" Qualität. Die vier Weltelemente würden zu Werkzeugen Gottes an den Verworfenen; da die Leiber der Verdammten niedrigere Qualität als das Feuer hätten, seien sie von diesem erreichbar; ihre Seelen gerieten zudem in den Kampf zwischen der höheren Qualität des Feuers und der niedrigeren Qualität der Luft. Bei diesem Schicksal sei nicht Gott der Bestrafende; vielmehr überlasse er dasjenige, was er nicht geschaffen hat (das Schuldhafte am Menschen) der Strafe durch die Elemente. Fünfzehn Jahre später kam dieser Theologe in seinem 866 entstandenen Hauptwerk „De divisione naturae" darauf zurück: Nach der Vollendung der Welt würden alle körperlichen Dinge in ihre Ursachen zurückkehren und sich dabei in Geist verwandeln. Räumlichkeit und Örtlichkeit würden durch die Einfachheit des Geistes, Zeitlichkeit durch die zeitlose Ewigkeit des Geistes ersetzt werden. So wären die ewigen Qualen der durch eigene Schuld Verdammten geistig zu verstehen: Ihr Wille – der der Grund der Bestrafung ist, da zeitliche Sünden nur wegen der geistigen Qualität des Willens ewig bestraft würden – werde durch die Erinnerung und durch die nicht erfüllten Wünsche gequält. Obwohl Johannes Scottus Eriugena durch Synoden verurteilt wurde, blieb er bei Karl dem Kahlen weiterhin in hohem Ansehen; er fand auch immer wieder Anhänger. Mit seiner Tendenz, das oft kraß materiell Aufgefaßte (wie die Höllenstrafen) zu „spiritualisieren", wurde er für das lateinische Mittelalter ein wichtiger Vermittler zum neuplatonischen Denken.[3]

Anfänge der scholastischen Höllenlehre

Welche leitenden Fragen bildeten den Hintergrund für die mit der Scholastik entstehende kirchliche Höllenlehre?

Ein Konsens bestand in der Unterscheidung von erstem und zweitem Tod; der erste bedeutete (mit Augustinus gesprochen) die Trennung von Leib und Seele, der zweite bestehe im Verworfensein durch Gott. Von der miterlebten und -gefeierten Liturgie aus entwickelten sich zwei wesentlich verschiedene Haltungen hinsichtlich des Betens für die Toten. Nach der einen sei es unnütz, für die von Gott Verworfenen (die „valde mali" des Augustinus) zu bitten, da es keine Einflußnahme auf die Hölle und keine Rettung aus ihr gebe. Nach der anderen habe der Grundsatz zu gelten: „Mit denen wir in ihrem Leben Gemeinschaft gehabt haben, sollen wir auch nach ihrem Tode Gemeinschaft haben", daher müßten allen die Fürbitten gelten.[4] In diesem Zusammenhang wird erwogen, ob – wie bei Augustinus thematisiert – nicht wenigstens eine zeitweilige Milderung der Höllenpein, gerade durch die Macht der Fürbitten, erreicht werden könne.[5]

---

[3]   Vgl. A. Angenendt: Das Frühmittelalter. Die abendländische Christenheit von 400–900. Stuttgart 1990, S. 447; Ott (Anm. 1), S. 57–59.

[4]   Ott (Anm. 1), S. 2–5, das Zitat ebd. 5.

[5]   Ott (Anm. 1), S. 6. Gerhard von Novara, † 1211, führte für diese zeitweilige Linderung die Erzählung von Brandan an! Ebd. 11.

Wer sind die sehr Schlechten (die „valde mali")? Vom Sprachgebrauch der Kirchenväter her ergab sich für die einen die Ansicht, es handle sich um alle Ungläubigen, die gestorben sind, ohne an den Sakramenten teilzuhaben. Die anderen meinten dagegen, diese Gruppe auch um die schlechten Christen erweitern zu müssen, also um jene, die einmal die Liebe (caritas) gehabt, durch schwere Sünden aber ihre früheren guten Werke getötet hatten. Was aber heißt „schwere Sünde?"

Weitgehende Übereinstimmung herrschte hinsichtlich der jenseitigen Strafen, insofern sie in den Evangelien selber formuliert worden waren: Der Wurm durfte, ja mußte metaphorisch verstanden werden, als Gewissenswurm, als ewige Selbstvorwürfe. Das Feuer dagegen durfte nicht metaphorisch aufgefaßt werden, wie aber würde es bloße Seelen vor der Auferstehung ihrer Leiber erreichen? Auch der Teufel wurde thematisiert. Könne er mit seinen dämonischen Trabanten die Hölle verlassen, um auf Erden Menschen zu schaden und durch Verführung für die Hölle zu gewinnen? Würde er bei der ewigen Bestrafung eine aktive Rolle innehaben? Schließlich wurde auch über den Ort der Hölle (des Gerichtes, der Läuterung, des Paradieses) diskutiert.

Die Fragen hatten an unterschiedlichen Orten der Theologie ihren Platz. Natürlich wurden sie anläßlich der Kommentierung der betreffenden Bibelstellen oder des Glaubensbekenntnisses mit seiner abschließenden Aussage der Auferstehung und des ewigen Lebens erörtert. Aber auch beim Nachdenken über die Eigenschaften Gottes oder über seine Vorsehung, zusammen mit der Vorherbestimmung, kamen Überlegungen zur Hölle zustande. Wie verhielten sich Barmherzigkeit und Gerechtigkeit Gottes zueinander? Wie wäre die Freiheit des Menschen zu denken, wenn Gottes Gnade alles Entscheidende bewirkte? Könnte Gottes Gnade auch solche retten, die sich ihr wissentlich und willentlich versagten?

Fast alle diese Fragen waren schon bei der großen theologischen Autorität Augustinus angeschnitten worden.

Natürlich können hier nicht alle scholastischen Theologen angeführt werden, die jemals irgend etwas zur Hölle geäußert haben. Die markantesten müssen aber mit ihren Fragen und Antworten zu Wort kommen.

Zu ihnen zählt Honorius Augustodunensis („von Autun"), ein irischer Mönch, wahrscheinlich Benediktiner, der die meiste Zeit seines Lebens in Regensburg verbrachte und großen Einfluß auf das Hochmittelalter ausübte. In manchen Schriften vertrat er so sehr metaphorische und spiritualisierende Ansichten (die Hölle ein Symbol des Niederen und der Traurigkeit? körperliche Aufenthaltsräume für unkörperliche Seelen und Geister seien ein Gipfel des Widersinns, usw.), daß einige ihn für einen Anhänger des Johannes Scottus Eriugena halten.[6] In seinem „Elucidarium" dagegen, einer Art Katechismus, vor 1115 vollendet, gibt er traditionelle Ansichten wieder, und hier nun im Zusammenhang. Gestützt auf Augustinus teilt er die Hölle in eine obere und eine untere ein. Die obere bildet für ihn den untersten Teil dieser Welt, in dem furchtbare Hitze und Kälte – die zwei anderen klassischen Höllenstra-

---

[6]   Vgl. dazu Le Goff (Anm. 1), S. 165 f.

fen – herrschen, Hunger und Durst empfunden werden, körperliche Schmerzen wie
von Schlägen und seelische Qualen erduldet werden müssen. Die untere Hölle dagegen sei ein geistiger Ort, in dem unauslöschliches Feuer, das kein Licht gibt, brenne und unerträgliche Kälte herrsche. Weil die Sünder die Gemeinschaft mit den
neun Chören der Engel vernachlässigt hätten, würden sie dort mit neun Strafen je
nach ihren Sünden in alle Ewigkeit gepeinigt. Die Belege dafür stellt er aus Ambrosius, Augustinus und Gregor I. zusammen. Zu den neun Plagen gehören Schlangen,
Drachen und Gewürm, ein ekelhafter Gestank, schreckliche Geräusche wie Ham-
merschläge auf Eisen, aber auch erschütterndes Weinen, tiefste Finsternis, Beschimpfungen usw. Die Verdammten seien, so mit einer traditionellen Erklärung,
wie mit Fesseln ans Feuer gebunden.[7] Wichtig auch für die kommenden Auskünfte ist folgende Aussage:

> Die Guten werden die Schlechten in der Strafe sehen, damit sie sich um so mehr über
> die Rettung freuen. Die Schlechten werden vor dem Gericht die Guten in der Herrlich-
> keit sehen, um über die eigene Nachlässigkeit um so mehr Schmerz zu empfinden. Nach
> dem Gericht werden die Guten die Schlechten immer in der Strafe sehen, die Schlech-
> ten aber niemals mehr die Guten. Die Gerechten werden beim Anblick der Qualen der
> Verdammten nicht Schmerz empfinden, selbst wenn es sich um nächste Angehörige han-
> delt. Nach Ps 57,11 (58,11) werden sie sich sogar freuen, wenn sie die Rache, das ist die
> gerechte Strafe, für die Sünden sehen. Die Gerechten werden für die Verdammten auch
> nicht beten; denn sie sind mit Gott so innig verbunden, daß sie die Urteile Gottes in
> allem billigen und sich über sie freuen.[8]

Bei dem Pariser Kanonikus Hugo von St. Viktor († 1141) meldet sich eine Fragestellung an, die im Verlauf des Hochmittelalters zu einer kirchlichen Entscheidung führte: Gibt es im Jenseits vor dem Tag des universalen Gerichts einen unentschiedenen Zustand? In seinem Traktat über die Sakramente handelt er (XVI Kap. 4) über
die „loca poenarum“: Die „valde mali“ kommen nach dem Tod an den Ort des finsteren Gefängnisses im Innern der Erde, wo sie durch unauslöschliches Feuer gestraft werden – wie das möglich sei, was er aus Mt 25,41 und von Gregor I. entnimmt,
wüßten wir nicht –, während die „minus mali“ vielleicht an einen ungewissen Ort
kämen und erst am Tag der Auferstehung der Leiber zu den ewigen Höllenstrafen
verdammt würden.[9]

Der Pariser Kathedralschullehrer Petrus Lombardus († 1160) ist hier zu erwähnen, weil seine vier Bücher „Sentenzen“, die keineswegs originell sind, aber mit einem riesigen Anteil des Augustinus das bisherige theologische Wissen zur Synthese bringen, das theologische Schulbuch schlechthin bis ins sechzehnte Jahrhundert
wurden. Über die Hölle lehrte er, daß dort die Leiber der Verdammten brennen und
doch nicht verbrennen, wobei die Seele wegen ihrer Bindung an den Leib ebenfalls
Schmerz empfindet. Auch für die Seelen vor dem Auferstehungstag und für die
Dämonen sei das Feuer körperlich. Die Seelen hätten Schmerzen auch dadurch, daß

---

[7]   Le Goff (Anm. 1), S. 167 f.; Ott (Anm. 1), S. 59.
[8]   Eluc. III 19–21; Ott (Anm. 1), S. 59 f.
[9]   Le Goff (Anm. 1), S. 175 f; Ott (Anm. 1), S. 60.

sie Sinne und Affekte haben, so daß sie durch Trauer und Angst leiden könnten. Die Strafen der Verdammten seien unterschiedlicher Art. Bei der Erklärung der Finsternis scheint eine metaphorische Auffassung durch: die „äußere Finsternis" bedeute mit Augustinus, außerhalb Gottes – des Lichtes – zu sein; innere Finsternis bezeichne die Blindheit des Geistes.[10]

Eine gewisse Zusammenfassung der hauptsächlichen Ansichten und Fragen der Frühscholastik zum Thema der Hölle bietet der Geschichtstheologe Otto, Bischof von Freising († 1158). In den letzten seiner acht Bücher „Chronicon" („historia de duabus civitatibus"!) befaßt er sich mit der Eschatologie. Die „Civitas Dei" ist für ihn im Unterschied zu Augustinus nicht transzendent, sondern kann und soll in der Geschichte verwirklicht werden. Nachdem das Imperium seiner Aufgabe nicht gerecht geworden ist – wie für ihn der Investiturstreit zeigt –, ist das Mönchtum der verantwortliche Träger der „Civitas Dei" auf Erden. Diese ist den ständigen Angriffen des Teufels und seiner Parteigänger ausgesetzt. Die Hölle ist der Inbegriff für deren Niederlage. Sie muß ihrem Gegensatz, dem Himmel, gleichsam spiegelbildlich bis in Einzelheiten hinein entsprechen.[11]

Bei Otto findet sich die Frage nach dem Verhältnis von Höllenfeuer und Finsternis: Licht gibt es nur für die Seligen; die Allmacht Gottes kann dem Feuer die Eigenschaft des Leuchtens entziehen (Chron. VIII 25). Die Höllenpeinen bestehen aus den Bissen des Gewissenswurmes, aus der Hitze und aus der Kälte. Dafür sind ihm Jes 66,24 und Hiob 24,19 autoritative Texte (ebd. 21); von Hitze und Kälte kämen Heulen und Zähneknirschen, wie im Evangelium angesagt. Otto registriert, daß manche Theologen zusätzliche Qualen noch im Gestank sähen, entsprechend Jes 3,24, dem Gegenbild zum lieblichen Geruch im Himmel. Andere sprächen von neun Peinen, spiegelverkehrt zu den neun Ordnungen am himmlischen Hof. Hier begegnet das Wort „Zuchthaus" (oder Konzentrationslager) für die höllischen Abteilungen („ordines totidem infernalis ergastuli"). Otto nimmt auch Stellung gegen die Apokatastasis, wie mit ihm nicht wenige Theologen der Frühscholastik. Aus ruchlosem Mitleid („inani pietate") hätten einige die Ewigkeit der Höllenstrafen geleugnet;

> wir dagegen folgen der Richtschnur der katholischen Wahrheit und halten die Strafe der Verworfenen für ewig („reproborum penas eternas credimus") nach dem Zeugnis des Herrn selbst, der gesagt hat: „Sie werden in die ewige Pein gehen" (Mt 25,46) (Chron. VIII 22).

Otto weicht auch der Frage nach dem Schicksal der ungetauft gestorbenen Kinder nicht aus. Er referiert die umlaufenden Ansichten: Nach manchen würden sie nicht bestraft, jedoch – wie die jüdischen Gerechten vor Christus – in der Finsternis aufbewahrt; nach anderen würden sie bestraft, aber nur mild; für ihn selber ist auch denkbar, daß Gott die Seelen der ungetauft gestorbenen Kinder und die der weni-

---

[10] Ott (Anm. 1), S. 62 f.
[11] N. Ohler: Sterben und Tod im Mittelalter. München 1990, S. 170. Zu Otto im ganzen ebd. S. 169–183.

ger Bösen nach dem Gericht entweder im dann verlassenen Läuterungsort oder in der richtigen Hölle verwahre, wo er sie auf wunderbare Weise vor dem Feuer beschützen könne (Chron. VIII 24). Eine entschiedene eigene Antwort will Otto nicht geben, weil er keine offizielle kirchliche Erklärung dazu gefunden habe. In der Hölle der wirklich Verdammten aber werde es Qualen aller Art geben, schlimmer als man sich nur vorstellen könne, und in diesen Qualen werde es keinerlei Erquickung geben (Chron. VIII 25).

J. Le Goff macht mit Recht darauf aufmerksam, daß die reflektierte Sicht auf das Jenseits vom Ende des elften bis zur Mitte des dreizehnten Jahrhunderts sich gegenüber der schlichteren Auffassung, die vom vierten bis zum zwölften Jahrhundert vorherrschend war, verändert habe. Zu dem gewiß immer vorhandenen Streben nach jenseitigem Heil trat verstärkt das Bedürfnis nach Gerechtigkeit; namentlich das zwölfte Jahrhundert war ein Jahrhundert des Rechts. In der Eschatologie äußerte sich das zunächst durch ein verstärktes Interesse am Jüngsten Gericht. Vor allem aber richtete sich die Aufmerksamkeit zunehmend auf die Themenkreise von Sünde, Schuld und Buße. Die ewige Höllenstrafe galt, von Augustinus her, den „sehr Schlechten", den „Todsündern". Was aber ist eine Todsünde? Die Antike hatte mit ihrer übermächtigen Herrschaftsauffassung auch unbewußte oder unfreiwillige schwere Sünden für möglich gehalten, „objektive" Verstöße gegen eine vom Herrschergott gesetzte Ordnung ohne subjektiv ausreichende Beteiligung des Täters hinsichtlich seines Kenntnisstandes und/oder Willens. Vom frühen zwölften Jahrhundert an setzte sich die Überzeugung durch, daß nur wissentlich und willentlich begangene Verstöße gegen Gottes Willen schwere Sünden, die die Höllenstrafe nach sich zögen, sein könnten. Die anderen auch gravierenden Vorkommnisse seien unüberwindlichen menschlichen Schwächen oder unbesiegbarer Unwissenheit zuzuschreiben.[12]

Eine zusätzliche Änderung der eschatologischen Perspektive ergab sich durch die Uminterpretation der Naherwartung. Auf der Ebene der Großkirche – also von einer bis in die Gegenwart des zwanzigsten Jahrhunderts anhaltenden Sektenmentalität abgesehen – wurde, ganz anders als im ersten Jahrtausend, das baldige Ende der Welt und mit ihm das nahe Kommen des Jüngsten Gerichts nicht mehr erwartet. Statt dessen wandte sich die Aufmerksamkeit der Stunde des individuellen Todes und damit dem Individualgericht zu. Für die Fachtheologen ergab sich aus dieser Verschiebung die Aufgabe, genauer über die „Zwischenzeit" zwischen den beiden Gerichten nachzudenken.[13] Mit dem noch immer zunehmenden kirchlichen Amtsbewußtsein, insbesondere des Papsttums, verband sich diese Perspektivenverschiebung zu einem größeren Interesse am jenseitigen Läuterungsgeschehen. Während sich der Konsens etablierte, daß man für diejenigen in der ewigen Hölle nichts mehr tun könne, diskutierte man über die Reichweite von Amtsvollmachten, auf das Geschehen im Purgatorium einzuwirken.

---

[12] Le Goff (Anm. 1), S. 254–264; zur Reflexion der Scholastik über die Sünden auch H. Vorgrimler: Buße und Krankensalbung. Freiburg 1978 (HDG IV 3), S. 124–129.
[13] Vgl. dazu Le Goff (Anm. 1), S. 279 f.

Im Folgenden seien die Positionen einiger herausragender Theologen der Hoch-scholastik des dreizehnten Jahrhunderts angeführt.

Wilhelm von Auvergne, Kathedralschullehrer und Bischof von Paris († 1249), vermittelt gleichsam zu der älteren Sicht. Er ist stark an einer Jenseitsgeographie in-teressiert, bei der er drei Stätten unterscheidet. Die Stätte, an der die menschliche Seele ihr höchstes Glück findet, muß sich zuhöchst im Universum (im Caelum empyreum) finden. Ihr entgegengesetzt sei die Stätte des Unglücks, in den unterir-dischen Tiefen des Universums. In der Mitte beider befinde sich die Welt der Le-benden als die Stätte, an der Glück und Unglück miteinander vermischt sind. Da über die jenseitigen Örtlichkeiten in der Bibel keine Auskünfte enthalten seien, müsse man Informationen darüber den Visionen entnehmen.[14]

Albertus Magnus, ein deutscher Dominikaner, der in verschiedenen Städten, u. a. in Paris und Köln, lehrte, zeitweilig auch Bischof von Regensburg und Kreuzzugs-prediger war († 1280), legte in seiner Schrift „De resurrectione" eine systematische Eschatologie vor. Darin unterscheidet er einen Höllenort und einen Höllenzustand. Den materiellen Höllenort nahm er im Inneren der Erde an, wo die Menschen mit persönlichen schweren Sünden den Qualen von Feuer, Hitze und anderem, den „poenae sensus", für immer und ewig ausgesetzt seien. Die innere Hölle befinde sich im Inneren des Menschen, wo immer er sei; sie bestehe aus dem Verlust Gottes („poena damni"). Menschen, die ohne Taufe im Zustand der „Erbsünde" sterben, ohne persönlich schwer gesündigt zu haben, treffe nur diese Entbehrung Gottes; sie würden nicht mit Qualen gepeinigt.[15]

Der Dominikaner Hugo Ripelin von Straßburg, ein Schüler Alberts, verfaßte 1268 ein „Compendium theologicae veritatis". Dessen IV. Buch entwirft (im Zusammen-hang mit der Erörterung des Höllenabstiegs Christi) eine detaillierte Jenseitsgeogra-phie. Er unterscheidet wie Albert zwei Bedeutungen des Wortes „Hölle", einen Strafzustand, den die Bestraften mit sich tragen, und einen Strafort. Der Strafort sei in vier Örtlichkeiten gegliedert:

1. Die Hölle der Verdammten, die dort die poena damni und die poena sensus erlitten, ein Ort sinnlicher Qualen, innerer und äußerer Finsternis, ewiger Trauer.

2. Örtlich darüber befände sich der „Limbus puerorum", die Lokalität, an der die ungetauft gestorbenen Kinder aufbewahrt würden. Sie erlitten dort zwar die poena damni, die Entbehrung der Gegenwart Gottes, säßen auch in innerer und äußerer Finsternis, erlitten aber keine sinnlichen Qualen.

3. Noch einmal darüber läge der purgatorius (locus), in dem die Menschen mit weniger schweren Sünden die poena damni und sinnliche Qualen auf Zeit erlitten. Sie befänden sich in äußerer, nicht aber in innerer Finsternis, da sie um ihre Ret-tung beim Jüngsten Gericht wüßten und dadurch der Gnade eines inneren Lichtes teilhaftig seien.

4. Noch weiter oben sei der „Limbus Patrum" gelegen, Ort der vor Christus ge-storbenen Gerechten, die ohne sinnliche Qualen die poena damni erduldet hätten,

---

14 Le Goff (Anm. 1), S. 293–296.
15 Zu Albert: Le Goff (Anm. 1), S. 311; Ott (Anm. 1), S. 86 f., 106 f.

in äußerer, nicht aber in innerer Finsternis. Hierhin sei Jesus Christus bei seinem Höllenabstieg gelangt; er habe die dort Gefangenen befreit, womit dann der „Schoß Abrahams" (Lk 16) untergegangen sei.[16]

Zusammenfassung der Scholastik: Thomas von Aquin

Der süditalienische Dominikaner Thomas von Aquin († 1274), der unter anderem als Professor an der Universität Paris wirkte und noch nicht fünfzigjährig starb, gilt allgemein als der bedeutendste Philosoph und Theologe des Hochmittelalters. Zu seiner geistesgeschichtlichen Bedeutung mit der Schaffung einer originellen Synthese von christlichem Traditionsgut und aristotelischem Denken tritt eine einzigartige kirchenpolitische Geltung: Er wurde nicht nur zum Kirchenlehrer der katholischen Kirche erhoben, sondern 1880 auch zum „Patron aller katholischen Schulen" ernannt. Das katholische Kirchenrecht von 1917 verpflichtete die Priesterausbildungsstätten, seiner Methode und seinen Prinzipien in Philosophie und Theologie zu folgen, und noch das II. Vatikanische Konzil (1962–1965) rühmte ihn als Meister und Vorbild. Sein umfangreiches schriftliches Erbe enthält unter anderem einen Kommentar zu den vier Sentenzenbüchern des Petrus Lombardus, eine „Summa contra gentiles", verschiedene disputierte Fragen, darunter die nach dem Übel („De malo"), und als Hauptwerk die „Summa theologiae", deren III. Teil er jedoch nicht mehr vollenden konnte. Seine Schüler fügten zu dem Fehlenden, das auch die systematischen Ausführungen über die Hölle enthalten sollte, ein „Supplementum" hinzu, das sie aus dem Sentenzenkommentar zusammenstellten. Insgesamt nehmen die Erwägungen zum Thema der Hölle bei Thomas, speziell in „Summa contra gentiles" (1263/64), „De malo" (1266/67) und im „Supplementum", keinen besonders breiten Raum ein.[17]

Die folgende Übersicht enthält die wichtigsten Probleme (Fragen, die jeweils in Artikel unterteilt sind) zur Hölle, mit denen Thomas sich beschäftigt hat.

In der 89. Frage des „Supplementum" geht es um die Richter und die zu Richtenden im allgemeinen Gericht. Thomas geht dabei auf acht Einzelfragen ein, von denen die vierte lautet: „Werden die Dämonen den Urteilsspruch des Richters ausführen?" Thomas möchte die Dämonen als „Vollstrecker der göttlichen Gerechtigkeit an den Bösen" verstehen.

Die 94. Frage bezieht sich auf die Weise, wie sich die Heiligen gegenüber den Verdammten verhalten werden. In Artikel 1 sagt Thomas dazu:

> Den Heiligen darf man nichts absprechen, was zur Vollkommenheit ihrer Seligkeit gehört. Ein jegliches aber wird im Vergleich mit seinem Gegenteil besser erkannt; denn „Gegensätze treten nebeneinandergestellt deutlicher hervor" [Aristoteles]. Damit nun

---

[16]   Le Goff (Anm. 1), S. 320.
[17]   Im Folgenden wird zitiert nach: Thomas von Aquin: Die Letzten Dinge (Supplement 87–99), kommentiert von A. Hoffmann. Heidelberg/Graz 1961 (Die deutsche Thomas-Ausgabe, vollständig lateinisch-deutsch, Bd. 36).

den Heiligen ihre Seligkeit noch erfreulicher sei und sie Gott dafür noch reichlicher danken, wird es ihnen verliehen, die Strafe der Gottlosen vollkommen zu schauen.[18]

Artikel 2 fragt, ob die Seligen Mitleid mit dem Elend der Verdammten hätten. In der Antwort heißt es, Mitleid sei nur dort am Platz, wo ein Übel noch abgewendet werden könne; bei Menschen sei das während ihres Erdenlebens (in statu viae) der Fall.

> In der Zukunft aber werden sie nicht mehr aus ihrem Elend herausgeführt werden können. Also wird es in bezug auf ihr Elend kein Mitleid auf Grund einer rechten Wahlentscheidung mehr geben können. Und darum werden die Seligen in der Herrlichkeit kein Mitleid mit den Verdammten haben.[19]

Die Frage des Artikels 3: Freuen sich die Seligen über die Strafen der Gottlosen? Thomas meint:

> Etwas kann auf zweifache Weise Gegenstand der Freude sein: einmal an sich, wenn man sich nämlich über etwas als solches freut. Und in diesem Sinne werden sich die Heiligen nicht über die Strafen der Gottlosen freuen.
> – Zum anderen beiläufig, d. h. wegen irgend etwas, was damit verbunden ist. Und auf diese Weise werden die Heiligen sich über die Strafen der Gottlosen freuen, indem sie in ihnen die Ordnung der göttlichen Gerechtigkeit und ihre eigene Befreiung sehen, über die sie sich freuen.[20]

Nach diesen Vorfragen beschäftigen sich die Fragen 97 bis 99 mit dem Endzustand der Verdammten, also mit der Hölle „an sich". Selbstverständlich übernimmt auch ein eigenständiger Theologe wie Thomas im Hochmittelalter Antworten aus der Tradition, besonders dann, wenn sich diese mit der Autorität der Bibel präsentieren. So setzt er schon früher (q. 70 a.3) ein materielles Höllenfeuer voraus. Hier nun fragt er unter Frage 97 nach der Strafe der Verdammten, in Artikel 1: Werden die Verdammten in der Hölle nur durch Feuerqual gepeinigt? In der Antwort weiß Thomas:

> Feuer schmerzt am meisten, weil es überreich ist an wirkender Kraft. Deshalb wird mit dem Namen „Feuer" jede heftige Pein bezeichnet.[21]
> Die Verdammten werden von der größten Hitze zur heftigsten Kälte übergehen, ohne daß sie darin irgendeine Erleichterung finden.[22]

Nach dieser nicht weiter problematisierten klassischen Auskunft kommt in Artikel 2 die Frage: Werden die Verdammten durch einen körperlichen Wurm gepeinigt? Auch hier eine klassische Antwort:

> Nach dem Tage des Gerichtes wird in der erneuerten Welt (außer dem menschlichen Leibe) kein Lebewesen und kein gemischter Körper bestehen bleiben, weil diese keine Hinordnung auf Unvergänglichkeit haben und es nach jener Zeit kein Entstehen und

---

[18] Hoffmann (Anm. 17), S. 181.
[19] Hoffmann (Anm. 17), S. 184.
[20] Hoffmann (Anm. 17), S. 186.
[21] Zu 1. Hoffmann (Anm. 17), S. 286.
[22] Zu 3. Hoffmann (Anm. 17), S. 287.

Vergehen mehr geben wird. Daher ist der Wurm in den Verdammten nicht stofflich, sondern geistig zu verstehen; es sind die Gewissensbisse, die „Wurm" genannt werden, insofern sie aus dem Morast der Sünde entstehen und die Seele peinigen, so wie der stoffliche Wurm aus dem Morast entstanden ist und durch Bisse peinigt.[23]

Gewährsmann ist hier, mit Zitaten, Augustinus. In Artikel 3 interessiert sich der bedeutendste scholastische Theologe für die Frage: Wird das Heulen der Verdammten körperlich sein?

Im körperlichen Heulen findet sich zweierlei: Das eine ist die Loslösung von Tränen. Diesbezüglich ist ein körperliches Heulen bei den Verdammten nicht möglich[24],

weil es keine Bewegung und daher kein Herabfließen mehr geben wird. Aber:

Das andere, was sich beim körperlichen Heulen findet, ist eine gewisse Erregung und Verwirrung des Kopfes und der Augen. Diesbezüglich ist ein Heulen bei den Verdammten nach der Auferstehung möglich[25],

weil diese Bewegung von innen und nicht von außen angestoßen wird. Artikel 4 fragt nach der körperlichen Finsternis:

Die Einrichtung der Hölle wird derart sein, wie es am meisten dem Elend der Verdammten entsprechen wird. Demgemäß sind dort Licht und Finsternis, wie es am meisten zum Elend der Verdammten paßt. Das Sehen ist an sich erfreulich; so heißt es ja bei Aristoteles: „Der Gesichtssinn wird am meisten geliebt, weil wir durch ihn besonders viel erkennen." Aber gelegentlich kommt es auch vor, daß das Sehen leidvoll ist, wenn wir nämlich etwas sehen, was uns schädlich oder unserm Willen zuwider ist. Und deshalb muß die Räumlichkeit der Hölle in der Weise nach Licht und Finsternis für das Sehen eingerichtet sein, daß nichts deutlich gesehen wird, sondern nur in einer gewissen Vernebelung das gesehen wird, was dem Herzen Leid zufügen kann. Daher ist die Räumlichkeit schlechthin gesprochen finster; dennoch gibt es nach Gottes Anordnung dort etwas Licht, das hinreicht, um das zu sehen, was die Seele quälen kann. Und dem tut die natürliche Lage des Ortes Genüge; denn in der Erdmitte, wo man die Hölle annimmt, kann es nur ein rußiges, trübes, gleichsam schwelendes Feuer geben.
Manche sehen jedoch die Ursache dieser Finsternis in der Zusammenballung der Leiber der Verdammten, die in ihrer großen Zahl derart den Raum der Hölle ausfüllen werden, daß dort keine Luft übrigbleiben wird. Und so wird es dort nichts Durchsichtiges geben, das Licht oder Finsternis aufnehmen könnte, außer den Augen der Verdammten, die verfinstert sein werden.[26]

So erfährt man beiläufig auch noch Thomas' Ansicht über den Ort der Hölle in der Erdmitte und über die große Zahl der Verdammten. Das Interesse des Artikels 5 gilt der Frage, ob die Leiber der Verdammten durch körperliches Höllenfeuer gepeinigt werden. Thomas beginnt ein ausführliches Referat mit der Feststellung: „Über das Höllenfeuer gab es vielfältige Ansichten".[27] Dabei geht es auch um Theo-

---

[23] Hoffmann (Anm. 17), S. 288.
[24] Hoffmann (Anm. 17), S. 290.
[25] Hoffmann (Anm. 17), S. 291.
[26] Hoffmann (Anm. 17), S. 293 f.
[27] Hoffmann (Anm. 17), S. 295.

rien, wie bloße Seelen von Feuer tangiert werden können. Dann aber erfolgt die Auskunft:

> Was man auch über das Feuer sagen mag, das die vom Leibe getrennten Seelen peinigt, – jedenfalls muß man von dem Feuer, durch das die Körper der Verdammten nach der Auferstehung gepeinigt werden, sagen, daß es körperlich ist; denn auf den Körper kann nur eine körperliche Strafe passend angewandt werden.[28]

Artikel 6 interessiert sich für die Frage, ob das Höllenfeuer derselben Art sei wie das uns bekannte Feuer. In der Antwort zitiert Thomas ein Bibelwort in der lateinischen Übersetzung, das in der Tradition ein Axiom der Höllentheorien geworden war: „Womit jemand sündigt, damit wird er auch gestraft" (Weish 11,17; per quae peccat quis, per haec et torquetur). Das Sündigen im sinnenfälligen Bereich erfordere daher auch sinnenfällige Bestrafung.[29] Zur Frage nach der Qualität des Höllenfeuers antwortet Thomas sodann:

> Es liegt also auf der Hand, daß das Höllenfeuer in bezug auf das, was es von der Natur des Feuers an sich hat, derselben Art ist wie das Feuer, das sich bei uns findet. [...] Einige Eigenschaften hat es jedenfalls, durch die es sich vom diesseitigen Feuer unterscheidet, z. B. daß es nicht angezündet zu werden braucht noch mit Holz unterhalten wird. Aber diese Unterschiede erweisen keinen Artunterschied in bezug auf das, was zur Natur des Feuers gehört.[30]

Auch in diesem Kontext wird Augustinus zitiert.

Ausdrücklich fragt Artikel 7: Befindet sich jenes Feuer unter der Erde? Thomas trägt aus der Tradition Pro und Contra zusammen und schließt zum Ort der Hölle: „Jedoch entspricht den Aussagen der Schrift mehr die Annahme, daß er unter der Erde sei."[31]

Mit der 98. Frage rückt der scholastische Theologe der eigentlichen, inneren Begründung näher, warum ein Mensch verdammt wird. Nach der generellen Überschrift: „Das Wollen und Denken der Verdammten" befaßt sich der Artikel 1 mit dem Problem, ob alles Wollen der Verdammten böse sei. Die Antwort lautet:

> Man kann in den Verdammten einen doppelten Willen unterscheiden: den aus Überlegung hervorgehenden Willen und den Naturwillen. Der Naturwille kommt ihnen freilich nicht aus ihnen selbst zu, sondern vom Urheber der Natur, der in die Natur diese Neigung, die man Naturwillen nennt, hineingelegt hat. Da nun die Natur in ihnen erhalten bleibt, kann dementsprechend ein guter Naturwille in ihnen sein.
> Der aus Überlegung hervorgehende Wille aber kommt ihnen aus ihnen selbst zu, insofern es in ihrer Macht steht, sich willensmäßig diesem oder jenem zuzuneigen. Und dieser

---

[28] Hoffmann (Anm. 17), S. 298.
[29] A. Hoffmann weist im Kommentar 517 auf die Anwendung dieses Prinzips in Dantes „Inferno" hin. Der Dominikaner Hoffmann nennt 1961, ebd. 518, die These, daß das Höllenfeuer ein wirkliches, schmerzerregendes Feuer sei, eine „allgemeine Meinung" der Theologen und nicht wie Thomas eine Glaubenslehre. Ein vorsichtiger Hinweis, wie man sich von der Autorität des Meisters zu distanzieren beginnt!
[30] Hoffmann (Anm. 17), S. 302 f.
[31] Hoffmann (Anm. 17), S. 308.

Wille ist in ihnen ausschließlich böse. Und das deshalb, weil sie vollkommen vom letzten Ziel eines rechten Willens abgewandt sind und kein Wille gut sein kann, es sei denn durch die Hinordnung auf das genannte letzte Ziel. Selbst wenn sie auch etwas Gutes wollen, wollen sie es dennoch nicht auf gute Weise, so daß von daher ihr Wille gut genannt werden könnte.[32]

Dieses Urteil basiert auf der Hypothese, daß ein Mensch sein „letztes Ziel" erkennen und sich ihm „vollkommen" zuwenden kann; dies zu verweigern, nennt Thomas „böse". Artikel 2 fragt in Ergänzung zu dieser Problemstellung, ob die Verdammten das von ihnen getane Böse bereuen. Auch hier greift Thomas bei der Antwort zu der in der Scholastik beliebten Unterscheidung:

Man kann etwas auf zweifache Weise bereuen: in sich und auf Grund eines hinzukommenden Umstandes. In sich bereut jemand eine Sünde, wenn er die Sünde als solche verabscheut. Auf Grund eines hinzukommenden Umstandes aber, wenn er sie wegen etwas mit ihr Verbundenem haßt, z. B. wegen der Strafe oder etwas dergleichen. Die Bösen werden also die Sünde nicht in sich bereuen, weil das Wollen der Bosheit der Sünde in ihnen bleibt. Sie werden aber auf Grund eines hinzukommenden Umstandes bereuen, insofern sie von der Strafe gequält werden, die sie für die Sünde erdulden.[33]

Artikel 3 stellt die Frage, ob Verdammte sich mit einem vernünftigen Urteil das Nichtsein wünschen können, worauf die Antwort lautet, die Beseitigung eines Übels sei ein gewisses Gut, und in diesem Sinn sei es für die Verdammten besser, nicht zu sein als elend zu sein.

Eine besondere, spekulative Frage stellt Artikel 4: Wollen die Verdammten in der Hölle, daß andere, die nicht verdammt sind, verdammt seien? Der logische Scharfsinn diktiert die Antwort:

Wie bei den Seligen im Himmel vollkommenste Liebe herrschen wird, so wird bei den Verdammten vollendetster Haß herrschen. Wie sich daher die Heiligen über alles Gute freuen werden, so werden die Bösen über alles Gute Schmerz empfinden. Daher quält sie auch der Gedanke an das Glück der Heiligen in höchstem Maße. Deshalb heißt es Jes 26,11: „Sehen sollen es und beschämt werden die Eiferer gegen Dein Volk, und das Feuer möge Deine Feinde verzehren!" Daher wollen sie, alle Seligen seien verdammt.[34]

Auf die Frage des Artikels 5, ob die Verdammten Gott hassen, lautet die Antwort, Gott in sich als Inbegriff alles Guten und Schönen könne von niemand gehaßt werden; die Verdammten jedoch haßten Gott wegen des Werkes seiner Gerechtigkeit, der Bestrafung nämlich.[35]

Ob die Verdammten ihre Schuld vergrößern könnten, fragt Artikel 6. Die Antwort enthält eine wichtige Maxime der Eschatologie:

Hinsichtlich der Verdammten muß man vor und nach dem Tage des Gerichtes unterscheiden. Alle [Theologen] bekennen gemeinsam, daß es nach dem Tage des Gerich-

---

[32] Hoffmann (Anm. 17), S. 311 f.
[33] Hoffmann (Anm. 17), S. 314 f.
[34] Hoffmann (Anm. 17), S. 317 (Art. 3) und S. 319 f. (Art. 4).
[35] Hoffmann (Anm. 17), S. 321 f.

tes kein Verdienst und keine Verschuldung mehr geben wird. Und das deshalb, weil Verdienst oder Verschuldung auf weiteres Gutes oder Böses hingeordnet sind, das noch über das bisherige hinaus zu erwarten ist. Nach dem Tage des Gerichtes aber haben Gut und Böse ihren Höhepunkt erreicht, so daß darüber hinaus nichts Gutes oder Böses mehr hinzugefügt werden kann. Daher wird auch der gute Wille bei den Seligen nicht Verdienst, sondern Lohn sein; und der böse Wille bei den Verdammten wird nicht Verschuldung, sondern Strafe sein.[36]

Mit dem Augenblick des Todes ist also nach der klassischen Theologie keine Möglichkeit mehr zu Freiheitsentscheidungen gegeben. Artikel 7 fragt, ob die Verdammten das Wissen verwerten können, das sie in dieser Welt besessen haben. Alles, lautet die Antwort, was sie betrüben kann, wird vorhanden sein:

In diesem Sinne werden die Verdammten über das, was sie früher wußten, nachdenken, soweit es Grund zur Betrübnis, nicht aber Ursache der Freude ist. Sie werden nämlich sowohl über das Böse nachdenken, das sie getan und auf Grund dessen sie verdammt sind, als auch über die geliebten Güter, die sie verloren haben; und aus beidem wird ihnen Qual erwachsen. Ebenfalls werden sie darüber Qual empfinden, daß sie darüber nachdenken, wie unvollkommen ihre Kenntnis ist, die sie von den geistig zu erschauenden Dingen zu erwarten haben, und daß sie die höchste Vollkommenheit, die sie darin hätten erreichen können, verspielt haben.[37]

An einer Thematik dieser Art wird der Unterschied zu den Höllenvisionen besonders deutlich. Während bei den Visionen das Schwergewicht auf körperlicher Pein ruht, ist hier zwar ungemindert von Qualen in der Hölle die Rede, die sich für den an intellektueller Erkenntnis primär interessierten asketischen Theologen jedoch viel eher im geistigen Bereich abspielen. Das Gebranntwerden durch ein körperliches Feuer wird eher aus Respekt vor der Bibel und der Tradition mitgeschleppt.

Werden die Verdammten an Gott denken?, so lautet die Frage des Artikels 8. Gott in sich betrachtet, sagt die Antwort, kann nur Freude bringen, und das ist Verdammten verwehrt. Gott in seinem Tun, z. B. im Strafen, betrachtet, schafft möglicherweise Betrübnis, und in dieser Weise denken die Verdammten sicher an Gott.[38]

Ob die Verdammten die Herrlichkeit der Seligen sehen, möchte Artikel 9 wissen. Die Antwort lautet:

Vor dem Tage des Gerichtes sehen die Verdammten die Seligen in ihrer Herrlichkeit, allerdings nicht in der Weise, daß sie das Wie ihrer Herrlichkeit erkennen; vielmehr erkennen sie nur, daß sie in einer unbeschreiblichen Herrlichkeit sind. Und dadurch werden sie durcheinandergeraten; sowohl aus Mißgunst, indem sie Schmerz über deren Seligkeit empfinden, als auch deswegen, daß sie selbst eine solche Herrlichkeit verscherzt haben; deshalb heißt es Weish 5,2: ,,Wenn sie dies sehen, werden sie in schrecklicher Furcht durcheinandergeraten.'' Nach dem Tage des Gerichtes aber werden sie vollkommen des Anblickes der Seligen beraubt sein. Und doch wird ihre Pein deswegen nicht geringer, sondern größer werden; denn sie werden die Erinnerung an die Herrlichkeit der Seligen behalten, die sie während des Gerichtes oder vor dem Gericht sahen; und

---

[36] Hoffmann (Anm. 17), S. 324.
[37] Hoffmann (Anm. 17), S. 328.
[38] Hoffmann (Anm. 17), S. 330.

das wird ihnen zur Qual gereichen. Darüber hinaus aber werden sie noch dadurch gepeinigt werden, daß sie sich für unwürdig erachtet sehen, auch nur die Herrlichkeit zu sehen, deren Besitz die Heiligen verdienen.[39]

Mit der 99. Frage kommt Thomas endlich auf die Theologie zu sprechen: Wie sich all dies Höllendenken mit Gott vereinbaren lasse: Die Barmherzigkeit und Gerechtigkeit Gottes in bezug auf die Verdammten. Artikel 1 fragt: Wird den Sündern auf Grund der Gerechtigkeit Gottes eine ewige Strafe auferlegt? Thomas antwortet mit Beispielen aus der individuellen und gesellschaftlichen Erfahrung:

> Da die Größe einer Strafe zweifach bemessen werden kann, nämlich nach dem Grad der Härte und nach der Zeitdauer, so [ist zu unterscheiden; es] entsprechen sich im Härtegrad Größe der Strafe und Größe der Schuld, so daß je schwerer einer gesündigt hat, er um so schwerer bestraft wird; darum Offb 18,7: „Soviel sie stolz geprunkt und in Üppigkeit geschwelgt hat, soviel gebet ihr an Qual und Leid!" Nicht aber entspricht die Dauer der Strafe der Dauer der Schuld; so wird der Ehebruch, der in einem Augenblick vollzogen wird, auch nach den menschlichen Gesetzen nicht durch eine Strafe von Augenblicksdauer bestraft. Die Dauer der Strafe berücksichtigt vielmehr den Zustand des Sünders. Bisweilen verdient jemand, der in einem Gemeinwesen ein Verbrechen begeht, auf Grund dieses Verbrechens vollständig aus der Gemeinschaft des Gemeinwesens ausgestoßen zu werden, sei es durch immerwährende Verbannung oder auch durch den Tod. [...] So verdient nach der göttlichen Gerechtigkeit jemand auf Grund seiner Sünde, völlig aus der Gemeinschaft der Gottesgemeinde ausgeschlossen zu werden; das geschieht durch jede Sünde, die man gegen die Liebe begeht, die das einende Band dieser Gemeinde ist. Daher wird man um der schweren Sünde willen, die ja der Liebe entgegengesetzt ist, für ewig aus der Gemeinschaft der Heiligen ausgeschlossen und der ewigen Strafe überliefert; denn „aus diesem sterblichen Gemeinwesen der Menschen durch die Strafe des ersten Todes ausgestoßen ist dasselbe, wie aus jenem unsterblichen Gemeinwesen des Menschen durch die Strafe des zweiten Todes ausgestoßen" (Augustinus). Daß aber eine Strafe, die ein weltliches Gemeinwesen verhängt, nicht als immerwährend angesehen wird, ist durch einen hinzukommenden Umstand begründet; entweder daher, daß der Mensch nicht ewig lebt, oder daher, daß auch das Gemeinwesen einmal zugrunde geht. Denn wenn der Mensch immerwährend lebte, würde die durch menschliches Gesetz verhängte Strafe der Verbannung oder Knechtschaft für ihn ewig dauern.[40]

In dieser Sicht gibt es mit dem Augenblick des Todes, da dann keine Gesinnungsänderung mehr eintreten kann, keine medizinelle Strafe mehr; was bleibt, ist nur noch die Strafe um des Bestrafens willen. Thomas führt im Anschluß an seine Argumentation noch weitere Traditionsgründe mit Zitaten aus Augustinus und Gregor I. an.

Für den Rest dieser Höllenlehre des Thomas, die Artikel 2 bis 5 dieser Frage 99, kann man sich kurz fassen, denn sie stellen nichts anderes dar als eine verkürzte Wiedergabe von Augustinus, De Civ. Dei 21, 17–27.[41] Artikel 2 mit der Frage: Findet jede Strafe, sowohl die der Menschen wie auch die der Dämonen, durch die

---

[39] Hoffmann (Anm. 17), S. 331 f.
[40] Hoffmann (Anm. 17), S. 336–338.
[41] Hoffmann (Anm. 17), S. 537.

göttliche Barmherzigkeit ein Ende? wird mit einer ausdrücklichen Stellungnahme gegen Origenes beantwortet. Das Erbarmen Gottes hat nach Augustinus und Thomas eine Grenze bei denen, die sich der Barmherzigkeit gegenüber unwürdig gemacht haben; es kommt aber insoweit noch zur Geltung, als die Verhärteten unter Gebühr bestraft werden.[42] Ob es mit der göttlichen Barmherzigkeit vereinbar sei, daß Menschen auf ewig bestraft werden, fragt Artikel 3. Die Antwort besteht im wesentlichen darin, daß Gottes Erbarmen den Sündern bis zu ihrem Tod ständig Versöhnung anbietet – und nur so lange sei auch das Fürbittgebet der Kirche wirksam.[43] Nach der alten Ansicht, daß wenigstens Christen nicht auf ewig verdammt würden, fragt Artikel 4. Thomas meint mit Augustinus, daß die vom Glauben Abgefallenen nicht einer geringeren, sondern einer größeren Strafe würdig sind; daß jene, die zwar den Glauben behielten, dennoch aber sündigten, nur einen „toten" Glauben hätten.[44] Schließlich weist Artikel 5 auf solche hin, die außer ihren Sünden auch noch Werke der Barmherzigkeit gegenüber Menschen aufzuweisen hätten. Thomas weist darauf hin, daß es eine „misericordia" ohne „caritas" gibt, ein ungeordnetes menschliches Erbarmen, das nicht unter der Liebesordnung Gottes steht und darum auch nicht vor der ewigen Verdammung bewahren kann.[45] Der Ordnungsgedanke ist in der ganzen Höllenlehre des Thomas dominierend. Die menschliche Schuld ist in dieser Sicht imstande, die vom souveränen Gott gesetzte Ordnung radikal zu (zer)stören. Das Ziel der Strafen Gottes, auch der ewigen Höllenstrafen, ist die Wiederherstellung dieser Ordnung.[46]

Die Hölle in der weitergehenden Scholastik, in Seelsorge und Lehramt

Angesichts dessen, daß Thomas von Aquin der dominierende Theologe seines Ordens, der Dominikaner, war und relativ bald zu der erwähnten gesamtkirchlichen Autoritätsstellung kam, und daß er eben auch dadurch besonderes Ansehen genoß, daß die Meinungen der führenden Theologen der Vorzeit (in Sachen der Hölle vor allem Augustinus und Gregor I.) bei ihm gewissenhaft registriert waren, änderte sich die Höllenlehre in der auf ihn folgenden Scholastik nicht wesentlich.[47]

Der angesehene Franziskanertheologe und Kardinal Bonaventura († 1274) weist stärkere mystische und anti-intellektuelle Züge auf als Thomas, läßt den Affekten in der Theologie mehr Raum als der unerbittlichen Logik und vertrat gleichwohl die Überzeugung, daß Gott nur wenige Menschen durch eine besondere Gnade (gratia specialis) vor der Hölle rettet, die Verdammung (damnatio) erfolge nach der gewöhnlichen Gerechtigkeit (iustitia communis). Bonaventura spricht von einer „massa

---

[42] Hoffmann (Anm. 17), S. 345.
[43] Hoffmann (Anm. 17), S. 349.
[44] Hoffmann (Anm. 17), S. 353 f.
[45] Hoffmann (Anm. 17), S. 357 f.
[46] Vgl. dazu die vielen weiteren Thomas-Stellen, die A. Hoffmann in seinem Kommentar 535 anführt.
[47] Einzelheiten dazu bei Ott (Anm. 1), S. 169–192: Die Hölle in der Hoch- und Spätscholastik.

perditionis"; die Mehrzahl ist verdammt ("plures reprobantur quam eligantur"; alles im Breviloquium I Kap. 9 Ziff. 7).

Ein Dominikanertheologe, Durandus a S. Porciano († 1334), wagte es, eine von Augustinus stammende eingebürgerte Schulmeinung umzustoßen. Das berühmte „Decretum" (zuerst: Concordia discordantium canonum) Gratians, des „Vaters der kirchlichen Rechtswissenschaft", hatte um 1140 die eschatologischen Auffassungen des Augustinus im Enchiridion 109 und 110 übernommen und ihnen damit besonderen Stellenwert verliehen (in Kap. XXIII), darunter auch die Lehre von den vier Klassen von Menschen. Durandus wies darauf hin, daß es sich bei den mittelmäßig Guten (non valde boni) und den mittelmäßig Schlechten (non valde mali) um dieselben Menschen handeln müsse.[48]

Die vor allem von Frankreich ausgehende Erforschung der Mentalitätsgeschichte (Georges Duby, Jacques Le Goff) weist in verschiedenen Zusammenhängen auf eine „Reliktmentalität" hin. Darunter ist gemeint, daß sich auch bei einem allgemein verbreiteten Mentalitätswandel bei Gruppen oder ganzen Inseln von Populationen hartnäckige Relikte der früheren Mentalität halten können. Die Zeit der hochscholastischen Theologie ist zugleich die Zeit, da bei den überlieferten Höllenzeugnissen die „neue" Mentalität deutlich von Reliktmentalitäten unterschieden werden kann. Die Scholastik hatte, so grausam ihre Logik anmuten mag, einen streng wissenschaftlichen Zug in die Theologie gebracht. Schlußfolgerungen mußten argumentativ unterbaut werden, und gegenüber Phantasien, auch religiösen, galt der Grundsatz: Was ohne Beweis behauptet wird, kann auch ohne Beweis geleugnet werden.

Der damaligen Pastoral oder Seelsorge wird nicht Unrecht getan mit der Meinung, daß sie mit einer derartig nüchternen Haltung nur wenig anzufangen wußte. J. Le Goff macht darauf aufmerksam[49], daß aus der Zeit der Hochscholastik noch viel unveröffentlichtes Material, gerade an Predigttexten, vorhanden ist. Das bekannte Material läßt bereits den Schluß zu, daß die Seelsorge weithin ein Klima der Angst und Einschüchterung erzeugte und dabei mit Höllenanekdoten arbeitete. Ein damit verbundener Aspekt war die Einschärfung der Beichtpflicht. Nach dem Aufkommen des irisch-angelsächsischen Bußsystems setzte sich in der frühmittelalterlichen Theologie die Überzeugung durch, daß „schwere" Sünden nur durch die „claves Ecclesiae", d. h. die von Petrus und den andern Aposteln auf die Bischöfe und Priester übergegangene Vollmacht vergeben werden können. Da – wie aus den hier zitierten Texten zur Genüge hervorging – nicht vergebene Todsünden zur ewigen Höllenstrafe führten, legte die Seelsorge großen Wert auf regelmäßige Beichten. Als die regionalen Ermahnungen offensichtlich wenig fruchteten, setzte das IV. Laterankonzil des Jahres 1215 als gesamtkirchliche Vorschrift fest, daß jeder Gläubige, der in die „anni discretionis" gelangt sei, alle seine Sünden wenigstens einmal im Jahr seinem eigenen Priester beichten und die auferlegte Buße nach Kräften erfüllen müsse.[50] Wer dies nicht einhielt, durfte zu seinen Lebzeiten keine Kirche

---

[48] Ott (Anm. 1), S. 89.
[49] Le Goff (Anm. 1), S. 377 ff.
[50] Denzinger-Schönmetzer Nr. 812.

betreten, nach seinem Tod wurde er nicht kirchlich beerdigt. Die „anni discretionis", die Jahre der selbständigen Stellungnahme gegen Gut und Böse, begannen nach stoischer Lehre, die im dritten Jahrhundert in die christliche Theologie übernommen wurde, mit dem siebenten Lebensjahr (das vierzehnte galt dann als Erreichung der Reife).[51] Dort, wo sich der Pfarrklerus zu nachsichtig oder uninteressiert verhielt, suchten die Bettelorden mit Buß- und Höllenpredigten die Gewissen zu schärfen. Die Situation wurde erheblich zugespitzt durch die Einführung der Inquisition, die allenthalben Ketzereien aufspüren und ausrotten sollte. Sie wurde von den Päpsten Gregor IX. 1231 und Innozenz IV. 1252 institutionalisiert und oblag in besonderer Weise den Mitgliedern des Dominikanerordens.

Aus dem umfangreichen Material dieser Zeit seien nur zwei Beispiele angeführt. Caesarius von Heisterbach, ein Angehöriger des Reformordens der Zisterzienser, verfaßte zwischen 1219 und 1223 zwölf Bücher „Dialogus miraculorum", eine Anekdotensammlung. Das 12. Buch ist dem Schicksal der Toten gewidmet. Von den 55 dort gesammelten „Exempla" (am besten wiederzugeben mit „stories") gelten 25 der Hölle, 16 dem Purgatorium und 14 dem Paradies.[52] Der Dominikaner und Inquisitor Stefan von Bourbon schrieb zwischen 1250 und 1261 eine Abhandlung über das rechte Predigen, „Tractatus de diversis materiis praedicabilibus". Kapitel 4 des ersten Buches handelt von der Hölle und bietet ein abschreckendes Beispiel für ein „Christentum der Furcht".[53]

Nach dem Überblick über die „offizielle" Theologie und den Hinweisen zur Lage der Praxis sei nun die Frage nach der Weiterführung der amtlichen kirchlichen Höllenlehre gestellt. Von der Mitte des sechsten bis zum Beginn des dreizehnten Jahrhunderts ist keine nennenswerte amtliche Äußerung zu registrieren. Papst Innozenz III. nahm in einem Brief des Jahres 1201 an Bischof Ymbertus von Arles eine merkwürdige Unterscheidung vor. Der Zusammenhang des Briefes, der dadurch besondere Geltung erlangte, daß er ins III. Buch der Dekretalen (Gesetzessammlung) Gregors IX. aufgenommen wurde, beschäftigt sich mit den Wirkungen der Kindertaufe. Ausgangsprinzip ist die Feststellung, daß es eine zweifache Sünde gebe, die Erbsünde und die persönliche Sünde. Die Unterscheidung besagt:

> Die Strafe der Erbsünde ist der Verlust der Anschauung Gottes, die Strafe der persönlichen Sünde aber die Qual der ewigen Hölle (gehennae perpetuae cruciatus).[54]

Die „klassische" Lehre besagte, daß „Erbsünder" in die Strafhölle wandern, wie schon Augustinus lehrte. Bei diesem Papst begegnet die Unterscheidung von poena damni (Entbehrung der Gottesschau) und poena sensus (sinnliche Qualen), sie darf aber nicht so verstanden werden, als genieße der persönlich „schwere" Sünder die Anschauung Gottes.

---

[51] Vgl. zu dieser Entwicklung H. Vorgrimler: Buße und Krankensalbung. Freiburg 1978 (HDG IV 3), S. 104–109.

[52] Le Goff (Anm. 1), S. 365–371.

[53] Le Goff (Anm. 1), S. 377 ff.

[54] Denzinger-Schönmetzer Nr. 780; Neuner-Roos Nr. 526.

Papst Clemens IV. legte 1267 dem byzantinischen Kaiser Michael Palaiologos, der in seiner Bedrängnis nach einer Einigung der griechischen mit der römischen Kirche gesucht hatte, ein Glaubensbekenntnis zur Unterzeichnung vor, das sich das II. Konzil von Lyon 1274 zu eigen machte und das vom Konzil von Florenz 1439 im Dekret für die Griechen übernommen wurde; darin heißt es zum „Los der Verstorbenen", bei dem sich Griechen und Lateiner nicht völlig einig waren:

> Die Seelen all derer, die sich nach dem Empfang der heiligen Taufe überhaupt keinen Sündenmakel zugezogen haben, jene Seelen auch, die nach Befleckung durch die Sünde noch im Leben oder nach dem Tode, wie oben gesagt [in der vorangehenden Lehre über Läuterungsmöglichkeiten bei wahrer Reue], gereinigt worden sind, werden sogleich in den Himmel aufgenommen.
> Die Seelen derer aber, die in einer Todsünde oder auch nur in der Erbsünde verschieden, steigen sofort hinab in die Hölle [mox in infernum descendere), empfangen aber ungleiche Strafen.
> Dieselbe heilige römische Kirche glaubt fest und bestimmt: Am Tage des Gerichtes werden trotzdem alle Menschen vor dem Richterstuhle Christi erscheinen in ihrem Leib, zur Rechenschaft über ihr eigenes Tun.[55]

In dem „sogleich" im guten wie im bösen Schicksal liegt natürlich auch die Aussage, daß es nach dem Tod keinen unterschiedenen Zustand geben werde, sondern jedem Menschen aufgrund eines individuellen Gerichts seine Zukunft klar vor Augen liegen werde.

In eben dieser Frage richtete Papst Johannes XXII. Verwirrung an. Drei Predigten 1331/32 waren Anlaß dafür, ihn der Häresie zu bezichtigen, weil er einen Aufschub des definitiven Urteils bis zum universalen Gericht als seine persönliche, vor seinem Tod allerdings widerrufene Meinung vertreten hatte. Sein Nachfolger Benedikt XII. suchte 1336 die Sache in der Konstitution „Benedictus Deus" klarzustellen, in der er in der Angelegenheit des Loses der Menschen nach dem Tod die starke Formel „auctoritate apostolica diffinimus" („mit apostolischer Vollmacht definieren wir") verwendet, die nach allgemeiner katholischer Ansicht ein ausdrückliches, verpflichtendes Dogma bedeutet:

> Ferner definieren wir: Wie Gott allgemein angeordnet hat, steigen die Seelen derer, die in einer tatsächlichen schweren Sünde verschieden, sofort in die Hölle hinab (mox post mortem suam ad inferna descendunt), wo sie von höllischen Qualen gepeinigt werden. Aber trotzdem werden am Tage des Gerichtes alle Menschen vor dem Richterstuhl Christi in ihrem Leibe erscheinen und Rechenschaft geben über ihre eigenen Taten, „damit ein jeder sein Entgelt empfange für das, was er bei Lebzeiten getan hat" (2 Kor 5,10).[56]

Damit ist der Rahmen einer offiziellen katholischen Höllenlehre abgesteckt: Es gibt die Hölle, und es gibt Menschen, die dort mit unterschiedlichen Strafen gequält werden. Aber es gibt auch ein zweifaches Gericht, das individuelle beim Tod, in dem jedem einzelnen sein Schicksal eröffnet wird, und das universale, bei dem sich Seli-

---

[55] Denzinger-Schönmetzer Nr. 857–859; Neuner-Roos Nr. 926 f.; der Text von Florenz: Denzinger-Schönmetzer Nr. 1305 f.
[56] Denzinger-Schönmetzer Nr. 1002; Neuner-Roos Nr. 905.

ge und Verdammte noch einmal treffen werden, um im Angesicht aller ihre Lebens-
bilanz offenzulegen.

Nun gibt es noch einen anderen Zusammenhang, in dem die kirchliche Lehre sich
zum Thema der Hölle äußerte: die Kirchenzugehörigkeit.

Diese Lehre wurde mehrfach so vorgetragen, daß sich die Hölle nur als Schlußfolgerung ergab. So verlangte Papst Innozenz III. im Jahr 1208 für jemand, der aus
der Waldenser-Bewegung zur römisch-katholischen Kirche zurückkehren wollte,
das ausdrückliche Bekenntnis, daß außerhalb dieser Kirche niemand gerettet wird.[57]
Im Jahr 1302 schrieb Bonifaz VIII. in der Bulle „Unam sanctam", daß außerhalb
der katholischen und apostolischen Kirche weder Heil noch Sündenvergebung sei.[58]
Und Clemens VI. forderte 1351 als Gegenleistung für eine Hilfe für die Armenier
in ihrer Bedrängnis durch den Sultan, daß sie ein umfangreiches Glaubensbekenntnis annähmen, in dem es unter anderem heißt, daß kein Mensch von allen Erden-
pilgern außerhalb des Glaubens der römischen Kirche und ohne Gehorsam gegenüber den Bischöfen von Rom am Ende gerettet werden kann.[59]

Diese Ansicht, die theologisch auf die Formel gebracht wurde: „Außerhalb der
Kirche kein Heil", und die trivial zu der Floskel von der „alleinseligmachenden
Kirche" führte (obwohl nicht einmal die römische Kirche je bestritten hat, daß Gott
allein selig macht), war bis zum II. Vatikanischen Konzil im zwanzigsten Jahrhundert in amtlicher Geltung. Sie wurde jedoch in einem Dekret, das 1442 den Kopten
und Äthiopiern im Fall ihrer Rückkehr zur römischen Kirche zur Annahme vorge-
legt wurde („Jakobitendekret" des Konzils von Florenz), in die denkbar härteste
Form gebracht. Man griff dabei auf das im Mittelalter beliebte Büchlein „De fide"
des nordafrikanischen Theologen Fulgentius, Bischof von Ruspe († 532), zurück und
lehrte mit ihm (Fulgentius-Zitate in Anführungszeichen):

> [Die heilige römische Kirche] glaubt fest, bekennt und verkündet, daß „niemand au-
> ßerhalb der katholischen Kirche, weder Heide" noch Jude noch Ungläubiger oder ein
> von der Einheit Getrennter des ewigen Lebens teilhaftig wird, vielmehr dem ewigen
> Feuer verfällt, das dem Teufel und seinen Engeln bereitet ist (Mt 25,41), wenn er sich
> nicht vor dem Tod ihr [der Kirche] anschließt. So viel bedeutet die Einheit des Leibes
> der Kirche, daß die kirchlichen Sakramente nur denen zum Heil gereichen, die in ihr
> bleiben, und daß nur ihnen Fasten, Almosen, andere fromme Werke und der Kirchen-
> dienst des Christenlebens den ewigen Lohn erwirbt. „Mag einer noch so viele Almosen
> geben, ja selbst sein Blut für den Namen Christi vergießen, so kann er doch nicht ge-
> rettet werden, wenn er nicht im Schoß und in der Einheit der katholischen Kirche
> bleibt".[60]

Die Bearbeiter hatten nicht zur Kenntnis genommen, daß der Kontext des zitierten Matthäus-Evangeliums Kap. 25 nicht mit einem einzigen Wort eine Kirchenzu-

---

[57] Extra quam neminem salvari: Denzinger-Schönmetzer Nr. 792.
[58] Extra quam nec salus est nec remissio peccatorum: Denzinger-Schönmetzer Nr. 870.
[59] Quod nullus homo viatorum extra fidem ipsius Ecclesiae et obedientiam Pontificum Romanorum
       poterit finaliter salvus esse: Denzinger-Schönmetzer Nr. 1051.
[60] Denzinger-Schönmetzer Nr. 1351; Neuner-Roos Nr. 381.

gehörigkeit oder ein Glaubensbekenntnis als Vorbedingung für das ewige Heil erwähnt.

Der Denkart dieses Textes entsprach es, daß Missionare bei der Eroberung und Unterwerfung Lateinamerikas von 1492 an den Indios erklärten, alle ihre Vorfahren und geliebten Verwandten seien wegen der nicht empfangenen Taufe und der fehlenden Kirchenzugehörigkeit im Feuer der ewigen Hölle.[61]

Es blieb der römisch-katholischen Kirche gar nichts anderes übrig, als nach fünfhundert Jahren dieser Lehre von derselben offiziell Abschied zu nehmen.

Anhand der bisher gesichteten Zeugnisse läßt sich nun eine kleine Zwischenbilanz in der Geschichte der Hölle aufstellen. Die Kirche verfügte bis Ende des dreizehnten Jahrhunderts über zwei große Komplexe von Höllentexten. Der eine bestand aus den Visionserzählungen, zu denen manche Dichtungen hinzugezählt werden können. Der andere ergab sich aus den Reflexionen der Theologen, die primär auf biblische Zeugnisse und ältere theologische Traditionen zurückgriffen, aber von der Visionsliteratur nicht unbeeinflußt geblieben waren. Während die Visionen von massiver Anschaulichkeit lebten, neigt die Theologie, in der Scholastik besonders dominierend, zu einer abstrakten Ausdrucksweise. Diese beiden Komplexe können nicht künstlich voneinander getrennt werden. Ihre Verbindungsglieder waren die Örtlichkeit der Hölle, die in Abhängigkeit vom „naturwissenschaftlichen" Weltbild auch von der Theologie angenommen wurde, und die materielle, sinnenhafte Qualität des Höllenfeuers, das wegen der Autorität der Bibeltexte (vor allem Mt 25,41 und Lk 16,24) als Installation ewiger Qualen auch von der Theologie buchstäblich verstanden wurde.

Von daher erscheinen die Einteilungen der Hölle im Plural bei Georges Minois als Konstrukte, die der Realität der historischen Gegebenheiten nicht entsprechen. Seine Geschichte der Höllen ist geprägt von der Grundunterscheidung zwischen „philosophischen Höllen", deren Vater Platon, und „volkstümlichen Höllen", deren Vater Vergil sei.[62] Er unterscheidet jedoch noch detaillierter „barbarische" und „dogmatische" Hölle usw. Dabei wird übersehen, daß in der Örtlichkeit und in den ewigen physischen Flammen eine Gemeinsamkeit fundamentaler Art gegeben war. Die abstrakteren oder zurückhaltenderen Aussagen der Theologen und die ihnen in zeitlichem Abstand folgenden kirchlichen Lehräußerungen haben einen Rahmen abgesteckt, der ohne Verfälschung mit Visionserzählungen und/oder frommen

---

[61] Belege z. B. bei J. Delumeau: Angst im Abendland. Reinbek 1985. Bd. II, S. 390 f. Ein paar wenige Beispiele. Die erste Synode der peruanischen Stadt Lima 1551 empfahl den Pfarrern, den Indios zu sagen, „daß sich all ihre Vorväter, all ihre Herrscher jetzt am Ort der ewigen Pein befinden, weil sie Gott nicht gekannt und gar nicht verehrt, sondern die Sonne, Steine und andere Kreaturen angebetet hatten". Aus einer Missionarspredigt an die Indios: „Sagt mir nun, meine Kinder, von all den Menschen, die auf der Erde lebten, bevor die Spanier ankamen, wie viele wurden gerettet? Wie viele? Wie viele sind in den Himmel gekommen? Keiner. Wie viele Inkas sind in die Hölle gekommen? Alle. Wie viele Königinnen? Alle. Wie viele Prinzessinnen? Alle." Usw. Da Verständigungsschwierigkeiten bestanden, arbeiteten die Missionare auch mit Schaubildern, die bekehrte Indianer in der Freude des Himmels der Weißen, ihre Vorfahren aber in einer gräßlichen Hölle zeigten. Ebd. 391.
[62] G. Minois: Histoire des enfers. Paris 1991, S. 50, 55.

Phantasien ausgeschmückt oder bebildert werden konnte. Nennenswerter Widerspruch dagegen hat sich weder auf seiten der Theologie noch auf seiten der kirchlichen Lehrinstanz erhoben.

Die kirchliche Autorität hat sich mit ihren Höllenaussagen ein Instrumentarium geschaffen, das in zwei Richtungen wirksam werden sollte. Nach innen im Hinblick auf die Kirchenmitglieder war in diesem im dreizehnten Jahrhundert abgeschlossenen Prozeß die persönlich begangene und nicht bereute Todsünde der entscheidende Grund der Versetzung eines Menschen in die ewigen Höllenqualen. Die genauere, von bestimmten Interessen diktierte Festlegung dessen, was eine Todsünde ist, war mit dem dreizehnten Jahrhundert nicht beendet. Hierin lag der Ansatz für eine Seelsorge permanenter Einschüchterung und Verängstigung, auch massiver seelischer Zerstörung durch die Herbeiführung von Psychosen und Neurosen.

Nach außen hin war das Instrumentarium der Höllenaussagen im fünfzehnten Jahrhundert, dem Jahrhundert der großen Entdeckungen, des Todeskampfes des byzantinischen Imperiums gegen die Türken und der barbarischen Austreibung der Juden aus Spanien sowie häufiger Pogrome gegen Juden in anderen Bereichen der lateinischen Kirche perfektioniert: Wer nicht der römisch-katholischen Kirche angehört, Christen der Ostkirchen, Muslime, Juden, „Heiden", der würde sogleich mit seinem Tod in die Qualen des ewigen Höllenfeuers wandern. Mit der Behauptung dieser Position suchten machtbewußte Päpste die größtmögliche Abgrenzung nach außen und zugleich eine seelische Entlastung derer, die als Inquisitoren, Kreuzzügler, Judenverfolger usw. in der Wahl ihrer Mittel nicht zimperlich waren.

Soweit Theologen und Dichter ihre eigenen Höllenaussagen oder die der Tradition als reine Allegorien verstanden – eine Psychologie der inneren Höllen gab es damals noch nicht –, wagten sie das nach den wiederholten Verdammungen des Origenes angesichts der drohenden Folter der Ketzerjäger nicht eindeutig zu äußern. Heute ist nicht mehr festzustellen, ob sie an einen Realitätsgehalt ihrer Aussagen geglaubt haben.[63]

---

[63] Das ist zu beachten, wenn Minois (Anm. 62), S. 104, eine „allegorische Hölle" ausgemacht haben will, deren Vater Clemens von Alexandrien gewesen sei.

12. Ängste und Visionen: Spätmittelalter

Das Spätmittelalter unterschied sich, was Zustände und Mentalitäten in Europa angeht, fundamental vom Hochmittelalter. Wirtschaftliche Krisen führten zu schweren Hungersnöten, die durch Naturkatastrophen (extreme Winter, Überschwemmungen usw.) verschärft wurden. Kriege, unter ihnen der „hundertjährige" seit 1340, hinterließen ihre tiefen Spuren. Pestwellen und andere Seuchen waren zu registrieren. Die Gesellschaft war von einer vorher nicht gekannten Mobilität (Reisende, z. B. Handwerker und Kaufleute, aber auch Wegelagerer) geprägt; vielfach tobten Machtkämpfe. Die Sensibilität gegenüber Gewalt war gering. In der Justiz waren Folter und Hinrichtungen an der Tagesordnung.

Die Zeit produzierte auf der einen Seite Fluchtbewegungen in eine gesteigerte Lebenslust hinein, derb und renaissance-mäßig verfeinert. Auf der anderen Seite war die Angst allgegenwärtig.[1]

Zu den Ängsten vor Pest, Hunger und Krieg kamen die vor dem Fremden und Unbekannten, vor der Finsternis und vor Gespenstern. Noch mehr als bei der Jahrtausendwende dachte man wieder an ein mögliches baldiges „Ende der Welt". J. Delumeau benennt als besonders angewendete Mittel zur Verbreitung eschatologischer Ängste die Wanderprediger, das religiöse Theater und den Buchdruck. Er weist auf die kollektive Panik angesichts der Planeten (gemeint sind wohl Kometen) und auf die Einflüsse der bildlichen Gerichts- und Höllendarstellungen in den Kirchen hin. Im Zusammenhang mit dem ängstlichen Starren auf Anzeichen des kommenden Endes sucht man nach dem konkreten Antichristen der neutestamentlichen Apokalyptik: Der angesehene Rechtsgelehrte Marsilius von Padua († 1342/43), der für eine äußerst radikale Kirchenreform arbeitete, bezeichnete den Papst (Johannes XXII.) als „Antichrist". (Vor der Jahrtausendwende hatte 991 Bischof Arnulf von Orléans Papst Johannes XV. „Antichrist" genannt.)

Aus den Ängsten und Verunsicherungen entstanden nicht nur aufrichtiger Bußernst bei vielen Gläubigen, sondern auch Phänomene eines hysterischen religiösen Fanatismus, der den Zorn Gottes kämpferisch beschwichtigen und das Böse ausrotten wollte. Ein Exponent dieser Bemühungen war der pathologisch sendungsbewußte Dominikaner Girolamo Savonarola, dessen Hinrichtung als Ketzer 1498

---

[1] Unentbehrlich für die Kenntnis des Spätmittelalters auch im Zusammenhang mit dem Höllenthema ist Jean Delumeau: La peur en Occident (XIVᵉ–XVIIIᵉ siècles). Une cité assiégée. Paris 1978, deutsch: Angst im Abendland. Die Geschichte kollektiver Ängste im Europa des 14. bis 18. Jahrhunderts. 2 Bde. Reinbek 1985; ders.: Le péché et la peur. La culpabilisation en Occident. XVIᵉ–XVIIIᵉ siècles. Paris 1983. Nützlich ist noch immer das ältere Werk: E. Döring-Hirsch. Tod und Jenseits im Spätmittelalter. Berlin 1927.

sein päpstlicher Feind Alexander VI. aus politischen Gründen betrieb. Savonarola motivierte die „Verbrennung aller Eitelkeiten" mit abgründig düsteren Jenseitsdrohungen. In weiten kirchlichen Kreisen schrieb man die Zustände dem Ausbruch des Teufels und seiner Dämonen aus der Hölle zu. Die religiösen Aggressionen wurden auf Fremde und physisch schwache Minderheiten gelenkt: Muslime, Juden und Frauen („Hexen") galten als Agenten des Satans.

Die Riten der Kirche wurden zur Sicherung gegen diese Ängste eingesetzt. Die Seelsorge förderte die Ansicht, daß Teufel und Sünde schrecklicher seien als physische Übel wie Krankheiten und Krieg und daß der Tod des Leibes weitaus weniger schlimm sei als der der Seele. Daher wurde die antike Ansicht der „Psychomachia", von den verstärkten Angriffen des Teufels und seiner Dämonen im Augenblick des Todes, wenn die Seele aus dem Mund des Menschen entweicht, neu belebt. In einem Brief Francesco Gonzagas an seine Frau Isabella über den Tod Alexanders VI. ist festgehalten, daß zuverlässige Beobachter in dessen Sterbezimmer nicht weniger als sieben Teufel bemerkt hätten.[2]

So erklärt sich der apotropäische Gebrauch von Weihwasser, die Dominanz von Totenmessen in den Kirchen, die Ausgestaltung von Begräbnisritualen mit Absolutionen usw. In diesem Kontext sind die zahlreichen Höllenschilderungen in spätmittelalterlichen Erbauungsbüchern zu sehen, die geistlichen Schauspiele mit vielen Höllenmotiven und anderes, was hier nicht dokumentiert werden kann.[3]

Manchmal wird darauf hingewiesen, daß es angesichts des rohen Volksglaubens, der verlotterten hohen Geistlichkeit und der in abstrakten Spekulationen befangenen Theologie einen Bereich der Innerlichkeit gegeben habe, der sich von den negativen Phänomenen fernhielt, die Mystik.[4] Ein solches Urteil ist kritisch zu hinterfragen. Im Folgenden sind einige Höllenzeugnisse von Mystikerinnen und Mystikern zu dokumentieren, die zeigen, daß die Suche nach Gotteserfahrungen die Seele nicht vor Teufeln und Hölle bewahrte.

Mechtild von Magdeburg

Es gab in der Mystik nicht nur eine Aufwärtsbewegung der Seele, die danach trachtete, Gott zu finden oder sich mit ihrem Bräutigam Jesus zu vereinen. Es gab auch eine „Abstiegsmystik", mit der vielleicht eigene Sündhaftigkeit gebüßt oder fremde Sünden gesühnt werden sollten. Eine solche ist bezeugt bei Mechtild von Magdeburg († 1282 oder 1294), die schon als Zwölfjährige mystische Erfahrungen hatte und deren Aufzeichnungen, die ersten einer Mystikerin in deutscher Sprache, von einem Dominikaner als sechs Bücher „Das fließende Licht der Gottheit" zusammen-

---

[2] Döring-Hirsch (Anm. 1), S. 22 Anm. 19.
[3] Das Volksbuch „Meister Lucidarius", handschriftlich 14. Jahrhundert, in Augsburg 1491 gedruckt, wurde wegen seiner Beschreibungen von Himmel, Hölle und Höllenstrafen beispielsweise ungemein berühmt.
[4] So sagt G. Minois: Histoire des enfers. Paris 1991, S. 213 f., die „Besseren" hätten eine Neigung zur Mystik gehabt.

gefaßt wurden. Sie erfuhr in Ekstasen nicht nur verschiedene Orte des Jenseits, sondern auch ihren eigenen Abstieg „bis zur niedrigsten Stätte", in die tiefste Hölle „bis unter Luzifers Schwanz" (V 4).[5]

Birgitta von Schweden

Die ursprünglich glücklich verheiratete Birgitta von Schweden, Mutter von acht Kindern (✝ 1373), trat nach dem Tod ihres Mannes in ein Kloster ein, wo sie zahlreiche Visionen hatte, in denen sie Gottes Ruf vernommen zu haben meinte, seine Braut und Offenbarungsmittlerin zu sein. Die Visionen wurden von Ordensleuten ins Lateinische übertragen in acht Büchern „Revelationes coelestes". Darin werden häufig himmlische Tribunale gegen konkrete Personen beschrieben. So erzählt sie (VI. Buch Kap. 39) über eine Gerichtsverhandlung gegen ihren Mann, in der ein Dämon Gott aus sieben Büchern die sieben Laster der Seele ihres Mannes vorträgt. Die Gottesoffenbarungen, die sie während ihrer Visionen gehört haben will, enthalten vielfältige Drohungen mit der Hölle und häufige Erwähnungen des Teufels als des Widersachers Gottes. Dafür ein Beispiel aus einer Szene, in der Christus als Weltenrichter spricht:

> Hört, ihr alle meine Feinde, die ihr lebt in der Welt, denn zu meinen Freunden, die meinem Willen folgen, spreche ich nicht. Hört, alle ihr Kleriker, Erzbischöfe, Bischöfe und alle unteren Amtsträger der Kirche! Hört, alle ihr Leute des reinen Lebens, von welchem Orden ihr sein möget! Hört, ihr Könige, Fürsten und Richter auf Erden und ihr alle, die ihr dienet! Hört, ihr Frauen, Königinnen, Fürstinnen und alle Frauen und Dienerinnen, ja alle, welchem Stand und welcher Lebensstellung ihr auch angehören möget, große und kleine, die die Welt bewohnen, hört diese Worte, die ich, der euch erschaffen, jetzt zu euch spreche! Ich klage darüber, daß ihr mich verlassen und euren Glauben meinem Feind, dem Teufel, gegeben habt, und ihr habt meine Gebote übertreten, folgt dem Willen des Teufels und gehorcht seinen Eingebungen. Ihr denkt nicht daran, daß ich, der unveränderliche und ewige Gott, euer Schöpfer, vom Himmel zu einer Jungfrau herabstieg und von ihr Fleisch empfing und wanderte unter euch. Ich bahnte ja durch mein eigenes Beispiel den Weg für euch und zeigte euch, wie ihr zum Himmel gehen solltet. Ich wurde entkleidet, gegeißelt, mit Dornen gekrönt und so hart auf dem Kreuze gestreckt, daß fast alle Sehnen und Glieder des Leibes zerrissen. Ich hörte alle Schmähungen und ertrug den verächtlichsten Tod, das bitterste Herzensleid um eures Heiles willen. All dies beachtet ihr, meine Feinde, nicht, denn ihr seid betrogen. Ihr tragt das Joch und die Bürde des Teufels mit aller seiner betrügerischen Süße, aber ihr wißt es nicht und kennt es nicht, bevor nicht unendlicher Kummer, hervorgerufen von dieser grenzenlosen Bürde, sich euch nähert. Aber dies ist euch nicht genug, sondern so groß ist euer Übermut, daß ihr, wenn ihr höher als ich steigen könntet, es gerne tätet. Und so groß ist eure fleischliche Lust, daß ihr lieber ohne mich sein wollt, als daß ihr eure ungeordnete Begierde aufgebt. Eure Gewinnsucht ist unersättlich wie ein Sack mit einem Loch im Boden, denn es gibt nichts, was ihn sättigen kann. Deshalb

---

[5] Vgl. dazu P. W. Tax: Die große Himmelsschau Mechtilds von Magdeburg und ihre Höllenvision. In: Zeitschrift für deutsches Altertum 108, 1979, S. 112–137.

schwöre ich bei meiner Gottheit; wenn ihr in diesem Zustand sterbet, worin ihr euch jetzt befindet, so werdet ihr niemals mein Angesicht sehen, sondern wegen eures Hochmuts werdet ihr so tief in die Hölle gesenkt werden, daß alle Teufel über euch sein werden, trostlos euch peinigend; wegen eurer Geilheit sollt ihr mit schrecklichem, teuflischem Gift gefüllt werden, und wegen eurer Gewinnsucht sollt ihr mit Schmerzen und Angst gefüllt und an allem Bösen, das es in der Hölle gibt, teilhaft werden. O, meine Freunde, Überdrüssige, Undankbare und Entartete, ihr scheint mir wie ein toter Wurm im Winter zu sein, und deshalb macht ihr, was ihr wollt, und habt Erfolg. Deshalb werde ich aufstehen im Sommer, und dann werdet ihr verstummen und meiner Hand nicht entfliehen können. Jedoch habe ich, o meine Feinde, euch mit meinem Blut erlöst, und ich begehre nichts anderes als eure Seelen. Kehrt deshalb demütig zu mir zurück, dann werde ich euch wie Kinder gnädig empfangen. Werft euer schweres Teufelsjoch ab, erinnert euch meiner Liebe und schaut in euer Gewissen, wie süß und milde ich bin.[6]

Der Text konzentriert die Höllendrohung auf Habsucht, „Fleischeslust" und Hochmut. Er erreicht seine Autorität, indem er sich als Christusrede ausgibt – wobei Jesus mit dem Schöpfergott identifiziert wird, eine kleine Häresie, die die römische Heiligsprechung Birgittas nicht hinderte –, er bietet ein gutes Beispiel für eine herbe Kirchenkritik aus dem Mund einer Frau, die sich das, wie mehrere andere Mystikerinnen auch, zutrauen durfte, weil die betroffenen Kreise aus ihrem Mund die Stimme Gottes zu hören vermeinten.[7]

Mit welchen Mitteln diese Frau Kirchenpolitik machte oder von den ihr vertrauten Ordensmännern zu einer Kichenpolitikerin gemacht wurde, zeigt folgende „Offenbarung", bei der eine Stimme zu Birgitta gesprochen habe:

Auch dies sollst du wissen, daß ein Papst, der den Priestern die Erlaubnis geben würde, eine fleischliche Ehe einzugehen, von Gott durch einen solchen Richterspruch geistlicher Weise verworfen würde wie jener Mensch, der sich so schwer vergangen hatte, daß man ihm nach der Gerechtigkeit des Rechtes leiblicher Weise die Augen ausstach, die Zunge samt den Lippen und die Nase samt den Ohren abschnitt, ihm auch die Hände und Füße abschlug und alles Blut seines Leibes ganz und gar vergoß und zur Erstarrung brachte und außerdem dann seinen blutleeren Leib den Hunden und anderen wilden Tieren zum Fraß vorwarf. Ähnlich würde es fürwahr jenem Papst geistlicher Weise ergehen, der eine solche Erlaubnis zum Eingehen der Ehe den Priestern geben würde im Gegensatz zur erwähnten Anordnung und zum Willen Gottes. Denn ein solcher Papst würde geistlicher Weise seines Augenlichts und Gehörs, seiner Sprech- und Wirkfähigkeit von Gott ganz und gar beraubt, seine ganze geistliche Weisheit würde total erstarren, seine Seele aber würde nach seinem Tod zur ewigen Pein in die Hölle verstoßen, um dort auf ewig eine Speise der Dämonen zu sein. Selbst wenn der heilige Papst Gregor der Große dies angeordnet hätte, würde er gemäß diesem Urteil nie mehr von Gott Barmherzigkeit erlangen.[8]

---

[6]   IV 7; Die Offenbarungen der heiligen Birgitta von Schweden, ausgewählt und eingeleitet von Sven Stolpe, Frankfurt 1961, S. 134–136.
[7]   Vgl. dazu auch: T. Nyberg: Brigitta von Schweden – die aktive Gottesschau. In: Frauenmystik im Mittelalter, hrsg. von P. Dinzelbacher und D. R. Bauer. Ostfildern 1985, S. 275–289. Zu den Problemen einer kritischen Ausgabe Birgittas und der Bearbeitung ihrer Texte durch den Bischof Alfons Pecha († 1389): Theol. Revue 88, 1992, S. 283–285.
[8]   Offenbarung VII 10; F. Holböck: Gottes Nordlicht. Die hl. Birgitta von Schweden und ihre Offenbarungen. Stein am Rhein ²1988, S. 298.

Hölle und Unbarmherzigkeit Gottes kommen oft bei Birgitta vor. Ein Beispiel findet sich innerhalb eines „Trialogs", an dem Gott selber, ein nicht mit Namen genannter Heiliger und Birgitta beteiligt sind:

> Darauf sprach der Herr zu demselben Heiligen: „Sage der Braut, die hier steht, was jene verdienen, die sich um die Welt mehr kümmern als um Gott und die die Geschöpfe mehr lieben als den Schöpfer, und welche Strafe jetzt jener Mensch erduldet, der, solange er in der Welt war, ganz in Wollust dahinlebte." Der Heilige antwortete: „Seine Strafe ist furchtbar hart, denn für die Hoffart, die er in allen Gliedern gehabt hat, werden sein Herz, seine Hände, seine Arme, seine Füße wie von einem schrecklichen Blitzstrahl in Brand gesetzt; seine Brust wird mit einer Igelhaut zerstachelt, deren Stachel sich gleichsam in sein Fleisch hineinbohren und dasselbe unausstehlich stechen. Die Arme mit den übrigen Gliedern, die er, um das Weib zu umfangen, so gierig ausgestreckt hat, sind wie zwei Schlangen, die sich nun um ihn herumschlingen und ihn unwiderstehlich verschlingen und zerreißen, wobei sie im Zerreißen nicht müde werden. Sein Unterleib wird so jämmerlich gepeinigt, als ob in seine Schamteile ein gar spitzer Pfahl hineingesteckt und mit aller Anstrengung hineingetrieben würde, um immer noch weiter einzudringen. Seine Schenkel und Knie sind wie härtestes, ganz unbiegsames Eis, sie haben keine Ruhe und keine Wärme. Auch seine Füße, auf denen er sich zu den Vergnügungen getragen und dabei noch andere mit sich gezogen hat, stehen gleichsam auf sehr scharfen Messern, die unaufhörlich schneiden."

Später heißt es noch von eben diesem Menschen, daß er

> großen Abscheu vor der Beichte hatte und immer nur seinem eigenen Willen folgte; er wurde von einer Halsgeschwulst überrascht und starb ohne Beichte dahin; beim Gericht Gottes klagten ihn alle bösen Geister an und riefen: „Seht da diesen Menschen, der sich vor Dir, o Gott, verstecken wollte, uns aber war er bekannt." Der göttliche Richter aber antwortete: „Die Beichte ist die beste Wäscherin. Weil sich dieser Mensch zu Lebzeiten nicht hat waschen lassen wollen, wird er fortan mit aller Unreinheit geschwärzt werden; und weil er sich selbst nicht vor wenigen hat schämen wollen, so ist es recht, daß er nun vor vielen beschämt wird."[9]

Meister Eckhart, Richard Rolle, Heinrich Seuse

Meister Eckhart († 1328) scheint eine metaphorische Deutung der Hölle gelehrt zu haben: Nicht menschlicher Eigenwille noch kreatürliches Feuer brenne in der Hölle, sondern das Fehlen des göttlichen Lebens.

> Hätte die Hand Feuers Natur, so würde sie keinen Schmerz empfinden von der glühenden Kohle, die auf sie gelegt wird. Hätte die Seele das göttliche Wesen in sich, sie würde keinen Schmerz empfinden. Daß Gott *außer ihr* und ferne ist mit seinem Wesen, das die Seligkeit ist, das wird für die Verlorenen zur brennenden Qual.[10]

---

9   Offenbarungen IV 16; Holböck S. 311 f.
10 E. Fleischhack: Fegfeuer. Die christlichen Vorstellungen vom Geschick der Verstorbenen geschichtlich dargestellt. Tübingen 1969, S. 93.

Der englische Eremit und Mystiker Richard Rolle († 1349), dessen Verehrung als Heiliger in England kirchlich gebilligt ist, ein Frauenhasser, bietet besonders sprechende Beispiele für eine pathologische Sicht der Sexualität als Ursache ewiger Verdammnis. Sein Biograph Helmut Riedlinger[11] bescheinigt ihm dessenungeachtet „ursprüngliche mystische Erfahrung" und „glühenden Reformeifer". In seinem „Canticum Amoris" (!) kommt die Hölle 186mal vor.

Der Dominikaner und Mystiker Heinrich Seuse († 1366) zeigt, daß auch Mystiker auf höherem Niveau von Höllenphantasien nicht frei waren. Der Schüler Meister Eckharts beschreibt in seinem „Horologium Sapientiae", einem 1334 vollendeten, für den Klerus bestimmten Erbauungsbuch, die Höllenqualen folgendermaßen:

Danach geschah es aber, daß der Schüler begann, über die vergangenen Tage nachzusinnen und an die ewigen Jahre zu denken. Und als er wieder völlig Mut gefaßt und den Geist, so gut er vermochte, vom Sichtbaren abgehoben hatte, erschien vor seinen Augen in einer Vision des Glaubens von fern eine gleichsam umschattete, unbekannte und sehr schreckliche Gegend. Und als er erschüttert fragte, was das sei, wurde ihm geantwortet: „Diese Gegend, die, wie du siehst, unterteilt ist, ist der Ort der künftigen Strafen, den die unterschiedlichen Seelen nach dem Austritt aus dem Körper entsprechend dem Unterschied ihrer Schuldverstrickungen als Strafe erhalten; einige zu ihrer Reinigung, einige aber zu ihrer ewigen Bestrafung." Und so wie das ihm dann Gezeigte war, handelte es sich bei diesem oder Ähnlichem um so fürchterliche und ungeheuerliche Arten von Martern, daß keine Sprache ausreichte, es zu erzählen, oder kein Menschenverstand es voll erfassen konnte. Als er aber wieder zu sich gekommen und, wie ihm schien, gleichsam aus einer anderen Welt, aus der bewegenden Gegenwart der Vision aufgetaucht war, versank er vor übergroßer Furcht und übergroßem Schrecken eine Zeitlang wie ein Halbtoter in sich selbst. Einiges von diesem aber nahm er nur mit den glaubensgewohnten Augen wahr.

Er blickte also zurück, und siehe, von den genannten Orten stieg ein unerträglicher Gestank hoch. Das Schlagen widerhallender Hämmer wurde laut, unergründliche Finsternisse verdichteten sich, und es zeigten sich dort fürchterliche Dämonengestalten. Wehklagen und Stöhnen herrschten dort, und einander abwechselnde Übel zerrissen die Unwürdigen. Von Schneewasser gerieten sie in glühende Hitze. Er erkannte bei diesem Anblick die Gerechtigkeit und Größe der Gerichtsentscheidungen Gottes, und unter den Beklemmungen des Herzens, die ihn überkamen, und den Schweißtropfen, die seit dem Schrecken der Vision auf seiner Haut standen, wurde ihm deutlich, daß jeder durch dasselbe gemartert wurde, worin auch seine Sünde bestanden hatte.

Die Räuber nämlich und Diebe und ihre Komplizen und die, die die Armen und Freunde Gottes in ihrem Leben beraubt und durch Eintreibungen unverdientermaßen gepeinigt hatten, wurden an höllische, über menschliche Vorstellungskraft zur Strafe geeignete Galgen geschleppt, gewaltsam aufgehängt und ebendort gemartert; aber dennoch starben sie nicht, sondern wurden auf unsägliche Weise gequält. Einige sogar, die ihre Löwengesinnung unter einem Schafsfell verborgen, wie reißende Hunde die Knechte Gottes durch Schmähungen und Beschimpfungen oder aufwieglerische Worte belästigt und ihre Mitbrüder durch ungerechte Verfolgung verletzt hatten, wurden ebendort von höllischen Hunden mit scharfen Bissen zerfetzt. Dort wurden die Stolzen verächtlich mit einem Eselsbegräbnis in einer Grube begraben, und die gleichsam als faulende, glü-

---

[11] LThK VIII S. 1292 f.

hende Kadaver Hingeworfenen wurden ewiger Schmach, die niemals aufgehoben wird,
überlassen. Und für den zeitlichen Ruhm und die Erhebung des Geistes, mit der die Auf-
geblasenen die übrigen zu übertreffen versuchten, wurde ihnen mit so großer Last und
Wucht der Strafen zugesetzt, wie nur jemandem zugesetzt werden kann, der einen riesigen Turm über sich hat. Die Säufer aber und die Rauschsüchtigen und die, die ihrem
Bauch gedient hatten, wurden wie hungrige Wölfe mit unglaublichem Hunger und unerträglichem Durst geschlagen; sie baten um einen winzigen Tropfen kühlen Wassers
zur Erquickung ihrer durch den Brand der Flammen versengten Zunge, aber niemand
gab ihnen. Statt dessen standen fürchterlichste Dämonen mit brennenden Krügen neben ihnen und flößten ihnen beharrlich einen schwefligen Trunk, verflüssigtem Blei
ähnlich und kochendheiß glühend, durch den Mund in den durchstoßenen Bauch. Auch
die Wollüstigen und die, die in fleischlichen Genüssen geschwelgt und in ihrem Starr-
sinn verweilt hatten, wurden von Schlangen verschlungen und von Kröten mit feurigen Stacheln bis auf die Eingeweide gequält. Diejenigen beiderlei Geschlechtes, die der
fleischlichen und irdischen Liebe ergeben gewesen waren, vergruben vor Schmerz ihre
Zähne in der Erde des Abgrundes, weil die Dämonen sie unerträglich schlugen. Denn,
feurige Spieße in den Händen, verfolgten sie sie mit heftigster Glut und überdeckten
sie mit grausamsten Wunden. Aber ihre Gefährtinnen in der Schuld hatten sie auch als
Gefährtinnen in der Strafe. Über die Maßen schwer aber wurden die Habsüchtigen,
Geizigen und Gewinnsüchtigen bestraft. Sie wurden nämlich in Gruben, die mit ko-
chendem Metall gefüllt waren, gebadet, und wer entweichen wollte, wurde mitleidlos
zurückgestoßen.

Das härteste Gericht aber erging an den Herrschenden. Den Größeren aber drohte eine
größere Qual, und die Mächtigen mußten mit Macht verhängte Martern erleiden. O,
wer könnte sagen, wieviel Bestrafung dort unwürdige Richter, ungerechte Herrscher,
nach schändlichem Gewinn lechzende Kleriker, zügellose Monarchen, gewalttätige
Laien, lüsterne Frauen, Tänzerinnen und Eitle und all die verschiedenen falschen Christen über sich ergehen lassen mußten! Und wie klägliches Stöhnen und jammerndes
Schreien sie von sich gaben, so, daß der Schmerz dieser Erscheinung in gewisser Weise
alle Strafe dieser Welt zu übersteigen schien! Denn eine Menge höllischer Bären und
wilde Löwen und neuartige zornerfüllte Tiere und unbekannte Bestien, die feurigen
Dampf ausspien, den Gestank von Rauch vor sich hertrugen und aus ihren Augen schau-
rige Funken sprühten, zerfetzten sie mit gierigem Biß. Endlich wurden viele von ihnen
in den Schacht des Abgrundes hinabgestoßen, von dem schauerlicher Rauch und unerträglicher Gestank ausgingen. Ihre Blicke entflammten wie ein blitzendes Schwert,
ähnlich einem Funkenregen, und sie wurden von den Dämonen zurückgestoßen. Sie
bissen sich vor Schmerz auf die Lippen und lästerten den Gott des Himmels vor lauter
Schmerzen und Wunden; aber Reue über ihre Taten empfanden sie nicht. Mit den
Fesseln der Finsternis und einer langen Nacht gebunden, wurden sie in einer dunklen
und finsteren Hülle des Vergessens gehalten. Ein Tosen aus der Höhe verwirrte sie,
unselige Gestalten tauchten auf und flößten ihnen Furcht ein. Und die strahlenden
Flammen der Sterne konnten diese schauerliche Nacht nicht erhellen. Denn mit einer
einzigen Kette der Finsternis waren sie alle gefesselt. Der ganze Erdkreis wurde erleuchtet von klarem Licht, nur über sie hatte sich tiefe Nacht gelegt, ein Abbild der
Finsternis. Schwerer aber als unter der Finsternis litten sie unter ihrer eigenen Last, und
der Rauch ihrer Qualen wird von Geschlecht zu Geschlecht aufsteigen.

Danach erschallte von oben eine Stimme wie Donner, die spottend und gleichsam schmä-
hend ausrief: „Wo sind nun die, die von Anfang an, von den Tagen der Vorzeit an, dieser Welt gedient haben mit ihrem ganzen Verlangen, die wollüstig gelebt und sich den
verschiedenen Lüsten hingegeben haben? He, was nützt ihnen jetzt all das, was sie wie

Schatten flüchtig durchschritten haben? Wie kurz war die Ergötzung, und einen wie langen Strick ewigen Unglücks zieht sie hinter sich her! O ihr Toren und Wahnwitzigen, wo sind jetzt jene Worte, die ihr mit so großer Freude und mit so großem Frohlocken zu sagen pflegtet: ,Kommt, laßt uns die Güter des Lebens genießen und rasch die Schöpfung auskosten, wie es der Jugend geziemt' (Weish 2,6)? Was nützen jetzt alle süßen Erlebnisse, die ihr so schnell genossen habt? Wenn es sich für euch doch jetzt im Gegenteil ziemt, euch an die Brust zu schlagen, zu trauern und laut auszurufen: ,Weh, weh uns schon jetzt und in Ewigkeit, wehe, weil wir geboren sind und nicht mehr sterben können. Wehe, weil wir gräßlich gequält und niemals von unseren Qualen befreit werden.

O, wen gibt es, der diese Martern bedenkt und sich diese unsere Qualen zu Herzen nimmt? Sie sind nämlich so beschaffen, daß, was auch immer in der Welt Fürchterliches erdacht werden kann, nicht ausreicht, um mit ihnen an Grausamkeit verglichen zu werden. O, wie glücklich der Unbefleckte, der nicht abgeschweift ist zu den Freuden dieser Welt, der nicht zurückgeblickt hat auf die Nichtigkeiten und falschen Prophezeiungen! Wir Toren hielten das Leben jener Menschen für Wahnsinn und ihr Ende für ehrlos. Auf diese Weise sind sie zu den Söhnen Gottes gerechnet worden, und unter den Erwählten ist ihr Erbteil. Also sind wir vom Weg der Wahrheit abgeirrt, das Licht der Gerechtigkeit leuchtete uns nicht, und die Sonne der Einsicht ging uns nicht auf. Wir haben unsere Kräfte auf dem Weg der Ungerechtigkeit und des Verderbens verbraucht, und wir zogen auf unwegsamen Wegen; den Weg des Herrn aber erkannten wir nicht. Was nützte uns der Hochmut, oder was brachte uns die Prahlerei mit unseren Reichtümern? All das ging vorbei wie ein Schatten (vgl. Weish 5,4–9).

Es ging unter, was zeitlich war. Aber, ach, ein Schmerz blieb zurück, der in Ewigkeit bleiben wird. O ewige, niemals endende, ununterbrochene Marter! O Ende ohne Ende, Tod, schwerer als jeder Tod, immer zu sterben und dennoch nicht sterben zu können! O mein geliebter Vater, der du mich in diese Welt gezeugt hast, o süße Mutter, die mich an deinen mütterlichen Brüsten gestillt hast! O alle ihr meine Freunde und geliebten Gefährten, lebt nun wohl, meine Glieder, weil jene Stunde der bitteren Trennung gekommen ist, die bitterer ist als jeder Tod. Lebe wohl, Erde, lebt wohl, Gefährten, deren Freundschaft ich mit so wohlwollender Gunst gepflegt habe. Siehe, wir werden zum schrecklichen Erhängen in der Hölle abgeführt, wir werden fortgerissen zur Festsetzung der Marter, niemals werdet ihr euch in Zukunft mit Freude wiedersehen. O ihr Tränen, fließt unaufhaltsam hervor, ihr Augen, weint, alle unsere Glieder, heult über diese unglückliche Trennung, die eine Trennung vom höchsten Gut ist, von jener rühmlichen und anziehenden Gestalt, von der Gemeinschaft der Engel und sicherlich von jener überglücklichen Zahl der Erwählten, und eine Trennung mit dem Ziel, uns in jene unglückliche, schmachvolle, grausame und endlos der Marter ausgesetzte Schar der Verurteilten zu versetzen. O lautes Weinen der Seelen, o abgrundtiefes Stöhnen so vieler Herzen, o Zähneknirschen, o unermeßliches Aufbrausen der Geister! O Weinen, o lautes Heulen! O Geschrei, das ewig bleiben wird, das stets erneuert werden und niemals erschöpft sein wird! Unsere unglücklichen Augen werden niemals etwas anderes sehen als Unglück, die Ohren nichts anderes hören als Weh, Weh und Traurigkeit. O ihr frommen Herzen, bedenkt diese grenzenlose und grausige Ewigkeit! Trauert und weint! O Berge, fallt über uns, Hügel, bedeckt uns! Auf wen harrt ihr? Wen erwartet ihr? Verbergt uns vor dem Blick jener fürchterlichen Wut des Herrn, vor dem Angesicht des ruhmreichen Zornes Gottes! Wehe, wehe, warum sind wir diesem übergroßen Leid, das uns drohte, nicht zuvorgekommen, solange die Kraft dazu da war, solange die Zeit günstig war? Und wenn uns doch von dieser ganzen sinnlos verbrachten Zeit nur ein Stündchen geblieben wäre, zugestanden als Hilfsmittel gegen die so große Strafe! Aber wehe, nach dem Urteil der göttlichen Gerechtigkeit ist uns der Weg des Heils verschlossen, Barmherzigkeit verweigert, alle Hoffnung genommen! O, Schmerzen und Unglück und ewig dauernde Angstzustände herrschen in diesem Land des Vergessens, wo keine Ordnung wohnt, aber immerwährender Schrecken.

Was soll ich noch mehr sagen? Wir Armen und Erbarmungswürdigen werden so sehr geschlagen und leiden so sehr unter diesem ewigen Weh, daß uns jedes noch so ferne Ende – wenn nur überhaupt ein Ende gesetzt würde – tröstlich wäre. Gesetzt einmal den unmöglichen Fall, es gäbe einen Mühlstein von der Größe, daß er überall den Horizont des Himmels berührte, und es käme nach hunderttausend Jahren ein winziges Vögelchen und pickte von dem genannten Stein mit seinem Schnabel nur den zehnten Teil eines Tausendstels ab und nach Ablauf weiterer hunderttausend Jahre ebenso, nämlich wieder den zehnten Teil und so weiter mit den einzelnen Teilen, so also, daß in zehnmal hunderttausend Jahren die Größe des Steines um nicht mehr vermindert würde als um ein Körnchen von der Größe eines Tausendstels: o Schmerz, wir Armen wären sehr dankbar dafür, daß nach einer so langen und vollständigen Abnutzung des ganzen Steines das Urteil unserer ewigen Bestrafung ein Ende fände. Aber wehe, eben dieser Trost ist den Unglücklichen von der göttlichen Gerechtigkeit völlig verwehrt.' So also, mein Sohn, werden die, die von den Geißeln der Söhne verschont werden, gegeißelt werden."

Schüler: O furchtbarer Richter, siehe, jetzt ist meine Seele auch von dieser schauerlichen Vision aufgeschreckt und niedergeworfen, und die Knie zittern mir, so daß ich kaum aufstehen kann.[12]

Der Text Seuses enthält viele Traditionselemente, aus der Bibel insbesondere solche aus dem Weisheitsbuch und der Johannesoffenbarung, aus Bernhard von Clairvaux, Bonaventura und Caesarius von Heisterbach. Dennoch erstaunt es, das „ius talionis" („Womit man sündigt, wird man bestraft") von einem Mystiker so ausgemalt zu sehen.

Francesca Romana

Als Beispiel aus der italienischen Frauenmystik möchte ich einen Text der später heiliggesprochenen Francesca Romana († 1440) vorstellen. Diese Frau aus dem Adel der Stadt Rom, die verheiratet war und vier Kinder geboren hatte, dann aber einen Orden gründete, wurde von besonders schrecklichen Visionen geplagt. Mindestens 108 von ihnen, die zwischen 1430 und 1439 stattfanden, wurden von ihrem Beichtvater aufgezeichnet. Darunter sind zwei Visionen der jenseitigen Straforte, die zu der Annahme führen, daß hier Eindrücke aus der „Göttlichen Komödie" Dantes und aus den Predigten des ebenfalls heiligen Bernhardin von Siena wiedergegeben wurden.[13]

---

[12] P. Künzle: Heinrich Seuses Horologium Sapientiae (Erste Kritische Ausgabe). Fribourg 1977, S. 454–460: De cruciatibus infernalibus. Materia Decima. Ins Deutsche übertragen von Gunild Brunert.

[13] P. Dinzelbacher (Hrsg.): Mittelalterliche Visionsliteratur. Eine Anthologie. Darmstadt 1989, S. 210–213.

Durch göttlichen Willen wurde sie in die Ekstase entrafft und in eine Vision geführt, um die Hölle zu schauen. Da sie sich also am Hölleneingang befand, schaute sie einen überaus riesigen und schrecklichen Abgrund, so daß, als die Selige das erzählte und an diese Vision dachte, sie sich in so großem Kummer und Leid befand. Aber als wahrlich Gehorsame Mut schöpfend, sagte sie, gegründet auf heilig kindlichen Gehorsam, daß sie in dieser Vision und allen anderen Dingen, die sie sagte, sich danach richtete und damit zufrieden sei, was die Heilige Mutter, die katholische Kirche, glaubt, durch die und mit der sie leben und sterben wollte. Es schaute diese Selige am Hölleneingang bestimmte Buchstaben, die besagten: Dies ist der Ort der Hölle ohne Hoffnung und ohne Unterbrechung, wo es nie eine Ruhezeit gibt. Und da sie unendlichen Schrecken schaute, fühlte und hörte, ward sie mit großem Erschrecken mutlos. Da fühlte sie eine Begleitung an ihrer rechten Seite – nicht daß sie sie gesehen hätte –, die sie sehr bestärkte und ermutigte, daß sie tapfer bleibe und nicht zögere. Und der genannte Eingang war groß genug, aber in der Mitte war er noch größer, und die Finsternis und Dunkelheit war so groß, daß sie von einem sterblichen Menschen nicht vorgestellt werden kann. Es hatte die genannte Hölle drei Teile, einen oben, den anderen in der Mitte mit größeren Strafen und den dritten darunter, in dem die Strafen noch unendlich größer waren. Und der Raum, der zwischen einem Ort und dem nächsten war, war riesengroß, erfüllt von riesigster und unendlicher Finsternis mit unendlichen Qualen. Sie schaute auch einen riesigen Drachen, der in der genannten Hölle war und sich über alle drei Orte erstreckte. Das Haupt war am oberen Ort, der Leib war am mittleren Ort und der Schwanz am unteren Ort. Das Haupt des genannten Drachen war in der Mitte des Hölleneingangs, aber ein wenig unter dem genannten Eingang. Und er hatte den Rachen aufgesperrt, und die Zunge draußen, woraus er riesige Feuermengen spie, nicht aber, daß es leuchtete, sondern es war tiefschwarz und gab eine riesige und grausame Hitze. Er strömte auch aus seinem Rachen so großen Gestank aus, daß er von menschlichem Geist nicht vorgestellt werden kann. Und aus seinen Augen, Ohren und der Nase spie er schwarzes Feuer mit großer Hitze und Gestank. Auch hörte diese Selige es heulen, brüllen, schreien, weinen und fluchen, so schmerzhaft und so viele bittere Stimmen mit unendlichen Klagen, daß, als sie es sagte, sie sich wegen des großen Kummers, den sie davon in sich hatte, ganz betrübte. [...] Sie sah auch den allerschrecklichsten Satan, der sich gleichsam an einem Ehrenplatz befand, d. h., er saß, als wäre er ein Balken, am mittleren Ort, und sein Haupt reichte zum oberen Ort, und die Füße hatte er am unteren Ort der Hölle. Er hatte auch die Füße ausgestreckt und die Hände ausgestreckt, nicht aber in Kreuzform, sondern eine ein wenig über der anderen. Er hatte auf seinem Haupt als Krone gleichsam etwas in der Art eines Hirschgeweihs mit vielen Enden, und aus allen Enden spie er daraus das schreckliche Feuer. Sein Gesicht war unausdenklich schrecklich und grauenhaft, und allerseits spie er das genannte Feuer. Es war der genannte Satan mit gewissen feurigen Ketten gebunden, gebunden an der Kehle und an den Händen und an den Füßen und in der Mitte. Und er war ganz umwunden von einem Teil der Ketten, und der andere Teile der genannten Ketten war an der ganzen Hölle befestigt, aber eine der genannten Ketten war mit einem Teil an den obengenannten Drachen gebunden, und mit dem anderen Teil war dieser Fürst Satan gebunden. Diese bewundernswürdige Magd Christi sah auch, wie die bösen Geister die armen Seelen in die Hölle brachten. Diese gehörten zu den Dämonen, die die schmerzerfüllte Seele mit viel Schrecken brachten, indem sie so sehr an ihr zerrten, sie mißhandelten und beschimpften, und sie bereiteten und sagten der armen Seele so viel Böses mit so vielen Martern, daß, als diese Selige diese göttliche Vision erzählte, sie sich ob des großen Kummers, den sie in sich davon verspürte, ganz betrübte. Und die Dämonen, die zerrten die schmerzerfüllte Seele am Haupt, die [anderen] an den Füßen, die an den Händen, die am Körper und die von der einen Seite und jene von der anderen; alle mit so großem Schrecken, daß es von einem menschlichen Geist nicht vorgestellt werden kann. Und mit ihren grausamen Krallen hielten sie [sie] mittels bestimmter äußerst grober Griffe, mit denen sie die schmerzensreiche Seele zerrissen, schlugen und zerfetzten mit bitterstem und größtem Schrecken, mit vieler und so großer Schmach und Bedrängnis, daß man das nicht nur nicht schreiben kann, sondern nicht einmal denken. Beachte, Leser, [das gilt] von jeder einzelnen Seele. Und wenn dann die Dämonen die elende Seele bis zur Mündung oder eher zum Eingang der Hölle gebracht hatten, stürzten sie manche Seele kopfüber in den Rachen des obengenannten Drachens, der immer offen stand, und von diesem Drachen wurde sie verschlungen, und schnell kam die arme Seele aus dem Bauch des Drachen und wurde von gewissen und dazu abgeordneten Dämonen mit grausamsten Martern vor den oben erwähnten Fürsten gestellt. Und sogleich wurde die schmerzensreiche Seele vom Feuer gequält, das aus den vielen Stellen dieses Fürsten Luzifer sprühte. Und dieser Fürst Luzifer verurteilte sie schnell, und sogleich wurde die elende Seele von anderen Dämonen, die dazu bestimmt und angeordnet werden, an den angegebenen Ort gebracht, gemäß den von dieser Seele begangenen Sünden.[14]

Das Vokabular, mit dem hier die Höllenvision wiedergegeben wird, läßt – bei allem Vorbehalt, weil der Beichtvater über Gehörtes referiert – die Vermutung zu, daß die seelischen Martern stärker dominieren, also in Metaphern eher Selbstvorwürfe, Gewissensbisse, Beschämung usw. geschildert werden. Dabei bleibt Francesca natürlich auch dem Anschauungsmaterial, das sie aus unterschiedlichen Quellen verinnerlicht hatte, verhaftet. Als Kirchenkritikerin erzählt sie z. B. in einer Vision, wie Priester und Päpste sich in der Hölle befinden, wo ihnen die Kopfhäute abgezogen, die Finger der „geweihten Hände" abgeschnitten werden usw.[15]

Das Buch von der Nachfolge Christi

Eine neue Nachdenklichkeit bei allem Festhalten an der Tradition zeigt ein Buch, das in fünfhundert Jahren eine ungeheure Verbreitung nicht nur in Druckauflagen und (fast hundert) Übersetzungen, sondern auch praktisch verwendet als Betrachtungsbuch in geistlichen Übungen (Exerzitien) wie bei individueller Lektüre gehabt hat: die „Nachfolge Christi" („Imitatio Christi"). Das Autograph dieser vor 1427 entstandenen, nicht einheitlichen vier Traktate stammt von 1441. Inhaltlich geht die „Nachfolge Christi" auf die niederrheinische, niederländische Spiritualität zurück; ihr Grundtenor ist Verachtung der Welt und ihrer Eitelkeiten, einschließlich der Wissenschaften; Angst vor ihrer Verführung; Einübung in Demut und in Liebe zum Kreuz Christi. Als Bearbeiter der heute vorliegenden Fassung gilt der Augustiner-Kanonikus Thomas von Kempen († 1471), der individualistische und introvertierte Meditationen und Dichtungen verfaßte.

Das Buch empfiehlt intensives Nachdenken über die jenseitigen Strafen zur Relativierung irdischer Übel in Kapitel XXI:

---

[14] Dinzelbacher (Anthologie) (Anm. 13) S. 217, 219, 221.
[15] Vgl. den Text bei Dinzelbacher (Anthologie) (Anm. 13), S. 221 ff.

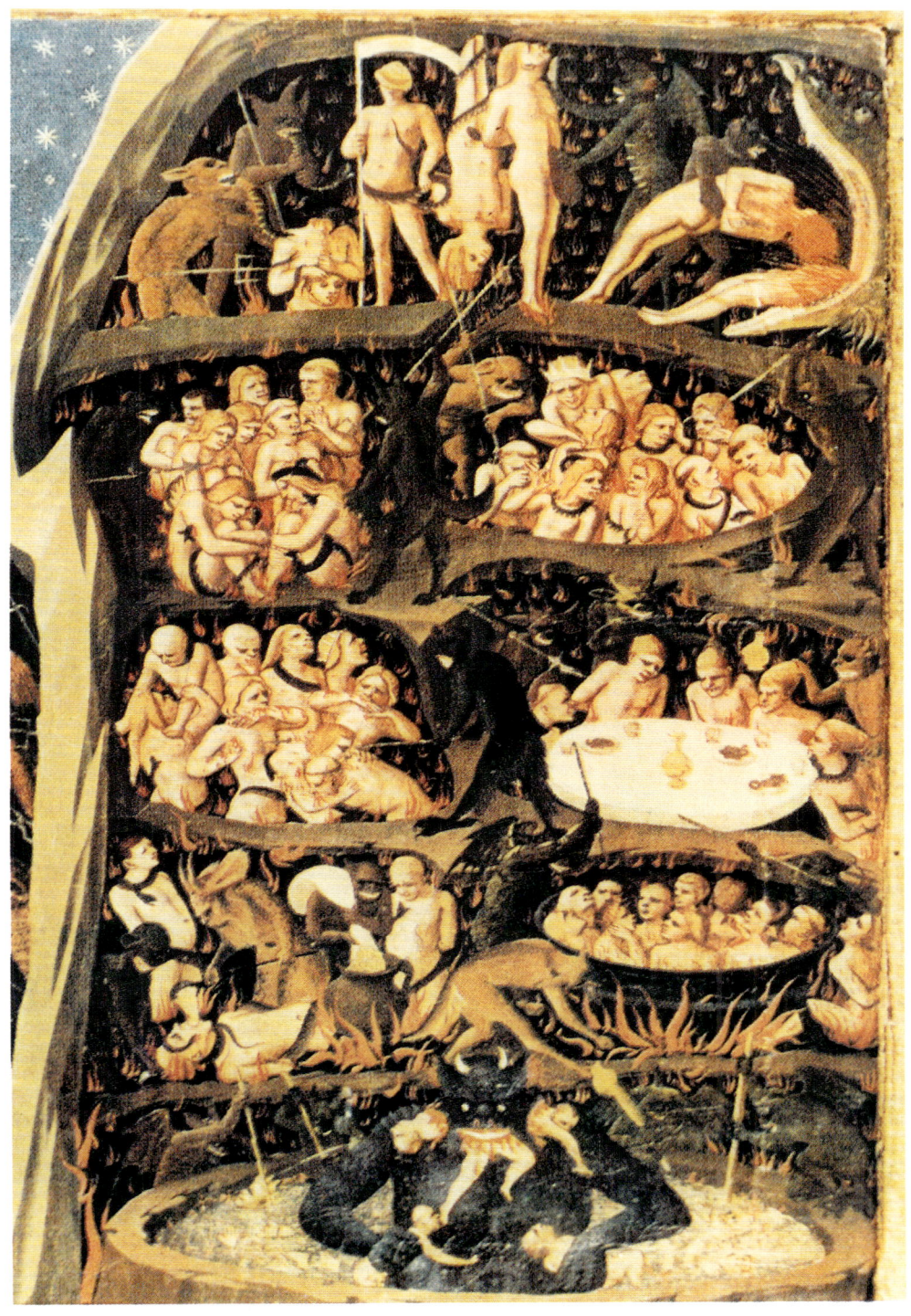

Fra Angelico: Jüngstes Gericht, 1432 bis 1435, Florenz

Friedrich Pacher: Christus in der Vorhölle, vor 1508

Wolltest du öfter an deinen Tod als an ein langes Leben denken, dann wäre dir sicherlich mehr an deiner Besserung gelegen. Und wolltest du gar noch die künftigen Leiden der Hölle oder des Fegfeuers in deinem Herzen genugsam abwägen, ich glaube, du würdest gerne Drangsal und Leid ertragen und keine unbeugsame Strenge fürchten. Aber weil uns all dies noch nicht ans Herz greift und weil wir immer noch sinnlichen Lokkungen zugänglich sind, darum kommen wir nicht los von unserer Herzenskälte und von unserer so großen inneren Trägheit.[16]

Kapitel XXIV empfiehlt, in allem das Ende, das Gericht mit der Rechenschaft vor Gott und die möglichen Strafen nach dem Tod fest im Auge zu behalten. Auch das Fegfeuer wird als schrecklich dargestellt. „Lieber heute noch Schluß gemacht mit der Sünde und das Laster getilgt, als die große Reinigung auf später verschoben!" Der Text geht unter Verwendung des traditionellen Vokabulars vom Fegfeuer zur Hölle über:

Wird jenes Feuer was anderes verzehren als deine Sünden? Je mehr du dir selbst jetzt nachgibst und auf den Ruf des Fleisches hörst, um so schwerer wird dann einmal deine Buße sein und um so mehr Nahrung für die Flammen sparst du dir auf.
Worin der Mensch gesündigt hat, darin wird er gehörig bestraft werden. Dort werden die Faulen einmal mit glühenden Stacheln angespornt, und die Gefräßigen werden von furchtbarem Hunger und Durst gepeinigt werden; Verschwender aber und Lüstlinge werden mit brennendem Pech und ekligem Schwefel übergossen werden, und wie rasende Hunde werden die Sünder des Neides in ihren Schmerzen aufheulen.
Es wird kein Laster sein, das nicht seine entsprechende Marter hätte. Da werden die Stolzen alle Erniedrigung zu spüren bekommen, und die Geizigen werden von bitterster Armut gequält sein. Dort wird eine einzige Stunde der Strafe entsetzlicher sein als hier hundert Jahre der schwersten Buße. Dort gibt es keine Ruhe, keinen Trost für die Verdammten, hier aber findest du doch zuweilen eine Rast inmitten aller Mühsal und empfängst Trost von deinen Freunden.

Wer jetzt seine Sünden bereinigt, fährt der Text fort, der werde am Gerichtstag sicher sein in der Gemeinschaft der Seligen, während der Stolze „an allen Gliedern schlottern" werde; darum sei der weise, der jetzt ein verachteter Narr ist in Christus. Nach Erwägungen über den herrlichen Lohn im Himmel folgen Testfragen:

Hier erprobe zunächst, was du später vermagst! Wenn du jetzt so wenig aushalten kannst, wie sollst du da ewiger Pein gewachsen sein? Wenn dich jetzt schon ein geringes Leid ungeduldig macht, was wird dann die Hölle erst für dich sein?

Schließlich melden sich aber auch theologische Bedenken zu Wort:

Alles ist nichtig außer Gott zu lieben und Ihm allein zu dienen; wer nämlich Gott aus dem Grunde seines Herzens heraus liebt, für den hat weder der Tod noch eine Marter, nicht das Gericht noch die Hölle etwas Furchtbares, da die vollkommene Liebe ihm den sicheren Weg zu Gott eröffnet. Wer aber immer noch an der Sünde ein Wohlgefallen hat, was Wunder, wenn der erbebt vor Tod und Gericht? Gleichwohl ist es gut, daß wenigstens die Höllenfurcht dir eine Schranke setzt, wenn schon die Liebe dich noch nicht vom Bösen

---

[16] Ausgabe München 1949, Übersetzung von Hermann Endrös.

zurückhält. Wer aber von Gottesfurcht nichts wissen will, der wird nicht lange im Guten verharren können, sondern wird um so schneller in des Teufels Netz sich fangen.

Die Frage ist nur angedeutet, nicht ausformuliert: Wie verhalten sich das Gebot, Gott mit allen Kräften zu lieben, und die Angst vor der ewigen Hölle zueinander? Kann die Auffassung stimmig sein, daß Übermacht Liebe erzwingen kann unter Androhung gräßlichster Qualen? Oder steckt dahinter eine nüchterne moralpädagogische Sicht des Menschen, der meist nicht von der Freude am Guten angezogen wird und der anders als durch massive Einschüchterung nicht auf einem einwandfreien Weg zu halten ist? Mit noch einem anderen Aspekt zeigt sich in dieser Schrift des fünfzehnten Jahrhunderts eine Neugewichtung des Höllenthemas. Die Hölle dient als eine Art Kontrastfolie zum irdischen Leben; sie wird nicht aus Neugier an der Jenseitsgeographie thematisiert. So geht das Betrachtungsbuch, das sich gewiß nicht nur an einen esoterischen Zirkel wendet, wie selbstverständlich davon aus, daß die beiden Motive der Liebe zu Gott und der Furcht vor der Hölle es ermöglichen, daß viele gerettet werden. Von nur wenigen Auserwählten ist keine Rede mehr.

Die Exerzitien des Ignatius von Loyola

Auch in den „Exerzitien" des Ignatius von Loyola († 1556) spielt die Hölle eine wichtige Rolle. Der baskische Offizier Ignatius wandte sich nach einer Verwundung den „göttlichen Dingen" zu und wurde ein Mystiker, zu dessen Lektüre auch Schriften wie die „Nachfolge Christi" gehörten. Seine „Mystik des Dienstes" führte ihn zur Gründung des Jesuitenordens, der dem in der hierarchischen Kirche fortlebenden Christus vor allem dadurch dienen sollte, daß er den einzelnen Menschen darin einübte, den Ruf Christi zu vernehmen und den Willen Gottes in der Welt (nicht in der Weltflucht) zu realisieren. Diesem Ziel diente die Niederschrift und mehrfache Bearbeitung des Exerzitienbuches seit 1522. Exerzitien sind Übungen von etwa vier Wochen in Stille und Einsamkeit, wobei ein einzelner Mensch unter Anleitung durch einen Meister täglich vier oder fünf Meditationsstunden abhält. Diese gehen nach dem von Ignatius vorgelegten Vierwochenplan vor, der zu einer „Wahl" oder radikalen Lebensentscheidung führen soll. Die Meditationen der ersten Woche wenden sich dem Ziel und Sinn des Christseins zu, betrachten die menschliche Sündigkeit und die Aufgabe des Gewissens; das Ende dieser ersten Woche bildet eine Betrachtung über die Hölle.

Die Jesuiten formten mit der Exerzitienbewegung ein Instrument, das aus der katholischen Seelsorge nicht mehr wegzudenken ist, auch wenn das ignatianische Ideal der vierwöchigen Einzelexerzitien vielfach zu einwöchigen Gruppenexerzitien zusammengeschrumpft ist. Kirchliche Behörden fordern, z. B. für Priester und Ordensleute, häufige Exerzitien, aber in zahlreichen Exerzitienhäusern machen jährlich auch Tausende normaler Christen von den Betrachtungsangeboten Gebrauch.

---

[17] Zitiert nach: Ignatius von Loyola: Geistliche Übungen und erläuternde Texte. Übersetzt und erklärt von Peter Knauer. Graz ²1983.

Die Betrachtungsvorlage des Ignatius zur Hölle lautet:[17]

Die fünfte Übung ist eine Besinnung über die Hölle; sie umfaßt nach dem Vorbereitungs-
gebet und zwei Hinführungen fünf Punkte und ein Gespräch.
Das Vorbereitungsgebet sei das gewohnte.
Die erste Hinführung: Zusammenstellung, die hier darin besteht, mit der Sicht der
Vorstellungskraft die Länge, Breite und Tiefe der Hölle zu sehen.
Die zweite: Das erbitten, was ich will. Hier wird es sein: um inneres Verspüren der Qual
bitten, die die Verdammten erleiden, damit mir, wenn ich wegen meiner Fehler die Liebe
des ewigen Herrn vergäße, wenigstens die Furcht vor den Qualen helfe, um nicht in eine
Sünde zu geraten.
Der erste Punkt soll sein: Mit der Sicht der Vorstellungskraft die großen Gluten sehen
und die Seelen wie in feurigen Leibern.
Der zweite: Mit den Ohren Gejammer, Geheul, Schreie, Lästerungen gegen Christus,
unseren Herrn, und gegen alle seine Heiligen hören.
Der dritte: Mit dem Geruch Rauch, Schwefel, Unrat und Faulendes riechen.
Der vierte: mit dem Geschmack Bitteres schmecken, wie Tränen, Traurigkeit und den
Wurm des Gewissens.
Der fünfte: Mit dem Tastsinn berühren, nämlich auf welche Weise die Gluten die Seelen berühren und verbrennen.
Gespräch: Indem man ein Gespräch zu Christus, unserem Herrn, hält, die Seelen ins
Gedächtnis bringen, die in der Hölle sind;
– die einen, weil sie die Ankunft nicht glaubten;
– die anderen, weil sie, obwohl sie glaubten, nicht nach seinen Geboten handelten;
dabei drei Gruppen machen:
– die erste: vor der Ankunft [Christi];
– die zweite: während seines Lebens;
– die dritte: nach seinem Leben in dieser Welt.
Und hierauf ihm danken, weil er mich in keine dieser drei Gruppen fallen ließ, indem
er mein Leben beendete. Ebenso, wie er bis jetzt immer so viel Freundlichkeit und Barmherzigkeit mit mir gehabt hat. Mit einem Vaterunser enden.[18]

An einer anderen Stelle wird die Hölle noch zweimal erwähnt, wobei in aller Kürze
die theologische Auffassung des Ignatius deutlich wird. Die Betrachtung zu Beginn
der zweiten Woche gilt der Menschwerdung Gottes in Jesus Christus. In der Hinführung soll der Meditierende sich die göttliche Trinität und das Motiv der Inkarna-
tion vergegenwärtigen:

Wie die drei göttlichen Personen die ganze Fläche oder Rundung der ganzen Welt voller Menschen schauten und wie, da sie sahen, daß alle zur Hölle abstiegen, in ihrer Ewigkeit beschlossen wird, daß die zweite Person Mensch werde, um das Menschengeschlecht zu retten.[19]

Ein Gefolgsmann des Ignatius, Athanasius Kircher († 1680), hat dessen Höllenan-
sichten mittels der von ihm erfundenen Laterna Magica ins Volk getragen und es
gegen die neue protestantische Buchstabengläubigkeit mit Bildern zu schrecken
gewußt.

---

[18] Nr. 65–71; Knauer (Anm. 17), S. 43–45.
[19] Nr. 102; Knauer (Anm. 17), S. 54; ähnlich Nr. 16; Knauer (Anm. 17), S. 55.

Jesuiten, die selber Exerzitienmeister sind, haben am Ende des zwanzigsten Jahrhunderts freilich Schwierigkeiten mit der ignatianischen Sicht und Vergegenwärtigung der Hölle. So erklärt Peter Knauer in lapidarer Kürze:

> Unter „Hölle" ist zu verstehen, daß es außerhalb der allen Menschen zu verkündenden Erlösung in Ewigkeit keine Gemeinschaft mit Gott geben kann. Man ist also in der Nichtannahme der Erlösung für immer von Gott ausgeschlossen.[20]

Um eine eingehendere Kommentierung bemühte sich Karl Rahner († 1984).[21] Die sinnenhafte Höllenerfahrung des Ignatius möchte Rahner in die existentielle Erfahrung der Einsamkeit umsetzen:

> Vielfach wird die „Applicatio sensuum" (Anwendung der Sinne), die Ignatius hier empfiehlt, mißverstanden oder zu einfach aufgefaßt. Es handelt sich hier nicht darum, im barocken Stil ein phantastisches Tableau einer Hölle zu entwerfen, wie sie in Wirklichkeit dann doch nicht existiert und darum auch nicht ernst genommen werden kann. Aber wenn es in der einen geschöpflichen Ordnung die Möglichkeit gibt, daß eine Kreatur ewig verlorengeht, dann muß man doch eine Anwendung der Sinne machen können, die vielleicht – sagen wir das ruhig – bei Ignatius etwas simpel anmutet, aber nicht deshalb, weil Ignatius flach gedacht hätte, sondern weil er nicht der Mann war, der sehr nuancierte psychologische Beschreibungen leicht ausgesprochen hätte.
> [...]
> Versetzen wir uns dazu (zu dieser „Anwendung der Sinne"), nicht von außen her, sondern gleichsam von innen, in die Situation der äußersten, unerbittlichsten Einsamkeit, in der ein Mensch ganz auf sich zurückgeworfen ist, wo ihm niemand mehr hilft, er niemandem sein Leid klagen kann, wo er ganz verlassen, nur noch mit sich allein geblieben, sich aushalten muß. Nirgendwo hat er die gütige Gerechtigkeit Gottes vor sich. Er ist finster, und sein Gelichtetsein (das ganze, das geistige und das sinnliche) ist nur noch Erfahrung der Finsternis und erdrückenden Leere. Dieser Einsame, der nur noch bei sich ist, weil er nichts anderes als nur sich gewollt hat, läuft nun gleichsam in der Finsternis seines Kerkerdaseins herum und kommt nie aus sich heraus. Er muß einen ewigen Monolog halten: das tote Gespräch, da alle Rede nur lebt im liebenden Außersich-Sein zum andern und Mit-Sein mit ihm. Für ihn kommt der liebende Anruf Gottes nicht an; er ist da, aber nicht für ihn, eben weil der liebende Gott das total und endgültig verschlossene Herz nicht mehr erreicht.[22]

Rahner hat in diesem Zugang zur Höllenthematik dasjenige beschrieben, was die Tradition mit „poena damni", Verlust der Gottesbeziehung, bezeichnet hat. Ignatius dagegen wollte die „poenae sensus", die sinnenhaften Qualen der Verdammten, und nur sie allein, vergegenwärtigt sehen. Die Aktualisierung der Höllenbetrachtung des Ignatius hat bei Rahner diese Form:

> Ich muß einsehen, daß die Hölle nicht nur als irgend etwas in der Welt vorhanden ist, das mir im Grunde recht fern läge, sondern als die absolute Verlorenheit gerade meine wahre, existentiale Möglichkeit ist, die durch die Tat meiner Freiheit mein Dasein wer-

---

[20]   Knauer (Anm. 17), S. 43, Anm. 18.
[21]   K. Rahner: Betrachtungen zum ignatianischen Exerzitienbuch. München 1965, über die Hölle: 94–99.
[22]   Rahner (Anm. 21), S. 94 f.

den kann. Die Hölle überfällt uns ja nicht als etwas uns nur Zu-Stoßendes, was uns Gott
für unsere Untaten erst auferlegte, sondern unsere Sünde ist selbst im Grunde schon höl-
lische Einsamkeit, die Finsternis, das widersinnig Brennende, Erstickende und Tote. Das,
was wir Hölle nennen, ist eigentlich nur dessen letzte und endgültige Aufgipfelung. Die
Möglichkeit der Hölle, resultierend aus der freien Tat des Menschen, ist die logische
Konsequenz jener menschlichen Situation, die sich dem Erbarmen Gottes verweigert.
Wir fragen uns in dieser Betrachtung nicht, ob die reale Möglichkeit der höllischen
Endgültigkeit von Sünden, mit der jeder von uns rechnen muß, auch wirklich für viele
Menschen zur Aktualität geworden ist. Wir wollen mit Theresia von Avila sagen: Das
ist die Hölle, in die ich kommen kann! Und wenn ich von allen anderen auch hoffen
kann, daß sie die Verdammnis nicht erfahren, wenn ich von allen anderen Menschen
gut und verzeihend denken kann, von mir habe ich jetzt, als Pilger auf dieser Erde, die
Pflicht, in Demut anzunehmen, daß die Hölle aus meinem Herzen, aus der Mitte meines Wesens emporsteigen kann.[23]

Als moderner Kommentator betrachtet Rahner die Hölle als reale Möglichkeit
menschlicher Verhärtung, während Ignatius mit der Hölle als real Vorhandenem
rechnet; Rahner möchte von allen anderen Menschen hoffen, daß die reale Möglichkeit sich nicht verwirklicht; Ignatius rechnet mit real Verdammten, die man sich
vergegenwärtigen müsse, um – wenn man nicht wahre Gottesliebe hat – in sich die
Furcht vor dem Sündigen zu erzeugen.

Teresa von Avila

Zusammen mit Ignatius von Loyola wurde die spanische Mystikerin Teresa von Avila
1622 heiliggesprochen. Teresa war mit zwanzig Jahren in den Karmelitenorden eingetreten, hatte extrem strenge Bußübungen auf sich genommen; sie erkrankte
schwer, lag tagelang im Koma und war mehrere Jahre lang unfähig zu gehen. Im
Anschluß daran hatte sie mystische Erlebnisse, zu denen auch die Durchbohrung
ihres Herzens gehörte. Eine Höllenvision war der Anlaß dafür, daß sie sich selber
ein konsequenteres Ordensleben vornahm und begann, als Reformerin tätig zu
werden. Auch bei ihrer rastlosen Tätigkeit für den Orden fehlten mystische Erfahrungen, zu denen einmal die „geistliche Ehe" mit Jesus Christus gehörte, nicht. Sie
verfaßte zahlreiche Schriften, darunter eine Autobiographie und „Las Moradas"
(deutsch: „Die Seelenburg"). Sie starb 1582 und wurde 1970 zur Kirchenlehrerin
erklärt. In ihrer Autobiographie berichtet sie von einer ersten Bekehrung, die zum
Eintritt in das Kloster geführt habe; Ausgangspunkt war:

[...] die Wahrheit, wie alles so nichtig und wie eitel die Welt sei und wie alles in kurzer
Zeit ein Ende nehme. Zugleich ergriff Schrecken meine Seele bei dem Gedanken, daß
ich auf dem Weg zur Hölle gewesen wäre, wenn mich der Tod überrascht hatte. [...]
Drei Monate dauerte der Kampf, den ich in meinem Innern zu bestehen hatte. In die-
sem Kampfe ermunterte ich mich durch die Betrachtung, daß die Beschwerden und die
Pein, die ich als Nonne auszustehen haben würde, ja doch nicht größer sein könnten

---

[23] Rahner (Anm. 21), S. 97.

als die Pein des Fegfeuers, indes ich mit Recht schon die Hölle verdient hätte; darum,
so dachte ich mir, wäre es gewiß nicht zu viel, wenn ich jetzt wie im Fegfeuer lebte, um
dann, wie ich ja wünschte, geraden Weges in den Himmel einzugehen.[24]

In dieser Autobiographie hält sie auch ihre eigene Höllenvision fest:

Lange Zeit, nachdem mir der Herr schon viele der erwähnten und noch andere sehr hohe
Gnaden verliehen hatte, glaubte ich eines Tages, da ich eben im Gebete war, plötzlich
und ohne zu wissen wie mit Leib und Seele in die Hölle versetzt zu sein. Ich erkannte,
daß mich der Herr den Ort schauen lassen wollte, den die bösen Geister dort für mich
bereitet hatten und den ich durch meine Sünden verdient hätte. Dies ging in kürzester
Zeit vor sich; allein wenn ich auch noch so viele Jahre leben werde, so kann ich es doch,
wie ich glaube, unmöglich vergessen. Der Eingang kam mir vor wie ein sehr langes,
schmales Gäßchen, gleich einem sehr niedrigen, finsteren und engen Backofen. Der
Boden schien mir wie eine sehr schmutzige Wasserpfütze, die einen pestilenzialischen
Gestank ausdünstete und von häßlichem Ungeziefer wimmelte. Am äußersten Ende war
eine Vertiefung in der Mauer, einem Wandkasten gleich, in den ich mich hineingepreßt
sah. Dieser ganze Anblick, den ich nur sehr unvollkommen geschildert, war noch ein
Vergnügen gegen das, was ich an diesem Orte empfand.
Mir scheint, man könne unmöglich auch nur annähernd beschreiben oder begreifen,
was ich dort in Wirklichkeit litt. Ich empfand in der Seele ein Feuer, von dem ich gar
nicht zu sagen weiß, wie es beschaffen war. Ich habe in meinem Leben schon sehr große Schmerzen erduldet, nach Aussage der Ärzte die größten, die man hienieden erdulden kann; denn zu der Zeit, als ich gelähmt war, zogen sich alle Nerven zusammen. Auch
mancherlei andere Leiden habe ich ausgestanden, und unter diesen solche, die mir, wie
schon gesagt, der böse Feind zugefügt hat. Aber alles dies war nichts im Vergleiche mit
dem, was ich an jenem Orte empfand, besonders als ich sah, daß die Qualen dort ohne
Ende, ohne alles Aufhören dauern würden. Und dies alles war noch nichts gegen den
Todeskampf der Seele. Das ist eine Beklemmung, eine Angst, eine so schmerzliche Betrübnis, verbunden mit einem so verzweifelten, peinigenden Mißbehagen, daß ich nicht
weiß, wie ich es genug aussprechen soll. Wollte ich sagen, man wollte hier einem unablässig die Seele aus dem Leibe reißen, so ist es noch zu wenig; denn in einem solchen
Falle ist es ein anderer, der einem das Leben zu nehmen scheint; hier aber ist es die Seele
selbst, die sich zerreißt. Kurz, ich weiß nicht, wie ich dieses innerliche Feuer, diese
Verzweiflung bei so ungeheuren Qualen und Schmerzen beschreiben soll. Zwar sah ich
nicht, wer mich so peinigte, hatte aber ein solches Gefühl, als ob ich verbrannt und
zermalmt würde. Dabei bemerkte ich, daß das innerliche Feuer und die Verzweiflung
das Ärgste waren. An diesem pestilenzialischen Ort, wo gar keine Hoffnung eines Trostes möglich ist, kann man weder sitzen noch liegen. Dazu ist kein Raum vorhanden,
wiewohl man mich in jene lochartige Mauervertiefung gesteckt hatte; denn die Mauern
selbst, die schrecklich anzusehen sind, drückten mich zusammen, und alles ist dort zum
Ersticken. Da ist kein Licht, sondern alles ist tiefste Finsternis, und ich begreife nicht,
wie es möglich ist, daß man trotz des Mangels an Licht doch alles sieht, was den Augen
peinlich sein muß. Damals war es nicht im Willen des Herrn gelegen, mir die Schrekken der Hölle noch weiter zu enthüllen; später aber hatte ich ein anderes Gesicht von
entsetzlichen Dingen, nämlich von den Strafen und Peinen für gewisse Laster. Diese
waren, wie mir schien, noch schrecklicher anzusehen; da ich sie aber nicht selbst emp-

---

[24] Sämtliche Schriften der hl. Teresia von Jesus. I: Leben von ihr selbst beschrieben. 2. Auflage von
Aloysius Alkofer. München 1952: III 5 und 6, S. 44.

fand, flößten sie mir weniger Grauen ein. In der vorigen Vision dagegen wollte der Herr, daß ich im Geiste die Qualen und Peinen so empfand, als wenn sie der Leib selbst in Wirklichkeit leiden würde. Wie dieses zuging, weiß ich nicht; ich erkannte es aber als eine große Gnade vom Herrn, daß er mich mit eigenen Augen hat sehen lassen, wovon seine Barmherzigkeit mich errettet hatte. Denn alles, was ich sonst von diesem Orte sagen hörte; alles, was ich selbst über die verschiedenen Peinen daselbst schon betrachtet hatte – ich stellte aber solche Betrachtungen nur selten an, da meiner Seele der Weg der Furcht nicht recht zusagte –, alles, was ich von den verschiedenen Qualen, mit denen die bösen Geister die Verdammten peinigen, gelesen hatte, wie sie z. B. diese mit glühenden Zangen zwicken, und anderes mehr: dies alles ist nichts im Vergleich mit jener Pein, die etwas ganz anderes ist. Der Unterschied ist hier der nämliche wie zwischen einem Gemälde und der Wirklichkeit. Denn das Feuer, das hier auf Erden brennt, ist ganz unbedeutend im Vergleich mit dem anderen Leben.
Von diesem Gesichte blieb mir ein solcher Schrecken, daß mich auch jetzt noch, nach Verlauf von fast sechs Jahren, während ich dieses schreibe, die natürliche Wärme zu verlassen scheint. Bei der Erinnerung daran kommen mir meine Leiden und Schmerzen und alles, was wir hienieden erdulden können, wie nichts vor, und unsere Klagen erscheinen mir zum Teil grundlos. Ich wiederhole es also, daß dieses Gesicht eine der größten Gnaden war, die mir der Herr erwiesen hat. Es brachte mir dadurch so überaus großen Nutzen, daß es mir sowohl die Furcht vor den Trübsalen und Widersprüchen dieses Lebens benahm, als auch mich zu deren Ertragen stärkte und zum Danke gegen den Herrn entflammte, der mich, wie ich wenigstens jetzt glaube, von so schrecklichen, ewigen Übeln errettet hat.
Seit jener Zeit kommt mir, wie gesagt, alles leicht vor im Vergleiche mit einem einzigen Augenblicke der Leiden, die ich dort empfand. Ich wundere mich darüber, daß ich zuvor die Höllenpeinen nicht fürchtete, noch sie für das hielt, was sie sind, obwohl ich oft Bücher gelesen hatte, in denen sie wenigstens in etwa erklärt werden. Ach, wo war ich doch damals! Und wie konnte ich Freude an Dingen haben, die mich an einen so qualvollen Ort geführt hätten! O mein Gott, sei gepriesen in Ewigkeit! Wie klar hat es sich gezeigt, daß du mich weit mehr liebst als ich mich selbst! Wie oft, o Herr, hast du mich von diesem so finsteren Gefängnis gerettet, und wie oft habe ich mich gegen deinen Willen aufs neue hineingestürzt!
Von diesem Gesichte rührt auch der außerordentliche Schmerz her, den ich über so viele Seelen empfinde, die der ewigen Verdammnis entgegengehen, namentlich über jene Lutheraner, die durch die Taufe schon Glieder der Kirche waren. Daher kommen auch jene mächtigen Antriebe, den Seelen zu helfen, so daß mir in Wahrheit scheint, ich würde mit der größten Freude tausendmal den Tod erleiden, damit auch nur eine einzige Seele so entsetzlichen Peinen entgehe.[25]

Der Text unterscheidet sich niveaumäßig von zahlreichen anderen Höllenvisionen. Er läßt die Zusammenhänge von Krankheit und visionären Erfahrungen ebenso erkennen wie die Beeinflussung durch Lektüre; es ist bekannt, daß Teresa unter anderem Augustinus und Gregor I. gelesen hatte. Ferner ist deutlich, daß bei Teresa infolge ihrer kirchlichen Gesinnung eine feste Überzeugung hinsichtlich der Existenz der Hölle und der ewigen Verdammung von Nichtkatholiken vorhanden war, aber Mitleid und Fehlen von Sadismus sind klar ersichtlich.

---

[25] XXXII 1–5; Alkofer (Anm. 24), S. 310–313.

Die Erwägung des unaussprechlichen Seelenschmerzes dient ihr als Antrieb, wie sie die „Versuchungen der Welt" effektiv meiden könne. In den „Moradas" wendet sie diese Erkenntnis auch methodisch bei der Unterweisung ihrer Schwestern an. Dabei verbindet sie Angst vor den Qualen mit dem Schrecken vor dem Anblick des geliebten Bräutigams Christus:

> O Herr, wie sehr verkennen wir dich als Christen! Wie wird es uns an jenem Tage ergehen, an dem du kommen wirst, um uns zu richten! Schon jetzt, da du mit solcher Freundschaft deiner Braut dich nahst, ist ihr dein Anblick so erschreckend. O meine Töchter, wie wird es erst sein, wenn er mit seiner strengen Richterstimme sprechen wird: „Weichet von mir, ihr Verfluchten!" [...]
> Ich sage euch in Wahrheit: So böse ich auch bin, ich habe doch nie die Qualen der Hölle gefürchtet, wenn ich der Pein gedachte, die einstens die Verdammten beim Anblick der erzürnten, sonst so schönen, holdseligen und gnädigen Augen des Herrn werden ausstehen müssen; im Vergleich mit dieser Pein scheinen mir jene Qualen nichts zu sein. Ich glaube, einen solchen Anblick würde mein Herz nicht ertragen können.[26]

Die ihren Schwestern empfohlene Betrachtung wendet sich folgendermaßen der Hölle zu:

> Betrachten wir da, meine Schwestern, die Verdammten in der Hölle, die nicht in dieser Gleichförmigkeit mit dem Willen Gottes stehen, die auch nicht die Freude und Wonne kosten, die Gott der von ihm begnadigten Seele schenkt. Diese verdammten Seelen ziehen auch aus dem, was sie leiden, keinen Gewinn, sondern müssen bezüglich zufälligen [accidentales] Peinen nur um so mehr leiden. Wenn Seelenleiden überhaupt tiefgehender als Körperleiden, und die Peinen der Verdammten ohne Vergleich schrecklicher sind als die Pein, von der wir hier gesprochen haben, was müssen dann jene Unglücklichen empfinden beim Bewußtsein, daß ihre Peinen ewig dauern? Muß uns bei dieser Betrachtung nicht alles, was wir in einem so kurzen Leben tun und leiden können, für nichts erscheinen, um uns vor so schrecklichen und ewigen Qualen zu bewahren? Ich versichere euch, daß man unmöglich begreifen kann, wie schmerzhaft das Leiden der Seele und wie verschieden es von den Leiden des Leibes ist, wenn man es nicht schon empfunden hat; ja, der Herr selbst will uns einen Begriff davon geben, damit wir um so mehr einsehen, wieviel wir ihm dafür schuldig sind, daß er uns in einen Stand geführt, in dem wir die Hoffnung haben, er werde uns in seiner Barmherzigkeit unsere Sünden verzeihen und vor den ewigen Peinen bewahren.[27]

Teresa hat in der Meditation und in der eigenen psychischen Erfahrung einer Hölle den Akzent zweifellos gravierend verlagert. Ohne daß sie die überlieferte Orthaftigkeit der jenseitigen Hölle bestritten hätte, war ihr die Hölle der seelischen Leiden als viel schrecklicher erschienen. In ihrer Sensibilität und im Kontext ihrer Liebesbeziehung zu Jesus erahnte sie personalere Dimensionen der Hölle: im definitiven Verlust der Liebe des göttlichen Freundes. Die Erfahrung einer solchen Hölle im eigenen Innern ließ sie gegenüber den möglicherweise Verdammten weder Neugier noch Genugtuung, sondern nur tiefes Mitleid empfinden.

---

[26] Sechste Wohnung, neuntes Hauptstück Nr. 9; Sämtliche Schriften, Fünfter Band. 3. Auflage von Aloysius Alkofer. München 1969, S. 182.
[27] Sechste Wohnung, elftes Hauptstück Nr. 7; Alkofer (Anm. 26), S. 195 f.

Zweifel an der Hölle?

Eine auch öffentlich wirksame Bezweiflung der Hölle setzte nicht mit der entstehenden Naturwissenschaft ein, die ja die alten Vulkantheorien hätte entkräften können, sondern mit dem von der Renaissance ausgehenden humanistischen Impuls. In einer Zeit, als die ersten Entdeckungen mit der Meinung verbunden waren, Millionen Ungetaufter seien mit Sicherheit in der Hölle, lehrte Marzio Galeotti († 1491) in Bologna, alle Christen und Heiden würden gerettet werden. Er wurde von der Inquisition in Venedig inhaftiert und widerrief seinen „Irrtum" vor deren Tribunal.

Erasmus von Rotterdam († 1536) wies in seinem vielgelesenen Büchlein „Enchiridion militis christiani" (1504) darauf hin, daß die biblischen Redeweisen von ewigen Höllenstrafen Allegorien seien; er interpretierte die Hölle psychologisch als die ständige Angst, die das gewohnheitsmäßige Sündigen begleitet. Darin lag eine konsequente Weiterführung der schon Tradition gewordenen Auffassung, beim biblischen Wurm, der in der Hölle nicht stirbt, handle es sich um die Vorwürfe des Gewissens. Als die Sorbonne ihn 1526 wegen seiner Äußerungen tadelte, ein Vorgang, mit dem oft Inquisitionsverfahren gegen Theologen und Philosophen begannen, beeilte sich Erasmus zu versichern, er glaube sehr wohl an das ewige Feuer (das man nicht metaphorisch interpretieren durfte).[28]

Es dauerte noch bis zu der in England beginnenden europäischen Aufklärung, bis Probleme, die ein Mensch mit der Hölle hatte, in freier Diskussion, ohne Angst vor der Inquisition, erörtert werden konnten.

---

[28] Vgl. dazu Minois (Anm. 4), S. 274, 220 f.

13. Die Hölle bei den Reformatoren

Die Reformation war durch ein jahrhundertelanges Unbehagen an der römischen Kirchenleitung und an den Abweichungen vom Evangelium in Predigt, Unterricht und Kirchenpraxis vorbereitet worden. Der Ruf nach einer Reformation an Haupt und Gliedern bedeutete zugleich den Appell, zu den biblischen Quellen des Gotteswortes zurückzukehren. Von dieser Vorgeschichte sowie von der Persönlichkeit Martin Luthers (✝ 1546) her war daher ein eigentlich aufklärerischer Zug im Hinblick auf Höllenvorstellungen nicht zu erwarten. Luthers reformatorischer Impuls galt der Rechtfertigung der Sünder aus Glauben allein, ohne Berufung auf die Leistungen der guten Werke. In engem Zusammenhang damit standen seine die Reformation auslösenden Angriffe auf die Fegfeuerlehre und das Ablaßwesen; beides nahm in der spätmittelalterlichen Frömmigkeit abergläubische Züge an und wurde zugleich von der Habgier des Papstes und des Klerus zur Eintreibung religiöser Leistungen in Gestalt vieler Geldspenden mißbraucht. Da die kirchliche Hierarchie zur Zeit Luthers nicht behauptete, Menschen vor der Hölle bewahren oder sie ihr entreißen zu können, bildete die Hölle auch keinen Streitpunkt zwischen dem Reformator aus Wittenberg und der alten Kirche. Dennoch ergaben sich aus seiner Glaubenstheologie bemerkenswerte Folgerungen für das Thema der Hölle.[1]

Die im Neuen Testament hervorgehobenen „letzten Ereignisse" Gericht, Himmel oder Hölle, Auferstehung der Toten bilden den selbstverständlichen Erwartungshorizont Luthers. Innerhalb dieses gedanklichen Rahmens werden Teufel und Hölle als feste Realitäten angesehen. Gerade der gläubige Christ, der sich auf nichts als das reine Evangelium stützt, hat die wütenden Angriffe der teuflischen Mächte aus der Hölle zu gewärtigen. Die unbestreitbar große Teufelsangst wie auch das intensive Sündenbewußtsein Luthers haben in der Neuzeit auch Anlaß zu psychoanalytischen Überlegungen gegeben (Projektionen des Vaterbildes? sexuelle Obsessionen?); da es sich aber nicht um eigentliche Höllenerlebnisse handelt, wird durch eine Lutherpsychologie die Deutung der Hölle nicht klarer.

Das Leben der Menschen ist ein Übergang, ein Wanderweg entweder zum Himmel oder zur Hölle.[2] Der Mensch, also jeder, auch der Getaufte, ist ganz und gar Sünder. Damit ist er dem Zorn Gottes – ein wichtiges Motiv Luthers – anheimgegeben. Von sich aus hat er auf Gottes Gnade oder Wohlgefallen kein Anrecht; nicht das ewige Leben, sondern die Hölle hat er zu erwarten.[3] In der Anfechtung durch

---

[1] Zum Folgenden: E. Kunz: Protestantische Eschatologie. Von der Reformation bis zur Aufklärung. Freiburg 1980 (HDG IV 7 c 1. Teil); TRE XV, 1986, S. 453.
[2] Transitus, via ad coelum et infernum: WA 56,442,24.
[3] WA 5,209,8 ff.; Kunz (Anm. 1), S. 7.

die Sünde, ein Zustand, der schon mehr ist als bloße Verlockung, vielmehr in bewußter Gottferne besteht, wird die Hölle erfahren.[4] Es gibt für Luther also eine wirkliche Höllenerfahrung schon diesseits der Todesgrenze. Die härteste Ausprägung erhält sie in der sogenannten Prädestinationsanfechtung[5]: Der Teufel verführt den Menschen dazu, den geheimen Ratschluß Gottes erfragen zu wollen; damit weist er Gottes Verfügung über sich ab; der Mensch faßt den wahren Gott als grausamen, ungerechten Übeltäter auf; statt dessen wünscht er sich einen anderen Gott, der nicht geheimnisvoll und verborgen bleibt. Darin liegt ein frontaler Angriff des Menschen auf die Gottheit Gottes.[6] Die Verzweiflung des Menschen, die darin auf ihrem Höhepunkt ist[7], ist die Hölle selber[8], so daß Luther sagen kann, der Mensch habe die Hölle schon in sich[9], die hier also verstanden wird als die Qual der Verzweiflung unter dem Gericht des Zornes Gottes.[10]

Diese Grundüberzeugung hatte bei Luther auch Folgen für seine Sicht des Sterbens. Da er den Tod nicht anders denken konnte denn als Folge der Sünde, äußern sich Zorn und Strafe Gottes gerade im Erleben des Sterbens.[11] Kommt ein Mensch zum Sterben, dann versucht der Teufel, der „ein furst des todes" ist[12], ihm Gottes Zorn anzuzeigen und ihn so in Gewissensqualen zu stürzen.[13] Die Todesangst muß daher um so größer werden.

Luther liebt es, die Situation des Angefochtenseins möglichst dramatisch und unheildrohend zu schildern, damit die Rettung durch den Glauben kraft des göttlichen Erbarmens um so leuchtender hervortreten kann. Die Verzweiflung der Höllenerfahrung wird durch Vertrauen überwunden, das natürlich nicht eine Eigenleistung des Menschen, sondern durch Gottes rettende Gnade bewirkt ist: Jesus Christus hat sich unter Gesetz, Teufel, Tod, Sünde und Hölle begeben, und Gott hat in ihm alle diese Kräfte überwunden.[14] Die Lebenssituation des einzelnen Menschen ist und bleibt also eine Kampfsituation, in der das Individuum „angefochten" ist, seinem eigenen Nichts konfrontiert wird und gerade darin dem Sieg des gnädigen Gottes begegnet. In vergleichbarer Weise ist das Reich Christi in der Welt bedroht. Das augustinische Erbe im Denken des Augustinermönchs Martin Luther wird hier deutlich: Die Geschichte ist ein Kampf der beiden Reiche. Das Reich des Bösen, Satans, läßt sich dort konkret erkennen, wo er herrscht. Luther übernimmt aus dem Neuen Testament die Naherwartung des Weltendes und andere apokalyptische Vorstellungen, wenn er den Papst für den Antichrist hält und in konkreten

---

[4] Hoc autem est in inferno et damnatum esse: WA 6,107,13; Kunz (Anm. 1), S. 7.
[5] Sermon von der Bereitung zum Sterben: WA 2,688,1 ff.; Kunz (Anm. 1), S. 7.
[6] WA 5,622,33–35; 95,18–31.
[7] WA 18,719,4–11.
[8] WA 1,558,25–29.
[9] WA 6,107,9.
[10] Kunz (Anm. 1), S. 8.
[11] WA 40,III, 485–487.
[12] WA 31,I,149,2 f.
[13] Ebd. 147,14 ff.; Kunz (Anm. 1), S. 7.
[14] WA 23,702,15; Kunz (Anm. 1), S. 9 f.

Bedrohungen (durch Türken, Schwärmer und Bauern) Anzeichen der endzeitlichen Gerichtskatastrophe sieht.[15]

Die Hölle ist für Luther jedoch nicht nur eine diesseitige psychische Erfahrung; er hält sie auch für eine jenseitige Realität, die für ihn biblisch klar bezeugt ist. An vielen Stellen lehnt er ein Ausmalen der Jenseitsgeographie ab; bei Lk 16,23 f. weist er auf den Gleichnischarakter hin. Aber zweifellos wird die Hölle ein besonderer „Ort" sein, an dem Herzeleid und Jammer in Ewigkeit dauern werden; überhaupt wird es viel schrecklicher sein, als man jetzt malen oder sich ausdenken könnte.[16] Im Gericht wird nur der glaubende Mensch ewiges Leben erlangen. Die Juden z. B. versetzte Luther ausnahmslos in die Hölle.[17] Lohn und Strafe werden – trotz der Ablehnung der Leistungsreligiosität – nach den Werken eines Menschen zubemessen, weil sie als Frucht des Glaubens zum heilsnotwendigen Glauben gehören.[18]

Entsprechend dem Temperament und den literarischen Eigenarten sind Luthers Äußerungen auch zur Hölle nicht immer widerspruchsfrei. Das zeigt sich z. B. an seinen Katechismen von 1529.[19] In ihnen spielt der Teufel eine große Rolle, „der weder Tag noch Nacht ruht, Dich zu beschleichen".[20] Einem Menschen, der seine Kinder nicht nützlich und selig erzieht, wird in Aussicht gestellt: „Dazu bringst Du alle Sünde und Zorn auf Dich und verdienst so die Hölle an Deinen eigenen Kindern, ob Du gleich sonst fromm und heilig wärst."[21] Andererseits soll der Glaubende bekennen: Der Herr hat mich erlöst vom Teufel.[22] Nach der Auslegung des Vaterunsers ist der Teufel „unser höchster Feind".[23] Aber das Reich Gottes will des Teufels Reich vernichten, „bis es endlich ganz zerstört, die Sünde, Tod und Hölle vertilgt werde".[24]

In beiden fundamentalen Bekenntnisschriften der Reformation, dem „Augsburgischen Bekenntnis" (1530) und der „Apologie der Augsburgischen Konfession" (1531), kommt die Hölle als selbstverständlicher Bestandteil der Jenseitserwartungen vor. Deren Verfasser, Philipp Melanchthon († 1560), hatte sie noch im Bewußtsein einer vollständigen Einigkeit mit der römischen Kirche in der dogmatischen Lehre niedergeschrieben. Die auf dem Augsburger Reichstag zweisprachig verlesene und übergebene „Augsburgische Konfession" richtet sich mit ihren Höllenaussagen – abgesehen von dem alten Bekenntnis, „daß derselbig Christus sei abgestiegen zur Helle"[25] – gegen die Täufer. In Augsburg scheinen sie den Chiliasmus für sich in

[15] Kunz (Anm. 1), S. 14.
[16] WA 12,596,12–26; 19,225,34–226,5; Kunz (Anm. 1), S. 15–17.
[17] WA 3,5,239; 3,4,296.
[18] WA 39 I, 96,7 f.; 12,289,34–290,1; Kunz (Anm. 1), S. 18 f.
[19] Hier zitiert nach: M. Luther: Der Große und der Kleine Katechismus 1529, bearbeitet von K. Aland und H. Kunst, Göttingen 1983.
[20] 3. Gebot; Aland (Anm. 19), S. 17.
[21] 4. Gebot; Aland (Anm. 19), S. 21.
[22] 2. Artikel, Aland (Anm. 19), S. 44 f.
[23] Aland (Anm. 19), S. 61.
[24] Aland (Anm. 19), S. 56. Vgl. zu Luthers Eschatologie außerdem: A. M. Haas: Gottleiden – Gottlieben. Zur volkssprachlichen Mystik im Mittelalter. Frankfurt 1989, darin 264–285: Luther und die Mystik, 273 ff.: die Hölle bei Luther, 320–328: Mittelalterliche Apokalyptik.
[25] J. Lorz (Hrsg.): Das Augsburgische Bekenntnis. Göttingen 1980, Art. III, S. 19.

Anspruch genommen zu haben, die Überzeugung, daß mit ihnen das tausendjährige Reich der Johannesoffenbarung vor dem Ende angebrochen sei. Allgemein wurde ihnen vorgeworfen, die Allversöhnung (Apokatastasis) und damit das endgültige Verschwinden der Hölle gelehrt zu haben. Dagegen heißt es im „Augsburgischen Bekenntnis":

> XVII Von der Wiederkunft Christi zum Gericht
> Auch wird gelehrt, daß unser Herr Jesus Christus am jüngsten Tag kummen wird, zu richten, und alle Toten auferwecken, den Glaubigen und Auserwählten ewigs Leben und ewige Freude geben, die gottlosen Menschen aber und die Teufel in die Helle und ewige Straf verdammen.
> Derhalben werden die Wiedertaufer verworfen, so lehren, daß die Teufel und verdammte Menschen nicht ewige Pein und Qual haben werden.
> Item, werden hie verworfen auch etliche judische Lehren, die sich auch itzund eräugen, daß vor der Auferstehung der Toten eitel Heilige, Fromme ein weltlich Reich haben und alle Gottlosen vertilgen werden.[26]

In der „Apologie der Augsburgischen Konfession" stellte Melanchthon dann Einigkeit in dem Bekenntnis fest, „daß Christus am jüngsten Tage kommen werde, die Toten auferwecken, den Frommen das ewige Leben und Freude geben, die Gottlosen zu ewiger Pein mit dem Teufel verdammen".[27]

Hatte sich schon Martin Luther skeptisch gegenüber scholastischen Spekulationen verhalten, so gilt dies erst recht von dem Schweizer Reformator Huldrych Zwingli († 1531). Kennzeichnend für ihn ist sein Ausspruch: „Gibt es eine größere Anmaßung, als wenn du aus deinem eigenen Kopf zu wissen vorgibst, wie es in der Jenseitswelt zugeht?"[28] Einige klare Positionen finden sich bei ihm trotz dieses Zögerns. Die reformatorische Hochschätzung der Bibel als Gottes Wort brachte es mit sich, daß ein Jesus-Ausspruch wie „[...] wer aber nicht gläubig geworden ist, wird verurteilt [verdammt] werden" (Mk 16,16) als ehernes Gesetz und unerbittliche Zukunftsansage verstanden wurde. So übernahm auch Zwingli die Verdammung der Ungläubigen.[29] Manche Heiden wollte er aber vor der ewigen Verdammnis bewahrt sehen, so daß Luther ihm den Vorwurf machte, er sei selber ganz und gar zum Heiden geworden.[30] Die bei Luther manchmal angedeutete Möglichkeit eines „Seelenschlafes" der Verstorbenen bis zum jüngsten Tag lehnte er ab, weil man Schlafen nur von Lebewesen aussagen könne, die der Zeit ausgesetzt seien; bei den Verstorbenen träten entweder ewige Freude oder ewige Verdammnis sogleich nach dem Tod ein.[31]

[26] Lorz (Anm. 25), S. 34.
[27] BSLK 310. Vgl. auch: Das Augsburger Bekenntnis von 1530 damals und heute, hrsg. von B. Lohse und O. H. Pesch, München/Mainz 1980, darin besonders H. Gülzow: Eschatologie und Politik. Zum religiösen Pluralismus im 16. Jahrhundert 32–63; 51–56 der Antichrist bei Luther, nicht wie in einer langen Tradition vor ihm jeweils ein konkreter Papst, sondern seit 1520 das Papsttum als Institution; 56–60 der Chiliasmus (von Art. XVII gemeint seien die Täufer Augustin Bader in Würzburg, der 1530 hingerichtet wurde, die Münsteraner sowie Thomas Müntzer).
[28] CR III 856; Kunz (Anm. 1), S. 29.
[29] CR III 858.
[30] WA 54,143,16; Kunz (Anm. 1), S. 30.
[31] CR II 427.433 u. ö.; vgl. Kunz (Anm. 1), S. 30.

Manches von dem bisher Dargestellten findet sich auch bei dem Genfer Reformator Jean Calvin († 1564). Auch er hielt das Leben für einen permanenten Kampf mit dem Bösen; von ihm werde ein Mensch durch neugierige und spitzfindige Fragen nur abgelenkt.[32] Die Seelen der Verstorbenen kämen als Seelen im Sterben in die Seligkeit oder in die Verdammnis[33], wobei die letzteren schon vor der Auferstehung zur Strafe gequält würden; sie werden „in Ketten gebunden gehalten, bis sie zu der Strafe gezogen werden, zu der sie verurteilt sind"[34]. Das Leben der auferweckten Gottlosen werde eine Art Leben außerhalb des Lebens sein, weil sie sich selber von der Quelle des Lebens getrennt haben[35], ihr eigentliches Elend bestehe eben darin, „von der Gemeinschaft mit Gott abgeschnitten zu sein"[36]. Die biblischen Aussagen vom ewigen Feuer und dem Wurm der Hölle seien Veranschaulichungen dieser Gottferne, die anzeigten, daß die gesamte Schöpfung gegen die für immer Verdammten stehen werde. Von der scholastischen Unterscheidung der Strafe des Gottesverlustes (poena damni) und den sinnenhaften Qualen (poenae sensus) nahm der Begründer der reformierten Kirchen also die erstere ungleich ernster.

So wenig wie die zum Teil in tiefen Aberglauben versunkene katholische Kirche blieben die neu entstehenden protestantischen Kirchen von Hexenwahn und Satanismus verschont.[37] Der calvinistische Arzt Johannes Weyer (Wier; † 1588), der die Hexenpsychose durchaus verdienstvoll bekämpfte, zählt in seinem Werk „De praestigiis daemonum et incantationibus ac veneficiis" (Basel 1563) 7.409.127 Dämonen unter 79 fürstlichen Oberbefehlshabern, die ihrerseits von Luzifer kommandiert werden. Mindestens hundert Jahre vom Beginn der Reformation an konnten die reformierten Christen nicht in einem von Ängsten befreiten Christentum leben.

Altprotestantische Theologie

In der Theologie, die innerhalb der aus der Reformation entstandenen Kirchen unweigerlich entstehen mußte, kehrte jene Neigung zum Systematisieren und zu Spekulationen wieder, die von den großen Reformatoren so heftig abgelehnt worden war. Man mußte sich mit den theologischen Anschauungen der katholischen Gegenreform und mit dem Weltgefühl des zunächst damit verbundenen Barock auseinandersetzen. Man suchte und fand festen Halt in der Heiligen Schrift, gerade auch angesichts der Erfahrungen von Vergänglichkeit aller weltlichen Pracht und der Verwüstungen durch Kriege, Seuchen und Hungersnöte. Die in der protestan-

---

[32] Inst. III 25,11; vgl. Kunz (Anm. 1), S. 31–40.
[33] CR 33,188.204.
[34] Inst. III 25,6.
[35] Inst. III 25,9; Kunz (Anm. 1), S. 40.
[36] Ebd. 25,12.
[37] Vgl. bei J. Delumeau: Angst im Abendland. Die Geschichte kollektiver Ängste im Europa des 14. bis 18. Jahrhunderts. 2 Bde. Reinbek 1985, das 7. Kapitel: Satan.

tische Theologie zunächst dominierende Richtung trägt gemeinhin den Namen „altprotestantische Orthodoxie".[38]

Das leitende methodische Prinzip für die ganze Theologie, das auch für das Höllenthema galt, ist in der „Realinspiration" der Bibel zu sehen. Damit ist gemeint, daß nach Auffassung dieser Theologie jedes einzelne Wort, jeder einzelne Begriff der Bibel dem biblischen Verfasser unmittelbar vom Heiligen Geist diktiert worden sei. Von daher haben alle Aussagen der Bibel, auch diejenigen über die Zukunft, unfehlbaren Charakter. Es sei Aufgabe der Theologie, aus den unterschiedlichen Aussagen eine zusammenhängende Systematik zu machen. Alles darüber Hinausgehende seien rein menschliche Vorstellungen.

Das Gottesbild der altprotestantischen Orthodoxie sah in Gott den höchsten Gesetzgeber, der als Richter die Fähigkeit habe, seinen Gesetzen unfehlbare Geltung zu verschaffen. Dazu bedarf er, meinte man, des Weiterlebens der menschlichen Seele über den Tod hinaus. Es werde ihm dann möglich sein, die im Erdenleben so oft benachteiligten Guten zu belohnen und an den Bösen gerechte Vergeltung zu üben. Da dieses Urteil unmittelbar im Tod des einzelnen Menschen ergehe, müsse man zwei „Jüngste Tage" annehmen, den einen, in dem das definitive Schicksal des Menschen bekanntgegeben werde, und den anderen, der nach dem Zeugnis der Bibel die Menschheitsgeschichte beende.

Es gab innerhalb der altprotestantischen Orthodoxie eine gewisse Unsicherheit hinsichtlich der Orthaftigkeit der Hölle. Zumal die Lutheraner waren räumlichen Vorstellungen abgeneigt. Die Hölle sei ein „unraumlicher Ort mitten in der Glut deß göttlichen Zorns", meinte Philipp Nicolai († 1608).[39] Für den bedeutenden orthodoxen Theologen Johann Gerhard († 1637) muß es bei einem Nichtwissen bleiben. Allerdings leistete er räumlichen Vorstellungen ungewollt dadurch wieder Vorschub, daß er die Auferstehung der Toten unter dem Motiv der Gerechtigkeit betonte: Die unsterblichen Seelen würden mit ihren wiederhergestellten Leibern wiedervereinigt werden, damit die Gerechtigkeit auch den Leib als das Organ oder Instrument der Seele erreichen könne.[40]

Im Angriff der großen Reformatoren, besonders Martin Luthers, auf die katholische Beichtpraxis hatte sich die Aufmerksamkeit auf den Unglauben als die Sünde schlechthin gerichtet. Er war der wesentliche Grund einer ewigen Verdammnis; einzelne Taten wurden in diesem Zusammenhang nur dann erwähnt, wenn sie Früchte des Unglaubens waren. Generell galt das Prinzip, daß es auch dem Gläubigen nicht gelingen werde, die Sünden zu meiden; er war und blieb „simul iustus et peccator", Gerechter und Sünder zugleich. Für Katholiken waren dagegen „Todsünden" vermeidbar. Die nachreformatorische Orthodoxie suchte das Verhältnis von Glauben und Werken differenzierend zu klären. Viele Theologen stimmten darin überein: Wohl stehen Glaube und Unglaube im Zentrum des göttlichen Gerichts; erkennbar

---

[38] Vgl. zu ihren eschatologischen Anschauungen die vorzügliche Darstellung bei Kunz (Anm. 1), S. 44–68.
[39] Kunz (Anm. 1), S. 54.
[40] Kunz (Anm. 1), S. 55 f.

sind beide jedoch durch die guten oder bösen Taten eines Menschen. Der Impuls der Reformation gegen das Leistungsdenken wirkte sich dann in der Unterscheidung aus: Ein gläubiger Mensch wird *nach* seinen Werken gerichtet, er empfängt aber nicht *wegen* seiner Werke den Lohn der ewigen Seligkeit; ein ungläubiger Mensch wird *nach* seinen Werken gerichtet und auch *nach* seinen Werken mit der Verdammnis bestraft.[41]

Reformierte Theologen neigten etwas mehr zur Spekulation. So sprach Quirinus Reuter († 1613) über das Ende der Welt im Feuer und fragte: „Welcher Ort soll der Hölle, der Wohnstätte Satans und der Gottlosen, noch übrigbleiben?"[42] Geleitet von der Idee der ewigen, ausgleichenden Gerechtigkeit, hielt die altprotestantische Orthodoxie im allgemeinen an der Ewigkeit der Höllenstrafen fest. Deren Wesen sah sie im Getrenntsein von Gott.[43] Konkret setze sie sich jedoch aus den entsetzlichsten geistigen und körperlichen Qualen zusammen. So sei die Erkenntnis Gottes peinvoll und führe zu ständiger Verzweiflung. Die Körper, die gequält werden, seien unzerstörbar. Ob das Feuer in der Hölle wirklich physisch oder eher immateriell sei, darüber wurde diskutiert. Auch die Verdammnis sei, wie die Seligkeit, unterschiedlich gestuft zu denken. Aus solchen Fragestellungen ist ersichtlich, wie wenig der anti-scholastische Impuls durchgehalten wurde. Auf der Linie Augustins meinte Johann Gerhard, mehr Menschen würden verdammt als gerettet werden.[44]

Evangelische Kirchenmusik

Das Gedankengut der Reformatoren prägte und prägt bis zur Gegenwart die Texte in evangelischen Gesangbüchern. Statt einiger Beispiele aus diesen oft regional sehr begrenzt verbreiteten Büchern[45] seien hier Auszüge aus der Kirchenmusik Johann Sebastian Bachs wiedergegeben. Sie entstanden in der Zeit von der zweiten Hälfte des sechzehnten bis zu Beginn des achtzehnten Jahrhunderts, zumeist von unbekannten Dichtern. Ihr Gefühlsüberschwang wird oft als „frühpietistisch" bezeichnet.

Das Sündenbewußtsein auch gläubiger Christen wird in mannigfachen Wendungen wie „Ein Kind des Zorns in Satans Netze" ausgesprochen. Sehr häufig werden die Kampfsituation der Christen, die Anfechtungen des bösen Geistes, aber viel massiver natürlich die Glaubenszuversicht thematisiert:

> Die schäumenden Wellen von Belials Bächen
> Verdoppeln die Wut

oder

> Laßt Satan wüten, rasen, krachen,
> Der starke Gott wird uns unüberwindlich machen.

---

[41] Kunz (Anm. 1), S. 61.
[42] Kunz (Anm. 1), S. 62 f.
[43] J. Gerhard: „Deum non videre, est omni bono privatum esse", Kunz (Anm. 1), S. 66 f.
[44] Kunz (Anm. 1), S. 67.
[45] Später werden Zitate aus einem evangelischen Gesangbuch für Ost- und Westpreußen von 1886 angeführt.

Hieronymus Bosch: Detail aus dem Tryptichon „Das Jüngste Gericht", 1504

Hieronymus Bosch: Details aus dem Tryptichon „Das Jüngste Gericht", 1504

Die folgenden Zitate aus Johann Sebastian Bachs Kirchenkantaten stellen nur eine Auswahl dar:

> Höchster, schau in Gnaden an
> Diese Glut gebückter Seelen!
> Laß den Dank, den wir dir bringen,
> Angenehme vor dir klingen,
> Laß uns stets in Segen gehn,
> Aber niemals nicht geschehn,
> Daß uns Satan möge quälen.
> (Christen, ätzet diesen Tag, BWV 63)

> Der Himmel bleibet mir gewiß,
> Und den besitz ich schon im Glauben.
> Der Tod, die Welt und Sünde,
> Ja selbst das ganze Höllenheer
> Kann mir als einem Gotteskinde,
> Denselben nun und nimmermehr
> Aus meiner Seele rauben.
> (Sehet, welch eine Liebe, BWV 64)

> Ich bin vergnügt in meinem Leiden,
> Denn Gott ist meine Zuversicht.
> Ich habe sichern Brief und Siegel,
> Und dieses ist der feste Riegel,
> Den bricht die Hölle selber nicht.
> (Ach Gott, wie manches Herzeleid, BWV 58)

> Unter deinen Schirmen
> Bin ich vor den Stürmen
> Aller Feinde frei.
> Laß den Satan wittern,
> Laß den Feind erbittern,
> Mir steht Jesus bei.
> Ob es itzt gleich kracht und blitzt,
> Ob gleich Sünd und Hölle schrecken,
> Jesus will mich decken.
> (Jesus schläft, was soll ich hoffen, BWV 81)

> Stürze zu Boden schwülstige Stolze!
> Mache zunichte, was sie erdacht!
> Laß sie den Abgrund plötzlich verschlingen,
> Wehre dem Toben feindlicher Macht,
> Laß ihr Verlangen nimmer gelingen.
> (Erhalt uns, Herr, bei deinem Wort, BWV 126)

> Mein Jesus, heißest du des Todes Gift
> Und eine Pestilenz der Hölle
> Wohl uns! Jesus hilft uns kämpfen

Und die Wut der Feinde dämpfen,
Hölle, Satan, weich!
(Halt im Gedächtnis Jesum Christ, BWV 67)

Ach Herr, wollst mir vergeben
Mein Sünd und gnädig sein,
Daß ich mag ewig leben,
Entfliehn der Höllenpein.
(Ach Herr, mich armen Sünder, BWV 135)

Sturm und Wellen mich versehren,
Und dies trübsalvolle Meer
Will mir Geist und Leben schwächen,
Mast und Anker wollen brechen,
Hier versink ich in den Grund,
Dort seh ich der Hölle Schlund.
(Ich hatte viel Bekümmernis, BWV 21)

Wer Gott bekennt
Aus wahrem Herzensgrund,
Den will er auch bekennen.
Denn der muß ewig brennen,
Der einzig mit dem Mund
Ihn Herren nennt.
(Es ist dir gesagt, Mensch, BWV 45)

So du nun stirbest ohne Buß,
Dein Leib und Seel dort brennen muß.
(Herr, deine Augen sehen, BWV 102)

Mein Herze schwimmt im Blut,
Weil mich der Sünden Brut
In Gottes heilgen Augen
Zum Ungeheur macht.
Und mein Gewissen fühlet Pein,
Weil mir die Sünden nichts
Als Höllenhenker sein.
Verhaßte Lasternacht!
Du, du allein hast mich
In solche Not gebracht!
Und du, du böser Adamssamen,
Raubst meiner Seele alle Ruh
Und schließest mir den Himmel zu!
(Mein Herze schwimmt im Blut, BWV 199)

Ach, aber ach! wie viel Gefahr
Stellt sich der Seele dar,
Den Sterbeweg zu gehen!
Vielleicht wird ihr der Höllenrachen

Den Tod erschrecklich machen.
Wenn er sie zu verschlingen sucht;
Vielleicht ist sie bereits verflucht
Zum ewigen Verderben.
(O Ewigkeit, du Donnerwort, BWV 60)

Die beiden folgenden Stücke finden sich in der Matthäuspassion:

Ich bin's, ich sollte büßen,
An Händen und an Füßen
Gebunden in der Höll'!
Die Geißeln und die Banden,
Und was du ausgestanden,
Das hat verdienet meine Seel'.
Laßt ihn, haltet, bindet nicht!

Sind Blitze, sind Donner in Wolken verschwunden?
Eröffne den feurigen Abgrund, o Hölle,
Zertrümmre, verderbe, verschlinge, zerschelle
Mit plötzlicher Wut
Den falschen Verräter, das mördrische Blut!

Hier tritt die übliche Sicht des Judas als „Sohn des Verderbens" zutage. Das letzte
Beispiel entstammt der Johannespassion:

Das Grab, so euch bestimmet ist
Und ferner keine Not umschließt,
Macht mir den Himmel auf und schließt die Hölle zu.
Ach Herr, laß dein lieb Engelein
Am letzten End die Seele mein
In Abrahams Schoß tragen;
Den Leib in seim Schlafkämmerlein
Gar sanft ohn einge Qual und Pein
Ruhn bis am jüngsten Tage.
Alsdann vom Tod erwecke mich,
Daß meine Augen sehen dich
In aller Freud, o Gottes Sohn,
Mein Heiland und Genadenthron.

In Texten dieser Art, mit ihrem reichen Bestand an traditionellem Jenseitsmaterial,
lebte die Hölle im Bewußtsein vieler Generationen evangelischer Christen weiter.

14. Trient und „katholische Reform"

Das Konzil von Trient (von 1545 bis 1563) hatte ausdrücklich die Aufgabe, die von den Reformatoren aufgeworfenen dogmatischen und praktischen Fragen zu beantworten. Da sich keine Kontroversen über die Hölle ergeben hatten, sah sich das Konzil auch nicht genötigt, eine eigene Stellungnahme zur Hölle abzugeben. Freilich hatten die reformatorischen Angriffe auf das Fegfeuer eine vermehrte Beschäftigung mit der Läuterungsmöglichkeit nach dem Tod zur Folge und damit auch eine Betonung der Orthaftigkeit dieses Fegfeuers. In der Konsequenz davon wurde die Jenseitstopographie bewußtseinsmäßig weiter verfestigt; Vorhöllen, Fegfeuer und Hölle galten als geographische Selbstverständlichkeiten. Nur wenige davon abweichende Auffassungen aus dieser Zeit von katholischer Kontroverstheologie und Gegenreform sind bekannt. So soll der Dominikaner und spätere Bischof Ambrosius Catharinus (✝ 1553) die Meinung vertreten haben, über das kommende Leben könne überhaupt nur in Bildern und Gleichnissen gesprochen werden und die Rede vom „Feuer" sei rein metaphorisch zu verstehen. Sein Ansehen als erster italienischer Gegner Luthers bewahrte ihn gewiß vor der Inquisition.[1]

Als ein Beispiel für die geläufigen Schulauffassungen zur Zeit des Konzils von Trient kann der spanische Dominikaner Domingo de Soto (✝ 1560), in Trient kaiserlicher Konzilstheologe, angeführt werden.[2] In seinem gut spätscholastischen Kommentar zu den Sentenzenbüchern des Petrus Lombardus geht er im Zusammenhang mit dem IV. Buch relativ eingehend auf die Hölle und die umliegenden Landschaften ein. Für verstorbene Seelen kommen fünf Aufenthaltsorte in Betracht. Davon ist einer, der „Limbus Patrum", die Vorhölle der vorchristlichen Gerechten, seit dem Höllenabstieg Jesu Christi geleert. In der Finsternis unter der Erde befindet sich, wie Soto unter Bezugnahme auf Augustinus sagt, der „Limbus Puerorum", der Aufbewahrungsort der Seelen unmündiger, in der Erbsünde verstorbener Kinder. In der Nähe davon liegt das Fegfeuer. Tief unter der Erde befindet sich die Hölle. Die einzelnen Orte unterscheiden sich je nach Art und Schwere der Sünden. In ihren Aufenthaltsorten können die Seelen sich räumlich bewegen und Gemeinwesen nach Art des Staates bilden. Eine Rückkehr aus der Hölle und aus dem „Limbus Puerorum" ist für alle Zeiten nicht möglich. Die Hölle ist mit einem Ausgang in Richtung der Erde versehen, von wo die Versucher zu den Menschen gelangen; dabei han-

---

[1] Vgl. zu Jenseitsauffassungen in der katholischen Kontrovers- und Gegenreformtheologie: Ph. Schäfer: Eschatologie. Trient und Gegenreformation. Freiburg 1984 (HDG IV 7 c 2. Teil); zu Ambrosius Catharinus ebd. S. 23.

[2] Im folgenden nach Schäfer (Anm. 1), S. 50–55.

delt es sich aber nicht um eine Aufgabe der verdammten Menschen. Für sie gibt es keinerlei Hilfe, auch darf für sie nicht gebetet werden. Wie es beim Gericht zugehen wird, könne wörtlich aus Mt 25 entnommen werden: Jesus werde auf dem Ölberg wiederkommen; im Tal Josaphat finde das Weltgericht statt, wobei die Zahl der Verdammten größer sein werde als die der Geretteten. Die Strafen der Verdammten umfassen wie üblich zwei Dimensionen. Sie dürfen Gott nicht schauen; in ihrer Entfernung und Entfremdung von Gott sind sie voll von tiefem Haß. Eine unfruchtbare Reue über ihre Sünden quält ihr Gewissen und frißt ewig an ihm. Sie wollen erkennen, verfügen aber nicht über guten Willen; sie sind keines guten Gedankens fähig. Dazu tritt die Strafe durch das körperlich verstandene Feuer, das ihre unverderblichen, aber leidensfähigen Leiber quält. Beide Strafen sind ewig, es gibt keine Rettung.

Der „Catechismus Romanus"

Auf dem Konzil von Trient hatte der Kaiser die Ausarbeitung eines Katechismus verlangt, der auf die Kontroversen mit den Protestanten eingehen sollte. Das Konzil übertrug die Aufgabe dem Papst, der sie durch vier italienische Theologen, darunter drei Dominikaner, ausführen ließ. Das Ergebnis war der 1566 lateinisch und italienisch veröffentlichte „Catechismus Romanus" (auch Katechismus des Trienter Konzils oder Katechismus Pius' V. genannt). Er sollte Predigern und Katecheten sichere Glaubensnormen bieten und wurde von späteren Päpsten oftmals empfohlen. Schulmeinungen wurden in diesem Katechismus übergangen und kontroverse Punkte nicht eingehend erörtert, damit er eine möglichst breite Zustimmung finden könne. So können auch seine Äußerungen zur Hölle nahezu als Gemeingut der damaligen katholischen Kirche angesehen werden. Der „Catechismus Romanus" spricht an zwei Stellen seines I. Teils von der Hölle.[3] Im 6. Kapitel, 5. Glaubensartikel, beschäftigt er sich mit dem „Höllenabstieg" Jesu Christi. In diesem Zusammenhang fallen einige grundsätzliche Äußerungen zum Thema. Nach einer kurzen Zurückweisung der Identität von Hölle und Grab heißt es:

> Der Ausdruck „Hölle" bezeichnet vielmehr jenen verborgenen Aufenthaltsort für die Seelen, die nicht in den Besitz der himmlischen Seligkeit gelangt sind. In diesem Sinn braucht die Hl. Schrift das Wort an mehr als einer Stelle. Beim Apostel lesen wir: „Im Namen Jesu soll sich jedes Knie beugen im Himmel, auf der Erden und in der Hölle" (Phil 2,10), und in der Apostelgeschichte spricht der hl. Petrus das Wort, Christus der Herr sei auferweckt worden, befreit von den Wehen der Hölle (Apg 1,24). Der Aufenthaltsort für all diese Seelen ist aber nicht der gleiche. Zunächst gibt es jenes furchtbare, dunkle Verlies, wo die Seelen der Verdammten zugleich mit den unreinen Geistern in ewigem unauslöschlichem Feuer gepeinigt werden; und dieser Ort, der mitunter Gehenna oder Abgrund genannt wird, heißt im eigentlichen Sinne die Hölle. – Außerdem gibt es das Feuer im Reinigungsort. Dieses, eine bestimmte Zeitlang verhängt, rei-

---

[3]   Das Religionsbuch der Kirche (Catechismus Romanus), in deutscher Übersetzung hrsg. von M. Gatterer; Einführung und vom Glaubensbekenntnis, übersetzt von A. Koch. Innsbruck ³1940.

nigt durch seine Qual die Seelen der Gottesfürchtigen, damit sich ihnen der Zugang ins ewige Heimatland eröffne, in das nichts Unreines eingehen kann. Eine Wahrheit, die nach den Erklärungen der hl. Konzilien in der Hl. Schrift wie der apostolischen Überlieferung fest verankert ist und die der Seelsorger um so eingehender und öfter behandeln soll, da Zeiten über uns gekommen sind, in denen die Menschen die gesunde Lehre nicht mehr ertragen. – Die dritte Art von Aufenthaltsort endlich ist jener, wo die Seelen der Heiligen vor der Ankunft Christi des Herrn Aufnahme fanden und wo sie ohne jedes eigentliche Schmerzgefühl in der Hoffnung auf ihre Erlösung weilten. Dieser Ort der Ruhe heißt Abrahams Schoß. Die Seelen dieser Gerechten nun, die da den Heiland erwarteten, hat Christus der Herr bei seinem Abstieg in die Hölle befreit.[4]

Die Jenseitstopographie wird hier im Sinn fester Örtlichkeiten gelehrt. Über die Strafen der Verdammten spricht der „Catechismus Romanus" im Zusammenhang mit dem im Glaubensbekenntnis erwähnten Gericht, im 8. Kapitel, 7. Glaubensartikel. Nach den Vorzeichen und dem Urteilsspruch über die Guten fährt der Text fort:

Dann wird der Richter sich zu jenen wenden, die zu seiner Linken stehen, wird seiner Gerechtigkeit über sie freien Lauf lassen und sprechen: „Hinweg von mir, ihr Verfluchten, ins ewige Feuer, das dem Teufel und seinem Anhang bereitet ist!" (Mt 25,41).
Die ersten Worte „Hinweg von mir!" bezeichnen die schwerste Strafe, die über die Sünder verhängt werden wird: sie werden weit, weit aus Gottes Anblick verstoßen, und nicht die leiseste Hoffnung bleibt ihnen zum Trost übrig, vielleicht doch noch einmal das höchste Gut genießen zu können. Diese Strafe wird von den Gottesgelehrten Strafe des Verlustes genannt, weil die Verworfenen in der Hölle in alle Ewigkeit das Licht der Anschauung Gottes entbehren müssen. – Daß der Richter noch das Wort „ihr Verfluchten" beifügt, das steigert das Elend und Unglück der Verworfenen ins Ungemessene. Würden sie, wenn sie schon aus der Gegenwart Gottes vertrieben werden müssen, doch wenigstens irgendeines Segenswortes gewürdigt, so könnte ihnen das immerhin noch ein großer Trost sein. Da sie aber nichts dergleichen erwarten dürfen, was ihr Unglück lindern könnte, so werden sie, und zwar ganz mit Recht, bei ihrer Vertreibung durch die Strafgerechtigkeit Gottes einzig mit Fluch verfolgt.
Dann heißt es: „ins ewige Feuer". Diese zweite Art von Strafe nennen die Gottesgelehrten die Strafe der Sinne, weil sie mit leiblichen Sinnen empfunden wird, wie dies z. B. bei der Prügelstrafe, bei der Geißelung und anderen schweren Strafarten der Fall ist. Unter diesen ruft ohne Zweifel die Feuerqual die höchste Schmerzempfindung hervor. Und da zu dieser Pein noch ihre ewige Dauer hinzukommt, so ergibt sich daraus, daß die Strafe der Verdammten die höchste Fülle aller Strafleiden darstellt. Das machen die letzten Worte des Strafurteils noch deutlicher: „das dem Teufel und seinem Anhang bereitet ist". Wie wir nun einmal sind, tragen wir alle Mühsal leichter, wenn wir einen Gefährten und Mitgenossen unseres Unglücks haben, dessen Klugheit und Güte uns irgendwie hilfreich zur Seite geht. Wie groß muß daher das Elend der Verdammten sein, die bei ihren schrecklichen Qualen in der Gesellschaft der verworfensten Teufel sind und sich davon niemals werden befreien können!
Dieses Strafurteil gegen die Sünder wird unser Herr und Erlöser in voller Gerechtigkeit fällen, da sie all die Werke wahrer Güte vernachlässigt, Hungernden nicht Speise noch Trank gereicht, Fremde nicht gastlich beherbergt, Nackte nicht bekleidet, Gefangene und Kranke nicht besucht haben.

---

[4]   Ziff. 2 u. 3; Gatterer (Anm. 3), S. 98 f.

INFERNVS

APERTVS

Abb. 9 Titelbild zu ‚Infernus apertus, considerationibus VII in septem hebdomadae
dies' von Giovanni Pietro Pinamonti, Münster 1706

Das sind die Wahrheiten, die der Seelsorger dem Christenvolk recht oft einhämmern sollte. Denn die Wahrheit, die in diesem Glaubensartikel ausgesprochen ist, hat, einmal gläubig erfaßt, die allergrößte Macht, die verkehrten Leidenschaften im Zaum zu halten und die Menschen von der Sünde abzubringen. Darum steht das Wort im Ekklesiastikus: „In all deinen Werken gedenke deiner letzten Dinge, und du wirst in Ewigkeit nicht sündigen" (Sir 7,40). In der Tat, kaum einer wird so leidenschaftlich an der Sünde hangen, daß ihn nicht der Gedanke zu einem gottesfürchtigen Leben zurückriefe: es kommt ein Augenblick, wo ich vor dem allgerechten Richter Rechenschaft über all meine Werke, Worte und selbst über die allergeheimsten Gedanken ablegen und je nach Verdienst meine Strafe abbüßen muß. Der Gerechte hingegen muß sich notwendig noch mehr zur Pflege der Tugend angespornt und zu großer Freude gestimmt fühlen, mag sein Leben auch in Armut, Verleumdung und Kreuz hinfließen, wenn er an den Tag denkt, da er nach den Kämpfen dieses mühevollen Lebens vor aller Welt als Sieger hingestellt und nach seiner Aufnahme in die Himmelsheimat von Gott mit nimmer endenden Ehren überhäuft wird. So soll man denn die Gläubigen ermahnen, sich eines heiligen Lebenswandels zu befleißigen und sich in allen guten Werken eifrig zu üben, damit sie jenem kommenden großen Tag des Herrn mit um so größerer Seelenruhe entgegensehen und ihn, wie es sich für Gotteskinder ziemt, mit innigem Verlangen herbeisehnen können.[5]

Obwohl, wie bei allen von Päpsten in Auftrag gegebenen Texten, nur eine kleine Theologen-Auswahl vertrauenswürdig genug war, einen Katechismus zu verfassen, trägt dieser Text keine Spuren damaliger Schuldebatten über die Hölle an sich. Er müht sich, bibelgetreu zu sein, ohne damals – im sechzehnten Jahrhundert – den Stellenwert biblischer Höllenaussagen erkennen zu können. Die seelsorgerliche Motivation soll ungeniert mit Angst und Belohnungen arbeiten. Die guten Werke werden „egoistisch" zur Erlangung des Himmels eingesetzt. Die Einschüchterung mit der Hölle soll der Dämpfung der Leidenschaften dienen; ein zeitgenössischer Seelsorger konnte dabei ohne weiteres das Schwergewicht auf leidenschaftliche Sexualität und Lust legen.

Der katholischen Gegenreform wird kein Unrecht getan, wenn man feststellt, daß sie – mindestens in der Zeit bis gegen Ende des siebzehnten Jahrhunderts – trotz des Fehlens einer Lehraussage über die Hölle auf dem Trienter Konzil sehr stark mit Verängstigung der Menschen operierte. Es gab auch in der sonst durch Lebensfreude und anthropologischen Optimismus (wenn die Barockphilosophie die stoischen Ansichten über den „natürlichen Adel" der Menschennatur wiederentdeckte) geprägten Barockzeit viele äußere Gründe zur Angst.[6]

Höllenverteidiger

Gewiß gab es bei „Gebildeten" im Zeichen der beginnenden Aufklärung rationalistische und skeptische Stimmen, auch eine feindselige Stimmung gegen die „Kir-

---

[5]   Ziff. 9 u. 10; Gatterer (Anm. 3), S. 125–128.
[6]   Vgl. dazu das noch nicht übersetzte Werk von J. Delumeau: Le péché et la peur. Paris 1983.

Abb. 10 Schule von Hans Memling: Höllenmaul, 1485

che" (Hierarchie oder Theologie). Aber dies führte fürs erste nicht zu einer Kampagne gegen die Höllenlehre. Diese hatte drei Gruppen von überaus einflußreichen Vorkämpfern. Die *erste* bestand aus den Fachtheologen. So einflußreiche theologische Lehrer wie die Jesuiten Alfonso Salmeron († 1585), Petrus Canisius, Verfasser vielbenützter Katechismen († 1597), Francisco de Suarez († 1619), Gabriel Vazquez († 1604), Robert Bellarmin († 1621), Leonhard Lessius († 1623) lehrten unter Hinweis auf das neutestamentliche Wort von den vielen Berufenen und wenigen Auserwählten, die Zahl der Verdammten sei ungleich größer als die der Geretteten. Manche von ihnen verfaßten auch praktische Abhandlungen, wie der Jesuitenkardinal Bellarmin, der in seinem Traktat „De arte bene moriendi" schrieb:

Welch eine Wonne wird es sein, bald nach Osten, bald nach Westen zu eilen, bald von Süden nach Norden zu gelangen, ja das ganze Weltall in einem Augenblick zu umkreisen, während die Verdammten in der Hölle die ganze Ewigkeit an einem Ort verharren müssen, an Händen und Füßen gebunden.[7]

Natürlich fehlten bei den Höllenverteidigern auch solche nicht, die sich um genauere topographische Angaben mühten. Der Mailänder Theologe A. Rusca schrieb in seinem 1621 mit kirchlicher Druckerlaubnis erschienenen Werk „De inferno et statu daemonum ante mundi exitium", die christliche Unterwelt bestehe aus vier übereinanderliegenden Abteilungen (dem Schoß Abrahams, dem Limbus der Kinder, dem Purgatorium und der Hölle). Zu fragen sei, ob die tiefste Hölle einen eigenen besonderen Eingang habe oder ob man zu ihr durch die drei über ihr liegenden Abteilungen komme. Ersteres hält er für unwahrscheinlich, da die im Orient und Okzident Gestorbenen einen zu weiten Weg bis zum Höllentor hätten.[8]

Unverkennbar ist bei allen theologischen Ausführungen über die Hölle, daß die Verfasser die Möglichkeit, zu den Verdammten zu gehören, nie im Ernst für sich selber in Betracht zogen.

Die *zweite* Gruppe wahrer Höllenpropagandisten waren die durch besonderen Eifer hervortretenden Volksmissionare und Stifter religiöser Gemeinschaften, die in der katholischen Kirche als Selige und Heilige verehrt werden, wie Vinzenz von Paul († 1660), der das Landvolk mit Erzählungen über die körperlichen Höllenstrafen einschüchterte, der Jesuit Julien Maunoir († 1682), der bei seinen 375 Missionen in der Bretagne Sketche mit Höllengreueln einsetzte, um Panikeffekte zu erzielen[9], oder etwas später der glühende Marienverehrer Ludwig Maria Grignion de Montfort († 1716).

Zu diesen Volksmissionaren gehören auch die Verfasser von Hausbüchern, die für katholische Laien (denen der freie Zugang zur Bibel verwehrt war) nach der Zeit der Schule und „Christenlehre" die einzige Quelle religiöser Unterweisung in gedruckter Form darstellten. Ein wichtiger Autor in dieser Literaturgattung ist der Kapuziner Martin von Cochem († 1712). Seinem „Großen Leben Christi" fügte er 1680 einen Anhang „Von den vier letzten Dingen: nämlich von dem Tod, Gericht, Hölle und Himmelreich" bei. In diesem bis ins zwanzigste Jahrhundert vielfach aufgelegten Werk werden Größe, Zahl der Insassen, Eigenart der Folterkammern der Hölle mit genauen Details angegeben. Der gewaltige, allmächtige Atem Gottes blase das grausame Feuer ohne Unterlaß an. Da seit der Erschaffung der Welt die mit ihr zugleich erschaffene Hölle ohne „Rauchfang" oder „Luftloch" blieb, wurde der Gestank immer unerträglicher. Als ein Mönch die Erscheinung eines Verdammten hatte, der ihn vor der Todsünde warnen wollte, fiel nicht nur er von dem Gestank tot um, sondern mit ihm alle Mönche des Klosters.

---

[7]   II 4; B. Lang/C. McDannell: Der Himmel. Eine Kulturgeschichte des ewigen Lebens. Frankfurt 1990, S. 515.
[8]   Vgl. M. Landau. Hölle und Fegfeuer in Volksglaube, Dichtung und Kirchenlehre. Heidelberg 1909, S. 67 und 100.
[9]   Vgl. G. Minois: Histoire des enfers. Paris 1991, S. 260–264.

Stincket ein eintzige Seel so gewaltiglich, daß ein gantzes Closter von ihrem Gestanck hat sterben müssen, wie sehr werden dan so vil hundert tausend höllische Seelen mit einander stincken. Wie sehr werden sie dan nach dem jüngsten Tag, wan sie ihre Leiber haben, stincken.

Von dem Gestank wird in einer Geschichte vom Hörensagen, keineswegs in einer Vision des Paters Martin berichtet. Die alte Mahnrede mit „Exempla" lebt in der Barockzeit ungemein auf. Ein anderes Exemplum in diesem Hausbuch berichtet von einer adligen Dame, die nach ihrem Tod von ihrer tugendhaften Gefährtin in einem gewaltigen Höllenkessel gesehen wurde, in dem viele Seelen gekocht wurden und wie Erbsen darin auf- und niederwallten. Auf Befragen erklärt die Verdammte:

Ich bin keusch gewesen, ich bin mäßig gewesen, und hab vil Almosen geben. Ich bin aber um keiner andern Ursach willen verdammt worden, als wegen des Kleider-Prachts. [...] Der Pracht ist eine solche Sünd, die den Himmel verschließen und die Höll eröffnet.[10]

Das Beispiel zeigt, wie „Seelsorger" nach ihrem eigenen Gutdünken Todsünden erfanden und damit Psychoterror verbreiteten.

Die *dritte* Gruppe schließlich stellten die Jansenisten dar, die Anhänger einer überaus strengen Moral, genannt nach dem belgischen Theologen Cornelius Jansenius d. J. († 1638). Sie bekämpften die von Hofpredigern vertretene laxe Moral besonders der Aristokratie und griffen zu diesem Ziel auf Augustinus zurück, von dem sie die Ansicht übernahmen, daß die Zahl der Geretteten nur sehr gering sein werde.

Humane Impulse

Trotz der unbeschreiblichen Mühen der Höllenverteidiger kam von verschiedenen Seiten her Bewegung in die Diskussion. Festzuhalten ist, daß sich auch bei den Jesuiten nicht alle mit der übergroßen Zahl der Verdammten abfinden konnten. Der bedeutende Asienmissionar Franz Xaver († 1552) war der Überzeugung, daß die heidnischen Vorfahren der Japaner gerettet werden konnten. Der Vorkämpfer gegen die Hexenprozesse, denen viele tausende von Frauen zum Opfer gefallen waren, Friedrich von Spee († 1635), bekundete in seinem „Güldenen Tugend-Buch"[11] seinen Glauben, daß Gottes Liebe auch ohne Sakramente, also ohne die Taufe, die Erbsünde tilgen könne. Er wandte sich dort auch gegen die Höllenfurcht seines Jesuitenvaters Ignatius von Loyola:

Bilde dir dieses für die augen [...]; der abgrund wartet deiner, die hölle hat ihren rachen aufgesperret; ietzt, ietzt, wird es in alle ewigkeit mit dir verlohren sein. meinest du nicht, das du verzweifeln wurdest? *Antwort*: Nein, Nein: Ich wollte dennoch nit verzweifflen: Ich wollte zu Gott auß grund meines hertzens ruffen.[12]

---

[10] G. und Th. Sartory: In der Hölle brennt kein Feuer. München 1968, S. 108–111.
[11] Güldenes Tugend-Buch, hrsg. von Th. G. M. van Oorschot. München 1968.
[12] Oorschot (Anm. 11), S. 118.

Eine Stimme, die an Gottes Güte und Erbarmen erinnerte, meldete sich sogar von der römischen Kurie aus. Kardinal Coelestin Sfondrati († 1696), ein Benediktiner, verfaßte gegen die Jansenisten das Werk „Nodus praedestinationis dissolutus", das 1697 postum in Rom erschien. Er wollte darin den ohne Taufe gestorbenen Kindern eine Art natürlicher Seligkeit zuerkennen. Im gleichen Jahr richteten die Erzbischöfe von Paris und Reims, ferner Bischof Jacques-Bénigne Bossuet von Meaux und zwei andere Prälaten eine Petition an den Papst, er möge gegen Kardinal Sfondrati erklären, die ohne Taufe gestorbenen Kinder seien auf ewig verdammt. Innozenz XII. setzte noch 1697 eine achtköpfige Kommission zur Untersuchung der Frage ein, die jedoch niemals zu einem Ergebnis kam.[13]

Der französische Philosoph und Historiker Pierre Bayle († 1706), der, reformierter Konfession, 1669 einige Monate katholisch war, verfaßte ein berühmtes „Dictionnaire historique et critique" (1695–1697). Darin bekämpfte er den jüdischen Philosophen Baruch de Spinoza († 1677), der aus dem ewigen Wesen Gottes strenge Gesetze ableitete. Bayle trennte scharf zwischen Glauben und Wissen: religiöse Glaubenssätze müssen seiner Ansicht nach widervernünftig sein, sonst wäre der Glaube kein Verdienst. Die Moral wollte er aus allgemein gültigen Grundsätzen und nicht aus dem Glauben abgeleitet sehen. In diesem aufklärerischen Zusammenhang lehrte er die völlige Unvereinbarkeit von Gottes Güte mit der Existenz eines ewigen Leidens in der Hölle. Damit löste er eine heftige Debatte aus, bei der sich der deutsche Philosoph Gottfried Wilhelm Leibniz († 1716) als Höllenverteidiger hervortat. In seinen „Essais de théodicée concernant la bonté de Dieu, la liberté de l'homme et l'origine du mal" (Amsterdam 1710) erklärte er die Hölle zur notwendigen Konsequenz des unlösbaren Problems des Bösen. Er wies es kategorisch ab, das Böse mit dem Guten auf einer Ebene (der Koexistenz) zu vergleichen. Mit dem proportionalen Verhältnis von Verdammten und Geretteten kam dieser Philosoph, der die ungetauft sterbenden Kinder und die Ungläubigen, die das Evangelium nie kennengelernt hatten, verlorengehen ließ, dadurch zurecht, daß er in zahlreichen anderen Weltschöpfungen Gottes unzählige andere Lebewesen annahm.[14]

---

[13] Vgl. dazu Minois (Anm. 9), S. 304.
[14] Vgl. zu dieser Kontroverse Minois (Anm. 9), S. 305–309.

Exkurs über die Fortdauer von Visionen

Zu keiner Zeit fehlten in der katholischen Kirche Berichte über Visionen oder verwandte mirakulöse Phänomene, die man als Informationsquellen über das Jenseits und speziell über die Hölle verstand. Aus dem achtzehnten und dem neunzehnten Jahrhundert seien hier einige wenige Beispiele, die sich leicht vermehren ließen, angeführt:

Die heiliggesprochene Mystikerin Veronica Giuliani († 1727) gab an, wiederholt Blicke in die Hölle getan zu haben, wobei sie 1694 inmitten der Flammen schwarzgefärbte Seelen, 1716 Berge von Verdammten erblickte.[15]

Der Jesuit Francesco de Hieronymo (Geronimo; † 1716) wurde wegen seiner Höllenpredigten oft von der Prostituierten Katharina verspottet. Am 4. 4. 1704 fiel diese mit ihrer Laute aus dem Fenster und blieb tot auf der Straße liegen. Francesco war eben am Predigen; er unterbrach sich, nahm seine Zuhörer mit an die Bahre und ergriff Katharinas Hand: „Katharina, wo bist du jetzt?" Sie richtete sich auf und sagte mit entsetzenerregender Stimme: „In der Hölle!", worauf sie wieder tot zusammensank. Die Geschichte, von rund 250 Augen- und Ohrenzeugen bestätigt, spielte 1839 eine Rolle bei der Heiligsprechung dieses Missionars. Sie wurde in der katholischen apologetischen Literatur immer wieder gegen das Schlagwort angeführt, es sei noch kein Mensch aus dem Jenseits zurückgekommen.[16]

Don Giovanni Bosco († 1888), Gründer des Salesianerordens und eines weltweit verbreiteten sozialen Jugendwerks, soll, wie die von den Salesianern verbreitete offizielle Biographie behauptet, in Träumen Visionen von der Hölle gehabt haben, in denen er die Sünden sah, für die Jugendliche auf ewig bestraft wurden (vor allem solche gegen die „Schamhaftigkeit" und „Reinheit"), die gewaltige Höllentemperatur wahrnahm, aber auch die Mittel (hl. Messe und Betrachtung) erfuhr, die vor der Hölle retten konnten.[17] 1849 soll Don Bosco einen Fünfzehnjährigen, der ohne Beicht gestorben war, in Turin vom Tod erweckt haben. Der Junge erzählte, er sei im Jenseits von Dämonen bis an den Rand eines glühenden Ofens verfolgt worden, weil er in einer früheren Beichte eine mehrere Wochen zurückliegende Sünde verschwiegen habe. Eine vornehme Dame habe ihn vor den Dämonen beschützt. Der vom Tod Erweckte legte nun bei Don Bosco seine Beichte ab, lebte noch zwei Stunden und starb erneut.[18]

In dieser Geschichte ist bereits die Rolle Marias angedeutet, die vor der Hölle zu retten vermag. Diese Auffassung kehrt in zahlreichen Berichten von Marienerscheinungen wieder. Nicht selten zeichnen sie in völliger Umkehr des biblischen Gottes- und Jesusbildes Maria als diejenige, die das drohende Zorngericht Gottes oder den zürnenden Richter Jesus (noch) aufhält. So soll Maria zu den elf und fünfzehn Jahre alten Hirtenkindern am 19. 9. 1846 in La Salette in den französischen Alpen

---

[15] G. Panneton: Le ciel ou l'enfer. II: L'enfer. Paris 1956, S. 95 f.
[16] Panneton (Anm. 15), S. 64 f.
[17] Sartory (Anm. 10), S. 111–113.
[18] Panneton (Anm. 15), S. 209–212.

gesagt haben, sie könne den Arm ihres Sohnes nicht mehr lange aufhalten; sie „forderte Unterwerfung unter die Autorität Gottes und der Kirche" (sic!).[19] Als Beispiel für diese „Marienapokalyptik" wird später einiges zu Fatima gesagt werden. Zunächst muß die Aufmerksamkeit früheren Auseinandersetzungen über die Hölle gelten.

---

[19]   Vgl. LThK VI S. 801 (Lit.).

15. Erschütterung der Hölle durch die Aufklärung

Eine nachhaltige Erschütterung des Höllendenkens ist auf die Verbindung der neuen naturwissenschaftlichen Erkenntnisse mit Denken und Mentalität der Aufklärung zurückzuführen. Die Entdeckungen des Nikolaus Kopernikus („De revolutionibus orbium coelestium" 1543) und des Galileo Galilei 1610 führten zum Ende der Auffassung von einem geschlossenen Kosmos.[1] Die Spekulationen Giordano Brunos (verbrannt 1600) über die Unendlichkeit des Weltalls gewannen in dem Maß Wahrscheinlichkeit, als die biblischen Ausführungen über das „Ende der Welt" an Wahrscheinlichkeit verloren. Die Folgen für die „Weltanschauung" waren unterschiedlich. In England kam es zu einer Neubelebung der epikureischen Philosophie und im Zusammenhang damit zu einer Leugnung der göttlichen Vorsehung über die Geschichte, des Jüngsten Gerichtes und der Unsterblichkeit der Seele.[2] In Frankreich spottete Cyrano de Bergerac 1657: Die Erde dreht sich, gewiß, aber nicht wegen der Entdeckung des Kopernikus, sondern weil die Verdammten im Erdinnern dem Feuer entfliehen wollen und im Kreise rennen ...

Die englischen Deisten, die mit ihrer Vernunftreligion der Aufklärung zwar an einem geistig-persönlichen Gott festhielten, der auch den Kosmos mit seinen Gesetzmäßigkeiten geschaffen habe, aber einen weiteren göttlichen Einfluß auf das Weltgeschehen leugneten, vertraten (wenn auch nicht als Konsens) die folgenden Prinzipien, die den Höllenglauben untergraben mußten:

– Die Rede vom Gericht Gottes ist von Priestern und Politikern als moralisches und politisches Machtmittel mißbraucht worden und deshalb abzulehnen;

– Abzulehnen sind die Rede vom Gericht und die Androhung ewiger Strafen, weil sie ein falsches Gottesbild fördern;

– Die Vermittlung einer Ethik, die sich an Lohn und Strafe orientiert, greift die wahren Fundamente der Moral an und ist deshalb abzulehnen.[3]

Die rechtgläubigen englischen Theologen beschäftigten sich erst später mit den Deisten. Zunächst waren sie mit internen Streitfragen beschäftigt: Wie verhalten sich das individuelle Gericht im Tod des einzelnen Menschen und das Universalgericht am Ende der Geschichte zueinander? Könnte man die Möglichkeit eines Seelenschlafs

[1]   A. Koyré: From the Closed World unto the Infinite Universe. Baltimore/London 1957.
[2]   Vgl. zu den Herausforderungen der Theologie durch Naturwissenschaft und Philosophie A. Pago: „Behold, He Comes with Cloudes". Untersuchungen zur eschatologischen Dichtung in der englischen Literaturgeschichte des 17. und 18. Jahrhunderts. Frankfurt 1992, besonders S. 23–45. Bei Annegret Pagos Untersuchung handelt es sich um eine von dem Anglisten Hermann Josef Real und mir betreute Münsteraner Dissertation.
[3]   Belege bei Pago (Anm. 2), S. 23–45.

bis zum Jüngsten Gericht akzeptieren? Presbyterianische Theologen legten 1648 das Glaubensbekenntnis der „Westminster Assembly of Divines" fest, dem alle Presbyterianer in Europa zustimmten: Beim Tod steigen die Seelen der Bösen in die Hölle hinab, um dort auf das Urteil des Endgerichts zu warten.[4] Andere Streitigkeiten, die mit dem Höllenthema zu tun hatten, betrafen die Dauer der drei Weltzeitalter, die sich aus der scholastischen Lehre einer Zeit vor dem Gesetz, unter dem Gesetz und nach dem Gesetz (ante legem, sub lege, post legem) ergaben[5]; die Figur des Antichrist; das Tausendjährige Reich. Von Francis Bacon († 1626) und seiner erfahrungsbezogenen Idee des Wissens und der Wissenschaften her kam ein optimistischer Zug in die Auffassungen vom Fortgang (und Ausgang) der Weltgeschichte, der der geläufigen apokalyptischen Untergangsstimmung widersprach. Er wurde vor allem in „Sekten" und freien Gruppen am Rand der großen christlichen Kirchen in England fruchtbar. Manche von ihnen waren dabei von dem lutherischen Theosophen Jakob Böhme († 1624) beeinflußt. So sah der Führer der „Digger", Gerrard Winstanley, um 1641 den Kampf zwischen Jesus Christus – der mit der Ausgießung des Hl. Geistes wiedergekehrt sei – und dem Antichrist ausschließlich im Innern des Menschen, und in diesem Zusammenhang lehrte er, Auferstehung, Himmel und Hölle seien rein innerliche Realitäten. Ähnlich dachten die Quäker mit George Fox († 1691).[6]

Auseinandersetzung in England

Gegen die „Aufweichungen" der traditionellen Eschatologie einschließlich ihrer Höllenvorstellungen von seiten der skeptischen aufklärerischen Deisten wie von seiten jener Gläubigen, die durch naturwissenschaftliche Erkenntnisse eine optimistischere Sicht auf den Gang der Ereignisse gewonnen hatten, machten die Wahrer der Rechtgläubigkeit nun ernstlich Front. Die „Orthodoxen" waren in verschiedene Gruppen zerfallen und argumentierten daher auch von unterschiedlichen Positionen aus. Die einen bezogen einen streng juristischen Standpunkt. Sie faßten Gott als Gesetzgeber und Richter auf, der es sich selber schuldig sei, seine Gesetze mit Sanktionen zu sichern, sonst untergrabe er selber seine Autorität. Sein ewiges Gericht sei eine Kompensation für die Ungerechtigkeiten der irdischen Justiz. Furcht vor Bestrafung und Hoffnung auf Belohnung seien nicht etwas Minderwertiges, sondern anthropologische Grundgegebenheiten. Die täglichen Urteile des Gewissens seien so etwas wie ein Vorspiel des letzten Gerichts. Die anderen bemühten als „Physikotheologen" naturwissenschaftliche Erkenntnisse, um am Beispiel von Lavaausbrüchen und Sternschnuppen die biblischen Aussagen der Vorzeichen (und damit natürlich auch diejenigen über das „Jenseits") auch für „moderne" Menschen als glaubhaft zu erweisen.[7] Was könnte man aber zur Topographie der Hölle sagen?

---

[4]   Vgl. dazu Pago (Anm. 2), S. 74 f.
[5]   Vgl. dazu M. Haeusler: Das Ende der Geschichte in der mittelalterlichen Weltchronistik. Köln 1980.
[6]   Vgl. dazu Pago (Anm. 2), S. 104–107 mit Belegen.
[7]   Vgl. dazu Pago (Anm. 2), S. 110–120 mit reichen Belegen.

Es war verständlich, daß orthodoxe Theologen zunächst einmal die Tradition befragten. Sie hatten ja in der spätantiken und scholastischen Tradition genug Zeugnisse für die Existenz der Hölle unter der Erdoberfläche oder ganz im Innern der Erde. Dem ptolemäischen Weltbild entsprach es, die Hölle dort zu suchen, wo der Ort größtmöglicher Entfernung vom Himmel (vom „coelum empyreum") angenommen wurde. Diese Fundierung des Höllenortes entfiel freilich mit den kopernikanischen Einsichten. Eine andere Verunsicherung war auf den deutschen Jesuiten Jeremias Drexel († 1639) zurückzuführen. Er hatte das Erdinnere berechnet und war zu einem relativ so geringen Volumen gelangt, daß es für die vielen Verdammten nicht ausgereicht hätte. Auch die biblischen Aussagen über das Zusammenspiel von Licht und Hitze und von Dunkelheit und Kälte brachten Verunsicherung in die gewohnte Lokalisierung der Hölle.

So kam es zu waghalsigen Hypothesen. Tobias Swinden († 1719) war der Meinung, die Sonne sei der von der Natur aus geeignetste Ort der Hölle. Aus Hiob 13,26 (der Anbetung der Sonne?) entnahm er die biblische Information, die Sonne sei der Sitz des Teufels. Nachdem 1635 die Sonnenflecken entdeckt worden waren, wollte man in ihnen die Höhlen der Verdammten erkennen. Eine andere Hypothese stellte William Whiston (um 1717) auf: Er wollte die Hölle auf der brennenden Oberfläche jenes Kometen annehmen, der mit seiner übergroßen Hitze den Weltenbrand des Endes anfachen und in die Kälte weiterziehen würde. In der heftigen Diskussion spielten weitere „naturwissenschaftliche" Fragen eine große Rolle, so die nach der Quelle des Brennstoffs für die Hölle, nach dem Verbrennen oder Nichtverbrennen der Erde, nach dem Nichtverbrennen materieller Körper durch ein materielles Feuer, nach der Erreichbarkeit geistiger Seelen durch ein physisches Feuer usw. Vieles Unerklärliche wurde auch von Physikotheologen einfach noch den Möglichkeiten der Allmacht Gottes zugeschrieben.[8]

Neben den Justiz-Theologen und den Physiko-Theologen verteidigten auch Prediger der Pädagogik und der Moral die Existenz der Hölle aus Zweckmäßigkeitserwägungen. Die Pädagogen argumentierten, die Erziehung der Menschen aus Furcht vor der Strafe in der Hölle sei viel aussichtsreicher im Hinblick auf die Effizienz als diejenige, die ewige Freuden im Himmel in Aussicht stelle. Man suchte sogar den Epikuräern unter den zeitgenössischen Aufklärern die Hölle schmackhaft zu machen mit historischen Hinweisen, die dem Menschen angeborene Furcht sei die beste Voraussetzung für eine optimale pädagogische Wirkung; Strafen ließen sich nun einmal didaktisch wirkungsvoller darstellen als die Belohnung; und gerade Epikuräer müßten doch alles tun, um endlose Schmerzen und Qualen zu vermeiden. Im Bereich der Orthodoxie herrschte Übereinstimmung, daß die öffentliche Moral nur durch Höllenpredigten gerettet werden könne. Diese Diskussionen vor allem des siebzehnten Jahrhunderts (mit breiten Auswirkungen und Differenzierungen im achtzehnten Jahrhundert) hatten in ethischer und philosophischer Sicht oftmals ein

---

[8] Vgl. Pago (Anm. 2), S. 150–159 mit vielen Belegen; dazu auch die Stellungnahme von H. Blumenberg: Der Prozeß der theoretischen Neugierde. Frankfurt ⁴1988, S. 166–170.

beachtliches Niveau; sie sind deswegen besonders erwähnenswert, weil die Argumen-
tationsfiguren in späterer Zeit auch nicht überzeugender vorgetragen wurden. Ihr
gedanklicher Hintergrund ist zu einem großen Teil in der Diskussion zu sehen, die
seit dem „Leviathan" des Thomas Hobbes († 1679) im Hinblick auf die Eigenart
und Tragweite des menschlichen freien Willens neu entstanden war: Ist die Freiheit des Menschen so hoch anzusetzen, daß sie die Grundlage auch des göttlichen
Verhaltens gegenüber dem Menschen und so auch der „Vergeltung" ist?

Die schon in der ersten Hälfte des siebzehnten Jahrhunderts begonnene heftige
Auseinandersetzung in England um die Ewigkeit der Höllenstrafen, die in der zweiten Hälfte des Jahrhunderts ihren Höhepunkt fand und in der ersten Hälfte des
achtzehnten Jahrhunderts andauerte, ist vor diesem Hintergrund und vor den Angriffen der aufgeklärten Deisten auf ein anthropomorphes Gottesbild zu sehen.

Einer der ersten englischen Theologen, die Argumente gegen die vermeintliche
Ewigkeit der Höllenstrafen zusammenstellten, war 1658 der Anabaptist Samuel Ri-
chardson. Henry More († 1687) leugnete die Existenz der Hölle nicht, weil ihm Platon mit seinen Höllentexten (Phaidon 113E) eine zu große Autorität war, aber er stellte
die Ewigkeit der Höllenstrafen in Frage.[9] Thomas Burnet († 1715) argumentierte, nach
der Wiederherstellung der Welt sei kein Platz für eine sich ewig in der Hölle fortset-
zende Menschheitsgeschichte (zumal eine Stätte für ein ewiges, materielles Feuer
fehlen werde). Die Fairneß meldet sich in seiner Forderung zu Wort, eine Hölle müßte
Chancen für die Sünder bieten. Über Zweifel an der Ewigkeit der Hölle solle man
jedoch nicht öffentlich reden (daher ließ er sein Buch auch nicht vom Lateinischen
ins Englische übertragen erscheinen), weil die Menschheit ohne Androhung von
Höllenstrafen zur Gestaltung ihrer Existenz ethisch unfähig sei. William Whiston
(† 1752) wandte sich in mehreren Abhandlungen gegen die Ewigkeit der Höllenstrafen, da die buchstäblich zu nehmenden Strafelemente, Feuer und Würmer, in der ewigen Vollendung nicht mehr denkbar seien. Die Sünder hätten ihre Chance in der Hölle
zur Besserung; die Höllenstrafen vor der allgemeinen Auferstehung seien „only
medicinal". Allerdings müsse man Gott fürchten, weil sonst alles erlaubt wäre.[10]
Andererseits konstatierte John Jackson 1745, daß die menschliche Gesellschaft auch
ohne die Lehre von jenseitiger Belohnung und Strafe gedeihen könne.[11]

Als aktive Teilnehmer und Höllengegner sind auch die „klassischen Deisten" John
Toland, Anthony Collins, Matthew Tindal und andere zu nennen. Mittelpunkt der
Gedanken war stets die Überlegung, daß eine endlose und grausame Strafe nicht nur
die Proportionen von Vergehen und Strafe zerstöre, sondern auch im Widerspruch
zur wesenhaften Gerechtigkeit und Güte Gottes (das heißt: diese Eigenschaften
machen notwendigerweise das Wesen des Göttlichen aus!) stehe und daher widervernünftig sei. Weiter wurde gesagt, die Vorstellung ewiger Höllenstrafe fördere das

---

[9]   D. P. Walker: The Decline of Hell. Seventeenth-Century Discussions of Eternal Torment. Chicago
      1964; I. Escribano-Alberca: Eschatologie. Von der Aufklärung bis zur Gegenwart. Freiburg 1987
      (HDG IV 7 d), S. 55.
[10]   Zu Burnet: I. Escribano-Alberca (Anm. 9), S. 65; Zu Whiston: ebd. S. 82–84.
[11]   Escribano-Alberca (Anm. 9), S. 98 f.

anthropomorphe Bild des grausamen Rachegottes, eines Gottes, der nach dem Bild der Menschen ausgedacht wurde. Es leiste damit dem Aberglauben und Atheismus nur noch Vorschub. So argumentierten auch die neuplatonischen Philosophen in Cambridge, die in den biblischen Höllenaussagen Metaphern für den inneren Zustand menschlicher Gottferne sahen. Schließlich wurde vorgetragen, die Abschreckung mit der Hölle wirke so wenig wie die mit der Todesstrafe. Das Wesen einer Strafe, das die Aufklärer mit einer antiken Tradition in der Besserung, nicht in der Vergeltung sahen, werde somit nicht erreicht. Biblisch besonders bewanderte Aufklärer wiesen auch darauf hin, daß die Bibel keineswegs endlose Strafen ansage, da „ewig" im Hebräischen und Griechischen der Bibel einfach eine „lange Dauer" meine.

Von solchen Abweisungen einer ewigen Höllenstrafe aus zeigten sich zwei Möglichkeiten, christlich-gläubig mit den Problemen des Weltendes und des Bösen umzugehen. Nicht wenige glaubten an eine Allversöhnung im Sinne mindestens des Origenes, an eine allmähliche Heilung und Umwandlung der Bösen in Gute. In der späteren Phase der Diskussion war das Buch „Le Ciel ouvert à tous les hommes" (1716) eines französischen Augustinermönchs, Pierre Cuppé, von großem Einfluß, das 1743 in englischer Sprache erschien: „Heaven Open to All Men". Daß die neuplatonischen Philosophen Cambridges in diese optimistische Sicht einstimmen würden, war zu erwarten gewesen.

Die andere Möglichkeit wurde von den Anhängern der beiden Sozzinis vertreten. Lelio Sozzini († 1562) und sein Neffe Fausto († 1604) hatten mit ihren Ideen in Europa großen Einfluß. Sie waren religiös und theologisch radikale Reformer, wurden aber von Katholiken, Lutheranern und Reformierten gleichermaßen bekämpft. Einflüsse ihrer Gedanken finden sich bei Isaac Newton, Hugo Grotius, John Milton, Baruch de Spinoza, John Locke und Gottfried Wilhelm von Leibniz. Sie wollten das Christentum zwar mit der Bibel, besonders dem Neuen Testament, begründen, akzeptierten aber nur Glaubenswahrheiten, die der Vernunft gemäß seien. So lehnten sie die göttliche Trinität, die Göttlichkeit Jesu Christi, sein Sühneleiden, die Erbsünde, die Notwendigkeit der Gnade ab. In Jesus sahen sie den Lehrer, Gesetzgeber und das Vorbild; der Glaube an ihn fordere ein ernsthaft-strenges Leben und hilfsbereite Liebe. Eine Auferstehung des Fleisches und die Ewigkeit der Höllenstrafen galten den Sozzinianern gleichfalls als vernunftwidrig; sie lehrten, die Seelen der Frommen, die nach strenger Moral gelebt hätten, kämen in eine ewige Seligkeit, die bösen Geister und die Gottlosen dagegen würden für immer zugrunde gehen. Durch ihre Betonung der Vernunft, ihre Befürwortung gesellschaftlicher Toleranz und ihre Kritik an Institutionen wie Staat und Kirche gehören sie in die unmittelbare Vorgeschichte der europäischen Aufklärung. Ihre Anhänger in England traten im Höllenstreit also für die Annihilierung, die endgültige Vernichtung des und der Bösen ein.

Bemerkenswert ist eine Stellungnahme des Erzbischofs John Tillotson von Canterbury von 1690. Er hielt die Androhung ewiger Höllenstrafen für ein hypothetisches Abschreckungsmittel, bei dem der (göttliche) Gesetzgeber keineswegs zur Exekution verpflichtet sei. Prompt wurde ihm von den Verteidigern der Rechtgläubigkeit der Vorwurf der Förderung des Atheismus gemacht.

Bei den Vertretern der ewigen Höllenstrafen kehrten alle aus der christlich-abend-ländischen Tradition bekannten Argumente wieder: Nicht eine sehr begrenzte, ein-zelne Tat werde von Gott bestraft, sondern die gegen die unendliche Güte Gottes gerichtete Haltung; auch der Staat bestrafe eine begrenzte Tat für immer, wenn er die Todesstrafe verhängt; Sünder hätten hypothetisch den Willen, weiterhin zu sün-digen, wenn sie weiter leben würden; der Tod bedeute das Ende der Chancen zur Umkehr, die während des Lebens von Gott vielfältig angeboten gewesen sei; mit der wiederholten hartnäckigen Ablehnung der Umkehraufforderungen Gottes sei des-sen Geduld zu Ende; schließlich handle es sich um bewußte Taten der Menschen in aller Freiheit; Gottes Gerechtigkeit werde auch gewahrt durch die Abstufung der höllischen Qualen; schließlich: Gott allein beurteile die Proportionalität von Taten und Strafen und offenbare sich erst beim Gericht. Aus der Tradition (besonders der Scholastik) wurde auch angeführt, Gott als dem „Opfer" müsse Satisfaktion gelei-stet werden; es sei nicht theologisch angemessen, nur ein Attribut Gottes, seine Güte, überzubetonen; in Gott und bei Gott könne es keinen Widerspruch zwischen Güte, Weisheit und Gerechtigkeit geben; auch bei der Androhung ewiger Strafen sei Gott von seiner Güte bestimmt, weil er damit ja das Ziel verfolge, den Menschen solche Qualen zu ersparen. Und schließlich sei immer der Wert der aufrechtzu-erhaltenden gesellschaftlichen Ordnung mitzubedenken.

Als profilierter Höllentheologe tritt in dieser Auseinandersetzung Richard Sher-lock († 1689) hervor. Zusätzlich zu den seelischen Qualen in der Hölle, die in der Tradition immer genannt wurden, wie Haß und Neid beim Anblick der Seligkeit der Geretteten und Peinigung durch das schlechte Gewissen, baut er eine Typologie von Seelenschmerzen aufgrund der damaligen Psychologie auf: Je auf ihre eigene Wei-se leiden in der Verdammnis Imagination und Gedächtnis, Verstand und Geist so-wie das Gewissen. Alle Leidenschaften bleiben in der Hölle erhalten, führen aber zum Leiden, weil sie ewig unbefriedigt bleiben, so daß z. B. Trunkenbolde, Vielfraße und Hurensöhne einprägsam beschreibbare Qualen erlitten (John Locke hatte das Empfinden von Schmerz aus dem Verlust von Vergnügen thematisiert). Ähnlich verfährt er bei der Typologie der körperlichen Peinigungen, bei denen jedem Sinnes-organ die ihm zukommenden Schmerzen zugefügt würden:

> Die Augen würden durch den schrecklichen Anblick der Teufel gequält, die Ohren durch das schrille Geschrei der Gequälten, die Nase durch schwefeligen, beißenden Gestank, die Zunge durch Durst und brennende Blasen. Der ganze Körper indes leide unter den unerträglichen Flammen des ewig brennenden Feuers.

Aber trotz aller Bemühungen seiner Phantasie konstatiert Sherlock schließlich, das ganze Ausmaß der Höllenschrecken sei noch ungleich größer und lasse sich weder vorstellen noch beschreiben, und all das sei unausweichlich ohne jegliches Ende.[12]

---

[12] Zu diesem Streit: Pago (Anm. 2), S. 173–182 mit Belegen; das Zitat ebd. 182.

Zuhilfenahme der Dichtung

Die englischen Auseinandersetzungen um die Hölle im siebzehnten und im achtzehnten Jahrhundert zeigten auf der einen Seite die Zweifel, die von einem aufgeklärten Denken her entstanden und nicht mehr zu beseitigen waren, auf der anderen Seite die erfindungslosen Stereotypen, mit denen die Wahrer der Höllentradition operierten. Bemerkenswert ist in diesem Zusammenhang noch ein anderes Faktum, mit dem England in der Geistesgeschichte singulär ist. Der Streit wurde auch mit Hilfe von Gedichten und in einer Diskussion über die Funktion von Literatur ausgetragen. Die Erforschung dieser Zusammenhänge ist Annegret Pago zu verdanken. Ausgangspunkt ist ein in die Mitte des sechzehnten Jahrhunderts zurückreichender Angriff der Puritaner auf die Literatur und das Theater. Sie ließen als wertvolle Lektüre nur die Bibel gelten. Bei neuer Literatur kam es ihnen allein auf deren therapeutischen Wert an: Literatur sollte religiöse Themen darstellen und sich um moralische Unterweisung bemühen. Von großem Einfluß auf die so entstehende eschatologische Dichtung war Vergil, der bis ins achtzehnte Jahrhundert überaus große Verehrung genoß. Vorbildfunktion hatte bei etlichen Dichterinnen und Dichtern John Miltons „Paradise Lost" von 1667.

Aus dem reichen Material – A. Pago analysiert dreiundsechzig die Hölle beschreibende Gedichte, ohne Anspruch auf Vollständigkeit – kann hier nur weniges exemplarisch angeführt werden.

Theoretisch handelte über die genannte Thematik John Dennis († 1734), der unter Rückgriff auf die aristotelische Katharsis-Lehre sagte, Schrecken und Mitleid seien die pädagogisch wirksamsten Effekte epischer Dichtung. Den größten enthusiastischen (d. h. ohne angebbaren Grund produzierten) Schrecken bewirke die Darstellung eines zornigen Gottes: „What can produce a greater terror, than the Idea of an angry God?"[13] Das Epos bekäme Größe und Erhabenheit durch die Beschreibung von Höllenvisionen, Naturkatastrophen und dergleichen: je schreckenerregender das Thema, desto sublimer und größer das enthusiastische Grauen und damit die reinigende Wirkung auf Leserinnen und Leser.

Die Praxis, die solchen Theorien folgte, arbeitete dann auch mit dem ganzen Marterarsenal, das aus dem bisherigen Gang der Darstellung bekannt ist, zumal in den Kreisen, die die Hölle verteidigten, Träume und Visionen immer noch als Quellen göttlicher Informationen über das Jenseits galten. In der 1665 entstandenen Dichtung von John Bunyan „One Thing is Needful: or, Serious Meditations upon the Four Last Things, Death, Judgement, Heaven and Hell" finden sich die altertümlichen Materialien: der brennende Ofen, der See aus Feuer und Schwefel, Höhlen und Abgründe, bodenlose Gruben und Gefängnisse, alles zur Illustration eines namenlosen Elends und zugleich als Metaphern für den Zorn Gottes, dessen Folge beim Menschen eben Qualen ohne jede Vorstellungsmöglichkeit – und ohne Ende – sind. Ein Poem der Dichterin Elizabeth Rowe († 1737) trägt den Titel „A Descrip-

---

[13] Pago (Anm. 2), S. 199.

tion of Hell". Marshall Smith gestaltete 1702 „The Vision: or, A Prospect of Death,
Heav'n and Hell".

An englischen Eigentümlichkeiten sind zu registrieren: das Gottesbild, da die
Puritaner sich einen grausamen Gott ausmalten, der sadistische Freude an den
Qualen der ungehorsamen Kreaturen empfindet; die Einbeziehung zeitgenössischer
Mißstände in die Sündenregister, so daß unter den höllisch Bestraften Scheinheili-
ge und korrupte Richter eigens hervorgehoben werden; die Hinordnung der Laster-
gruppen auf die damaligen Epikuräer in den gehobenen Kreisen, also die Verdammung von Völlerei, Trunksucht, Verführung Unschuldiger, der Eigennutz von Geistlichen, Unbarmherzigkeit und Stolz, der Ehrgeiz von Monarchen, atheistisches Denken und, speziell auf die Welt des Theaters und der Literatur bezogen, die „Ruchlosigkeit" von Autoren.

Auch die im ganzen maßvolleren Anglikaner machten bei diesen Höllendich-
tungen von grauenvollen Bildern Gebrauch und scheuten nicht davor zurück, den
„Odem" Gottes als den nie ausgehenden Brennstoff des Höllenfeuers zu schildern.

Ein kleines Textbeispiel von Joseph Trapp von 1735:

> Sad Scenes of Woe, and add Affright to Hell:
> Pale Fantoms, hideous Spectres, Shapes which scare
> The Damn'd themselves, and terrify DESPAIR ...
> Horrour, throughout, and perfect Mis'ry reigns;
> An endless, sad Variety of Pains;
> The Clang of lashing Whips, Crys, and piercing Moans;
> Damnation, Death, in ev'ry dreadful Form,
> The gnawing Conscience, never-dying Worm;
> The inextinguishable Fire: No Gleam
> Of cheerful Light; No sweet, refreshing Beam
> Of Joy, or Hope: Despair, Despair, Despair,
> Is still the Sound that breaks the dusky Air.[14]

Natürlich fehlen nach all den Schilderungen von Zähneknirschen und Kettenrasseln,
von Qualm und Feuerwirbeln die Hinweise nicht, daß die Entbehrung Gottes und
damit der Verlust der Seligkeit das Schlimmste an diesen endlosen Strafen seien.

Eine erwähnenswerte Ausnahme im Kreis der Eschatologie-Dichter bildet Jona-
than Swift. Dessen Dichtung „The Day of Judgement", etwa von 1731/33, stellt in
Gestalt eines fingierten Traums eine Parodie auf die populären Gedichte dar. Der
Richter-Gott ist Jupiter, da seit Beginn des siebzehnten Jahrhunderts unter Androhung von Strafe vom christlichen Gott nicht mehr satirisch gesprochen werden
durfte. Im Sündenregister des Gerichts werden aufgezählt: Selbsttäuschung über das
eigene Wissen, Selbstgerechtigkeit und Selbstgefälligkeit, vermeintliche Einsicht in
die Wege der göttlichen Vorsehung! Die Sünder werden nicht in die Hölle geschickt;
der Richter-Gott zerstört ihre sicheren Erwartungen, indem er sie unter Verachtung

---

[14] Pago (Anm. 2), S. 265.

in ein Schicksal der Indifferenz weggeschickt. Auf diese Weise kritisiert der angesehene Swift die irrationalen Höllenankündigungen seiner frommen Zeitgenossen.[15]

Der Kuriosität halber sei noch angemerkt, daß der Geistliche und Kirchenlieddichter Thomas Seaton 1738 einen Teil seines Nachlasses als jährlichen Preis für das beste Gedicht über Tod, Gericht, Himmel und Hölle aussetzte.[16] Ein anderer Liederdichter, der Erzieher und nonkonformistische Prediger Isaac Watts († 1748), hat mit seinen Höllenschilderungen viele Generationen von Schulkindern geängstigt.[17]

Aufklärung in Frankreich

Mit guten Gründen wurde die Auseinandersetzung über die Hölle in England im Gefolge der Aufklärung hier etwas ausführlicher dargestellt. Das „neue Denken" hatte sich natürlich auch auf dem Kontinent verbreitet. In erster Linie ist an den französischen Beitrag dazu zu erinnern. In polemischer und stark popularisierender Form bekämpfte der französische protestantische Theologe Pierre Jurieu († 1713), mit allen Großkirchen in Fehde, von Rotterdam aus die Ewigkeit der Höllenstrafen.

Charles de Montesquieu († 1755), der als Wegbereiter der Aufklärung in Frankreich gelten darf, wandte sich in „Contre la damnation éternelle des paiens" (1711) gegen eine ewige Hölle. François-Marie Arouet, genannt Voltaire († 1778), hatte drei Jahre im Exil in England zugebracht. Nach seiner Rückkehr verbreitete der militante Aufklärer mit großem Geschick und elegantem Stil die aufklärerischen Ideen. Sein philosophisch-argumentatives Denken ist am besten zugänglich in seinem „Dictionnaire philosophique portatif" (1764). Darin findet sich auch ein Artikel „Hölle".[18] In ihm trägt Voltaire einiges Material zur Geschichte der Hölle zusammen. Bemerkenswert sind nicht die zu erwartenden skeptischen Andeutungen zur Hölle, sondern die didaktisch-pragmatische Haltung des Philosophen:

> Als Illustration zu diesem Abschnitt möchte ich eine kurze Mahnung an die Philosophen richten, die in ihren Schriften die Existenz der Hölle ganz und gar leugnen. Ich würde ihnen sagen: Meine Herren, wir verbringen unser Leben nicht in Gesellschaft von Cicero, Atticus, Cato, Mark Aurel, Epiktet, dem Kanzler des Hospitals, La Motte le-Vayer, Des-Ivetaux, René Descartes, Newton, Locke, dem ehrwürdigen Nikon, Bayle, der so hoch über den Wechselfällen des Lebens stand, noch des tugendhaften, aber allzu ungläubigen Spinoza, der, obwohl er nichts besaß, den Kindern des Grand Pensionnaire de Witt eine Pension von dreihundert Gulden gab, die ihm der große Jan de Witt vermacht hatte, dessen Herz die Holländer auffraßen, obgleich sie daraus keinerlei Nutzen zogen. Alle die Leute, mit denen wir Umgang pflegen, sind nicht wie Des-Barreaux, der den streitenden Parteien den Wert der Rechtssachen bezahlte, die er aus Vergeßlichkeit nicht vorgetragen hatte. Noch sind alle Frauen wie Ninon Lenclos, die alle

---

[15] Zu diesem Sängerwettstreit im ganzen Pago (Anm. 2), S. 183–326; speziell zu Swift 293–318.

[16] Pago (Anm. 2), S. 17.

[17] B. Lang/C. McDannell: Der Himmel. Eine Kulturgeschichte des ewigen Lebens. Frankfurt 1990, S. 252.

[18] Deutsch wiedergegeben bei J. L. Borges/A. Bioy Casares: Das Buch von Himmel und Hölle. Stuttgart 1983 (Libro del Cielo y del Infierno. Buenos Aires 1960), S. 190–199.

Verträge bis aufs I-Tüpfelchen erfüllte, wogegen hochgestellte Persönlichkeiten sie verletzten. In einem Wort, meine Herren, nicht alle Menschen sind Philosophen. Wir müssen mit einer Unzahl von Gaunern umgehen, die sich nur wenig Gedanken gemacht haben; mit einer Menge von kleinlichen, bösartigen, betrunkenen, diebischen Personen. Wenn ihr wollt, könnt ihr ihnen predigen, daß es keine Hölle gibt und daß die Seele sterblich ist. Ich für mein Teil würde sie anschreien, daß sie verdammt sind, wenn sie mich bestehlen; ihr solltet es jenem Landpfarrer nachtun, der, als er von seinen Gemeindekindern bestohlen worden war, ihnen in der Predigt vorhielt: „Ich weiß nicht, was Christus sich dabei gedacht hat, als er für Schurken wie euch starb."

Voltaire konstatiert im Anschluß an diese Zweckmäßigkeitsüberlegungen:

Was ist heute, da kein Bewohner Londons mehr an die Hölle glaubt, zu tun? Welche Schranke verbleibt uns? Die der Ehre, die der Gesetze, wohl gar noch die der Gottheit, die ohne Zweifel möchte, daß wir gerecht seien, mit oder ohne Hölle.[19]

Um Voltaires Lebensende entstand bekanntlich ein widerwärtiger Disput. Kirchliche Kreise, die den Spötter wie keinen anderen gefürchtet hatten, beuteten Erzählungen aus, er habe einen Priester an sein Sterbebett rufen lassen. Solche Erzählungen, die mit Kaiser Julian Apostatas angeblichem Ausruf „Galiläer, du hast gesiegt!" beginnen, galten Jahrhunderte hindurch als Zeugnisse für die Angst vor der Hölle und damit heute für die Ängste, mit denen die Seelsorge Sterben und Tod besetzt hielt.

Das repräsentative Werk der französischen Aufklärung war die „Encyclopédie ou Dictionnaire raisonné des sciences, des arts et des métiers" (I. Band 1751). Sie will alles Wissen der Zeit im inneren Zusammenhang aufzeigen und den Zeitgenossen in einer verständlichen, nicht fachspezifischen Sprache vermitteln. Die Enzyklopädisten vertraten bewußt das Ziel, Denken und Lebensverhältnisse der Menschen zu verändern. In einem sehr begrenzten Sinn ließen sie eine Offenbarung Gottes gelten, wollten den Glauben jedoch mittels der Vernunft von abergläubischen Elementen reinigen. Bei Denis Diderot († 1784), der zahlreiche Beiträge zur Enzyklopädie schrieb, finden sich alle bekannten Argumente gegen die Hölle. Baron Paul-Henri D. d'Holbach († 1789) war unter den Enzyklopädisten der Vertreter eines radikalen Atheismus und Materialismus. Da er ein Überleben des Todes prinzipiell bestritt, hielt er auch die Hölle für ein Produkt der Phantasie religiöser Schwarmgeister („Système de la nature" 1770, I Kap. 13). Hohn und Spott goß er über eine Kirche, die meine, mindestens 99 Prozent ihrer Gläubigen würden in die Hölle verdammt, und die sich darüber freue, daß die wenigen Geretteten „am Fest des Lammes gegrillte Ungläubige verspeisen" werden.[20] Aber auch die ernsthaften Argumente finden sich bei ihm: Die Güte Gottes ist unvereinbar mit der gleichzeitigen Existenz qualvollster Strafen (mit Thomas Hobbes' „Leviathan"). „Die Ideen, die man uns von der Hölle gibt, machen Gott zu einem Wesen, das unendlich viel unvernünftiger, bösartiger und grausamer ist als die barbarischsten Menschen."[21] Ferner: Eine

---

[19]   Borges (Anm. 18), S. 198 f.
[20]   Belege bei B. Lang: Hölle. In: P. Eicher (Hrsg.): Neues Handbuch Theologischer Grundbegriffe. Erw. Neuausgabe. München 1991. Bd. 2, S. 369.
[21]   D'Holbach: Religionskritische Schriften. Berlin 1970, S. 360; Lang (Anm. 20), S. 368.

ewige Höllenstrafe steht im Widerspruch zur Gerechtigkeit Gottes.[22] Und schließlich: Die Lehre von der Hölle wurde von den Priestern als Grundlage ihrer Macht und als unerschöpfliche Quelle ihres Reichtums ausgebeutet.[23]

Wie in England war es auch in Frankreich im achtzehnten Jahrhundert möglich, im Wort „Hölle" eine Metapher zu sehen, „faisant de ce monde un enfer"[24] oder sie mit den inneren Qualen im Herzen der Bösen zu identifizieren.

Neben den Kämpfen gegen eine abergläubische und manipulierte Verwendung der Hölle ist eine von Mitleid und Solidarität geprägte Stimme zu registrieren: Jean-Jacques Rousseau († 1778) teilte zwar die Forderung nach einer ausgleichenden Gerechtigkeit, die aber nicht ewig dauern dürfe (besonders in „Profession de foi du vicaire savoyard"). „Der Böse ist mein Bruder", heißt es in „Emile ou sur l'éducation" 1762, „er soll so glücklich sein wie ich."

Dagegen: Swedenborg

Ein merkwürdiges Phänomen im Zeitalter der Aufklärung stellt der Schwede Emanuel Swedenborg († 1772) dar. Der Sohn eines Bischofs der schwedischen Staatskirche unternahm ausgedehnte Bildungsreisen und verfügte über große Kenntnisse in Technik, Anatomie, Astronomie, Metallurgie, Mathematik und Bergwerkswesen. Er mühte sich aber auch um Bibelkenntnisse und Psychologie. 1736 hatte er im wachen Zustand visionäre Erlebnisse, die zu einer Kehre in seinem Leben seit 1744 führten; ab 1745 war er überzeugt, regelmäßig in der jenseitigen Welt verkehren zu können. Darüber erschienen zunächst acht Bände „Arcana coelestia"; seine Werke werden im Swedenborg-Verlag in Zürich bis heute neu ediert. I. Kant schrieb 1766 gegen ihn „Träume eines Geistersehers".

Swedenborgs Höllenvisionen gehen davon aus, daß ein Mensch sich selber wissend und mit freiem Willen zur Hölle bestimmt:

Wenn der Mensch ins andere Leben eintritt, wird er zuerst von Engeln empfangen, die alles für ihn tun und mit ihm auch über den Herrn, den Himmel und das Leben der Engel reden und ihn im Wahren und Guten unterweisen. Ist aber der Mensch, der jetzt ein Geist ist, so geartet, daß er von diesen Dingen zwar in der Welt gehört, sie im Herzen aber geleugnet oder gar verachtet hatte, so verlangt er nach einigen Besprechungen, von den Engeln loszukommen, und versucht das auch. Sobald die Engel dies merken, verlassen sie ihn. Er aber gesellt sich, nachdem er noch einige Zeit mit anderen zusammen war, schließlich zu denen, die in derselben Art des Bösen sind wie er. Wenn das geschieht, wendet er sich vom Herrn ab und wendet sein Gesicht jener Hölle zu, mit der er in der Welt verbunden gewesen war und deren Bewohner der gleichen Liebe zum Bösen verfallen sind. Hieraus ist ersichtlich, daß der Herr niemanden in die Hölle wirft, vielmehr jeder sich selbst.[25]

---

[22]   Lang (Anm. 20), S. 368.
[23]   „Système de la nature" I 13; Lang (Anm. 20), S. 368.
[24]   G. Minois: Histoire des enfers. Paris 1991, S. 312.
[25]   De Coelo et Inferno 1578, § 547 f.; deutsch von F. Horn; Borges (Anm. 18), S. 45.

Das von den mittelalterlichen Visionen her geläufige Paradox, daß die Rede von Geistern der Verstorbenen ist, wie auch das vorangegangene Zitat zeigt, und diesen dennoch physische Qualen sowie Örtlichkeiten zugeschrieben werden, setzt sich auch in den Visionen Swedenborgs fort:

> Es gibt Höllen, die brennenden Ebenen und Tälern gleichen; andere ähneln den Wüsten und andere wiederum den Sümpfen. Ich hörte, daß die höllischen Geister das weder wahrnehmen noch empfinden, weil sie sich darin wie in ihrer Atmosphäre, also in der Freude ihres Lebens, bewegen.[26]

Die Verdammten bieten, von außen her gesehen, einen höchst abstoßenden Anblick; Gottes Barmherzigkeit erweist sich darin, daß sie einander gegenseitig nicht gar so gräßlich erscheinen:

> Es läßt sich gar nicht in Kürze beschreiben, wie alle die Gestalten aussehen, denn keine gleicht der anderen. Nur zwischen denen, die einem ähnlichen Bösen verfallen sind und daher zur gleichen höllischen Gesellschaft gehören, besteht eine gemeinsame Übereinstimmung, die als Grundlage für eine gewisse Ähnlichkeit der einzelnen Gesichter untereinander zu dienen scheint. Im allgemeinen sind ihre Gesichter grausig und leblos wie die von Leichen. Bei einigen glühend rot wie ein Feuerbrand, manche durch Blattern, Beulen und Geschwüre entstellt, bei vielen ist überhaupt kein Gesicht zu erkennen, statt dessen nur etwas Struppiges oder Knöchernes; bei anderen fallen nur die Zähne in die Augen. Auch ihre Leiber sehen scheußlich aus, und ihre Sprache erweckt den Eindruck, als werde sie aus Zorn, Haß, oder Rachgier hervorgestoßen, redet doch jeder aus seinem Falschen und in einem Tonfall, der seinem Bösen entspringt. Mit einem Wort: Sie sind samt und sonders Abbilder ihrer Höllen. Man soll sich jedoch klarmachen, daß die höllischen Geister zwar im Lichte des Himmels so aussehen, sich aber untereinander als Menschen erblicken. Infolge der Barmherzigkeit des Herrn dürfen sie einander nicht als ebensolche Scheußlichkeiten erscheinen wie den Engeln. Die Gesamtgestalt der Hölle wurde mir nicht zu sehen gegeben, mir wurde nur gesagt, ebenso wie der Himmel in seinem Gesamtumfang einen einzigen Menschen darstelle, so forme auch die Hölle in ihrem Gesamtumfang einen Teufel.[27]

Die jenseitige höllische Welt ist für Swedenborg wie ein negatives Spiegelbild dieser irdischen Welt:

> Jene, denen es Freude gemacht hatte, heimlich anderen nachzustellen und im Verborgenen Ränke zu schmieden, halten sich in unterirdischen Höhlen auf und verkriechen sich in Gewölbe, die so dunkel sind, daß nicht einmal einer den anderen erkennt; in den Winkeln raunen sie einander in die Ohren. In solche Zustände verwandelt sich, was die Freude ihrer Liebe war. Menschen, die sich nur zum Zweck des Ruhmes ihrer Gelehrsamkeit auf die Wissenschaften geworfen, ihre Vernunft aber nicht dadurch ausgebildet und Freude am Gedächtniswissen nur deshalb gehegt hatten, weil es sie in ihrem Dünkel bestärkte, lieben sandige Plätze. Diese ziehen sie Feld und Garten vor, weil das Sandige solchen Studien entspricht. Menschen, die gut bewandert in den Lehrbestimmungen ihrer eigenen und anderer Kirchen waren, aber nichts davon aufs Leben angewandt hatten, wählen felsige Gegenden, wo sie sich zwischen Steinhaufen aufhalten.

---

[26] Swedenborg (Anm. 25), § 585; deutsch ebd. S. 65.
[27] Swedenborg (Anm. 25), § 553; deutsch ebd. S. 64.

Bebaute Gegenden fliehen sie und haben einen Abscheu davor. Menschen wiederum, die alles der Natur oder auch der eigenen Klugheit zugeschrieben und sich durch allerlei Ränke zu Ehren aufgeschwungen und Reichtum erlangt hatten, verlegen sich im anderen Leben auf magische Künste, die ein Mißbrauch der göttlichen Ordnung sind, und empfinden darin ihre höchste Lebensfreude.

Menschen, welche göttliche Wahrheiten ihren eigenen Neigungen angefügt und sie damit verfälscht hatten, lieben harnartige Dinge, weil diese den Freuden einer solchen Liebe entsprechen.[28]

Damit klingt ein wesentlicher Unterschied der Situation der Verdammten bei Swedenborg gegenüber der traditionellen Verdammnis an: die Geister in der Hölle genießen für sich selber höchste Wonnen, die für Außenstehende pervers erscheinen. So seien einige Geister aus der Hölle zu Swedenborg emporgestiegen und hätten gebeten, etwas auf ihr Geheiß hin aufzuschreiben:

Auf meine Erwiderung, was ich denn schreiben solle, sagten sie: „Schreib, daß jeder Geist – ob gut oder böse – in höchster Wonne lebe; der gute im Genuß des Guten, der Böse im Genuß des Bösen."

Ich fragte: „Was ist denn eure Wonne?" Sie antworteten: „Die Lust am Ehebruch, am Diebstahl, am Betrug, an der Lüge." Auf meine weitere Frage, wie denn diese Wonnen beschaffen seien, antworteten sie: „Von anderen werden sie wahrgenommen wie der Gestank von Kot, wie der Verwesungsgeruch von Leichen, wie die Ausdünstung abgestandenen Urins."

Ich sprach: „Und das ist euer Ergötzen?" Und sie: „Es ist unser größtes Ergötzen." Ich erwiderte: „Dann seid ihr wie die schmutzigen Tiere, die sich in derlei suhlen." Sie antworteten: „Ja, das sind wir. Aber derlei ist ein Genuß für unseren Geruchssinn!"[29]

Eine Hölle, die den Verdammten höchstes Ergötzen gewährt, kann nur Menschen abschrecken, die nach höchster geistiger und ethischer Vervollkommnung streben und sich einen Begriff von Vollkommenheit gebildet haben. Wer hinter und unter ihr zurückbleibt, der ist nur „objektiv", nicht aber „subjektiv" verdammt. Damit sind die traditionellen Höllenvorstellungen doch wesentlich abgemildert.

Aufklärung im deutschsprachigen Bereich

Die höchst unterschiedlichen Auffassungen von Hölle, die sich mit der Aufklärung eingestellt hatten, traten auch im deutschsprachigen Bereich auf. Der evangelische Theologe Johann Salomo Semler († 1791) kann als Beispiel mancher ähnlicher Auffassungen gelten: Jesus habe zu Sittlichkeit und wahrer geistlicher Gottesverehrung aufgerufen; Begriffe wie Hölle, Himmel oder Schoß Abrahams seien Relikte aus der orientalischen Mythologie.[30] Gotthold Ephraim Lessing († 1781) war von der Möglichkeit einer „Besserung" auch nach dem Tod überzeugt; im aufgeklärten Denken

---

[28] Swedenborg (Anm. 25), § 488; deutsch ebd. S. 33.
[29] E. Swedenborg: Sapientia Angelica de Divina Providentia 1764, § 340; deutsch Swedenborg (Anm. 25), S. 40.
[30] Vgl. dazu Escribano-Alberca (Anm. 9), S. 117 f.

konnte eine durchaus gerechte Vergeltung (die die wirklich Schlechten nie zur Höhe des Glücks der Seligen gelangen ließ) mit dem Sieg der Güte Gottes vereinbart werden.

> Jener mittlere Zustand, den die ältere Kirche glaubet und lehret, und den unsere Reformatores ohngeachtet des ärgerlichen Mißbrauchs, zu dem er Anlaß gegeben hatte, vielleicht nicht so schlechtweg hätten verwerfen sollen: was ist er im Grunde anders als die bessernde Sokratische Hölle?[31]

Der lutherische Theologe Friedrich Christoph Ötinger († 1782), der von dem Mystiker Jakob Böhme stark beeinflußt war, neigte zu jenseitigen Besserungsanstalten, ohne sich freilich ganz eindeutig über die endgültige Zukunft eines besserungsbedürftigen Menschen zu äußern. Das lautet bei ihm beispielsweise so:

> Daß nach dem Tode den Ungläubigen eine traurige Schule bevorstehe, ist aus dem Evangelium klar. [...] Darum gibt es nach dem Tod unzählige Unterschiede der Seelen, der Zustände, der Behältnisse, der Gestalten, der Peinlichkeiten, des Schreckens, der Phantasie und Einbildung, des Verstands und der Begriffe, und es gibt mancherlei Schulen nach dem Tode [...][32]

Der freundliche, bei zeitgenössischen Gelehrten, auch bei Katholiken hochangesehene reformierte Pfarrer und Schriftsteller Johann Caspar Lavater († 1801), der in sich Rationalität und Mystik zu vereinen suchte, hatte über das Schicksal der Bösen keine Zweifel. Seine „Eschatologie" ist in seinen Briefen an einen Hannoveraner Arzt enthalten; im 7. Brief schrieb er über die Bösen, sie näherten sich

> in einer namenlosen unüberwindlichen Verzweiflung, die aus ihrem eigenen unmoralischen, zerrütteten, unsterblichen Selbst unaufhörlich hervorquillt, dem feierlichen Tag der Offenbarung des Gerichtes Gottes.[33]

Immanuel Kant († 1804) galt ganzen Generationen von Theologen als schrecklicher Initiator allen Unglaubens, weil er der bisherigen „speziellen Metaphysik" eine fundamentale Absage erteilt hatte. Er warf ihr vor, das ungegenständliche Unbedingte (die Welt, die Seele, vor allem Gott) wie Objekte oder Gegenstände behandelt zu haben. Der endliche Mensch sei in seiner Erkenntnis auf das Gegenständliche (Objekt, Erscheinung) begrenzt. Das Unbedingte, das nicht objektivierbar ist, erlangt für Kant jedoch allgemeine Geltung im Hinblick auf den Menschen als handelndes, nicht als erkennendes Wesen. Denn in jeder ethischen Stellungnahme bejahe der Mensch mit seinem Willen ein Unbedingtes, das für ihn absolute Gültigkeit habe und dessen er sich darin auch gewiß ist. Damit bejahe er drei Größen, einen dreifachen Glauben: an die Freiheit, weil mit ihr sich ein Mensch an das innere absolute Gesetz binden kann; an die Unsterblichkeit, weil sie immerwährenden Fortschritt

---

[31] G. E. Lessing, Leibniz, Von den ewigen Strafen. XVIII: Lessings Philosophie, hrsg. von P. Lorentz. Leipzig 1909, S. 64; Kunz (Anm. 1 oben zu Kap. 13), S. 107 f.

[32] Weinsberger Predigtbuch, zu Lk 16,19–31; E. Fleischhack: Fegfeuer. Die christlichen Vorstellungen vom Geschick der Verstorbenen geschichtlich dargestellt. Tübingen 1969, S. 169.

[33] Fleischhack (Anm. 32), S. 184.

zum absoluten Guten bedeute; an Gott, weil er allein das „höchste Gut" garantiere, nämlich das Reich Gottes, in dem die frei verwirklichte Sittlichkeit zu höchster Glückseligkeit gelange. Innerhalb dieses Denkens war es für Kant eine empörende Vorstellung, daß jemals einmal ein Zeitpunkt da sein werde, an dem es keine Veränderung und damit auch keine Zeit mehr geben werde:

> Alsdann wird nämlich die ganze Natur starr und gleichsam versteinert: die letzten Gedanken, das letzte Gefühl bleiben alsdann in dem denkenden Subjekt stecken und ohne Wechsel immer dieselben. Für ein Wesen, welches sich seines Daseins und der Größe desselben (als Dauer) nur in der Zeit bewußt werden kann, muß ein solches Leben, wenn es anders Leben heißen mag, der Vernichtung gleich scheinen: weil es, um sich in einen solchen Zustand hineinzudenken, doch überhaupt etwas denken muß; Denken aber ein Reflektieren enthält, welches selbst nur in der Zeit geschehen kann. Die Bewohner der anderen Welt werden daher so vorgestellt, wie sie, nach Verschiedenheit ihres Wohnorts (dem Himmel oder der Hölle) entweder immer dasselbe Lied, ihr Halleluja, oder ewig dieselben Jammertöne anstimmen (Apk XIX, 1–6: XX, 15): wodurch der gänzliche Mangel alles Wechsels in ihrem Zustande angezeigt werden soll.[34]

Der Philosoph aus Königsberg, der als evangelischer Christ im Geist der Aufklärung leben wollte, hatte damit eine Schwachstelle des bisherigen Jenseitsglaubens scharfsinnig herausgearbeitet: Was in der göttlichen Offenbarung berechtige dazu, dem Menschen in der jenseitigen Welt Gottes eine Daseinsform zuzuschreiben, in der dieses nicht nur dem Leib, sondern auch dem Geistprinzip Seele nach völlig zeitlich konzipierte Wesen Mensch ganz und gar zeitenthoben und damit unfähig zu jeglicher Veränderung sein würde? Tritt hier nicht wiederum zutage, daß sich die Theologie mit einer falschen Sicherheit angemaßt hatte zu behaupten, wie es in der Vollendung sein müsse und wie es in ihr auf gar keinen Fall sein werde?

Reaktion auf die Aufklärung: Schleiermacher

Der evangelische Theologe Friedrich Daniel Ernst Schleiermacher († 1834), der sich lebenslang mit Kant beschäftigte, suchte die Religion in einer denkerisch anspruchsvollen aufklärungskritischen Weise neu zu begründen als „Sinn und Geschmack fürs Unendliche". In seiner zusammenfassenden Darstellung des christlichen Glaubens berücksichtigte er die Kritik Kants an der traditionellen Metaphysik und die kritische Stellungnahme der Aufklärung gegen abergläubische Elemente; er setzte daher an mit einer systematischen Analyse des „christlich-frommen Selbstbewußtseins" als „des Bewußtseins schlechthinniger Abhängigkeit". In diesem gedanklichen Zusammenhang hatte eine Eschatologie als Rede über dasjenige, was „jenseits" des Todes kommt, keinen Platz. Schleiermacher sagte mehrfach, der Wunsch der meisten Menschen nach Unsterblichkeit sei nicht fromm, sondern „ganz irreligiös"; er beruhe darauf, daß diese Menschen nichts anderes sein wollten als nur sie selbst und

---

[34] Theorie Werkausgabe, hrsg. v. W. Weischedel, Bd. XI, Frankfurt a. M. o. J., S. 183 f.

daß sie ängstlich besorgt seien um ihre Individualität. Die Vorstellung von einem Seelenschlaf, die sich in der Tradition der Reformation manchmal vorfand, lehnte er mit Argumenten ab: Solle das Erwachen der Seele gleichzeitig mit der Entstehung des neuen Leibes gedacht werden, so könne man sich nur schwer vorstellen, wie die Erinnerung an den Zustand des früheren Lebens entstehe und festgehalten werde. Sei aber an einen bewußten Zwischenzustand zwischen Tod und Auferstehung der Leiber zu denken, woran die katholische Tradition ja festgehalten hat, dann müsse der christliche Glaube fordern, daß ein solcher Zwischenzustand nur Gemeinschaft mit Jesus Christus sein könne. Denn anders wäre er ein Herausfallen aus der Gnade, also Strafe, und das sei zu verwerfen. Hinge man aber an der Gemeinschaft mit Jesus Christus, so müsse man auf jeden Fall die Vorstellungen von einem reduzierten Leben in einer Unterwelt aufgeben; es könne sich nur um einen Zustand erhöhter Vollkommenheit handeln. Dann aber wäre es schwer, die allgemeine Auferstehung der Toten für etwas Überflüssiges und die Wiedervereinigung der Seligen mit ihrem Leib für einen Rückschritt zu halten.[35] Die Folgerung, die Schleiermacher für sich aus der Konfrontation mit solchen Problemen zog, war die, daß sich bestimmte Aussagen über das künftige Leben nicht machen lassen.

Schleiermacher hielt es für möglich, ohne Hoffnung auf Unsterblichkeit christlich gläubig leben zu können. Er distanzierte sich von der materialistisch-atheistischen „Denkungsart"; „allein es gibt ebenso auch ein ganz anderes Entsagen auf die Fortdauer der Persönlichkeit", das nicht die geistige Tätigkeit als bloße Erscheinung der Materie ansieht, sondern den Geist als „die den lebendigen Stoff hervorbringende und sich anbildende Kraft ansieht".

> Denn von hier aus läßt sich behaupten, [...] daß, wenn der Geist in dieser Produktivität wesentlich unsterblich ist, doch die einzelne Seele nur eine vorübergehende Aktion dieser Produktivität sei, mithin ebenso wesentlich vergänglich; wie denn auch jede (Seele) außerhalb des bestimmten Entwicklungspunktes und der bestimmten Region des menschlichen Seins, der sie angehört, ihre Bestimmung verlieren würde. Mit einer solchen Entsagung auf die Fortdauer der Persönlichkeit würde sich eine Herrschaft des Gottesbewußtseins vollkommen vertragen, welche auch die reinste Sittlichkeit und die höchste Geistigkeit des Lebens verlangte.[36]

Mit dieser Haltung, die sich je nach dem Standpunkt als nobel, vertrauensvoll oder skeptisch bezeichnen ließe, hat Schleiermacher ganze Generationen evangelischer Theologen geprägt. Sie wagten nicht mehr, mit Martin Luther vom anhaltenden Kampf gegen Teufel und Hölle zu sprechen, weil das in der Tat ein Relikt aus der orientalischen mythologischen Sprache sei. Erst recht wollten sie nicht mit der katholischen Theologie an einer beschreibbaren Jenseits-Topographie festhalten. Also zogen sie es vor, so weit wie möglich vom Thema Hölle zu schweigen, auch dann, wenn sie sich in der theologischen Systematik Schleiermacher nicht anschlossen.

---

[35] F. Schleiermacher: Der christliche Glaube, hrsg. v. M. Redeker. Berlin 1960. Bd. II, S. 426–429.
[36] Redeker (Anm. 35), S. 412 f.

Reaktion der katholischen Theologie

In der katholischen deutschsprachigen Theologie hatte die Option der Aufklärung für Vernunft und kritisches Denken natürlich auch ihre Auswirkungen, aber so gut wie gar nicht im Bereich der Höllenthematik. Das „Gesicht" der theologischen Abhandlungen veränderte sich durchaus. Die Begriffsfreudigkeit der Spätscholastik verschwand (zunächst). Bibel und Kirchenväter kamen zu neuen Ehren. Die positiven Elemente des Christentums, zum Beispiel die Fortschrittsgehalte des Reiches Gottes, wurden betont. Demgegenüber fielen die Texte zur Eschatologie oft extrem kurz aus. Im allgemeinen hält man verbal an der Ewigkeit der Höllenstrafen fest, aber eher aus Loyalität zu den Katechismuswahrheiten als aus vernunftgemäßer Überzeugung. Der Jesuit Benedikt Stattler († 1797) bejahte die ewigen Höllenstrafen, war aber der Meinung, daß „schier alle mehr philosophisch Denkenden" diese Lehre als Widerspruch zu Gottes Barmherzigkeit, ja sogar zu seiner Gerechtigkeit empfänden. Er verstand nicht nur den Wurm, sondern auch das Feuer metaphorisch. Der Benediktiner Simpert Schwarzhueber († 1795) dagegen verteidigte das real-körperliche Höllenfeuer. Solche Kontroversen waren innerhalb der katholischen Theologie damals gestattet und nicht selten.[37] Der an sich aufgeschlossene und ökumenisch gesinnte Benediktiner Beda Mayr († 1794), dessen Hauptwerk wegen Bezweiflung der kirchlichen Unfehlbarkeit und wegen seiner Perspektiven zur Wiedervereinigung der Christen auf den römischen Index verbotener Bücher kam, äußerte im Zusammenhang mit dem Reinigungsort doch die rigorose Auffassung: „Kein Jud, kein Türk, kein Heyd kann dahin kommen, diese fahren nach ihrem Tode schnurgerade der Hölle zu." Der aufgeklärte Gelehrte Franz Oberthür († 1831) dagegen wollte die Hölle personal verstehen, als den Zustand eines pervertierten Verhältnisses zu Gott, Welt und Menschheit, so daß ein solcher Zustand auch hier auf Erden als Hölle bezeichnet und beschrieben werden könne. Der Einfluß aufgeklärter Bibelkritik zeigt sich bei der erkennbaren Abkehr von räumlichen Höllenvorstellungen und der Zuwendung zu einem symbolisch-bildhaften Verständnis der Schrifttexte.[38] Insgesamt ist die theologische Geschichtsauffassung der Katholiken gespalten: Ein Teil neigt der optimistischen Sicht eines Fortschritts zum Besseren zu, wie sie von der Aufklärung verbreitet wurde; ein anderer Teil hielt sich an den von Augustinus her stammenden Pessimismus hinsichtlich des größten Teils der Menschheit. Aus Schwankungen und Vibrationen dieser Art ist ersichtlich, daß zu Beginn des neunzehnten Jahrhunderts auch in die katholische Höllenauffassung (zunächst) Bewegung gekommen war.

Eine Sonderfrage in diesem Zusammenhang ist die, inwieweit G. W. F. Hegel († 1831) mit seiner Religionsphilosophie, die in der Theologie beider Großkirchen stark beachtet wurde, eine bewußte Zurückhaltung in der eschatologischen Thematik gefördert hat.[39]

---

[37] Vgl. dazu Escribano-Alberca (Anm. 9), S. 37.
[38] Escribano-Alberca (Anm. 9), S. 172, 177 f.
[39] Vgl. die kurzen Andeutungen bei Escribano-Alberca (Anm. 9), S. 126; Minois (Anm. 24), S. 320 f.

16. Fortgang der Einschüchterung

Bei Katholiken

Die bisherigen Feststellungen zur Situation der Höllenauffassungen im Gefolge der Aufklärung und zu Beginn des neunzehnten Jahrhunderts gelten katholischerseits von der gesellschaftlichen Elite, vor allem den Gelehrten, bei denen sich keine Zeugnisse eines Fortlebens der eigentlichen Höllenangst mehr finden, nicht aber vom Volk. Wenn auch Äußerungen des Volkes selber nicht erhalten sind, so existieren überaus reiche Materialien, die das Urteil rechtfertigen: die kirchliche Seelsorge betrieb weiterhin ungebrochen eine Pastoral der Angst. Gewiß gibt es auch in diesem Material Schwankungen, die eine Spezialforschung interessieren: eine Gewichtsverlagerung von der plastischen Ausmalung der Hölle auf den bemühten Nachweis ihrer Existenz; die Unterschiedlichkeit in der Art der eingesetzten Mittel; das gehäufte Vorkommen der Namensnennung angeblich Verdammter; die Änderungen in der konkreten Angabe dessen, was als Todsünde und daher zur Hölle bestimmt ist, usw. Solche Schwankungen lassen sich in den Tausenden von Predigtsammlungen, die vom siebzehnten Jahrhundert bis ins neunzehnte erhalten sind, leicht ermitteln.

Eine wesentliche Unterstützung fand das Weiterleben der seelsorglichen Einschüchterung der Menschen und damit des Höllenthemas in den Schrecken, die für die Kirche mit der Französischen Revolution verbunden waren. Sie galt den Betroffenen als Ausbruch der dämonischen Mächte aus der Hölle. Wer die alte Ordnung wiederhergestellt sehen wollte, der kam ohne die Bejahung der Hölle nicht aus; das galt für so unterschiedliche Personen wie Napoleon, der die Existenz der Hölle dekretierte[1], den Monarchisten Joseph-Marie de Maistre († 1821), den Generalvikar Jean-Marie de La Mennais († 1860), Bruder des berühmten Politikers, usw. In der Folge wurde die Hölle im neunzehnten Jahrhundert, wie Georges Minois zu Recht schreibt, der große Abfalleimer des katholischen Klerus, ein Schlüsselbegriff für das Unterbewußtsein aller gefährlichen Dinge, an die man nicht näher zu rühren wagte, von der „Schamlosigkeit" bis zum Marxismus: alle, die man nicht kennenzulernen wünschte, denen man nur Böses zutraute, wurden in die Hölle versetzt: Juden, Freimaurer, Sozialisten, Demokraten, Atheisten, Wissenschaftler.[2]

Ein herausragendes Beispiel für die Seelsorge, die in dieser Mentalität praktiziert wurde, ist Jean-Baptiste-Marie Vianney, der berühmte Pfarrer von Ars († 1859). Der „intellektuell schwach Begabte"[3], der zunächst die Erlaubnis zum Beichthören nicht

---

[1]   G. Minois: Histoire des enfers. Paris 1991, S. 325.
[2]   Minois (Anm. 1), S. 348.
[3]   U. Türck: LThK X S. 761.

Pieter Brueghel d. Ä.: „De Dulle Griet", 1562

Pierrefrancesco Orsini: Höllen-Tor in Bomarzo, Mitte des 16. Jahrhunderts

bekam, hatte in der Pfarrarbeit und als Ratgeber, der von weither aufgesucht wurde, riesigen Erfolg. Seine Kindheit war geprägt durch Eindrücke der Kirchenfeindlichkeit der Französischen Revolution. Er machte es sich zum Lebensprogramm, die bösen Mächte zu bekämpfen.

> Infolge der übermäßigen seelischen und physischen Belastung (stundenlanges Beichthören, Gebetsübungen, oft nur 4stündige Nachtruhe, Selbstkasteiungen, Fasten) geriet er in Versuchungen, die sich zu dämonischen Kämpfen steigerten.[4]

Er wurde 1925 heiliggesprochen, 1929 zum Patron der Seelsorger ernannt.

Der Pfarrer von Ars war nicht nur von der Existenz der Hölle fest überzeugt; er hatte auch selber Angst, verdammt zu werden, und sah die große Mehrzahl der Menschen, insbesondere die Verheirateten, als Verdammte. Er bekämpfte nicht nur die nach der Revolution entstandene „laizistische" Gesellschaft im allgemeinen, sondern konkret den Bösen, von dem er sein Dörfchen beherrscht sah. Er übte daher eine regelrechte Tyrannei des Guten in Ars aus. „Mit flammender Wut" bekämpfte er das Tanzen und die „irrsinnigen Verzückungen fleischlicher Lust".[5] Zur Sonntagsarbeit sagte er: „Wenn ich Menschen am Sonntag karren sehe, denke ich, daß sie ihre Seele in die Hölle fahren."[6] Von einem Mädchen, das sich modisch kleidet, sagt er:

> Durch ihren gesuchten und unschicklichen Putz gibt sie kund, daß sie ein Werkzeug ist, dessen sich die Hölle bedient, um die Seelen zu verderben. Erst vor dem Gericht Gottes wird sie erfahren, wie viele Verbrechen durch sie begangen wurden.[7]

So predigte er, Menschen würden wegen eines einzigen „unreinen" Blickes oder Gedankens, wegen des Aussprechens „schmutziger" Worte oder auch nur, weil sie in der Messe zerstreut waren, in die Hölle verdammt werden. Vom göttlichen Richter behauptete er, es sei nicht mehr ein liebevoller Hirt, der den verirrten Schafen nachgeht und zur Vergebung bereit ist, sondern ein Rachegott („un Dieu vengeur"). Er predigte, so oft er konnte, nicht nur in der Messe, sondern auch in der Vesper, und immer predigte er lange und aggressiv. „Ein Hirte, der seine Pflicht erfüllen will, muß immer den Degen in der Hand tragen", sagte er von sich selber.[8] Zwar predigte er durchaus über Liebe; „doch er zeigt nur das Los der Seelen, die sich dieser Liebe nicht öffnen", heißt es von ihm. Auch Unkenntnis des „anbetungswürdigsten Blutes Jesu Christi" versetzt in die Hölle. Ein naher Zeuge seines Lebens, ein Priester, der von einem Amtsträger befragt wurde, sagte: „Er predigt lange und immer über die Hölle."[9] Gravierend ist nicht nur, daß Menschen einer psychotisch und neurotisch so stark deformierten Person ausgeliefert wurden – „er peitschte die

---

[4] Türck (Anm. 3), S. 761.
[5] J. de Fabrègues: J. M. Vianney – Der Zeuge von Ars. Freiburg 1958 (L'Apôtre du siècle désesperé Jean-Marie Vianney, Curé d'Ars. Paris 1956), S. 103.
[6] Fabrègues (Anm. 5), S. 105.
[7] Fabrègues (Anm. 5), S. 114.
[8] Fabrègues (Anm. 5), S. 125.
[9] Fabrègues (Anm. 5), S. 126.

Seelen", heißt es von ihm[10] –, sondern daß ein derartiger Umgang mit Menschen und mit dem Evangelium schon zu seinen Lebzeiten zu einem wahren Kult führte und bis heute als vorbildlich dargestellt wird. Der Pfarrer von Ars stellt freilich nur wegen seines eigenen Dämonenkampfes und des großen Zulaufs, nicht aber wegen der Inhalte seiner Predigten eine Ausnahme dar.

Außer den mündlichen Unterweisungen in Predigt, Schulunterricht, Christenlehre usw. kommen für die Beeinflussung des „einfachen Volkes" vor allem die Hausbücher in Betracht. Sie dienten der Stadt- und Landbevölkerung zur privaten Meditation wie auch zum Vorlesen an Abenden im Familienkreis. Aus einem solchen in Süddeutschland weit verbreiteten Hausbuch seien treffende Passagen zum Thema der Hölle und seinem Umkreis angeführt.[11]

Der Zusatz von den vier letzten Dingen beginnt mit einer Betrachtung „Der Tod ist sehr erschrecklich". Zunächst werden die „natürlichen" Qualen beschrieben:

> Wer kann nun fassen, was für peinliche Schmerzen ein sterbender Mensch leiden müsse, ehe ihm der Tod das Herz abstößt, oder ein Ende macht? Wie schwer ist der Kampf eines Sterbenden! In diesem Streite muß der arme Mensch solche grausame Schmerzen leiden, daß ihm vor Größe der Peinen die Augen einfallen, die Nase spitzig wird, die Glieder erzittern, und das Herz sichtbar aufspringt. Wenn nun die bedrängte Seele von dem schmerzhaften Leibe durch die Gewalt des Todes abgerissen wird, so entsteht in dem Sterbenden eine solche Marter, als wenn alle Glieder von einander gerissen, und gleichsam wirklich gefoltert würden. Davon haben wir eine augenscheinliche Probe aus der täglichen Erfahrung. Denn man messe nur einen Verstorbenen, so wird man finden, daß er merklich länger sei, als er bei seinem Leben war. Die Ursache ist: Der Tod hat ihn gestreckt, wie die gemeinen Leute sagen. Ja, freilich hat ihn der Tod gestreckt, gemartert und gefoltert.[12]

Zu diesen „natürlichen Peinen" kommen jedoch noch die Angriffe des Teufels auf den sterbenden Menschen:

> Wiewohl der Tod an sich selbst sehr bitter ist, so wird er dennoch durch die Anfechtungen noch viel bitterer und schmerzlicher. Wir wollen aber hier nur einige Anfechtungen erklären. Denn es ist zu wissen, daß der gerechte Gott dem Satan in unserm Tod große Gewalt zulasse, uns anzufechten; nicht zwar zu unserm Verderben, sondern, damit der Mensch ein Probestück seiner schuldigen Treue und Liebe erweise, daß er nämlich bei Gott beständig bleibe, und sich nicht absondern, oder von ihm abwendig machen lasse. Deßwegen braucht der böse Geist seine Gewalt, raset und tobet wie ein hungriger Löwe, und befleißt sich mit aller Macht, den Menschen von Gott abwendig zu machen,

---

[10] Fabrègues (Anm. 5), S. 161.

[11] Caspar Erhard's der heiligen Schrift Doktor und weiland Pfarrer zu Paar in Bayern, Christliches Hausbuch, oder das große Leben Christi, mit ausführlichen, kräftigen und andächtigen Betrachtungen, Erzählungen und Gebeten. Zur Erklärung und Verehrung des sterblichen und glorwürdigen Lebens unseres Herrn und Erlösers Jesu Christi. Mit einem Zusatze von den vier letzten Dingen. Einundzwanzigste, neu verbesserte Auflage von Simon Buchfelner. Erster Teil. Augsburg 1858. Wenn ich aus diesem Buch zitiere, dann im Andenken an meine Ururgroßmutter, eine einfache Bäuerin, deren Lesezeichen bei den Höllentexten liegenblieb – im Andenken also an die Opfer derartiger Höllentraktate insgesamt. Das Buch enthält die kaiserliche Empfehlung Franz' II. und die kirchliche Druckerlaubnis zur Erstauflage von 1724.

[12] Erhard (Anm. 11), S. 472.

zum Sündenfalle zu bringen, und darin zu erhalten, um die Seele zu verschlingen, und in die Hölle zu stürzen.[13]

Die alte Psychomachia wird also wortwörtlich ernstgenommen und die Todesstunde zu einer großen Kraftanstrengung gemacht, die den Sterbenden abverlangt wird, denn der Teufel „weiß wohl, daß, wenn er sie da nicht bekommt, er sie in Ewigkeit nie bekommen werde"[14]. In der nächsten Abteilung werden folgende Empfehlungen ausgesprochen: „Betrachte, wie die bösen Geister den Sterbenden sehr erschrecklich vorkommen"[15]; „Betrachte, die bösen Geister kommen zu den Sterbenden in großer Menge"[16]. Die Beispiele, die erzählt werden, sind aus der antiken und mittelalterlichen Literatur genommen. Nach dem Tod folgt das „besondere Gericht".

Ach! wie bange wird einer Seele sein, wenn sie vor dem Gerichte, und dem Angesichte Christi erscheinen muß. Gleichwie es im Himmel keine größere Freude giebt, als das liebreiche Angesicht Gottes anschauen zu dürfen; also giebt es für die Verdammten keine größere Pein, als das erzürnte Angesicht Christi ansehen zu müssen.[17]

Von da aus geht die Betrachtung zum universalen Gericht über. Sie wendet sich zunächst dessen Vorzeichen zu, geht dann auf die Auferstehung der Toten ein und kommt auch dabei auf die Hölle und die Verdammten zu sprechen. Die Gerichtsposaunen werden bis in die Hölle dringen:

O! wie werden die Teufel und die verdammten Seelen so grausam heulen und brüllen, weil nun der erschreckliche Tag angekommen ist, vor welchem sie sich seit so vielen tausend Jahren her so heftig gefürchtet haben? Es wird solches Wüthen, Toben und Rasen in der Hölle sein, daß man meinen wird, sie werden sich alle zerreißen und vertilgen wollen.[18]
Sie würden auch bei zehnfach schrecklicheren Qualen lieber in der Hölle bleiben, heißt es, aber sie müssen, Menschen und Teufel, zur Auferstehung heraus.[19]
Betrachte, warum die allgemeine Auferstehung den Verdammten so erschrecklich fallen werde. Unterdessen, da der englische Posaunenschall noch in aller Welt erklingt, wird die allgemeine Auferstehung an einem Sonntag des Morgens geschehen. Da werden die heiligen Schutzengel auf Geheiß Gottes alle Asche, die von den menschlichen Leibern hin und her zerstreut worden ist, an den Ort zusammentragen, wo der Mensch begraben worden ist; oder an den Ort, wo der größte Theil des menschlichen Körpers liegt, oder aufbehalten wird. Und dieses wird so wunderbar geschehen, daß, wenn schon der menschliche Leib von den Würmern oder Vögeln, oder auch von andern Thieren gefressen worden ist, dennoch seine Bestandtheile, welche in eine andere Sache verändert worden sind, von derselben wieder ausgeschieden, und ihm wieder einverleibt werden. Also wird ein jeder Mensch eben denselben Leib und dieselbe Gestalt, die er jetzt hat, wieder bekommen; damit derselbe Leib, der jetzt Gutes oder Böses thut, auch in Ewigkeit Gutes oder Böses empfangen könne. Wenn nun ein jeder Schutzengel die

---

[13] Erhard (Anm. 11), S. 473.
[14] Erhard (Anm. 11), S. 473.
[15] Erhard (Anm. 11), S. 475.
[16] Erhard (Anm. 11), S. 476.
[17] Erhard (Anm. 11), S. 481 f.
[18] Erhard (Anm. 11), S. 492.
[19] Erhard (Anm. 11), S. 492.

Asche desselben Leibes, die er zu besorgen den Befehl hatte, in kurzer Zeit wird zusammen getragen haben, dann wird durch Gottes Kraft die Asche in einem Augenblick wieder zum menschlichen Leibe werden; dann werden die Leiber der Frommen ganz schön, verklärt wie der auferstandene Leib Jesu, und wohlriechend sein, die Leiber der Verdammten aber abscheulich stinken, und erschrecklich aussehen.[20]

Es wird dann eigens in langen Passagen noch ausgemalt, wie die Vereinigung der aus der Hölle gekommenen verdammten Seelen mit ihren auferweckten Leibern vor sich gehen werde:

Auf einem Kirchhofe werden alle verdammten Seelen zusammen kommen, deren elende Leiber daselbst begraben worden sind; und mit denselben werden viele Teufel kommen, und zwar diejenigen, welche eine jede Seele zur Verdammniß gebracht haben.[21]

Seele und Leib werden heulen und sich gegenseitig verfluchen und das kommende gemeinsame Höllengeschick beklagen.

Auf diese Weise werden alle Leiber der Verdammten auf allen Kirchhöfen und Orten der Welt wieder lebendig aus ihren Gräbern auferstehen. Und weil auf allen Kirchhöfen viele tausend Menschen begraben worden sind, und unter diesen so vielen tausend Menschen der größte Theil verdammt sein wird, so bilde dir ein, was für ein Jammer, was für ein Gräuel und Grausen auf allen Kirchhöfen zu sehen sein werde.
Nun bedenke, wie die verdammten Menschen in der ersten Zusammenkunft sich verhalten werden. Denn da werden Mann und Weib, Brüder und Schwestern, Eltern und Kinder, Verwandte und Bekannte beisammen stehen, welche in einer Stadt und in einem Dorfe gewohnt, und einander von Kindheit auf gekannt haben. Sie werden aber alle dastehen, nackt und blos, und nicht einen Faden haben, ihre Blöße zu bedecken. Deßwegen werden sie sich erbärmlich vor einander schämen; besonders aber diejenigen, welche mit einander gesündiget, und welche ihren Ehestand nicht nach Gebühr in Ehren gehalten haben. Sie werden alle so grausam riechen oder stinken, daß sie vor unerträglichem Gestanke verschmachten müßten, wenn sie noch sterblich wären. Ihre Leiber werden so häßlich, so ungestaltet und abscheulich aussehen, daß einem Jeden vor dem Andern gleichwie vor dem höllischen Teufel grausen wird.[22]

Die Gedankenwelt des geistlichen Verfassers tritt deutlich zutage, wenn er hier die Nacktheit und die Sexualität an erster Stelle nennt. Er empfiehlt in der Folge, derartige Betrachtungen jedesmal beim Gang über einen Friedhof anzustellen.

Seine Unterweisung in den letzten Dingen berichtet des weiteren, „wie die Seligen und Verdammten in das Thal Josaphat geführt werden", wo nach dem Propheten Joel (3,11) das Gericht über alle Völker stattfinden werde. Unter Heulen und Brüllen werden „viele tausend Millionen Menschen", die verdammt sind[23], herbeigeführt. Die Seligen werden übrigens auch nackt sein, aber man wird das nicht sehen können, weil sie mit einem Lichtglanz wie von himmlischen Sonnen bekleidet sein werden.[24] Breit wird die dem Gericht vorausgehende Angst der Bösen geschil-

---

[20]   Erhard (Anm. 11), S. 492 f.
[21]   Erhard (Anm. 11), S. 495.
[22]   Erhard (Anm. 11), S. 496 f.
[23]   Erhard (Anm. 11), S. 501.
[24]   Erhard (Anm. 11), S. 501.

dert, „die Heiden, Juden und bösen Christen"[25]. Wie Christus zum Gerichte kommen werde und wie Christus zu Gerichte sitzen werde sind die folgenden Themen. Natürlich werden jeweils die Schrecken und Vorängste der Verdammten besonders plastisch vor Augen geführt. Der Verfasser weiß über alles Bescheid:

> Betrachte, wie das zornige Angesicht Christi aussehen wird. Um besser zu verstehen, warum die Verdammten so heftig bei dem Anblicke ihres Richters sich fürchten werden, will ich etwas ausführlicher seine erschreckliche Gestalt und seinen grimmigen Zorn aus der göttlichen heiligen Schrift erklären.[26]

Es geht weiter: „Betrachte, wie Gott der Herr einen entsetzlichen und gerechten Zorn über jede Todsünde schöpfe."

> Das Mißfallen an einer schweren Sünde bewegt Gott, daß er den Menschen, wenn er in der Todsünde stirbt, gleich in diesem Augenblicke dem Teufel übergiebt, und ewiglich auf das grausamste peinigen, martern und strafen läßt.[27]

Der Verfasser fingiert eine Situation, in der ein Mensch in der Mitte zwischen der göttlichen Dreifaltigkeit „mit allen Gnaden" und dem Teufel „mit allen höllischen Strafen und Peinen" stünde und dann die Entscheidung zu treffen hätte. Sagt er in diesem Fall:

> Dennoch aber ist es mir lieber, wenn der Satan mich anficht, und mir einen unkeuschen, rachgierigen, neidischen und boshaften Gedanken eingibt, mich in diesem Gedanken mit böser Lust anzuhalten[28],

dann ist es auf ewig um ihn geschehen. Die Sünde wird mit allen Mitteln verdeutlicht: mit der mutwilligen Verachtung des erhabenen Gottes und mit der neuerlichen Passion Jesu, die ihm der Sünder zufügt, mit der Lästerung des Heiligen Geistes:

> Ich will meine Seele mit dem Aussatze schlagen, mit der Pest vergiften, mit teuflischem Kothe besudeln, sie Gott und allen Heiligen zum Gräuel machen, und sie dem Satan als eine Braut übergeben.[29]
>
> Es sind vom Anfange der Welt an viele hunderttausend Millionen Todsünden geschehen, und es geschehen noch alle Tage und Nächte in der weiten Welt mehr denn zehnmal hunderttausend erschreckliche Todsünden.[30]
>
> Die vollkommene Ausgießung des Zornes Gottes wird geschehen am jüngsten Tage, weil ihn jetzt das Opfer der heiligen Messe, und die große Fürbitte der Heiligen noch immer niederhalten. Aber am jüngsten Tage wird er so groß sein, daß er nicht mehr wird einzuhalten sein, sondern er wird dann mit Gewalt ausbrechen.[31]

Nachdem der Verfasser berichtet hat, wie Jesus Christus die Heiligen richten werde, geht er zum Gericht über die Gottlosen über. Er weiß, was der Richter sagen wird:

---

[25] Erhard (Anm. 11), S. 507.
[26] Erhard (Anm. 11), S. 516.
[27] Erhard (Anm. 11), S. 519.
[28] Erhard (Anm. 11), S. 520.
[29] Erhard (Anm. 11), S. 522.
[30] Erhard (Anm. 11), S. 523.
[31] Erhard (Anm. 11), S. 523.

Ihr gottesvergessene Menschen! ihr seid diejenigen, wegen welchen ich diesen strengen Gerichtstag vorzüglich angestellt habe. Ihr seid diejenigen, die ihr meinen Zorn angezündet, und mich zur äußersten Rache gezwungen habet. Ihr seid diejenigen, die ihr mich viel tausendmal auf das Aergste beleidiget habet. Ihr habet bisher ohne Scheu euern Spott mit mir getrieben, und mich für einen tauben, stummen und wahnwitzigen Gott und Herrn gehalten. Ihr habt meine Gebote übertreten, mein Drohen verachtet, meine Strafen verlacht, meine Wohlthaten mißbraucht, meine Worte verfälscht, meinen Gottesdienst entehrt, meine Sakramente mißbraucht und gelästert, meine Leiden verflucht, mein Blut verwünscht, mit einem Worte, ihr habt mich nach eurem Muthwillen behandelt. Diese und dergleichen viele hunderttausend Unbilden habe ich bisher mit unendlicher Geduld ertragen, allzeit dazu geschwiegen und vergebens auf euere Buße, Besserung und Bekehrung gewartet.
Nunmehr aber hat diese meine Geduld ein Ende, und die Zeit der Strafe ist angekommen; deßwegen will ich allen meinen Zorn über euch ausgießen, und meine gerechte Rache an euch nehmen.[32]

Es folgt eine detaillierte Schilderung der Anklage mit dem Teufel als Mit-Kläger, die entsetzliche Beschämung der Sünder. Einige konkrete Beispiele werden vor Augen gestellt:

Betrachte, wie es den verschiedenen Sündern dann ergehen werde. Bedenke, was da dem Pilatus, Annas und Caiphas widerfahren werde. [...]
Bedenke, wie es den Juden ergehen werde. [...]
wie es den heidnischen Kaisern ergehen werde. [...]
Ach! wie wird es den Ketzern ergehen, welche den Glauben Christi verfälscht, und seiner heiligen Kirche widersprochen und widerstrebt haben?[33]

Warum der Tag des Gerichts ein „großer Tag" genannt wird, begründet der Verfasser unter anderem folgendermaßen:

Betrachte, das letzte Gericht wird lange dauern zur großen Beschämung, Schande und Pein der Verdammten. Denn es werden die Teufel und alle Verdammten an diesem Tage mehr Schande und Pein ausstehen, als sie in der Hölle leiden werden; deßwegen wird Christus ihnen zur Schande das jüngste Gericht vielmehr verlängern, und nicht abkürzen. Denn da wird er der ganzen Welt alle Sünden der bösen Geister und aller Menschen vorstellen, und sie vor aller Welt vor Engeln und Heiligen zu Schanden machen. Denn er wird alle ihre heimlichen Sünden vor aller Welt offenbaren, und ihre schändliche Unzucht allen Menschen vor Augen stellen.[34]

Nach einer Betrachtung über die Urteile hinsichtlich der Seligen und der Verdammten, in denen, wie bisher schon bekannt, Heulen, Brüllen und Geschrei der Bösen wiederkehren, handelt ein eigenes Kapitel darüber, „wie die Verdammten in die Hölle fahren werden."

Nachdem Christus und seine Heiligen das Urtheil über sie werden gesprochen haben, wird sich die Hölle unter ihren Füßen aufthun, und zugleich auf einmal viele hunderttausend Millionen Menschen und Teufel erschrecklicher Weise ohne alle Barmher-

---

[32]   Erhard (Anm. 11), S. 32.
[33]   Erhard (Anm. 11), S. 532.
[34]   Erhard (Anm. 11), S. 537 f.

zigkeit verschlingen. Dieses Aufthun der Hölle wird so entsetzlich sein, daß Alles, was wir Erschreckliches erdenken können, damit nicht zu vergleichen ist. Denn sobald die Hölle sich unter ihren Füßen aufthun wird, so werden alle Menschen und Teufel vor Schrecken einen ungeheuren Schrei thun, und werden in solchem Schrei so gewaltig anfangen hinunter zu fallen, als wenn alle Berge der Erde mit ungeheurem Krachen und Geräusche hinunterstürzten. [...] O wehe den armen Verdammten, welche in das ewige Schmerzenmeer so jämmerlich gestürzet werden.

Wenn sie nun bis zur Hölle gekommen sind, da wird dieselbe ihren Rachen aufsperren wie ein grimmiger Drache und sie Alle verschlingen. [...] O gräulicher Rachen! wer da hinein kömmt, der wird in Ewigkeit nicht wieder heraus kommen, sondern daselbst brennen ewiglich.[35]

Der Sicherheit halber wird außer dem Rachen auch noch eine Türe zugeschlagen, damit in Ewigkeit kein einziger Teufel oder Mensch herauskommen könne (ebd.).

Nach der Beschreibung der Himmelfahrt der Heiligen geht das Hausbuch über zur Beschaffenheit der Hölle. Hier erklärt der Verfasser, die Hölle sei nicht in der Erde, denn sonst würde sie ja am jüngsten Tag zusammen mit der Erde verbrennen.[36] Allerdings muß sie ja doch ein Ort sein, um all die Verdammten zu fassen; man brauche den Platz aber nicht zu berechnen, denn „die Verdammten werden, wie Schafe, haufenweise übereinanderliegen."[37] In der Hölle gebe es „unterschiedliche Höhlen, feurige Flüsse und Seen, Gräber und Gewölbe" sowie einen Brunnen;[38] außerdem entsetzliche Feueröfen zur Peinigung der Verdammten und zu demselben Zweck feurige Gräber.[39] An einer Stelle sei die Hölle „ein eigener höllischer Begräbnißplatz",

auf welchem gewisse Sünder in engen Gräbern liegen müssen und von der grausamen Hitze, Rauch, Gestank und giftigen Dämpfen, womit diese Gräber angefüllt sind, gleichsam verbrennen und zerschmelzen müssen,

wobei freilich graduelle Unterschiede je nach den Sünden seien.[40] Rund um die Hölle seien Grüfte, in denen Menschen von Teufeln gepeinigt würden.

Einige dieser Grüfte sind voller Hitze und Feuer; andere voller Wasser und Eis, samt unleidentlicher Kälte; andere voller Wust und Koth sammt unbegreiflichem Gestank; andere sind voller feuriger Würmer, Maden, Kröten und Schlangen, welche die Leiber der Verdammten mit unsäglichem Gräuel überkriechen und zernagen; andere sind voller Drachen und höllischer Bestien, welche die unseligen Menschen zerreißen, zerfressen und verzehren; andere sind voller Gespenster, Geister und höllischer Furien, welche den Verdammten solche Gräuel und Schrecken einjagen, daß sie verschmachten und vergehen möchten; und in andern sind andere höllische Peinen, Schrecken und Plagen.[41]

Nach einer Meditation „Die höllischen Peinen sind unbeschreiblich" geht der Verfasser über zur Pein des Feuers, die er als die grausamste aller Martern beschreibt.

---

35 Erhard (Anm. 11), S. 545.
36 Erhard (Anm. 11), S. 553.
37 Erhard (Anm. 11), S. 554.
38 Erhard (Anm. 11), S. 554.
39 Erhard (Anm. 11), S. 555.
40 Erhard (Anm. 11), S. 556.
41 Erhard (Anm. 11), S. 557.

Wenn du nur ein glühendes Eisen solltest anrühren, ach, was für Pein! was für Schmerzen würdest du empfinden? In einem Augenblicke ist die Haut weg, das rohe Fleisch steht hervor, Blut und Eiter rinnt heraus, und der Schmerz durchdringt Mark und Beine. Du rufest und schreiest, du heulest und rasest, als wenn du gleichsam unsinnig wärest.[42]

Aber dieser Schmerz ist nichts im Vergleich zu den höllischen Feuerqualen. Diese sind so viel schrecklicher, weil das Feuer so gewaltig ist:

> Nun aber ist die Hölle nicht allein zwei Meilen groß, sondern fünfzig deutsche Meilen lang, fünfzig deutsche Meilen hoch, und fünfzig deutsche Meilen breit. Jetzt bedenke, was dies für ein ungeheuer großes Feuer, und was dies für eine unerträglich große Hitze sei.[43]

Außerdem ist es wie in einem „ungeheuren Brennofen" eingeschlossen, so daß keinerlei Kühlung an es herankommt.[44] Ferner ist es von Pech und Schwefel genährt, die viel grausamer brennen als Holz und Kohlen. In unaussprechlicher Weise aber ist es heiß gemacht vom „Athem Gottes".[45] Mit Ach und Weh soll sich der betrachtende Mensch die Hölle vorstellen:

> Sieh, wie der arme Sünder im Feuer liegt, und wie die Flammen hoch über seinem Haupte zusammen schlagen. Unter ihm ist lauter Feuer, über ihm, neben ihm, und um ihn herum ist lauter Feuer. Wenn er Athem schöpft, so zieht er lauter Feuer in sich. Wenn er ausathmet, so geht lauter Feuer aus ihm. Ja, aus Mund und Augen, Nasen und Ohren, und aus allen Gliedern und Schweißlöchern des Leibs geht lauter Feuer heraus. Er wird vom Feuer umgeben sein, wie das Holz im Ofen. Er wird im Feuer sein, wie der Fisch im Wasser, doch dies Feuer wird nicht nur rings um den Verdammten sein, sondern es wird auch in seine Eingeweide dringen, um ihn zu quälen. Diese höllischen Flammen durchdringen seinen Leib, daß kein innerliches noch auswendiges Glied ist, das nicht voller Feuer sei.[46]

Das nächste Stück handelt von der Pein der Kälte, wobei es dem Verfasser vor allem um die gleichzeitige Einwirkung von Hitze und Kälte geht, die durch Gottes Allmacht zustande kommt. Von da aus geht es weiter zur „Pein des Gesichtes". Hier entsteht unausgesetzte Verängstigung durch Finsternis.

> Der gottlose Kain wird beiläufig schon über 5000 Jahre in der Hölle sein, und liegt gleichwohl noch in der ersten Nacht, und wird niemals die Stunde erleben, daß diese so grausam lange Nacht ein Ende nehmen und das Tageslicht in den finstern Höllenkerker hinein scheinen wird.[47]

Verstärkt werden die Qualen durch den Qualm:

> Denn weil das höllische Feuer von lauter Schwefel und Pech brennt; so kann es keinen andern, als einen unlautern, schweflichten, blauen, schwarzen, stinkenden, vergifteten und pestilenzischen Rauch und Dampf von sich geben.[48]

---

[42] Erhard (Anm. 11), S. 561.
[43] Erhard (Anm. 11), S. 562.
[44] Erhard (Anm. 11), S. 562.
[45] Erhard (Anm. 11), S. 563.
[46] Erhard (Anm. 11), S. 565.
[47] Erhard (Anm. 11), S. 570.
[48] Erhard (Anm. 11), S. 570.

So wird das Leben in der Hölle zu einem immerwährenden Sterben am Erstickungstod.[49] Manchmal gibt das Feuer inmitten der Finsternis einen „bleichen Schein" von sich, damit die Verdammten die „höllischen Gespenster" und die Martern anderer Verdammter sehen können.[50]

Die nächste Beschreibung gilt der Pein des Hungers und Durstes. Hier soll man sich zunächst vorstellen, was Menschen in äußerster Hungersnot alles tun; da

essen die Leute Alles, was ihnen vorkömmt, als Gras, Blätter, Hunde, Katzen, Mäuse, Leder, auch wohl Kühe- und Menschen-Koth. Ja es ißt ein Mensch den andern, die Mutter ihr Kind, und endlich der Mensch sich selbst, nämlich von seinen eigenen Fingern und Fleisch; und wenn dann endlich die armen verhungerten Leute Nichts mehr haben können, so gehen sie herum, wie der Schatten an der Wand, sehen so bleich und mager aus, als der lebendige Tod, verschmachten und verzehren sich so, daß weder Kraft noch Saft in ihnen bleibt. Endlich fangen sie vor großer Gewalt des Hungers an zu toben, zu brüllen und zu heulen, rasend und unsinnig zu werden, und des erbärmlichsten Todes zu sterben.[51]

Mit ungleich schrecklicherem Hunger werden die Verdammten geschlagen, und überdies wird ihnen permanente „gewaltige Freßsucht" geschickt. Hier werden diejenigen genannt, die in Völlerei geschwelgt, aber auch jene, die kirchliche Fasttage nicht eingehalten haben. Auch das Fleischessen an verbotenen Tagen ist eine schwere Sünde, die solchermaßen bestraft wird.[52] Es fehlt nicht an der parallelen Ausmalung der Strafe des ewigen Durstes. Aber nicht genug damit.

Denn anstatt der Speise und des Trankes läßt sie der erzürnte Gott mit Schlangen speisen, und mit Gift und Galle tränken. Ja, er läßt ihnen von den Teufeln ganze Becher voll brennenden Peches und Schwefel, Gift und Galle, geschmolzenes Erz und Blei so grausam eingießen, daß ihr ganzes Eingeweide mit Bitterkeit und Hitze erfüllt wird.[53]

Ein bemerkenswertes Gottesbild, das der Geistliche hier mit kirchlicher Druckempfehlung in 21. Auflage verbreitet. Er geht von da aus über zur Pein des Geruches, den er wieder von der Erfahrung auf Erden her ausmalt, von einem toten Pferd und einem faulen Aas, von Pech und Schwefel.

Viel ärger wird es in der Hölle zugehen, wo ein stinkendes Aas auf das andere so hart wird zusammengebunden sein, daß eines des andern garstigen Athem in sich ziehen, und durch diesen abscheulichen Gestank verschmachten muß.[54]

Es kommt noch hinzu, daß auch die Teufel abscheulich stinken. In besonderer Weise werden unzüchtige Menschen von dieser Strafe betroffen. Der Autor wendet sich nun den „höllischen Würmern" zu. An ihnen muß besonders viel dran sein, weil Christus, der sonst mit Worten so Sparsame, gleich dreimal nacheinander mit

---

[49] Erhard (Anm. 11), S. 571.
[50] Erhard (Anm. 11), S. 572.
[51] Erhard (Anm. 11), S. 574.
[52] Erhard (Anm. 11), S. 576.
[53] Erhard (Anm. 11), S. 578.
[54] Erhard (Anm. 11), S. 581.

ihnen schrecken will. Der Verfasser stimmt der Tradition des bloß metaphorischen Wurms nicht zu, sondern unter Zitation des Feuersalamanders aus Augustinus hält er es für möglich, daß Würmer und Schlangen und dazu noch „fast alle grausamen Thiere" die Verdammten „zernagen, zerbeißen und zerfressen", die sich nicht dagegen wehren können, weil ihnen Hände und Füße gebunden sind. Wie der Leib unter all den Schlangen- und Krötenbissen dann doch nicht verschwindet, das weiß auch dieser Verfasser nicht:

> Darum mußt du diese höllischen Thiere so lange nagen und fressen lassen, als sie wollen, bis sie den Leib fast verzehrt haben. Wie aber dies geschehe, will ich nicht auslegen, sondern den Theologen zu erklären überlassen.[55]

Von Würmern und Kröten geht es weiter zur „Gesellschaft der bösen Geister". Die Hölle wäre tausendmal erträglicher, als sie es jetzt ist, gäbe es die Teufel nicht. Keiner von ihnen ist so schrecklich wie Luzifer, ihr Oberster, aber neben ihm „sind noch viele hunderttausend andere Teufel in der Hölle"[56], die in der Hölle gespenstern:

> Einige Teufel werden wie Drachen, andere wie Straußen erscheinen. Einige wie Raben und Raubvögel, andere wie wilde Thiere und reißende Bären.[57]

Die Verdammten entsetzen sich, so daß ihnen alle Haare zu Berge stehen und alle Glieder zittern. Als Beispiel aus der Erfahrungswelt wird angeführt, daß ein Mensch nachts ohne Licht in einem Zimmer schlafen müsse, in dem eine Leiche liegt, die sich plötzlich regt ... Von den Teufeln heißt es im nächsten Stück, daß sie außer mit ihrer schrecklichen Erscheinung auch durch Torturen die Verdammten peinigen:

> Wie werden diese teuflischen Gespenster in allerhand erschrecklichen Thiergestalten über die armen Sünder so grimmig herfallen, sie mit ihren Klauen zerreißen, mit ihren Zähnen zerbeißen, mit ihren Armen zerdrücken und zerschlagen, mit ihrem Gelächter verspotten, mit ihrer teuflischen Tyrannei so grausam mißhandeln?[58]

Damit das mythologische Arsenal möglichst vollständig sei, werden hier auch zehn oder zwanzig Teufel angeführt, die „als feurige Höllenhunde" auf einmal einen Menschen zerbeißen.[59] Weiter geht es mit der Gesellschaft der verdammten Menschen. Alle werden in der Hölle einander feind sein; keiner wird mit dem andern Mitleid haben; alle hassen einander. Die Verwandten verfluchen einander. Dazu kommen die drangvolle Enge, der Gestank und das Heulen, „das ungeheure Höllengeschrei, wenn so viele hunderttausend Millionen Menschen zugleich mit einander rufen und schreien werden", und mit ihnen die Teufel brüllen und heulen.[60]

Nun spricht der Autor „von der ewigen Schande der Abscheulichkeit der Verdammten."

---

[55] Erhard (Anm. 11), S. 584.
[56] Erhard (Anm. 11), S. 587.
[57] Erhard (Anm. 11), S. 588.
[58] Erhard (Anm. 11), S. 589.
[59] Erhard (Anm. 11), S. 590.
[60] Erhard (Anm. 11), S. 594.

Diese Schande besteht nicht nur im abscheulichen Aussehen, vom Feuer ganz schwarz gebrannt, von Würmern und Schlangen zerfressen, gräßlich stinkend, sondern auch in der Offenlegung aller Sünden, gerade auch der „heimlichen", die allen so vor Augen liegen, als geschähen sie in diesem Moment. Das setzt eine pausenlose Verspottung durch die Teufel und alle anderen Verdammten in Gang.

Nach dieser überaus umfangreichen Darlegung der Qualen (poenae sensus) in der Hölle kommt der Verfasser endlich auf die „Beraubung der göttlichen Anschauung", die Strafe des Verlustes Gottes (poena damni) zu sprechen, der gegenüber alle anderen höllischen Peinen „gleichsam nur Kinderpossen" seien.[61] Da die Anschauung Gottes nicht sehr zur Illustration mit Beispielen taugt, geht er hier auf die Strafe der ewigen Gewissensbisse und Selbstvorwürfe ein. Es folgen Erwägungen zur Ewigkeit der Höllenstrafen. Hier wird das Beispiel des Vögleins erzählt, das von der Erdkugel, wenn sie aus Hirsekörnern bestände, alle hundert Jahre ein Körnchen wegpickte; diesen Vorgang, daß die Erde ganz aufgefressen würde, viele hunderttausendmale gedacht, ergäbe noch immer nicht die Ewigkeit ... Daher spricht das nächste Lehrstück von der ewigen Verzweiflung. Noch einmal werden in Kurzform alle Greuel der Hölle angeführt, um das ewige Verderben auch wirklich als nie endende Verzweiflung deutlich zu machen.

Nach vielen Seiten ist damit das Höllenbild abgerundet. Es kehrt aber wieder im Zusammenhang mit den Betrachtungen der ewigen Herrlichkeiten und Freuden des Himmels. Zunächst gilt die Aufmerksamkeit der kleinen Anzahl, die selig wird. Die biblische Standardaussage von den vielen Berufenen und wenigen Auserwählten deutet der Verfasser schon einmal im Sinn einer Vorentscheidung: „Unter den Berufenen versteht Christus hier nicht die Heiden, Türken oder Andere Ungläubige"[62], sondern nur die zum katholischen Glauben Berufenen. Sie sind von außen und von innen bedroht: Ganze Kriegsheere der wirklichen Teufel stellen jedem einzelnen der Berufenen bei Tag und Nacht nach; der eigene Leib und die leiblichen „Sinnen" haben einen Bund gegen ihn geschworen, zu dem sich auch der „untere Theil der Seele" gesellt, so daß es ein wahres Wunder ist, wenn ein Mensch der Hölle entgeht.[63]

Jedoch, eine Berechnung der kleinen Zahl der Geretteten versagt sich der Autor. Er ermutigt Leserinnen und Leser, nicht kleinmütig zu werden.

In einer Betrachtung, warum nur so wenige selig werden, spricht der Verfasser zunächst darüber, wie schwer es ist, Gott aus ganzem Herzen und über alles zu lieben. Die konkreten Formen dieser Liebe sind allerdings sehr eng kirchlich geprägt:

> Wie leicht könntest du deine standesmäßigen Werke Gott zu Liebe und mit rechter Meinung verrichten? Wie manche heilige Messe könntest du ohne Nachtheil deiner Geschäfte und Arbeit hören? Wie oft könntest du beichten und kommuniciren, wenn du nur wolltest? Und wenn du beichtest und kommunicirest, ach! wie unandächtig empfängst du diese heiligen Sakramente? Wie schlecht bereitest du dich zur heiligen Beicht?[64]

---

[61] Erhard (Anm. 11), S. 597.
[62] Erhard (Anm. 11), S. 625.
[63] Erhard (Anm. 11), S. 627.
[64] Erhard (Anm. 11), S. 636.

Erst danach kommt der Verfasser auch auf die ungenügende Nächstenliebe zu sprechen. Das Christentum wird in einen einfachen, undifferenzierten Gegensatz zur „Welt" gebracht:

> Was Christus gebietet, das verbietet die Welt; und was Christus haßt, das liebt die Welt. Christus haßt die Welt und alle Weltkinder; die Welt aber haßt Christum und alle frommen Christen. So muß ja folgen, daß beide einander Feind sind. Weil denn Christus der Herr die Welt sammt allen Weltkindern haßt, so muß ja folgen, daß die Weltkinder nicht selig, sondern ewig verloren sein werden. Nun aber sehen wir, daß fast alle Menschen Weltkinder sind, der Welt gefallen, nach der Welt leben und zeitliche und weltliche Ehren, Reichthümer und Wollüste haben und genießen wollen; so muß ja folgen, daß fast Alle mit der Welt zur Hölle laufen und ewig zu Grunde gehen.[65]

Von Christen ist also verlangt, gegen ihre eigene Natur Gewalt anzuwenden, um „weltlichen Ehren, Reichthümern und Wollüsten" zu entgehen.[66] Wer wie so viele „von Jugend auf zum Bösen abgerichtet und angeführt" wird, weil die Eltern „Weltmenschen" sind, der mißfällt Gott und wird „endlich verdammt".[67] Die Moral dieser Christenlehre besteht in frommen Übungen, Stillhalten gegenüber Leiden und Ungerechtigkeit, Enthaltsamkeit von der „Welt", so daß schließlich der positive Schluß übrigbleibt: „Christus wird besonders arme und einfältige Leute selig machen."[68]

Das weitverbreitete Hausbuch enthält eine typische, katholische Eschatologie. Die Bibelzeugnisse werden selektiv verwendet, um ein ganz bestimmtes, grausames und einschüchterndes Gottesbild zu verbreiten. Die „Jenseitstexte" der Schrift genügen nicht, daher wird auf das Arsenal außerbiblischer Visionen zurückgegriffen. Die Möglichkeit menschlicher Schuld ist ausgedehnt auf Tatsünden, die isoliert von einer Gesamthaltung – des Glaubens oder der Glaubensverweigerung – relativ leicht und rasch begangen werden können. Sogar die Nichteinhaltung rein kirchlicher Gebote kann in die Hölle führen. Der schreibende kirchliche „Pädagoge" sucht mit der Schilderung des Gerichts und der Strafen den Eindruck zu erwecken, über Gottes Denken und Verhalten gegenüber Sündern bestens informiert zu sein. Damit wird die Autorität kirchlicher Verkündigung bestärkt und der Versuch gemacht, kirchlich konforme Gesinnung und Tat zu erzwingen. Bis auf das „ius talionis", die Folter einzelner Gliedmaßen, die zu einer bestimmten Sünde dienten, kommt das Höllenmaterial des ersten Jahrtausends hier lückenlos vor.

Die Hölle in evangelischen Kirchenliedern

Das evangelische Christentum hielt auf spezifisch reformatorische Weise am höllischen Traditionsmaterial fest. Als Beispiel dafür möge ein „Evangelisches Gesang-

---

[65] Erhard (Anm. 11), S. 639.
[66] Erhard (Anm. 11), S. 640.
[67] Erhard (Anm. 11), S. 641.
[68] Erhard (Anm. 11), S. 647.

buch" des Jahres 1886 dienen.[69] Ein Blick in andere zeitgenössische Gesangbücher zeigt, daß dieses einzelne Buch durchaus als repräsentativ gelten kann: Das bis auf Martin Luther zurückgehende Liedgut gilt als ehrwürdige, zu respektierende Tradition; ältere Glaubensansichten sind darin mit überliefert, insofern sie mit den Grundansichten der Reformation übereinstimmen. Die Motive des Kampfes gegen Satan und seine höllischen Mächte, die ihre Angriffe gegen den evangeliumsgetreuen Christen besonders in der Todesstunde richten, auch die Motive des göttlichen Gerichts sind häufig vertreten. Freilich ist der wirklich Glaubende durch die Macht Jesu davor geschützt, ihnen zum Opfer zu fallen; er braucht sich nicht durch kirchlich-religiöse Leistungen eigens zu versichern. Tödlich gefährdet durch die Hölle sind nicht Schwachheitssünder, sondern Gottlose, Menschen, die eine grundsätzliche und bewußte Position gegen den Glauben an das Evangelium einnehmen. Die absolute Souveränität Gottes auch zu einer Begnadigung im Gericht wird freilich respektiert.

Kommt die Hölle in den älteren Kirchenliedern sehr häufig vor, so ist sie in den aus dem neunzehnten Jahrhundert stammenden Texten und in den Gebeten im Schlußteil des Gesangbuchs überhaupt nicht mehr vertreten. Die ausgewählten zwölf Textbeispiele werden in chronologischer Reihenfolge angeführt:

> Wer nicht glaubt dieser großen Gnad,
> Der bleibt in seinen Sünden
> Und ist verdammt zum ewgen Tod
> Tief in der Höllen Grunde.
> Nichts hilft sein eigen Heiligkeit,
> All sein Thun ist verloren;
> Die Erbsünd machts zur Nichtigkeit,
> Darin ist er geboren.
> Er kann ihm selbst nicht helfen.[70]

> Wird von dannen kommen,
> Wie dann wird vernommen,
> Wenn die Toten werden
> Erstehn von der Erden
> Und zu seinen Füßen
> Sich darstellen müssen.
> Da wird er sie scheiden,
> Die Frommen zur Freuden,
> Die Bösen zur Höllen
> In peinvolle Stellen,
> Wo sie ewig müssen
> Ihr Untugend büßen.[71]

---

[69] Evangelisches Gesangbuch für Ost- und Westpreußen. Unter Zustimmung der Provinzial-Synode vom Jahre 1884 und mit Genehmigung des Evangelischen Ober-Kirchenrats herausgegeben vom Königlichen Konsistorium der Provinzen Ost- und Westpreußen. Königsberg i. Pr. 1886.
[70] Nr. 185 „Christ unser Herr zum Jordan kam", 6. Strophe; M. Luther († 1546).
[71] Nr. 3 „Gottes Sohn ist kommen", Str. 7 und 8; J. Horn († 1547).

O weh dem Menschen, welcher hat
Des Herren Wort verachtet
Und nur auf Erden früh und spat
Nach großem Gut getrachtet!
Er wird fürwahr gar schlecht bestehn
Und mit dem Satan müssen gehn
Von Christo in die Hölle.[72]

Welt und Teufel, Sünd und Hölle
Unser eigen Fleisch und Blut,
plagen stets hier unsre Seele,
Lassen uns bei keinem Mut.
Wir sind voller Angst und Plag,
Lauter Kreuz sind unsre Tag;
Wenn wir nur geboren werden,
Findt sich Jammer gnug auf Erden.[73]

Sünd und Hölle mag sich grämen,
Tod und Teufel mag sich schämen;
Wir, die unser Heil annehmen,
Werfen allen Kummer hin.
[...]
Jakobs Stern ist aufgegangen,
Stillt das sehnliche Verlangen,
Bricht den Kopf der alten Schlangen
Und zerstört der Höllen Reich.[74]

Teufel, Tod, Hölle, die zürnen und halten zusammen,
Wollen mich Sünder verschlingen und gänzlich verdammen;
Mächtiger Gott,
Wende den Jammer und Not,
Tilge die höllischen Flammen.[75]

Bedenke, Mensch, das Ende,
Der Hölle Angst und Leid,
Daß dich die Welt nicht blende
Mit ihrer Eitelkeit.
Hier ist ein kurzes Freuen,
Dort aber ewiglich
Ein kläglich Schmerzensschreien;
Ach Sünder, hüte dich![76]

Jesu, hilf siegen, du Fürste des Lebens,
Sieh, wie die Finsternis dringet herein;
Wie sie ihr höllisches Heer nicht vergebens

---

[72] Nr. 560 „Es ist gewißlich an der Zeit", Str. 4; B. Ringwald († 1598).
[73] Nr. 524 „Freu dich sehr, o meine Seele", Str. 4; 1620.
[74] Nr. 31 „Kommt und laßt uns Christum ehren", Str. 2 und 5; P. Gerhardt († 1676).
[75] Nr. 30 „Kommst du nun, Jesu, vom Himmel herunter auf Erden", Str. 3; K. F. Nachtenhöfer († 1685).
[76] Nr. 515 „Bedenke, Mensch, das Ende", Str. 3; S. Liscow († 1689).

Mächtig aufführet, mir schädlich zu sein!
Satan, der sinnet auf allerlei Ränke,
Wie er mich sichte, verstöre und kränke.[77]

Soll ich zum Himmel dringen,
Gar gern, o Gott, mein Licht.
Soll mich die Höll verschlingen,
Ach dieses willst du nicht.
Ich habe zwar verdienet
Die heiße Höllenglut;
Du aber bist versühnet
Durch deines Sohnes Blut.[78]

Ach ohn dich, getreuer Jesu,
Schreckt der Teufel und die Höll;
Die Verdammnis macht mich zittern,
Da ich steh auf dieser Stell;
Mein Gewissen ist erwachet,
Und der Abgrund flammt und krachet.[79]

Furcht muß man vor Gott stets tragen,
Denn er kann mit Leib und Seel
Uns zur Hölle niederschlagen;
Gott ists, der des Geistes Öl
Und, nach dem es ihm beliebt,
Wollen und Vollbringen giebt.
O so laßt uns zu ihm gehen,
Ihn um Gnade anzuflehen.[80]

Wenn Christus seine Kirche schützt,
So mag die Hölle wüten;
Er, der zur Rechten Gottes sitzt,
Hat Macht ihr zu gebieten.
Er ist mit Hilfe nah;
Wenn er gebeut, stehts da.
Er schützet seinen Ruhm
Und hält das Christentum.
Mag doch die Hölle wüten![81]

Das traditionell reformatorische, von Paulus betonte Motiv des göttlichen Zorns fehlt in diesem Gottesbild nicht. In Verbindung mit der Sorge um den rechten Glauben ist auch diese Art religiöser Praxis nicht von einschüchternden Elementen frei.

---

[77] Nr. 359 „Jesu, hilf siegen", Str. 1; J. H. Schröder († 1699).
[78] Nr. 42 „Durch Trauern und durch Plagen", Str. 6; G. W. Sacer († 1699).
[79] Nr. 207 „Ach was sind wir ohne Jesum?", Str. 3; P. Lackmann († 1713).
[80] Nr. 372 „Schaffet, schaffet, Menschenkinder", Str. 7; L. A. Gotter († 1735).
[81] Nr. 162 „Wenn Christus seine Kirche schützt", Str. 1; Ch. F. Gellert († 1769).

17. Zeit- und unzeitgemäße Theologie

Evangelische Theologie

In der evangelischen Theologie lassen sich, was das Thema der Hölle angeht, drei gedankliche Richtungen unterscheiden. Die eine ist trotz der reformatorischen Orientierung an der Bibel stark philosophisch geprägt. Sie verlangt, daß die Idee (oder der Begriff) aus den Fesseln der sinnlichen Anschauung befreit werde; diese letztere gilt zweifellos als das Defizitäre, Mangelhaftere, ja, als das in die Irre Führende. Angriffe gegen die Mythen wie die des radikalen Kritikers David Friedrich Strauß († 1874) waren nicht wirkungslos geblieben. Natürlich fehlt daneben eine beharrende Richtung, die sich strikt auf das Wort zurückzieht, nicht. Vom neunzehnten Jahrhundert an wird sie „heilsgeschichtliche Theologie" genannt. Sie wiederholt das Schema von Abläufen, das sich aus biblischen Bildergeschichten herausdestillieren läßt, und integriert darin die ewige Verdammnis, die der Strafgerechtigkeit Gottes entspreche.[1] Drittens wurde die sogenannte Religionsgeschichtliche Schule für die genauere Erforschung und Erkenntnis des Höllenthemas von größter Bedeutung. Mit Otto Pfleiderer († 1908) werden das Denken der Umwelt des Neuen Testaments erforscht und die Zusammenhänge der christlichen Eschatologie mit der jüdischen Apokalyptik ans Licht gebracht. Diese theologische Schule war zunächst von einem wertenden Entwicklungsdenken geprägt; sie glaubte, Unvollkommenes und Unbeholfenes als das Ursprüngliche identifizieren zu können, und war bestrebt, „fremdartige" Stoffe aus dem Evangelium zu entfernen. Zu demjenigen, was nun als nicht zum Kern des Evangeliums gehörig identifiziert wurde, gehörten das „bloß Symbolische" und das „nur Historische".[2] Es versteht sich, daß die Zurückhaltung vieler evangelischer Theologen gegenüber dem Höllenthema durch die religionsgeschichtlichen Vergleiche und Wertungen noch verstärkt wurde: Was sich in ähnlicher Form in der vorchristlichen orientalischen Umwelt fand, konnte nicht Bestandteil des reinen Evangeliums sein.

Katholische Theologie

In der katholischen Theologie hielt sich hinsichtlich der Frage nach der Hölle das kritische Denken in engeren Grenzen. Die unerledigten Herausforderungen wur-

---

[1] Vgl. dazu I. Escribano-Alberca: Eschatologie. Von der Aufklärung bis zur Gegenwart. Freiburg 1987 (HDG IV 7 d), S. 127–131.
[2] Escribano-Alberca (Anm. 1), S. 142.

Stefan Lochner: Weltgerichtsaltar, ca. 1435

Stefan Lochner: Weltgerichtsaltar, ca. 1435

den sehr moderat aufgegriffen: Man hielt an der Existenz der Hölle, ja sogar an ihrer Ewigkeit fest, versuchte aber der Wissenschaft insoweit Rechnung zu tragen, als man da und dort die Orthaftigkeit der Hölle bekämpfte und sie durch eine (bloße) Zuständlichkeit zu ersetzen suchte. Allein schon dieser Vorgang zeigt allerdings ein Mißtrauen gegen das überlieferte Material.

Das neunzehnte Jahrhundert sah zunächst im deutschsprachigen Bereich einige selbständig denkende katholische Theologen, die es sich zur Aufgabe gemacht hatten, die Glaubenslehre gegen die kritische Philosophie mit deren eigenen Waffen zu verteidigen. Dazu gehörte bei dem Dogmatiker Georg Hermes († 1831), von 1807 bis 1820 Professor in Münster, die Forderung, nur dasjenige dürfe als Glaubenswahrheit festgehalten werden, was von Widerspruch gegen die Vernunft frei ist. Mit besonderem Nachdruck betonte Hermes, wie alle menschliche Gotteserkenntnis niemals Gott in seinem An-sich-Sein erreicht. Glaubensvorstellungen sind seiner Auffassung nach einem positiven methodischen Zweifel zu unterziehen, der durch Beseitigung der Einwände aufgehoben wird. Hermes hatte zumindest die Tendenz, die „Vorhölle", das Purgatorium und die Hölle als Seelenzustände zu verstehen. Erst recht deutete sein Schüler Johann Heinrich Achterfeld († 1877) die Hölle als – ewige – Selbstverurteilung wegen der eigenen Verdorbenheit, als seelische Dauerverzweiflung.[3]

Johann Baptist Hirscher († 1865), ein Mitgründer der Tübinger „Schule", Moral- und Pastoraltheologe, hatte einen Begriff von moralischer Verkommenheit, der eine Bekehrung sowohl im irdischen Leben wie im Jenseits als unmöglich erscheinen läßt. Franz von Baader († 1841), bedeutender Vertreter der Romantik, hatte sich mit Kant und Hegel auseinandergesetzt. Wie die anderen hier Genannten hat auch er keine Eschatologie verfaßt, wohl aber sich gelegentlich zum Höllenthema geäußert. Er dachte ebenfalls von der „Innenseite" her über die ewige Hölle nach:

> Was nun die Ewigkeit der Hölle betrifft, so meint man hierunter eigentlich ihre Nichtzeitlichkeit, und es leuchtet ein, daß gleichwie ein Himmel sofort aufhören würde ein solcher zu sein, so wie in ihm dessen Ende absehbar wäre, dasselbe für die Hölle gilt.

Er deutet den Himmel als „ewigen Cultus", „jenen Verbrechern zum Fluch, welche weder vermögen werden, an diesem ewigen Cultus theilzunehmen, noch ihr Auge von ihm abzuwenden."[4]

Die Versuche einzelner gebildeter Katholiken, sich mit dem zeitgenössischen Denken produktiv zu beschäftigen und die biblischen Glaubensinhalte in eine Sprache der Zeit zu übersetzen, waren den Hütern der Rechtgläubigkeit in Rom und anderswo suspekt. Außerdem ging es nicht nur um Philosophie und Theologie. In Europa spielten sich unterschiedliche Revolutionen ab; auf verschiedenen Ebenen kämpften liberale und demokratische Ideen mit Restauration und ausgesprochen reaktionären Tendenzen. Das Aufkommen eines Massenproletariats hatte Aufsässigkeit nicht nur im Bürgertum zur Folge. Zum aufgeklärten und idealistischen Denken

---

[3] Vgl. Escribano-Alberca (Anm. 1), S. 186 f.
[4] Escribano-Alberca (Anm. 1), S. 190, 198; das Zitat 198 f.

traten immer häufiger religionskritisches und generell kirchenfeindliches Gedankengut. In dieser Situation suchte die römische Kirchenleitung die Reihen möglichst
dicht geschlossen zu halten: Es ging ihr nicht nur um die Verteidigung des „Kirchenstaates" gegen die nationale Einheitsbewegung in Italien, sondern auch um den
religiösen Einfluß der Hierarchie auf Weltebene. Der Defensive dienten die Betonung von Wundern (wie den Erscheinungen von Lourdes), die Vorbereitung neuer Dogmen (wie dem auf Maria bezogenen von 1854 und den dem Papst gewidme-
ten von 1870) und die Verurteilungen katalogartig aufgezählter Zeitirrtümer. Für
die Defensive auf allen Ebenen wurde die Neuscholastik als Rückkehr zu Theologie und Philosophie der Vorzeit angeordnet und autoritär unterstützt. Zuerst trat
sie in Italien auf, in der Folge dann auch in Spanien und im deutschen Sprachbereich.[5] Die erste positive Stellungnahme Roms datiert von 1857. Die selbständig
Denkenden, vor allem diejenigen, die nicht die „Sprache der Alten", sondern die
ihrer Gegenwart verwendeten, und diejenigen, die geschichtlich zu denken gelernt
hatten, waren bald die Opfer bösartiger Polemiken und auch infamer Intrigen. Von
den Genannten waren Hermes und Hirscher betroffen, ersterer durch Verurteilungen nach seinem Tod, letzterer durch Indizierung einiger Werke. Diese Politik einer „bloßen Repristination" (G. Söhngen), einer Wiederholung des Alten als Immunisierung gegen das unverstandene und unbewältigte Neue, dauerte bis in die zweite
Hälfte des zwanzigsten Jahrhunderts hinein an.

Aus dem Einerlei neuscholastischer theologischer Literatur ragen von der zweiten Hälfte des neunzehnten Jahrhunderts an nur wenige eigenständige Profile heraus. Drei von ihnen seien kurz genannt. Der anglikanische Geistliche John Henry
Newman (†1890) trat 1845 zur katholischen Kirche über. In der Analyse des Glau-
bensaktes und des sogenannten Gottesbeweises dachte er völlig unabhängig von der
Neuscholastik; als Fachmann auch auf dem Gebiet der Kirchen- und Dogmengeschichte suchte er Lehren aus der Geschichte für eine Erneuerung der Kirche fruchtbar zu machen. Lange Zeit hindurch verdächtigt und in Rom denunziert, wurde er
von Papst Leo XIII. rehabilitiert und zum Kardinal ernannt. Newman war nicht in
jeder Hinsicht ein Erneuerer der Theologie und Spiritualität. Noch als Anglikaner
verfaßte er eine Schrift über die biblische Gestalt des Antichrist (1838), in der er
die Auswirkungen der Französischen Revolution in der säkularisierten Autonomie
und Absage an die Religion abwehrend beklagte. 1865 entstand seine Dichtung „Der
Traum des Gerontius", die um Sterben, Gericht und Läuterung kreist (später von
Edward Elgar, † 1934, vertont).[6] Hier wird die unsichtbare Welt mit ihren Engel-
chören, zahlreichen Dämonen und Menschenseelen bildhaft dargestellt. Ein Engel
und eine Seele halten einen Dialog über die Dämonen, da die Seele über das Ekel-
hafte, Rohe und Schrille der Dämonenstimmen bestürzt ist. In der Erklärung des
Engels heißt es, die Dämonen seien bemüht, Seelen während ihres Erdenlebens für

---

[5]   Vgl. für einen kurzen Überblick G. Söhngen: LThK VII, S. 923–926.
[6]   Vgl. dazu W. Henkel: „Der Traum des Gerontius" von J. H. Newman. In: H. H. Jansen (Hrsg.):
      Der Tod in Dichtung, Philosophie und Kunst, 2. neu bearbeitete und erweiterte Auflage Darmstadt
      1989, S. 399–408.

die Hölle zu gewinnen; sie seien dabei um Zurückhaltung besorgt, da sie den Menschen die Furcht vor der Hölle nehmen wollten. Also verhielten sie sich wie Tiere hinter Gittern, die nur wütendes Fauchen vernehmen ließen. Eine der wesentlichen Zielaussagen der Dichtung besagt, daß das menschliche Leben vom Grundgesetz des Eigennutzes geleitet sei und hier die Einbruchsstelle des Bösen liege.

Obwohl Newman sich in vielerlei Hinsicht, auch als Historiker, von der einförmigen Mehrzahl der Neuscholastiker unterscheidet, gehört er, gestützt auf die Christusüberlieferung, die von den Vielen auf dem breiten Weg zum Verderben spricht, zu den Wissenden, die den Sprung in das rettende Geheimnis Gottes nicht wagten. Auch bei ihm sind die zur Hölle Verdammten – die anderen:

> Unsere Schar ist klein, und ihre Zahl ist groß [...]
> O Jammer über Jammer! Tausende sterben täglich und wachen auf in Gottes ewigem Zorn [...], und ihre Freunde und Bekannten gehen denselben Weg und werden bald ihr Schicksal teilen. Die neue Generation wächst in demselben Wahn heran, in dem die alte dahingegangen ist. Wie der Vater an Gottes Strafgericht nicht glauben wollte, so will auch der Sohn nichts davon wissen; wie der Vater empört war, wenn er von ewiger Höllenstrafe reden hörte, so gerät auch der Sohn darüber in Zorn und lächelt verächtlich [...] Ungezählte stürzen sich gleich jener Herde Schweine kopfüber in den Abgrund. O allmächtiger Gott! O Gott der Liebe, das ist zuviel!

Zwar hat Newman im Unterschied zu anderen durchaus Mitleid, aber er läßt sich dadurch in seiner Meinung über Auserwählung nicht irritieren:

> Auch uns, nach dem Maße unserer Empfänglichkeit, brennt das Auge, krampft sich das Herz und schwindelt der Kopf beim Gedanken an all diesen Jammer. O süßes Herz, warum willst Du nicht stillen, wann willst Du stillen diese ewig fließende Flut von Sünde und Qual? Wann willst Du den Teufel in seine Hölle bannen und die Pforten des Abgrunds schließen, damit Deine Auserwählten sich in Dir freuen können, ohne den furchtbaren Gedanken an die, welche in der Verstocktheit ihres Herzens zugrunde gehen?[7]

Der Kölner Seminarprofessor Matthias Joseph Scheeben († 1888) hatte genügend Selbständigkeit, um seine theologischen Perspektiven trotz seiner römischen Ausbildung durch ostkirchliche und patristische Studien zu vertiefen und zu erweitern. Er scheint die neuscholastische Rekonstruktion der Jenseitsgeographie nicht mitgemacht zu haben (die Eschatologie seines dogmatischen Handbuchs wurde von seinem Schüler Leonhard Atzberger geschrieben). Soweit aus seiner Abhandlung „Die negative Verklärung oder das Mysterium des höllischen Feuers" bekannt ist, dachte er über die Hölle als den Zustand absoluter Unähnlichkeit mit Gott nach. Atzbergers Eschatologie (1903, Atzberger starb 1918) ist ein typisches Erzeugnis der Neuscholastik mit der Tendenz – aufgrund der von ihm gesammelten Traditionszeugnisse –, das Höllenfeuer als ein reales, nicht-metaphorisches zu verteidigen. Atzbergers Hauptgegner sind Hirscher und Schell, die er in der Diktion des Augustinus als „misericordes", Barmherzige, zu diffamieren sucht.[8]

---

7   H. U. von Balthasar: Was dürfen wir hoffen? Einsiedeln 1986, S. 21 f.
8   Vgl. dazu Escribano-Alberca (Anm. 1), S. 221.

Der dritte zu nennende katholische Theologe ging in der Revision traditioneller Auffassungen im neunzehnten Jahrhundert am weitesten: Herman Schell († 1906). Von bleibender Bedeutung in der Eschatologie ist seine Betonung des göttlichen Geheimnisses, in dem die Lösung des endgültigen Schicksals eines Menschen verborgen bleibt. Vom Menschen her gesehen, legte Schell eine ewige Verdammung als möglich dar, nie als Ergebnis einer Vorherbestimmung und Verstockung durch Gott, wohl aber als Auswirkung der Energie eines todsündlichen Aktes in der Ewigkeit. Zur Zeit Schells hatte der Philosoph Eduard von Hartmann der traditionellen christlichen Eschatologie „Monosatanismus" und „Fatalismus" vorgeworfen, wobei er unter „Fatalismus" die automatische Mechanik der Jenseitsstrafe verstand, die selbst über die Souveränität Gottes dominierte. Schell hob den Primat der göttlichen Gnade hervor und wollte mit diesem Zentralthema der Bibel den Glauben gegen Hartmann verteidigen. Den neuscholastischen Theologen Joseph Bautz, der hier eigens gewürdigt werden muß, verspottete er als den Lehrer der fatalistischen Verstockung. Schell hat öffentlich die Ewigkeit der Höllenstrafen nicht geleugnet. Einer seiner Hauptfeinde, der Jesuit Johann Baptist Stufler († 1952), unterstellte ihm dies dennoch, und die Versetzung der meisten Werke Schells auf den römischen Index verbotener Bücher 1898 meinte auch eine mögliche Apokatastasis-Lehre. Als Schell 56jährig starb, war er das Opfer infamer Denunziationen und römischer „Maßnahmen" geworden.

Herausforderung durch Schopenhauer und Nietzsche

Die Neuscholastik war nicht imstande, eine theoretische Verteidigung (Theodizee) der Hölle zu leisten. Sie war auch weder fähig noch willens, auf die Hölle bezogene Angriffe der Philosophen aufzunehmen und zu parieren. Arthur Schopenhauer († 1860) polemisierte besonders gegen den „protestantischen Kirchenglauben", nach dem die menschlichen „Geister" gleich nach dem Tod in den Himmel oder in die Hölle, aus beidem aber nicht mehr heraus kämen, und gegen eine extreme Ansicht der Prädestination zum ewigen Verderben, „als hätte der liebe Gott die Welt geschaffen, damit der Teufel sie holen solle". Mehrfach lobt Schopenhauer die Apokatastasis-Auffassung des Origenes wie auch alles, was eine Läuterung, aber zugleich göttliche Milde beinhalte; darum findet die katholische Fegfeuer-Lehre seinen Beifall, „bloß die Protestanten, in ihrem starren Bibelglauben, haben sich die ewigen Höllenstrafen nicht nehmen lassen. Wohl bekomm's!"[9] Den Höllengedanken selber findet Schopenhauer nur zur Kennzeichnung dieser Welt für brauchbar. Er ist damit einer der wichtigsten Zeugen für eine Metaphorisierung der Hölle:

> So stimmt es zu der Wahrheit, daß allerdings nur wenige zur Verneinung des Willens und dadurch zur Erlösung von dieser Welt gelangen (wie bei den Buddhisten zum Nirwana). Was hingegen das Dogma als ewige Verdammnis hypostasiert, ist eben nur

---

[9]   A. Schopenhauer: Über Religion § 177. In: A. Hübscher (Hrsg.): Sämtliche Werke. Wiesbaden ²1946, Bd. 6, S. 388 f.

diese unsere Welt; der fallen jene Übrigen anheim. Sie ist schlimm genug: sie ist Purgatorium, sie ist Hölle, und an Teufeln fehlt es auch nicht darin. Man betrachte nur, was gelegentlich Menschen über Menschen verhängen, mit welchen ausgegrübelten Martern einer den andern langsam zu Tode quält, und frage sich, ob Teufel mehr leisten könnten.[10]

Friedrich Nietzsche († 1900) sah im Höllenglauben einen unentbehrlichen Bestandteil jenes Christentums, das er zugleich bewunderte und bekämpfte. Er verstand das Anhängen an der Hölle – das ja nicht nur, wie Schopenhauer es tat, Protestanten anzulasten ist – als Ausdruck eines Geistes der Rache und der Sieger, der mit Erfolg aus dem Heidentum entlehnt worden sei:

> Das Christentum fand die Vorstellung von Höllenstrafen im ganzen römischen Reiche vor: über ihr haben die zahlreichen geheimen Kulte mit besonderem Wohlgefallen gebrütet, als über dem fruchtbarsten Ei ihrer Macht. Epikur hatte für seinesgleichen nichts Größeres zu tun geglaubt, als die Wurzeln dieses Glaubens auszureißen: sein Triumph, der am schönsten im Munde des düsteren und doch hell gewordenen Jüngers seiner Lehre, des Römers Lucretius, ausklingt, kam zu früh – das Christentum nahm den bereits verwelkenden Glauben an die unterirdischen Schrecknisse in seinen besonderen Schutz und tat klug daran! Wie hätte es ohne diesen kühnen Griff ins volle Heidentum den Sieg über die Popularität der Mithras- und Isiskulte davontragen können! So brachte es die Furchtsamen auf seine Seite – die stärksten Anhänger eines neuen Glaubens![11]

Zum Racheverlangen der „Christen":

> Irgendwann einmal nämlich wollen auch sie die Starken sein, es ist kein Zweifel, irgendwann soll auch ihr „Reich" kommen – „das Reich Gottes" heißt es schlechtweg bei ihnen, wie gesagt: man ist ja in allem so demütig. Schon um das zu erleben, hat man nötig, lange zu leben, über den Tod hinaus – ja man hat das ewige Leben nötig, damit man sich auch ewig im „Reiche Gottes" schadlos halten kann für jenes Erdenleben im „Glauben, in der Liebe, in der Hoffnung". Schadlos wofür? Schadlos wodurch? ... über dem Tore des christlichen Paradieses und seiner „ewigen Seligkeit" würde jedenfalls mit besserem Rechte die Inschrift stehen dürfen „Auch mich schuf der ewige Haß" – gesetzt, daß eine Wahrheit über dem Tor zu einer Lüge stehen dürfte! Denn was ist die Seligkeit des Paradieses?[12]

Da Nietzsche an dieser Stelle Äußerungen der christlichen Tradition über die Freude der Gerechten beim Anblick der Verdammten zitiert (Tertullian, Thomas von Aquin, Dante), hätte es nahegelegen, sich kirchlicherseits einmal eingehend mit der Psychologie der eigenen Höllentradition zu befassen. Aber das unterblieb erwartungsgemäß.

---

[10] Hübscher (Anm. 9), S. 391.
[11] Werke Bd. 1, hrsg. von K. Schlechta, München 1966, S. 1059 f.
[12] Werke Bd. 2, Schlechta (Anm. 11), S. 793.

Der katholische Höllenfachmann

Die Neuscholastik ging mit einem starr und eigenmächtig festgehaltenen Gottesbild an die entscheidende Frage der individuellen Eschatologie heran, das nicht dadurch besser wurde, daß man im Geist des fleißigen Sammlereifers Traditionszeugnisse von der Kirchenväterzeit an dafür zusammentragen konnte: Das Erbarmen Gottes hat eine befristete Zeit bis zum Tod des Individuums; danach beginnt die Zeit, in der sich die unerbittliche göttliche Gerechtigkeit durchsetzt und eine Zuwendung von Gnade nicht mehr möglich ist; es werden nun nur noch Lohn und Strafe zugeteilt.[13]

Da die neuscholastischen Eschatologie-Traktate einander zum Verwechseln gleichen – unter dem Druck der Glaubensüberwachung war es gefährlich, originell zu sein – und da sie sachliche Unterschiede nur bei minimalen Randfragen erkennen lassen, genügt es, sich hier mit einem Werk zur Hölle zu befassen, mit diesem aber gründlich, da es sich um den neuscholastischen Höllenfachmann schlechthin handelt. Joseph Bautz († 1917) war Professor für Dogmatik und Apologetik an der Universität Münster. Sein Werk „Die Hölle. Im Anschluß an die Scholastik dargestellt" erschien in erster Auflage in Mainz 1882, in zweiter verbesserter und vermehrter Auflage (nach der hier zitiert wird) ebenfalls in Mainz 1905, mit der dortigen kirchlichen Druckerlaubnis.

Nach Zitation von Beispielen aus der griechisch-römischen Antike nennt Bautz die Existenz der Hölle eine ewige, unvergängliche Wahrheit der ganzen Menschheit. Das begründet er mit einem einfachen Schlußverfahren: „Es gebührt dem Sünder Strafe; er findet aber diese Strafe in diesem Leben nicht, und folglich erwartet ihn im Jenseits entsprechende Vergeltung."[14]

Das a priori zugrundegelegte Gottesbild des Bautz sieht so aus: Gott haßt die Sünde; der „unbußfertige Sünder" ist ein Gegenstand seines Zornes. Gott ist Liebe heißt: Gott liebt notwendig sich selber und alles, was seiner Vollkommenheit entspricht; dazu gehört gerade auch seine Ehre, der alles dienen muß. Da die Selbstherrlichkeit des Sünders Gott Ehre entzogen hat, wird nun im Jenseits dem Sünder Ehre entzogen (durch Demütigung) und wird ihm Liebe entzogen (durch Zufügung von Unlust und Pein).[15] Um „den schwachen Menschen im Sturm der Leidenschaften vielleicht zu halten", setzt Gott das „letzte Mittel", die Drohung mit harter Strafe, ein. Sie erfolgt in der Regel während des Lebens nicht.

> Gott muß [!] die Sünde strafen; sie findet aber diese Strafe auf dieser Erde nicht. Und folglich steht es unumstößlich fest, daß in der anderen Welt absolut gewiß das Strafgericht erfolgen wird.[16]

Nach einem Durchgang durch die Bibelstellen behauptet Bautz:

---

[13] Vgl. dazu Escribano-Alberca (Anm. 1), S. 214.
[14] J. Bautz: Die Hölle. Im Anschluß an die Scholastik dargestellt. Mainz ²1905, S. 8.
[15] Bautz (Anm. 14), S. 8 f.
[16] Bautz (Anm. 14), S. 11.

Nach ihrer [der Hl. Schrift] Anschauung ist es wesentlich *Rache,* d. h. gerechte Sühne für das Gott zugefügte Unrecht, was durch die Strafe erreicht werden soll.[17]

Das in den biblischen Drohungen primär genannte Unrecht am Mitmenschen kommt bei Bautz überhaupt nicht vor. Nach einer kurzen Darstellung der Kirchenväterlehre und der amtlichen Kirchenlehre (bei der nur das Konzil von Florenz angeführt wird) kommt Bautz auf die Sünden, die mit der Hölle bestraft werden, zu sprechen. „Außer der Erbsünde ist die *Todsünde* der eigentliche Gegenstand der Höllenstrafe."[18] Unter Todsünde versteht man „die bewußte und freiwillige Übertretung eines göttlichen Gesetzes in einer wichtigen Materie", Beispiele: Unglauben, verschiedene Arten unzüchtiger Werke, sodann Diebstahl, Raub, Geiz, Trunksucht, Lästerung, ferner Meineid, falsches Zeugnis, Bruch des kirchlichen Fastengebotes.[19] Bautz polemisiert gegen Theologen, die nur eine direkte Auflehnung gegen Gott als Todsünde verstehen.[20] Die *Erbsünde* schließt ebenfalls vom ewigen, seligen Leben aus, „denn auch der mit ihr Behaftete ist ohne Gnade und Liebe", verfügt der Theologe.[21] Nach diesen Grundlagenaussagen geht Bautz zur Örtlichkeit der Hölle über. Weil der Himmel eine bestimmte Örtlichkeit und das Höllenfeuer materiell ist, darum ist die Hölle ein bestimmter, abgegrenzter Ort. Sie kann nicht im neuen Himmel und auf der neuen Erde, sondern muß „im tiefsten Schlupfwinkel" verborgen sein. Wer gegen Bautz' erste Auflage wegen der Örtlichkeit polemisiert hat, dem fehlt es „an den nötigen Vorbedingungen, um in diesen Dingen urteilen zu können."[22] Nach vielen Gründen und Texten, die für ein „Unten" sprechen, folgert Bautz: „Also die h. Schrift leitet uns an, die Hölle in der Tiefe zu suchen. Nun gibt es aber für die Menschheit, die den Erdball bevölkert, keine andere Tiefe, zu der sie hinabstürzen könnte, als das Innere der Erde."[23] Bautz wendet sich gegen die „moderne" Exegese, die das „Unten" „uneigentlich" verstehen will.[24] Wer könnte folgender Überlegung widerstehen:

Das Bewußtsein aber, daß die Hölle uns so nah, daß ihre grausigen Flammen hart unter unseren Füßen drohend lodern; daß ein *näherer* oder *entfernterer* Zusammenhang besteht zwischen dem, was die entsetzliche Tiefe birgt; daß es der Hölle Schloten sind, die vor unseren Augen giftig qualmen; daß die Riesenwogen ihres ewigen Feuermeeres aus der Tiefe herauf die Erde, die uns trägt, in banger Angst erzittern machen, das alles dürfte wohl geeignet sein, jenen erschütternden Eindruck nicht wenig zu verschärfen.[25]

Wie verhalten sich nun die unterirdischen receptacula der Lage nach zueinander? Alle nehmen an, daß die eigentliche Hölle an der tiefsten Stelle zu suchen sei, ebenso, daß sich der sinus Abrahae in höherer und würdigerer Lage finde. Der Limbus

---

[17]   Bautz (Anm. 14), S. 15.
[18]   Bautz (Anm. 14), S. 21.
[19]   Bautz (Anm. 14), S. 21 f.
[20]   Bautz (Anm. 14), S. 24 ff.
[21]   Bautz (Anm. 14), S. 26.
[22]   Bautz (Anm. 14), S. 29.
[23]   Bautz (Anm. 14), S. 33.
[24]   Bautz (Anm. 14), S. 35 f.
[25]   Bautz (Anm. 14), S. 40.

puerorum müsse in unmittelbarer Nähe der Hölle sein, weil „jene Kinder, wie die
Verdammten, in der Ungnade sind", also den Verdammten näherstehen „als den
Seelen des Purgatoriums"; jedoch vielleicht in einiger Entfernung von der Hölle, weil
limbus und sinus „von den Flammen der Hölle unberührt bleiben"? Das Fegfeuer
müsse wiederum in unmittelbarer Nähe der Hölle liegen, weil viele annehmen, daß
das Feuer beider Orte „identisch" sei.[26]

Wann tritt die Höllenstrafe ein? Probleme hat der Höllenprofessor mit Äußerungen der „gottseligen" Katharina Emmerich, wie er sagt. Anna Katharina Emmerich
war eine stigmatisierte Augustiner-Nonne († 1824 in Dülmen). Ihre Visionen wurden von dem Dichter Clemens Bretano († 1842) für die Veröffentlichung bearbeitet. Katharina soll gesagt haben: „Ich habe auch gesehen, daß viele Verdammte nicht
gleich zur Hölle fahren, sondern noch an einsamen Orten der Qual auf Erden verweilen." Bautz erlaubt sich die kühne Äußerung: „Diesen befremdenden Sätzen
gegenüber könnte man versucht sein, an Brentano's Hand zu denken. Wir lassen
es dahingestellt."[27] Bautz spricht sich für den sofortigen Beginn der Höllenstrafen
mit dem Tod aus.[28]

Die Ewigkeit der Hölle nennt er „ein kath. Dogma im strengen Sinne."[29] Er setzt
sich mit den Anhängern der Apokatastasis auseinander und lobt das vortreffliche
Buch des Jesuiten J. Stufler, Die Heiligkeit Gottes und der Ewige Tod, Innsbruck
1903, das dem Kampf gegen H. Schell galt. Die ewige Strafe will er spekulativ, also
philosophisch rechtfertigen. „Gäbe es nur eine zeitliche Strafe, so würde das Ge-
bäude der sittlichen Ordnung im Sturme der Gottlosigkeit wohl ganz und gar in
Trümmer gehen."[30] Mit Thomas von Aquin sieht er das gewichtigste Argument in
dieser Schlußfolgerung:

> Eine Beleidigung ist um so größer, je größer und höher derjenige ist, der durch die Be-
> leidigung getroffen wird. Nun ist aber Gottes Majestät unendlich groß. Und folglich ge-
> bührt der schweren Beleidigung Gottes eine unendlich große Strafe.[31]

Der Verfasser des Höllentraktats stellt sich nun den Einwänden; er spricht über das
Ungenügen einer bloß zeitlichen Strafe angesichts der menschlichen Freiheit. Danach wendet er sich der wirklich zentralen Frage, ob eine Strafe nicht generell und
erst recht bei Gott ihren Sinn überhaupt nur in der Veränderung der Täterhaltung,
also in der „Besserung", haben könne, zu. Zu dieser alten Alternative einer medizinellen oder vindikativen Strafauffassung bemerkt Bautz:

> Eine *zweite Einwendung* macht geltend, eine ewige Strafe sei deswegen zwecklos und
> widerspreche folglich der göttlichen Weisheit, weil der Zweck der Strafe dahin gehe,
> einerseits den Übeltäter zu *bessern* und andererseits ihn selbst und andere für die Zu-
> kunft heilsam abzuschrecken. Dauere nun aber die Hölle ewig, so sei eine Besserung

---

[26] Bautz (Anm. 14), S. 41.
[27] Bautz (Anm. 14), S. 43, Anm. 2.
[28] Bautz (Anm. 14), S. 56.
[29] Bautz (Anm. 14), S. 76.
[30] Bautz (Anm. 14), S. 80.
[31] Bautz (Anm. 14), S. 83.

des Sünders, selbst wenn sie möglich wäre, doch völlig nutzlos; eine Menschheit aber, die vom Bösen abgeschreckt werden könnte und müßte, gäbe es nach dem jüngsten Tage nicht mehr. – Diese echt moderne Einwendung steht in scharfem Gegensatz zum natürlichen Rechtsgefühle. Ist ein gemeines Verbrechen begangen, so fordert das empörte Gefühl aller rechtschaffenen Menschen eine exemplarische Züchtigung und erträgt es ungern, wenn es dem Frevler gelang, sich seinem Richter zu entziehen. Der gesunde Rechtssinn des Volkes will offenbar die Strafe in erster Linie deshalb, damit das Verbrechen die *schuldige Sühne* empfange und der Verbrecher die Strafe, die er *verdient*.[32] Und so dienen die ewigen Strafen allerdings nicht mehr zur Bekehrung des verdammten Sünders, sie dienen nach dem Weltgerichte auch nicht mehr zur heilsamen Erschütterung der Lebendigen hier auf Erden. Sie haben von jetzt an nur noch einen vindikativen Charakter und bewirken in dieser ihrer Eigenschaft ein doppeltes Gute. Sie verherrlichen Gott und seine erhabenen Attribute, und eben diese seine eigene Verherrlichung, nicht aber die Qual als solche, gereicht Gott zur Wonne. Sie dienen aber auch zur Seligkeit der Auserwählten, die angesichts der ewigen Hölle die heilige Gerechtigkeit Gottes ehrfurchtsvoll bewundern und seine gnädige Barmherzigkeit, die sie rettete, anbetend preisen.[33]

Statt über das Wesen einer Strafe eingehender nachzudenken, nimmt der gelehrte Theologe seine Zuflucht zum gesunden Rechtssinn des Volkes und dem empörten Gefühl aller rechtschaffenen Menschen als Argumenten, die ihn und andere überzeugen und die auch eine unproportionale „Sühne" rechtfertigen. Damit ist deutlich, daß den Überlegungen nicht eine Theologie, sondern eine präfaschistische Mentalität zugrunde liegt, die sich nicht scheut, mit einer Lynch- und Pogromstimmung zu spielen. Dem entspricht dann auch die Seligkeit der Auserwählten beim Begaffen der Hölle.

Immerhin will Bautz, auch im Zusammenhang mit dem Thema der verletzten Ehre Gottes, menschliche Sünden, die aus bloßer Schwachheit begangen wurden, von dieser schrecklichsten Strafe ausgenommen wissen.[34]

Der letzte Einwand besagt, daß die Hölle aus Haß stamme und damit Gottes Heiligkeit und Liebe widerspreche. Bautz weiß, daß Gott den Sünder nicht in jeder Hinsicht haßt: als sein Werk und Bild liebt er ihn.

Er haßt ihn aber, sofern er Sünder ist, und straft ihn nach der Gerechtigkeit, denn die Zeit der Barmherzigkeit und Gnade ist abgelaufen, und zwar ergebnislos durch die Schuld des Sünders selbst.[35]

Der Frage nach Rache und Barmherzigkeit rückt Bautz folgendermaßen zu Leibe:

Was aber die *Rache* anbetrifft, so ist es wahr, daß Gott Rache übt, wenn er ewig straft. Aber zwischen Rache und Rache ist ein großer Unterschied. Die Rache kann heilig und gerecht, sie kann auch sittlich böse und unerlaubt sein. Rache üben heißt Vergeltung üben für ein Unrecht. Sie nimmt beim Geschöpfe häufig einen unmoralischen Charakter an, weil das Geschöpf sich vielfach unberufen rächt und ohne gesetzliche Vollmacht;

---

[32] Bautz (Anm. 14), S. 92 f.
[33] Bautz (Anm. 14), S. 93.
[34] Bautz (Anm. 14), S. 95.
[35] Bautz (Anm. 14), S. 96.

weil es Rache übt aus Leidenschaft, in Schadenfreude, aus verletzter Eigenliebe oder
Stolz; weil es endlich Vergeltung übend über das gerechte Maß hinausgeht. Alles dieses trifft bei Gott nicht zu. Als der oberste Wächter der sittlichen Ordnung hat er das
absolute Recht zu strafen; ferner ist nicht Leidenschaft die Triebfeder, sondern die
Gerechtigkeit, sie ist auch die das Maß der Strafe bestimmende Norm, Gott straft aus
Gerechtigkeit und in Gerechtigkeit. Endlich freut sich Gott keineswegs an der Strafe
als solcher, sondern an der ihm gebührenden Ehre, die ihm aus der gerechten Züchtigung
des unbußfertigen Sünders erwächst.
Eine sehr geläufige Einwendung betont die göttliche *Barmherzigkeit* und behauptet, Gott
sei unendliche Barmherzigkeit, Liebe, Güte, er müsse doch im Jenseits endlich sich erbarmen, der Strafe ein Ende machen und den unglücklichen Sünder durch seine Gnade, die ja allmächtig sei, zur Umkehr und zum Heile führen. – Diese Einwendung hat
etwas Bestechendes, weil sie echt menschlich ist; aber echt menschliche Betrachtungs-
weisen sind nicht selten einseitig und oberflächlich. Freilich ist Gott barmherzig, die
Barmherzigkeit ist sogar sein Wesen selbst. Ebendeswegen kann Gott unmöglich jemals
etwas wollen und tun, was seiner Liebe und Barmherzigkeit widerspricht. Aber daraus
folgt doch nicht, daß Gott *schrankenlos* Barmherzigkeit üben müsse. Denn müßte er
dieses, dann müßte er ebensowohl schrankenlos Gerechtigkeit üben, da er ebensowohl
unendlich gerecht und voll unendlichen Hasses gegen die Sünde, als unendlich barmherzig ist. Und so würde sich die absurde Konsequenz ergeben, daß Gott der Sünde und
der Hölle gegenüber sich gleichzeitig in entgegengesetzter Weise verhalten müßte; die
Barmherzigkeit würde unbedingt Verzeihung heischen, die Gerechtigkeit aber Strafe.[36]

Nachdem Bautz sich also gegen eine echt menschliche Betrachtungsweise entschieden hat, wendet er rigoros eine echt menschliche Betrachtungsweise an, indem er
von vornherein zu wissen vorgibt, was Gerechtigkeit bei Gott zu sein habe und inwieweit sich Gottes Barmherzigkeit Schranken setzen müsse, um die Gerechtigkeit
nicht zu verletzen. Der Preis der logischen Unerbittlichkeit und menschlichen Anmaßung ist das ewige Unglück von Menschen.
Nach diesen Argumentationsgängen geht Bautz zu den höllischen Strafen im einzelnen über. Zunächst beschreibt er den Todsünder, der Gott mißfällig (reatus
culpae) und eo ipso strafwürdig (reatus poenae) ist.[37] Eine kurze Definition von Strafe im Anschluß an Thomas von Aquin besagt: „Der Sünder soll zur Sühne für sein
Unrecht erniedrigt, gezüchtigt werden; und das geschieht eben durch ein schmerz-
liches, der Natur widerstrebendes Übel."[38] Über das Niveau prügelnder Eltern oder
Polizisten geht diese Strafauffassung nicht hinaus.
Bautz erläutert, warum die Höllenstrafen sich aus der Strafe des Gottesverlustes
und aus sinnenhaften Strafen, aus Strafen für den Geist und für den Leib zusam-
mensetzen müssen, und geht zunächst zur Strafe des Verlustes über. Aus den wort-
reichen Beschreibungen der geistigen Qualen sei eine Passage zitiert, die zeigt, wie
weit die Gotteskenntnis Bautz' geht:

---

[36] Bautz (Anm. 14), S. 97.
[37] Bautz (Anm. 14), S. 103–106.
[38] Bautz (Anm. 14), S. 107.

Das Menschenherz will lieben, strebt nach dem Schönen, Edlen, Guten hin. Sein Gut, sein Ziel, sein Leben und sein Glück ist Gott, die ewige Schönheit und das höchste Gut. Und dieses Gut ist hoffnungslos verloren, und ein Ersatz, so klein er sei und flüchtig, wird nirgendwo gefunden. Das Herz will lieben, die Liebe ist sein Leben, und es kann nur hassen. Das Herz sucht Gegenliebe, sucht sie bei seinem Gott und Vater, und dieser Vater liebt nicht mehr.[39]

Nach einer Erörterung über die doch mildere Verdammnis der ohne Taufe verstorbenen Kinder geht Bautz zu den poenae sensus über. Hier nimmt er die ganz bewegende und wichtige Frage nach der Natur des Höllenfeuers auf. Er hält es für beweisbar aus Bibel und Tradition, „daß es sich um ein wahres und eigentliches Feuer handle, das von unserem empirischen sich nicht wesentlich unterscheidet."[40] Allerdings:

daß es im höllischen Feuer lebendige Tiere gebe, die Verdammten zu quälen, ist unwahrscheinlich genug. Und ebendeswegen haben wir allen Grund, mit den meisten Vätern und Theologen den Wurm metaphorisch zu fassen als geistigen Wurm, als das nagende, böse Gewissen.[41]

Gerade die Überlegungen zur Natur des Feuers helfen auch zu Erkenntnissen hinsichtlich des Ortes der Hölle:

Wenn uns oben in § 3 Scholastiker und spätere Theologen die wohlbegründete Ansicht vortrugen, daß die Hölle sich im Innern unserer Erde befinde, so kommt die Naturwissenschaft geradezu mit der Erklärung entgegen, daß das Innere unseres Erdkörpers der Sitz gewaltiger Feuermassen sei.[42]

Die Einsichten nehmen ihren Fortgang:

Wie lange auch der Erdball vor dem Weltende noch existieren mag, „für den Fortbestand des Höllenfeuers wird die Weisheit und Allmacht des strafenden Gottes Sorge tragen". Nach dem Weltende

läßt sich naturwissenschaftlich annehmen, daß dieses Feuer durch ewigen Kreislauf gewisser chemischer Prozesse verursacht wird, indem kraft göttlicher Einrichtung chemische Verbindungen entstehen und wiederum zergehen.

Das Höllenfeuer wird dementsprechend einfach ein Gas sein, das durch Gottes Macht „in den Zustand ewiger Glut" versetzt wird. Für Bautz ist Gott also Konstrukteur und Wärter eines gigantischen unterirdischen Auschwitz. Bei diesem dürfe man nicht so sehr an lodernde Flammen und aufsteigenden Rauch denken „als vielmehr an eine unterirdische Glutatmosphäre, an ein Glutmeer gasförmiger Materie".[43] Bautz ist freilich mit dieser An- und Einsicht nicht allein. Er zitiert außer Leonhard Atzberger auch den Fuldaer Professor Konstantin Gutberlet († 1928) mit

---

[39] Bautz (Anm. 14), S. 118 f.
[40] Bautz (Anm. 14), S. 138.
[41] Bautz (Anm. 14), S. 142.
[42] Bautz (Anm. 14), S. 147.
[43] Bautz (Anm. 14), S. 148.

dem Satz: „Weil die Hölle eine positive göttliche Strafanstalt ist, kann man diese Erregung der kleinsten Teilchen zu den schnellsten Schwingungen [...] direkt auf Gott zurückführen."[44]

Einen Widerspruch gegen diese Sicht nennt Bautz „falsch und verwegen". Schließlich habe die „heilige Pönitentiarie" (jenes vatikanische Gericht, das vor allem auch in Gewissensfragen zuständig ist) am 30. 4. 1890 dekretiert, wer als Beichtender auch nach Belehrung hartnäckig daran festhalte, das Höllenfeuer sei nur metaphorisch zu verstehen, der dürfe nicht von seinen Sünden absolviert werden.[45]

Nach diesen Darlegungen wendet Bautz sich der schwierigen Frage zu, wie „Geister", also leib-lose menschliche Seelen, von einem physischen Feuer berührt und gequält werden können. Die traditionelle Auskunft einer Art geistigen Fesselung der Seelen an das Feuer genügt Bautz nicht, er denkt vielmehr an eine physische Einwirkung.

> In diesem Falle ist die Einwirkung Gottes auf den verdammten Geist keine unmittelbare, im Grunde neben dem Feuer und außerhalb desselben verlaufend, sondern Gott ist tätig *mit* dem Feuer und *durch* dasselbe.[46]

Das Feuer bemächtigt sich des Geistes; es

> bindet und kettet dann den Geist im Widerspruch mit dessen Willen unauflöslich an sich, entzieht ihn gewaltsam seiner naturgemäßen Wirkungssphäre und hält ihn gebunden, so lange Gott es will.[47]

Das Feuer vergewaltigt, so heißt es wörtlich, den Geist innerlich; es handelt sich um eine „qualvolle Vergewaltigung seines Willens"[48] und seiner Erkenntnis[49]. Es sei eine Qual für den Geist, mit der Materie – des Feuers – „unauflöslich in der widernatürlichsten Weise verbunden zu sein, an sie gefesselt zu sein und zwar schmachvoll durch die Materie selbst geknechtet".[50]

Nach diesem Lehrstück wendet sich Bautz der Frage zu, ob die Strafen der Verdammten auch außerhalb der Hölle dauern.

> Da die Teufel sich vielfach außerhalb der Hölle aufhalten, so fragt es sich, ob ihre Anwesenheit in den irdischen Regionen eine Unterbrechung der positiven Strafe zur Folge habe oder nicht.[51]

Schließlich hat ja Gott ihnen die Aufgabe gestellt, die Menschen zu versuchen und zu prüfen.[52] Auch verdammte Menschenseelen dürften bisweilen die Hölle verlassen, um Menschen zu belehren oder ihnen heilsame Furcht einzuflößen, sagt Bautz un-

---

[44] Bautz (Anm. 14), S. 149, Anm. 1.
[45] Bautz (Anm. 14), S. 150 f.
[46] Bautz (Anm. 14), S. 156.
[47] Bautz (Anm. 14), S. 161.
[48] Bautz (Anm. 14), S. 161.
[49] Bautz (Anm. 14), S. 162.
[50] Bautz (Anm. 14), S. 163.
[51] Bautz (Anm. 14), S. 176.
[52] Bautz (Anm. 14), S. 177.

ter Hinweis auf Thomas von Aquin.[53] Die positive Strafe wird dabei überallhin mit-
genommen; zustimmend zitiert Bautz die ältere Ansicht: „Der Teufel führt die Qualen seiner Flammen mit sich, wo er auch sei, in den Lüften oder in der Erde Tiefe."[54]

Bei der weiteren Darlegung der höllischen Strafen handelt Bautz nun von der
Verfinsterung des Verstandes. Die verdammte Seele, meint er mit der Thomas-Tra-
dition, erkenne „immer von neuem und ohne Ende" die ganze Schmach des vergangenen Lebens, die Häßlichkeit der anderen verdammten Seelen und mit einem
„ersten und letzten Blick" ein einziges Mal die Glorie der Seligen als traurige Erinnerung an das Verlorene, die sie für ewig mit in den Abgrund nehmen.[55]

Weiter geht es mit der ewigen Unbußfertigkeit und Verstocktheit des Willens.
Hier fällt wieder ein bezeichnendes Licht auf das Gottesbild dieser Theologie. Gott
könne, sagt der Einwand, nicht direkt zum Bösen beitragen, wenn die Bußfertigkeit,
d. h. die Reue, doch auf seinen Gnadenimpuls zurückzuführen ist. Gott wirkt nicht
zum Bösen mit, heißt die scholastische Auskunft; er unterläßt es lediglich, zu etwas
Gutem mitzuwirken. Denn er hat nun einmal den positiven Beschluß gefaßt, nur
bis zum Tod eines Menschen „durch seine Gnade mitzuwirken".[56]

Alle Liebesfähigkeit hat der Verdammte verloren, und so ist der qualvolle Haß
gegen Gott ein wesentlicher Bestandteil der ewigen Verdammnis.[57]

Von den Strafen im Bereich der Erkenntnis und des Willens geht Bautz zu den
Strafen der Leiber der Verdammten über. Nein, mißgestaltet, als „Krüppel", würden die Verdammten nicht auferstehen, denn Gesundheit ist vonnöten, damit sie
„für die Einwirkung des Strafübels in höherem Maße empfänglich" werden.[58] Also
werden die Leiber der Verdammten frei von allen Deformierungen „in vollendeter
Entwicklung, die etwa dem dreißigsten Lebensjahre entspricht, von den Toten auferstehen".[59] Sie werden den Leibern der Seligen ähnlich sein bis auf die Leidens-
fähigkeit. Der naturwissenschaftlich bewanderte Theologe weiß:

> Das Höllenfeuer ist nicht imstande, durch seinen Einfluß den Körper, seine Teile, Mo-
> leküle aufzulösen, wohl aber wirkt es auf ihre gute Verfassung störend ein, und die Seele
> hat keine Kraft empfangen, solchem Eindruck siegreich zu begegnen. Das Feuer erzeugt
> nämlich im Körper eine widernatürliche stoffliche Bewegung, die durch die sensitiven
> Nerven bis zum Gehirne fortgeleitet im ganzen Leibe Schmerz entfesseln muß. – Trotz
> dieser Schmerzen aber erfolgt doch nicht der Tod, auch nicht einmal Bewußtlosigkeit.
> Tod und Bewußtlosigkeit haben ihren Grund in einer schlechten Verfassung der zum
> Leben und zur Lebenstätigkeit erforderlichen Körperteile und Organe, oder auch in
> einem Mangel, in einer Zersetzung, in einer naturwidrigen Verteilung der Lebenssäfte.
> Alles das aber kann im verdammten Leibe niemals zutreffen. Der ganze Leib und alle
> seine Teile empfangen freilich durch das Feuer eine Verfassung, die äußerst schmerz-

---

[53] Bautz (Anm. 14), S. 187.
[54] Bautz (Anm. 14), S. 189.
[55] Bautz (Anm. 14), S. 197 f.
[56] Bautz (Anm. 14), S. 204.
[57] Bautz (Anm. 14), S. 214.
[58] Bautz (Anm. 14), S. 223.
[59] Bautz (Anm. 14), S. 224.

bereitend ist. Allein in Kraft und Unverweslichkeit bleibt jedes Molekül das, was es ist;
bleibt auch in seinem richtigen Verbande; behält alles die entsprechende natürliche
Integrität.[60]

Als Instrument in Gottes Hand, sagt der Verfasser, quält das Feuer die Verdammten in unterschiedlichem Grad, und zwar dadurch, daß Gott die Disposition der
Verdammten zum Empfinden von Schmerz unterschiedlich gestaltet, je nach der
Schwere ihrer Sünden.[61] Immerhin: auf eine Schilderung der Feuersqual selber will
der Autor sich nicht einlassen.[62]

Nach der wesentlichen Körperstrafe, dem Feuer, zeigt Bautz anderweitige Strafen auf. Anhand der Traditionszeugnisse kommt er auf Kälte, Finsternis und Gestank zu sprechen. Die Schilderung der Strafen wird abgerundet durch den Hinweis auf die „infernale Gesellschaft", die spezielle Qual verursacht, denn „es gibt
schon hier auf Erden Menschen, in deren Nähe vielleicht nur kurze Zeit zu weilen
Abscheu und Entsetzen einflößt."[63] Außer der peinigenden Gesellschaft der anderen Verdammten ist ja auch die ewige Gegenwart der Teufel zu erdulden:

> Die Teufel sind es, welche die verdammten Seelen mit Gewalt und Hohngelächter zur
> Hölle schleppen, um sie dort zu bewachen und festzuhalten; sie quälen dieselben durch
> Schimpf und Spott, auch durch die Erinnerung an ihre früheren Sünden. Etwas nähe-
> res freilich ist uns über diese Tätigkeit des Teufels weder offenbart, noch auch sonst
> mit Sicherheit bekannt geworden.[64]

Immerhin weiß Bautz dann doch einige Einzelheiten:

> Der Teufel reizt und stachelt die Verdammten, Gott zu hassen, ihn und seine Heiligen
> zu verlästern, zu verwünschen. Er selbst gibt ihnen das Beispiel zu jeder Schlechtigkeit,
> die in der Hölle möglich ist. [...]
> Der Verdammte befindet sich ja im Reiche Satans selbst; Legionen Teufel umringen und
> umwohnen ihn; sie bieten alles auf, soweit sie können, um ihn zu schrecken und zu quä-
> len. Sie spotten seiner, verhöhnen ihn; sie peinigen ihn wohl auch mit roher, physischer
> Gewalt.[65]

Ehe Bautz mit seinem letzten Paragraphen über die Unveränderlichkeit der Hölle,
in dem er die Möglichkeit befristeter Straferleichterungen abweist, seinen Höllen-
traktat abschließt, faßt er den Befund seines Buches in der Art eines Hymnus zusammen, der hier als Fazit dieses Bautz-Kapitels wiedergegeben sei:

> Fürwahr! Der verdammte Sünder, der Christ zumal, ward vornehm, edel, himmlisch
> auferzogen. Gott machte ihn zu seinem Kind und adelte ihn mit seinem eigenen Adel;
> er war göttlichen Geschlechtes, und das hehre Zeichen seiner edlen Abkunft ist noch
> in ihm, unvertilgbar, zu seiner ewigen Schande. Gott im Himmel selber belehrte ihn,
> und eine heilige, ehrwürdige Mutter hier auf Erden wirkte mit so treu und mütterlich.

---

[60] Bautz (Anm. 14), S. 227.
[61] Bautz (Anm. 14), S. 227 f.
[62] Bautz (Anm. 14), S. 228.
[63] Bautz (Anm. 14), S. 237.
[64] Bautz (Anm. 14), S. 239.
[65] Bautz (Anm. 14), S. 240.

Gott wohnte selbst in ihm und speiste ihn mit Engelspeise und Gottes Engel stand treulich ihm zur Seite auf hoffnungsfroher Pilgerreise zum denkbar höchsten Ziel. Und nun ist jählings er gefallen, in die denkbar tiefste Tiefe, in eine von Gott verfluchte Welt von Bösewichtern, und was das Schlimmste ist, er selbst ist ihnen gleich; nur dieser Ort, nur dieser Umgang ist für ihn angemessen.[66]

In dem Höllenbuch der katholischen Dogmatik, das in dieser Gestalt erscheinen konnte, nachdem systematische Theologie, Philosophie und Bibelwissenschaft so viele Fragen gestellt hatten, wird nicht nur eine deformierte individuelle Psyche deutlich. Es tritt auch die Unmöglichkeit zutage, im Interesse der Identität der Glaubenslehre an einer breit gefächerten und obskur angereicherten Tradition festzuhalten und das so entstandene Konglomerat als zeitlos-überzeitliche Wahrheit zu verteidigen. Viele katholische Theologen, die persönlich gewiß originellere Denker als Bautz waren, haben diese Quadratur des Zirkels versucht, der „heiligen, ehrwürdigen Mutter" bis zur Selbstaufgabe treu, und haben dafür mit bitteren Leiden bezahlt.

Offizielle katholische Position

Werke wie das Bautzsche sind mit kirchlicher Druckerlaubnis erschienen. Damit ist nicht eine offizielle kirchliche Lehre statuiert, sondern nur festgestellt – was folgenreich genug ist! –, das Werk enthalte keine Widersprüche zur kirchenamtlichen Lehre. Eine offizielle Äußerung verpflichtenden Charakters zur Existenz und Ewigkeit der Hölle erging in der Zeit nach dem Trienter Konzil nicht. An der Auffassung der römischen Leitungsinstanzen kann dennoch kein Zweifel sein.

Die kirchenamtliche Lehre berührte den Problemkomplex insofern, als sie gerade bei Pius IX. im neunzehnten Jahrhundert die Heilsnotwendigkeit des Glaubens und der Kirchenzugehörigkeit betonte und damit allen Ungläubigen (außer bei unüberwindlichem Irrtum, wie Pius IX. einräumte[67]) das ewige Heil bei Gott absprach. Das Thema der Hölle spielte jedoch in der normalen („ordentlichen") Lehrverkündigung durchaus auch eine ausdrückliche Rolle.

Seit 1859 mußten nach der Messe Gebete für den Erhalt der weltlichen Herrschaft des Papstes gesprochen werden, die durch die italienischen Nationalisten, in der Sicht der Päpste durch die hinter diesen stehenden höllischen Mächte, bedroht war. Weitere Gebete wurden anläßlich der Kulturkampfgesetze in Deutschland vom Papst vorgeschrieben.[68] 1886 verfügte Papst Leo XIII. folgenden, kniend nach der Messe zu sprechenden Text:

Heiliger Erzengel Michael, verteidige uns im Kampfe; gegen die Bosheit und die Nachstellungen des Teufels sei unser Schutz. „Gott gebiete ihm", so bitten wir flehentlich; du aber, Fürst der himmlischen Heerscharen, stoße den Satan und die andern bösen

---

[66] Bautz (Anm. 14), S. 241.
[67] „Singulari quadam" 1854; Denzinger-Schönmetzer Nr. 1646.
[68] Vgl. dazu J. A. Jungmann: Missarum Sollemnia. Freiburg/Wien 1952. Bd. II, S. 566 f.

Geister, die in der Welt umhergehen, um die Seelen zu verderben, durch die Kraft Gottes in die Hölle. Amen.

Erst mit der Liturgiereform nach dem II. Vatikanischen Konzil, also nach 1965, verschwand die Verpflichtung zu diesem Gebet.

Ähnliche Erinnerungen an den Höllenglauben enthielt ein „Exorzismus" Leos XIII., ein „Austreibungsgebet" „gegen den Satan und die aufrührischen Engel", das Priester und Laien so oft wie möglich sprechen sollten.

Von den administrativen Maßnahmen der römischen Kirchenleitung, die sich mit der Hölle beschäftigten, ist eine besonders denkwürdig. St. George Jackson Mivart († 1900) war ein englischer Konvertit, der wegen seiner Stellungnahme zur Abstammungslehre von Pius IX. promoviert wurde. 1893 verurteilte ihn das „Heilige Offizium", die Nachfolgebehörde der Inquisition, weil er die völlige Aufhebung der Höllenqualen durch Gottes Güte gelehrt hatte.[69]

Mit dem Beginn des zwanzigsten Jahrhunderts fühlte sich die römisch-katholische Kirche zunehmend bedrängt, durch innere Krisen, ausgelöst von Anfragen der Wissenschaft (Modernismus), wie durch äußere Anfeindungen (Aufhebung der katholischen Schulen in Frankreich, Revolutionsbewegungen in manchen katholischen Staaten); auch als Sachwalterin des Christentums durch die Verheerungen des Krieges und der russischen Revolution. In weiten Kreisen wuchs die Überzeugung von einem Ansturm höllischer Mächte. Darüber ist später im Zusammenhang mit Fatima zu sprechen.

Zu der römischen Fortführung des Höllenthemas ist auch der Katechismus des Kardinals Gasparri zu rechnen. Pietro Gasparri († 1934) war eine in vielfacher Hinsicht sehr einflußreiche Persönlichkeit der römischen Kirchenleitung. 1930 erschien in Rom sein „Catechismus catholicus".[70] Darin wird, mit zahlreichen Traditionsverweisen, im 12. Kapitel auch über die Hölle gehandelt. Die entsprechenden Fragen und Antworten lauten:

581. Fr. Was versteht man unter den „Letzten Dingen"?
A. Unter den „Letzten Dingen" versteht man die Dinge, die den Menschen zu allerletzt begegnen werden, nämlich: Tod, Gericht, Hölle und Himmel; doch kann nach dem Gericht vor dem Himmel das Fegfeuer kommen.
582. Fr. Was sollen wir hinsichtlich des Todes vor allem erwägen?
A. Hinsichtlich des Todes sollen wir vor allem folgendes erwägen: der Tod ist eine Strafe für die Sünde; vom Augenblick des Todes hängt die Ewigkeit ab, so daß es nach dem Tode keine Möglichkeit zur Buße und zu Verdiensten mehr gibt; die Stunde und die Umstände des Todes sind ungewiß.
585. Fr. Was geschieht mit der Seele nach dem besonderen Gericht?
A. Nach dem besonderen Gericht wird die Seele, wenn sie wegen einer Todsünde die Gnade nicht hat, sofort den Strafen der Hölle überliefert; ist sie in der Gnade und auch frei von jeglicher zeitlichen Strafschuld, dann wird sie sogleich in die Glorie des Himmels aufgenommen; ist sie in der Gnade, jedoch mit einer läßlichen Sünde oder zeitli-

---

[69]   Escribano-Alberca (Anm. 1), S. 178, Anm. 83; 220.
[70]   Hier zitiert nach der deutschen Ausgabe München 1932.

chen Strafschuld behaftet, dann wird sie im Fegfeuer so lange zurückgehalten, bis sie der göttlichen Gerechtigkeit volle Genugtuung geleistet hat.

586. Fr. Wie wird es den Verdammten in der Hölle ergehen?

A. In der Hölle, die in der Heiligen Schrift auch „abyssus" oder „gehenna" genannt wird, werden die Teufel mit ewigen Strafen gepeinigt und zusammen mit ihnen die verdammten Menschen, an der Seele allein vor dem allgemeinen Gericht, mit Seele und Leib nach demselben.

587. Fr. Welches sind die Strafen, mit denen die Verdammten in der Hölle gepeinigt werden?

A. Die Strafen, mit denen die Verdammten in der Hölle gepeinigt werden, sind:

1. die Strafe des Verlustes (poena damni), d. h. der Verlust der seligen Anschauung Gottes für immer;

2. die Strafe der Sinne (poena sensus), d. h. ein wirkliches Feuer, quälend und doch nicht verzehrend, die Finsternis, die Gewissensbisse und die Gewissensangst, die Gesellschaft der Teufel und der anderen Verdammten.

588. Fr. Sind die Strafen der Verdammten für alle gleich?

A. Die Strafe des Verlustes ist für alle die gleiche; die übrigen Strafen der Verdammten sind nicht für alle gleich, sondern verschieden nach Zahl und Schwere der Sünden.

Es ist nicht verwunderlich, daß dieser aus Rom stammende Text versucht, die Stereotypen der Höllentradition kurzgefaßt wiederzugeben. Merkwürdig ist allerdings, daß er auch nicht die kleinste Unsicherheit hinsichtlich des realen Feuers, der Finsternis, der Gesellschaft der Teufel usw. erkennen läßt. Er setzt offenbar voraus, daß seine Adressaten keine Verstehenshilfen benötigen.

Das „Heilige Offizium" in Rom, die Nachfolgebehörde der Inquisition, blieb auch im zwanzigsten Jahrhundert in der Höllenthematik nicht untätig. 1936 wurde das Buch des Dominikaners L. G. A. Getino, Del gran número de los que se salvan y de la mitigación de las penas eternas, Madrid 1934, über die große Zahl der Geretteten und über die mögliche Milderung der Höllenstrafen, auf den Index der Bücher gesetzt, deren Lektüre für Katholiken unter Strafandrohung verboten war.[71] In der ersten Hälfte des zwanzigsten Jahrhunderts wurde innerhalb der katholischen Theologie keine wirkliche Revision des Höllendenkens vorgenommen. Selbst wo berechtigte Zweifel an der Sicherheit bestanden, mit der die überlieferte Lehre immer aufs neue wiederholt wurde, sprach man sie nicht aus. Die Schulbücher der Theologie wiederholten gehorsam das Gewohnte (wofür später auch einige Zeugnisse angeführt werden). Aber sehr lebendig war die Beschäftigung mit dem Höllenthema nicht, ganz im Unterschied zur praktisch orientierten Literatur und erst recht zur weitergehenden Visionsliteratur, die hier gesondert besprochen wird.

Im Zusammenhang mit dieser Situation ist noch einmal eine offizielle Stimme aus Rom zu registrieren.

Pius XII. sah als Anhänger der Fatima-Visionen in den kommunistischen Kirchenverfolgungen ein Werk der Hölle. Das Zurücktreten des Themas im Bewußtsein der

---

[71] AAS 28, 1936, S. 121.

Katholiken und in der theologischen Literatur beunruhigte ihn. In einer Ansprache am 23. 3. 1949 nannte er die Höllenpredigt notwendiger als je.[72]

Dieser Papst war der letzte Exponent dessen, was in der Kirchengeschichtsbetrachtung „pianischer Monolithismus" heißt. Er verkörperte die Zentralgewalt „Roms" über die Gesamtkirche und beanspruchte in seinen zahlreichen Ansprachen zu allen Themen des gesellschaftlichen und privaten Lebens eine Art Universalkompetenz. Dazu sind auch seine Reden von 1953, 1954 und 1955 zum Strafrecht zu rechnen.

> Zwecke des Strafens sind danach, die Schuld zu sühnen, indem dem Täter entsprechendes Leid auferlegt wird, die Gerechtigkeit wiederherzustellen, indem der Täter Übel erleidet für die Verletzung der Rechtsordnung, vor allem aber, ihn der Rechtsordnung wieder zu unterwerfen.[73]

Der Papst vermochte den Vorrang des „medizinellen" Aspektes jeder Strafe auch nach den Erfahrungen des Jahrhunderts mit Totalitarismen nicht zu erkennen. Selbstverständlich hatte eine an Ordnung und Hierarchie orientierte Sicht immer auch ihre Auswirkungen auf die entsprechenden Äußerungen zur Hölle.

---

[72] AAS 41, 1949, S. 185.
[73] K. Lüdicke, In: Sie wandern von Kraft zu Kraft. Kevelaer 1993, S. 176.

18. Religiöse katholische Höllenliteratur im zwanzigsten Jahrhundert

In der katholischen religiösen Literatur, die sich nicht an Fachtheologen wandte, war das Thema in diesem Jahrhundert durchaus präsent. Kennzeichnend für sie ist die große Unbekümmertheit, mit der ein Gottesbild entworfen wird. Dafür einige kurze Zitate aus dem Buch von Th. Molina, Das Leiden im Weltplan:

> Jetzt bleibt ihm [Gott] nur noch, auf ähnliche, all unsere kühnsten Erwartungen, ja all unser Erkennen übersteigende Weise seine Gerechtigkeit zu verherrlichen. Er tut es und gräbt die Hölle.
> Himmel und Hölle entsprechen einander Zug um Zug wie Bild und Gegenbild.
> Denn Gott haßt, wie er liebt, unendlich. Und diesem unendlichen Haß entspricht die unendliche Hölle.[1]

Molina malt das Wirken dieses Hasses in schrecklichen Passagen aus.

Ein besonders eindringliches Beispiel für die Art, wie in dieser Literaturgattung über die Hölle und zusammenhängende Fragen gesprochen wurde, stellt das Buch von J. Staudinger, Das Jenseits, dar. Es erschien 1939 mit kirchlicher Druckerlaubnis. Josef Staudinger († 1960) zählte durchaus zu den „offenen" Vermittlern. Er wandte sich mit seinem Buch ausdrücklich an Akademikerkreise. Bei der Annäherung an die Höllenthematik kehrt das Axiom wieder, daß Gottes Barmherzigkeit nur bis zum Tod des Menschen reiche; „jenseits des Gerichtes liegt das Land der Gerechtigkeit".[2]

Makaber und schändlich sind Staudingers Versuche, aus den Phänomenen des Todes Profit für sein Thema zu schlagen. Die Zitate sollen ausführlich für sich sprechen (die exzessiv gesetzten Auslassungspunkte stammen von Staudinger):

> Treten wir im Geiste an das Bett eines Sterbenden.
> Da liegt dieser arme Mensch vor uns in seiner Todesnot. Es geht dem Ende zu: der Atem kurz und stoßweise, manchmal in fliegender Hast hintereinander, dann wieder in langgedehnten Pausen, das Gesicht grau und fahl, die Schläfen eingesunken, Kinn und Nase unheimlich spitz, der Unterkiefer herabgesunken, dann wieder emporschnellend mit den wie in kalten Schauern klappernden Zähnen, der Ausdruck der Augen so gläsern und leer ... Von den äußersten Gliedmaßen steigt es herauf, Todeskälte und Eisesstarre, nun geht es bereits ans Herz ... Auf der Stirne stehen dicke, kalte Schweißtropfen, die Farbe der Hände und des Gesichtes geht ins Aschfahle, ins Bläuliche über ... Nun ein dumpfes, zitterndes Röcheln, Schaum tritt aus dem Munde, die Augen stehen starr auf einem Punkt ... der Todeskampf ... In dem Maße, als die Sinne ihren Dienst einstellen und

---

[1] Th. Molina: Das Leiden im Weltplan. Innsbruck ³1929; die Zitate in ihrer Reihenfolge ebd. 204, 205, 210.
[2] J. Staudinger: Das Jenseits. Schicksalsfrage der Menschenseele. Einsiedeln/Köln 1939, S. 141 f.

die Glieder immer fühlloser werden, wird es in der Seele immer finsterer und einsamer
… Wie ein fernes, unbestimmtes Tosen dringt vielleicht noch das eine oder andere un-
zusammenhängende Wort der Umstehenden vor bis zur Schwelle des Bewußtseins, etwa
das erschütternde „proficiscere, anima christiana", ziehe hin, christliche Seele, dann aber
ist alles still um sie her, unheimlich still. Sie fühlt, wie das letzte Restchen von Lebenswärme und Lebenskraft sich zurückzieht zum Herzen … und wie nun auch das
Gehirn seinen Dienst versagt … sie fühlt nichts mehr, sie denkt nichts mehr, sie träumt
nur noch, und nun auch dieses nicht mehr: sie ist hinabgesunken in einen völlig unbe-
wußten Zustand, ähnlich dem eines tiefen, traumlosen Schlafes … Wie lange? Sie weiß
es nicht. Sie weiß eben nichts mehr von sich selbst. So wie ehedem in den ersten Mona-
ten ihres Erdendaseins, da sie noch eingebettet lag in die traumlose Nacht des Mut-
terschoßes. Nur daß zwischen damals und jetzt ein ganzes Menschenleben liegt mit
seinen Ausstrahlungen in ewiges Schicksal …
Da plötzlich zuckt es auf in ihr wie blendendes Licht, gleich einem Blitzstrahl, der auf-
flammt und alles vom Aufgang bis zum Niedergang taghell erleuchtet, nur noch heller,
noch tausend- und millionenmal heller; es ist der Augenblick, wo sich die Seele endgültig losgerissen vom Körper, in dem die Scheidung vom Diesseits sich vollzog und nun
der Lichtglanz der Ewigkeit hinüberflutet in die Seele …
Und bei dem Schimmer dieses Lichtes schaut sie sich selbst, bis hinab in die tiefsten
Falten ihres Wesens, bis in die letzten, verborgensten Winkel ihres Seins, schaut sie ihr
gesamtes vergangenes Leben bis hinein in die letzten Gedanken, bis in die leiseste Re-
gung, nur zusammengefaßt in einen einzigen durchdringenden Blick, und gezeichnet
nach seinem Wert oder Unwert für die Ewigkeit …[3]

Nach dieser informativen Darstellung des Todesgeschehens geht der Autor zum
Gerichtsverfahren über, das nun sogleich ansteht. Er berichtet über das Verhalten
des Richters Christus gegenüber einer guten wie gegenüber einer schlechten Menschenseele. Zu dem letzteren Vorgang heißt es von der „unglücklichen Seele", sie
wisse, daß „Gott nicht anders kann um seiner unendlichen Heiligkeit willen als sie
von sich stoßen für alle Ewigkeit":

Sie möchte aufheulen vor Schmerz, möchte in das Nichts versinken vor dem Blick ih-
res Richters, möchte schreien um Barmherzigkeit – aber, für all das ist es zu spät. Das
Buch ihres Gerichtes ist abgeschlossen, das einzige, was noch aussteht, ist das Urteil.
Und dieses Urteil soll ihr nun werden.
Der Richter steht auf und mißt sie mit einem Blick, der sie zu Eis erstarren läßt. Und
mit einer Stimme, die hinrollt durch alle Ewigkeiten, donnert er ihr die Worte ins Ohr:
Weiche von mir, du Verfluchte, in das ewige Feuer, das dem Teufel und seinem Anhange
bereitet ist (Mt 25,41)!
Und es ist geschehen …
Lautlos ist die Seele versunken vor seinem Blick, wie ein Stein im Meer, über dem sich
die Wasser wieder zusammenschließen und hin und her wogen wie vor urdenklichen
Zeiten, und von dem niemand mehr weiß, wo er hinabgesunken ist in die dunkle Tiefe
… Ewige Vergessenheit breitet sich über die Seele, sie ist ausgelöscht aus dem Buche
des Lebens, ihr Name wird niemals mehr genannt werden. Sie selbst aber liegt drunten
in den Abgründen der ewigen Verdammung, in dem Land, wo Finsternis und Todesschatten wohnen, wo ihr Wurm nicht stirbt und ihr Feuer nicht erlischt. Darum, weil

---

[3] Staudinger (Anm. 2), S. 157 f.

sie ihre Hand erhoben gegen den dreimal heiligen Gott und ihm die Worte ins Angesicht geschleudert hatte: Ich will dir nicht dienen ...[4]

Zunächst kehrt nun der Blick des Verfassers zurück zur Leiche, um diese Pastoral und Pädagogik unter dem drohenden „Zu spät!" in einen Imperativ auszumünzen:

Dies war das Gericht. Blitzartig, im gleichen Augenblicke, da die Seele drüben zu sich selbst kam, hat sich alles vollzogen, nicht eine Sekunde hat es gewährt. Aber in diesem Augenblicke haben sich Ewigkeiten entschieden von Glück oder Leid, von Leben oder Tod, von Auserwählung oder Verdammung ...
Unterdessen stehen die Menschen immer noch um das Bett, in dem die Leiche liegt. Schmerz und Liebe beugen sich um den Toten, ihm ein letztes Lebewohl zu sagen, oder vielleicht auch, Habsucht und Lebensgier wühlen sich hinein in die Kostbarkeiten und Schätze, die der Tod diesem Menschen soeben aus der Hand geschlagen ...
Dieser selbst aber liegt da, still und stumm. Seine Lippen haben sich geschlossen für immer. Und dies gerade jetzt, wo sie Aufschluß geben könnten über die große Lebensfrage! Wo er den Schleier lüften könnte, der das jenseitige Leben verhüllt! Wo er das Geheimnis der anderen Welt entschleiert schaut ...
Er ist hinübergegangen und hat sein Geheimnis mit sich genommen und diese Menschen da um sich her zurückgelassen mit den gleichen großen Fragen ... Diese Fragen muß eben jeder Mensch für sich allein lösen ...
Und doch spricht seine ganze Erscheinung in erschütterndster Sprache von dem großen Geheimnis des irdischen Lebens: daß es in sich nicht mehr ist als ein flüchtiger Schatten, daß alles, was es in sich schließt, nur Eitelkeit ist und immer wieder nur Eitelkeit, daß es nur soviel wert ist, als davon übrigbleibt für die Ewigkeit. Und daß des ganzen irdischen Lebens Sinn und Schluß das eine ist: Fürchte Gott und halte seine Gebote.[5]

Von dieser Ermahnung aus geht der Autor daran, das jenseitige Geschehen zuerst für die Seligen zu schildern. Dann kehrt er, wie er sagt, zum Richterstuhl Gottes zurück. Den Verdammten, sagt er, sei der Mund verschlossen worden: sie dürfen uns ihr Geschick nicht schildern, damit wir nicht wahnsinnig werden.[6] Der Verfasser allerdings vermag den Weg der „unglücklichen Seele" in den Abgrund zu schildern,

die gräßlichste Verzweiflung, die unaussprechlichste Bitterkeit, der lähmendste Schrecken, die grauenhafteste Angst, das Bewußtsein völligster Hoffnungslosigkeit, den Abgrund, der unter ihr aufgähnt, aus dem die Flammen emporbrechen, um ihr Opfer für immer zu begraben ...

Ausgangspunkt der „theologischen" Erwägungen des Autors ist der Haß, mit dem Gott die Sünde „mit der ganzen Tiefe seines Wesens" hassen muß.[7] Zu dem Zeitpunkt, als die Seele eine schwere Sünde beging, „hat sie sich ausgeschaltet aus dem Bannkreis der göttlichen Liebe und sich in den Bereich des göttlichen Hasses begeben."[8]

---

[4] Staudinger (Anm. 2), S. 163.
[5] Staudinger (Anm. 2), S. 166.
[6] Staudinger (Anm. 2), S. 243.
[7] Staudinger (Anm. 2), S. 246.
[8] Staudinger (Anm. 2), S. 247.

Es ist durchaus nicht Gottes Wille, Menschen zu verdammen, sonst hätte er Jesus nicht gesandt, um sie vor diesem Geschick zu bewahren; darum war Jesus ein Höllenprediger:

> Kein Wunder, daß der göttliche Heiland selbst das Wort von der Hölle fast immerwährend im Munde führt: mit nichts anderem konnte er den Sinn seiner Sendung so eindringlich klar den Menschen vor Augen führen als mit ihm.[9]

Allerdings, kein „Heiland" und kein Erlöser konnte etwas ändern an der „Flammenglut des göttlichen Hasses" gegen die Sünde. Von diesem Haß ist auf vielen Seiten der Bibel die Rede:

> Die Heilige Schrift ist im gleichen Maße voll der erschütterndsten Beispiele für diesen Haß Gottes gegen die Sünde. Angefangen von dem Tage, da die Stammeltern um ihrer Sünde willen hinausgetrieben wurden aus dem Paradies, hinweg über die Gottesgerichte der Sintflut, des lodernden Flammenregens über Sodoma und Gomorrha, der schweren Strafen über das auserwählte Volk bis hinauf zu den angedrohten Gottesgerichten der letzten Tage in der Geheimen Offenbarung: Auch aus diesen Beispielen weht es einem entgegen wie verzehrender Glutwind des göttlichen Hasses über dem Sünder ... Und doch ist dies alles nur ein Vorspiel von drüben. Dort wird dieser Haß Gottes über dem Sünder liegen in seiner vollsten Wucht, ungemindert und ungemildert durch jegliches Erbarmen, es ist eben das Land der ewigen Vergeltung.[10]

Der Verfasser kann gar nicht oft genug auf die Macht des kleinen und so vergänglichen Menschen über die Psyche des unendlichen Gottes zurückkommen:

> Somit führt eine eiserne Konsequenz von der schweren Sünde über die unendliche Heiligkeit Gottes zur ewigen Verdammung. Aus der ursprünglichen, innig-zarten Liebe des Vaters ist glühendster Haß geworden, nicht durch die Schuld Gottes, sondern durch die Schuld des Menschen allein.[11]

Die „theologischen" Gründe für die ewige Hölle sind nach Ansicht Staudingers die Heiligkeit Gottes und seine Gerechtigkeit:

> Die letzte Antwort für alle Ungerechtigkeit hier auf Erden liegt im Ewigen: in der ausgleichenden Gerechtigkeit Gottes. Gott hat eben Zeit, eine ganze Ewigkeit lang Zeit, abzurechnen mit dem Sünder. Diese Abrechnung ist aber die Hölle ...[12]

Außerdem hat Gott es nötig, sich vor den Menschen nicht lächerlich zu machen, „daher muß die göttliche Sanktion im Ewigen liegen". Und schließlich gründet die Hölle – mit einem Zitat aus Dante – in der göttlichen Liebe, denn Gott stellt uns ja die Hölle vor Augen, um uns vor ihr zu bewahren.[13] Nach diesen Grundsatzerwägungen zur Höllenbegründung geht der Verfasser wieder auf die Gottespsychologie ein, verbunden mit Spekulationen über die Grenzen der blutigen Erlösung:

---

[9] Staudinger (Anm. 2), S. 250.
[10] Staudinger (Anm. 2), S. 257.
[11] Staudinger (Anm. 2), S. 258.
[12] Staudinger (Anm. 2), S. 258 f.
[13] Staudinger (Anm. 2), S. 259.

Eine Zeitlang kann der Vater im Himmel dem zuschauen. Er gibt dem Menschen Zeit, oft sogar jahre-, jahrzehntelang Zeit, sich's zu überlegen. Irgendeinmal aber muß dieses Zuwarten sein Ende finden: Gott kann sich nicht selbst wegwerfen, seinen Sohn nicht ewig so behandeln lassen. Und so muß Gott irgendeinmal eine Grenze setzen, wo die Barmherzigkeit aufhört und die Gerechtigkeit beginnt ...
Diese Grenze ist der Tod.
Diesseits des Todes liegt noch das Land des Blutes Christi. Gibt es noch Verzeihung. Für jede, auch die schwerste Sünde. Ja für ein ganzes Leben voll Sünden, für ein Meer von Verbrechen: das Blut Christi ist stärker als dieses. Jenseits des Todes aber liegt nicht mehr das Land des Blutes Christi, dorthin reicht die sühnende Kraft desselben für den Gottlosen nicht mehr, dort ist es zu Ende mit der Barmherzigkeit, gibt es nur mehr Gerechtigkeit. Furchtbare, unerbittliche, unendliche Gerechtigkeit.[14]

Die „schwere Sünde", die zur Hölle führt, muß natürlich erklärt werden. Der Verfasser zählt, auf die neutestamentlichen „Lasterkataloge" gestützt, konkrete Sünden auf, zuerst diejenigen gegen den Glauben; von den Sünden gegen die Mitmenschen weiß er eine Anzahl von Sünden gegen die Liebe und gegen die zeitlichen Güter des Nächsten zu nennen. Dann heißt es aber: „Sünden des Fleisches aller Art, ja letztere als offenkundige Schwachheitssünden mit besonderem Nachdruck".[15] Damit entfernt sich der Autor sogar von jener kirchlichen Tradition, die bei „schwerer Sünde" den vollen Besitz von Freiheit und Entscheidungsenergie verlangte und bei „Schwachheitssünden" den Ansturm von Affekten als Entschuldigung gelten ließ.

Staudinger kann der genaueren Beschreibung der Hölle nicht ausweichen. Zum Ort der Hölle sagt er, daß innerhalb der verklärten Welt mit ihrer Schönheit kein Platz für sie wäre:

Dann hätten wir den Ort der Verdammten nicht im Innern der Erde, auch nicht auf irgendeinem verlorenen Gestirn im weiten Weltenraume, sondern außerhalb desselben zu suchen als eine Welt für sich, völlig abgeschlossen, nach eigenen Gesetzen begründet und nur von der Strafgerechtigkeit Gottes beherrscht. Dort wohnen sie, vergessen und gemieden von allen Geschöpfen, dort werden sie ihre Ewigkeit zubringen in unsagbarer Trauer und Qual. Nie wird ein tröstender Engel zu ihnen hinübergelangen können, nie werden sie selbst auch nur einen Fußbreit davon sich entfernen können.[16]

Als Informationsbeweis zitiert der Verfasser das Gleichnis Lk 16,26. Auch die Frage nach dem Feuer fordert Beantwortung. Das Höllenfeuer ist „als wahres, wirkliches Feuer zu denken, und die von ihm verursachte Qual als wahre, wirkliche Feuersqual".[17] Andererseits darf es nicht hell und glänzend sein, weil das Freude verbreiten könnte, daher ist es „völlig dunkel und finster." Es „brennt und wühlt und tobt" nicht bloß von außen, sondern auch von innen her.[18] Und schließlich greift es „nicht bloß die Leiber der Verdammten, sondern auch ihre Seelen" an und macht

---

[14]   Staudinger (Anm. 2), S. 265 f.
[15]   Staudinger (Anm. 2), S. 268.
[16]   Staudinger (Anm. 2), S. 274.
[17]   Staudinger (Anm. 2), S. 277.
[18]   Staudinger (Anm. 2), S. 278.

vor bloßen Geistern, den „gestürzten Engeln", nicht halt.[19] Noch fehlt eine genaue
Beschreibung der Feuerschmerzen:

> Feuerschmerzen gelten schon hier auf Erden als die gräßlichsten von allen. Wer auch
> nur ein einziges Mal mit dem Feuer in Berührung gekommen ist, der weiß das. Die Sze-
> nen, die man bei der Witwenverbrennung in Indien erleben konnte, waren so gräßlich,
> daß sie nicht geschildert werden können. Meist mußten die armen Opfer mit gezücktem
> Schwert zurückgetrieben werden in die Flammen, und um ihre Schmerzensschreie nicht
> zu vernehmen, wurde mit Trommeln und sonstigen Instrumenten ein ohrenbetäuben-
> der Lärm gemacht, vielfach umsonst ... Und nun diese entsetzliche Schmerzempfindung
> noch um ein Vielfaches gesteigert, von innen und außen, Körper und Seele durch-
> wühlend, ihnen nicht einen Augenblick Ruhe gönnend, immer in gleich furchtbarer,
> unaussprechlicher, verzehrender Glut, und das eine Ewigkeit hindurch: Wer vermag
> zu wohnen bei dem verzehrenden Feuer, wer zu wohnen bei den ewigen Gluten? (Jes
> 33,14) ... Und das alles nicht bloß Phantasiebild, irgendein Schreckgespenst, sondern
> Wirklichkeit, volle, unbezweifelbare, durch die unendliche Wahrheit und Wahrhaftigkeit
> Gottes selbst verbürgte Wirklichkeit! ...
> Und es ist nicht nur einer, der die Qualen leidet! Es sind Tausende, Hunderttausende,
> vielleicht Millionen und Millionen von Menschen. Ein Massenunglück sondergleichen![20]

Natürlich genügen die Feuerqualen allein nicht. Die Menschen in der Hölle werden auch mit anderen sinnenhaften Strafen gefoltert: für den „Mißbrauch der Augen" mit ewiger Finsternis[21]; es gibt „Qualen für das Ohr", „das Prasseln und Zi-
schen der Flammen, das Aufheulen der Verdammten in ihrer ohnmächtigen Wut";
„Qualen des Geruchssinnes: der unausstehliche Qualm von Rauch und Feuer, noch
unausstehlicher aber der Verwesungsgeruch, den diese wandelnden Leichen aus-
strömen"[22]; „Marter und Qual des Geschmackssinnes", die Qual des Durstes, die
Peinigung des Tastsinnes, dazu Unrast und Ruhelosigkeit usw. usw.[23]

Der „Wurm" allerdings wird zur Metapher für Wahnsinn:

> Irgendwo in einem Irrenhaus war es. Im Tobtrakt. Eine enge, finstere Zelle, nur ganz
> matt von einem hochliegenden vergitterten Fenster erhellt. Mit kahlen Wänden. In der
> Mitte ein eisernes Bett, darauf eine Schütte morsches, verfaultes Stroh, darauf eine noch
> jugendliche Frauengestalt mit zerrauftem Haar und stieren, flackernden Augen: eine
> Irre. Mit gräßlich verzerrtem Gesicht ballt sie die Fäuste und schüttelt sie unter mark-
> durchdringendem Schreien gegen die Ecke der Zelle, und es ist doch niemand da, der
> sie bedrohen, ja nur anhören würde ... Dann zerrauft sie sich wiederum die Haare, zer-
> schlägt sich die Brüste und wälzt sich auf dem Lager unter gellendem Wutgeheul und
> so Stunde um Stunde, ja Tage und Wochen und Monate lang, ein Bild des Jammers
> und des Grauens zugleich, das man nicht mehr vergessen kann, wenn man es einmal
> geschaut ...[24]

---

[19]   Staudinger (Anm. 2), S. 279.
[20]   Staudinger (Anm. 2), S. 280 f.
[21]   Staudinger (Anm. 2), S. 283 f.
[22]   Staudinger (Anm. 2), S. 284.
[23]   Staudinger (Anm. 2), S. 285.
[24]   Staudinger (Anm. 2), S. 288.

Dieses Bild, meint Staudinger, komme dem seelischen Leid der Verdammten näher, stehe aber um Unendlichkeiten noch zurück hinter der furchtbaren Wirklichkeit von Verzweiflung und grauenhaftem Gotteshaß.[25]

Zu den Strafen der Sinne kommt, der langen Tradition gemäß, die Strafe des Verlustes: unerreichbar fern der Erlöser, der sein Gesicht abgewandt hat und die „verdammte Seele" in den Abgrund fallen ließ; abgewendet hat sich Maria, haben sich alle Freunde von ehedem, auch die eigene Mutter.[26] Der Wurm, der Tag und Nacht am Herzen der Verdammten nagt, sagt: „Du selbst bist daran schuld!"[27] So ist die Seele deformiert:

Die verdammte Seele ist nicht bloß grenzenlos unglücklich geworden, sondern auch zugleich so niedrig, so gemein, so verroht, ja so teuflisch in ihrer Gesinnung, daß man nur mit Grauen den Blick davon abwenden kann.[28]

Ein letztes Zitat aus dieser Höllenbelehrung soll einen Inbegriff von der Ewigkeit der Hölle vermitteln:

So wie am Himmel das Schönste ist, das, was ihn erst so recht zum Himmel macht, daß er ewig dauert, so ist auch an der Hölle das Furchtbarste, das, was sie erst recht voll und ganz zur Hölle macht, daß sie ewig dauert ...
Wenn einmal der Tag käme, da Gott hinabstiege zu den Verdammten und zu ihnen die Worte spräche: So und nun kommt, ihr verfluchten Kreaturen, nun sollt ihr wiederum zurücksinken in das Nichts, von dem ihr gekommen seid, – auch wenn es bis zu diesem Tag noch 1000- und 100 000mal Millionen Jahre wären: ein unbeschreiblicher Jubel würde einziehen in das Herz der Verdammten, eine Freude, stärker als alle Qual des höllischen Feuers, größer als selbst die größte Seelenpein, die Hölle hätte aufgehört, Hölle zu sein, weil sie doch noch die Hoffnung hätten, daß irgendeinmal ein Ende würde ...
Wann aber kommt dieser Tag?
Die Antwort lautet wiederum: niemals, in alle Ewigkeit niemals: denn die Hölle dauert ewig ...[29]

Der Verfasser bemüht sich, da er sich ja an „Gebildete" wendet, seine Ansichten mit Verweisen auf die kirchenoffizielle Lehre zu unterbauen, angefangen von der Verurteilung des Origenes bis zur Indizierung der Werke H. Schells. Als das Buch am Vorabend des Zweiten Weltkriegs erschien, wurde nirgendwo Widerspruch laut. Es handelte sich ja um die Ansichten, die in ihren Grundzügen durchaus gewohnt waren und sich nur in Nuancen voneinander unterschieden.

Zur weitverbreiteten Literatur zählen auch die regionalen Katechismen. In dem 1955 erschienenen, „im Auftrag der deutschen Bischöfe" verfaßten „Katholischen Katechismus der Bistümer Deutschlands" wird so über die Hölle gesprochen, als habe trotz des Krieges nirgendwo ein Nachdenken über die Hölle eingesetzt; auch die vom neunzehnten Jahrhundert an deutliche Reflexion, die der Rede von der

---

[25] Staudinger (Anm. 2), S. 289.
[26] Staudinger (Anm. 2), S. 292 f.
[27] Staudinger (Anm. 2), S. 294.
[28] Staudinger (Anm. 2), S. 299.
[29] Staudinger (Anm. 2), S. 303.

Hölle als einer jenseitigen Örtlichkeit ein Ende machte und eher von einem Zustand der Gottferne sprach, hinterläßt hier noch kein Echo.

Ein Mensch, der in der (nicht bereuten) Todsünde stirbt, sagt dieser Katechismus, „wird von Gott verdammt und kommt in die Hölle". Die sinnenhaften Strafen werden so angeführt: „Die Verdammten [...] leiden die Qualen des höllischen Feuers, werden immerfort von ihrem bösen Gewissen gepeinigt und wohnen in der Gesellschaft der bösen Geister und der anderen Verdammten."[30]

---

[30] S. 256 f. Vgl. dazu auch das von den beiden Hauptverfassern des Katechismus betreute Handbuch: F. Schreibmayr/K. Tilmann (Hrsg.): Handbuch zum Katholischen Katechismus I/1. Freiburg ⁶1959, z. B. 175 u. ö.

19. Die Hölle in der evangelischen Theologie des zwanzigsten Jahrhunderts

Die evangelische Theologie dieses Jahrhunderts war zum Teil getragen, zum Teil bekämpft von einer „evangelikalen" Richtung innerhalb des Protestantismus, die sich entschieden am Wortlaut der Bibel orientierte und die Höllendrohungen im Sinne der Reformatoren ernst nahm. Auf die hierzu gehörende Literatur braucht nicht eingegangen zu werden, weil das zu unnötigen Wiederholungen führen würde. Innerhalb der wissenschaftlichen Theologie zeichnet sich eine Entwicklung ab, die mit der auf der katholischen Seite durchaus verwandt ist, auch darin, daß die Auffassungen keineswegs einheitlich sind.

Von 1888 bis zu seinem Tod wirkte in Berlin der universal gebildete Historiker Adolf von Harnack († 1930). Er machte den Versuch, das schlichte Evangelium Jesu aus den dogmatischen Verkrustungen der Kirchengeschichte zu befreien und es als Historiker gewissenhaft auf das Wesentliche zurückzuführen: Auf die Botschaft von dem unendlich väterlichen, gütigen Gott, dessen Reich in der Seele des Einzelmenschen beginnen will, die daher unendlichen Wert besitzt, auf die ungeheuere Bedeutung der Nächstenliebe. Diese Sicht gab ihm den Maßstab, andere Kirchen und ihre Lehren kritisch und auch wohlwollend zu beurteilen. So kam er zu der bemerkenswerten Feststellung:

> Es war eine raffinierte Praxis der Kirche, die sich allmählich herausgebildet hatte, die Menschen durch die Gnade über die Hölle in bequemer Weise zu trösten, aber sie andererseits durch das Fegfeuer zu schrecken. [...] An die Hölle glauben die Menschen im Grunde nicht, daher schließt die Kirche durch das Bußsakrament die Hölle. Aber, daß es ihnen einst eine lange Zeit hindurch sehr schlecht gehen werde, und daß sie ihre Sünden sämtlich einmal abbüßen müssen, das glauben sie. Darum eröffnet die Kirche das Fegfeuer.[1]

Daß die Menschen im Grunde nicht an die Hölle glauben, ist hier natürlich nicht eine empirisch erhärtete Aussage, sondern eine Schlußfolgerung allenfalls aus dem Bekanntenkreis und der Lektüre des Theologen.

Karl Barth, Paul Tillich, Rudolf Bultmann

In der reformierten, von Calvin herkommenden Tradition stand der überaus angesehene Karl Barth († 1968). Bei Harnack hatte er Theologie studiert; er fühlte sich

---

[1]   A. v. Harnack: Lehrbuch der Dogmengeschichte. Tübingen ³1894. Bd. III, S. 512.

auch nach weiteren Studien in Tübingen und Marburg zur Liberalen Theologie
zugehörig. Mit der Zeit des Ersten Weltkriegs kam für Barth die entscheidende
Wende, die ihn zu einem sehr persönlich profilierten Theologen, der weltweite
Zustimmung erfuhr, werden ließ. Er stellte seine Theologie ganz in den Dienst der
Souveränität Gottes, die für ihn aber nicht die des richtenden, sondern die des gnädigen, menschlichen Gottes war und blieb. Er konzentrierte alle theologischen
Aussagen, die der Dogmatik wie die der Ethik, auf die Selbstoffenbarung Gottes in
seinem menschgewordenen ewigen Sohn Jesus Christus. Mit der reformierten Tradition hielt er an der Überzeugung von einer ewigen Vorherbestimmung zum Guten wie zur Verwerfung (doppelte Prädestination) fest, aber in der Interpretation,
daß Gott selber in Jesus Christus die Verwerfung auf sich genommen hat, die an sich
die Sünder verdient hätten. In dieser Linie läge nun an sich eine Hinkehr zur Allversöhnung (Apokatastasis), die Barth jedoch nicht als eine in der systematischen
Theologie durchzuhaltende Gewißheit aufgefaßt sehen wollte. Darüber wird auch
heute noch in der theologischen Literatur diskutiert. Kennzeichnend für Barths Sicht
der Hölle mag dieses Zitat sein:

> Tatsächlich wissen wir nur von *einem* sicheren Triumph der Hölle – und das ist die Über-
> lieferung Jesu – und daß es eben zu *diesem* Triumph der Hölle kam, damit sie *nie* mehr
> triumphieren dürfe und könne. Man darf auch das nicht leugnen, daß Jesus sich nicht
> nur mit vielen Anderen, sondern auch für viele Andere, an der Stelle vieler Anderer, an
> der Stelle aller derer, die an ihn glauben werden, in die Tiefe der Hölle überlieferte. [...]
> Dieser war verloren, damit außer ihm keiner verloren gehe.[2]

Die Barth-Texte könnten vermehrt werden. Sein Gedankengang wurde von dem
katholischen Theologen Hans Urs von Balthasar aufgenommen und weitergeführt.
Er beruht auf dem Thema, das hier gesondert zu besprechen ist, dem Höllenabstieg
(Descensus) Jesu Christi. Die These besteht wesentlich in der Auffassung, daß es
die Hölle „gibt" in Gestalt des Zornes Gottes über die Sünde, und daß Jesus an der
Stelle vieler – oder aller! – diesen Zorn an sich erduldet hat, damit kein anderer ihn
zu erdulden brauche.[3]

Diejenige evangelische Theologie, die sich primär von den beiden überaus bedeutenden Theologen Paul Tillich († 1965) und Rudolf Bultmann († 1976) inspirieren
läßt, zieht es im allgemeinen vor, zum Höllenthema zu schweigen. Die Grundein-
sichten beider Theologen lassen sich unschwer auf die biblischen Höllenaussagen
im einzelnen anwenden. Folgt man Tillichs Überlegungen zum Symbol, dann gehört die Hölle zu den Symbolen, die die Menschen dazu anhalten, die negative Seite ihrer Existenz befreiend zu überwinden und von der positiven Seite zu trennen
(für diese Trennung steht in der biblischen Symbolsprache das Wort „Gericht").
Die Linie läuft derart durch jeden Menschen, daß keiner ganz Geretteter, keiner

---

[2]   Die kirchliche Dogmatik II/1 , Zürich-Zollikon [2]1946, S. 551.
[3]   In einer frühen Überlegung hat der katholische Theologe Joseph Ratzinger dieser These zugestimmt:
      „Die Kirche als solche und ganze ist Träger jener stellvertretenden Erwählung, deren höchste Sen-
      dung darin besteht, stellvertretende Verwerfung zu werden." Die christliche Brüderlichkeit. Mün-
      chen 1960, S. 107.

ganz Verworfener sein kann. Die positiven Inhalte der Geschichte haben eine Zukunft in der Ewigkeit, während die negativen von der Teilnahme an ihr ausgeschlossen sind. Würde man die biblischen (und spätere) Symbole wortwörtlich nehmen,
so hätte das neurotisierende Folgen.[4]

Bei Bultmanns existentialer Interpretation der Botschaft des Neuen Testaments
interessiert nicht ein etwaiges rein Zukünftiges, sondern das Jetzt der Glaubensentscheidung und das daraus resultierende jetzt anhebende ewige Leben. Was biblisch in der Gestalt des Mythos ausgesprochen ist, muß, wenn es heute verbind-
lich ausgesprochen werden soll, auf die Sprachgestalt des Mythos und damit auf die
Behauptung „es gibt", es ist „objektiv vorhanden", zugunsten einer unanschaulich
präzisen Sprache verzichten. Die religionsgeschichtlichen Forschungen, in denen
Bultmann bestens bewandert war, haben zahlreiche mythische Elemente in den
Bestandteilen der biblischen Höllenaussagen identifizieren können.

Der norwegische Höllenstreit

Innerhalb der protestantischen Orthodoxie und insbesondere bei Lutheranern gab
es auch in der ersten Hälfte dieses Jahrhunderts solche, die die Höllenworte des
Neuen Testaments zum Anlaß nahmen, in dogmatischen Äußerungen von der Gewißheit zu sprechen, daß ein Teil der Menschheit unwiderruflich zu den für ewig
Verworfenen gehören werde. Aber sie blieben nicht ohne Widerspruch. Das spre-
chendste Beispiel dafür ist der „norwegische Höllenstreit" des Jahres 1953. Der
emeritierte Dogmatiker Ole Christian Hallesby (früher an der theologischen Gemeindefakultät in Oslo) sprach in einer Radiosendung über das Sterben, über den
Zwischenzustand, die Auferstehung des Leibes und in diesem Zusammenhang auch
über die biblischen Höllenaussagen. Hallesby führte die kritischen Fragen, die sich
vor allem auf die Ewigkeit der Strafen bezogen, an und wies sie ab.[5] Er übernahm
zwar nicht die Auffassung von einer aktiven Verwerfung durch Gott, sondern sprach
sich eher für eine Selbstverurteilung des Menschen aus, hielt aber daran fest, daß
ein solcher böser Wille nie aufhören werde zu existieren:

> Die Verdammnis besteht nicht darin, daß der Sünder der mitfühlenden Liebe Gottes
> und der Erlösten entzogen ist, sondern darin, daß sich der Sünder selbst jeder Möglich-
> keit begeben hat, sich von dieser Liebe helfen zu lassen. [...] Der endgültige böse Wil-
> le ist für ewig von Gott geschieden und somit vom Leben ausgeschlossen, aber genö-
> tigt, bis in alle Ewigkeit zu existieren.[6]

In der Radioversion seiner Ausführungen hatte Hallesby auch gesagt, er wisse, daß
er zu vielen Nichtbekehrten spreche, wolle diesen aber zu bedenken geben, wenn
sie jetzt tot zu Boden stürzten, würden sie direkt zur Hölle fahren; kein Unbekehrter

---

4   Vgl. dazu etwa P. Tillich: Systematische Theologie. Stuttgart 1966, Bd. III, S. 449 f. 472 f.
5   O. Ch. Hallesby: Himmel, Tod und Hölle. Wuppertal 1958.
6   Hallesby (Anm. 5), S. 85.

wisse, wenn er sich abends schlafen lege, ob er morgens im Bett oder in der Hölle erwache.[7]

Bischof Kristian Schjelderup von Hamar nahm sogleich, zuerst in der Presse, gegen Hallesby Stellung. Der Bischof nannte die biblische Grundlage für die Theorie der ewigen Höllenstrafen umstritten, ihr Ursprung sei weder jüdisch noch christlich, sondern vermutlich persisch. Jesus habe sich den Zuhörern zuliebe der gängigen Redeweisen von der Gehenna bedient, aber mit Sicherheit nie eine objektive Lehre vortragen wollen; ihm sei es um den Ernst der Entscheidung und um die Möglichkeit (dieses Wort „Möglichkeit" ist im Hinblick auf die weitere Entwicklung beachtlich!) des Scheiterns gegangen. Weiter führte der Bischof aus:

> Wir alle wissen, wie groß und wie schwer unsere Verantwortung im Leben ist. Und diese Verantwortung und dieser Ernst sollen ganz gewiß nicht abgeschwächt werden. Aber kein einziger von uns hat das Recht dazu, über unsere Mitmenschen und ihr ewiges Geschick das Urteil zu fällen, erst recht nicht, sie zu ewiger Strafe und Pein zu verdammen. [...] Ich bin froh, daß am Jüngsten Tage nicht Theologen und Kirchenfürsten, sondern der Menschensohn selbst uns richten wird. Und ich zweifle nicht daran, daß die göttliche Liebe und Barmherzigkeit größer ist als die, die in der Lehre von der ewigen Pein in der Hölle zum Ausdruck kommt. [...] Für mich gehört die Lehre von der ewigen Höllenstrafe nicht in die Religion der Liebe.

Gegen diesen Passus des Bischofs erhob sich ein Sturm der Entrüstung. Schjelderup fühlte sich zu einer noch genaueren Formulierung gezwungen:

> Ich glaube an die ewige Verantwortung des Menschen. Gott hat uns den freien Willen gegeben und zwingt niemand zur Seligkeit. Darum gibt es die Möglichkeit der Verdammnis, und auf diese Möglichkeit der Verdammnis wird in der Bibel durch eine Reihe von biblischen Ausdrücken hingewiesen. Das eigentliche Wesen derselben kennen wir nicht. Sie gehört in jene Kategorie der Ewigkeit, die außerhalb menschlichen Fassungsvermögens liegt. Aber ich meine das Recht zu haben, aus meiner Erfahrung der erlösenden Liebe Gottes in Christo soviel zu sagen: die Vorstellung einer Hölle als einer Stätte ewiger Pein für Leib und Seele, die von einem strafenden Gott auferlegt wird, widerspricht dem wahren Geist der Gottesoffenbarung, die wir durch Christus erhalten haben. Für mich ist es das Evangelium der Liebe, das zu verkünden ich mich berufen fühle.

Diese Position des norwegischen Bischofs von 1953 ist um so bemerkenswerter, als sie weitestgehend mit derjenigen übereinstimmt, die später viele, auch katholische, Theologen einnahmen. Die Staatliche Theologische Fakultät in Oslo brachte ihr Problembewußtsein und damit ihr Verständnis für Bischof Schjelderup zum Ausdruck:

> Die Fakultät weiß sich mit dem Bischof darin einig, daß der Gedanke an eine ewig andauernde Strafe große Schwierigkeiten bereitet, selbst wenn die Strafe nicht als eine Art von Tortur, sondern als eine dauernde Existenz in absoluter und endgültiger Ferne von Gott gedacht ist. Nicht nur aus „humanen" Motiven, sondern von der eigentlichen Offenbarung Gottes in Jesus Christus ausgehend, ist es schwer, bei diesem Gedanken

---

[7]   F. Schauer: Was ist es um die Hölle? Dokumente aus dem norwegischen Kirchenstreit. Stuttgart 1956, S. 23 ff.

an eine ganz zwecklose Züchtigung zu verharren, die in alle Ewigkeit währen soll. [...] Es braucht nicht verschwiegen zu werden, daß die Schwierigkeiten mit diesem Punkt dort besonders fühlbar werden, wo eine „humanistische" Einstellung lebendig ist. Man kann vor allem daran erinnern, wie man sich in der modernen Erziehung und in der Strafjustiz von dem Gedanken an eine Strafe als reine Vergeltung entfernt hat, die keinem höheren Ziele dient. Es wird also doppelt schwierig, sich vorzustellen, daß Gott ohne ein positives Ziel straft – und das in alle Ewigkeit. Selbst wenn dies ein vorwiegend „humanistischer" Gedankengang ist, möchte die Fakultät ihn nicht als christlich minderwertig abstempeln. Die humanistisch geprägte Anschauung von Strafe und Vergeltung hat sich unter der Einwirkung der christlichen Liebesbotschaft entwickelt.[8]

Die Fakultät läßt also die Wahrung der göttlichen Ehre und die ausgleichende Gerechtigkeit als positive Strafziele nicht gelten und macht mit ihrem Hinweis auf neuzeitliche „humanistische" Gedankengänge deutlich, daß die Argumente für eine ewige Höllenstrafe immer von zeitgenössischen Überzeugungen, insbesondere von der geltenden Strafauffassung, geprägt waren.

Der Streit galt auch der Frage, ob die Bibel in ihren Einzeltexten – wie unterschiedlich literarische Eigenart und Stellenwert sein mögen – wortwörtlich zu nehmen sei von denen, die gläubige Christen sein wollen, oder ob es Auslegungskriterien gebe (beispielsweise: den *Geist* des Evangeliums Jesu), die beim Verständnis der Texte eine unterscheidende Wertung zuließen. Die erstere Position ist diejenige der „Fundamentalisten". Sie wurde im norwegischen Höllenstreit von der Gemeindefakultät in Oslo (nicht der Staatlichen theologischen Fakultät) vertreten, der Hallesby angehörte, in deren Gegengutachten es heißt:

Soweit es hier um ein Ganzheitsverständnis der biblischen Anschauung von Erlösung und Verdammnis geht, muß gesagt werden, daß wir nicht an den Gedanken an eine ewige Strafe vorbei können, ohne an der Autorität der Schrift zu rütteln. Da nämlich Jesu Aussagen über die ewige Züchtigung im Mittelpunkt seiner Rede von der ewigen Verdammnis stehen, muß die Auffassung, für die Schjelderup hier eintritt, als eine Weg-Erklärung von Jesu Worten betrachtet werden. Auch hier gilt Jesu Selbstzeugnis: „Himmel und Erde werden vergehen, aber meine Worte werden nicht vergehen."[9]

Eine biblizistische Position wie diese vermag mit einem Zitat wie dem eben angeführten von Mt 24,35 alle im Neuen Testament wiedergegebenen Jesus-Worte als gleich gültig zu behaupten, ohne darüber zu reflektieren, ob sie als historisch gesichert gelten dürfen, zweifelhaft oder wahrscheinlich unauthentisch sind. Ein „innerer" Maßstab, sei es der Hinweis auf Gottes Geheimnishaftigkeit, die alle biblischen Zukunftsaussagen noch einmal relativiert, sei es die Betonung der offenbar gewordenen Menschenliebe Gottes, kann bei der Fixierung auf einzelne Wörter und Sätze von vornherein nicht anerkannt werden. Dieses Problem ist in beiden großen Kirchen, der römisch-katholischen Kirche und den aus der Reformation des sechzehnten Jahrhunderts hervorgegangenen kirchlichen Gemeinschaften, bis heute nicht in einem Konsens geklärt.

---

[8] Schauer (Anm. 7), S. 102.
[9] Schauer (Anm. 7), S. 81.

Im Folgenden werden die Auffassungen evangelischer Theologen zur Hölle und den damit zusammenhängenden Problemkomplexen aus der Zeit zwischen 1973 und 1986 dargestellt.

Dogmatik im Dialog

1973 erschien der Band I des interessanten Unternehmens „Dogmatik im Dialog" mit den Themenkreisen „Die Kirche und die Letzten Dinge". Divergenzen und Konvergenzen sammelnd, läßt der Band die drei Autoren Fritz Buri, Jan Milic Lochman und Heinrich Ott zu Wort kommen.[10] Zur Hölle äußern sie sich in § 29: Allversöhnung oder der doppelte Ausgang?

Heinrich Ott, der Nachfolger Karl Barths an der Universität in Basel, beginnt seine Ausführungen mit dem Hinweis auf die Verurteilung der Allversöhnungslehre in Konstantinopel 553 und auch in der altprotestantischen Theologie. Diese Lehre, die sich z. B. auf Röm 11,32 („Denn Gott hatte alle beschlossen unter dem Ungehorsam, auf daß Er sich aller erbarme") berufen könne, fand immer wieder Anhänger. Ott zitiert Christoph Blumhardt († 1919):

> Eine Hölle statuieren, wo Gott in alle Ewigkeit nichts mehr zu sagen hat, das heißt das ganze Evangelium auflösen; wir müssen uns wehren bis auf den letzten Atemzug, bis auf den letzten Blutstropfen, daß der ganze Himmel, die ganze Erde, die ganze Totenwelt in die Hand Jesu kommt. Muß ich für einen Menschen, für ein Gebiet die Hoffnung aufgeben, so bleibt eine Last des Todes, eine Last des Wehes, eine Last der Nacht und der Finsternis; dann ist eben Jesus nicht das Licht der Welt.

Freilich registriert auch Ott, daß das Neue Testament von einem „doppelten Ausgang der Heilsgeschichte" spricht.[11] Er geht auf die Frage ein, ob die Rede von diesem doppelten Ausgang, also auch von einem möglichen Scheitern, relevant für die Verhaltensmotivierung sei. Von einem Zeitgenossen Blumhardts, dem Theologen und Liederdichter Christian Gottlob Barth, referiert er den Ausspruch: „Wer an die Wiederbringung nicht glaubt, ist ein Ochs; wer sie aber lehrt, ist ein Esel." Das bedeutet nach Ott:

> Ein „Ochs", nämlich stumpf und verstockt gegenüber der Liebe Christi, ist der, welcher nicht glauben will, daß Christus am Ende alle erlösen wird. Ein „Esel", nämlich dumm und gedankenlos, dagegen ist, wer die Wiederbringung lehrt und damit die Leute zur Leichtfertigkeit des Lebens verführt, indem er ihnen das Bild der ewigen Höllenqual von den Augen wegnimmt.

Von dieser religionspädagogisch-opportunistischen Haltung distanziert sich Ott, auch deshalb, weil der Gedanke an jenseitige Vergeltung wie sogar der an eigene ewige Seligkeit selbst für Christen an Aktualität verloren habe (letzteres mit D. Bonhoeffer).

---

[10] F. Buri / J. M. Lochman / H. Ott (Hrsg.): Dogmatik im Dialog. Bd. I: Die Kirche und die letzten Dinge. Gütersloh 1973.
[11] Buri / Lochman / Ott (Anm. 10), S. 308.

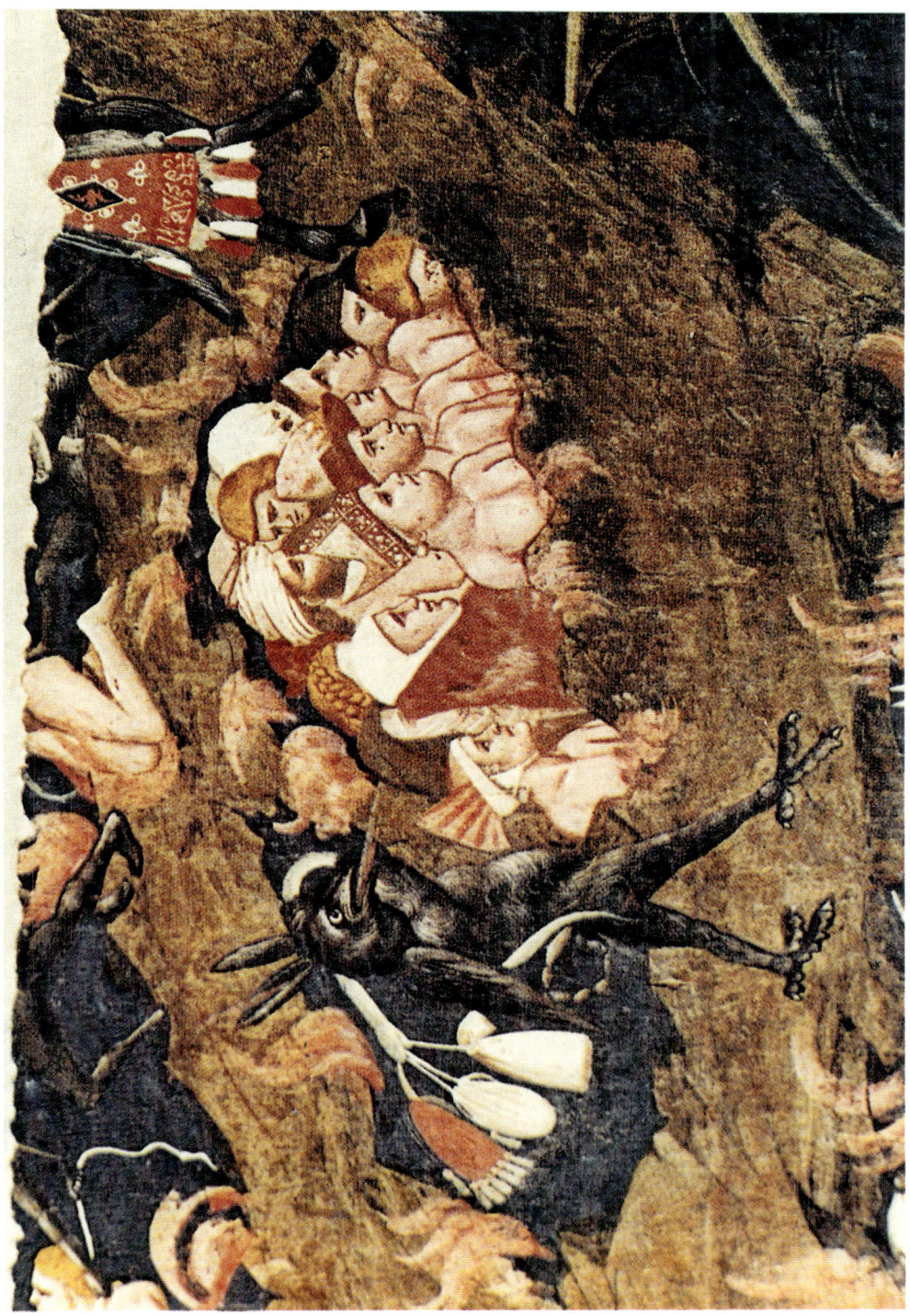

Andrea di Cione Orcagna: Fragment eines Höllenfreskos, vor 1368

William Blake: „Lucifer und der Papst in der Hölle", 1795

Dennoch möchte Ott am Gedanken an eine „Hölle" festhalten, freilich „in radikaler Entmythologisierung": als „definitive und irreparable Trennung von Gott", die „für den Menschen den unerträglichen Verlust jedes wirklichen Lebens und die radikale Nichtigkeit bedeuten" müßte. Mit einem solchen Höllenbegriff werde deutlich gemacht, daß es für den Menschen in der Begegnung mit Gott „um die radikalste Grund-Entscheidung seines Seins" gehe.[12] Die Frage, wer schließlich in dieser Hölle sein werde, gehört für Ott zu den Fragen, die zum Scheitern bestimmt und daher stärkste Hin-Weise auf Gott sind. Er bekennt sich also zu einer bewußten „Ratlosigkeit". Dazu führt er ein Diktum Karl Barths an:

daß es zweifellos eine Hölle gebe, daß man aber dem freien und gnädigen Gott nicht vorschreiben könne, was Er zu tun habe, und daß darum niemand wissen könne, ob nicht vielleicht am Ende die Hölle – leer sei.

Auch ein damit verwandtes Wort aus dem „Kleinen theologischen Wörterbuch" von K. Rahner und H. Vorgrimler wird zitiert.[13]

Der aus der böhmischen Tradition stammende, damals im Basler Exil dozierende J. M. Lochman nimmt folgendermaßen Stellung:

Die biblische Eschatologie drückt das christologische Thema aus, ist also von ihm her zu interpretieren. Nun ist dieses christologische Thema im N. T. eindeutig als das „Ja" und nicht als ein „Jein" bezeugt. Das bedeutet: zwischen den beiden Motiven unseres Paragraphen gibt es kein Gleichgewicht, keine Symmetrie von zwei gleichwertigen Seiten. Alle Versuche in dieser Richtung, etwa in der bildenden Kunst [...] oder aber auch in den spätreformatorischen Bemühungen um eine ausbalancierte Lehre von der „doppelten Prädestination" (manchmal mit den gleichen graphischen Symmetrie) sind vom Evangelium her eindeutig abzulehnen. Die Intention der Apokatastasislehre steht dem Ja-Charakter des Evangeliums viel näher als die entgegengesetzte Intention der Höllenlehre. Soll das Motiv der „ewigen Strafen" überhaupt thematisiert werden, so nur in der unauflösbaren Verbindung mit der Perspektive des zuletzt überlegenen Ja Gottes. [...] Warum dann aber überhaupt noch glauben an die Hölle? Nun: vom *Glauben* an die Hölle als selbständiges Thema kann meinem Verstehen nach keine Rede sein. Und auch von keinem Glauben *an die Hölle* (als isolierten Ort und Stand). Was mit dem Mythologumenon Hölle theologisch gemeint werden könnte, ist der negative Hinweis auf den freien Charakter der Gnade und auf die freie Verantwortung des Glaubens. In der Geschichte Jesu definiert, erscheint die Gnade als freie Hingabe Gottes an den gefährdeten und verlorenen Menschen. Sie ist souverän, und sie gilt unbedingt, sie setzt keine Vorleistungen voraus. Sie ist frei. Und doch: die Freiheit bedeutet zugleich, daß die Gnade nicht automatisch, mechanisch wirkt und gilt, als eine „Gnadenwalze", alles nivellierend. Die Apokatastasis als eine allgemeine Theorie ist in Gefahr, die Freiheit der Gnade zu nivellieren und zu ideologisieren. Das Motiv der Hölle (oder besser, um keine mythologischen Mißverständnisse zu wecken: der doppelte Ausgang der Heilsgeschichte) ist nicht von vornherein, prinzipiell, auszuschließen.[14]

---

[12] Buri/Lochman/Ott (Anm. 10), S. 309.
[13] Buri/Lochman/Ott (Anm. 10), S. 310.
[14] Buri/Lochman/Ott (Anm. 10), S. 313 f.

Fritz Buri, radikaler Schüler Rudolf Bultmanns, weist gegenüber Ott darauf hin, daß die Bibel zwar keine eindeutige Antwort auf die Frage nach dem Heil des Menschen gebe, wenn auch sehr viel mehr Stellen als von Ott angegeben für eine Allversöhnung sprechen. Zu den verschiedenen Lehrentscheiden im Lauf der Geschichte macht Buri geltend, daß

> hinter diesen bereits bestimmte Auffassungen von dem, was Gott tun oder nicht tun könne, oder auch ganz einfach ein bestimmtes, durch die jeweilige Auslegung befriedigtes Heilsverlangen – also in jedem Falle irgendwie menschliche, sehr menschliche und oft auch unmenschliche Voraussetzungen maßgebend waren.[15]

Gegen Otts Verlangen nach einer Entmythologisierung hat Buri nichts einzuwenden; er wirft Ott jedoch vor, das mythologische Höllenbild einfach durch eine andere Vorstellung ersetzt zu haben: durch diejenige der Gottesbegegnung.

> „Definitive und irreparable Trennung von Gott" ist keine existentiale Interpretation der Höllenvorstellung, sondern bloß eine Ersetzung einer mythologischen Vorstellung durch eine andere.[16]

Das hänge auch damit zusammen, daß Ott bei der Verwendung des Gottesbegriffes nicht existential deutend verfahre, sondern ihn ungedeutet mythologisch verwende. Buris eigenes, radikal entmythologisierendes Verständnis

> besteht kurz gesagt in einem *Ernstnehmen des unausweichlichen* Miteinanders beider Vorstellungen – der ewigen Verdammnis und *der Allversöhnung – als mythologischer Ausdrucksformen des Selbstverständnisses menschlicher Existenzgemeinschaft*. In die Hölle geworfen, und zwar bleibend, kommen wir uns vor angesichts der unaufhebbaren Sinnzwiespältigkeit von Natur und Geschichte, in die wir uns verflochten erfahren, und dies nicht nur passiv als Opfer eines unpersönlichen Verhängnisses, sondern als in unserem Verhalten selber aktiv daran beteiligt, in einer Art und Weise, daß wir uns – ohne uns selber zu täuschen – unser Mit-daran-schuldig-Sein nicht ausreden können. Solche Schuld als eigene nicht anerkennen zu wollen: das wäre ewige Verdammnis, die Verstockung des von Gott Nichterwählten – um in der Mythologie der Prädestinationslehre zu sprechen.
> Aber – um mit dem jungen Luther der Theologia crucis weiterzufahren – dieses se ipsum resignare ad infernum pro Dei voluntate – ist zugleich ewige, weil unzerstörbare Seligkeit eigentlicher Existenz. So sehr es sich darin um unsere eigenste Angelegenheit handelt, so fällt sie nicht der von Ott erwähnten Kritik Bonhoeffers anheim, insofern es sich darin nie bloß um „die eigene ewige Seligkeit" handeln kann, sondern um *unsere* eigenste Sache, d. h. um ein Personsein, das wir nur in Gemeinschaft verwirklichen können, und auch in dieser Gemeinschaftlichkeit nicht bloß in Gedanken, sondern als eine Verpflichtung von ebenso konkreter wie universaler Art, wie Richard Dehmel sie in dem Vers zum Ausdruck gebracht hat: „Ein einzig Kind, das hungern muß, das brandmarkt allen Überfluß."
> Ohne diese Dimension sozialer Verantwortung als Bereich ihrer Verwirklichung von Allversöhnung zu reden, wäre ein Hohn, wäre – die Hölle. Und es gibt solche Höllen auf der Erde, gefüllt mit Hungernden. Es genügt nicht, zugunsten der Allversöhnungs-

---

[15] Buri/Lochman/Ott (Anm. 10), S. 315.
[16] Buri/Lochman/Ott (Anm. 10), S. 316.

lehre zu sagen: Solange noch Verdammte in der Hölle schmachten, könne man im Himmel nicht selig sein. Gerade ein solches Argument wäre doch ein Hohn für die auf dieser Erde Schmachtenden. Von Allversöhnung darf im christlichen Glauben nur die Rede sein, wenn damit gemeint ist, daß die irdischen Höllen leer werden sollen. Nur so verstanden, könnte die Apokatastasis – auf dem Hintergrund des Höllensymbols – ein Symbol unseres Glaubens sein – aber so ist sie es auch.[17]

Die Texte zeigen deutlich, wie stark das Problembewußtsein in der evangelischen Theologie in der zweiten Hälfte des zwanzigsten Jahrhunderts gewachsen ist. Zugleich treten aus ihnen die Möglichkeiten theologischer Rede von der Hölle, wie sie von den beiden großen Kontrahenten Barth und Bultmann aus entwickelt werden konnten, profiliert hervor, und zwar in durchaus unerwarteter Weise: als Rede von einer existentialen Grund-Entscheidung auf der einen, als Rückkehr zu den von Jesu Höllenrede ausgehenden sozialen Impulsen auf der anderen Seite.

Die Antwort des Glaubens

In dem Buch „Die Antwort des Glaubens", an dem neun evangelische Theologen beteiligt waren, kommen prinzipielle Standpunkte zur Hermeneutik eschatologischer Aussagen zur Geltung.[18] Das Werk zitiert Gerhard Ebeling:

Eschatologische Zukunftsaussagen haben nicht den Charakter beschreibender Schilderung. Selbst wenn sie diesen Anschein haben, wie etwa im Gleichnis vom Weltgericht, intendiert die Aussage doch nicht eine bestimmte Vorstellung ferner Zukunft, sondern eine bestimmte Einstellung zur eigenen Gegenwart. [...] Die eschatologischen Zukunftsaussagen stehen da, wo das Ja des Glaubens ein ausdrückliches Nein erfordert zu dem Eindruck der Allmacht der in sich selbst ohnmächtigen Zeit. Im Hinblick auf die Situation der Anfechtung durch die Macht des Todes und durch alle anderen dadurch ausgelösten Anfechtungsmächte explizieren sie den Glauben an Jesus Christus als Vollmacht gegenüber der Zeit. Sie sind darum als Kampfaussagen, als Dennoch-Aussagen gemeint. Sie verlieren ihren Sinn und werden gegenstandslos, wenn sie von der Anfechtungssituation losgelöst werden. Recht verstanden, sind sie nicht ein Vorhersagen von Zukunft, ein Urteilen über die zeitliche Zukunft in dem Sinne, daß weder sie selbst noch ihr Ende ein Einwand gegen die Ewigkeit ist.[19]

Auch Karl Rahners Prinzipien zur Hermeneutik eschatologischer Aussagen werden zitiert:

Die eschatologische Aussage ist nicht eine additiv zusätzliche Aussage, die zur Aussage über Gegenwart und Vergangenheit des Menschen noch hinzugefügt wird, sondern ein inneres Moment an diesem Selbstverständnis des Menschen.[20]

[17] Buri/Lochman/Ott (Anm. 10), S. 317 f.
[18] H. Ott: Die Antwort des Glaubens. Systematische Theologie in 50 Artikeln. 3. überarbeitete und erweiterte Auflage hrsg. von K. Otte unter Mitarbeit von Peter Balser, Uwe Gerber, Paul Gürtler, Wolfgang Klosterkötter, Ervon Vályi-Nagy, Georg Schmid, Jan Veenhof. Stuttgart 1981.
[19] Ott (Anm. 18), S. 497 f.
[20] Ott (Anm. 18), S. 498.

Das Wissen um die Zukunft könne für Menschen, auch für Glaubende, nur ein Moment am Wissen um die Gegenwart des Menschen sein.[21] Bultmann wird folgendermaßen zusammengefaßt:

> Für Rudolf Bultmann gehören alle futurisch-materialen Aussagen der Eschatologie in den Bereich der apokalyptischen oder gnostischen Mythologie. Sie sind für den modernen Menschen unannehmbar und müssen entmythologisiert werden, d. h. auf ihren existentialen Gehalt hin *interpretiert* werden. Der linear-zeitliche und der kosmologische Aspekt der einzelnen Vorstellungen werden so bedeutungslos.[22]

Es wird deutlich, daß natürlich nicht alle evangelischen Theologen diese existentiale Zurückhaltung gegenüber Zukunftsaussagen teilen. Gegenbeispiele sind Oscar Cullmann, der sogar mit einem „qualifizierten Zwischenzustand" des Menschen zwischen Tod und Auferweckung des Leibes rechnet[23], und Paul Althaus, der von keiner „Zeit" jenseits des Todes wissen will und darum von einer Koinzidenz des Todes und des Jüngsten Tages spricht.[24]

In Artikel 49 dieses Sammelwerkes sind die Themen des Jüngsten Gerichts und das Problem der Allversöhnung oder der ewigen Höllenstrafen zusammengefaßt.[25] Im „Versuch einer Antwort" auf die Einwände gegen die Hölle wie auf die Hypothese einer Apokatastasis heißt es:

> Was nun die Allversöhnung und die ewigen Höllenstrafen betrifft, sind keine objektivierenden Aussagen, keine Prognosen („*So* wird es sich verhalten!") möglich, denn es gibt für uns keinen durchschaubaren Plan Gottes. Und so verhält es sich bei dieser Frage ähnlich wie beim Theodizeeproblem: Wir sollen uns durch sie in die Begegnung mit Gott, in der es zu bestehen gilt, einweisen und nicht durch eine unnütze intellektuelle Auskunft an ihr vorbeiweisen lassen. Es ist hier schlechterdings keine Auskunft möglich. Beide Perspektiven sind offenzuhalten, und dies bedeutet: Wir müssen der Gnade Gottes die Freiheit einräumen, schließlich alle Menschen zu erlösen und „die Hölle am Ende leer stehen zu lassen" (nach einem Wort von Karl Barth). Wir können aber andererseits nicht durch eine theologische Aussage fixieren, daß Gott so verfahren müsse oder verfahren werde. Dieses Offenlassen der Frage, als ein entschlossenes Nicht-Entscheiden der Alternative, weist uns symbolisch auf den unendlichen Ernst und die unendliche Hoffnung der Begegnung mit Gott. Um uns unter „Hölle" bzw. „Verdammnis" etwas zu denken, ist übrigens der Begriff einer endgültigen Ferne von Gott hinreichend.[26]

Diese Stellungnahme zeigt den Lernprozeß der evangelischen Systematik im Zusammenhang mit den fundamentalen Hermeneutik-Diskussionen dieses Jahrhunderts: Die biblischen Höllentexte haben keinen Informationswert hinsichtlich zukünftiger Gegebenheiten. Das Zukunftsgeschehen muß der Souveränität und Freiheit Gottes allein überlassen bleiben, dessen Verhalten sich nicht kalkulieren und als

---

[21]   Ott (Anm. 18), S. 499.
[22]   Ott (Anm. 18), S. 499.
[23]   Ott (Anm. 18), S. 505 f.
[24]   Ott (Anm. 18), S. 506.
[25]   Ott (Anm. 18), S. 511–515.
[26]   Ott (Anm. 18), S. 515.

in den zweihundertjährigen Bemühungen um eine biblische Hermeneutik mit Hilfe wissenschaftlicher Methoden nur Abfall vom wahren Glauben um den Preis einer Verkürzung des „ganzen" Evangeliums.

Auf der anderen Seite hat auch die gegenwärtige Theologie an der Möglichkeit einer endgültigen Gottesferne von Menschen festgehalten, traditionell gesprochen also an der „poena damni". Sie weigert sich nur, aus der Möglichkeit eine Faktizität zu machen oder gar mit der Augustinus-Tradition von der großen Überzahl der Verdammten zu sprechen. Unverkennbar versucht sie, die der Apokatastasis-Lehre zugrunde liegenden Gedanken ernst zu nehmen; sie möchte daraus allerdings nicht eine positive Behauptung, sondern nur eine Aussage der Hoffnung für alle machen (wenigstens bei einigen Theologen so formuliert). Das zuletzt zitierte Zeugnis zeigt, daß eine solche Sicht nicht zu passivem Abwarten führen muß; fürbittendes Gebet wird im Hinblick auf die Chancen für alle Menschen für sinnvoll gehalten.

20. Die Hölle in der katholischen Theologie des zwanzigsten Jahrhunderts

Die katholische Theologie stand – und steht, mit Ausnahme des Lernprozesses um das Zweite Vatikanische Konzil (1962–1965) und einem knappen Jahrzehnt danach – unter dem Druck der römischen Überwachungsinstanzen. Zwar wurde der Spielraum einer wissenschaftlichen, historisch-kritischen Exegese, der zu Beginn des Jahrhunderts überhaupt nicht vorhanden und nur langsam erkämpft worden war, 1943 durch die Enzyklika Pius' XII. „Divino afflante spiritu" merklich erweitert, so daß die Zugänge zu einer biblischen Hermeneutik möglich wurden. Aber die Folge ist die Trennung einer historischen Wahrheit (oder Hypothesenlage) vom Bereich der Glaubenswahrheiten, für den das römische Lehramt für sich selber andere Erkenntnisquellen als die der Wissenschaft behauptet. So werden in katholisch-systematischen Abhandlungen die Ergebnisse exegetischer Diskussionen immer weniger Berücksichtigung finden als die ehrwürdigen Traditionszeugnisse. Beim Thema der Hölle hat jedoch auch die katholische Theologie einen bemerkenswerten Lernprozeß durchgemacht.

Vorwärts oder immer dasselbe

Unter dem Eindruck päpstlicher Zensurmaßnahmen sahen zunächst die Ausführungen zur Hölle in neuscholastischen Lehrbüchern einander zum Verwechseln ähnlich.[1] Es gibt freilich Nuancen. Der deutsche Dogmatiker Bernhard Bartmann († 1938) stimmte mit der Tradition des Westens und der Neuscholastik darin überein, daß es für den Menschen nach dem Tod keine prinzipielle Veränderung seiner Gesinnung mehr gibt. Er wollte aber beim Entwurf einer Topographie des Jenseits nicht mitwirken und lehnte jene Kollegen ab, die den Anschein erweckten, ein detailliertes Wissen über den „physischen Brandschmerz" in der Hölle zu haben.[2] Im Unterschied dazu lehrte der römische Dominikaner R. Garrigou-Lagrange, der sich stets als Inquisitionswächter gerierte, 1950:

> Man könnte heute sagen, daß dessen [des realen Höllenfeuers] heiße Einwirkung auf eine körperliche Substanz das Resultat molekularer Vibrationen ist, die das unausgesetzte Empfinden des Gebranntwerdens hervorrufen.[3]

---

[1] I. Escribano-Alberca: Eschatologie. Von der Aufklärung bis zur Gegenwart. Freiburg 1987 (HDG IV 7 c) gibt 229 einige von ihnen an.

[2] Dazu Escribano-Alberca (Anm. 1), S. 224.

[3] R. Garrigou-Lagrange OP: L'Eternelle Vie et la profondeur de l'âme. Paris 1950, S. 174. Übersetzung von mir (H. V.).

Einen wichtigen Meilenstein bei der Erneuerung einer derartig erstarrten Theologie stellte das Erscheinen des Sammelbandes „Le Mystère de la Mort et sa Célébration" in Paris 1951 dar. Insbesondere der Beitrag des späteren bedeutenden Konzilstheologen, des Dominikaners Yves Congar, über das Fegfeuer mußte auch auf die Lehre von der Hölle befreiend wirken.[4] Congar wendet sich radikal gegen eine reale Auslegung des Feuers, gegen die Behauptung der Orthaftigkeit sowie gegen die Beschreibungen der Folter. Einige Zitate zeigen, inwieweit Congar die Hölle mitgemeint haben mußte:

> Man hat sich ein ganzes Arsenal von Peinigungen ausgemalt. Die Volkspredigt im üblen Sinn des Wortes hat hier höchst fragwürdige Dienste geleistet […] Welche „Welt des Konzentrationslagers"! Ganz besonders die Ikonographie hat hier noch ein übriges getan – wie auf so vielen anderen Gebieten. Sie ist fast durchweg zu verwerfen, ebenso wie eine gewisse Predigt, die ich nicht näher beschreiben möchte, von der wir aber alle entwürdigende Proben kennengelernt haben. Da werden Albernheiten erzählt, Geschichten von Erscheinungen, von Klagen und Seufzern, von Händen, deren Spuren eine wahre Brandmalerei hinterlassen […] Die gemeinsame Richtung der jüdisch-christlichen Offenbarung […] geht nach innen, sie geht von äußeren, vorbereitenden Bildern zu Wirklichkeiten, die *im Menschen* sind, und schließlich zu einem Zustand, in dem die verschiedenen äußeren Dinge, unter denen wir leiden, vollständig überwunden sind.[5]

Congars Kritik an der bescheidwissenden Verdinglichung des „Jenseits" und an der überheblichen Verfügung über Gott hat die katholische Theologie mit Karl Rahner und Hans Urs von Balthasar stark beeinflußt. Mit seinen Anregungen – zu denen auf deutscher Seite Otto Karrer kam, der schon 1936 gegen eine „Geographie des Jenseits" Stellung bezogen hatte[6] – war freilich das Gesamtbild der katholischen Theologie noch nicht verändert.

Wie stark theologische Ausführungen immer auch von individueller Mentalität geprägt sind, selbst wo sachlich nur starre Traditionen wiedergegeben werden, zeigen die „Begründungen" des Dominikaners R. Sineux für die Ewigkeit der Höllenstrafen:

> Wohin mit diesen „Geretteten ohne Bekehrung"? Wenn sie nicht mehr leiden müssen, bleibt nur der Himmel für ihre Aufnahme! Dann glücklich die Verdammten, die in ihrer schließlichen Straflosigkeit die letztlich besiegte göttliche Gerechtigkeit und den letztlich nutzlosen Heroismus der Heiligen mit ihrer Arroganz bespritzen können; aber unglückselig die Auserwählten, die die Gegenwart dieser Dämonen und dieser Perversen aushalten müssen, vor der sie einst so angestrengt auf der Flucht waren, und die feststellen müssen, daß letztlich das Laster zum gleichen Ziel gelangt wie die Tugend. Wenn es keine *ewige* Hölle für die Bösen gibt, wird der Himmel auf ewig zu einer Hölle für die Gerechten.[7]

Der Pariser Kanonikus Georges Panneton veröffentlichte – ebenfalls mit kirchlicher Druckerlaubnis – 1956 ein ganzes Buch über die Hölle. Es ist insofern typisch für

---

4   Der Band erschien deutsch in Frankfurt 1955, darin Congars Artikel S. 241–288, 297–304.
5   Congar (Anm. 4), S. 272 f.
6   Escribano-Alberca (Anm. 1), S. 234.
7   R. Sineux: La Vérité sur l'Au-delà. Montpellier 1953, S. 93. Übersetzung von mir (H. V.).

einen gewissen Katholizismus, als es die ihm zu dürftig erscheinenden biblischen Aussagen zum Höllenthema anreichert durch eine Fülle von Mitteilungen, die bei Erscheinungen gemacht worden seien. Vor allem die Marienapokalyptik hält damit Einzug auch in die Theologie, als eine von manchen ernstgenommene Quelle für Glaubensinhalte.

Nach Panneton ist die Hölle ein bestimmter Ort, zumal das Feuer körperlich ist.[8] Sie wurde beim Sturz Luzifers und der bösen Engel von Gott geschaffen.[9] Gegenwärtig sind nur die Seelen derer, die im Zustand der Todsünde sterben, in der Hölle; nach dem allgemeinen Gericht werden sie wieder mit ihren Leibern vereint. Sehr wahrscheinlich ist Judas in der Hölle, mit einer gewissen Wahrscheinlichkeit finden sich dort auch Voltaire und Luther, den beim übermäßigen Essen der Schlag traf.[10] Zur Zahl der Verdammten ließe sich so viel sagen, daß unter den Kirchenmitgliedern mehr Auserwählte als Verdammte sind, während es sich bei den Heiden umgekehrt verhält, weil sie schutzlos den Dämonen ausgesetzt sind.[11]

Zur Existenz der Hölle können Beispiele aus der Bibel und aus der Tradition, besonders der Liturgie, angeführt werden. Aus Vernunftgründen muß man sagen: Strafe und Gesetze sind notwendigerweise miteinander verbunden; ohne Sanktionen würden die Sünder Gott verspotten. Eine Vernichtung der Sünder wäre keine Strafe. Es gibt ein Gefühl für Gerechtigkeit: Es widerstrebt uns, im Himmel Herodes mit dem hl. Johannes dem Täufer, Nero und Diokletian mit den hl. Petrus und Paulus, Luther und Heinrich VIII. mit den hl. Franz von Assisi und Vinzenz von Paul, Hitler und Stalin mit Pius X. und Pius XII. (der, als Panneton dies 1956 schrieb, durchaus noch lebte und kein Heiliger war!) zusammenzudenken.[12] Die Höllenstrafe verhält sich zur Schuld so proportional wie möglich. Schließlich war Gott durch die Todsünde in seiner unendlichen Majestät verletzt worden. Geister, also Engel, Dämonen und menschliche Seelen nach dem Tod, sind definitiv geworden: sie können sich nicht mehr ändern, und auch Gott kann an ihrer „substantiellen Unbeweglichkeit" nichts verändern.[13] Zusätzlich zu diesem Wissen über die Hölle kommen die sehr zahlreichen Erscheinungen von Verdammten, die „historische Fakten" sind, Zeugnisse von Besessenen und Privatoffenbarungen.[14] Bei den Strafen der Hölle verbreitet Panneton sich eingehend über die sinnenhaften Höllenstrafen: über das reale Feuer, schrecklicher als die Ausbrüche von Vesuv 1879 und Mont Pélé 1902, heißer als die Atombomben auf Hiroshima und Nagasaki 1945.[15] Es erreicht auch die Geister, wie der Dominikaner A.-G. Sertillanges damit verdeutlicht habe, daß ein Amputierter oft an seinem fehlenden Körperteil leidet; Sertillanges mußte das wissen, da ihm selber zwei Fingerglieder fehlten.[16] Weitere Strafen in der Hölle sind

---

[8]   G. Panneton: Le ciel ou l'enfer. Bd. II: L'enfer. Paris 1956, S. 27.
[9]   Panneton (Anm. 8), S. 27.
[10] Panneton (Anm. 8), S. 32 f.
[11] Panneton (Anm. 8), S. 36.
[12] Panneton (Anm. 8), S. 59 f.
[13] Panneton (Anm. 8), S. 62.
[14] Panneton (Anm. 8), S. 74 ff., 95 ff.
[15] Panneton (Anm. 8), S. 167 f.
[16] Panneton (Anm. 8), S. 170; zitiert wird A.-G. Sertillanges: Les Fins humaines. Quebec 1946, S. 76.

u. a. die Gesellschaft der Dämonen und der Verdammten, wie z. B. die von Voltaire, Zola, Gide, Renan, Loisy, Lenin und Hitler, „die wahrscheinlich in der Hölle sind".[17] Die politischen Verbrecher sind mit Freidenkern, „unmoralischen" Schriftstellern und modernistischen Theologen bunt gemischt. Zitiert sei noch eine definitiv abschließende These: „Die Barmherzigkeit Gottes kann weder die Qualen der Hölle mildern noch die Verdammten aus diesem Ort der ewigen Strafe befreien."[18]

Es entspricht der zur Zeit Pius' XII. üblichen gesteigerten Marienverehrung, wenn der Verfasser neben vielen anderen marianischen Passagen sagt, das Königreich Marias erstrecke sich auch auf die Hölle, wo die Dämonen vor Marias Macht erzittern müssen; das habe auch (der bereits erwähnte) R. Garrigou-Lagrange gelehrt.[19]

Der bayerische Dogmatiker Alois Winklhofer brachte 1959 seine Ansichten über die Hölle in einer metaphernreichen Sprache vor:

> In der Verdammnis ist von dem großen Marmorblock, der die Menschheit ist, nicht durch Satan, sondern durch den göttlichen Bildhauer abgeschlagen, was weggehauen werden muß, damit die von ihm geplante Gestalt der Menschheit hervortrete. Wo Gott verdammt, baut er sein Reich; wo er seine Geschöpfe, Engel und Menschen, in den ewigen Tod gehen läßt, überwindet er den „Machthaber über den Tod" (Hebr 2,14).[20] Die Bösen aber, die die weitaus meisten sein werden, werden dadurch, daß sie nicht mehr sterben, sondern ohne Tod in die Gestalt der Häßlichkeit verwandelt werden, Zeichen der zerbrochenen Macht Satans, die sich ja in Tod und Verwesung am tiefsten äußert.[21]

Das Zweite Vatikanische Konzil

Das Zweite Vatikanische Konzil bedeutete ohne Zweifel einen starken Impuls zur Besinnung in der Theologie und kirchlichen Praxis, der auch zur Überprüfung der bisherigen oft sorglosen und unsensiblen Spekulation führen mußte. Bei den Lehraussagen des Konzils stellte sich die Aufgabe, zu den früheren Verdammungen derer, die der Kirche nicht angehören, Position zu beziehen. In der dogmatischen Konstitution über die Kirche „Lumen Gentium" wird ausdrücklich gesagt, welche Menschengruppen vom gnädigen Heilswillen Gottes umfaßt sind: Die Juden, die Muslim, alle, die den Schöpfer anerkennen, alle, „die in Schatten und Bildern den unbekannten Gott suchen", und schließlich alle, die sich bemühen, „ein rechtes Leben zu führen" (Ziff. 16). In doppelter Weise bringt auch dieses Konzil die Hölle zur Sprache: einmal dadurch, daß es ohne Verwendung des Begriffs Hölle von der Möglichkeit, nicht gerettet zu werden, spricht, und zum andern dadurch, daß es einfach Bibelzitate zusammenmontiert. Für beides soll hier nur je ein Beispiel zitiert werden.

Von Jesus Christus wird ohne Rücksicht auf bibelwissenschaftliche Erkenntnisse gesagt, er selber habe „mit ausdrücklichen Worten die Notwendigkeit des Glaubens und der Taufe betont" (vgl. Mk 16,16; Joh 3,5).

---

[17] Panneton (Anm. 8), S. 186 ff., das Zitat 191.
[18] Panneton (Anm. 8), S. 205; Übersetzung von mir (H. V.).
[19] Panneton (Anm. 8), S. 245.
[20] A. Winklhofer: Vom Kommen seines Reiches, Frankfurt 1959, S. 108.
[21] Winklhofer (Anm. 20), S. 215.

> Darum könnten jene Menschen nicht gerettet werden, die um die katholische Kirche und ihre von Gott durch Christus gestiftete Heilsnotwendigkeit wissen, in sie aber nicht eintreten oder in ihr nicht ausharren wollten.[22]

Die Höllenfrage ist damit in einer Art und Weise, die viele als Ausflucht empfinden, in den Bereich des Hypothetischen verwiesen: Wer *weiß* denn um die von Gott selber gestiftete Heilsnotwendigkeit der katholischen Kirche? Der Text vermeidet natürlich eine Ausmalung des Nicht-gerettet-Werdens.

Im Zusammenhang damit, daß die Kirche als unvollkommene, auf der Wanderschaft befindliche Größe beschrieben wird, erinnert das Konzil an Ernst und Verantwortung dieses Weges. Dabei erstellt es eine Art Überblick über den Gang der Kirche durch die Geschichte bis in die Vollendung, der praktisch eine Zitatencollage darstellt. Hier kehrt die Ansicht wieder:

> Am Ende der Welt „werden die, welche Gutes getan haben, hervorgehen zur Auferstehung des Lebens, die aber Böses getan haben, zur Auferstehung des Gerichtes" (Joh 5,29; vgl. Mt 25,46).

Die Hölle wird folgendermaßen in diesen Kontext eingebracht:

> Da wir aber weder Tag noch Stunde wissen, so müssen wir nach der Mahnung des Herrn standhaft wachen, damit wir am Ende unseres einmaligen Erdenlebens (vgl. Hebr 9,27) mit ihm zur Hochzeit einzutreten und den Gesegneten zugezählt zu werden verdienen (vgl. Mt 25,31–46) und nicht wie böse und faule Knechte (vgl. Mt 25,26) ins ewige Feuer weichen müssen (vgl. Mt 25,41), in die Finsternis draußen, wo „Heulen und Zähneknirschen sein wird" (Mt 22,13 und 25,30).[23]

Eine Möglichkeit, wie diese apokalyptische Bilderwelt heute zu verstehen sein könnte, wird nicht angegeben. Ein fundamentalistischer Umgang mit ihr, der jedes Bild wörtlich nimmt, kann sich also durchaus auf das Konzil berufen.

O. Betz

Ein Jahr nach diesem Konzilstext veröffentlichte der Religionspädagoge Otto Betz 1965 seine fachliche Untersuchung zur Eschatologie. Darin gibt er seine eigene Höllenauffassung, die er didaktisch für vertretbar hält, so wieder:

> Hölle bedeutet nun, daß alles, was in einem Menschen steckt, nicht zur Entfaltung kommt, alles muß verkümmern und verderben. Seine Sehfähigkeit und sein Geschmacksorgan, seine Denkkraft und vor allem seine Liebesfähigkeit schrumpfen ein und werden zunichte. Das Bild des völlig Amputierten, der keine Organe mehr hat, sich auszudrücken und mit anderen Menschen in Kontakt zu kommen, drückt das vielleicht am besten aus, was hier gemeint ist. Nichts kann mehr in einen solchen Menschen eindringen, nichts kann aus ihm hervortreten. Der höllisch Amputierte steckt in einer grenzenlosen Einsamkeit, es ist keiner da, der ihn hören könnte, auf den er hören könnte. Seine Daseinsweise entbehrt alles dessen, was ein Leben sinnvoll und menschlich kost-

---

[22] Lumen Gentium Ziff. 14.
[23] Lumen Gentium Ziff. 48.

bar macht. So kann man also die Hölle umschreiben als ein bewegungsunfähig gewordenes Dasein, dessen Merkmale völlige Impotenz, Schließung aller Sinne, Verlust aller Kenntnisse, aller Empfindungsfähigkeit, aller Offenheit für die menschlichen Grunderfahrungen der Freude, der Schönheit, der Wahrheit, der Liebe wären. Der Verdammte hat sich gegen das Leben entschieden, gegen die Fülle und Erfüllung, nun wird sein Torso, der Restsatz seines verfehlten Lebens, auf ein Minimum reduziert in die schreckliche Endlosigkeit entlassen, in das permanente Sterben, in den Untergang ohne Ende.[24]

Die phantasievolle und sadistische Ausmalung sinnenhafter Strafen fehlt hier völlig; dennoch begnügt sich der Autor nicht mit der Andeutung der *Möglichkeit* einer selbstverursachten Gottesferne, sondern er nützt die literarischen Beschreibungen einer Diesseitshölle, insbesondere in den Erfahrungen absoluter Einsamkeit, um die sinnenhafte Seite der ewigen Strafe darzustellen.

Th. und G. Sartory

1968 veröffentlichte das Theologen-Ehepaar Thomas und Gertrude Sartory das umfangreiche Werk „In der Hölle brennt kein Feuer". Es versucht, die Auswirkungen der enormen Denk-Umbrüche auf Theologie und Glauben anhand des Höllenthemas zu demonstrieren. Die Untersuchung ist sehr stark erfahrungsbezogen, weil mehrfach Umfragen unter Glaubenden und Nichtglaubenden, Jungen und Alten einbezogen werden. So spiegelt sie eine Situation wider, in der mehrfach innerhalb der katholischen Kirche (primär in Deutschland) zwischen Fortschrittlichen und Konservativen, wie ausdrücklich gesagt wird, gerungen wurde. Das Buch plädiert vehement für eine Entmythologisierung und Entapokalyptisierung der biblischen Höllenaussagen, ohne den Entscheidungscharakter des menschlichen Lebens verharmlosen zu wollen. Es läßt die biblischen Bilder als Warnungen, in keiner Hinsicht aber als Voraussagen eines Kommenden gelten.[25] Nach den Autoren kann und darf die Hölle nicht zu den Glaubenswahrheiten oder -gegenständen gerechnet werden. Sie wenden sich gegen jede Art einer Pastoral oder Gesetzesmoral, die mit Einschüchterung durch Höllendrohung oder mit Verängstigung durch die mythische Figur des Teufels arbeitet. Sie weisen insbesondere auf die Autoritätsansprüche des römischen Lehramtes hin, illustriert am Beispiel seiner Position zu Fragen der Empfängnisverhütung.[26]

Pius XI. hatte 1930 in seiner Enzyklika „Casti connubii" die historisch nicht haltbare Behauptung aufgestellt, die Kirche (in jenem typischen Sprachgebrauch, der den Begriff Kirche für sich selber reklamiert) habe „in ununterbrochener Folge von Anfang an" eine jede Empfängnisverhütung als naturwidrig und innerlich unsittlich verworfen. Nachdem kompetente Wissenschaftler, auch Theologen, zu einer anderen Ansicht gekommen waren, setzte Paul VI. 1964 (mit einer Erweiterung 1966)

---

[24] Betz, O. Die Eschatologie in der Glaubensunterweisung. Würzburg 1965, S. 229 f.
[25] Sartory, G. und Th.: In der Hölle brennt kein Feuer. München 1968.
[26] Sartory (Anm. 25), S. 347–357.

eine Kommission für Familien-, Bevölkerungsfragen und Geburtenregelung ein. Im Namen der Kommissionsmehrheit übergab der Münchner Kardinal Julius Döpfner im Sommer 1966 dem Papst ein Gutachten, das für die ethische Unbedenklichkeit der Empfängnisverhütung Stellung nahm. Die Kommissionsminderheit machte geltend, wenn „die Kirche" die Lehre des Papstes von 1930 revidiere, bringe sie „ihre Autorität in beinahe allen sittlichen und dogmatischen Fragen" in Gefahr.[27] Was Pius XI. schwere Sünde genannt hatte, die mit der Hölle bedroht sei, das werde nun erlaubt: „ein schwerer Schlag gegen die Lehre vom Beistand des Heiligen Geistes", „der der Kirche für die Führung der Gläubigen auf dem rechten Weg zu deren Heil versprochen ist".[28] Die Kommissionsminderheit sagte, es handle sich nicht um periphere Angelegenheiten wie im Fall Galilei und nicht um Übertreibungen in der Art des Vorgehens wie bei manchen früheren Exkommunikationen, sondern um eine Frage, „die tief in das praktische Leben der Christen eindringt"; wer der früheren kirchlichen Lehre nicht gehorcht habe, der habe sich faktisch einer schweren Sünde schuldig gemacht, da er – „ungezählte Gläubige" – diesen Ungehorsam aufgrund der amtlichen Lehre für eine schwere Sünde gehalten habe, obwohl dieses Verhalten an sich nun gar nicht sündhaft gewesen sei. Gebe man zu, daß die Kirche Menschen derart in die Irre geführt habe, dann unterstelle man gleichzeitig, ihr habe der Beistand des Heiligen Geistes gefehlt.[29]

Beeindruckt von diesen Vorhaltungen einer Minderheit, veröffentlichte Paul VI. im Sommer 1968 seine Enzyklika „Humanae vitae", die den Standpunkt der Minderheit einnimmt, aber deren Ziel, die Autorität des kirchlichen Lehramts aufrechtzuerhalten, nicht erreicht hat.

Das Buch des Ehepaars Sartory stellt eine bemerkenswerte Initiative dar, den sensiblen Bereich der Sexualität von Versuchen, bibelfremde Moralprinzipien mit (manchmal verklausulierten) Höllendrohungen zu beherrschen, freizuhalten; dabei weisen die Verfasser auf den Unterschied zwischen dem Sachgehalt der Gottesoffenbarung und zeitbedingten, bildhaften Einkleidungen hin.

J. Ratzinger

Joseph Ratzinger hatte schon 1960 im „Lexikon für Theologie und Kirche"[30] eine Höllenaussage gewagt, die damals das Äußerste dessen darstellte, was katholischerseits mit kirchlicher Druckerlaubnis gesagt werden konnte:

> Der Kern der Hölle muß zweifellos in der sog. poena damni gesehen werden, d. h. im Verlust des Inseins in der ewigen Liebe, im endgültigen Vorbeigeratensein an ihr in die Leere und Selbstverschließung des bloß Eigenen hinein. So wie aber der Himmel nicht bloß das Ineins mit Gott, sondern die communio sanctorum und das Ineinander der ganzen erlösten Welt bedeutet, so hat auch die Hölle eine kosmische Dimension: Das

---

[27] Sartory (Anm. 25), S. 351.
[28] Sartory (Anm. 25), S. 351.
[29] Sartory (Anm. 25), S. 352.
[30] LThK V S. 446–449.

Mitsein der Welt, gegen deren Schöpfungssinn der Mensch sich in der eigenmächtigen Selbstverschließung gestellt hat, wird zur Qual. Insofern würde eine bloß psychologische Auslegung des „Feuers" dem Sachverhalt sicher nicht gerecht; dieses deutet die bewußtseinsäußere, kosmisch-objektive Komponente der endgültigen Selbstverfehlung des Menschen an.

Die kerygmatische Bedeutung des Dogmas von der Hölle liegt nach dem Gesagten in einer Aussage über Gott und in einer solchen über den Menschen. Es läßt uns einerseits den bedingungslosen Respekt Gottes vor der Freiheitsentscheidung des Menschen wissen: Gott bietet seine Liebe an, drängt sie aber nicht auf; es zeigt uns anderseits den irreversiblen Charakter der menschlichen Geschichtlichkeit, deren Gesamtentscheidung Endgültigkeitswert hat. Beides aber muß stets zusammengehalten werden mit der Botschaft von Gottes Barmherzigkeit und Gnadenmacht in Christus Jesus. Deshalb ist auch jede leichtfertige Verwendung des Dogmas von der Hölle, z. B. in der Predigt über die Sünde, abzulehnen.[31]

Aus der Begründung für die Existenz der Hölle ist die Argumentation mit der unerbittlichen Gerechtigkeit Gottes völlig verschwunden. Die „Ewigkeit" der möglichen Hölle wird nicht mehr mit der unendlichen Schwere der Sünde als Verletzung der göttlichen Majestät, sondern mit dem definitiven Charakter einer menschlichen „Gesamtentscheidung" begründet (wobei Ratzinger offen läßt, unter welchen Bedingungen eine solche zustande kommt bzw. ob sie nicht rein hypothetischen Charakter trage).

In seiner Eschatologie[32] wiederholt Ratzinger grundsätzlich diese Höllenauffassung, aber er modifiziert sie durch spirituelle Überlegungen. So stellt er einmal fest, Gott sei aus dem Himmel in die Hölle gegangen, „weil ein Himmel über einer Erde, die eine Hölle ist, kein Himmel wäre"[33]. Wichtig ist ihm der Hinweis auf das Leben der Heiligen (namentlich führt er Johannes vom Kreuz und Therese von Lisieux an): Bei ihnen sei die Hölle nicht eine Drohung gegen andere, sondern die Aufforderung gewesen, in der dunklen Nacht des Glaubens die Gemeinschaft mit Jesus Christus als Gemeinschaft mit dem Dunkel seines Abstiegs in die Nacht zu erleiden. Diese Hölle sei sehr real. Hoffnung sei nicht aus der neutralen Logik des Systems zu schöpfen – in diesem Sinn lehnt Ratzinger eine systematisch kalkulierte Apokatastasis ab –, sondern aus der Preisgabe der Harmlosigkeit und dem Bestehen der Realität an der Seite Jesu Christi.[34]

> Das Dogma behält seinen realen Gehalt; der Gedanke der Barmherzigkeit, der es in der einen und anderen Form während der ganzen Geschichte begleitete, wird nicht zur Theorie, sondern zum Gebet des leidenden und hoffenden Glaubens.[35]

Damit ist ein für die katholische Kirche durchaus neuer Gedanke zu einer auch kirchenamtlich tolerierten Geltung gekommen: an dem früheren Konsens dogmatischer Handbücher, daß mit dem Tod die Zeit des göttlichen Erbarmens zu Ende

---

[31] Ratzinger (Anm. 30), S. 449.
[32] J. Ratzinger: Eschatologie – Tod und ewiges Leben. Regensburg 1977, ⁶1990.
[33] Ratzinger (Anm. 32), S. 156.
[34] Ratzinger (Anm. 32), S. 178.
[35] Ratzinger (Anm. 32), S. 179.

sei, wird nicht mehr festgehalten. Die Hoffnung auf die Barmherzigkeit Gottes auch jenseits des Todes wird freilich nicht theoretisch, sondern religiös-spirituell begründet.

K. Rahner

Karl Rahner († 1984) hat sich mehrfach zum Thema der Hölle geäußert (vgl. auch oben in Kapitel 12 seinen Kommentar zu Ignatius von Loyola). Hier seien Gedanken aus einer Veröffentlichung zusammengestellt, die er in seinem Todesjahr vorgetragen hat.[36] Mit der neueren katholischen Anthropologie geht Rahner von einer Philosophie der Freiheit aus, nach der endgültige Entscheidungen gesetzt werden können:

> Hölle ist theologisch die endgültige Verlorenheit des Menschen in einer letzten Trennung von Gott. Der Mensch ist als geistig-personales Wesen notwendigerweise ein Subjekt, das in Freiheit irgendwann einmal und endgültig über sich selber entscheidet und das wird, was es sein will, und zwar letztlich in seinem Verhältnis zu Gott. Wenn diese personale, freie, letzte Entscheidung gegen Gott fällt und dann endgültig ist, dann ist das gegeben, was wir die Hölle nennen. Wenn man richtig versteht, was eben gesagt wurde, dann ist eigentlich deutlich, daß der Mensch sich seine Hölle selber schafft, mit anderen Worten, daß die Hölle gar nicht als ein äußeres strafartiges Ereignis aufgefaßt werden muß, das den Menschen gegen seinen Willen überfällt. Das Wesen der Hölle ist das Nein zu Gott als die letzte und totale Entscheidung des Menschen gegen Gott, die letzte, vom Wesen der Freiheit selbst her nicht mehr revidierbare Entscheidung.

Rahner konstatiert in diesem Zusammenhang, daß die Hölle nicht auf einen „zürnenden, hassenden Gott", „der in einer vielleicht sogar überzogenen Weise auf das Nein des Menschen reagieren würde", zurückzuführen ist, aber doch auf den Willen Gottes zurückgeht, „weil er den Menschen als freies Subjekt auf Endgültigkeit hin gewollt hat". Mit den biblischen Hintergründen der Höllenlehre geht Rahner folgendermaßen um:

> Wer solche Bilder realisieren kann, um sich eben diese letzte Sinnlosigkeit seines Daseins in Endgültigkeit deutlich zu machen, kann sich unbefangen solchen Bildern stellen. Wenn ein anderer aus seiner eigenen Mentalität und Lebenserfahrung heraus solche Bilder vielleicht als naiv empfindet und mit ihnen nichts anfangen kann, der kann sich solche Bilder, ohne sie zu verwerfen, ruhig schenken, sie auf sich beruhen lassen und sagen: Der Mensch steht in der absoluten Möglichkeit, Gott endgültig zu verlieren, obwohl dieser Gott Ziel und Erfüllung seines Wesens wäre.[37]

Rahner möchte auf der einen Seite daran festhalten, daß die Hölle den Menschen nicht als etwas Unerwartetes und Erschreckendes von außen her überfällt, sondern als „letzte endgültige Bosheit" unabwälzbar im eigenen Herzen aufsteht. Auf der

---

[36] K. Rahner: Hinüberwandern zur Hoffnung. Grundsätzliches über die Hölle. In: Entschluß 39, 1984, H. 2, S. 7–11, seither nicht wieder veröffentlicht.
[37] Alle Zitate Rahner (Anm. 36), S. 7.

Luca Signorelli: „Strafe der Verdammten", 1499/1505

Luca Signorelli: „Strafe der Verdammten", 1499/1505

anderen Seite möchte er auf die Schwierigkeiten einer so tiefgreifenden und endgültigen Entscheidung hinweisen:

> Wenn jemand sagt, in vielen Dingen des konkreten menschlichen Lebens, auch dort,
> wo eine strenge, legalistische Moral dem konkreten Alltagsmenschen eine sogenannte
> schwere, sein Heil verscherzende Schuld zuerkennt, sei eine solche Schuld gar nicht
> möglich, dann ist das noch durchaus katholisch und legitim. Es ist nicht so einfach, zu
> sagen, boshaft oder nüchtern: Ich komme in die Hölle.

Rahner stellt sich die Frage, ob die theoretisch mögliche Hölle oft oder nur selten
oder vielleicht gar nie eintrete. Jesus habe mit der Tatsächlichkeit der Hölle gerechnet – was von vielen verdrängt werde, „die sich in einem oft nur sentimentalen
Jesuanismus für Jesus begeistern". Aber die eschatologischen Aussagen Jesu sagten
nur das, „was durch uns selber sein kann, wenn wir uns Gott versagen"; sie verbie-
ten nicht, „eine Hoffnung für alle" zu haben:[38]

> Die Hoffnung, daß die souveräne Macht der Liebe und des Erbarmens Gottes bewirkt,
> daß diese letzte negative Möglichkeit des Menschen von den Menschen im allerinnersten
> Kern ihrer Freiheitsperson nicht realisiert wird.[39]

Gott werde keinen Zwang zur Seligkeit gegen den Willen des Menschen ausüben,
aber:

> Gott kann, wenn er es in seiner souveränen Freiheit und in seiner allmächtigen Liebe
> will, den Menschen in seiner Freiheit bewegen, sich ihm positiv zuzuwenden. [...] Es
> kann auch hinter all den scheinbaren Schuldereignissen eines menschlichen Lebens
> geschehen, daß der Mensch in bestimmten, letztentscheidenden Situationen in einer
> vielleicht ihm selbst und der objektiven Moral gar nicht genau zugänglichen Weise sich
> doch Gott zuwendet.

Damit wendet sich Rahner gegen jene theologische Überlieferung, die mit Sicherheit behauptete: „Gott muß" oder „Gott kann gar nicht anders als". Allerdings ist
es auch nicht gestattet zu sagen: „Gott *muß* sich aller erbarmen". Ein solches Gottes-
verständnis würde „der Unbegreiflichkeit Gottes und der menschlichen Demut radikal widersprechen". Vor einem leichtfertigen Optimismus warnt auch der Blick
auf die faktische Geschichte der Menschheit:

> wenn man an Auschwitz denkt, wenn man die ungeheuerlichen gräßlichen Ereignisse
> der Weltgeschichte mit ihrer Verworfenheit, mit ihrem wahnwitzigen Egoismus, mit
> ihrer Grausamkeit bedenkt.

Aber der Blick auf das Kreuz Jesu Christi, die Beachtung der universalen Hoffnung
bei Paulus (Röm 11,32) berechtigen zu Hoffnungsaussagen wie:

> Gott erlaubt mir, weil ich für mich hoffe, auch für alle anderen zu hoffen.
> Ich kann eigentlich nur deshalb in einer radikalen Weise für mich hoffen, weil ich die
> Möglichkeit und die heilige Pflicht in mir verspüre, für alle anderen zu hoffen.

---

[38] Rahner (Anm. 36), S. 8.
[39] Rahner (Anm. 36), S. 8 f.

In diesem Sinne hoffe ich auf eine universale Erlösung der gesamten Weltgeschichte und Menschheit.[40]

Die Existenz glaubender Christen nennt Rahner am Ende dieser Überlegungen eine „nicht noch einmal synthetisierbare Doppelsituation", die nur in Liebe ausgehalten werden könne.

---

[40]   Rahner (Anm. 36), S. 10.

Exkurs: Der Höllenabstieg Christi und H. U. von Balthasar

Der Gang der Darstellung der Höllenauffassungen in der heutigen katholischen Theologie wird hier unterbrochen durch einen Exkurs über das Thema des Höllenabstiegs Christi quer durch die ganze christliche Theologie. Der Grund dafür liegt darin, daß der Descensus Christi bei Hans Urs von Balthasar, dem nächsten zu besprechenden katholischen Theologen, eine zentrale Stellung einnimmt.

Die wesentlichen neutestamentlichen Bezugsstellen für die Glaubensaussage, Jesus sei im Tod in der Unterwelt gewesen, wurden oben bereits genannt (Kapitel 1). In der Religionsgeschichte werden die Zusammenhänge der dunklen neutestamentlichen Stellen mit anderen, verwandten Motiven aus der orientalischen Umwelt diskutiert.[41] Bedeuten sie ein denkbar deutliches Bekenntnis zur wahren Menschheit Jesu und gegen alle Scheintodhypothesen zur Realität seines Todes? Oder stellen sie eher eine Umschreibung der Universalität seines Heilswirkens dar? Könnte es sich im letzteren Zusammenhang um ein Trostmotiv an die Adresse der Judenchristen gehandelt haben, die möglicherweise um das ewige Geschick ihrer Vorfahren besorgt waren?

Das Descensus-Thema wird, soweit heute bekannt ist, außerbiblisch in der ersten Hälfte des zweiten Jahrhunderts aufgegriffen. In einer Osterhomilie des Meliton von Sardes heißt es um 160:

> Ich bin's, der den Tod vernichtet hat
> Und triumphiert hat über den Feind.
> Und der den Hades unter die Füße getreten
> Und den Starken gefesselt hat.
> (VV. 780 ff.)

Ähnlich thematisieren die Oden Salomons im zweiten Jahrhundert den Descensus (in Nr. 42). Etwa zur gleichen Zeit beschreibt die „Epistola Apostolorum" die Tauftätigkeit Jesu im Hades. Es entsteht eine Literaturgattung, die spürbar der Tendenz folgt, die vom Neuen Testament her verbliebenen Lücken zu füllen. Am eingehendsten wird, in romanhafter Form, die Tätigkeit Jesu in der Unterwelt im apokryphen Evangelium des Nikodemus um 220 geschildert, das bis ins Spätmittelalter hinein großen Einfluß ausübte. Die Riegel und Pforten des Höllenfürsten werden zerbrochen, Satan wird gefesselt, Jesus Christus zieht mit den befreiten Gefangenen davon. Aber nicht alle entführt er der Hölle. Hinter den dort Verbliebenen schließt er die Höllentore mit sieben Siegeln.[42]

Das Schicksal des Höllenabstiegs-Themas lief parallel zu dem der Hölle. Auf der einen Seite nahmen sich seriöse Theologen seiner an, die die biblischen Andeutun-

---

[41] Vgl. dazu H. U. von Balthasar: „Hinabgestiegen in das Reich des Todes". Der Sinn dieses Satzes in Bekenntnis und Lehre, Dichtung und Kunst. München 1982, darin besonders Ch. Barth: „Descensus ad inferos": Biblische Aussagen im Kontext altorientalischer Vorstellungen. S. 72–83; E. Koch: Höllenfahrt Christi: TRE XV, 1986, S. 455–461.

[42] Vgl. zur apokryphen Literatur mit dem Descensusmotiv auch L. Moraldi: Nach dem Tode. Jenseitsvorstellungen von den Babyloniern bis zum Christentum. Zürich 1987, S. 224 ff.

gen mit anderen verknüpfen und Schlußfolgerungen daraus ziehen wollten. Auf der anderen Seite entstanden immer neue und immer stärker ausgeschmückte Reise- und Kampfschilderungen, die auch dann weit verbreitet wurden, wenn sie nicht zu amtlicher kirchlicher Geltung kamen.

Der erste Theologe, der nach-neutestamentlich zu 1 Petr 3,19 und 4,6 (die Stellen zitierend) Stellung nahm, war Clemens von Alexandrien († nach 215). Ihm und Origenes ging es um das Heil – und um dessen Umfang –, das durch Jesus Christus zu den Toten gebracht wurde. Das Thema geriet von Origenes an auch in die Zusammenhänge christologischer Spekulationen: nun nahm man an, der göttliche Logos, der mit der menschlichen Seele Jesu verbunden war und blieb, sei in die Unterwelt abgestiegen, während der Leichnam Jesu im Grab verblieb bis zur Auferweckung an Ostern. Beispiel einer phantasievollen Ausmalung sind die Pilatusakten, die dem vierten Jahrhundert zuzuschreiben sind, aber älteres Material enthalten. Auch sie blieben bis ins Spätmittelalter einflußreich: Der Fürst der Hölle ist Satan oder Luzifer. Der Hades wird personifiziert; er ist eine Art Totengott, der in gewisser Hinsicht die Weisungen Satans ausführt. Beide halten ein Gespräch, in dem die Unruhe wegen des Schicksals des Lazarus, der ihnen entging, und wegen des bei ihnen erwarteten Jesus zum Ausdruck kommt. Bronzene Tore und eiserne Riegel sollen Jesus am Eindringen hindern, aber vergebens. Er zerbricht Tore und Riegel und beginnt mit der Befreiung der Gefangenen, wobei er als ersten Adam am Handgelenk aus der Unterwelt zieht, während Satan gefesselt wird. Das Jesuswort von der Fesselung des Starken, dessen Haus ausgeraubt wird (Mt 12,29 par.), stand gewiß Pate bei diesen Vorstellungen.

Im Zusammenhang mit den nach-arianischen christologischen Streitigkeiten hielt es eine Synode in Sirmium (Balkan) 359 für wichtig, den Höllenabstieg in das Christusbekenntnis einzubeziehen. So taucht der Satz „descendit ad inferna" etwas vor 370 erstmals auch im Glaubensbekenntnis auf.[43] Im Zusammenhang mit der Christologie spielte der Höllenabstieg Christi in der mittelalterlichen Theologie und Frömmigkeit eine große Rolle. Die Scholastik spekulierte über die Einheit der Person Jesu unter dem Aspekt, welches Schicksal der göttliche Logos und die menschliche Seele im Tod Jesu hatten. Auf dem IV. Laterankonzil 1215 wurde gesagt, Christus sei mit der Seele im Totenreich gewesen.[44] Benedikt XII. und Clemens V. lehrten, Christus habe mit seinem Sieg in der Unterwelt nicht die Hölle der Verdammten aufgehoben.[45] In den mittelalterlichen Osterschauspielen war die Szene von der Höllenfahrt Christi von größter Bedeutung: mit ihrer Hilfe konnte ganz und gar anschaulich gemacht werden, was Erlösung durch Jesus Christus bedeutet. Insoweit konzentrierte sich die Aufmerksamkeit auf den Triumph Jesu Christi über die Mächte des Bö-

---

[43]   Vgl. dazu H. Vorgrimler: Vorfragen zur Theologie des Karsamstags. In: Paschatis Sollemnia, hrsg. von B. Fischer und J. Wagner (FS J. A. Jungmann). Freiburg 1959, S. 13–22 (Lit.); J. N. D. Kelly: Altchristliche Glaubensbekenntnisse. Göttingen 1972, S. 371–377; G. L. Müller: Lexikon der katholischen Dogmatik, 1987, S. 271–273.
[44]   Denzinger-Schönmetzer Nr. 801.
[45]   Denzinger-Schönmetzer Nr. 1011; 1077.

sen, über Tod und Teufel, und auf die Hoffnung, die davon für Lebende und Verstorbene ausgehen mußte.

Bei Nikolaus von Kues († 1464) taucht dann der Gedanke auf, Jesus Christus habe die Strafe der Verdammten, die Hölle als Peinigung, auf sich genommen.[46] Ausgangspunkt für diese Überlegungen konnten Paulusworte sein wie „Christus ist für uns zum Fluch geworden" (Gal 3,13), oder „Er [Gott] hat den, der von keiner Sünde wußte, für uns zur Sünde gemacht" (2 Kor 5,21). Die christologische Interpretation des Höllenabstiegs Christi wurde so um eine soteriologisch-satisfaktorische ergänzt. Während Melanchthon die ältere Deutung des Machterweises Jesu in der Hölle aufrechterhielt, verstand M. Luther die Höllenfahrt eher als Übernahme der menschlichen Anfechtung und höllischen Verzweiflung durch Gott selber, der in Jesus war.[47] Später ergänzte er die Sicht um das Siegesmotiv. Bei Calvin besagt die Redeweise von einem Höllenabstieg Christi, dieser habe „die furchtbaren Qualen des verdammten und verlorenen Menschen in der Seele" erlitten.[48]

Eine katholische Deutung legte der „Catechismus Romanus", die scholastische Tradition zusammenfassend, 1566 dar. Sie ist oben (Kapitel 14) zitiert. Von einem Leiden in der Hölle ist an keiner Stelle die Rede; alles steht unter dem Zeichen des Sieges Christi. Die christologischen Interessen fehlen nicht. So heißt es:

> Im ersten Teil des Artikels wird uns also die Glaubenswahrheit vorgelegt, daß die Seele Christi nach seinem Tod in die Vorhölle hinabstieg und solang dort weilte als sein Leib im Grabe lag. Wir bekennen aber mit diesen Worten zugleich auch dieses: ein und dieselbe Person Christi war um diese Zeit in der Vorhölle und ruhte zugleich im Grabe. Diese Behauptung darf niemand wundernehmen; denn wie schon mehrmals gesagt wurde, war Christi Seele zwar vom Leib geschieden, aber die Gottheit trennte sich niemals weder von der Seele noch vom Leib.[49]

Alle Toten der Vorhölle waren, heißt es später, als Gefangene dort hinabgestiegen, Christus dagegen als Sieger, „um die bösen Geister niederzustrecken, die jene Gerechten wegen der Erbschuld in Kerker und Banden hielten". Die Gefangenen empfanden ihren Aufenthalt dort als „bitterste Pein zur Strafe" oder doch als Leiden am Verzicht auf die Anschauung Gottes.

> Christus der Herr aber stieg hinab, nicht um zu leiden, sondern um jene heiligen und gerechten Menschen aus ihrer beschwerlichen Haft zu befreien und ihnen die Frucht seines Leidens zuzuwenden. [...]
> Er wollte den Teufeln ihre Beute entreißen, die hl. Altväter wie die übrigen Gerechten aus ihrer Haft befreien und sie mit sich in den Himmel führen.[50]
> Er wollte, wie im Himmel und auf Erden, so auch dort unten seine Allgewalt zeigen.[51]

---

46 Koch (Anm. 41), S. 457.
47 WA 2,690; vgl. oben Kapitel 13 zur Hölle bei Luther.
48 Inst. II 16,10 f.
49 Das Religionsbuch der Kirche (Catechismus Romanus), in deutscher Übersetzung hrsg. von M. Gatterer; Einführung und vom Glaubensbekenntnis, übersetzt von A. Koch. Innsbruck ³1940, 6. Kap. 5. Glaubensartikel, S. 97.
50 Gatterer (Anm. 49), S. 100.
51 Gatterer (Anm. 49), S. 101.

Dieser Sieg über die Mächte der Unterwelt beschäftigte später manche Dichter. In Klopstocks „Messias" ist ausführlich davon die Rede. Der junge Goethe widmete ihm 1765 das Gedicht „Poetische Gedanken über die Höllenfahrt Jesu Christi". Darin beschreibt er die Angst Satans vor dem Erlöser, der „auf dem Siegeswagen von Feuerrädern fortgetragen" wird. Satan gelingt die Flucht nicht, er wird niedergeschmettert. Goethe unterstreicht den Kontrast des „schwarzen Höllensumpfes" zur „glänzenden Herrlichkeit" des Gottessohnes. Zwar kommen die befreiten Gefangenen bei Goethe nicht vor, aber am Ende heißt es: „Der Gott-Mensch schließt der Höllen Pforten." Vom Kampf gegen die Ohnmacht handelt R. M. Rilkes Gedicht „Christi Höllenfahrt" 1913.

Von dem in der Tradition Calvins stehenden Karl Barth beeinflußt, vor allem aber von mystischen Erfahrungen der Visionärin Adrienne von Speyr († 1967) beeindruckt, stellte Hans Urs von Balthasar († 1988) den Karsamstag, und das heißt den Höllenabstieg Christi, in den Mittelpunkt seiner Theologie. Er geht in vielen Passagen seines Riesenwerkes auf ihn ein.[52] Dabei wird auch sein eigenes theologisches Verständnis der Hölle deutlich. Hier können nur wenige prägnante Zeilen zitiert werden. Zu der menschlichen Freiheit, sich Gott zu verweigern und für die Gottferne zu optieren, sagt er:

> Man wird jedoch sagen dürfen, daß Gott dem Menschen die Fähigkeit gibt, eine für den Menschen als endgültig erscheinende (negative) Wahl gegen Gott zu vollziehen, die aber von Gott nicht als endgültig gewertet zu werden braucht. Und zwar nicht so, daß des Menschen Wahl von außen her in Frage gestellt würde – was einer Mißachtung der ihm geschenkten Freiheit gleichkäme –, sondern so, daß Gott mit seiner eigenen göttlichen Wahl den Menschen in die äußerste Situation seiner (negativen) Wahl hinein begleitet. Dies eben geschieht in der Passion Jesu. Und zwar lassen sich hier zwei Aspekte unterscheiden; der eine ist mehr dem Geschehen am Karfreitag, der andere mehr dem am Karsamstag zugeordnet.[53]

Das Geschehen am Karsamstag, der Höllenabstieg, wird nun so gedeutet, daß die „sieghafte" Interpretation vom Neuen Testament bis zum „Catechismus Romanus" ausdrücklich abgelehnt wird:

> Es gibt, am Karsamstag, den Abstieg des toten Jesus zur Hölle, das heißt (sehr vereinfachend gesagt) seine Solidarität in der Nicht-Zeit mit den von Gott weg Verlorenen. Für diese ist ihre Wahl – mit der sie ihr Ich anstelle des selbstlosen Gottes der Liebe gewählt haben – endgültig. In diese Endgültigkeit (des Todes) steigt der tote Sohn ab, keineswegs mehr handelnd, sondern vom Kreuz her jeder Macht und Initiative entblößt, als der rein Verfügte, als der zur reinen Materie erniedrigte, restlos indifferente (Kadaver-)Gehorsame, unfähig zu jeder aktiven Solidarisierung, erst recht zu jeder „Predigt" an die Toten. Er ist (aus einer letzten Liebe aber) tot mit ihnen zusammen. Und eben damit stört er die vom Sünder angestrebte letzte Einsamkeit: der Sünder, der von Gott weg verdammt sein will, findet in seiner Einsamkeit Gott wieder, aber Gott in der absoluten Ohnmacht der Liebe, der sich unabsehbar in der Nicht-Zeit mit dem sich Ver-

---

[52]   In Theodramatik, in Triduum Sacrum / Mysterium der drei Tage usw.
[53]   Pneuma und Institution. Einsiedeln 1974, S. 407.

dammenden solidarisiert. Das Psalmwort „Wollte ich in der Unterwelt lagern, so bist du auch dort" (139,8) erhält damit einen ganz neuen Sinn. Und auch das „Gott ist tot", als eigenmächtiges Dekret des Sünders, für den Gott das Abgetane ist, erhält einen ganz neuen, objektiv von Gott selbst gesetzten Sinn. Die geschöpfliche Freiheit ist akzeptiert, wird aber am Ende der Passion eingeholt und nachmals umgriffen („inferno profundior": Gregor der Große). Nur in der absoluten Schwäche will Gott der von ihm geschaffenen Freiheit das Geschenk der jeden Kerker aufbrechenden und jede Verkrampfung lösenden Liebe vermitteln: in der Solidarisierung von innen mit denen, die alle Solidarisierung verweigern.[54]

Die Konzeption Balthasars beruht auf einer trinitätstheologischen Spekulation („geschaut" in der Vision Adrienne von Speyrs), die hier nicht nachgezeichnet werden kann.[55] Wenn Balthasar die extremste Möglichkeit menschlicher Freiheit nicht negieren, also keinen gegen seinen Willen gerettet wissen will, dann hält er dennoch daran fest, daß

die Welt mit all ihren Freiheitsschicksalen vorweg in das Mysterium des hingegebenen Gottessohnes hinein gegründet worden ist: dessen Abstieg ist a priori tiefer, als was ein in der Welt Verlorener erreichen kann. Auch das, was wir „Hölle" nennen, ist, obschon es der Ort der Verworfenheit ist, noch immer ein christologischer Ort.[56]

Die bloße Möglichkeit einer durch eigene Freiheit verursachten äußersten Gottesferne bleibt bei Balthasar aufrechterhalten; insofern ist er kein Systematiker der Apokatastasis. Dennoch hat er das „für alle", auch für den „Verworfensten", dieses Höllenabstiegs derart betont und mit dem Gang des Gottessohnes ins Totenreich das „Ausleeren" der Hölle verbunden, daß er sich in der Begründung der „Hoffnung für alle Menschen" am weitesten hinausgewagt hat. In seiner Konzeption war, seiner Ansicht nach, das kirchliche Dogma von der Existenz der Hölle aufrechterhalten:

Hüten wir uns, angesichts dieses Mysteriums zu sagen, es gebe keine Hölle oder niemand sei darin. Daß Einer mit Sicherheit darin war und tiefer als jeder mögliche Andere, das ist der furchtbare Ernst.[57]

[54] v. Balthasar (Anm. 53), S. 408 f.
[55] Vgl. dazu die zusammenfassende Darstellung: Th. Krenski: Passio Caritatis. Trinitarische Passiologie im Werk Hans Urs von Balthasars. Einsiedeln 1990, darin zum Höllenabstieg S. 338–342.
[56] v. Balthasar (Anm. 53), S. 444.
[57] Theologie des Abstiegs Jesu zur Hölle. In: Adrienne von Speyr und ihre kirchliche Sendung, hrsg. von H. U. v. Balthasar u. a. Einsiedeln 1986, S. 138–146, hier: 144.

H. U. von Balthasars Kampf gegen die „Infernalisten"

In den letzten Jahren seines Lebens führte Hans Urs von Balthasar einen heftigen Kampf gegen eine Gruppe von Katholiken, die er prägnant und zutreffend die „Infernalisten" nannte.[58] Balthasar setzt hier seine souveräne Kenntnis der Theologie- und Geistesgeschichte ein, um nachzuweisen, daß es neben der „offiziellen" Linie immer auch eine christliche Tradition gab, die aus Liebe zu anderen und aus Identifikation mit anderen eine Hoffnung für alle Menschen fest begründete.

Beachtenswert ist seine analysierende Gruppierung neutestamentlicher Texte.[59] Er weist auf die Jesus-Worte zum Gericht hin: immer spricht Jesus von einem doppelten Ausgang des Gerichts; überall in den synoptischen Evangelien geht es dabei um das Doppelgebot von Gottes- und Menschenliebe. Für diese und ähnliche Texte, die mit Ernst von der Hölle reden, gilt nach Balthasar die Rahnersche Hermeneutik als sicher und unverzichtbar: Es handelt sich nicht um „antizipierende Reportagen", sondern um eine „Enthüllung der Situation, in welcher der angeredete Mensch jetzt wahrhaft ist".[60] Neben diesen Texten gibt es solche, die hinsichtlich des endgültigen Schicksals „in der Schwebe bleiben". Und es gibt jene, die eine Hoffnung für alle Menschen ohne Wenn und Aber aussprechen.

Balthasar weist nach, daß es sich bei offiziellen Höllen-Äußerungen, sei es in Glaubensbekenntnissen, sei es in Lehramtstexten, immer um verkürzte Formulierungen der Gerichtsrede Mt 25 handelt;[61] diese ist also einseitig für einen mächtigen Traditionsstrang bestimmend geworden. Balthasar führt Theologen an, die dieser Linie folgten; er benennt aber auch andere, die ungestraft (unbehelligt von inquisitorischen Maßnahmen) Verteidiger der Apokatastasis waren.[62]

Zu Augustinus sagt er, er habe die Reihe der Wissenden begründet. Seine Meinung habe „einen ungeheuren Schatten auf die Geschichte der westlichen Theologie geworfen". Er habe die Warnungen der Bibel, das Endschicksal sei nicht leichtzunehmen, in Informationen über den Ausgang des Gerichts verwandelt.[63]

Unter den Zeugen der Hoffnung für alle, die ihre Motivation aus der Liebe für andere nahmen, führt er Thomas von Aquin[64], Mechtild von Hackeborn[65], Angela von Foligno[66], Juliane von Norwich[67] und Therese von Lisieux[68] an.

---

[58] Es handelt sich bei diesem Kampf um seine beiden kleinen Monographien Was dürfen wir hoffen? Einsiedeln 1986, und Kleiner Diskurs über die Hölle. Ostfildern 1987, dazu der bedeutende Aufsatz Apokatastasis. In: Trierer Theol. Zeitschr. 97, 1988, S. 169–182.
[59] Ausführlicher zu Beginn von Was dürfen wir hoffen?
[60] v. Balthasar (Was dürfen wir hoffen?) (Anm. 58), S. 26.
[61] v. Balthasar (Was dürfen wir hoffen?) (Anm. 58), S. 38.
[62] v. Balthasar (Was dürfen wir hoffen?) (Anm. 58), S. 50 f.
[63] v. Balthasar (Was dürfen wir hoffen?) (Anm. 58), S. 52–58; Kleiner Diskurs (Anm. 58), S. 8, das Zitat ebd.
[64] v. Balthasar (Was dürfen wir hoffen?) (Anm. 58), S. 59–68.
[65] v. Balthasar (Was dürfen wir hoffen?) (Anm. 58), S. 79–81.
[66] v. Balthasar (Was dürfen wir hoffen?) (Anm. 58), S. 82–85.
[67] v. Balthasar (Was dürfen wir hoffen?) (Anm. 58), S. 82.
[68] v. Balthasar (Was dürfen wir hoffen?) (Anm. 58), S. 82–85.

Bei denen, die sich mit anderen, mit Verdammten identifizierten und die gleichwohl als kirchliche Heilige Vorbildcharakter haben, nennt er an erster Stelle Paulus, der um der Juden, seiner Brüder, willen, vom Herrn wegverflucht sein wollte (Röm 9,1–3) und der selber einen Vorgänger in Mose hatte (Ex 32,32), dessen im Ersten Testament gedacht wird (Ps 106,23; vgl. Jer 18,20; Ez 13,5; 22,30). In diesen Identifizierungen habe die Tradition immer Beweise vollkommener Liebe gesehen.[69] Aus der Kirchengeschichte benennt Balthasar hier Teresa von Avila und Johannes vom Kreuz neben zwei weniger bekannten Mystikerinnen.[70]

Auch andere Zeugen sind für Balthasar in diesem Zusammenhang wichtig: solche, von denen er positiv weiß, daß sie eine Heilshoffnung für alle Menschen zu haben wagten. Er nennt Kierkegaard[71], M. Blondel seit 1893[72], G. Marcel[73], E. Przywara[74], H. de Lubac, G. Fessard, P. Claudel, Ch. Péguy, L. Bloy, R. Guardini, Kardinal Lustiger, J. Ratzinger[75], Edith Stein[76], H. Verweyen, K. Rahner[77].

Alle Bemühungen kreisen bei ihm um das Axiom: „Gewißheit läßt sich nicht gewinnen, aber Hoffnung läßt sich begründen"[78], nämlich vor allem mit der in Jesus erwiesenen unbegrenzten Liebe Gottes.

Die „Infernalisten" auf der anderen Seite vertreten ein anderes Axiom: „Nein, unsere Hoffnung für das endgültige Heil ist beschränkt, denn wir *wissen*, ja es ist Dogma, daß eine Anzahl Menschen in der ewigen Hölle schmachtet."[79] Balthasar benennt die Wortführer dieser Infernalisten: einen Monsignore Johannes Bökmann in Köln, der in dem Anzeigenblatt für Pfarrhäuser und Klöster „Offertenzeitung" die Sparte „Theologisches" betreut, der theologisierende Monsignore, der sich durch einen Trick auf die andere, von der Hölle nicht bedrohte Seite stellt[80] und im Kampf um seine Hölle Unwahrheiten verbreitet[81]; ferner unter inzwischen Verstorbenen einen Pater Gerhard Hermes, der die Zeitschrift „Der Fels" redigierte, einen Pfarrvikar Wilhelm Schamoni, einen Dogmatikprofessor Heribert Schauf in Aachen.[82]

Der Aufsatz Balthasars über Apokatastasis schließlich ist ein kenntnisreicher Beitrag zur Ehrenrettung des Origenes, zur präziseren Beurteilung dessen, was er faktisch gesagt hatte und was seine Intention gewesen war.

---

[69] v. Balthasar (Kleiner Diskurs) (Anm. 58), S. 37 f.
[70] v. Balthasar (Was dürfen wir hoffen?) (Anm. 58), S. 86–90.
[71] v. Balthasar (Was dürfen wir hoffen?) (Anm. 58), S. 71.
[72] v. Balthasar (Was dürfen wir hoffen?) (Anm. 58), S. 93–101.
[73] v. Balthasar (Was dürfen wir hoffen?) (Anm. 58), S. 65 f.
[74] v. Balthasar (Kleiner Diskurs) (Anm. 58), S. 10 f.
[75] v. Balthasar (Kleiner Diskurs) (Anm. 58), S. 10 f.
[76] v. Balthasar (Kleiner Diskurs) (Anm. 58), S. 47–50.
[77] v. Balthasar (Kleiner Diskurs) (Anm. 58), S. 42 f.
[78] v. Balthasar (Kleiner Diskurs) (Anm. 58), S. 25.
[79] v. Balthasar (Kleiner Diskurs) (Anm. 58), S. 7.
[80] v. Balthasar (Kleiner Diskurs) (Anm. 58), S. 28.
[81] v. Balthasar (Kleiner Diskurs) (Anm. 58), S. 10 mit Anm. 9.
[82] v. Balthasar (Was dürfen wir hoffen?) (Anm. 58), S. 13 f.

Zusammenfassungen

Zwei neuere Publikationen geben sachkundige Informationen zum aktuellen Stand der Diskussion über Hölle und Apokatastasis in der katholischen Theologie. Bei J. R. Sachs[83] wird vor allem der von Balthasar ausgehende Impuls gewürdigt. Er nennt auch die Theologen, die in bewußter Asymmetrie von der Realität des universalen Heilswillens Gottes und von der bloßen Möglichkeit einer definitiven Entscheidung gegen Gott zu sprechen gewohnt sind.[84] J. B. Brantschen[85] unterscheidet drei faktisch vertretene Positionen: 1) Die Faszination des Schreckens. Hier handelt es sich um die Wissenden, die sich an Höllenphantasien Befriedigung verschaffen, um Moraltheologen, die „Erpressung mit dem Entsetzen" treiben, kurz, um diejenigen, die Balthasar „Infernalisten" nannte. – 2) Selbstverzehrung der Bösen oder: Auferweckung nur der Gerechten? Diese Hypothese, die auf die Betonung der Auferweckung der Glaubenden bei Paulus zurückgreift und in der Geschichte mehrfach vertreten wurde, wird in der Gegenwart auf katholischer Seite ernsthaft in Erwägung gezogen von den französischen Theologen Ch. Duquoc und J.-P. Jossua sowie von dem belgischen Konzilstheologen E. Schillebeeckx[86]. – 3) Gott – die Macht der freien Gewinnung oder: Die Pflicht, für alle zu hoffen. Nach den Literaturangaben bei Sachs und Brantschen zeichnet sich mindestens in der deutschsprachigen Dogmatik ein Konsens in dieser Richtung ab, die hier durch die Auffassungen Rahners und Balthasars dokumentiert wurde.

Neuere offizielle Texte

1979 veröffentlichte die römische Glaubenskongregation, die Nachfolgerin der Inquisitionsbehörde, ein Schreiben „über einige Fragen der Eschatologie"[87]. Darin kommt unser Thema in folgender Weise vor:

> Die Kirche glaubt, indem sie am Neuen Testament und an der Überlieferung treu festhält, an die Seligkeit der Gerechten, die einmal bei Christus sein werden. Ebenso glaubt sie, daß eine ewige Strafe den Sünder so trifft, daß er der Anschauung Gottes beraubt

---

[83]   J. R. Sachs: Current Eschatology: Universal Salvation and the Problem of the Hell. In: Theological Studies 52, 1991, S. 227–254.

[84]   Zu ihnen gehören, ohne daß alle bei Sachs genannt sind, u. a. M. Kehl, F.-J. Nocke, H. Küng, G. Greshake, W. Breuning, J. Ratzinger. Die Klassifikation bei B. Lang, in: Neues Handbuch Theologischer Grundbegriffe, hrsg. von P. Eicher, erweiterte Neuausgabe Bd. 2, München 1991, S. 362–373, hier 370–373, ist nicht ganz korrekt. Deutlich gegen eine Pastoral der Angst und gegen sonstige Legitimierungen der Hölle spricht der Pastoraltheologe Ottmar Fuchs: Die Entgrenzung zum Fremden als Bedingung christlichen Glaubens und Handelns. In: Die Fremden, hrsg. von O. Fuchs, Düsseldorf 1988, S. 240–301. Für eine Apokatastasis wagt Fuchs freilich auch nicht zu plädieren.

[85]   J. B. Brantschen: Gott – die Macht der freien Gewinnung. Eine Fußnote zur Hölle. In: Gottesgeschichten (FS für G. Bachl), hrsg. von W. Achleitner und U. Winkler. Freiburg 1992, S. 192–211.

[86]   In Veröffentlichungen zwischen 1984 und 1990; in deutscher Sprache: E. Schillebeeckx: Menschen. Die Geschichte von Gott. Freiburg 1990, S. 177–182.

[87]   Hier zitiert nach der Ausgabe des Sekretariats der Deutschen Bischofskonferenz, Verlautbarungen des Apostolischen Stuhles 11, Bonn 1979.

wird und daß die Auswirkung dieser Strafe das ganze Sein des Sünders erfaßt. Was aber die Auserwählten betrifft, so glaubt sie, daß vor der Anschauung Gottes eine Reinigung stattfinden kann, die jedoch von der Strafe der Verdammten völlig verschieden ist. Das meint die Kirche, wenn sie von Hölle und Fegfeuer spricht. Wenn man über das Geschick des Menschen nach dem Tode spricht, muß man sich besonders vor Darstellungsweisen hüten, die sich ausschließlich auf willkürliche Phantasievorstellungen stützen; Übertreibungen in dieser Hinsicht sind nämlich ein nicht geringer Grund für die Schwierigkeiten, denen der christliche Glaube häufig begegnet. Jene Bilder hingegen, welche wir in der Heiligen Schrift verwandt finden, verdienen eine besondere Ehrfurcht. Man muß ihren tieferen Sinn verstehen und die Gefahr vermeiden, sie allzusehr abzuschwächen, weil das oft die Wirklichkeit selbst verflüchtigt, die in diesen Bildern angedeutet wird. Weder die Heiligen Schriften noch die Theologen bieten uns genügend Licht, um das künftige Leben nach dem Tod richtig zu beschreiben.

Wie berechtigt auch die theologische Kritik an diesem Dokument sein mag[88], bemerkenswert ist, daß das katholische Lehramt hier die Notwendigkeit einer Hermeneutik betont und selber sich in den Jenseitsaussagen um große Bescheidenheit und Zurückhaltung bemüht.

Den Abschluß dieses Kapitels über Höllenauffassungen der katholischen Theologie sollen zwei Katechismen bilden. Der erste nennt sich „Katholischer Erwachsenen-Katechismus. Das Glaubensbekenntnis der Kirche", er erschien 1985.[89] Sein hauptsächlicher Verfasser war der frühere Dogmatiker und jetzige Rottenburger Bischof Walter Kasper. Das „Die Hölle" überschriebene Kapitel lautet:

Die Glaubensüberzeugung von der Hölle gilt vielen als problematisch. Sie meinen, dieses Leben sei oft Hölle genug. Sie sagen: Hölle – das sind die anderen (J. P. Sartre), das sind freilich oft genug auch wir uns selbst. Man spricht von der Hölle des Krieges, von Auschwitz und Vietnam, vom Inferno von Hiroshima und Nagasaki, vom ersten Kreis der Hölle (A. Solschenizyn) u. a. Aber, so wird gefragt, kann man sich einen gütigen Gott denken, der in gnadenloser Weise ewige Höllenqualen will? Wie kann man Höllenpredigten, die Angst machen und Druck ausüben, mit der frohen und befreienden Botschaft des Evangeliums vereinbaren? Bedeutet die Überzeugung von ewigen Höllenstrafen nicht das Aufgeben der christlichen Solidarität mit allen Menschen? Als Antwort kann man zunächst darauf verweisen, daß alles Deuteln nicht darüber hinwegtäuschen kann, daß nicht nur das Alte Testament, sondern auch *Jesus* und das *Neue Testament* den Bösen, den Gottlosen und den schweren Sündern die Möglichkeit der Verwerfung vor Augen gestellt haben (vgl. Mt 5,29–30; 10,28; 23,15.33 u. a.). Es ist die Rede vom ewigen Feuer (vgl. Mt 3,12; 25,41 u. a.), von der ewigen Pein (vgl. Mt 25,46), von Finsternis (vgl. Mt 8,12 u. a.), von Heulen und Zähneknirschen (vgl. Mt 13,42.50). Die *Lehre der Kirche,* welche die Ewigkeit der Höllenstrafen ausdrücklich verteidigt hat, steht also auf einem guten und gesicherten biblischen Fundament. Vor allem hat die Kirche die dem Origenes (3. Jh.) zugeschriebene und später immer wieder vertretene Lehre verurteilt, am Ende der Zeit finde die Wiederherstellung (Apokatastasis) der ganzen Schöpfung statt, einschließlich der Sünder, Verdammten und Dämonen, zu einem Zustand vollkommener Glückseligkeit (vgl. DS 76; 411; 801; 1002; NR 916; 891;

---

[88] Vgl. zu dieser Kritik H. Vorgrimler: Hoffnung auf Vollendung. Freiburg ²1984, S. 90 f., 160.
[89] Hrsg. von der Deutschen Bischofskonferenz, übernommen von der Österreichischen Bischofskonferenz, also ein offizieller Text.

896; 905; LG 48). Doch wäre, wenn Gott am Ende alle Menschen in sein Reich heim-
holen würde – auch diejenigen, die sich definitiv gegen ihn entschieden haben –, die
Freiheit und damit die Würde des Menschen noch gewahrt? Gerade wenn wir „nicht
von vornherein mit einer Versöhnung und Entsühnung für alle und für alles rechnen
können, was wir tun oder unterlassen", greift diese Botschaft immer wieder verändernd
in unser Leben ein und bringt Ernst und Dramatik in unsere geschichtliche Verantwortung (vgl. Gem. Synode, Unsere Hoffnung I,4).
Man muß die Aussagen der Heiligen Schrift über die Ewigkeit der Hölle freilich richtig
verstehen. Nicht umsonst handelt es sich dabei um Mahnreden; sie haben eine ermah-
nende und zur Entscheidung herausfordernde Funktion. Es sollen dem Sünder die Konsequenzen seines Tuns vor Augen gehalten werden, nicht damit er bestraft werde, sondern damit er umkehre und so zum ewigen Leben finde. Deshalb wird weder in der
Heiligen Schrift noch in der kirchlichen Glaubensüberlieferung von irgendeinem Menschen mit Bestimmtheit gesagt, er sei tatsächlich in der Hölle. Vielmehr wird die Hölle
immer als *reale Möglichkeit* vor Augen gehalten, verbunden mit dem Angebot der Umkehr und des Lebens. So verstanden soll die Hölle den Ernst und die Würde der menschlichen Freiheit vor Augen führen, die zu wählen hat zwischen Leben und Tod. Gott ach-
tet die Freiheit des Menschen, er zwingt seine beseligende Gemeinschaft keinem Menschen gegen dessen Willen auf. Die Heilige Schrift läßt auch keinerlei Zweifel daran,
daß es Sünden gibt, die vom Reiche Gottes ausschließen (vgl. 1 Kor 6,9–10; Gal 5,20–
21; Eph 5,5; Offb 21,8). Es geht also in unserem Leben um eine Entscheidung auf Leben und Tod. Die Heilige Schrift sagt uns freilich nicht, ob jemals ein Mensch sich tatsächlich in letzter Endgültigkeit gegen Gott entschieden und damit den Sinn seines
Daseins endgültig verfehlt hat.
Das *Wesen der Hölle* wird uns in der heiligen Schrift in Bildern ausgedeutet. Wenn dort
vor allem vom Feuer der Hölle die Rede ist, dann ist dies nicht in einem grob-realisti-
schen Sinn zu verstehen; schon gar nicht darf man an sadistische Quälereien denken.
Aber auch ein rein geistiges Verständnis wird der Aussage der Schrift nicht gerecht. Im
Bild wird vielmehr eine Realität viel tieferer Art ausgesagt. Es handelt sich um das ver-
zehrende Feuer, das Gott in seiner Heiligkeit für das Böse, die Lüge, den Haß und die
Gewalttat ist (vgl. Jes 10,17). Wie der Himmel Gott selbst als für immer gewonnener
ist, so ist die Hölle Gott selbst als für immer verlorener. Das Wesen der Hölle ist also
selbstverschuldeter *endgültiger Ausschluß aus der Gemeinschaft mit Gott*. Weil aber Gott
allein die endgültige Sinnerfüllung des Menschen ist, bedeutet die Hölle die Erfahrung
und den Schmerz letzter Sinnlosigkeit und die Verzweiflung über das endgültige Ver-
lorensein des Menschen.[90]

Es ist deutlich, inwieweit dieser Katechismus die Entwicklung der Theologie im zwanzigsten Jahrhundert wiedergibt. Erstmals wird eine Hermeneutik der Höllenaussagen als notwendig bezeichnet. Die Bezeichnung „Bilder" wirkt äußerst behutsam, verglichen mit den realistischen Beschreibungen der Tatsächlichkeiten und Örtlichkeiten in der Tradition. Dennoch läßt sich unschwer prognostizieren, was sich in künftigen Diskussionen als Schwachstelle dieser Ausführungen erweisen wird: Alles ist konzentriert auf ein Verständnis menschlicher Freiheit, die als Willensfreiheit letzter, endgültiger Entscheidungen fähig sei; dem ist auch eine Fähigkeit des Intellekts zur Erkenntnis Gottes als des letzten Sinnes des menschlichen Daseins zugrunde gelegt, von
der höchst zweifelhaft ist, ob und wo sie im konkreten Leben realisiert wird.

---

[90] Katholischer Erwachsenen-Katechismus. Kevelaer 1985, S. 422–424.

Ende 1992 erschien, zuerst in französischer Sprache, ein Weltkatechismus unter dem Titel „Katechismus der katholischen Kirche". Er war von einer römischen Bischofssynode 1985 angeregt und, überwacht von Kardinal Joseph Ratzinger und einer eigenen Vatikan-Kommission, von einer Redaktionsgruppe von acht Personen aus verschiedenen Ländern, aus der nur der Chilene Jorge Medina einigermaßen bekannt war, unter der Leitung des Wiener Weihbischofs Christoph Schönborn, im Umfang von rund 680 Seiten ausgearbeitet worden. 24 000 Stellungnahmen oder Änderungsvorschläge aus dem Weltepiskopat sollen Berücksichtigung gefunden haben.

Eine gravierende Aussage fällt an einer Stelle, die nicht im Zusammenhang mit dem Höllenthema steht: bei der Behandlung des „Engelssturzes" (Ziff. 393).[91] Dort heißt es:

> Der unwiderrufliche Charakter der Entscheidung der Engel und nicht das Fehlen der unendlichen Barmherzigkeit Gottes bewirkt, daß ihre Sünde nicht vergeben werden kann. „Es gibt für sie nach dem Sturz keine Reue, wie es keine Reue für die Menschen nach ihrem Tod gibt."

Das Zitat stammt von Johannes von Damaskus, einem Theologen, der möglicherweise 749 starb. Wenn der Katechismus sich dessen – im Altertum geläufige – Ansicht zu eigen macht, dann gibt er vor zu wissen, was nach dem Tod der Fall sein wird.

Von der Hölle wird zunächst in dem Hauptteil gehandelt, der mit „Das Bekenntnis des christlichen Glaubens" überschrieben ist. Dort spricht Artikel 5 vom Höllenabstieg Christi (Ziff. 631–637). Dieser bedeute nach Ziff. 632 zunächst, daß Jesus den Tod gleich wie alle Menschen erfahren mußte und sich den Toten zugesellt habe in seiner Seele am Aufenthaltsort (séjour) der Toten; aber er sei dorthin als Erlöser abgestiegen und habe den dort festgehaltenen Geistern die Frohbotschaft verkündet.[92] Ziff. 633 sagt, der Aufenthaltsort der Toten heiße in der Schrift Scheol oder Hades, weil die dort Befindlichen der Gottesschau beraubt seien.[93] Bei der Erwartung des Erlösers sei das bei allen Toten, Bösen oder Gerechten, der Fall gewesen, was aber nicht besage, daß ihr Schicksal identisch gewesen sei, wie Jesu Gleichnis vom armen Lazarus im Schoß Abrahams zeige.

> „Die Seelen dieser Gerechten nun, die im Schoß Abrahams den Befreier erwarteten, hat Jesus Christus bei seinem Abstieg in die Hölle befreit"[94]. Jesus stieg nicht in die Hölle hinab, um die Verdammten aus ihr zu befreien[95], noch um die Verdammungshölle zu zerstören[96], sondern um die Gerechten zu befreien, die vor ihm gelebt hatten[97].

---

[91] Zitiert wird nach der französischen Ausgabe „Catéchisme de l'Eglise catholique". Paris 1992, deutsche Übersetzung von mir, H. V.
[92] Vgl. 1 Petr 3,18–19.
[93] Vgl. Ps 6,6; 88,11–13.
[94] Zitat aus „Catechismus Romanus" 1,6,3.
[95] Verweis auf Konzil von Rom 745: Denzinger-Schönmetzer Nr. 587.
[96] Vgl. Denzinger-Schönmetzer Nr. 1011; Nr. 1077.
[97] Vgl. Konzil von Toledo 625: Denzinger-Schönmetzer Nr. 485; Mt 27,52–53.

In Ziff. 634 heißt es, es habe sich um die letzte Phase der messianischen Sendung Jesu gehandelt, deren Bedeutung in der Ausweitung des Erlösungswerkes auf alle Menschen aller Zeiten und aller Orte liegt, „denn alle, die gerettet werden, wurden zu Teilhabern an der Erlösung gemacht". Die zunächst angedeutete Universalität der Erlösung ist mit dem Nachsatz erheblich reduziert.

Während Ziff. 635 eine Zitatenmontage über Jesus als Sieger über den Tod enthält, sind die Ziff. 636 und 637 – wie in diesem Katechismus üblich – kurze Zusammenfassungen des Paragraphen:

> Mit dem Satz „Jesus ist abgestiegen zu der Hölle" bekennt das Symbolum, daß Jesus wahrhaft gestorben ist und daß er durch seinen Tod für uns den Tod und den Teufel, „der die Macht über den Tod hat" (Hebr 2,14), besiegt hat.
> Der tote Christus ist in der mit seiner göttlichen Person vereinten Seele zum Aufenthaltsort der Toten abgestiegen. Er hat den Gerechten, die vor ihm lebten, die Pforten des Himmels geöffnet.

Die Aussage geht in nichts (auch nicht hinsichtlich der völlig fehlenden Hermeneutik) über den Catechismus Romanus von 1566 hinaus. Der Text ignoriert den biblischen Hintergrund mit seinen Problemen und stützt sich allein auf eine (begrenzte) Tradition.

Wiederum innerhalb des Hauptteils über das christliche Glaubensbekenntnis befaßt sich Artikel 12 mit dem ewigen Leben. Sein Paragraph 1 handelt vom besonderen Gericht. Ziff. 1021 beginnt:

> Der Tod setzt dem Menschenleben, insofern es eine Zeit ist, die offen ist für die Annahme oder Ablehnung der in Christus geoffenbarten göttlichen Gnade, ein Ende.[98]

Nach einer Erwähnung der Schriftstellen, die neben den gewichtigeren für ein allgemeines Gericht eine individuelle Verantwortung aussprechen, lautet Ziff. 1022:

> Jeder Mensch empfängt in seiner unsterblichen Seele sogleich bei seinem Tod seine ewige Vergeltung in einem besonderen Gericht, in dem sein Leben in Bezug gesetzt wird zu Christus, [seine ewige Vergeltung] sei es durch eine Läuterung hindurch[99], sei es durch unmittelbaren Eingang in die Seligkeit des Himmels[100], sei es, um unmittelbar für immer verdammt zu werden[101].

Reflexions- und Erkenntnisstand gehen nicht über das vierzehnte Jahrhundert, die Zeit Benedikts XII. hinaus.

Nach dem Paragraphen über den Himmel (Ziff. 1023–1029) und die Läuterung am Ende oder das Purgatorium (Ziff. 1030–1032) handelt Paragraph IV über die Hölle.

Ziff. 1033 beginnt mit der Feststellung, daß wir nur mit Gott vereint werden können, wenn wir ihn wenigstens in freier Entscheidung lieben; wir können Gott aber

---

[98] Vgl. 2 Tim 1,9–10.
[99] Vgl. Konzil von Lyon: Denzinger-Schönmetzer Nr. 857–858; Konzil von Florenz: DS Nr. 1304–1306; Konzil von Trient: DS Nr. 1820.
[100] Vgl. Benedikt XII.: DS Nr. 1000–1001; Johannes XXII.: DS Nr. 990.
[101] Vgl. Benedikt XII.: DS Nr. 1002.

nicht lieben, wenn wir schwer gegen ihn, gegen den Nächsten oder gegen uns selber sündigen (mit Zitat 1 Joh 3,15). Vom Herrn geoffenbart sei, daß wir von ihm getrennt sein werden, wenn wir versäumen, den Armen und Kleinen, seinen Brüdern, in schwerer Not zu helfen.[102]

> In Todsünde sterben, ohne sie bereut zu haben und ohne die erbarmungsvolle Liebe Gottes empfangen zu haben, bedeutet von ihm durch unsere eigene freie Entscheidung für immer getrennt zu bleiben. Diesen Zustand endgültigen Selbstausschlusses von der Gemeinschaft mit ihm und den Seligen bezeichnet man mit dem Wort „Hölle".

In Ziff. 1034 heißt es, Jesus spreche oft von der „Gehenna" des nie erlöschenden Feuers[103], die für jene bestimmt sei, die es bis zum Ende ihres Lebens ablehnen zu glauben und umzukehren, und in der zugleich Seele und Leib zugrunde gehen können[104]. Mt 14,41 f. und 25,41 werden noch ausdrücklich zitiert. Ziff. 1035 lautet:

> Die Lehre der Kirche bestätigt die Existenz der Hölle und ihre Ewigkeit. Die Seelen derer, die im Zustand der Todsünde sterben, steigen unmittelbar nach dem Tod in die Hölle hinab, wo sie die Höllenstrafen erleiden, „das ewige Feuer"[105]. Die Hauptstrafe der Hölle besteht in der ewigen Trennung von Gott, in dem allein der Mensch das Leben und das Glück haben kann, für die er geschaffen ist und nach denen er sich sehnt.

In Ziff. 1036 heißt es dann, die Höllenlehre stelle einen Appell an die Verantwortung dar, mit der der Mensch von seiner Freiheit im Hinblick auf sein ewiges Geschick Gebrauch macht. Zugleich sei sie ein drängender Umkehrruf, unter Zitation von Mt 7,13 f. Dieser Wachsamkeitsappell wird mit einer biblischen Paraphrase verdeutlicht. Ziff. 1037 beginnt:

> Gott bestimmt keinen Menschen im voraus zur Hölle[106]; es bedarf dazu einer freiwilligen Abkehr von Gott (einer Todsünde) und des Verharrens darin bis zum Ende.

Die Ziff. endet mit dem Hinweis auf das liturgische und private Gebet um Bewahrung der Menschen vor der ewigen Verdammnis. Die Aussagen über die Hölle selber sind biblizistisch ohne Hermeneutik; die inhaltliche Begründung stützt sich ausdrücklich auf die mehrmals betonte Todsünde.

Die Ausführungen über das letzte (universale) Gericht in Ziff. 1038–1041 zeichnen dieses als Offenbarung des Triumphes der göttlichen Gerechtigkeit und seiner todüberwindenden Liebe und als Anlaß der Furcht vor Gott.

Auch dem ganzen Artikel 12 sind kurze Merksätze angefügt. Die hier in Betracht kommenden lauten:

> 1056: Nach dem Beispiel Christi weist die Kirche die Gläubigen auf die „traurige und beklagenswerte Realität des ewigen Todes"[107] hin, auch „Hölle" genannt.

---

[102] Hinweis auf Mt 25,31–46.
[103] Hinweis auf Mt 5,22.29; 13,42.50; Mk 9,43–48.
[104] Vgl. Mt 10,28.
[105] Vgl. DS Nr. 76; 409; 411; 801; 858; 1002; 1351; 1575; Credo Pauls VI. 12.
[106] Mit Hinweis auf DS Nr. 397; 1567.
[107] Katechet. Direktorium 69.

1057: Die Hauptstrafe der Hölle besteht in der ewigen Trennung von Gott, in dem allein der Mensch das Leben und das Glück haben kann, für die er geschaffen ist und nach denen er sich sehnt.
1058: Die Kirche betet darum, daß niemand verlorengehe: „Herr, laß nicht zu, daß ich mich jemals von dir trenne." Wenn es richtig ist, daß niemand sich selber retten kann, dann ist es auch richtig, daß „Gott will, daß alle gerettet werden" (1 Tim 2,4) und daß für ihn „alles möglich" ist (Mt 19,26).

In den Hinweisen auf das Gebet für alle und den universalen Heilswillen Gottes sowie in der Unterlassung der besonderen Betonung der sinnenhaften Höllenstrafen bestehen die Unterschiede dieses Höllentextes gegenüber neuscholastischen Lehrbüchern.

Ein Blick soll noch den Ausführungen dieses „Weltkatechismus" über die Todsünde gelten, von der ja die Höllenstrafe abhängt. Nach Ziff. 1855 zerstört die Todsünde die Liebe im Herzen des Menschen durch eine schwere Übertretung des Gottesgebots; sie wendet den Menschen von Gott ab, der sein letztes Ziel und seine Seligkeit ist, und zwar dadurch, daß sie diesem ein niedrigeres Gut vorzieht. Zum Zustandekommen einer Todsünde, sagt Ziff. 1857, sind drei Bedingungen notwendig: „Jede Sünde ist eine Todsünde, die als Gegenstand eine wichtige Materie hat und die in vollem Bewußtsein und mit überlegtem Entschluß begangen wird"[108].

Die „materia gravis" sei in den zehn Geboten in der Auslegung Jesu Mk 10,19 angegeben, sagt Ziff. 1858, und fährt fort:

Die Schwere der Sünde ist mehr oder weniger groß: ein Mord ist schwerer als ein Diebstahl. Die Qualität der verletzten Personen muß auch in Betracht gezogen werden: Gewaltausübung gegen die Eltern ist in sich schwerer als die gegen einen Fremden.

Deutlich ist, daß einer rigorosen Auslegung der „materia gravis", z. B. durch Psychopathen unter den Seelsorgern, damit keine Grenzen gesetzt sind.

Nach Ziff. 1859 sind bei der Todsünde volle Erkenntnis und völlige Zustimmung verlangt; vorausgesetzt sei dabei das Wissen, daß ein Akt sündhaft, gegen das Gebot Gottes gerichtet ist. Absichtliches Nichtwissen und Herzensverhärtung vermehren den freiwilligen Charakter der Sünde noch. Ziff. 1860 sagt zwar, daß unfreiwillige Unkenntnis die Verantwortlichkeit mindere oder aufhebe. Aber niemand könne in Unkenntnis jener Prinzipien des Moralgesetzes sein, die im Gewissen jedes Menschen eingeschrieben seien. Triebe, äußerer Druck oder pathologische Störungen werden hier als freiheitsmindernd anerkannt. Schließlich kehrt Ziff. 1861 zum Höllenthema zurück:

Die Todsünde ist eine radikale Möglichkeit der menschlichen Freiheit wie die Liebe selber. Sie bringt den Verlust der Liebe und die Wegnahme der heiligmachenden Gnade, das heißt des Gnadenstandes mit sich. Wenn sie nicht durch die Reue und die Vergebung durch Gott behoben wird, führt sie zum Ausschluß vom Reich Christi und zum ewigen Tod der Hölle, da unsere Freiheit die Fähigkeit zu Entscheidungen für immer, ohne Zurück, hat. Wenn wir aber sagen müssen, daß ein Akt in sich eine schwere Schuld

---

[108] Dies ein Zitat aus einem neueren päpstlichen Bußdokument 17.

ist, dann müssen wir doch das Urteil über Personen der Gerechtigkeit und dem Erbarmen Gottes anvertrauen.

So traditionell die Sündenlehre ist, so wenig sie neueren anthropologischen Kenntnissen Rechnung trägt, so zurückhaltend das Bekenntnis zur alleinigen Souveränität Gottes ist, es stellt gegenüber dem Katechismus des Jahres 1566 einen gewissen Fortschritt (durch Rückkehr zu den Ursprüngen) dar.

Am Ende dieses Überblicks über die Entwicklung katholischer Auffassungen zur Hölle stehen die Einsichten in die Notwendigkeit biblischer Hermeneutik, der Verzicht auf weiteres Nachdenken über eine Orthaftigkeit der Hölle und über sinnenhafte Strafen (poenae sensus), aber das Festhalten an der Möglichkeit eines ewigen Verfehlens Gottes als des Zieles menschlicher Existenz, weil die in der neueren katholischen Theologie vertretene und hier zugrunde gelegte Freiheitskonzeption meint, eine solche Möglichkeit prinzipiell offenlassen zu müssen. In vorsichtigen Ansätzen kommt diese Theologie von dem durch Augustinus bestimmten Wissensstandpunkt weg zu einer Respektierung der unbegrenzten Möglichkeiten göttlicher Liebe und von da her zu einer Rehabilitation des durch Origenes gewiesenen Denk- und Glaubensweges.

21. Darstellungen der Hölle in der Kunst

Bei der Entstehung fester Vorstellungen von der Hölle samt ihren Insassen spielte
– von der Zeit ihres Aufkommens an – die darstellende Kunst eine erstrangige Rolle. Die so oft geschauten Bilder und Plastiken setzten sich in Bewußtsein und Unterbewußtsein der Betrachtenden fest und wirkten dort weiter. Umgekehrt wurden
Höllenbilder von kirchlichen Instanzen oft gezielt im Dienst einer Seelsorge und
einer Moralpädagogik der Einschüchterung eingesetzt. Die Kunst gehört daher wesentlich zu einer Geschichte der christlichen Hölle, wenn hier natürlich nicht fach-
wissenschaftlich, sondern nur in der Art eines großen Überblicks über sie gesprochen werden kann. Dabei empfiehlt es sich, an der Unterscheidung der Motive festzuhalten. Eine erste wichtige Motivunterscheidung ist diejenige zwischen der „Höllenfahrt Christi" und den unterschiedlichen Darstellungen der Strafhölle.

Abb. 11 Auguste Rodin: Höllentor (Detail), 1880 f.

Der „Höllenabstieg Christi"

Wann die Abbildungen des Höllenabstiegs Christi genau einsetzen, ist noch unbekannt. Das Motiv legte sich den christlichen Künstlern nicht allein von 1 Petr 3,19 aus nahe; mehrere andere Bibelstellen wurden auf den Descensus hin gedeutet, zumal solche, die von der Befreiung von Gefangenen sprechen. Aber auch das nichtbiblische Schrifttum gab Anregungen für die Ausgestaltung des Motivs; hier kommen besonders die Oden Salomos (Nr. 17.22.42) und das apokryphe Nikodemus-Evangelium in Betracht.[1] Die Abbildung der siegreichen Höllenfahrt Christi wurde in den christlichen Kirchen des Ostens zu *dem* Osterbild schlechthin. Aber auch hier ist unbekannt, von wann ab diese Entwicklung zu datieren ist. Da das Thema bei dem seinerzeit berühmten syrischen Theologen Ephraim († 373) eine große Rolle spielte (zumal in seinen Hymnen 35–38), wird als Ursprungsregion der syrisch-palästinische Raum angenommen.

Die älteste bisher bekannte Darstellung des Descensus-Motivs findet sich auf einer Staurothek von Fieschi, die spätestens auf 700 zu datieren ist. Weitere frühe Abbildungsformen sind in den Fresken der römischen Kirchen S. Maria Antiqua um 800 und S. Clemente um 900 erhalten. Die Zunahme bekannter Abbildungen datiert im Osten nach dem Ende des Ikonoklasmus wie im Westen mit dem neunten Jahrhundert; nun finden sie sich nicht nur in Fresken und Ikonen, sondern auch in Psalterien, Lektionaren und auf Exultet-Rollen.

Die frühmittelalterlichen Darstellungen im kirchlichen Osten nähren sich zunächst aus der apokryphen Literatur: Wie in der „heidnischen" Antike ist Hades personifiziert, aber er ist dem Satan als dem eigentlichen Höllenfürsten untergeordnet. Durch das Hinabsteigen Jesu in seinen Herrschaftsbereich ist Hades, der zugleich die Todesmacht verkörpert, besiegt: gefesselt liegt er am Boden; die Höllentore sind zerbrochen. Das ist das Grundmotiv. Es wird Zug um Zug angereichert: Zum besiegten Hades kommt der ebenfalls gefesselte Satan, kommen die fliehenden Dämonen. Vor allem werden nun die aus dem Dunkel heraufgeführten und befreiten Gefangenen (Ps 68,7; 107,13–16) mit abgebildet. Ein Sondermotiv ist der „Griff ans Handgelenk" wie bei der Befreiung Adams durch den siegreichen Christus.[2] Vom dreizehnten Jahrhundert ab vermehrt die östliche, „paläologische" Kunst das Motiv noch um Engel, die die Teufel fesseln. Auch die Auseinandersetzung zwischen dem Höllenfürsten Satan und dem Unterweltsverwalter Hades (aus dem Nikodemus-Evangelium, Kap. 4) wird abgebildet. Weitere Sondermotive, seit dem elften Jahrhundert im Osten anzutreffen, sind Michael, der Satan mit der Lanze sticht, oder Christus, der das Kreuz des Siegers auf das Genick des gefesselt über den Türflügeln liegenden Hades setzt.

---

[1] Vgl. dazu E. Lucchesi Palli: Höllenfahrt Christi. In: LCI 2, 1970, S. 322–331, mit Angabe der wichtigsten biblischen und literarischen Quellen; auch R. Lange: Die Auferstehung (Iconographia Ecclesiae Orientalis), Recklinghausen 1966.

[2] Vgl. dazu R. Th. Stoll, in: „Hinabgestiegen in das Reich des Todes", hrsg. von H. U. von Balthasar. München 1982, S. 44–71 (Lit.).

Vom Berg Athos ist ein Malerhandbuch erhalten[3]. Die ikonographische Grundlage dieses einflußreichen Buches ist die Bebilderung der Hagia Sophia in Konstantinopel; der technische Teil stammt von dem Maler Panselinos im elften Jahrhundert. Die darin enthaltenen Überlieferungen reichen daher sehr weit zurück. § 306 spricht von der Art und Weise, wie das Herabsteigen (Christi) in den „Hades" abzubilden sei. Die Hölle ist wie eine dunkle Höhle unter Bergen darzustellen. Engel binden den Teufel Beelzebub, schlagen auf andere Teufel ein oder verfolgen sie mit erhobenen Lanzen. Verschiedene nackte Menschen sind abzubilden, die gefesselt sind und nach oben blicken; zerbrochene Schlösser und ausgerissene Höllentore liegen da. Jesus Christus tritt auf sie. Er hält Adam mit der Rechten, Eva mit der Linken; dahinter sind die Gerechten zu erblicken, die mit befreit werden.

Abbildungen solcher Art finden sich nicht nur in byzantinischen Handschriften oder in Elfenbeinschnitzereien, sondern auch in den berühmten Mosaiken der Klosterkirche von Daphni bei Athen und in San Marco in Venedig. Die Welle eines byzantinischen Einflusses im Westen im zwölften und im dreizehnten Jahrhundert zeigte sich auch im Klosterneuburger Altar des Meisters Nikolaus von Verdun um 1180 (hier der Kampf Samsons mit dem Löwen als Symbol des siegreichen Höllenabstiegs), vielleicht auch am Freckenhorster Taufstein in Westfalen.[4]

Im kirchlichen Westen beginnen bedeutende Descensus-Darstellungen mit dem Stuttgarter Psalter im ersten Viertel des neunten Jahrhunderts. Hier ist die überfüllte Flammenhölle, deren Tore mit Eisenstangen verriegelt sind, zu sehen. Jesus Christus nimmt den Kampf mit dem Sturm auf das Portal auf. Im Utrechter Psalter um 830 kämpfen die Teufel um ihre Beute. Eingehend ist das Motiv in der Apokalypse von Gerona 975 vertreten. Ist das Höllengefängnis in östlichen Abbildungen zuerst wie ein Torturm, später wie eine Höhle abgebildet worden, so kommt die Unterwelt im Westen vom elften Jahrhundert an auch wie eine ummauerte Stadt oder wie ein gähnender Schacht vor. Ein neues Höllenbild tritt nach dem elften Jahrhundert auf: ein weit aufgesperrter Tierrachen (angeregt von Hiob 41,6.10 ff., 19 ff. oder Jes 5,14).

Der Kampf der Engel mit den Teufeln bleibt, dem Malerkanon entsprechend, im kirchlichen Osten länger erhalten als im Westen. Bei Dürer führen 1510 die Dämonen einen Angriff aus dem Höllenpalast auf Jesus Christus selber. Die Dogmatik beeinflußt die Bilder insofern, als von spätromanischer und gotischer Zeit an in der Höllenfestung auch solche abgebildet werden, die nicht befreit werden, sondern zurückbleiben müssen.

Vom siebzehnten Jahrhundert an wird das Descensus-Motiv immer seltener, doch fehlen Darstellungen bis zur Gegenwart nicht (Max Beckmann, Christus in der Vorhölle, 1948).

[3]   Das Handbuch der Malerei vom Berge Athos, aus dem handschriftlichen neugriechischen Urtext übersetzt von G. Schäfer. Trier 1855, Neudruck München 1983.
[4]   Vgl. O. A. Erich: Die Darstellung des Teufels in der christlichen Kunst. Berlin 1931, S. 16 ff.

Die Strafhölle

Beim Thema der Höllendarstellungen in der Kunst kommen außer den biblischen Zeugnissen beider Testamente ebenfalls außerbiblische Quellen in Betracht.[5] Die Künstler ließen sich von antiken Motiven aus dem sogenannten Heidentum inspirieren, z. B. aus den mythischen Schilderungen des Totengerichts, der Höllenpforten, der Unterweltsgeographie (mit Charon als Fährmann über den Fluß Styx usw.) und vor allem auch aus den „klassischen" Strafbeschreibungen des Sisyphos, Tantalos usw. Platon und Vergil galten als zuverlässige Informanten, ebenso wie später Gregor I. und die Verfasser der Paulus-Apokalypse und der Vision des Tundal.[6]

Kirchlicher Osten

Im kirchlichen Osten tauchen Abbildungen der Hölle, von den Darstellungen des Descensus Christi abgesehen, seit dem neunten bis zehnten Jahrhundert auf. Sie neigen von Anfang an dazu, sich nach einem gewissen vorgegebenen Kanon zu orientieren. Großer Einfluß wird dem kirchlichen Dichter Romanos dem Meloden († um 560) zugeschrieben (vor allem seinem Kontakion 34). Von ihm scheint ein Motiv auszugehen, das für ostkirchliche Darstellungen spezifisch ist: Jesus Christus wird so sehr als Richter gesehen, daß der die Sünder peinigende Feuerstrom von seinem Thron oder von seinen Füßen ausgeht, während der kirchliche Westen das Urteil eher durch Engel oder Teufel vollstreckt sein läßt. Zu den weiteren quasi-kanonischen Inhalten im Osten gehören, aus der apokryphen Literatur stammend, das Feuer in unterschiedlicher Gestalt, als Strom, See oder in einzelnen Öfen, die Darstellung unterschiedlicher Strafen, die Kenntlichmachung verschiedener Verdammter (altchristliche Häretiker, „Lutheraner" usw., natürlich auch Hierarchen), strafende Engel mit Lanzen, der sprichwörtliche Wurm aus der Bibel, Drachen. Sondermotive sind die Darstellungen des Hades auf einem Thron sowie des reichen Prassers von Lk 16, der dürstend in den Flammen gepeinigt wird, ein Motiv, bei dem im Osten und im Westen große Übereinstimmungen bestehen.

Das uralte Traditionen wiedergebende Malerhandbuch vom Berg Athos verzeichnet verschiedene Gelegenheiten, bei denen Teufel und von ihnen gequälte Sünder abgebildet werden. Aus diesem reichhaltigen Material seien hier einige zentrale Abbildungsweisen wiedergegeben.

Ein wesentlicher Anlaß, die Hölle abzubilden, ist im Osten ebenso wie im Westen das Weltgericht, im Malerhandbuch in § 388 „Das allgemeine und gerechte Gericht unseres Herrn Jesu Christi" genannt. Hier wird vorgeschrieben, daß zur Linken, so wörtlich, die Sünder mit den Teufeln und dem Verräter Judas abzubilden seien, die tyrannischen Könige, Götzendiener, Antichristen, Häretiker, Mör-

---

5   Vgl. B. Brenk (bis 1200) und A. Brulhart (ab 1200), Hölle. In: LCI 2, 1970, S. 313–321.
6   Vgl. dazu E. Mâle: L'art religieux de la fin du Moyen Age en France. Paris 1931: konkrete Nachweise der Einflüsse der Visionsliteratur; auch J. Levon: Le diable dans l'art. Paris 1935.

der, Verräter, Diebe, Räuber, die Unbarmherzigen, Hochmütigen, Geldsüchtigen, Lügner, Zauberer, Trunkenbolde, Unzüchtigen, Wollüstigen, alle Schmutzigen, Unreinen, „vor allem die unverständigen Juden", Schriftgelehrten und Pharisäer, welche gewaltig heulen, die einen reißen ihre Bärte aus, andere ihre Kleider ... Ein Feuerstrom geht von den Füßen Christi aus.

Andere Anlässe zu Höllenbildern sind die einzelnen Gleichnisse aus den Evangelien. Außer der Parabel vom armen Lazarus (§ 344) nennt das Malerhandbuch z. B. die Parabel vom Unkraut unter dem Weizen. Hier sollen inmitten einer Menschenmenge Häretiker abgebildet werden, die Teufel auf ihren Schultern haben; desgleichen soll hier die Hölle im Bild erscheinen mit gefesselten, von Teufeln gequälten Häretikern (§ 321).

Die Parabel von den bösen Knechten soll so illustriert werden (§ 351): Neben einem Haus, in dem „Christenmenschen" (Geistliche, Mönche und Laien) essen, trinken, tanzen, musizieren, einander schlagen, soll der Tod mit der Sense dargestellt werden, neben dem Haus die Hölle mit großen Flammen; Teufel schleppen die Menschen aus dem Haus in die Hölle.

Ein anderer Anlaß zu Höllendarstellungen war die Wiedergabe der Johannes-Apokalypse (besonders Kap. 20,1) (§ 384): Die Hölle sei hier der Rachen eines phantastischen Tieres (eines Drachen oder Wals), weit geöffnet, voller Hundezähne.

Ein auf 1755 datiertes, in Griechenland häufig vorkommende Motive wiedergebendes Gemälde an der West-(Innen-)Wand der Klosterkirche Panagia Phaneromeni in Salamis zeigt in drei Abteilungen oben den Richter mit Heiligen und Engeln, in der Mitte außer einem Altar, dem Kreuz mit den Leidenswerkzeugen und weiteren Heiligen die Auferstehung der Toten, die aus der Erde, aber auch aus dem Meer wieder zum Vorschein kommen.
Zuunterst ist das Weltgericht dargestellt. Hier begegnet das Motiv der Waage, die von einer riesigen Hand gehalten wird. Die Bösen sind u. a. von Juden repräsentiert; Mose zeigt ihnen ein Spruchband mit der Inschrift „Dieser ist es, den ihr gekreuzigt habt". Unterhalb des Mose und dieser Juden stehen sieben nackte, schwarze, haarige geschwänzte Teufel, mit Fledermausflügeln und zwei Hörnern; auf ihren Schultern tragen sie große Rollen, auf die die Untaten geschrieben sind. Sie werden in die linke Waagschale geworfen, die der oberste Teufel nach unten zu ziehen sucht. Engel bringen Rollen mit guten Taten zur rechten Waagschale. Zur Linken ist die Hölle dargestellt, zur Rechten das Paradies. Manche Darstellungen – nicht Salamis – zeigen hier Abraham, der auf seinem Schoß Seelen von Gerechten hält.
Von den Füßen Christi fällt der Feuerstrom in den Höllenrachen. In ihm sind die Verdammten sichtbar, die bis zum Hals in sechs verschieden bezeichneten Feuerseen stehen und gequält werden. Ihre Laster sind mit Inschriften gekennzeichnet. Manche werden (an den „sündhaften" Gliedern) von Schlangen angefressen, manche sind kopfunter aufgehängt; anderen wird die Zunge abgeschnitten oder der Hals abgesägt. Unter diesen in die Hölle versetzten Menschen sind wieder etliche als Hierarchen, Mönche und Juden kenntlich gemacht. Mit Namen sind gekennzeichnet: Pilatus, Caesar, Maxentius, Diokletian, Nestorius, Arius und andere. Der Höllenfürst ist als schwarzes, feuerspeiendes Ungeheuer abgebildet.[7]

---

[7] Malerhandbuch (Anm. 3), gekürzte Wiedergabe der S. 269–279.

Aus dieser Zusammenfassung ist ersichtlich, wie stark der kirchliche Osten in seiner Höllenabbildung auch aus apokryphen Quellen schöpfte, wie sehr auch dort mit Einschüchterungen gearbeitet wurde – die Westwand mußte jeweils beim Verlassen der Kirche betrachtet werden – und wie stark die Kennzeichnung von Verdammten, völlig abweichend vom Evangelium, zur Diffamierung von Minderheiten beitragen mußte.

Von den übrigen ostkirchlichen, hier einschlägigen Motiven sei noch dasjenige der Himmelsleiter erwähnt[8], welches solche zeigt, die auf dem Weg der Tugenden und Askese dem Himmel entgegenstreben, dabei aber von Teufeln versucht werden. Es gelingt diesen, einige zu Fall zu bringen; sie stürzen abwärts in einen ganz unten befindlichen Feuerrachen.

Kirchlicher Westen

Für den kirchlichen Westen lassen sich folgende generelle Beobachtungen vorausschicken. Einen begrenzt bleibenden Kanon an Motiven gibt es nicht, sondern von den ersten Höllenbildern des achten oder neunten Jahrhunderts an existiert eine große Mannigfaltigkeit. Früh finden sich, vom angelsächsisch-irischen Bereich aus, Darstellungen des Höllenrachens. Seit dem Ende des elften Jahrhunderts ist, mit einem ersten Höhepunkt im zwölften Jahrhundert, eine gesteigerte Aufmerksamkeit für die Abbildung grausamer Höllenstrafen zu beobachten. Während der „Ort" der Höllenbilder vom Frühmittelalter an bis etwa zum Beginn des zwölften Jahrhunderts die Wand- und die Buchmalerei war, verlagert sich das Schwergebiet im zwölften und im vierzehnten Jahrhundert auf die Plastik (Tympana an Portalen), aber nicht ausschließlich: auch im Westen sind die Westwände bevorzugte Orte für Höllendarstellungen. Schließlich finden Höllenfresken überall Platz. Vom dreizehnten Jahrhundert an kommen auch Altäre und Altarwände als mögliche Orte für Höllenbilder in Betracht. Häufig findet sich, namentlich seit dem italienischen Trecento, die Tendenz zur Ästhetisierung des Grauenvollen.

Die frühen Gelegenheiten, im Bild auf die Hölle zurückzukommen, waren Psalterien, Handschriften der Apokalypse und andere im Zusammenhang mit der Liturgie (dem Kirchenjahr) stehende Schriftarten. Sie waren ebenso wie die Wandfresken zunächst von den Vorgaben kirchlicher Auftraggeber bestimmt. Als ein Beispiel, das auch für die Themenkreise um Hölle und Teufel von Belang ist, sei der „Hortus deliciarum" erwähnt: In ihm war gesammelt, was die Äbtissin Herrad von Landsberg Mitte des zwölften Jahrhunderts (um 1170) für wichtig zur Weitergabe an ihre Nonnen hielt, einschließlich der Höllentopographie. Die Darstellungen vor allem an den westlichen Kirchenwänden sollten vor dem Bösen abschrecken und seine Folgen eindringlich vor Augen stellen. Die vielfältigen und quantitativ so häufigen Darstellungen des Höllischen, Teuflischen und der Dämonen lassen sich ohne eingehende Kenntnis jener christlichen Vorstellungswelt von der Spätantike an samt ihrer

---

[8] Malerhandbuch (Anm. 3) § 434.

„heidnischen" Elemente nicht verstehen. Ein wesentliches auslösendes Moment war der kirchlich-klerikale Wunsch, Informationen über die jenseitige Welt, über die Bedrohungen des diesseitigen Lebens durch das Böse und über das zu erwartende Gericht ständig an diejenigen zu vermitteln, die selber nicht lesen konnten. Nach einem Ausspruch Gregors I. setzt dieses Programm schon an der Wende zum siebenten Jahrhundert bewußt ein, „damit die des Lesens Unkundigen wenigstens durch den Anblick der Wände lesen sollten, was sie nicht in den Büchern zu lesen vermögen"[9].

Dieser Papst akzeptierte auch eine wohl aus Alexandrien stammende symbolisch-allegorische Naturgeschichte, den „Physiologus" (2. Jahrhundert?), als religiöse Lektüre. Sie wurde für die auftraggebenden Kleriker wie für die ausführenden Künstler zum Leitfaden in Fragen der Symbolik.[10] Aus dieser Lektüre ergaben sich auch die festen Orte und Zonen, an denen Höllisches und Dämonisches abgebildet und damit zum Bewußtsein gebracht werden sollten. Den Christen sollte zugleich eingeschärft werden, daß „der Teufel" (die alte Schlange, der apokalyptische Drache) durch Jesus Christus grundsätzlich besiegt ist, daß aber die Anstürme seiner Hilfstruppen bis zum großen Endkampf andauern und die Christen tags und nachts beschäftigen würden. Die Stadtkultur und das Aufkommen des selbständigen Handwerks brachten vom dreizehnten Jahrhundert an eine größere Freiheit der bildenden Künstler mit sich. Die zunehmende humanistische Bildung führte zur stärkeren Einbeziehung antiker, aus der Mythologie stammender Motive auch in christliche Themen.

Im einzelnen lassen sich im Rahmen eines großen Überblicks folgende Motive besonders herausheben.[11]

Wie im Osten ist ein wichtiger Anlaß zur Höllendarstellung das große, allgemeine Weltgericht. Die im kirchlichen Osten beheimatete Kompositionsart wurde bereits kurz vorgestellt. Von der byzantinischen Kunst geprägt sind wohl das Wandbild in S. Angelo in Formis (11. Jahrhundert?) und dessen Weiterbildung im großen Gerichtsmosaik an der Westwand von Torcello bei Venedig.

In der westlichen Kirche kann man Vorläufer einer Gerichtsdarstellung in der getrennten Abbildung von Böcken und Schafen (nach Mt 25) auf einem um 300 anzusetzenden Sarkophagdeckel und auf einem Mosaik von S. Apollinare Nuovo in Ravenna sehen.[12] Vom achten oder neunten Jahrhundert ab sind im Westen mehrteilige Gerichtsbilder bekannt (zuerst in Müstair um 800), wobei Engel die Trennung der Verdammten von den Seligen vornehmen (Giotto, Arenakapelle in Padua, P. Cavallini in S. Cecilia in Tastevere, dreizehntes Jahrhundert).

---

[9]   A. Rosenberg: Engel und Dämonen. Gestaltwandel eines Urbildes. München, 2. erw. Aufl. 1986, S. 172.

[10] Rosenberg (Anm. 9), S. 174.

[11] Vgl. dazu die immer noch sehr brauchbare Monographie über den Teufel von O. A. Erich (Anm. 4); ferner auch A. Köppen: Der Teufel und die Hölle in der darstellenden Kunst von den Anfängen bis zum Zeitalter Dante's und Giotto's. Berlin 1895; E. und J. Lehner: Devils, Demons, Death and Damnation. New York 1971.

[12] Vgl. dazu B. Brenk: Weltgericht. In: LCI 4, 1972, S. 513–523.

Manchmal, z. B. in der ottonischen Kunst, ist der Teufel als Besiegter, gefesselt, dargestellt. Aber er wird auch als ausführendes Organ des göttlichen Strafurteils abgebildet, vielleicht angeregt vom kinderfressenden Chronos der antiken Mythologie oder von dem Drachen, der Offb 12,4 dem Kind nachstellt: als Seelenverschlinger, als blutiger Menschenfresser. Fressende Riesen kommen bereits im Utrechter Psalter beim Gericht vor. Das Teufelsmonster beim Seelenvertilgen ist in Italien eindrucksvoll vertreten (Giotto a. a. O., Baptisterium in Florenz).

In diesen Motivzusammenhang gehört natürlich auch der in einem riesigen Tier verkörperte Höllenrachen, der die Verdammten z. T. in großer Zahl aufnimmt oder enthält. Engel mit den Rollen der Gerichtsbücher und/oder Michael mit der Seelenwaage vervollständigen solche Gerichtsmotive, sei es in der romanischen und gotischen Plastik (auch in Italien, so Niccola Pisano an der Kanzel des Baptisteriums in Pisa 1260, sein Sohn Giovanni an den Kanzeln im Dom von Siena 1266, von S. Andrea di Pistoja 1302 und im Dom von Pisa 1310, mit einem Höhepunkt an psychologischen Höllenausdrücken an der Domfassade von Orvieto, von Giovannis Schülern, besonders Lorenzo Maitani, etwa 1310), sei es in Fresken (wie im Campo Santo in Pisa oder von Fra Bartolomeo in S. Maria Nuova in Florenz).

Letztere fanden sich im Westen, vorzugsweise an Westwänden, vom vierzehnten Jahrhundert ab auch als Gesamtdekor, z. B. von Giotto 1306/07 in der Scrovegnikapelle in Padua, von A. Orcagna 1357 in der Strozzi-Kapelle in S. Maria Novella in Florenz oder von L. Signorelli in der Capella Brizio im Dom von Orvieto 1500–1502. Das Gesagte betrifft nicht nur die hohen Dome und die Produkte von höchstem künstlerischen Rang. Als Beispiel für eine weitverbreitete Darstellungsart seien einfache Landkirchen aus dem Sauerland erwähnt.[13] Weltgericht und Höllenszene wurden bei Renovierungen und Erweiterungen der ursprünglich romanischen Kirchen in der zweiten Hälfte des fünfzehnten Jahrhunderts angebracht; wenn dieser Umbau Querhaus und Chor betraf, dann fanden Gericht und Hölle ihren Platz im Vierungsgewölbe bzw. an der Ostwand des Chors. In Lieberhausen zeigt die Vierung das Gericht: Petrus, mit übergroßen Schlüsseln, führt die Auserwählten (von hohem Stand, mit König, Papst und Bischof) zum Richter. Rote Teufel treiben die Verdammten in den weit aufgerissenen Rachen des Höllenungeheuers, auch darunter König und Königin, Papst und Bischof, aber vor allem das „einfache Volk".[14] In Marienberghausen, ebenfalls im Sauerland, findet sich neben dieser Gerichtsszene auch der Kampf zwischen Engel und Teufel um eine einzelne Menschenseele. Die Malerei hat dörflichen Charakter: der Rachen des Höllenuntiers wird von einem Teufel mit einem Baumstamm auseinandergestemmt; die Teufel benützen bei der Jagd auf Verdammte Mistgabel und Schubkarre.[15] Vergleichbares im Bereich der Landkirchen findet sich außerhalb des deutschen Sprachgebiets und außerhalb der Ostkirchen eher in Plastiken als in der Malerei.

---

[13] Die Hinweise darauf verdanke ich Herrn Egbert Ballhorn.
[14] Ähnliche Darstellungen z. B. in Wiedenest und Wormbach im Sauerland.
[15] Vgl. Romerike Berge 31, 1982, H. 4, S. 9 ff.

Vom dreizehnten Jahrhundert an findet sich die Weltgerichtsdarstellung auch auf Altarbildern (bedeutende von Hans Memling und von Stephan Lochner, Jan van Eyck, spätere von Rubens). Sie bezeugen das Ausmaß der Angst im Christentum.

In den westlichen wie in den östlichen Höllendarstellungen im Zusammenhang mit dem Weltgericht ist die starke sozialkritische Note nicht zu übersehen.[16] Insofern konnten diese Höllenszenen Impulse vermitteln, die mit dem Evangelium in ursprünglichem Zusammenhang standen. Dennoch fragt es sich, welcher gravierende Mentalitätswandel vor sich gegangen sein muß, daß die Versammlungsräume der christlichen Gemeinden, die der Eucharistie und dem österlichen Gedächtnis dienen sollten, mit Kunstwerken ausgeschmückt wurden, die eine Art Gruselkabinett aus ihnen machten.

Der Ergänzung halber seien noch andere Szenen erwähnt, die in der – zunächst kirchlichen – Kunst wiedergegeben wurden und in der einen oder anderen Form die Hölle mit einbringen oder Assoziationen an sie erwecken konnten.

In engem Zusammenhang mit dem Höllenthema konnte die Seelenreise, allein oder in Verbindung mit dem Seelengericht, abgebildet werden.[17] Grundvorstellung für diese Art der Darstellung war die des „Eidolon". Schon in der klassischen Antike wurde (auf Vasen oder Gemmen) die menschliche Seele als eine Art kleiner Doppelgänger, der im Tod zu seinem Schattendasein im Hades zumeist aus dem Mund des Menschen entweicht, abgebildet. Homer verwendet in Odyssee XI „eidolon" und „psyche" ohne Unterschied. Diese Vorstellung wurde vom Christentum übernommen und im Mittelalter in der Kunst weit verbreitet.[18] Auf dem Weg der Seele ins Jenseits wurde sie, bald früher, schon am Sterbebett, bald später von Teufeln gefährdet, die sie noch vor dem Gericht in ihre Gewalt bringen und in die Hölle schleppen wollten. Dieses Kampfmotiv, das seinen biblischen Anhaltspunkt wohl in Eph 6,11 f. hat, wurde von Tertullian an der Wende zum dritten Jahrhundert thematisiert; für ihn stellte der Kampf zwischen Tugenden und Lastern eine echte Alternative zu den Gladiatorenkämpfen dar.[19] Der christliche Dichter Prudentius schuf zu diesem Thema das Epos „Psychomachia"[20], das in nicht weniger als zwanzig illustrierten Handschriften aus dem neunten bis zum dreizehnten Jahrhundert erhalten ist. Die Einbindung der Psychomachie in Darstellungen des Weltgerichts ist von der Romanik (Kathedralplastik) bis zur Renaissance oft zu finden. Eine eindrucksvolle Darstellung der Seelengefährdung stammt von F. Traini (Campo Santo von Pisa 1355–1360).

Das Wägen der Seelen durch Gott (Utrecht-Psalter und byzantinische Kunst ab neuntem Jahrhundert) oder durch den Erzengel Michael, der den antiken Merkur als Seelenwäger ersetzte, wurde zu einem bis ins sechzehnte Jahrhundert sehr oft an-

---

[16]   Vgl. auch D. Tschižewski: Paradies und Hölle. Recklinghausen 1957.
[17]   Vgl. dazu W. Kemp: Seelenreise, Seelengericht. In: LCI 4, 1972, S. 142–145.
[18]   Vgl. dazu Die Seele. Ihre Geschichte im Abendland, hrsg. von G. Jüttemann u. a. Weinheim 1991. Darin: D. de Chapeaurouge: Die Darstellung der Seele in der bildenden Kunst des Mittelalters, S. 104–122.
[19]   De spectaculis 29: CSEL 20,28.
[20]   CSEL 61, 165; deutsch von U. Engelmann. Freiburg 1959.

zutreffenden Bestandteil der Weltgerichtsdarstellungen. In der byzantinischen Kunst entstand ein kanonischer Typ vom elften Jahrhundert an („Psychostasia"), von dem Torcello im ersten Viertel des zwölften Jahrhunderts einen Begriff vermittelt.[21]

Die „receptacula", in die die gerichteten Seelen verschwanden, boten Gelegenheit, die Hölle oder wenigstens deren Rachen abzubilden.

Hölle, Weltgericht, aber auch andere Gelegenheiten zu Abbildungen wie z. B. die Dämonenaustreibungen, die Jesus in den Evangelien zugeschrieben werden, waren Anlässe, um den Teufel oder die Teufel und in deren Gefolge verschiedenartige Dämonen abzubilden. Für psychologische und tiefenpsychologische Untersuchungen eröffnet sich damit ein besonders weites Feld.[22]

Voraussetzung der christlichen Teufelsvorstellungen ist der in der Bibel nicht beschriebene, in den späten neutestamentlichen Schriften 2 Petr 2,4; Jud 6 aber als bekannt vorausgesetzte Engelssturz.[23] In der altkirchlichen Deutung wurde der Anführer der rebellischen und gestürzten Engel mit dem Morgenstern-Namen Luzifer (= Lichtbringer; Jes 14,12 ff.) bezeichnet und mit dem apokalyptischen Drachen, dem Gegner des Erzengels Michael aus Offb 12,7 gleichgesetzt. Von diesem archaischen Hintergrund her wurde Schwarz zur bevorzugten Teufelsfarbe: Der einst ganz Leuchtende sei zur Finsternis geworden. (Schon in der frühchristlichen Literatur kommt eine panische Angst vor einem „schwarzen Mann" zum Vorschein.[24])

Fünfhundert Jahre lang hat die christliche Kunst eine Teufelsdarstellung vermieden.[25] In der frühchristlichen Kirche in Baouit (Ägypten) ist der Teufel nicht häßlich; in den Illustrationen zur Bibel des Gregor von Nazianz (6./9. Jahrhundert, Nationalbibliothek Paris) ist er ein lockender Versucher. Augustinus hatte die heidnischen Götter zu Dämonen erklärt. Da diese Götter gewöhnlich in schöner Gestalt abgebildet wurden, läßt sich vielleicht von daher verstehen, daß der Teufel, auch als Höllenfürst auf den frühen Descensus-Darstellungen, in durchaus würdevoller Gestalt, als muskulöser Mann, teilweise als Riese, abgebildet wurde. Das läßt sich von der Staurothek von Fieschi um 700 über Daphni bei Athen um 1100 bis Torcello im zwölften Jahrhundert beobachten. Wo der Teufel ausdrücklich als besiegt charakterisiert werden soll, zeigt er Schrecken oder Zorn (Anastasis in San Marco in Venedig im dreizehnten Jahrhundert), fletscht er die Zähne und rollt er die Augen (Klosterneuburger Altar um 1180).

Von dem Teufel = Luzifer = Höllenfürst = Satan sind die Teufel in der Mehrzahl zu unterscheiden. Sie sollen schon in der karolingisch-ottonischen Kunst das Böse, Wilde und Lasterhafte symbolisieren, mit Flammen- oder Löwenhaaren (von Helios und Herakles, vielleicht bei „Germanen" besonders als Götter verehrt)[26], mit Schlan-

---

[21] Vgl. dazu L. Kretzenbacher: Die Seelenwaage. Zur religiösen Idee vom Jenseitsgericht auf der Schicksalswaage in Hochreligion, Bildkunst und Volksglaube. Klagenfurt 1958.

[22] Vgl. dazu bes. J. Baltrušaitis: Das phantastische Mittelalter. Antike und exotische Elemente der Kunst der Gotik. Frankfurt 1985. Franz. Original: Le Moyen Age Fantastique. Paris 1981; H. Schade. Dämonen und Monstren. Regensburg 1962.

[23] Vgl. dazu den Kommentar von A. Vögtle zu 2 Petr und Jud. Zürich 1993.

[24] Andere Teufelsfarben sind Rotbraun und Grau: Erich (Anm. 4), S. 88 ff.

[25] Rosenberg (Anm. 9), S. 153.

[26] Vgl. dazu Erich (Anm. 4), S. 56 ff.

genhaaren (von Furien und Gorgonen, auch nördlich der Alpen). Auch hier stand die altkirchliche Meinung Pate: Alles Heidenwerk ist Teufelswerk.[27]

Im irisch-angelsächsischen Bereich zeichnet sich schon im Frühmittelalter die Tendenz ab, die Teufel mit Tierattributen, z. B. Krallen auszustatten. Ambivalent verhielt man sich gegenüber dem Symbol des Löwen. In manchen alttestamentlichen Schriften stellt er Bedrohliches dar; 1 Petr 5,8 vergleicht den Teufel mit einem brüllenden Löwen. Von daher legte sich die Darstellung Christi als des Löwenbezwingers (gleich Samson) nahe; die Kathedralplastik kann den Löwen dienende Stellen zuweisen. Andererseits las man alttestamentliche Stellen, die vom jungen Löwen sprechen, von Jesus Christus dem Löwen aus Juda (vgl. Gen 49,9). Berühmt geworden sind die Teufel der Tympana französischer Kathedralen wie Autun, Conques, Amiens, Paris, Moissac, Reims, Bayeux, Chartres, St. Sernin in Toulouse usw.; seltener sind vergleichbare Plastiken im deutschsprachigen Bereich, z. B. in Freiburg i. Br. Eine andere Tendenz, die im byzantinischen Bereich zur Geltung kommt und sich von dort aus verbreitet, ist die Darstellung der Dämonen, z. B. bei den Teufelsaustreibungen, als „Eidola", versehen mit Fledermausflügeln, die sie als gefallene Engel kenntlich machen sollen.

Vom zwölften bis dreizehnten Jahrhundert an werden die Abbildungen der Teufel immer grotesker. Zu den Fledermausflügeln kommen Hörner (Kuppelmosaik im Baptisterium in Florenz; Torcello bei der Seelenwägung; Mosaik von San Marco in Venedig), auch Klauen und Schwänze. Seit dem dreizehnten Jahrhundert begegnen häufig Teufel mit zwei Gesichtern, wobei das zweite sich an Bauch oder Gesäß befindet und die Verselbständigung niederer Triebe andeuten soll.[28] Die Darstellung dreiköpfiger Teufel (im Nikodemus-Evangelium schon erwähnt!) verbreitet sich im deutschsprachigen Bereich. Manche Abbildungen weisen darauf hin, daß der Teufel eher lächerlich gemacht, die Betrachter gegenüber den dummen, überlisteten Teufeln immunisiert werden sollen (Spätgotik). Da der Ziegenbock in der griechischen Antike Symbol derber Sinnlichkeit war (Satyr) und die Böcke in der Bibel negativ besetzt sind (Lev 16,20–22 der Sündenbock; Mt 25,31 ff. die Böcke zur Linken beim Gericht), wandern Tierohren, Zottelfell und Ziegenbart auch zu den Teufeln. Andere negative Assoziationen weckende Tiere waren Wolf, Fuchs, Affe, Schwein – Attribute dieser Tiere gehören zu den Höllen- und Teufelsdarstellungen in Hoch- und Spätmittelalter. Eine spezifisch kirchliche Brauchbarkeit solcher Schreckensgestalten scheint vom siebzehnten Jahrhundert an immer geringer zu werden.

Ikonographisch wurde schon häufig festgestellt, daß der Unterschied zwischen den Teufelsabbildungen des Nordens, die spätestens mit dem neunten Jahrhundert beginnen, und denen des Südens sich sehr lange durchhielt. Schrecklich ist freilich der Luzifer auf den Fresken des Taddeo di Bartolo in S. Gimignano (1396). Eigentlich Widerliches und Groteskes fehlt aber z. B. bei Luca Signorelli wie bei Michelangelo. Beide verwenden dafür die im Norden ganz fehlenden Motive aus der anti-

---

[27] Vgl. dazu Erich (Anm. 4), S. 59.
[28] Erich (Anm. 4), S. 76 ff.

ken Hades-Mythologie. In der mit dem fünfzehnten und sechzehnten Jahrhundert gegebenen spätmittelalterlichen Zeit ist ein weiterer erheblicher Unterschied zu konstatieren. Bei geistig hochstehenden, kultivierten Künstlern wie Michelangelo und später Rubens fragt es sich, ob das Interesse wirklich der Darstellung der Glaubensinhalte Gericht und Hölle galt, oder ob die Thematik nicht eher Anlaß war, die Anatomie von Körpern in allen erdenklichen Windungen und Stellungen abzubilden oder, wie bei Michelangelo, auch Portraits unterzubringen.

Demgegenüber treten im Norden wahrhafte Exzesse an lustvollen Darstellungen des Grauenvollen und des Ekelerregenden auf. Ein Motiv, das hierzu besonders geeignet war, zwar nicht unmittelbar zur Hölle, aber zu deren Dämonie gehört, war die Versuchung des Wüstenheiligen Antonius. In seiner von Athanasius stammenden Vita wird von häufigen Peinigungen durch Dämonen, aber auch von teuflischen Versuchungen in Gestalt schöner Frauen berichtet. Was dem von Hunger und Durst gequälten Eremiten in der glutheißen Wüste widerfuhr, war jahrhundertelang den Künstlern willkommener Anlaß, abzubilden und auszumalen, was jedem Christen drohen konnte. Den Anfang scheint ein schlichtes romanisches Kapitell in Vézélay zu machen, gefolgt von den berühmten Darstellungen bei Martin Schongauer, Lukas Cranach und Mathis genannt Grünewald. Frankreich und Italien sahen zu Beginn des siebzehnten Jahrhunderts einen letzten exzessiven Ausbruch dieser Thematik. Im Unterschied zu den Dämonen- und Chimärengestalten der neueren Zeit, denen Menschen ohnmächtig ausgeliefert sind, waren die Ungeheuer dieser Versuchungsbilder nicht imstande, den Persönlichkeitskern zu treffen. Die Antonius-Vita sagt, sie seien nicht einmal fähig gewesen, einem Schwein zu schaden, daher führt Antonius ein Schwein als Attribut mit sich.

Die Übersicht über die Hölle in der Kunst muß schließlich auf die ebenfalls in mahnender Absicht angebrachten Verbildlichungen der Laster hinweisen, die als negative Antiformen der klassischen Tugenden seit Gregor I. in einer Siebenerzahl klassifiziert wurden.[29] Mit der antiken Gnosis konnte man darunter sieben Dämonen oder personifizierte Sündenarten verstehen, die die Menschen in geistige Kämpfe verwickelten und von ihnen Besitz zu nehmen trachteten (Besessenheit). Die Schlimmsten von ihnen waren die im Mittelalter oft abgebildeten Superbia (Hochmut, auch geeignet zur Verkörperung des Satans als des aus Hochmut gefallenen Engels Luzifer), Avaritia (Habgier) und Luxuria (Wollust). Es konnten aber auch Sünderinnen und Sünder, die einem einzelnen Laster besonders erlegen waren, mit ihren spezifischen Strafen dargestellt werden. In der östlichen wie in der westlichen Kunst enthält manchmal die Hölle sieben Abteilungen für die einzelnen Laster (im Westen z. B. im Campo Santo von Pisa oder von Fra Angelico in S. Marco, Florenz).

Die Johannes-Apokalypse bot immer wieder Gelegenheit, die Figuren des und der Bösen und die höllische Szenerie bildhaft darzustellen. Die Zeugnisse reichen von den spanischen Illustrationen zu dem Apokalypse-Kommentar des Mönchs Beatus von Liébana um 776 (viele illustrierte Handschriften ab 922 erhalten) bis zu den

---

[29] Vgl. dazu M. Evans. In: LCI 3, 1971, S. 15–27.

Holzschnitten A. Dürers von 1498/1511, ja bis zur Gegenwart. Die Barockzeit nützte die Motive der Engelsstürze und Michaelskämpfe zur Darstellung schöner Körper. Der Buchdruck mit der Möglichkeit vielfacher Reproduktionen von Holzschnitten, später von Stichen und Radierungen hinterließ natürlich sehr viel mehr Material als die klösterlichen Handschriften mit ihren Randillustrationen oder die höfischen Stundenbücher mit ihrer Miniaturmalerei.

Eine eigene Gattung ist mit der bildnerischen Ausschmückung von Literatur gegeben. Als herausragendes Beispiel sei nur die „Divina Comedia" Dantes erwähnt. Die Reihe der Künstler, die sich um sie bemüht haben, ist imponierend, von Sandro Botticelli mit seinen Zeichnungen bis zu den Illustrationen im achtzehnten und im neunzehnten Jahrhundert, J. Flaxman, H. Füssli, W. Blake, E. Delacroix, G. Doré.[30]

Psychische Abgründe

Die Darstellungen von Hölle und Teufeln sind damit nicht zu Ende. Ob Alfons Rosenbergs These, die Aufklärung habe dem Teufel den Garaus gemacht[31], wenigstens für den Bereich der bildenden Kunst stimmt, sei dahingestellt. Zu beobachten ist jedenfalls eine Neuentdeckung, wie Rosenberg meint, oder besser noch eine Neuinterpretation des Höllischen und Dämonischen, die nicht mehr mit einem objektiven „Jenseits", sondern mit den Abgründen in den Menschen zu tun hat.

Bei dem Maler und Bildhauer Gustave Doré († 1883) kommt sehr viel Abgründiges, Schreckenerregendes zum Ausdruck, das über bloße „Gestaltung" der Göttlichen Komödie (1861) hinausweist. Auguste Rodin († 1917) erhielt 1880 den Auftrag, ein dekoratives Tor für ein Kunstmuseum zu entwerfen. Von der Renaissance inspiriert, konzipierte er das Projekt „Höllentor", von dem er bis 1885 nur Teile ausführte. Will er Vergänglichkeit als Verdammung, das drohende Zu-Ende-Gehen von Schönheit und Liebe als höllische Perspektiven andeuten?

Drei Jahrhunderte zuvor hatte Hieronymus Bosch alle nur erdenklichen Qualen der Hölle auf Gemälden festgehalten, insbesondere auf dem „Garten der Lüste" (Madrid Padro), auf dem „Jüngsten Gericht" (Wien Akademie) und auf dem Flügel eines „Jüngsten Gerichts", „Die Glückseligen und die Verdammten" (Venedig Dogenpalast). Boschs Darstellungen haben eine Flut an Interpretationen auf den Plan gerufen.[32] Die Diskussion neigt der Meinung zu, Bosch habe nicht Endzeitliches abbilden, sondern „visionäre Protokolle der Neuzeit"[33] aufzeichnen wollen. Insbesondere Wilhelm Fraenger plädierte für eine rigorose „Verdiesseitigung" der Hölle durch Bosch:

---

[30] Vgl. dazu Dantes Göttliche Komödie – in sieben Jahrhunderten geschrieben – gedruckt – illustriert (Ausstellungskatalog in deutscher Sprache). Perugia 1988.

[31] Rosenberg (Anm. 9), S. 168.

[32] Vgl. die Diskussionsübersicht bei R. H. Marijnissen unter Mitwirkung von P. Ruyffelaere: Hieronymus Bosch. Das vollständige Werk. Weinheim 1988; vgl. auch D. Kamper: Die Höllen Boschs. In: kunst und kirche 4, 1983, S. 192–196.

[33] Kamper (Anm. 32), S. 192.

Als wahre Hölle galt das „Weitermachen", das Eingefangenbleiben in dem Göpel un-
sinniger Vorstellungen, läßlicher Gewöhnungen und sündhafter Verstockungen der
Lebensführung, wie auch die Höllenstrafen unsres Malers nur in den sturen Wiederholungen bestehen, worin verkehrte Zwecke bis zum Absurden fortgehaspelt werden.
Solch infernalischen Automatismus sah der Brüderkreis des Freien Geistes überall gegeben, wo nicht ein grundstürzender Umbruch der Erweckung die toten Werke zu lebendigen verwandelt und den alten Adam zu einem geistberufenen neuen Adam um-
geschaffen hat.[34]

Diese Einsicht in die alltägliche Realität der Hölle sei bei Bosch nicht unwiderruflich und hoffnungslos: eine Interpretation wollte in ihm einen Geistesverwandten
des Origenes sehen.[35] Demgegenüber hebt R. H. Marijnissen hervor, daß Bosch unter
Zuhilfenahme einer uns nicht mehr vollständig bekannten Symbolik die Schrecken
der Hölle als Strafe für die Sünden darstellen wollte, wobei deren Inbegriff im illu-
sorischen Genuß, im schönen Schein der Luxuria (Wollust) gesehen worden wäre.
Boschs Bilder enthalten viele Traditionselemente, z. B. die Peinigung der Sünder an
den Gliedern, mit denen sie gesündigt hatten, und Anspielungen auf Visionsberichte,
z. B. Tundals. Was immer die ureigenen Intentionen Boschs gewesen sein mögen,
seine Bilder von Verdammten und ihren Qualen, von Qualen, Zerstörungen und
Katastrophen sind – zu Beginn des sechzehnten Jahrhunderts – unübersehbare
Hinweise darauf, wo die Schrecken der Hölle zu suchen und wer ihre Urheber sind.
   Es gibt zwei Höllen, nur – die jenseitige gibt es nicht. Es gibt die Hölle des Mikrokosmos: Angst und Grauen im Menschen, Angst, verschlungen zu werden, Angst
vor Übermächten, Angst vor sich selber und vor unbegriffenen Trieben, bei Bosch
in zahlreichen sexuellen Metaphern versinnbildlicht, Angst vor Schmerzen, vor der
Einsamkeit und vor dem Tod und zugleich geheime Lust zur Selbstzerstörung,
Sadismen aller Art. Und es gibt die Hölle des Makrokosmos: die Welt der Gewalt-
täter, Zerstörer und Folterer, der unkontrollierten Aggressivität, vor dem Hinter-
grund der Utopie, wie die Schöpfung idealerweise hätte sein können.
   Nach Bosch und vielleicht von ihm abhängig ist in dieser Linie einer wahren
Höllenoffenbarung Pieter Bruegel zu nennen, mit dem „Sturz der gefallenen En-
gel" und der „Dullen Griet" 1562, mit einer Fülle an tiefenpsychologisch deutbaren
Symbolen, wenn auch Bruegels Intention nach die „Griet" zunächst die Sünde
Avaritia (Habgier) verkörpern sollte.[36]
   Die künstlerische Linie dieser Höllendarstellungen wird in einem weiteren Sinn,
nämlich auf dämonischen Schrecken und panikartige Ängste bezogen, bei Francisco
Goya weitergeführt, in seinen 1799 in Buchform erschienenen „Caprichos" und in
dem wie mancher Satan menschenverzehrenden Saturn (Madrid Prado 1820/23).[37]

---

[34] W. Fraenger: Das Tausendjährige Reich. Grundzüge einer Auslegung. In: Hieronymus Bosch. Dres-
   den 1975, S. 54.
[35] Kamper (Anm. 32), S. 196.
[36] Vgl. F. Grossmann: Pieter Bruegel. Die Gemälde. Gesamtausgabe. Köln 1955.
[37] Vgl. dazu P. Gassier / J. Wilson: Goya. His life and work with a catalogue raisonné of the paintings
   drawings and engravings. London 1971; gekürzte deutsche Ausgabe Würzburg 1983. – Zu größeren Zusammenhängen: J. Palou: La peur dans l'histoire. Paris 1958, für die Zeit nach 1789.

Des weiteren sind in diesem Zusammenhang zu nennen Edvard Munch mit seinen Bildern voller Angst, Haß und Schmerzen, mit vampirartigen Dämonen (Harpyie 1900) oder mit seinem „Selbstbildnis in der Hölle" (1895)[38]; James Ensor ebenfalls mit „Dämonen, die mich quälen" (1888), mit Teufels- und Höllenbildern und dämonischen Attributen bei den Kreuzigungen[39]; Alfred Kubin, von seinem „Weg zur Hölle" (um 1900) bis zu seinem menschenfressenden Saturn von 1935/36, der sich in seinen Höllenszenen bewußt der Freudschen Symbolik bedient[40]; auch apokalyptische Visionen bei Wassily Kandinsky (zwischen 1910 und 1912) sind hier zu nennen, ebenso beispielsweise die „Chimère" von Max Ernst (1930).[41]

Zu dieser einen, der mikrokosmischen Hölle, hat Aldous Huxley 1959 Erhellendes geschrieben[42]: Zwischen schrecken- und grausenerregenden Höllenbildern und schizophrenen Erfahrungen besteht eine große Ähnlichkeit. Eine solche ist ferner bei Wahrnehmungen unter dem Einfluß von Drogen nachgewiesen. Aufschlußreich auch für die alten Berichte von Visionärinnen und Visionären ist Huxleys Feststellung, daß exzessives Fasten ebenfalls zu höllischen Erfahrungen führen kann. Beobachtungen dieser Art haben zu relativ schlichten psychologischen Urteilen geführt:

> Heaven and hell were not only a spur to good behaviour and a deterrent to bad, but social and political tranquilizers. They helped to reconcile people to undeserved sufferings and the unfairness of life, which rewards and punishments in the afterlife had originally been needed to justify. The poor were encouraged not to rebel but to keep their humble station in this life and wait for the ample revenge which would be granted them in the next: the opposite of the old belief in a happy afterlife reserved for the aristocracy.

So lautet eine Quintessenz der historischen Daten.[43] Was aber wirklich von der „Sache" wissenschaftlich verantwortet zu halten ist, zeigt sich von der psychischen Seite her, gerade auch angesichts des religionsgeschichtlichen Befunds, der auffällige Parallelen zwischen europäischen und asiatischen (buddhistischen, hinduistischen) Höllenvorstellungen zu konstatieren hat, die sich aus identischen Seelenproblemen ergäben: „Heaven and hell are inside the mind."[44]

Die Psychologie vermag jedenfalls Aufschluß darüber zu geben, warum aus dem mikrokosmischen Bereich individueller Bedrängnisse und Verängstigungen Höllenbilder bis zur Gegenwart nicht fehlen, wenn auch die Überzeugung von der Existenz einer jenseitigen (Unter-)Welt immer mehr im Schwinden begriffen ist.

Die riesigen Menschheitskatastrophen der neuesten Zeit haben auf der anderen Seite dazu geführt, daß auch die makrokosmische Dämonie weiterhin eine wesent-

---

[38] Vgl. R. Stang: Edvard Munch, der Mensch und der Künstler. Königstein 1979.
[39] Vgl. R. L. Delevoy: Ensor. Antwerpen 1981; auch P. Haesaerts: James Ensor. Stuttgart 1957.
[40] Vgl. A. Hoberg (Hrsg.): Alfred Kubin. München 1990; auch W. K. Müller-Thalheim: Erotik und Dämonie im Werk Alfred Kubins. Wiesbaden 1970.
[41] Vgl. W. Spies: Max Ernst. Loplop. Die Selbstdarstellung des Künstlers. München 1982.
[42] A. Huxley: Heaven and Hell. Harmondsworth 1959.
[43] R. Cavendish: Visions of Heaven and Hell. London 1977, S. 108.
[44] Cavendish (Anm. 43), S. 122.

Francesco de Goya: Saturn, 1820/23

Alfred Kubin: Saturn, 1943

liche Rolle in der Kunst spielt. Erinnert sei hier an die Kriegsbilder oder apokalyptische Vorahnungen bei Max Beckmann, Otto Dix, Picasso und anderen.[45] Eine
entsetzliche „Weiterführung" dieser Höllenthematik findet sich in der Kunst „im
Holocaust" und in der – vor allem jüdischen – Kunst der Überlebenden des Holocaust.[46]

---

[45] Vgl. dazu G. Rombold, P. Stolt und D. Gewalt. In: kunst und kirche H. 4, 1983, S. 197–207.
[46] Vgl. dazu Das Buch des Alfred Kantor. Mit einem Vorwort von Friedrich Heer. Frankfurt 1987;
es handelt sich um 127 Aquarelle eines tschechischen Künstlers, die Hungerszenen, Folter, Selek-
tion und den Feuerschein der Öfen in drei Konzentrationslagern 1941–1945 wiedergeben. Vgl.
auch D. LeVitté-Harten: Hinweise auf mögliche Beziehungen zwischen Holocaust und Kunst. In:
kunst und kirche H. 4, 1983, S. 208–213, zu Bildern v. a. von Samuel Bak, Felix Nußbaum, Rudolf Schwarzkogler, Honi Hamehagel, George Segal.

22. Die Hölle in der Literatur der neueren Zeit

In der Literatur im weiteren, also nicht auf Dichtung eingeengten Sinn, hatte die Hölle ein vergleichbares Schicksal mit demjenigen, das ihr in der darstellenden Kunst widerfahren war. Der vorgegebene Stoff reizte auch nach der europäischen Aufklärung zur sprachlichen Formung, unabhängig davon, ob Schriftstellerinnen und Schriftsteller an die objektive Existenz einer „jenseitigen" höllischen Welt glaubten oder nicht. Daneben aber drang das Bewußtsein von der Existenz von Höllen im Mikrokosmos des menschlichen Ich und im Makrokosmos der Gesellschaften und Schöpfung im Großen wie der menschlichen Beziehungen im Kleinen selbstverständlich auch in den Bereich der Literatur ein, so daß sich dort zeigte: Die Beschäftigung mit dem Höllischen und der Begriff der Hölle waren unentbehrlich. Gelegentlich finden sich für diese neuen Darstellungsweisen die Bezeichnungen „Verdiesseitigung" von Hölle oder „Metaphorisierung" der Hölle. Beide Redeweisen haben ihre Unschärfen. Ist die Unterscheidung von Diesseits und Jenseits überhaupt angemessen, auch im religiös-geistigen Bereich? Ist Hölle als Metapher weniger real? Die Beispiele, die hier geboten werden können – mehr als beispielhafte Einblicke sind nicht möglich –, zeigen höchst unterschiedliche Problemlagen und Perspektiven.

Es gab und gibt in der Literatur bis zur Gegenwart auch Zeugnisse von Menschen, die mindestens in ihrer Kindheit von traditionellen Höllenvorstellungen beeinflußt worden waren und sich mit diesem Erbe auseinandersetzen mußten, dabei aber die Bindungen zu ihrer christlichen Sozialisation nicht völlig aufgaben. Die Zeugnisse für solche Auseinandersetzungen werden hier gesondert angeführt, insofern es sich um eine Literatur handelt, die entweder einen besonderen Reflex des theologischen Prozesses darstellt oder auf diesen besonderen Einfluß ausübte. Damit soll nicht Stellung bezogen werden zu dem Diskussionskomplex über die Frage, ob es eine „christliche" Literatur gibt.[1]

---

[1] Vgl. dazu neuerdings die Überlegungen meiner Schülerin Marie-Luise Habbel: „Diese Wüste hat sich einer vorbehalten." Biblisch-Christliche Motive, Figuren und Sprachstrukturen im literarischen Werk Ingeborg Bachmanns. Altenberge 1992, besonders in den einleitenden grundsätzlichen Reflexionen. Habbel greift hier auch Beiträge zum Thema auf, die in der von K. Rahner und mir herausgegebenen „Internationalen Dialog Zeitschrift" erschienen waren, z. B. besonders D. Sölle: Zum Dialog zwischen Theologie und Literaturwissenschaft: ebd. 2, 1969, S. 296–318.

Das Höllenthema in der neueren Literatur – Beispiele

Als erstes Beispiel einer dichterischen Bemühung um das Höllenthema in der neueren Zeit ist John Miltons „Paradise Lost" von 1667 zu erwähnen. Der erblindete englische Schriftsteller zeichnet die Hölle als bodenlosen Abgrund, in den man nach einem Sturz von neun Tagen in die Tiefe gelangt, in dem Dunkel herrscht, zugleich aber glühende Schwefelflammen drohen und der Satan über Schlangen und Skorpione herrscht. Von heulenden Höllenhunden umgeben, waltet die Sünde als Höllenpförtnerin. Nur sie ist imstande, die schweren Riegel aus Eisen und massivem Fels zu öffnen und das riesige Fallgitter in die Höhe zu ziehen, um Verdammte einzulassen.

Friedrich Gottlieb Klopstock läßt im II. Buch des „Messias" 1748 die Hölle von zwei der besten Engel bewacht werden, um es den dort eingesperrten gefallenen Engeln unmöglich zu machen, aus dem „Ort der dunklen Verdammnis" aus- und in Gottes schöne Schöpfung einzubrechen. Auch er bringt antike Elemente, z. B. den Höllenhund, in die Dichtung ein.

Natürlich begegnet Dichtung dieser Art im siebzehnten und im achtzehnten Jahrhundert dem Spott der Aufgeklärten, die sich je nach der Art ihrer humanistischen Belesenheit daran erinnerten, daß Jenseitsberichte schon bei Lukian, Seneca, Boccaccio und Rabelais parodiert und verspottet, die Vorstellungen von Belohnung und Bestrafung im Jenseits bereits bei Cicero, Lukrez, Juvenal, Seneca und Lukian zurückgewiesen worden waren. Neben der krassen Kritik von Aberglauben und traditioneller Religion überhaupt findet sich jedoch auch ein tiefes Nachdenken über das, was Hölle sein oder was mit dem Wort Hölle gemeint sein könnte. Ein eindringliches Beispiel dafür bietet an der Wende vom achtzehnten zum neunzehnten Jahrhundert Jean Paul.[2] Dorothee Sölle sagt mit Recht gegen Hans Blumenberg, daß es sich bei der religiösen Grundlage der Dichtung Jean Pauls nicht nur um „eschatologische Metaphorik", sondern um eschatologisches Bewußtsein handle.[3] So negierte er auch nicht den Gedanken an die Realität der Hölle, aber er deutete sie um.[4] Die Grundelemente der Hölle sind für ihn nicht Schuld und Strafe, sondern die Ängste vor dem Sterben und daraus stammende Vernichtungsvisionen. Jean Pauls „Traum von der Hölle", nur zur Hälfte fertiggestellt, sucht die Hölle zu beschreiben, die nicht ein jenseitiger Ort, sondern die Welt im Zustand wachsender Vernichtung ist. Die kosmischen Elemente repräsentieren zugleich auch die menschliche Seele in ihren Todesängsten. Hierfür einige Satzbeispiele:

Rothe Herzen zucken eingefroren in Eismeeren – hinter allen Welten geht ein Ton fort: Wehe – eine Sonne um die andere tropfte in das Pechmeer und zerrann im kochenden Ozean. Eine große Sense am westlichen Horizont warf widerscheinende laufende Blitze auf die hohen Fluren, die sogleich vertrockneten und erblichen.

---

[2]   Vgl. dazu die fundierten Ausführungen von D. Sölle: Realisation. Studien zum Verhältnis von Theologie und Dichtung nach der Aufklärung. Darmstadt 1973, S. 168–280.
[3]   Sölle (Anm. 2), S. 175.
[4]   Vgl. hierzu bei Sölle (Anm. 2), S. 256–262.

Jean Paul nennt es seinen „dunkelsten Nachtgedanken",

> daß der Tod [...] mir meine teure Geliebten aus den ohnmächtigen Händen ziehe und auf immer in verschüttete Särge einsperre, zu denen kein Sterblicher, sondern bloß die größte und unsichtbarste Hand den Schlüssel hat.[5]

Der „Vernichtungsglaube" führt Jean Paul nicht zur Leugnung Gottes, aber zu radikalen Zweifeln am Sinn des Lebens und der Geschichte.

> Gott sieht seit Ewigkeiten nur unaufhörliche Anfänge hinter unaufhörlichen Enden; und seine Sonne wirft ein ewiges falbes welkes Abendrot, das nie untergeht, auf den unabsehlichen Gottesacker, den Leichen nach Leichen ausdehnen. Gott ist einsam; er lebt nur unter Sterbenden.[6]

Zweifellos kulminieren die Schreckensvisionen Jean Pauls in seiner Traumdichtung „Rede des toten Christus vom Weltgebäude herab, daß kein Gott sei" (1796/97), die sich nach dem Erwachen des Träumers allerdings als Trug herausstellt.

Ein merkwürdiges literarisches Phänomen des neunzehnten Jahrhunderts ist der „Satanismus".[7] Als einer seiner namhaften Initianten wird Lord Byron († 1824), Vertreter eines „ästhetischen Satanskultes", genannt. Inspiriert von Milton und doch eigenständig ist William Blake († 1827), der nicht nur Maler, sondern auch Dichter war. In seinen Phantasien unternimmt Satan einen Aufstand gegen den mörderischen „Gott-Demiurgen Elohim" und bleibt, obwohl unterlegen, der Held, als der „Archetyp des revolutionär-befreiten Menschen".[8] Im deutschen Bereich kreist E. T. A. Hoffmann († 1822) um das Dämonische; in Italien verfaßt Giosuè Carducci 1863 die vielgesungene Hymne „A Satana"[9]; auch „Ad Arimane" von Giacomo Leopardi (1833) wäre hier zu nennen.

Die genaueren geistes- und mentalitätsgeschichtlichen Hintergründe dieser dichterischen Verherrlichung des Bösen sind nicht aufgehellt, ebensowenig ihre engeren Zusammenhänge mit dem sogenannten Nihilismus der Romantik. Läßt sich aus diesem Phänomen schließen, daß auf den so positiven Idealismus der Aufklärung eine Ur-Lust am Destruktiven durchbrach? Bedurfte das in der Restauration gesättigte Bürgertum neuer Schockerlebnisse? Sollten die konservativen kirchlichen und bürgerlichen Kreise geärgert und provoziert werden?

Etwas eingehender tritt das Thema der Hölle aus diesem ästhetisch-poetischen Satanismus bei Charles Baudelaire hervor. Anläßlich der Weltausstellung von 1855 entwickelte er tief pessimistische Gedanken über den ethischen Niedergang und den geistigen Ruin, die durch die in der Ausstellung triumphierende Technik und den übrigen Fortschritt des Jahrhunderts nur notdürftig verdeckt seien; er reflektierte auch über seine eigene durch Krankheit und Selbsttäuschung produzierte Misere

---

5   Sölle (Anm. 2), S. 257, 258, 259.
6   Sölle (Anm. 2), 272.
7   Vgl. dazu A. Rosenberg: Engel und Dämonen. Gestaltwandel eines Urbildes. München ²1986, S. 278–286.
8   Rosenberg (Anm. 7), S. 280.
9   Rosenberg (Anm. 7), S. 286.

mit dem Ergebnis, das Leben überhaupt sei von Anfang an verdammt. So ist „Hölle" der Name, der diesem Dasein und dieser Welt mit Recht gebührt; aber es „gibt" auch eine Hölle als Abgrund mit eigener magnetischer Anziehungskraft. In „Les Fleurs du Mal" sind diese Gedanken festgehalten. Hölle ist wie Himmel eine Unendlichkeit, die jeder Mensch in sich trägt (II 795), besonders „le péché contient son enfer" (II 48). Aber es gilt auch: „Chaque jour vers l'Enfer nous descendons d'un pas" (I 5).[10] Der Satan ist bei Baudelaire der Herrscher dieser Bewußtseinshölle, der sein Regiment in schweigenden Träumen ausübt als ein Helfer aller, die von der Gesellschaft ausgestoßen und von der christlichen Kirche im Stich gelassen sind, der Säufer, Dirnen, Selbstmörder und Gehenkten, und als dieser Helfer ist er dem Gott der christlichen Religion moralisch überlegen, meint Baudelaire.

Arthur Rimbaud schrieb 1873 als Neunzehnjähriger „Une saison en enfer", eine Höllenerfahrung, die real ist, aber nicht von Dauer sein muß. Das Leben wird als Illusion oder, wie Rimbaud sagt, als „Posse" erfahren, die alle spielen müssen. Ein Mensch wird sich seiner selbst bewußt, wenn er dieser Hölle bewußt wird: „Je me crois en enfer, donc j'y suis."[11] Mit diesem Bewußtsein beginnt die Überwindung dieser Hölle.

Als weitere Literaten könnten in diesen Zusammenhängen J. K. Huysmans: Làbas (1891) und R. H. Benson: The Lord of the World (1907) genannt werden.

Unabhängig von jedem ästhetischen Spiel mit dem Satanismus ist bei F. Dostojewski († 1881) von einer inneren Hölle die Rede. Starez Sosima meditiert in „Die Brüder Karamasoff" über „die Hölle und das höllische Feuer":

> Väter und Söhne, ich frage mich: „Was ist Hölle?" Und ich denke so für mich: „Hölle ist die Reuequal, daß man schon nicht mehr lieben kann." [...]
> Man spricht von einem Höllenfeuer im Sinne eines materiellen Brennens; ich will dieses Geheimnis nicht erforschen und verbleibe in frommer Scheu davor; aber ich denke, daß, wenn es wirklich eine materielle Flamme geben sollte, die Verdammten darüber wahrhaftig froh sein müßten, denn, so meine ich, in der körperlichen Qual würden sie die viel schrecklichere geistige Qual wenigstens auf Augenblicke vergessen.[12]

In dem gleichen, kurz vor seinem Tod beendeten Roman läßt Dostojewski bei dem Zyniker Iwan, auf den auch die berühmte Szene mit dem Großinquisitor zurückgeht, einen unheimlichen Gast auftauchen (und wieder spurlos verschwinden): den Teufel in der Kleidung eines eleganten Herrn. Dostojewski beabsichtigt mit dem Gespräch zwischen den beiden offenbar, vor einer aufklärerischen Verharmlosung von Teufeln und Hölle zu warnen. Immerhin läßt er aber Iwan diesem Teufel die psychologisch interessante Behauptung entgegenhalten: „Du bist die Verkörperung meines Ich, übrigens nur eines Teiles meines Ich."[13]

---

[10] Vgl. dazu H. Staub: In der Hölle des Bewußtseins. Zur Höllenerfahrung bei Baudelaire und Rimbaud. In: H. U. von Balthasar (Hrsg.): „Hinabgestiegen in das Reich des Todes." Der Sinn dieses Satzes in Bekenntnis und Lehre, Dichtung und Kunst. München 1982, S. 25–43. Zitiert ist hier aus Œuvres compl., ed. C. Pichois. Paris 1975.
[11] Œuvres, ed. S. Bernard. Paris 1960, S. 220.
[12] Ausgabe von 1925, S. 528 f.
[13] Ausgabe 1964, S. 1040.

Von den Problemen des neunzehnten Jahrhunderts, den Fragen eines übersättigten, zweifelnden, von der Industrialisierung überrollten Ich muß nun ein Sprung erfolgen zu den Höllen ganz anderer Dimension im zwanzigsten Jahrhundert. Sie haben, wie der evangelische Theologe Jürgen Moltmann einmal feststellte, ihren Inbegriff in den Erfahrungen sinnlosen Leidens und sinnlosen Sterbens:

> Nachdem das Jenseits dunkel geworden ist, haben wir das Diesseits, das Leben und diese Erde hier zur Hölle gemacht und mit Höllen gepflastert. Wir reden von der „Hölle von Auschwitz" und wissen, daß auch die schrecklichste Phantasie nicht in der Lage ist, sich das unschuldige, sinnlose Massensterben, den geplanten, bösen Mord vorzustellen. Wir wandern über die Totenfelder der Weltkriege. Da war die „Hölle von Verdun", dort die „Hölle von Stalingrad", und hier die „grüne Hölle von Vietnam" ... Das Unrecht schreit gen Himmel. Das Leiden findet keine Antwort. *Auch wir finden keinen Sinn darin, weil es keinen gibt.*[14]

Als ein erstes Beispiel, welche Reflexe die Erfahrungen dieses Jahrhunderts in der Literatur fanden, sei aus dem Gespräch zitiert, das Thomas Mann in seinen Roman „Doktor Faustus" (1943/45) aufnahm.[15] Nach dem Urteil Hans Mayers[16] handelt es sich dabei um die Ankündigung, die Hölle, die Adrian Leverkühn nach dem Tod erwartet, sei auch nichts anderes als die Fortsetzung seiner Existenz in der „realen bürgerlichen Endzeit", die zur Hölle geworden ist. Die religiös-theologische Hölle habe auch nichts anderes zu bieten als „die teuflische Gegenwart faschistischer Systeme und Eroberungskriege." Nach W. Brändle sollen die hier wiedergegebenen „Bilder der Hölle" an Szenen in den Gefängnissen und Verhören der Gestapo erinnern, in der Gestalt einer theologischen Rede verberge sich aber darüber hinaus der Hinweis auf das Versagen der lutherischen Tradition gegenüber dem Nationalsozialismus.[17]

Der Erzähler Zeitblom berichtet in diesem Roman über ein Gespräch, das sein Freund Leverkühn (= Ich) mit dem Teufel (= Er) geführt habe. Leverkühn fordert den Teufel auf, Auskunft über das Leben in der Hölle zu geben. Nach einleitenden Floskeln sagt der Teufel:

> Nur, nicht leicht ist es, eigentlich davon zu reden, – das will sagen: eigentlich kann man überhaupt und ganz und gar nicht davon reden, weil sich das Eigentliche mit den Worten nicht deckt; man mag viel Worte brauchen und machen, aber allesamt sind sie nur stellvertretend, stehen für Namen, die es nicht gibt, können nicht den Anspruch erheben, das zu bezeichnen, was nimmermehr zu bezeichnen und in Worten zu denunzieren ist. Das ist die geheime Lust und Sicherheit der Höllen, daß sie nicht denunzierbar, daß sie vor der Sprache geborgen ist, daß sie eben nur ist, aber nicht in die Zeitung kommen, nicht publik werden, durch kein Wort zur kritisierenden Kenntnis gebracht werden

---

[14] J. Moltmann: Umkehr zur Zukunft. München 1970, S. 80.
[15] Vgl. dazu W. Brändle: Von der „Magie des Extrems". Literarische Texte des 20. Jahrhunderts zum Topos „Hölle". In: „Hölle". Unterrichtspraxis Religion. Hannover 1990, S. 80–90. – Thomas Mann: Doktor Faustus. Frankfurt 1967, S. 326–331; dazu H. Mayer: Thomas Mann. Frankfurt 1984, S. 270–327.
[16] Mayer (Anm. 15), S. 296 f.
[17] Brändle (Anm. 15), S. 89.

kann, wofür eben die Wörter „unterirdisch", „Keller", „dicke Mauern", „Lautlosigkeit", „Vergessenheit", „Rettungs-losigkeit", die schwachen Symbole sind. Mit symbolis, mein Guter, muß man sich durchaus begnügen, wenn man von der Höllen spricht, denn dort hört alles auf – nicht nur das anzeigende Wort, sondern überhaupt alles, – dies ist sogar das hauptsächliche Charakteristikum, und das, was im allgemeinsten darüber auszusagen, zugleich das, was der Neukömmling dort zuerst erfährt und was er zunächst mit seinen sozusagen gesunden Sinnen gar nicht fassen kann und nicht verstehen will, weil die Vernunft oder welche Beschränktheit des Verstehens nun immer ihn daran hindert, kurz weil es unglaublich, obgleich es einem gleich zur Begrüßung in bündig nachdrücklichster Form eröffnet wird, daß „hier alles aufhört", jedes Erbarmen, jede Gnade, jede Schonung, jede letzte Spur von Rücksicht auf den beschwörend ungläubigen Einwand „Das könnt und könnt ihr doch mit einer Seele nicht tun": Es wird getan, es geschieht, und zwar ohne vom Worte zur Rechenschaft gezogen zu werden, im schalldichten Keller, tief unter Gottes Gehör, und zwar in Ewigkeit. Nein, es ist schlecht davon reden, es liegt abseits und außerhalb der Sprache, diese hat nichts damit zu tun, hat kein Verhältnis dazu, weshalb sie auch nie recht weiß, welche Zeitform sie darauf anwenden soll und sich aus Not mit dem Futurum behilft, wie es ja heißt: „Da wird sein Heulen und Zähneklappern". Gut, das sind ein paar Wortlaute, aus ziemlich extremer Sphäre der Sprache gewählt, aber eben doch nur schwache Symbole und ohne rechte Beziehung zu dem, was da „sein wird", – rechenschaftslos, in Vergessenheit zwischen dicken Mauern. Richtig ist, daß es in der Schalldichtigkeit recht laut, maßlos und bei weitem das Ohr überfüllend laut sein wird von Gilfen und Girren, Heulen, Stöhnen, Brüllen, Gurgeln, Kreischen, Zetern, Griesgramen, Betteln und Folterjubel, so daß keiner sein eigenes Singen vernehmen wird, weils in dem allgemeinen erstickt, dem dichten, dicken Höllenjauchz und Schandgetriller, entlockt von der ewigen Zufügung des Unglaublichen und Unverantwortlichen. Nicht zu vergessen das ungeheure Ächzen der Wollust, das sich hineinmischt, denn eine unendliche Qual, der kein Versagen des Erleidens, kein Kollaps, keine Ohnmacht als Grenze gesetzt ist, artet statt dessen in Schandvergnügen aus, weshalb solche, die einige intuitive Kunde haben, ja auch von der „Wollust der Hölle" sprechen. Damit aber hängt das Element des Hohnes und der extremen Schmach zusammen, das sich mit der Marter verbindet; denn diese Höllenwonne kommt einer grunderbärmlichen Verhöhnung des maßlosen Erleidens gleich und ist von schnödem Fingerzeig und wieherndem Gelächter begleitet: daher die Lehre, daß die Verdammten zur Qual auch noch den Spott und die Schande haben, ja, daß die Hölle als eine ungeheuerliche Verbindung von völlig unerträglichem, dennoch aber ewig auszustehendem Leiden – und Verspottung zu definieren ist. Da werden sie ihre Zungen fressen für große Schmerzen, bilden darum aber keine Gemeinschaft, sondern sind untereinander voller Hohn und Verachtung und rufen einander beim Trillern und Ächzen die schmutzigsten Schimpfworte zu, wobei die Feinsten und Stolzesten, die nie ein gemeines Wort über ihre Lippen ließen, gezwungen sind, die allerschmutzigsten zu gebrauchen. Ein Teil ihrer Qual und Schandlust besteht darin, über die äußerst schmutzigsten nachzudenken. Ich: Erlaubt, dies ist das erste Wort, das Ihr mir über die Art der Leiden sagt, die die Verdammten dort zu erdulden haben. Bemerkt gefälligst, daß ihr mir eigentlich nur über die Effekte der Höllen gelesen habt, nicht aber über das, was nun der Sache nach und in der Tat die Verdammten dort zu erwarten haben.
Er: Deine Neugier ist knabenhaft und indiskret. Ich stelle das in den Vordergrund, bin aber recht wohl dessen gewahr, mein Guter, was sich dahinter verbirgt. Du versuchst, mich auszufragen, um dir bange machen zu lassen, bange vor der Hölle. Denn der Gedanke an Umkehr und Rettung, an dein sogenanntes Seelenheil, an Rückzug von der Promission lauert bei dir im Hintergrunde, und du trachtest danach, dir die attritio

cordis, die Herzensangst vor dem Dortigen zuzuziehen, von der du wohl gehört haben magst, daß durch sie der Mensch die sogenannte Seligkeit erlangen könne. Laß dir sagen, daß das eine völlig veraltete Theologie ist. Die Attritionslehre ist wissenschaftlich überholt. Als notwendig erwiesen ist die contritio, die eigentliche und wahre protestantische Zerknirschung, über die Sünde, die nicht bloß Angstbuße nach der Kirchenordnung, sondern innere, religiöse Umkehr bedeutet, – und ob du deren fähig bist, das frage dich selbst, dein Stolz wird die Antwort nicht schuldig bleiben. Je länger, je weniger wirst du fähig und willens sein, dich zur contritio herbeizulassen, sintemal das extravagante Dasein, das du führen wirst, eine große Verwöhnung ist, aus der man nicht mir nichts, dir nichts ins Mittelmäßig-Heilsame zurückfindet. Darum, zu deiner Beruhigung sei es gesagt, wird dir denn auch die Hölle nichts wesentlich Neues, – nur das mehr oder weniger Gewohnte, und mit Stolz Gewohnte, zu bieten haben. Sie ist im Grunde nur eine Fortsetzung des extravaganten Daseins. Um es in zwei Worten zu sagen: ihr Wesen oder, wenn du willst, ihre Pointe ist, daß sie ihren Insassen nur die Wahl läßt zwischen extremer Kälte und einer Glut, die den Granit zum Schmelzen bringen könnte, zwischen diesen beiden Zuständen flüchten sie brüllend hin und her, denn in dem einen erscheint der andre immer als himmlisches Labsal, ist aber sofort und in des Wortes höllischster Bedeutung unerträglich. Das Extreme daran muß dir gefallen. Ich: Es gefällt mir. Unterdessen möchte ich Euch davor warnen, Euch meiner allzu sicher zu fühlen. Eine gewisse Seichtheit Eurer Theologie könnte Euch dazu verführen. Ihr verlaßt Euch darauf, daß der Stolz mich an der zur Rettung notwendigen Zerknirschung hindern wird, und stellt dabei nicht in Rechnung, daß es eine stolze Zerknirschung gibt. Die Zerknirschung Kains, der der festen Meinung war, seine Sünde sei größer, als daß sie ihm je verziehen werden möchte. Die contritio ohne jede Hoffnung und als völliger Unglaube an die Möglichkeit der Gnade und Verzeihung, als die felsenfeste Überzeugung des Sünders, er habe es zu grob gemacht, und selbst die unendliche Güte reiche nicht aus, seine Sünde zu verzeihen, – erst das ist die wahre Zerknirschung, und ich mache Euch darauf aufmerksam, daß sie der Erlösung am allernächsten, für die Güte am allerunwiderstehlichsten ist. Ihr werdet zugeben, daß der alltäglich-mäßige Sünder der Gnade nur mäßig interessant sein kann. In seinem Fall hat der Gnadenakt wenig Impetus, er ist nur eine matte Betätigung. Die Mittelmäßigkeit führt überhaupt kein theologisches Leben. Eine Sündhaftigkeit, so heillos, daß sie ihren Mann von Grund aus am Heile verzweifeln läßt, ist der wahrhaft theologische Weg zum Heil.

Er: Schlaukopf! Und woher will deinesgleichen die Einfalt nehmen, die naive Rückhaltlosigkeit der Verzweiflung, die die Voraussetzung wäre für diesen heillosen Weg zum Heil? Es ist dir nicht klar, daß die bewußte Spekulation auf den Reiz, den große Schuld auf die Güte ausübt, dieser den Gnadenakt nun schon aufs äußerste unmöglich macht? Ich: Und doch kommt es erst durch dieses Non plus ultra zur höchsten Steigerung der dramatisch-theologischen Existenz, das heißt: zur verworfensten Schuld und dadurch zur letzten und unwiderstehlichsten Herausforderung an die Unendlichkeit der Güte. Er: Nicht schlecht. Wahrlich ingeniös. Und nun will ich dir sagen, daß genau Köpfe von deiner Art die Population der Hölle bilden. Es ist nicht so leicht, in die Hölle zu kommen; wir litten längst Raummangel, wenn Hinz und Kunz hineinkämen. Aber dein theologischer Typ, so ein abgefeimter Erzvogel, der auf die Spekulation spekuliert, weil er das Spekulieren schon von Vaters Seite im Blut hat, – das müßte mit Kräutern zugehen, wenn der nicht des Teufels wär.

Da Thomas Mann das Gespräch von dem Erzähler Zeitblom wiedergeben läßt, wäre es nicht statthaft, daraus auf seine eigenen Anschauungen über Höllisches und Teuf-

Abb. 12 Alfred Kubin: Der Weg zur Hölle, um 1900

lisches zu schließen. Möglicherweise soll das Paktieren Leverkühns mit dem Teufel wirklich „Paradigma für die politisch nationale Verirrung der deutschen Geschichte dieses Jahrhunderts"[18] sein.

Eine dramatische Darstellung der Hölle wird in allen Abhandlungen, die das Thema auch nur von ferne berühren, standardmäßig zitiert: Jean-Paul Sartres Einakter „Les huis clos" (1945), deutsch: „Geschlossene Gesellschaft". In einem Hotelzimmer, einem Wohnzimmer ähnlich, einem heruntergekommenen Raum, befinden sich zwei Frauen und ein Mann. Sie waren einander nie im Leben begegnet, müs-

---

[18] W. Brändle (Anm. 15), S. 88.

sen nun aber, wie sie wissen, unentrinnbar für immer in diesem Zimmer beisammen
bleiben. Jeder weiß überdies, daß er auf Grund einer schuldhaften Egozentrik zu
Recht so bestraft wird. Jeder möchte sich selber bespiegeln, ist aber von der Betrachtungsweise des anderen abhängig. So entsteht das Verlangen, den anderen zu
täuschen, ihm eine verlogene Rolle vorzuspielen. Durch den Dritten wird jeder
Ansatz zu einer Zweierbeziehung von vornherein zerstört. Der Mann Garcin sagt
am Ende die berühmten Sätze:

> Also, dies ist die Hölle. Niemals hätte ich geglaubt ... Ihr entsinnt euch, Schwefel, Schei-
> terhaufen, Bratrost ... Ach, ein Witz! Kein Rost erforderlich, die Hölle, das sind die
> andern.

Der Schlußsatz des Dramas lautet: „Also – weitermachen!"[19]

Die Schilderung der Hölle steht hier im Dienst der philosophischen These Sartres,
daß alle Daseinsillusionen als solche entlarvt werden müssen, die menschliche Existenz als Hölle erkannt werden muß, weil nur so authentische Freiheit möglich wird.
Verdammt sind alle.[20]

Albert Camus († 1960) gehört mit seiner Forderung, die Absurdität des Lebens
einzusehen, in die Nähe Sartres (trotz ihrer politischen Entzweiung). In „Le mythe
de Sisyphe" (1942) bringt er, in einer Bemerkung zu Kierkegaard, das Absurde in
Verbindung zum Dämonischen:

> Er lehnt jeden Trost ab, jede Moral und alle beruhigenden Grundsätze. Er trachtet nicht
> danach, den Schmerz, den der Stachel in seinem Herzen verursacht, zu lindern. Im Ge-
> genteil: er weckt ihn und stellt mit der verzweifelten Freude eines freiwillig Gekreuzigten
> Stück für Stück, klar, ablehnend und possenhaft, eine Kategorie des Dämonischen auf.
> Dieses empfindsame und gleichzeitig grinsende Gesicht, diese Kapriolen, denen ein
> Schrei aus tiefster Seele folgt, sind der absurde Geist selber im Kampf mit einer Wirk-
> lichkeit, die stärker ist als er.[21]

In der „Pest" (1947) setzt sich Camus mit den Konkretionen der absurden menschlichen Existenz, der Krankheit, dem Krieg, dem Leiden vor allem unschuldiger
Menschen, dem Tod und dem moralisch Bösen auseinander und weist Theodizee-
Versuche zurück: der Gott des durchaus sympathisch gezeichneten Pater Paneloux
ist blutrünstig und schlägt blindwütig mit „Dreschflegeln" zu. Es handelt sich hier
um einen impliziten Angriff auf Vorsehungsdenken und Eschatologie des Augustinus, mit dem Camus sich in seiner nordafrikanischen Heimat beschäftigt hatte.[22] In
„La chute" (1956) findet sich folgende Passage:

---

[19] J.-P. Sartre: Die Dramen. Hamburg ⁷1956, S. 95.
[20] Bei O. Betz: Die Eschatologie in der Glaubensunterweisung. Würzburg 1965, S. 234–237 finden
      sich Hinweise auf die Hölle als Metapher auch bei Franz Kafka und Samuel Beckett; bei Brändle
      (Anm. 15), S. 83 werden ferner genannt: B. Brecht: Nachdenkend über die Hölle; M. Walser: Aus
      dem Wortschatz unserer Kämpfe; O. M. Graf: Doktor Joseph Leiberer seligen Angedenkens; M.
      Hausmann: Die Hölle; G. Grass: Hundejahre, 3. Buch.
[21] A. Camus: Der Mythos von Sisyphus. Ein Versuch über das Absurde. Hamburg 1991, S. 27.
[22] Vgl. dazu M. Lauble (Hrsg.): Der unbekannte Camus. Düsseldorf 1979; P. Engelhardt (Hrsg.): Glück
      und geglücktes Leben. Philosophische und theologische Untersuchungen zur Bestimmung des
      Lebensziels. Mainz 1985; H. R. Schlette/M. Yadel: Albert Camus. L'homme révolté. Essen 1987.

Abb. 13 James Ensor: Dämonen, die mich quälen, 1888

Ich sage Ihnen, die Religionen gehen von dem Augenblick an fehl, da sie Moral predigen und Gebote schleudern. Es ist kein Gott vonnöten, um Schuldhaftigkeit zu schaffen oder um zu strafen. Unsere von uns selbst wacker unterstützten Mitmenschen besorgen das zur Genüge. Sie sprachen vom Jüngsten Gericht. Gestatten Sie mir ein re-
spektvolles Lachen! Ich erwarte es furchtlos: ich habe das Schlimmste erfahren, und
das ist das Gericht der Menschen. Bei ihnen gibt es keine mildernden Umstände, sogar
die gute Absicht wird als Verbrechen angekreidet ... Ich will Ihnen ein großes Geheimnis verraten, mein Lieber. Warten Sie nicht auf das Jüngste Gericht: es findet alle Tage
statt."[23]

Es mag für eine kleine Zwischenbilanz der Situation zur Zeit des Zweiten Weltkriegs
genügen, darauf hinzuweisen, daß das Wort Hölle weithin eine Realität dieses (diesseitigen) Lebens bezeichnete und daß eschatologische Begriffe bei der Beschreibung
der menschlichen Existenz durchaus nicht nur als „Metaphern" verwendet wurden.
Auf der anderen Seite waren die eschatologischen Inhalte der kirchlichen Verkündigung in weiten Kreisen gerade nachdenklicher und belesener Menschen völlig unglaubwürdig geworden. Gerade die Einsichten in die Grenzen menschlicher
Freiheit ließen die traditionelle Auffassung von Strafe überhaupt und jenseitiger

---

[23] A. Camus: Der Fall. Frankfurt (Bibl. suhrkamp 113), S. 104 f.

ewiger Strafe als schlechterdings inhuman erscheinen. Das Erbe der europäischen
Aufklärung wirkte insofern nach, als ein durch Einschüchterung erzwungenes Verhalten nicht als moralisch einwandfrei gelten konnte und kann. Georges Minois zitiert ein Wort Albert Einsteins, daß Moral nicht mit Furcht vor Strafe und mit Hoffnung auf Lohn nach dem Tod begründet werden könne und dürfe, und erwähnt
im gleichen Zusammenhang ein Wort Marcel Jouhandeaus: „Wenn der Mensch die
Hölle nicht versteht, dann deswegen, weil er sein eigenes Herz nicht begriffen hat."[24]
1956 konstatierte Günther Anders: „In der Bildungsreligion unserer Eltern [...] fehl-
te die Höllenangst bereits so vollständig, daß dieses Fehlen schon nicht mehr bemerkt wurde."[25] Wo von „Hölle" gesprochen wird, handelt es sich also jeweils um
unterschiedliche Reflexions- und Sprachebenen. Leider muß hier die Lyrik völlig
unberücksichtigt bleiben. Für die in Gedichten geschilderten Höllen sei nur beispielhaft auf Sylvia Plath († 1963) hingewiesen.

Der italienische Schriftsteller Italo Calvino hat in seinem Roman „Le città invisi-
bili" (1972) die Absage an eine jenseitige und die Erkenntnis einer diesseitigen Hölle
folgendermaßen formuliert, wobei er seine Worte der Person Polo in den Mund legt:

> Die Hölle der Lebenden ist nicht etwas, was sein wird; gibt es eine, so ist es die, die schon
> da ist, die Hölle, in der wir tagtäglich wohnen, die wir durch unser Zusammensein bil-
> den. Zwei Arten gibt es, nicht darunter zu leiden. Die eine fällt vielen recht leicht: die
> Hölle akzeptieren und so sehr Teil davon werden, daß man sie nicht mehr erkennt. Die
> andere ist gewagt und erfordert dauernde Vorsicht und Aufmerksamkeit: suchen und
> zu erkennen wissen, wer und was inmitten der Hölle nicht Hölle ist, und ihm Bestand
> und Raum geben.[26]

Hier meldet sich der wichtige Aspekt an, daß Hölle nicht etwas Unabänderliches,
kein göttlich verhängtes Geschick ist, sondern daß die Möglichkeit besteht, etwas
Effektives gegen sie zu tun. Die Erkenntnis der Realität diesseitiger Höllen führte
gleichsam selbstverständlich dazu, über die unscharf verallgemeinernde Sicht „Das
menschliche Leben insgesamt ist die Hölle" hinaus die von Menschen ins Werk
gesetzten Höllen konkret zu identifizieren. Dem entsetzlichsten Ereignis nicht nur
des zwanzigsten Jahrhunderts, Auschwitz, kam (und kommt) dabei eine Schlüs-
selfunktion zu.

Der Maler, Filmemacher und Schriftsteller Peter Weiss († 1982) verfaßte, vom
Material des Frankfurter Auschwitz-Prozesses (Dezember 1963 bis August 1965)
ausgehend, das Stück „Die Ermittlung" (1965), ein „Oratorium in 11 Gesängen"
(mit Musik von Luigi Nono), eine Thematisierung der Schrecken ohne jede Ästhetisierung der Folter. In den Vorarbeiten hatte Weiss beabsichtigt, Dantes Unterteilung
der Divina Commedia in Inferno, Purgatorio und Paradiso als Einteilung zu übernehmen. In einem „Gespräch über Dante" (1965) sagte er dazu:

---

[24] G. Minois: Histoire des enfers. Paris 1991, S. 392.
[25] G. Anders: Die Antiquiertheit des Menschen. München 1956, S. 348.
[26] I. Calvino: Die unsichtbaren Städte. München 1984, S. 192. Ich verdanke den Hinweis auf Calvino
      dem Architekten und Maler Georg Dittrich.

Ich entnehme der *Divina Commedia* nur das, was sich in ein irdisches Dasein versetzen läßt. Es besteht bei mir auch nicht ahnungsweise die Vorstellung von Hölle und Fegefeuer, von einem Paradies ganz zu schweigen. Ich bin auch nicht durch die berühmten Krisen gegangen, in denen die Frage gestellt wird, ob es nicht doch besser sei, an einen Gott und an ein Fortbestehen der Seele zu glauben. Ich rechne nicht damit, daß nach dem Tod noch irgendwelche Wanderungen bevorstehn. Es genügt, was hier auf der Erde von mir gefordert wird, und meine größte Anstrengung reicht kaum dazu aus, mir einige Bruchteile davon klarzumachen.[27]

Peter Weiss wollte im Teil „Inferno" nicht die Qualen der „zu Tode Gemarterten und in den Gaskammern Erstickten, der Verhungerten und Erschossenen" zur Sprache bringen. Für ihn hätte das keinen Sinn gehabt, weil die Toten wirklich und unwiderruflich tot sind und keine Art von Gerechtigkeit, schon gar keine göttliche, für sie zu erwarten ist. Als einzig über Hölle und Tod Hinausweisendes bleibt ihm: „das Verstummen in Sprache, die Schreckenslähmung in Widerstand umwandeln"[28], also der verpflichtende Appell an die Überlebenden. Was bleibt dann als Sachgehalt von Hölle? Sie ist für ihn „der Ort der Henker als der Ort der großen Verdrängung, des Vergessenwollens".[29] Hölle wäre das unangefochtene „Weiter so!"; darum sollte der erste Angeklagte im „Inferno" sagen:

> Wir alle / das möchte ich nochmals betonen / haben nichts als unsere Schuldigkeit getan / selbst wenn es uns oft schwerfiel / und wenn wir daran verzweifeln wollten / Heute / da unsere Nation sich wieder / zu einer führenden Stellung / emporgearbeitet hat / sollten wir uns mit anderen Dingen befassen / als mit Vorwürfen / die längst als verjährt / angesehen werden müßten / (Laute Zustimmung von seiten der Angeklagten).

Obwohl Weiss in dem Stück „Die Ermittlung" die dantesche Einteilung nicht verwendete, blieb diese Sicht erhalten.[30] Im Entwurf hatte er notiert, das Inferno sei der Ort, die Welt, die Gegenwart, in der jene Personen anzutreffen sind, „die der alte Dante zur Hölle verdammt hätte" und die da unangefochten wohnen; „im Inferno gibt es *nie irgendeinen Zweifel.*"[31]

„Auschwitz" steht hier als Schlüsselwort für jene Hölle, die durch alle Menschen verkörpert wird, die sich von menschlichem Leiden nicht anrühren und durch nichts erschüttern lassen.

Es gibt sogar einen kirchlich-amtlichen Text, der diese Einsicht wiedergibt, in der Synodenerklärung „Unsere Hoffnung", die – auf jeden Fall in dieser Passage – von Johann Baptist Metz stammt:

> Schließlich hängt die Glaubwürdigkeit unserer Rede vom „Gott der Hoffnung" angesichts eines hoffnungslosen Grauens wie dem von Auschwitz vor allem daran, daß es

---

27 P. Weiss: Rapporte. Frankfurt ²1981, S. 143 f. Vgl. dazu U. Engel: Auschwitz: Hölle und Himmel ohne Gott. In: Wort und Antwort 32, 1991, S. 66–69.
28 Engel (Anm. 27) S. 69.
29 Engel (Anm. 27), S. 68.
30 P. Weiss: Die Ermittlung. Frankfurt 1965, S. 185 f.
31 P. Weiss: Notizbücher 1960–1971. Frankfurt 1982, S. 597 und 253.

Ungezählte gab, Juden und Christen, die diesen Gott sogar in einer solchen Hölle und nach dem Erlebnis einer solchen Hölle immer wieder genannt und angerufen haben.[32]

Bei vier neueren Schriftstellern spielen Hölle und Teufel Rollen in anderen konkreten Situationen (die freilich nicht mit dem Auschwitz-Entsetzen vergleichbar sind): im Theaterstück „Der Teufel ermahnt" (1979) von Naguib Mahfouz (* 1911), im Roman „Ahasver" (1981) von Stefan Heym (* 1913), in der Bühnendichtung „Merlin oder Das wüste Land" (1981) von Tankred Dorst (* 1925) und in der Erzählung „Ein Glockenspiel" (1982) von Adolf Muschg (* 1934). W. Falk möchte die darin zur Sprache gebrachte Negativität in der unterschiedlichen, aber gemeinsamen Erfahrung einer Destruktionsmacht sehen, die von Menschen nicht beherrschbar sei.[33] Die bis in die neueste Zeit immer wieder aufgestellten Sinnsysteme vermöchten dieser angesichts der Erschütterungen und Drohungen (Zerstörung der Natur, menschliche globale Vernichtungspotentiale) nicht standzuhalten. Was die Schriftsteller als „höllische" oder „teuflische" Macht schildern, ist etwas sehr Reales, das den von der europäischen Aufklärung überkommenen Optimismus in Frage stellt.

In einem durchaus nicht überdurchschnittlichen amerikanischen Kriminalroman findet sich innerhalb eines Gesprächs zweier Männer ganz unerwartet ein anderes Paradigma der konkret-diesseitigen Hölle, das des letzten nordamerikanisch-japanischen Krieges im Pazifik. Das Textbeispiel mag für alle kriegerischen Höllen stehen:

Das schlimmste Erlebnis hatte ich auf einer Insel mit dem Namen Iwo Jima. Irgendein Bursche hat mir mal gesagt, daß seine Vorstellung von Hölle irgendeine große Stadt mitten in der Rush-hour wäre, so als wäre man für immer und ewig um fünf Uhr auf dem Parkway East gefangen. Und ich habe ihm gesagt, meine Vorstellung von Hölle wäre es, am Strand von Iwo Jima in der Falle zu sitzen, während die Japaner immer noch oben auf dem Mount Suribachi saßen. Viele Leute sagen, in den Schützengräben würde es keine Atheisten geben ... Du weißt, was ein Schützengraben ist?
Ja. Das ist ein Loch, das man gräbt, um sich zu schützen, stimmt's?
Ja, so ungefähr. Aber ich erinnere mich jedenfalls noch genau daran, wie ich gedacht habe – und ich kann mich noch sehr deutlich daran erinnern –, wenn es einen Gott gibt und wenn er in der Nähe stehen und sich ansehen würde, was hier passierte, was damals los war, und wenn er der Sache kein Ende machte, dann war er entweder in Wirklichkeit doch nicht so mächtig, wie immer von ihm behauptet wurde, oder aber, falls er es doch war, dann war er ganz bestimmt niemand, zu dem ich jemals beten würde, denn ich habe dort eine Art von Schmerz gesehen, den ich immer noch nicht fassen kann. Was ich versuche, damit zu sagen, und ich weiß nicht, ob das irgendeinen Sinn für dich ergibt, es gab jedenfalls für mich nur einen einzigen Weg, da durchzukommen, und der bestand darin, daß ich mir sagte, *das* wäre die Hölle. Ich meine, ich habe mir selbst gesagt, *das hier ist die Hölle* ... Ein Krach, den du dir nicht vorstellen kannst. Der Geruch der schwarzen Vulkanasche, der Geruch von Schießpulver, der Geruch von ... einfach allem anderen. ... Die Schreie ... Nur indem ich mir selbst immer wieder ge-

[32]   Gemeinsame Synode der Bistümer in der BRD „Unsere Hoffnung. Ein Bekenntnis zum Glauben in dieser Zeit" vom 22. 11. 1975, Teil IV 2.
[33]   W. Falk: Des Teufels Wiederkehr. Alarmierende Zeichen der Zeit in der neuesten Dichtung. Stuttgart 1983, S. 75.

sagt habe, daß es nichts Schlimmeres gab oder jemals etwas Schlimmeres geben könnte, nur so habe ich das alles überstanden, denn gleichgültig, was auch immer du getan hast, es gab absolut keine Möglichkeit, dich selbst zu schützen ... (Punktation vom Autor).[34]

Zum Abschluß dieser beispielhaften Übersicht seien einige Beobachtungen aneinandergereiht, die zeigen sollen, wie das Thema im Bereich von Literatur und Theater auch in der jüngsten Gegenwart ungemindert präsent ist.

1990 verabschiedete sich der angesehene Regisseur Hans Neuenfels von der Freien Volksbühne in Berlin mit einer Inszenierung des (erst 1979 uraufgeführten) Theaterstücks „IchundIch" von Else Lasker-Schüler († 1945). Die Dichterin schickte die „berühmtesten" Nazi-Größen in die Hölle, wo sich Faust und Mephisto bereits befinden. Faust muß in einem gleichsam postumen Akt der Tragödie nun erleben, was die Konsequenzen seiner „deutschen Wesensart" waren. Auch in der Hölle führen sich die Deutschen als die Machthaber auf, ehe sie endgültig vom Teufel besiegt werden.

Im gleichen Frühjahr 1990 wurde Samuel Becketts Monolog „Hey Joe" in Darmstadt als Ballett inszeniert. Der arme Teufel Joe mordet, weil er „Liebe" nicht anders denn als Quälerei erfahren hat. So ist das Leben real die Hölle, und Liebe ist nur im Tod möglich.

1990 erschien „American Psycho" von Bret Easton Ellis (deutsch Köln 1991). Im Ich-Stil erzählt der Autor präzise, ungerührt, in ausgeprägtem Sadismus eine Vielzahl von Verbrechen, bestimmt von dem Wunsch, um jeden Preis zu schockieren und jedes Tabu zu brechen. Der erste Satz des Buches lautet: „Ihr, die ihr eintretet, lasset alle Hoffnung fahren" (die Inschrift des Danteschen Höllentors). Der letzte Satz: „Kein Ausweg."

Das 14. Freiburger Theaterfestival stand 1991 unter dem Motto: „Wer hat Lust auf Hölle?" Es war in der Ankündigung so erläutert worden:

> Das gerade heute (im Kino etwa) zu beobachtende große Bedürfnis nach starken Reizen, die eigentümliche Faszination des Gefährlichen, Schmerzhaften, Destruktiven, ja Teuflischen, des Grauens und der Gewalt zum Thema eines Theaterfestes zu machen, bedeutet die Entscheidung für eigenwillige Präsentationsformen.

Eine Interaktion von Menschen und Maschinen fand in einer bleiverseuchten Gießereihalle statt, in der Schauspieler und Publikum Schutzanzüge tragen mußten; der Titel hieß: „Blei".[35]

Der eben zitierte Ankündigungstext scheint nun eine andere Begründung für die Aktualität des Höllenthemas anzugeben, das Bedürfnis einer sehr stark reizgesättigten Gesellschaft nach immer neuen Reizen und die Faszination an Zerstörung, die gerade dort auftritt, wo Menschen ihrer friedlich-gesicherten, aber auch langweiligen Existenzweise überdrüssig werden. „Apocalypse now!"

---

[34] K. C. Constantine: Blues für Mario Balzic. Reinbek 1990, S. 152 f.; Original: Sunshine Enemies. New York 1990.
[35] Badische Zeitung vom 1./2. Juni 1991.

Eine nochmals andere Deutungsebene des Höllischen spricht der phantastische Roman „Ein Tag, ein Leben" des Niederländers A. F. Th. van der Heijden an.[36] Der Verfasser schildert ein Einmal-Land, indem alles Erstmalige jeweils das Einzige bleibt: Der erste Sonnenaufgang dieser Menschen ist ihr letzter, ihre Schulzeit findet an einem einzigen Vormittag statt, ihre Liebe in einem Augenblick, Schwangerschaft und Geburt dauern kurze Minuten und sind einmalig, usw. So leben die Einmal-Land-Bewohner in der Überzeugung: „Die Hölle, das ist die Wiederholung." Nun existiert aber ein Liebespaar, Benny und Gini, das genau die Wiederholung will; Benny will sie sogar eine Ewigkeit lang. Daher begehen sie einen Mord in der Hoffnung, durch die Todesstrafe auf dem elektrischen Stuhl in jene bessere Welt der Wiederholungen zu kommen. Aber nur Benny wacht in dieser „Hölle" – nämlich unserer Welt – auf. Stumpf, farblos, beliebig, das sind die Kennzeichen dieser Hölle der Wiederholungen, unserer Welt, gesehen durch die Augen eines „Fremden".

1992 inszenierte John Dew die Oper „Schmied von Gent" in Bielefeld. Sie stammt von Franz Schreker und war 1932 in Berlin unter heftigen Nazi-Krawallen (wegen „entarteter" Musik) uraufgeführt worden. Zugrunde liegt die Geschichte vom braven, einfachen Schmied Smee, der nach tapferem Kampf gegen den Spanier Alba in den Niederlanden verarmt ist und darum einen höllischen Pakt schließt: Sieben Jahre Wohlstand werden ihm gegönnt, dann darf ihn der Teufel holen. Da er aber trotz des Reichtums gutherzig bleibt und einem Paar auf der Flucht behilflich ist, werden ihm von Maria und Joseph drei Wünsche freigestellt. Er schafft es, nach den sieben Jahren die drei Höllischen unschädlich zu machen, indem er sie verbannt, den Henker des Alba auf einen Pflaumenbaum, den Blutsauger auf einen Sessel, die Astarte in einen Sack. Bei seinem Tod will die Hölle diesen Schmied Smee nicht haben. Wegen des Paktes mit dem Teufel lehnt ihn auch der Himmel ab, doch Joseph erbarmt sich seiner wegen seiner Gutherzigkeit. Im Jauchzen über den Besieger der Spanier und des Teufels endet die Oper. Die Inszenierung als „Große Zauberoper" wurde als „Lustiger Abend" gerühmt. Der brave Mann bringt die drei Höllischen, kenntlich gemacht als Mafiosi mit Aktenkoffern, zur Strecke, umtanzt von höllischen Heerscharen auf Ballettmanier. Die umjubelte Aufführung könnte ein Indiz dafür sein, daß die übertölpelte, lächerlich gemachte Hölle des Kasperletheaters noch immer bannende Kräfte entfaltet.

Eine Reportage über eine Fahrt durch die unheimlich leere Landschaft um Tschernobyl und über Besuche bei den todkranken und sterbenden Opfern: Hunderte Dörfer mit 60 und mehr Curie pro Quadratkilometer verseucht, in 530 Orten die Milch verstrahlt, vielhundertfache Mißbildungen an Tieren, mehr als zwei Millionen Menschen strahlenverseucht, Tausende von Kindern haben Krebs, eine Radioaktivität, die über Generationen bleiben wird, ist überschrieben mit: „In der Hölle auf Erden."

Gegenüber den beiden Grundmodalitäten der konkreten und real existierenden Hölle, mikrokosmisch im Inneren der Menschen, makrokosmisch in den mitmensch-

---

[36] Frankfurt 1992.

Edward Munch: Selbstbildnis in der Hölle, 1895

Edward Munch: Harpyie, 1900

lichen Beziehungen, in Gesellschaften und im Zustand des Planeten, scheint die „jenseitige" Hölle in einer breiten Öffentlichkeit in keiner Weise mehr diskussionsfähig zu sein. Auch wenn nicht verallgemeinert werden darf, könnte vielleicht eine kleine „Kalendergeschichte" des „nihilistischen" Schriftstellers Eckhard Henscheid als symptomatisch für eine verbreitete Mentalität angesehen werden:

> Ein Mann war so neugierig und wollte so gerne wissen, ob es wirklich ein „Drüben" habe und wie dieses aussehe, daß er sich den Freitod gab und mit dem Gewehr erschoß. Allein, da kam schon die Enttäuschung, da war natürlich nichts.[37]

---

[37] E. Henscheid: Kleine Poesien. Neue Prosa. Zürich 1992.

Exkurs: Die Hölle im Kino

Das nichtreligiöse Bewußtsein von der Hölle spiegelt sich nicht nur in der Literatur. Auch die Musikgeschichte müßte befragt werden: eindrucksvolle Höllenschreie gellen und dröhnen in Carl Orffs „Spiel vom Ende der Zeiten". Aber bei den begrenzten Möglichkeiten dieser Darstellung sei hier nur exkursorisch und anhand weniger Beispiele auf Höllisches im Film hingewiesen.

Eine Retrospektive in München 1990 auf den Filmemacher Georg Wilhelm Pabst († 1967) weist darauf hin, daß schon sein Film „Die freudlose Gasse" von 1925 eine Hölle vor Augen führt:

> Wie verlorene Seelen schleppen sich die Bewohner durch die Nacht; das Tor, das in ihre Gassen führt, ist ein Höllenschlund. Schimären schieben Wache, und Werner Krauss, als Metzger der absolute Herrscher dieser Welt, ist ein Höllenfürst, mit einem Zerberus von Fleischerhund.[38]

Von weiteren Filmen wird berichtet:

> Geschlossene Räume, versperrte Ausgänge – immer wieder ist bei Pabst der Schauplatz eine Hölle: die Schützengräben und Unterstände des Ersten Weltkriegs in *Westfront 1918*; die Kohlengrube von *Kameradschaft,* in der die Explosionen gefilmt sind wie das Flammenspeien eines Drachen; die Gänge des Führerbunkers in *Der letzte Akt* (1955), wo die letzten zehn Tage der Nazis zum Totentanz werden. In Pabsts letzten Filmen noch igeln die Menschen sich in ihren privaten Höllen ein, in den kalten Dekors ihrer Nachkriegsappartements, deren Schatten den Blick vergittern. Ornament, das Gefängnis geworden ist. Bereits Pabsts erster Film, *Der Schatz* (1923), spielte in einem höhlenartigen Haus mit geduckten Gängen, das die Bewohner beherrscht: besessen sind sie hinter einem Schatz her, der in seinen Tiefen versteckt sein soll, und bei der Suche danach unterhöhlen sie die eigenen Fundamente.[39]

Dieser Filmemacher wollte bewußt stilisieren; so sind Metaphern und Symbole bewußt eingesetzt; das Gespielte kann eine „tiefere Bedeutung" haben. Viele Klassiker des Films sind in ähnlicher Weise vorgegangen. Der neuere Film hat eine andere Art der Höllendarstellung gefunden.

Zu dem Film „New Jack City" von Mario Van Peebles (USA 1991) heißt es:

> Die Hölle hat einen Namen und eine Adresse, sie liegt nur ein paar U-Bahn-Stationen von den paradiesischen Wohnvierteln entfernt, und der Teufel fährt ein teures Kabriolett.
> In den Hinterhöfen von Harlem, in schmutzigen Kellerlöchern und verkommenen Ruinen hausen die Verlorenen und Verdammten; sie haben nichts zu verlieren als ihre Lumpen, und was sie brauchen, das stehlen sie. Sie haben ihren Stolz in der Pfeife geraucht, und sie wollen nichts als die nächste Pfeife: Die Sucht zehrt sie auf, das Crack ist ihr Fegefeuer. [...] Van Peebles sammelt Bilder und Vorbilder, Images und Klischees aus der Welt der Weißen, doch er bringt sie in einen schwarzen Rhythmus. Er erobert sich das weiße Medium, so wie seine Helden und Bösewichter sich die weiße Stadt erobern

---

[38] Süddeutsche Zeitung vom 12./13. 4. 1990.
[39] Süddeutsche Zeitung (Anm. 38).

– und benimmt sich genauso gewalttätig wie sie. Den schnellsten Rap trommeln die Maschinengewehre, der heißeste Sound ist der Schrei des Entsetzens, und so manche Szene trifft den Zuschauer wie die Faust das Auge des Ahnungslosen, der sich in die Straßen Harlems verirrt.[40]

Eine weitere Darstellungsart, auch in der Literatur weit verbreitet, ist die Science Fiction. Als Beispiel sei der Film „Alien 3" von David Fincher (USA 1992) genannt.

> In der Hölle leben lauter Gläubige. Die Hölle ist ein düsterer, von Läusen verseuchter Planet namens Fiorina 161, einst eine Strafkolonie für Schwerverbrecher.
> Als die Kolonie aufgelöst wurde, blieben zwei Dutzend Gefangene freiwillig zurück. Sie hatten zu einer obskuren Religion gefunden. Der Planet Fiorina 161 wurde zum Kloster. Die Hölle blieb er dennoch.
> Der Science-fiction-Film „Alien 3" spielt in der Zukunft, aber er glaubt nicht an sie. Die Zukunft sieht aus wie das Mittelalter: Gruften, Kerker, hallende Gewölbe. Und sie wird von mittelalterlichen Gesetzen beherrscht: vom Glauben an Gott und die Hölle, von Qual und Erlösung, vom Kampf ums Überleben in einer desolaten Welt. Auf Fiorina 161 fehlt nur noch der Teufel. Ihn bringt die Weltraumreisende Ellen Ripley (Sigourney Weaver) mit, deren Raumschiff auf dem Planeten abstürzt. Der Teufel hat die Gestalt eines „Alien", eines riesigen schleimigen Monsters, das Menschen in Sekundenschnelle tötet und verschlingt. [...]
> „Alien 3" ist eine anspruchsvolle apokalyptische Parabel auf das Amerika am Ende des zweiten Jahrtausends. Keine Hoffnung mehr, keine Sieger mehr. „Alien 4" ist undenkbar.

„Alien 3" wird als Teil eines amerikanischen Triptychons bezeichnet. Während der erste „Alien"-Film eine funktionsfähige High-Tech-Sphäre schilderte, führte der zweite eine mutige und kampferprobte Truppe von Marines vor. In beiden Fällen bleibt das Monster überlegen.

> In „Alien 3" kämpfen jetzt kahlgeschorene Mönche statt Marines. Sie besitzen keine Waffen. In ihrer Hölle funktioniert nichts. Die Video-Überwachungsanlage ist schon vor Jahren ausgefallen. Alle Überreste von technischer Zivilisation sind zerfallen. Hier ist die Welt zu Ende, hier sind die Menschen am Ende, kriminell, feindselig, böse. Hierher gehört das Monster. „Alien 3" zeigt ein kaputtes, menschenfresserisches System. Jedes Individuum ist Teil der Zerstörung – sogar die Heldin Ellen Ripley trägt ein Monster-Embryo in ihrem Inneren.
> Sie tötet sich selbst, um das Monster zu töten: der letzte mögliche heldische Akt, aber sinnlos. Denn es überlebt ein Vertreter jenes Wirtschaftsimperiums, das schon seit dem ersten „Alien"-Film die Monster jagt – nicht um sie zu töten, sondern um sie zu züchten. Das Imperium wird neue Monster finden. Denn auch mit Monstern läßt sich Geld machen. In der Galaxis und in Amerika.[41]

Die hoffnungslose Perspektive der Menschheit, die Realisierung der Selbstzerstörung, die Unfähigkeit, das Monströse zu besiegen: diese Komponenten finden hier keinen anderen Oberbegriff als den der „Hölle". Es handelt sich wenigstens um Denkbares.

---

[40] DER SPIEGEL Nr. 35, 1991, S. 209.
[41] DER SPIEGEL Nr. 36, 1992, S. 202.

Die Hölle in neuerer christlicher Literatur

Der Überblick über die Thematisierung der Hölle und des Höllischen (Teuflischen) in der neueren Literatur überhaupt zeigte die zunehmende Tendenz zur Metaphorisierung der Hölle, zur Adaption traditioneller Höllenterminologie auf mikro- und makrokosmische „höllische" Zustände und in diesem Sinn ein Überleben des Höllendenkens. Bei Schriftstellerinnen und Schriftstellern, die sich in einem engeren Sinn mit der christlichen Tradition verbunden wissen – was weder dogmatische Konformität noch kirchliches Engagement bedeuten muß –, fragt sich darüber hinaus, wie sie mit dem Höllenerbe der eigenen Tradition umgehen. Aus diesem Problembereich seien einige prägnante Beispiele der letzten hundert Jahre angeführt, wobei der Begriff der Schriftstellerin/des Schriftstellers weit gefaßt ist und auch Populärphilosophie und Vergleichbares in sich begreifen kann.

Einen markanten, auch in der Fachtheologie zur Kenntnis genommenen Protest gegen die übliche Höllenverkündigung formulierte der französische Politiker, Publizist und Dichter Charles Péguy († 1914), Katholik und Sozialist, in einem seiner drei „Mysterien", in „Le mystère de la charité de Jeanne d'Arc" 1910.[42] In einem Dialog über eine weltflüchtige katholische Frömmigkeit heißt es im Hinblick auf eine Frau, die Nonne geworden war (das Gespräch führen Hauviette und Jeannette):

> Hauviette: [...] sie floh wie ein armes altes Mütterlein, wie eine Großmutter, die keine Kinder hat.
> *Eine kurze Pause.*
>
> Wahrhaftig, Mutter Gervaise hat ihre Zeit schlecht gewählt, um die Welt zu verlassen und ihre Seele zu retten ...
> *Eine Pause.*
>
> Hör zu, Jeannette. Man darf nicht so handeln wie sie und ins Kloster fliehen, nur um seine eigene Seele zu retten. Man soll seine Seele nicht retten, wie man einen Schatz rettet.
> Jeannette: Ach, und sie ist doch der größte Schatz. Sie ist der einzige Schatz.
> Hauviette: Drum muß man sie retten, so wie man einen Schatz verliert. Indem man sie ausgibt. Wir müssen uns alle zusammen retten! Zusammen beim lieben Gott ankommen! Zusammen vor ihn treten! Wir dürfen nicht die einen ohne die anderen zu ihm kommen. Alle zusammen sollen wir heimkehren ins Haus unseres Vaters. Man muß auch etwas an die anderen denken; etwas müssen wir auch für einander arbeiten. Was würde er wohl von uns denken, wenn wir ohne die anderen ankämen, ohne die anderen heimkehrten?[43]

Die Solidarität, die hier eingefordert wird, ist einem augustinischen Heilsindividualismus fremd. Sie hat ihre Entsprechung in der personalistischen Ich-Du-Philosophie, die im katholischen Bereich große Verdienste bei der entscheidenden Überwindung der starren und sterilen Neuscholastik hatte. Sie war um 1903 in Frankreich von Charles Renouvier ausgegangen und hatte im deutschsprachigen Bereich bedeutende Vertreter in August Brunner, Romano Guardini und Theodor Steinbüchel, im

---

[42] Ch. Péguy: Das Mysterium der Erbarmung. Wien 1954.
[43] Péguy (Anm. 42), S. 40 f.

nichtkirchlichen Bereich in Martin Buber. Von einem dieser Überwinder der Ich-Verschlossenheit, dem österreichischen Kulturphilosophen Ferdinand Ebner († 1931), sei der Ausspruch festgehalten:

> Alle, die im tiefsten Grunde ihres Herzens nicht vergeben können, glauben es natür-lich auch, daß Gott nicht vergeben könne, und darum erfinden sie die ewige Höllenpein. Wie sehr sie mit dieser Erfindung Gott, der die Liebe ist, schmähen, das wissen sie nicht.[44]

Ebner weist damit auf die evidente Erkenntnis hin, daß das menschliche Denken über Gott stets dazu neigt, mit menschlichen Maßstäben festzulegen, wie Gottes Göttlichkeit zu sein hat, damit sie als göttlich anerkannt werden könne. Alle Auf-listungen der göttlichen Eigenschaften (All-Macht, All-Wissen usw.) haben dieser Neigung nachgegeben; unschwer läßt sich daran menschliche Psychologie wahrneh-men. Das von Ebner nicht angesprochene Problem liegt darin, daß er mit dem Neuen Testament auch Jesus zu den Erfindern der ewigen Höllenpein rechnen mußte und das gleiche Neue Testament mit der Identifizierung Gottes mit der Liebe dagegen ausspielt. Implizit ist damit die Frage nach der legitimen Hermeneutik gestellt.

In einem anderen Problemzusammenhang äußerte sich der in der französischen Emigration 1948 gestorbene russische Philosoph Nikolai A. Berdjajew zur Hölle:

> Ich komme hier zu einem Thema, das mich mehr quält als das Thema vom Tode. Es ist das Problem des ewigen Unterganges in der ewigen Hölle – das qualvollste aller Pro-bleme, die sich dem menschlichen Bewußtsein aufdrängen. Nun scheint mir folgendes besonders wichtig zu sein: Lassen wir das Vorhandensein ewiger Höllenqualen zu, so verliert mein geistiges und sittliches Leben überhaupt jeden Sinn und jeden Wert, ver-lief es ja doch im Zeichen des Terrors. Im Zeichen des Terrors kann keine Wahrheit offenbar werden.[45]

Über die von der europäischen Aufklärung und namentlich von Kant vertretene Position hinaus, daß erzwungenes sittliches Verhalten aufhört sittlich zu sein, konsta-tiert Berdjajew hier, daß das Erkenntnisvermögen selber unter terroristischem Druck nicht mehr zur Wahrheitserkenntnis imstande ist.

Der englische Schriftsteller Clive Staples Lewis († 1963), ein anglikanischer Christ, der durch seine zum Widerstand aufmunternden Kriegsansprachen im englischen Rundfunk zu internationalem Ansehen kam, machte in seiner Dichtung „The great divorce" (1945) den Versuch, die christliche Höllenlehre, von Ausmalungen gerei-nigt und auf den Wesensgehalt reduziert, zu verteidigen. Es handelt sich der Ge-staltung nach um eine Art christlicher Science-fiction, die sich vielfach in Dialogen abspielt. Die Kernstücke dieser Höllensicht seien hier wiedergegeben:

> „Und Sie waren – hm – *da unten* – in der Stadt – eine Zeitlang?"
> „In was sie Hölle nennen? Ja. Das ist auch ein Reinfall. Sie versetzen einen in Spannung von wegen rotem Feuer und Teufeln und allerlei interessanten Leuten, die auf Rosten

---

44 F. Ebner: Schriften, hrsg. von F. Seyr. München 1963. Bd. I, S. 990.
45 N. Berdjajew: Selbsterkenntnis. Darmstadt 1953, S. 328.

brutzeln, Heinrich VIII. und die Sorte – aber wenn man hinkommt, ist's gerade wie jede andere Stadt."[46]

„Hölle ist ein Gemütszustand – Ihr habt nie ein wahreres Wort gesprochen. Und jeder Gemütszustand, jedes sich Verschließen des Geschöpfes in dem Verlies seines eigenen Gemüts –, ist am Ende Hölle. Aber der Himmel ist kein Gemütszustand. Himmel ist Wirklichkeit selbst. Alles, was ganz wirklich ist, ist himmlisch. Denn alles Erschütterliche soll erschüttert werden, auf daß da bleibe das Unerschütterliche."[47]

„Am Ende gibt es nur zwei Arten von Menschen: die, die zu Gott sagen: ‚Dein Wille geschehe‘, und die, zu denen Gott am Ende sagt: ‚*dein* Wille geschehe‘. Alle, die in der Hölle sind, erwählen sie. Ohne diese Selbstwahl könnten sie nicht in der Hölle sein. Keine Seele, die ernstlich und inständig nach Freude verlangt, wird sie verfehlen. Die, welche suchen, finden. Denen, die klopfen, wird aufgetan."[48]

„Willst du also sagen, daß die Hölle – die endlose, leere Stadt – unten drin steckt in einem kleinen Spalt wie diesem?"

„Ja. Die ganze Hölle ist kleiner als ein Kieselstein eurer irdischen Welt. Sieh dort den Schmetterling. Wenn er die ganze Hölle verschluckte, die Hölle würde nicht groß genug sein, ihm irgendeinen Schaden zu tun oder irgendeinen Geschmack zu haben."

„Sie erscheint groß genug, wenn man darin ist, Herr."

„Und dennoch: alle Einsamkeiten, Zornanfälle, Haßempfindungen, Neidgefühle und Gelüste, die sie enthält – drängte man sie alle zusammen in eine einzige Erfahrung und legte sie in die Waagschale gegen den kürzesten Augenblick der Freude, empfunden von dem Geringsten im Himmel – sie würde nicht Gewicht genug haben, um überhaupt einen Ausschlag zu geben. Den Schlechten gelingt es nicht einmal, so wahrhaft schlecht zu sein, wie das Gute gut ist. Wenn aller Jammer der Hölle zusammengenommen in das Bewußtsein jenes winzigen gelben Vögleins eindringen könnte, er würde ohne Spur verschluckt werden, so als ob man einen Tropfen Tinte in jenen großen Ozean fallen ließe, im Vergleich zu dem der Stille Ozean auf Erden ein bloßes Molekül ist."

„Ich sehe", sagte ich schließlich. „Sie würde nicht in die Hölle hineingehen."

Er nickte. „Es wäre kein Raum, für sie", sagte er. „Die Hölle könnte ihren Schlund nicht weit genug öffnen."

„Und könnte sie sich nicht kleiner machen – du weißt schon, wie Alice im Wunderland?"

„Nicht annähernd klein genug. Denn eine verdammte Seele ist fast nichts. Sie ist geschrumpft, in sich verschlossen. Gott schlägt unaufhörlich auf die Verdammten wie Tonwellen auf die Ohren der Tauben, aber sie nehmen es nicht auf. Ihre Fäuste sind geballt, ihre Zähne zusammengebissen, ihre Augen fest geschlossen. Erst wollen sie nicht, und am Ende können sie nicht, ihre Hände für Gaben öffnen, ihren Mund für Nahrung, ihre Augen zum Sehen."

„So kann niemand je zu ihnen gelangen?"

„Nur der Größte kann sich klein genug machen, um in die Hölle einzugehen. Denn je höher ein Ding, um so tiefer kann es hinabsteigen – ein Mensch kann mit einem Pferd mitfühlen, aber ein Pferd nicht mit einer Ratte. Nur Einer ist in die Hölle hinabgestiegen."

„Und wird Er es je wieder tun?"

„Er hat es nicht dereinst vor langer Zeit getan. Zeit verläuft nicht in dieser Weise, wenn Ihr einmal die Erde verlassen habt. Alle Augenblicke, die gewesen sind und sein wer-

---

[46] C. S. Lewis: Die große Scheidung oder Zwischen Himmel und Hölle. Einsiedeln ⁶1989, S. 90.
[47] Lewis (Anm. 46), S. 74.
[48] Lewis (Anm. 46), S. 78.

den, waren oder sind gegenwärtig in dem Augenblick seines Hinabsteigens. Es gibt keinen Geist in dem Gefängnis, dem er nicht gepredigt hat."
„Und einige hörten ihn?"
„Ja."
„In deinen eigenen Büchern, Herr", sagte ich, „bist du ein Universalist gewesen. Du hast gesprochen, als ob alle Menschen erlöst würden. Und so hat auch der heilige Paulus gesprochen."
„Vom Ende der Dinge kannst du nichts wissen, oder jedenfalls nichts, was sich in solchen Begriffen ausdrücken ließe. Es kann sein, daß, wie der Herr zu Mutter Juliane von Norwich sagte, es mit allem wohl stehen wird, und mit jeglicher Art von Ding wird es wohl stehen. Aber es ist schlimm, über solche Fragen zu reden."
„Weil sie zu furchtbar sind, Herr?"
„Nein. Weil alle Antworten trügen. Wenn ihr die Frage von innerhalb der Zeit her stellt und nach Möglichkeiten fragt, ist die Antwort gewiß. Die Wahl der Wege ist vor euch. Kein Weg ist verschlossen. Jedermann kann den ewigen Tod wählen. Die ihn wählen, werden ihn bekommen. Aber wenn ihr versucht, in die Ewigkeit vorzudringen, wenn ihr versucht, den unendlichen Zustand aller Dinge zu schauen wie er sein *wird* (denn so müßt ihr sprechen), wenn keine Möglichkeiten mehr übrig sind, sondern allein das Wirkliche, dann fragt ihr, worauf menschlichen Ohren keine Antwort gegeben werden kann."[49]

Der christliche Apologet vermeidet es sorgfältig, die Antwort in Gestalt eines definitiven Wissens zu geben. Er versucht, die Unendlichkeit des Himmels derart mit der Nichtigkeit eines möglichen menschlichen Aufruhrs zu konfrontieren, daß dieser – wenn er denn überhaupt bestehen bliebe – samt den denkbaren Hölleninsassen zu einer winzigen, kaum mehr wahrnehmbaren Angelegenheit zusammenschrumpfte. Die Betroffenen würden das vermutlich anders sehen.

Das Sich-Verschließen des Menschen ist nach Lewis eine mögliche Verhaltensweise, die selbstverursacht und daher auch Ursache einer göttlichen Reaktion ist, die nicht zusätzlich straft, sondern den eingetretenen Zustand „nur" bestätigen und verewigen würde. Ganz vergleichbar deuten auch andere christliche Schriftstellerinnen und Schriftsteller die Hölle. Georges Bernanos († 1948) hatte schon in „Journal d'un Curé de campagne" (1936) den mit den Leidenden solidarischen Priester, den Gegenspieler des Bösen, sagen lassen: „Die Hölle, gnädige Frau, ist: das Nichtmehrlieben."[50] Andere verwendeten die Metaphern der Eiseskälte oder unzugänglichen Starrheit.[51] Zwei in diesen Zusammenhang gehörende Äußerungen der Schriftstellerin Luise Rinser seien zitiert. In dem Roman „Mitte des Lebens" (1950) wird gesagt:

Ich habe eine bestimmte Vorstellung von der Hölle. [...] Man sitzt ganz gottverlassen da und fühlt, daß man nicht mehr lieben kann, nie mehr, und daß man nie mehr einem Menschen begegnen wird, in alle Ewigkeit nicht.[52]

---

[49] Lewis (Anm. 46), S. 49.
[50] G. Bernanos: Das Tagebuch eines Landpfarrers. München 1949, S. 171.
[51] O. Betz: Die Eschatologie in der Glaubensunterweisung. Würzburg 1965, S. 230 f.
[52] L. Rinser: Mitte des Lebens. Frankfurt 1950 u. ö., S. 140.

Der Roman möchte darstellen, wie schwer Liebe ist, wenn zwei Menschen aus ihrer Einsamkeit nicht herausfinden. In dem Briefroman „Abenteuer der Tugend" (1957) nimmt Rinser den dezisionistischen Standpunkt der scholastischen Tugendlehre ein, die davon ausging, daß bestimmte Grundempfindungen wie Hoffnung oder Schwermut einfach menschlichen Willensimpulsen unterliegen:

> Schwermut ist soviel wie Hoffnungslosigkeit, und der Verlust jeglicher Hoffnung für immer ist „die Hölle". So wäre also menschliche Schwermut das Verfallensein an die Versuchung der Hölle, jegliche Hoffnung aufzugeben. Der Schwermütige ist deshalb schwermütig, weil er nichts hofft und darum nichts mehr wirklich will, nichts mehr wollen kann. Dann wäre aber Schwermut nicht einfach eine besondere Gemütsartung, ein „Temperament", sondern eine Sünde wie jede andre auch, nein, eine sehr schwere, die allerschwerste, denn sie ist das bewußte Sich-Aufgeben, es ist so gut wie: sich dem Teufel verschreiben.[53]

Ein anderes religiöses Format zeigte der aus dem Baltikum stammende Dichter Werner Bergengruen († 1964). Bei Bergengruen, ebenfalls Katholik, wird in einer sehr ernsthaften Weise von apokalyptischen Schrecken und von höllischem Szenario gesprochen. Aber alles erfahrene Positive in der Schöpfung und alles darin vorfindliche Entsetzliche wird zusammengefügt zu einem Lobpreis des Schöpfers, bei dem es selber eins wird, und das bedeutet Rettung, wenn auch erst ganz am Ende oder nach diesem. Bergengruen bekundet eine Mentalität und eine Spiritualität, die denjenigen des Origenes in der Zuversicht auf einen guten Ausgang aller Dinge bei dem geheimnisvollen, souveränen Gott nahe verwandt sind. In dem großen Gedicht „Lobsang und Lobrauch" heißt es:

> Ewiger Schweiger, Gott, und ewiger Hörer!
> Preislied lobt Dich und Flehn der Betenden und Beschwörer –
> Aber reicher lobt Dich jeglicher Ton Deiner Erde [...]
> loben Dich Peitschengeknall und Schüsse und Donner von Explosionen
> und das dumpfe Gestampf von verlorenen Marschbataillonen,
> Schmerzensgewimmer und dünnes Kreischen der Knochensäge
> und auf dem Deckel des Sarges die letzten Hammerschläge,
> lobt Dich das Knochenrasseln von spulenden Hungerskeletten
> und das Gerüttel der Höllendämonen an ihren Ketten.
> Alle Geräusche und Klänge der Welt, woher sie auch stammen,
> strömen vieltausendstimmig in Eines zusammen. [...]
> lobt Dich im Sumpf, dem giftigen Fieber verschworen,
> brodelnde Gärung miasmischer Gase Rumoren,
> Dunst der fauligen Flut in stummen Kanälen und Grachten,
> einsamer Kerzen Ruß und das Pulvergewölk der Schlachten,
> Dampf vergossenen Blutes und zuckender Eingeweide
> und der Verwesungshauch der von Toten bevölkerten Heide.
> Ja, es lobt Dich der bittere Rauch von den höllischen Flammen.
> Und vieltausendstimmig rinnt alles in Eines zusammen,
> steigt, mit dem Weihrauch der Kirche vereint, nach oben,
> Lobrauch, wie Lobsang, den Herrn der Schöpfung zu loben.[54]

---

[53] L. Rinser: Abenteuer der Tugend. Frankfurt 1957, S. 192.
[54] Zitiert bei H.-B. Gerl. In: Internat. kath. Zeitschrift 21, 1992, S. 551.

Diese Über-Sicht und Zusammenschau der Unheilsgeschichte werden da und dort kaum dem Vorwurf des Zynismus entgehen. In dem Gedicht „Stimme Gottes" wird Bergengruens Glaube an eine Apokatastasis unmißverständlich ausgesprochen:

> Scheue dich nicht, mich anzugehen.
> Meine Wohnung ist nicht klein.
> Willst du aber draußen stehen:
> Auch dies Draußen, es ist mein.
>
> Wohl empfang ich, die gereinigt
> niebegangne Schuld gebüßt.
> Doch es sind, die mich gesteinigt,
> gleichermaßen mir gegrüßt.
>
> Wenn die letzten Tuben tönten
> von beglühten Wolkenspitzen,
> werden auch die Unversöhnten
> mit an meinem Tische sitzen.[55]

Bergengruen entging dem Schicksal, das dem italienischen Journalisten und Schriftsteller Giovanni Papini († 1956) zuteil geworden war. Der vom Unglauben zum Katholizismus Bekehrte wandte sich in „Il Diavolo" 1953 voll Mitgefühl dem Teufel zu, mit der These, daß Gott eines Tages auch den Teufel werde begnadigen können. 1954 ließ Pius XII. das Buch auf den Index der für Katholiken verbotenen Bücher setzen.

Zu dieser Zeit bekundete sich auch bei katholischen Schriftstellerinnen und Schriftstellern ein ganz anderes Problembewußtsein, das zwar nicht in unmittelbarem Zusammenhang mit dem Thema der Hölle steht, aber das Spektrum dessen, was „religiöse Literatur" heißt, wesentlich ergänzt und den Eindruck beseitigt, Katholischsein könne mit Uniformität identifiziert werden.

Die einer alten Hugenottenfamilie entstammende, 1925 katholisch gewordene Dichterin Gertrud von Le Fort, die über große Sensibilität für Zeitgeist und Mentalitäten verfügte und in den fünfziger Jahren als unerschrockene Pazifistin Stellung bezog, läßt eine Gestalt ihres Romans „Der Kranz der Engel" (1946) die Mahnung aussprechen:

Lassen Sie sich nicht täuschen, mein Kind, wenn Sie zuweilen – sogar von den Kanzeln – verkünden hören, daß der Tod ein großer Meister des Bekehrens sei. Er ist es jahrhundertelang gewesen, und er mag es hie und da noch immer sein, aber das sind Rückstände aus der Zeit eines altmodischen Sterbens. Das Geheimnis des modernen Todes ist, daß selbst er die gottentfremdete Seele nicht mehr umzuwandeln vermag: bereiten Sie sich darauf vor, Menschen sterben zu sehen, ohne auch nur das geringste Verlangen nach einer Versöhnung mit Gott, nach einer vom Irdischen befreiten, verklärten Existenz. Bereiten sie sich darauf vor, daß diese Menschen eine verklärte Existenz gar nicht wollen, daß ihnen der Gedanke an eine solche noch viel peinlicher ist als das Untertauchen im Nichts.[56]

---

[55] Zitiert bei F. Hoffmann. In: Stimmen der Zeit 117, 1992, S. 636.
[56] G. von Le Fort: Der Kranz der Engel. München ⁵1950, S. 195.

Reinhold Schneider (✝ 1958) verband in „Winter in Wien" (1958) die Hoffnung auf definitive Erlösung vom Leben mit einem Bekenntnis zur Barmherzigkeit Gottes:

> Ich weiß, daß Er auferstanden ist; aber meine Lebenskraft ist so sehr gesunken, daß sie über das Grab nicht hinauszugreifen, sich über den Tod hinweg nicht zu sehnen und nicht zu fürchten vermag. Ich kann mir einen Gott nicht denken, der so unbarmherzig wäre, einen todmüden Schläfer unter seinen Füßen, einen Kranken, der endlich eingeschlafen ist, aufzuwecken. Kein Arzt, keine Pflegerin würde das tun, wieviel weniger Er![57]

Die Zitate zeigen, wie die Ansatzpunkte für eine Einschüchterung durch Höllendrohungen verlorengingen.

Der Schriftsteller Giovanni Franzoni, früher Abt der Benediktinerabtei St. Paul vor den Mauern in Rom, wegen politischer Differenzen – er war und ist ein engagierter Anwalt der Slumbewohner – vom Kardinalvikar von Rom abgesetzt und in den Laienstand zurückversetzt, hielt in seinem Buch „Il diavolo, mio fratello" (1986)[58] ein Plädoyer gegen die Teufelskatechesen der Päpste Paul VI. und Johannes Paul II. Er erklärt darin:

> Wenn der Teufel, die Hölle und die ewige Verdammnis abgeschafft wären, müßten diese Begriffe und Sprachformen durch etwas anderes ersetzt werden: durch strenge Analysen und, warum nicht, durch neue Metaphern. Wir wissen, daß der wissenschaftsgläubige Optimismus und die sozialistische Utopie unheilbare Wunden schlagen; der Dramatik des Bösen gegenüber sind wir nicht blind. Denjenigen, die die Notwendigkeit der „Teufelshypothese" vertreten, um das Böse in der Welt überzeugend zu erklären, möchte ich deshalb antworten, daß das Böse in der Welt voll und ganz innerhalb des Horizonts der Welt und des Menschen erklärbar ist.[59]

Nach einer kritischen, wenn auch populärwissenschaftlichen Sichtung der neutestamentlichen Höllen- und Teufelstexte erklärt Franzoni:

> Ich entscheide mich nochmals für Origenes und seine Sanftmut – mit all seinen Grenzen und Widersprüchen. Die Lehre des Origenes von der Wiederherstellung aller Dinge verträgt sich besser mit dem Gott der biblischen Texte, der immer wieder seinem Volk, trotz Verrat und Abfall, den Bund anbietet.[60]

Graham Greene (✝ 1991), bis zu seinem Tod ein eigenwilliger Katholik, äußerte sich in einem Interwiew mit der Londoner Zeitschrift „The Tablet" 1989 zum Thema:

> „Glauben Sie an die Hölle?"
> „Ich glaube nicht an die Hölle. Ich habe nie an die Hölle geglaubt. Ich sehe da auch einen Widerspruch. Man sagt, Gott ist barmherzig – also widerspricht die Hölle dieser Aussage. Ich denke, es gibt vielleicht ein Nichts oder es gibt so etwas wie verändertes Sein. Aber ich glaube nicht an die Hölle, und ich fühle, daß Fegefeuer in dieser Welt stattfinden können, aber nicht in einem künftigen Leben."
> „Mit Nichts, meinen Sie da völlige Aufhebung allen Lebens?"

---

[57]   R. Schneider: Winter in Wien. Freiburg 1958, S. 76.
[58]   G. Franzoni: Der Teufel – mein Bruder. Der Abschied von der ewigen Verdammnis. München 1990.
[59]   Franzoni (Anm. 58), S. 153.
[60]   Franzoni (Anm. 58), S. 161.

„Ja, Hölle heißt Strafe erleiden, ein Nichts bringt kein Leiden."
„Und wer hätte dieses Nichts verdient?"
„Leute wie Hitler – er wäre ausgelöscht."[61]

In mannigfacher vergleichbarer Form sprechen Schriftstellerinnen und Schriftsteller zum Thema der Hölle und des Dämonischen. Die Österreicherin Brigitte Schwaiger erzählte in einem Interwiew:

> Ich war ungefähr mit zwanzig Jahren vollkommen überzeugt, daß es keinen Gott geben kann. Es kann ihn nicht geben, weil ...: Und dann kommen alle Schrecken und Höllen der Welt.

und etwas später, im Kontext einer Transzendenzbejahung und freundlicher Worte über Jesus:

> Ich sehe eigentlich zwei Höllen. Diese staatstotalitäre Verlogenheit und den Konsumterror bei uns.[62]

Zeugnisse dieser Art sollen hier nicht vermehrt werden, weil sie das vielgestaltige Bild dessen, was auch in katholischer Literatur zur Hölle sagbar ist, nicht wesentlich verändern. Zum Schluß sei Eugen Drewermann das Wort gegeben. Viele Passagen wären zitierbar, aber seine Problemsicht läßt sich auch im knappen Zitat wiedergeben, da sie sich im Lauf der Zeit nicht korrigiert hat:

> Die Schuld der Theologie ist unabsehbar groß, daß sie die Angst der Gläubigen vor der Strafe der Hölle, ganz im Gefolge des Matthäusevangeliums, zum Erhalt kirchlicher Macht und Verfügungsgewalt jahrhundertelang bis zum Schamlosen ausgebeutet hat. Das gesamte Reden von Gott und Mensch, von Himmel und Hölle, von Lohn und Strafe verändert sich im Kern, sobald die Betrachtungen der Tiefenpsychologie an diese uralten Projektionsformen menschlicher Hoffnungen und Ängste herangeführt werden.[63]
> Die „Hölle" – das ist alles, was uns selber verkürzt, verstümmelt, verengt, verformt.[64]

Mit Vehemenz ist hier und im gesamten Werk Drewermanns die Frage nach krankmachenden Elementen in der christlichen Religionsverkündigung gestellt, und ausdrücklich ist die Hölle, als uralte Projektionsform menschlicher Ängste, an vorderster Stelle genannt.

Hölle und Krankheit

Die Erkenntnis, daß die Einschüchterung der Menschen durch die christliche Höllenpredigt Krankheiten hervorrufen oder bestehende Erkrankungen verschlimmern konnte, ist nicht neu.[65] Die Hinweise in der Geistesgeschichte stammen von bedeu-

---

[61] Publik Forum 12. 1. 1990, S. 25.
[62] Publik Forum 24. 8. 1990, S. 22.
[63] E. Drewermann: Das Matthäusevangelium. Erster Teil Mt 1,1–7,29. Bilder der Erfüllung. Olten/ Freiburg 1992, S. 181.
[64] Drewermann (Anm. 63), S. 182.
[65] Vgl. dazu O. Pfister. Das Christentum und die Angst. Olten ²1975.

tenden Gegnern einer „Straftheologie" wie Arthur Schopenhauer, Friedrich Nietzsche, Karl Jaspers, Ernst Bloch, Paul Ricœur und vielen anderen. Die vorgetragenen Beschwerden und Bedenken wurden wesentlich vertieft durch die Einbeziehung
des „Gottesbildes" überhaupt in die Fragestellung. Mehr intuitiv war bereits C. G.
Jung (✝ 1961) mit dem Verhältnis Gottes zum Bösen stark beschäftigt, aber er konnte
nur andeuten, wohin der Erklärungsweg keinesfalls gehen dürfe:

> Das Böse war vor dem Menschen, als dieser seine Hände unmöglich im Spiel haben
> konnte. Gott ist das Mysterium aller Mysterien, ein wahres Tremendum. Gut und Böse
> sind psychologische Relativitäten und als solche völlig real. Und doch weiß man nicht,
> was sie an sich sind. Aus diesem Grund dürfen sie nicht auf ein transzendentes Wesen
> projiziert werden.[66]

Jung wollte als Therapeut und als denkender Mensch den Dualismus überwinden,
den er – aus welchen Quellen auch immer – im traditionellen Christentum angesie-
delt sah und der sich nicht zuletzt in den Gegensatzpaaren Gott – Teufel, Himmel
– Hölle und deren unversöhnter Verewigung äußert. Seine Warnungen galten den
Verharmlosungen Gottes und des Bösen und zugleich den Projektionen, die die
Gegensätze nur noch verschärfen und die Ängste verstärken müssen. Die von Jungs
Psychologie ausgehenden, auf unser Thema bezogenen Impulse sind in der religiös-theologischen Literatur mannigfach aufgegriffen worden.[67] Dabei werden allerdings Jungs Hinweise auf das Dunkle und Undurchschaubare an Gott selber schnell
übergangen und auf der Basis eines sehr harmonischen, harmlosen Gottesbildes
Schuldzuweisungen an die Adresse deformierter kirchlicher Verkündiger vorgenommen. So berechtigt die Klagen über eine Vergiftung Gottes durch diejenigen, die
wissend, manipulierend und selbstherrlich interpretierend mit Gott umgehen, sind[68],
so unentbehrlich bleibt das Hören auf die Gottesklage und -anklage, die nicht einfach alles Angstverursachende „der Kirche" oder „der Theologie" zur Last legt.[69]
    Die Möglichkeiten des Umgangs mit den biblischen Gottesbildern entscheiden
zweifellos wesentlich mit über die Frage, ob das Christentum als Religion überleben kann.
    Über diesen Problemkomplex hinaus, der hier nur eben angedeutet werden konn-
te, bedarf die Höllenthematik dringend einer Bearbeitung von naturwissenschaft-
licher, insbesondere von psychologischer und medizinischer Seite. Nicht nur die Tie-
fenpsychologie C. G. Jungs mit ihren Intuitionen zu drohenden Ängsten im individuellen und möglicherweise auch in einem kollektiven Unterbewußtsein vermag hier
klärend zur Entstehung von Höllenvorstellungen beizutragen. Auch die Psychoana-

---

[66]   C. G. Jung: Briefe, hrsg. von A. Jaffé. Olten 1972. Bd. 2, S. 170 (aus einem Brief an P. V. White
       von 1949).
[67]   Vgl. z. B. K. Frielingsdorf: Dämonische Gottesbilder. Ihre Entstehung, Entlarvung und Überwin-
       dung. Mainz 1992; H. Jaschke: Dunkle Gottesbilder. Freiburg 1992.
[68]   Vgl. T. Moser: Gottesvergiftung. Frankfurt 1976; die Literatur ist voll von Zeugnissen über ent-
       setzlichen Höllenterror, angefangen von den Schreckensberichten über eine „typisch katholische"
       Erziehung bei dem amerikanischen, 1983 gestorbenen Schriftsteller John Fante, bis zu Norbert
       Elias' Betrachtungen über die Höllenangst in der Einsamkeit von Sterbenden.
[69]   Vgl. dazu F. Buggle: Denn sie wissen nicht, was sie glauben. Reinbek 1992.

lyse nach Freud (samt ihren Verzweigungen) sollte sich mit der pathologischen
Genese der Ansichten über Höllenstrafen näher befassen; ein erster Ansatz dazu ist
in Frankreich gemacht worden.[70]

Die Ausgangslage hinsichtlich des zu untersuchenden „Materials" kann in aller
Kürze folgendermaßen umrissen werden. Die Höllenvorstellungen der christlichen
Tradition gehen zum einen auf das altorientalische Weltbild zurück, das dem Judentum und dem Christentum gemeinsam war und das die Existenz einer Unterwelt und
eines dämonischen Zwischenbereichs als selbstverständlich annahm. Die Verheißungen der jüdisch-christlichen Religion nährten die Hoffnung, Unterwelt und Dämonen seien definitiv besiegbar und spielten für diejenigen, die ins ewige Leben aufgenommen werden, keine Rolle mehr. Woher die düsteren und drohenden Bestandteile dieses Weltbildes stammen – mythische Elemente einer Welterklärung, unbegriffene Naturängste, psychische Urerfahrungen des Bösen –, läßt sich über den
Zeitabstand von mehreren tausend Jahren nicht mehr klären. Die so in der Grundlage des Christentums enthaltenen Höllenelemente erhielten jedoch immer neue
Nahrung durch die in allen Generationen neu entstehenden Visionsberichte. Diese aber sind, je näher sie zu unserer Zeit gehören und den Umständen nach über-
prüfbar sind, einer wissenschaftlichen Erforschung zugänglich.

Ein besonders relevantes Untersuchungsfeld für das Höllische stellen die Fälle der
Besessenheit dar. Die Überzeugung, daß Menschen von dämonischen Kräften besessen und gequält werden können, geht im Christentum primär auf die Berichte
des Neuen Testaments zurück, nach denen Jesus sich in seiner Zuwendung zu den
Kranken auch exorzistisch betätigte und Dämonen austrieb. In der antiken Vorstellungswelt wurde allgemein eine Interdependenz von Krankheit, Sünde und dämoni-
schem Einfluß angenommen, so daß der Kampf gegen die bösen Mächte, die Sündenvergebung und das therapeutische Wirken bei Jesus in ihrer Zusammengehörigkeit zu sehen sind.[71] In der Schaffung des Ritus und der Gebete des Exorzismus
versuchte die Kirche, dieses Wirken Jesu weiterzuführen.[72] Spätestens seit Augustinus ergab sich dabei die Perspektive, daß Gott bzw. der himmlisch erhöhte Herr
Jesus Christus mit seiner Kirche in einem fortwährenden Kampf gegen den Teufel
und sein Reich stünden und daß dieser Kampf gerade auch durch die Austreibung
der Dämonen aus den Besessenen geführt werde. „Der widergöttlichen Hierarchie
von Dämonen und Satan widersteht im Namen Christi die kirchliche Hierarchie von
Priestern und Bischöfen (Papst)."[73]

---

[70] Vgl. M. Hulin: La face cachée du temps. L'imaginaire de l'au-delà. Paris 1985.
[71] Darüber besteht in der Bibelwissenschaft schon seit längerem ein Konsens; vgl. die Literaturangaben
bei R. Pesch. Das Markusevangelium. Freiburg 1976, Bd. I, S. 156, Anm. 16.
[72] Vgl. dazu A. Schloz-Dürr: Der traditionelle kirchliche Exorzismus im Rituale Romanum – biblisch-
systematisch betrachtet. In: Evangelische Theologie 52, 1992, S. 56–65; E. A. Leeper: Exorcism
in early Christianity. Ann Arbor, Mich. 1991. Aus dämonengläubiger Sicht: L. Gutwenger (Hrsg.):
„Treibt Dämonen aus!" Von Blumhardt bis Rodewyk. Vom Wirken katholischer und evangelischer
Exorzisten. Mit einem Vorwort von Ingo Dollinger und einem Nachwort von Josef Lieball. Stein
am Rhein 1992.
[73] Schloz-Dürr (Anm. 72), S. 60.

Das dabei drängend zutage tretende Problem lag nicht in der bloßen Gedankenwelt, in der nicht hinterfragten Annahme der Existenz von selbständig agierenden
Dämonenwesen und der Möglichkeit einer Inbesitznahme durch sie. Es lag vielmehr
im Bereich der Krankheit, die ja sogar nach Anschauungen der Antike immer mit
dem Phänomen der Besessenheit in Zusammenhang stand. Mit dem Exorzismus
beauftragte Personen beschäftigten sich mit den Kranken, ohne auch nur im mindesten medizinisch und psychologisch kompetent zu sein. So wie die Teufelspre-
digten ungehindert auf wehrlose und in den Kirchen zur Stummheit verurteilte Zu-
hörerinnen und Zuhörer niedergehen konnten, ungeachtet der Schäden, die möglicherweise durch Psychopathen angerichtet wurden, so konnten beliebig stumpfe
und unsensible Exorzisten mit Patientinnen und Patienten nach dem Gutdünken
ihrer eigenen primitiven Psyche umgehen.

Bei den einer „Besessenheit" zugrundeliegenden krankhaften Befunden handelt
es sich oft um Depressionen, verbunden mit extremen (möglicherweise wieder durch
kirchlichen Unterricht produzierten) Schuldkomplexen, um Verdammungsängste
und vergleichbare Phantasien, um Neurosen und Psychosen. Die Überantwortung
solcher Patienten an klerikale Exorzisten hat erwiesenermaßen oft die Symptome
solcher Erkrankungen noch verstärkt, die Depressionen vertieft und Suizide ausgelöst. Im primitiven Umfeld solcher exorzistischer Manipulationen kam es oft zur
Verteufelung psychisch Kranker und besonders zu einer Stigmatisierung der zumeist
betroffenen Frauen als speziell geeigneter Einfallspforten des Bösen.[74]

In einer tragischen Weise aufschlußreich für den Besessenheitswahn und das in-
humane Verhalten bestimmter kirchlicher Kreise war der Fall der angeblich besessenen Studentin Anneliese Michel, die 1976 aus Mangel an ärztlicher Versorgung
und Ernährung im Alter von 24 Jahren starb. Der Prozeß gegen ihre Eltern und die
beiden katholischen Geistlichen, die sich als Exorzisten betätigt hatten, endete 1978
in Aschaffenburg mit Verurteilung wegen fahrlässiger Tötung mit Unterlassung der
Hinwirkung auf ärztliche Hilfe. Der Fall wurde auf psychologischer Seite durch S.
Maderegger untersucht.[75] Für das Thema der Höllenerfahrung durch Kranke und
des Vernehmens der Dämonenstimmen ergeben sich dabei folgende aufschlußreiche Erkenntnisse.

Bei der „Hölle" der beklagenswerten Anneliese handelt es sich unzweifelbar um
eine Inzesttendenz, die das Opfer in den intrauterinen Zustand, das Unbewußte,
zurückführte, wo es verschlungen wurde. Der Ödipus- bzw. Elektrakomplex fand
eine mythologische Deutung durch Zuhilfenahme der von der religiösen Erziehung
her bekannten „Hölle".[76] In der extremen Angst, in der Erfahrung, wehrlos völlig
dem Bösen ausgeliefert zu sein, konkretisierten sich die Bedrohungen, zum Teil aus
dem inneren archetypischen Bestand, zum Teil aus den verbleibenden Eindrücken

---

[74] Vgl. Schloz-Dürr (Anm. 72), S. 63; auch C. Rehberger: Die Verteufelung der Frau als Hexe in den
      Hexenverfolgungen des späten Mittelalters und der frühen Neuzeit. In: Evangelische Theologie
      (Anm. 72), S. 65–75.
[75] S. Maderegger: Dämonen. Die Besessenheit der Anneliese Michel im Licht der Analytischen Psy-
      chologie. Linz 1983.
[76] Maderegger (Anm. 75), S. 88.

religiöser Beeinflussung. So machten sich bei Anneliese verstorbene Personen als quälende Dämonen bemerkbar. In der Sicht der dogmatischen Überlieferung der Kirche ist das deswegen nicht möglich, weil Menschen auch im Zustand der Verdammung nie aufhören würden, Menschen zu sein, und deswegen nicht Dämonen oder Teufel, also gefallene böse Geister werden können.[77] So vernahm Anneliese die Stimmen des zum Dämon gewordenen Hitler und des Kaisers Nero, nunmehr ein Teufel in der Legion der Unkeuschheit, ferner des 1575 verstorbenen Ortspfarrers Fleischmann, der mit der Frau, mit der er zusammenlebte, vier Kinder hatte und im Dorf als Säufer galt; von ihm hatte Anneliese durch ihren aktuellen Ortspfarrer Alt schon früh Schauerliches gehört, ihn vernahm sie nun ebenfalls als Dämon.[78] Sechs Dämonen sollen sich in fränkischer Mundart gestritten haben. Im zeitlichen Umkreis der traurigen Ereignisse um Anneliese Michel fanden häufige Wallfahrten wundergläubiger Katholiken nach San Damiano in Italien statt, wo Marienerscheinungen stattgefunden haben sollen. Eine Frau, die in Annelieses Heimat diese Wallfahrten organisierte, will 1973 wahrgenommen haben, daß Anneliese einen Brandgeruch verbreitet habe; sie sei auch von den Dämonen mit Schwefel und Fäkaliengestank belästigt worden.[79] Welche Manipulation des bedauernswerten Opfers durch kirchliche Kreise betrieben wurde, zeigen folgende Äußerungen der „Besessenheit": Über die Einführung der Handkommunion freuten sich die Dämonen. Die Würzburger Synode der westdeutschen Bistümer begrüßten sie als „ein Babelswerk". Über San Damiano waren sie wütend, weil sie dort öfter ausgetrieben wurden. Die arme „Besessene" erhielt 1975/76 auch „Eingebungen vom Heiland und von der Gottesmutter". Letztere erklärte sich einverstanden mit den katholischen Traditionalisten und mit dem gegen das Rom des Zweiten Vatikanischen Konzils rebellischen Erzbischof Lefebvre.[80] Ersterer habe mitgeteilt:

Meine Kreuze sind die größten Gnadengeschenke. [...] Bete und opfere viel für meine Priester. Ich habe dir nicht umsonst die Größe und Würde eines jeden Priesters gezeigt, so daß du erschauert bist in Ehrfurcht. Bedenke, auch der unwürdigste Priester ist ein zweiter Christus.[81]

Die Wechselwirkung von neurotischen und psychotischen Zuständen und einer gezielten Indoktrination durch reaktionäre klerikale Kreise liegt hier offen zutage. Die Aufforderung zu häufigen „Opfern" verstärkt vorhandene masochistische Tendenzen wie im Fall der Anneliese bis zur Selbstzerstörung. Die interessierten klerikalen Kreise nützen die Wehrlosigkeit des Opfers schamlos aus, um dasjenige makaber zu demonstrieren, was ihnen in der Besinnung auf den Dienstcharakter des

---

[77] Dessenungeachtet erhielt ein Jesuit, der auch mit dem Fall Michel befaßt war, die kirchliche Druckerlaubnis für seine umfangreichen Dämonenpublikationen, u. a. A. Rodewyk: Dämonische Besessenheit heute. Aschaffenburg 1966.

[78] Maderegger (Anm. 75), S. 89 f. Der Abt des Benediktinerklosters Weltenburg/Niederbayern, ein Mitglied des „Engelwerks", sagte der Münchener Kirchenzeitung (23. 9. 1990), die Dämonennamen seien bekannt, weil der Exorzist verpflichtet sei, die Dämonen nach ihrem Namen zu fragen.

[79] Maderegger (Anm. 75), S. 30–33.

[80] Maderegger (Anm. 75), S. 36.

[81] Maderegger (Anm. 75), S. 35.

kirchlichen Amtes abhanden gekommen ist: „Größe und Würde" ihres Priestertums. Daß Halluzinationen und Auditionen von einer durch ihre Krankheit und
durch ständiges Fasten disponierten Person wahrgenommen wurden, ist in keiner
Weise außergewöhnlich. Mehrere Phänomene des „Falls Michel" kehren in bemerkenswerter Weise in früheren Visionsberichten zu Hölle und Dämonen wieder.

Außer der Analytischen Psychologie wäre für die Erforschung vergleichbarer
Vorkommnisse besonders die Psychiatrie zuständig. Klinische Beobachtungen haben ergeben, daß Kranke finstere Kerker wahrnahmen, Götzen, die ihre Verehrer
verspotten, Stimmen aus dem Radio, die sie verfolgten, kurz, ganze Wahnwelten mit
unglaublichen Angsterlebnissen. Die von der Medizin registrierten Psychosen sind
ungemein vielfältig (u. a. schizophrene, affektive, manische, phasische, primäre,
zirkuläre) und in ihren Ursachen noch nicht geklärt. Immerhin ist dort, wo Mediziner
sich (gegen den Rat der Schulmedizin) auf lange Gespräche mit Psychotikern ein-
ließen, wie in Hamburg und in Bern, deutlich geworden, daß die Kranken selber in
ihren Psychosen überstürzte Reaktionen auf unbewältigte Konflikte sehen, die nicht
gewalttätig (z. B. durch Neuroleptika) bekämpft werden dürften, sondern aufge-
arbeitet werden müßten.[82] Die Befunde erlauben es, die Inhalte der Höllenvisionen
einschließlich der vernommenen Stimmen dem Bereich der Psychosen zuzuordnen.
Wo die berichteten Inhalte von Zuhörern gläubig aufgenommen, durch Beschwö-
rung dramatisiert und durch stetes Insistieren redupliziert werden, verstärkt sich die
Psychose, das heißt: werden die Kranken noch kränker gemacht.

---

[82] Vgl. die Dokumentation in: Th. Bock / I. Esterer / J. E. Deranders: Stimmenreich. Mitteilungen über
den Wahnsinn. Bonn 1992.

23. Das Weiterleben der Hölle

In seiner „Geschichte der Höllen" stellt Georges Minois die Zeit vom Ende des neunzehnten bis zum Anfang des zwanzigsten Jahrhunderts unter die Überschrift „Die letzten Kämpfe der traditionellen Hölle und ihr Ersatz".[1] Die darin enthaltenen Thesen sind falsch. Was ich hier mit der Unterscheidung von mikrokosmischer, sich in der Psyche des Individuums abspielender Hölle und makrokosmischer, in den Menschenbeziehungen und in den Gesellschaften sich ereignenden Höllen darzustellen versucht habe, ist bei Minois kurz gestreift als „die alltägliche Hölle"[2]; es handelt sich dabei meines Erachtens aber nicht um einen „Ersatz" für die Hölle der christlichen Glaubensüberlieferung. Erst recht kann nicht die Rede sein von den letzten Kämpfen der traditionellen Hölle. Das ist nun in diesem letzten Kapitel zu zeigen, und zwar an drei relevanten Feldern.

Die Hölle lebt weiter, nicht nur in Redensarten wie „Himmel und Hölle in Bewegung setzen", „Der Weg zur Hölle ist mit guten Vorsätzen gepflastert", „Du Ausgeburt der Hölle" (Goethe im „Zauberlehrling"), „Ich habe eine Höllenangst ausgestanden", „einem die Hölle heiß machen", „mit der Hölle im Bunde sein", „da war die Hölle los", eine „Spielhölle", eine „Höllenmaschine", und nicht nur im Aberglauben.[3] Im engeren und präzisen Sinn ist die Frage gemeint, ob Menschen „noch" an die jenseitige Hölle glauben, die durchaus etwas ganz anderes ist als die inneren und äußeren diesseitigen Höllen. Diese Frage muß bejaht werden, und dafür gibt es Beweise.

1992 fanden sich in einem Gespräch des SPIEGEL mit dem damaligen Vorsitzenden der deutschen Bischofskonferenz, dem Mainzer Bischof Karl Lehmann, die folgende Frage und Antwort:

SPIEGEL: Kann man katholischer Christ sein, ohne an die Hölle zu glauben?
Lehmann: Nein. Denn wo es Heil gibt, gibt es auch Heilsverlust.

Hier ist nicht mehr die Asymmetrie von Realität des allgemeinen Heilswillens Gottes und theoretischer Möglichkeit der menschlichen Verweigerung aufrechterhalten, sondern die wissende Parallelisierung vorgenommen: Wo Heil, da auch Heilsverlust.[4]

In der SPIEGEL-Umfrage über den Glauben der Deutschen antworteten in den alten Bundesländern 1967 auf die Frage nach der Hölle von 100 befragten erwach-

---

[1] G. Minois: Histoire des enfers. Paris 1991, S. 353–376.
[2] Minois (Anm. 1), S. 395, 399.
[3] Hier ist nochmals auf die reichhaltige Materialsammlung von Bächtold-Stäubli zu verweisen.
[4] DER SPIEGEL Nr. 26, 1992, S. 45.

senen Bundesbürgern 34 „Es gibt die Hölle". 1992 kamen zur gleichen Bejahung in den alten Bundesländern von 100 befragten Erwachsenen 24.[5] Genauer befragt, antworteten mit Ja auf die Frage „Glauben Sie, daß es eine Hölle gibt, in der Menschen nach dem Tode bestraft werden?" 20 % der Protestanten und 34 % der Katholiken in den alten Bundesländern. Noch genauer: Von den je nach Kirchgang gruppierten Katholiken antworteten mit Ja von den allsonntäglichen Kirchgängern 58 %, von den mindestens einmal im Monat Gehenden 40 %, von den Feiertagsbesuchern 29 % und von den nie zur Kirche Gehenden 19 %.[6]

Bei den Höllengläubigen handelt es sich also um namhafte Minderheiten in beiden großen Religionsgemeinschaften. Über dieses Quantum hinaus stellt sich die Frage, aus welchen Gründen Menschen „noch" an die jenseitige Strafhölle glauben und in welchem Interesse sie einen solchen Glauben benötigen. Die Antwort darauf kann hier nur auf den Bereich der römisch-katholischen Kirche samt ihren „Rändern" anhand relevanter Beispiele eingehen.

In der jüngsten Diskussion wurden diejenigen Gruppen, die an überlieferten Glaubensinhalten unkritisch festhalten, dem „Fundamentalismus" zugerechnet. Fundamentalismus ist zu einem meist in weitem Sinn verwendeten Sammelbegriff geworden, der schlagwortartig auf anti-modernistische, postmoderne Tendenzen und Bewegungen angewendet wird. Er entstammt einer Strömung, die sich seit dem Ende des neunzehnten Jahrhunderts in den USA entwickelte (als Begriff 1920 von C. L. Laws geprägt) und die die moderne Gesellschaft von Verfallserscheinungen bedroht, ja dominiert sah. Kennzeichnend dafür waren für die damaligen Fundamentalisten, daß die Gesellschaft immer säkularer wurde (Rückzug religiöser Elemente aus der Öffentlichkeit) und daß Christen dazu neigten, moderne naturwissenschaftliche Erkenntnisse (zusammengefaßt unter dem Schlagwort „Darwinismus") anzuerkennen. Die Fundamentalisten suchten sich zu effektiver, auch gesellschaftlich einflußreicherer Abwehr zu formieren und sich nach innen gegen moderne Anfechtungen durch Rückzug auf die verbale Inspiration der Bibel (die unfehlbare Fakten-Informationen enthalte) zu immunisieren.

Vergleichbare katholische Tendenzen erhielten nach dem Ersten Weltkrieg vorwiegend die Bezeichnung „Integralismus", nach dem Zweiten Weltkrieg eher die des „Traditionalismus". Im deutschsprachigen Bereich kämpften evangelische Gruppen gegen die kritische Bibelwissenschaft und gegen modernistische „Aufweichungen" im Schul- und Hochschulbereich unter den Selbstbezeichnungen „Evangelische Allianz", „Bekenntnisbewegung Kein anderes Evangelium" und ähnlich, mit der von außen überwiegend gebrauchten Sammelbenennung „Evangelikalismus". In der Diskussion gilt die Analyse entweder vorwiegend Phänomenen, die innerhalb der christlichen Kirchen anzutreffen sind[7], oder ausgeweitet auf jene anderen reli-

---

5   DER SPIEGEL Nr. 25, 1992, S. 37.
6   DER SPIEGEL Nr. 26, 1992, S. 41.
7   Vgl. als Standardliteratur dazu: J. Barr: Fundamentalismus. München 1981; H. Schäfer: Befreiung vom Fundamentalismus. Münster 1988; M. Riesebrodt: Fundamentalismus als patriarchale Protestbewegung. Tübingen 1990; U. Birnstein: „Gottes einzige Antwort ..." Christliche Fundamentalisten im Vormarsch. Wuppertal 1990; W. Beinert (Hrsg.): Katholischer Fundamentalismus. Regensburg

giösen (Islam!) und politischen Bewegungen, für die eigener Absolutheitsanspruch, Frontbildungen und Mangel an Toleranz kennzeichnend sind.[8] Da im katholischen Bereich der Begriff „Traditionalismus" theologiegeschichtlich für eine französische Strömung des neunzehnten Jahrhunderts verwendet wird, die die individuelle Vernunft abwertete und durch kollektive Tradition, „Volksgeist" usw. ersetzt wissen wollte, ist er für heute existierende Tendenzen vielleicht weniger geeignet. Was den Begriff „Integralismus" angeht, so hat Hans Urs von Balthasar darauf aufmerksam gemacht, daß der französische Philosoph Maurice Blondel bereits zu Beginn dieses Jahrhunderts von „zwei gänzlich unvereinbaren katholischen Denkweisen" sprach.[9] Da sich der heutige Integralismus von jenem nicht unterscheidet, vielmehr von ihm ableitbar ist, seien die Grundcharakterisierungen Blondels und von Balthasars, die auch zur höllischen Logik des Integralismus hinführen, hier zitiert:

An der Basis der Differenz sieht er [Blondel] zwei verschiedene Erkenntnistheorien: bei den zeitaufgeschlossenen Christen das Bewußtsein der Verflochtenheit alles geschichtlich Wirklichen, die Forderung, durch wagendes solidarisches Handeln darin einzusteigen, um es in seiner inneren Bewegtheit zu erfahren. Bei den Integralisten dagegen die Ansicht, die Wirklichkeit könne in abstrakten, fixen und unabänderlichen Begriffen ausgeschöpft werden, so daß es genüge, im Blick auf die rechten Begriffe zu handeln, um die Welt auch recht zu bewegen. Bei den ersten folgt aus ihrem Ansatz, daß auch im Verhältnis von Natur und Offenbarung dieselbe Verflochtenheit herrscht; es gibt Wege der Gottesgnade auch von unten nach oben, Wege, die den Menschen guten Willens auch außerhalb der Kirche durch rechte Entscheidungen in den Bereich der Gottesliebe einführen. Bei den zweiten ist die Offenbarung primär ein System von Lehrbegriffen, die sich definitionsgemäß in der Menschenwelt nirgends vorfinden können, daher nur von einer rein absteigenden kirchlichen Autorität dem Laienvolk zur passiven Annahme vorgestellt werden kann. Aus diesem rationalistisch-extrinsezistischen Ansatz folgt für Blondel die Rückbildung der christlichen Botschaft zu einem „Gesetz der Furcht und des Zwanges", statt seelenbefreiendes Gesetz der Liebe zu sein. Man übt im Namen des Herrn eine Härte aus, die er selbst nie geübt hätte, ja, „unter dem Vorwand, ihm das Wort zu lassen und seine Feinde zu treffen, verletzt man ihn vielleicht selber". Der von den Untertanen geforderte blinde Konformismus ist „die denkbar radikalste Perversion des Evangeliums", die sich gegen den Modernismus als nicht minder „mörderischer Veterismus" stellt. „Die Logik des Integralismus ist unerbittlich."[10]

In diesen Ausführungen ist schon deutlich, daß es sich bei der „Denkweise" des traditionsfixierten Integralismus nicht um eine Selbstvergewisserung handelt, möglicherweise um die Suche ichschwacher Psyche nach Schutz und Halt in patriarcha-

---

1991; H. Kochanek (Hrsg.): Die verdrängte Freiheit. Fundamentalismus in den Kirchen. Freiburg 1991; J. Werbick (Hrsg.): Offenbarungsanspruch und fundamentalistische Versuchung. Freiburg 1991; Concilium 28, 1992, Heft 3: Fundamentalismus als ökumenische Herausforderung.

[8]   Vgl. aus der Literatur dazu die wichtigen Titel: Th. Meyer: Fundamentalismus. Reinbek 1989; ders. (Hrsg.): Fundamentalismus in der modernen Welt. Frankfurt 1989; H. Hemminger (Hrsg.): Fundamentalismus in der verweltlichten Kultur. Stuttgart 1991; Ch. J. Jäggi/D. J. Krieger: Fundamentalismus. Ein Phänomen der Gegenwart. Zürich 1991; F. Stolz/V. Merten. Zukunftsperspektiven des Fundamentalismus. Fribourg 1991.

[9]   H. U. von Balthasar: Integralismus heute. In: Diakonia 19, 1988, S. 221–229, hier 222.

[10] v. Balthasar (Anm. 9) S. 222 mit Belegen aus Blondels Veröffentlichung von 1910.

ler Autorität; eine solche Selbstvergewisserung, die um den Preis von Antiquiertheit und Verzicht auf eigenes kritisches Denken erkauft wäre, müßte von allen im Geist der Toleranz hingenommen werden. Es handelt sich aber immer um Aggressivität, Frontbildung und, über bloße Ausgrenzung Andersdenkender hinaus, um wenigstens geistigen Vernichtungswillen. Bereits Blondel, wie von Balthasar referiert:

> Da der weltliche Arm für diese Herrschaft nicht mehr verfügbar ist, muß man ihn notgedrungen durch eine innerkirchliche Machtanwendung ersetzen; die Kirche im ganzen liegt im „Belagerungszustand", und da der ideale Untertan der blind gehorchende ist, wird die Tendenz dahin gehen, alle nicht restlos Gefügigen aus der Kirche herauszutreiben: „[...] der Herr ließ damals die 99 getreuen Schafe auf ihrer Weide, um dem einen verlorenen nachzueilen, manche möchten heute bei dem einzigen getreuen verharren, um es noch besser anzubinden." Das Leitbild ist jetzt der „Kreuzzug" für die von der weltlichen Gewalt verkannten Rechte der kirchlichen Macht, ist „die kleine, vollkommen durchgeschulte Sturmschar der Fachleute für die konfessionellen Fragen, die gefügige Elite der Sakristan-Soldaten."[11]

Blondels Analyse scheint die von der römischen Kirchenleitung favorisierte Elitebildung (Opus Dei; Communione e Liberazione) mit ihrer geistlos-schlichten und extrem kämpferischen Mentalität vorausgeahnt zu haben; bevor sich diese Sturmscharen im Zentrum der römischen Kirche bildeten, hatten sich in den aufsässigen Eliten an den Rändern andere Sakristan-Soldaten zu Kreuzzügen zusammengefunden. Von den heutigen Erscheinungsformen dieses Integralismus stellt von Balthasar mit Recht fest:

> Macht im gemeinten Sinn beginnt erst dort, wo eine Gruppe (mag sie frei oder kirchlich organisiert sein) sich zum Programm setzt, auf dem Umweg über weltliche Machtpositionen angeblich christliche Wirkungen hervorzubringen. [...] Auch Geld kann ein Machtmittel sein, mit dem man sich zu einer Zeit, da das Wort Simonie obsolet geworden ist, manches erkaufen kann, vielleicht sogar Heiligsprechungen. Wir leben in einer Zeit, da Propaganda, Reklame, Werbetechnik eine Großmacht geworden sind. Es bereitet tiefe Sorge zu sehen, wie christliche Gemeinschaften heute für sich werben, oft schon bei Minderjährigen, die sich durch geschickte Lockmittel einfangen lassen.[12]

Die Mentalitätsbasis, auf der der Glaube an eine jenseitige Strafhölle weiterleben und wachsen kann, setzt sich aus Komponenten zusammen, die nicht nur als Denkweisen, sondern auch als psychische Deformationen erkannt werden können:
– unentbehrliche Grundkomponente jedes katholischen Integralismus ist das Bewußtsein, es gebe ewige, durch das geschichtliche Denken nicht veränderbare Wahrheiten (im Plural), zu denen der integralistisch Glaubende unmittelbaren Zugang hat und in denen sein Absolutheitsanspruch begründet ist;
– diese ewigen, unveränderlichen Wahrheiten haben heilige Traditionen begründet, gerade auch im Ritus (in der Liturgie), die nicht mehr kritisch überprüft werden dürfen;

[11] v. Balthasar (Anm. 9), S. 223, wiederum mit den Belegen für die Blondel-Zitate.
[12] v. Balthasar (Anm. 9), S. 225.

– wer von Gott selber glaubt, er sei die einzige absolute Wahrheit, zu der alle Glaubenden unterwegs sind, so daß die Katholiken nicht die privilegiert Besitzenden sind, wer also Andersgläubige als redlich Suchende anerkennt, mit denen das Gespräch zu suchen sich lohnt, der wird als Feind dieser Grundauffassung und als Zerstörer der Glaubensbasis angesehen;

– von daher befindet sich der integralistisch Glaubende in einem permanenten Antagonismus: gegen Ungläubige, gegen Andersgläubige und gegen die andersdenkenden Mitglieder der eigenen Kirche; diese Situation vermittelt ihm nicht nur das Auserwählungsbewußtsein, zur geretteten „kleinen Herde" zu gehören, sondern sie führt ihn auch dazu, seine stets neu entstehenden und unbewältigten Aggressivitäten gegen die „Anderen" zu richten;

– die gespaltene Psyche des zugleich Defensiven und Offensiven nährt Ressentiments und führt die solchermaßen Gläubigen dazu, in der Wahl der Angriffsmittel keinerlei ethische Hemmungen zu haben: die „Anderen" werden herabgesetzt (sind sie Theologen, Priester oder Bischöfe, dann werden z. B. diese Amtsbezeichnungen in Anführungszeichen gesetzt oder mit „sogenannt" versehen), ihr guter Ruf wird zerstört, Schreie nach „Vergeltung" werden laut, die Existenz soll zerstört werden (wenigstens durch Entzug der kirchlichen Lehrerlaubnis);

– ein solchermaßen unmoralisches Verhalten ist möglich, weil integralistisch Gläubige als Anhänger eines Dualismus ihre Moral auf den Sexualbereich konzentrieren; oft ist der innere Zusammenhang von aggressiv-integralistischer Gläubigkeit und Sexualneurosen erkennbar;

– die eigene Gewalttätigkeit prägt das Gottesbild: die solchermaßen Gläubigen machen sich den Gotteszorn zu eigen, sie urteilen und agieren in dessen Namen, sie versetzen die Andersdenkenden in permanenten Schuld- und Anklagezustand vor ihrem Gott;

– die unbewältigte Aggressivität äußert sich im Verlangen nach Opfern, darum ist ihre Religiosität von Blutgier gekennzeichnet (stellvertretendes Leiden, Sühne), andererseits auch von Blutverherrlichung; die wenigstens von anderen verlangte „Opfergesinnung" reicht bis zur Selbstzerstörung;

– eine Pflicht zur Begründung wird nicht gesehen; das aus diesen genannten Komponenten zusammengesetzte Verhalten rechtfertigt sich sprachlich durch Floskeln und unermüdliche Wiederholung von Stereotypen; aus ihnen setzt sich die gruppeneigene Kommunikation zusammen („Stallgeruch der Sprache");

– trotz der Neigung, Feinde überall wahrzunehmen, konzentriert sich die Aggressivität im Machtkalkül zumeist auf Einzelpersonen und Minderheiten (Fachtheologen, Juden, Freimaurer usw.), die auf denunziatorischem Weg angegriffen werden; führen die Beschwerden bei kirchlichen Amtsträgern nicht zum Erfolg, dann werden diese ihrerseits zu Beschuldigten;

– der Dualismus zwischen der blind-verblendeten Welt und dem Offenbarungsraum, dem bloß Profanen und dem Sakralen, der irdischen untauglichen Vernunft und dem „übernatürlichen" Fürwahrhalte-Glauben, den vielen Verworfenen und den wenigen Erwählten führt zur eifrigen Suche nach „Privatoffenbarungen", so daß Visionen und Erscheinungen eine ungeminderte Blüte erfahren.

Die Hölle in der Marienapokalyptik am Beispiel Fatima

In der katholischen Marienverehrung gibt es Züge, die mit der bescheidenen, vertrauensvoll glaubenden Frau Maria aus Nazaret in Galiläa nichts mehr zu tun haben: Maria wird als Schlachtenlenkerin, Überwinderin aller Häresien usw. verehrt. Zu diesem Phänomen gehört die Zuwendung zu einer Maria, die Blicke in die Hölle tun läßt, Gebetsforderungen stellt, den Zorn Gottes aufzuhalten bereit ist oder auch nicht, also zu der Maria einer bestimmten Art von Privatoffenbarungen (Erscheinungen). Aufgrund dieser Zusammenhänge spricht man von „Marienapokalyptik". Ein sehr leicht zugängliches und überaus einflußreiches Beispiel für sie sind die Erscheinungsberichte von Fatima. Da die Erkenntnis der Zusammenhänge wichtig ist, sei auf Fatima etwas näher eingegangen.

Portugal hat eine lange antiklerikale Geschichte. 1760 und 1833 wurde jeweils der päpstliche Nuntius ausgewiesen. Nach dem Sieg der Liberalen 1833 wurden Bischöfe abgesetzt, die Klöster wurden aufgehoben, ihr Besitz zum Staatseigentum gemacht. Nach der Ermordung des Königs 1908 und der Ausrufung der Republik wurden die seit 1860 geduldeten religiösen Orden wieder verboten, die meisten Bischöfe ausgewiesen, der Religionsunterricht an allen Schulen untersagt. 1911 wurden fast alle Seminare für den Priesternachwuchs aufgelöst. Zu dieser inneren Situation kam die äußere: der Papst seit der Eroberung des Kirchenstaates durch Garibaldi auf eigenen Entschluß hin „Gefangener" im Vatikan inmitten eines antiklerikalen Italien; in Spanien Aufhebung vieler Klöster und Abschaffung der Inquisition nach 1812; Klostermaßregelungen 1820, 1835, Enteignung allen Kirchengutes zugunsten des Staates 1837, Kirchenzerstörungen 1868, Maßnahmen gegen die Orden 1901, Klosterbrände 1909. Auch Frankreich war zum „laizistischen" Staat geworden.

In dieser Situation sind die Erscheinungen von 1917 – mitten in den Schrecken des Ersten Weltkrieges und der russischen Wirren – im portugiesischen Fatima zu sehen.

Drei Kinder (Lucia, * 1907; Francisco, 1908–1919; Jacinta, 1910–1920) sahen 1917 neben anderen himmlischen Personen (Engel, hl. Josef, Jesus) vor allem Maria in verschiedenen Gestalten (jeweils am 13. der Monate Mai bis Oktober) und (zusammen mit vielen Zuschauern) atmosphärische Phänomene; die Mädchen vernahmen Botschaften Marias zur Buße, zum Rosenkranzgebet und zur Weihe der Welt an ihr Unbeflecktes Herz. Diözesanbischof J. Correia da Silva erklärte nach gründlicher Untersuchung am 13. 10. 1930 die Erscheinungen als glaubwürdig. So berichtet das „Lexikon für Theologie und Kirche".[13] Zu Fatima existiert eine kirchliche Standardliteratur.[14]

Die drei miteinander verwandten Kinder hüteten am 13. Mai 1917 Schafe – sie

---

[13] LThK IV, 1960, S. 40.
[14] L. G. da Fonseca: Maria spricht zur Welt. Fatimas Geheimnis und weltgeschichtliche Sendung. Innsbruck ⁷1948 mit kirchlicher Druckerlaubnis, italienisches Original 1931; Schwester Lucia spricht über Fatima. Erinnerungen der Schwester Lucia, übersetzt von L. Kondor. Fatima ⁴1977, mit kirchlicher Druckerlaubnis von 1975.

waren 10, 9 und 7 Jahre alt – und erzählten trotz eines zunächst vereinbarten Still-schweigens, sie hätten eine „schöne Senhora" gesehen, die zu ihnen gesprochen habe. Sie wurden alsbald immer neuen Befragungen durch die Eltern, den Pfarrer und andere Geistliche ausgesetzt. Dabei beharrten sie auf ihren Erzählungen. Trotz des Widerstands der weltlichen Behörden setzten schon früh Besucherströme ein. Die überlebende Lucia hielt auf Wunsch des zuständigen Bischofs viermal ihre Er-innerungen schriftlich fest. Aus diesen Berichten ergibt sich nicht nur ein Bild der Erscheinungen und Botschaften, sondern auch des religiösen Klimas, in dem die Kin-der erzogen wurden.

Sie wurden – nach der ersten Erinnerung – von der Mutter intensiv religiös in-struiert, die ihnen täglich in der Zeit der Mittagsruhe Christenlehre erteilte, damit die Kinder beim Befragen durch den Pfarrer bestehen konnten.[15] Ein kleiner Jun-ge gebrauchte einmal „einige unanständige Worte".

> Meine Mutter tadelte den Kleinen streng und erklärte, jene häßlichen Dinge sage man nicht, es sei eine Sünde und das Jesuskind möge es nicht; es würde die Menschen, die sündigten, in die Hölle schicken, wenn sie nicht beichten.[16]

Bei dem von den Kindern sehr geliebten Pfänderspiel kamen sie auf die Idee, der Verlierer habe „den Heiland zu küssen", das Kruzifix.[17] Die Mutter erzählte den Kindern abends am Bett vor dem Einschlafen die Leidensgeschichte Jesu und das Schicksal Johannes des Täufers, die das Gehörte unter Tränen anderen Kindern erzählten und diese ihrerseits zu Tränen rührten.[18] Die Sterne wurden als die „Lam-pen der Engel", der Mond als die „Laterne unserer Lieben Frau" und die Sonne als „die unseres Heilandes" bezeichnet, unter deren Hitze die Kinder litten.[19] Lucias Schwester gehörte zur Herz-Jesu-Bruderschaft und kleidete Kinder als „Engel" für die Fronleichnamsprozession an; sie antwortete auf die Frage, ob man dabei Jesus sehen werde: „Ja, der Herr Pastor trägt ihn."[20] Allabendlich warteten die Kinder darauf, daß Maria und die Engel ihre Lampen anzündeten. Beim Hüten der Scha-fe pflegten sie das Echospiel; dabei riefen sie mit lauter Stimme „Maria" oder das ganze „Gegrüßet seist du, Maria" in die Felsen.[21]

Vor diesem Hintergrund lautet der Bericht über die erste „Botschaft" Marias:

> Jene Dame sagte uns, wir sollten den Rosenkranz beten und Opfer bringen für die Bekeh-rung der Sünder. Wenn wir jetzt den Rosenkranz beten, müssen wir das „Gegrüßet seist du Maria" und das „Vater Unser" ganz beten. Und die Opfer, wie sollen wir die brin-gen?
> Francisco entdeckte schnell ein gutes Opfer.
> – Laßt uns unser Mittagsbrot den Schafen geben und bringen wir das Opfer, nichts zu essen.

---

[15] Erinnerungen (Anm. 14), S. 20.
[16] Erinnerungen (Anm. 14), S. 20 f.
[17] Erinnerungen (Anm. 14), S. 21.
[18] Erinnerungen (Anm. 14), S. 22.
[19] Erinnerungen (Anm. 14), S. 22 f.
[20] Erinnerungen (Anm. 14), S. 23.
[21] Erinnerungen (Anm. 14), S. 25.

In wenigen Minuten war unser Vorrat an die Herde verteilt. So verbrachten wir einen Fastentag, wie ihn nicht einmal der strengste Karthäuser kennt. Jacinta saß weiterhin nachdenklich auf ihrem Stein und fragte:
– Jene Dame sagte auch, daß viele Seelen in die Hölle kommen. Und was ist die Hölle?
– Das ist eine Höhle voll Ungeziefer und ein sehr großer Scheiterhaufen (so hat es mir meine Mutter erklärt), und dorthin kommt, wer Sünden begeht und nicht beichtet; und er bleibt dort immer am Brennen.
– Und er kommt von dort niemals mehr heraus?
– Nein!
– Und nach vielen, vielen Jahren?
– Nein, die Hölle hört niemals auf.
– Und der Himmel auch nicht?
– Wer in den Himmel kommt, verläßt ihn niemals mehr.
– Und wer in die Hölle kommt, auch nicht?
– Siehst du nicht, daß sie ewig sind, daß sie niemals aufhören?
Wir machten damals zum ersten Mal eine Betrachtung über die Hölle und die Ewigkeit. Was Jacinta am meisten beeindruckte, war die Ewigkeit. Selbst beim Spiel fragte sie ab und zu:
– Aber sieh mal: Nach vielen, vielen Jahren hört dann die Hölle immer noch nicht auf?
Andere Male:
– Und jene Leute, die dort brennen, sterben sie nicht? Und werden sie nicht zu Asche? Und wenn man viel für diese Sünder betet, befreit sie Unser Herr dann von dort? Und mit unseren Opfern auch nicht? Die Armen! Wir müssen beten und viele Opfer für sie bringen. Danach fügte sie hinzu:
– Wie gut jene Dame ist! Sie hat uns schon versprochen, uns in den Himmel mitzunehmen.[22]

Die Kinder wurden „unersättlich im Opferbringen". Sie aßen bittere Eicheln, verzichteten auf ihr Mittagsbrot, verspeisten Tannenzapfen und Blumenwurzeln[23], tranken in der unerbittlichen Hitze kein Wasser und hielten ihre Kopfschmerzen aus, als „Leiden für die Sünder".[24] Dann trug sich folgendes zu:

Es kamen zwei Priester, um uns auszufragen: Sie empfahlen uns, für den Heiligen Vater zu beten. Jacinta fragte, wer der Heilige Vater sei, und die guten Priester erklärten uns, wer es ist und wie sehr er der Gebete bedürfe. Jacinta behielt eine so große Liebe zum Heiligen Vater, daß sie, immer wenn sie Jesus ihre Opfer anbot, hinzufügte „und für den Heiligen Vater". Am Ende des Rosenkranzes betete sie immer drei „Gegrüßet seist Du Maria" für den Heiligen Vater und einige Male sagte sie:
– Wenn ich doch den Heiligen Vater sehen könnte. Es kommen so viele Leute hierher, und der Heilige Vater kommt niemals![25]

Daher ist es wenig verwunderlich, daß der Heilige Vater Jacinta in der Mittagsruhe erschien:

---

[22] Erinnerungen (Anm. 14), S. 27 f.
[23] Erinnerungen (Anm. 14), S. 29.
[24] Erinnerungen (Anm. 14), S. 30.
[25] Erinnerungen (Anm. 14), S. 32.

Jacinta rief nach einiger Zeit nach uns:
– Habt ihr den Heiligen Vater gesehen?
– Nein!
– Ich weiß nicht, wie es kam, ich sah den Heiligen Vater; in einem sehr großen Haus kniete er vor einem Tisch, verbarg das Gesicht in den Händen und weinte. Draußen standen viele Leute, und einige warfen Steine nach ihm, andere beschimpften ihn und riefen häßliche Worte. Der arme Heilige Vater, wir müssen sehr viel für ihn beten![26]

Als die Kinder vor der Kreisverwaltung vernommen werden sollten, hatten sie Angst, ermordet zu werden.[27] Unter den herbeiströmenden Menschen ist ein „heiligmäßiger Priester", der den Kindern unaufhörlich zu sprechende „Stoßgebete" empfiehlt:

O mein Jesus, ich liebe Dich. Süßes Herz Mariä, sei meine Rettung.

Eine Ortsbewohnerin, die die Kinder, zumal unter dem Einfluß von Alkohol, beschimpfte, wird Gegenstand von Sorge und Opfern:

Wir müssen Unsere Liebe Frau bitten und ihr Opfer für die Bekehrung dieser Frau bringen. Sie sagt so viele Sünden, daß sie in die Hölle kommt, wenn sie nicht zur Beichte geht.[28]

Die zweite Erinnerung der Lucia beginnt nicht gerade mit einem Ausdruck großer Bescheidenheit:

Hochwürdigster Herr Bischof!
„Der Herr hat angesehen die Niedrigkeit Seiner Magd": deshalb werden die Völker die Größe seiner Barmherzigkeit besingen.
Es scheint mir, hochwürdigster Herr Bischof, als habe unser guter Gott sich gewürdigt, mich schon als ganz kleines Kind mit dem Gebrauch des Verstandes zu begnaden. Ich weiß noch, daß ich schon in den Armen meiner Mutter mir aller meiner Handlungen bewußt war.[29]

Im sechsten Lebensjahr erfaßte sie „die Leidenschaft für den Tanz"; ohne Gottes Barmherzigkeit wäre sie „vom Teufel wohl dadurch zu Fall gebracht worden".[30]

In der Kirche gab es mehr als eine Statue Unserer Lieben Frau, und da meine Schwestern sich um den Altarschmuck Unserer Lieben Frau vom Rosenkranz kümmerten, war ich gewöhnt, vor ihr zu beten.[31]

Die Erstkommunion war ein das Kind zutiefst erschütterndes Erlebnis:

Ich fühlte mich durch das Brot der Engel so gesättigt, daß es mir fürs erste unmöglich war, irgendwelche Nahrung zu mir zu nehmen. Von da an verlor ich den Geschmack und die Anziehung, die ich für die Dinge der Welt zu spüren begonnen hatte.[32]

---

[26] Erinnerungen (Anm. 14), S. 104.
[27] Erinnerungen (Anm. 14), S. 33.
[28] Erinnerungen (Anm. 14), S. 37.
[29] Erinnerungen (Anm. 14), S. 46 f.
[30] Erinnerungen (Anm. 14), S. 49.
[31] Erinnerungen (Anm. 14), S. 51.
[32] Erinnerungen (Anm. 14), S. 53.

Es war ihr sechstes Lebensjahr. Lucia berichtete nun, daß sie bereits 1915 eine Art Erscheinung gehabt habe:

Eine Gestalt, über den Bäumen wie in der Luft schwebend, als wäre es eine Statue aus Schnee, die die Sonnenstrahlen ein wenig durchsichtig machten. [...] Es sah wie eine in ein Bettlaken gehüllte Person aus.[33]

Ein Jahr später sei diese Gestalt dann deutlicher sichtbar geworden, in der größten Mittagshitze, nämlich als „ein Jüngling von 14 bis 15 Jahren, noch weißer als der Schnee, die Sonne machte ihn durchsichtig", der sich vorstellte: „Ich bin der Engel des Friedens!" Längere Zeit danach wurde diese Gestalt an einem sommerlichen Mittag wieder wahrgenommen.[34] Diesmal forderte er:

Betet, betet viel! Die heiligsten Herzen Jesu und Mariens wollen euch Barmherzigkeit erweisen. Bringt ständig dem Allerhöchsten Gebete und Opfer dar.
– Wie sollen wir Opfer darbringen? fragte ich.
– Bringt alles, was ihr könnt, Gott als Opfer dar, als Akt der Wiedergutmachung für die Sünden, durch die Er verletzt wird, und als Bitte um die Bekehrung der Sünder. Gewinnt so für euer Vaterland den Frieden. Ich bin sein Schutzengel, der Engel Portugals. Vor allen nehmt an und tragt mit Ergebung die Leiden, die der Herr euch schicken wird.[35]

Wiederum nach längerer Zeit, immer noch 1916, erkletterten die Kinder einen Gipfel und lagen dort betend auf den Knien:

Ich weiß nicht, wieviele Male wir dieses Gebet wiederholt hatten, als wir über uns ein unbekanntes Licht erstrahlen sahen. Wir richteten uns auf, um zu sehen, was geschah, und sahen den Engel; in der linken Hand hielt er einen Kelch; darüber schwebte eine Hostie, von der einige Blutstropfen in den Kelch fielen. Der Engel ließ den Kelch in der Luft schweben, kniete sich zu uns und ließ uns dreimal wiederholen:
– Heiligste Dreifaltigkeit, Vater, Sohn und Heiliger Geist, ich opfere Euch auf den kostbaren Leib, das Blut, die Seele und die Gottheit unseres Herrn Jesus Christus, gegenwärtig in allen Tabernakeln der Welt, zur Sühne für die Schmähungen, Sakrilegien und Gleichgültigkeiten, durch welche Er selbst beleidigt wird. Durch die unendlichen Verdienste Seines heiligsten Herzens und durch die des Unbefleckten Herzens Mariens, erflehe ich von Euch die Bekehrung der armen Sünder. Danach erhebt er sich, ergreift den Kelch und die Hostie, reicht mir die heilige Hostie, und teilt das Blut im Kelch zwischen Jacinta und Francisco, wobei er spricht:
– Empfangt den Leib und trinkt das Blut Jesu Christi, der durch die undankbaren Menschen so furchtbar beleidigt wird. Sühnet ihre Sünden und tröstet Euren Gott.[36]

Bemerkenswert ist, daß noch vor dem Einsetzen der Marienerscheinungen ein neuer Pfarrer in die Gemeinde kam; Europa war in den entsetzlichen Krieg verstrickt, Portugal war arm, aber:

Dieser äußerst eifrige Priester begann sofort, sobald er Kenntnis von den unchristlichen Gebräuchen hatte, gegen die in der Gemeinde üblichen Bälle und Tanzereien sonntags

---

[33] Erinnerungen (Anm. 14), S. 55.
[34] Erinnerungen (Anm. 14), S. 57.
[35] Erinnerungen (Anm. 14), S. 57 f.
[36] Erinnerungen (Anm. 14), S. 58; vgl. auch 143.

von der Kanzel zu predigen. Er nutzte jede Gelegenheit, die sich ihm in der Öffentlichkeit und privat bot, diese schlechte Sitte zu bekämpfen.[37]

In dieser zweiten Erinnerung hat Lucia zu der früher erzählten Marienerscheinung vom 13. 5. 1917 noch einen Zusatz zu machen. Maria habe gefragt:

> Wollt ihr euch Gott anbieten, alle Leiden zu tragen, die Er euch schicken will, als Akt der Wiedergutmachung für die Sünden, durch die Er beleidigt wird und als Bitte um die Bekehrung der Sünder?
> – Ja, wir wollen, war unsere Antwort.
> – Ihr werdet also viel zu leiden haben, aber die Gnade Gottes wird eure Stärke sein.[38]

Lucia berichtet weiter, sie habe sich gefragt, ob die Erscheinungen nicht vom Teufel bewirkt seien:

> Ich hatte in diesem Zustand einen Traum, der die Dunkelheit meiner Seele noch vertiefte: ich sah den Teufel darüber lachen, daß er mich getäuscht hatte; er bemühte sich, mich in die Hölle zu ziehen. Als ich mich in seinen Krallen fand, begann ich dermaßen zu schreien und nach Unserer Lieben Frau zu rufen, daß meine Mutter erwachte.[39]

Bei der August-Erscheinung habe Maria von neuem Bußübungen empfohlen und gesagt:

> Betet, betet viel und bringt Opfer für die Sünder; denn viele Seelen kommen in die Hölle, weil sich niemand für sie opfert und für sie betet.

Die Kinder kamen daher auf die Idee, einen Wagenstrick um die Hüften zu binden, der ihnen weh tat, um Gott dieses Opfer anzubieten. „Weil wir ihn manchmal zu straff anzogen, verursachte uns dieses Werkzeug schreckliche Schmerzen." Ferner gewöhnten sie sich an, „mit Brennesseln unsere Beine zu schlagen, um Gott noch ein Opfer anbieten zu können."[40] Sie wünschten sich, von Erwachsenen Schläge zu bekommen; sie machten es sich zur Gewohnheit, „von Zeit zu Zeit neun Tage lang oder einen Monat nichts zu trinken". Als Jacinta wegen des Durstes und der starken Kopfschmerzen mitten im Monat August etwas zu trinken brauchte, wies sie das saubere Wasser des Hauses ab, weil sie nun anstelle des Durstes das Opfer bringen wollte, von schmutzigem Wasser zu trinken:

> Das Wasser dieses Teiches war wirklich äußerst schmutzig. Verschiedene Leute wuschen dort ihre Wäsche, und die Tiere tranken und badeten dort.[41]

Als der Vater Lucias starb, rief sie:

> Mein Gott! Mein Gott! Ich dachte niemals, daß du mir so viel Leid beschieden hast! Aber ich leide aus Liebe zu Dir, zur Wiedergutmachung für die Sünden, die gegen das Unbefleckte Herz Mariens begangen werden, für den Heiligen Vater und die Bekehrung der Sünder.

---

[37] Erinnerungen (Anm. 14), S. 60.
[38] Erinnerungen (Anm. 14), S. 63.
[39] Erinnerungen (Anm. 14), S. 66.
[40] Erinnerungen (Anm. 14), S. 72 f.
[41] Erinnerungen (Anm. 14), S. 83.

Mit derselben Formulierung opferte Jacinta ihre furchtbaren Brustschmerzen auf.[42]

Aus der dritten Erinnerung Lucias ist folgendes im Zusammenhang mit dem Höllenthema besonders bemerkenswert. Sie will bei der Erscheinung Marias im Juli 1917 ein dreiteiliges Geheimnis erfahren haben, das sie zunächst für sich behielt. Aus Anlaß des Jubiläumsjahres 1942 bekam sie von ihrem Bischof den Auftrag, sich nochmals an alles zu erinnern und das wieder ins Gedächtnis Gerufene aufzuschreiben.

> Dieser Auftrag fiel in die Tiefe meiner Seele wie ein Lichtstrahl, der mir sagte, daß der Augenblick gekommen ist, die beiden ersten Teile des Geheimnisses zu enthüllen und der neuen Auflage [eines Fatima-Buches] zwei Kapitel hinzuzufügen: eines über die Hölle, ein anderes über das Unbefleckte Herz Mariens. Doch habe ich noch Zweifel, weil ich es so ungern offenbare.[43]

Das sind die im katholischen Milieu viel beredeten „Geheimnisse" Fatimas, zu denen schon Karl Rahner sehr kritische Fragen stellte[44] und von denen das dritte, im Vatikan schriftlich niedergelegt, nur dem Papst und dem Kardinal Ratzinger bekannt ist. Das Höllengeheimnis lautet:

> Das Geheimnis besteht aus drei verschiedenen Teilen, von denen ich zwei jetzt offenbaren will. Das erste war die Vision der Hölle.
> Unsere Liebe Frau zeigte uns ein großes Feuermeer, das in der Tiefe der Erde zu sein schien. Eingetaucht in dieses Feuer sahen wir die Teufel und die Seelen, als seien es durchsichtige schwarze oder braune glühende Kohlen in menschlicher Gestalt. Sie trieben im Feuer dahin, emporgehoben von den Flammen, die aus ihnen selber zusammen mit Rauchwolken hervorbrachen. Sie fielen nach allen Richtungen hernieder, wie Funken bei gewaltigen Bränden, ohne Schwere und Gleichgewicht, unter Schmerzensgeheul und Verzweiflungsschreien, die einen vor Entsetzen erbeben und erstarren machten. Die Teufel waren gezeichnet durch die schreckliche und grauenvolle Gestalt von scheußlichen, unbekannten Tieren, aber auch sie waren durchsichtig und schwarz.
> Diese Vision dauerte nur einen Augenblick. Dank sei unserer himmlischen Mutter, die uns vorher versprochen hatte, uns in den Himmel zu führen (in der ersten Erscheinung). Wäre das nicht so gewesen, dann glaube ich, wir wären vor Schrecken und Entsetzen gestorben.
> Dann erhoben wir den Blick zu Unserer Lieben Frau, die voll Güte und Traurigkeit zu uns sprach:
> – Ihr habt die Hölle gesehen, wohin die Seelen der armen Sünder kommen. Um sie zu retten, will Gott in der Welt die Andacht zu meinem Unbefleckten Herzen begründen. Wenn man tut, was ich euch sage, werden viele Seelen gerettet werden, und es wird Friede sein. Der Krieg geht seinem Ende entgegen, aber wenn man nicht aufhört, Gott zu beleidigen, wird unter dem Pontifikat von Papst Pius XI. ein anderer, schlimmerer beginnen. Wenn ihr eine Nacht von einem unbekannten Licht erhellt seht, dann wißt, daß dies das große Zeichen ist, das Gott euch gibt, daß Er die Welt für die Missetaten durch Krieg, Hungersnot, Verfolgungen der Kirche und des Heiligen Vaters bestrafen wird.

---

[42]   Erinnerungen (Anm. 14), S. 88.
[43]   Erinnerungen (Anm. 14), S. 98.
[44]   K. Rahner: Visionen und Prophezeiungen. Freiburg 1958, S. 53 u. ö. Wie verhält sich eine „Offenbarung" Gottes an Menschen zu dem Wunsch, sie geheimzuhalten?

Um das zu verhüten, werde ich kommen, um die Weihe Rußlands an mein Unbeflecktes Herz und die Sühnekommunion an den ersten Samstagen des Monats zu verlangen. Wenn man auf meine Wünsche hört, wird Rußland sich bekehren, und es wird Friede sein; wenn nicht, wird es seine Irrlehren über die Welt verbreiten, wird Kriege und Kirchenverfolgungen heraufbeschwören; die Guten werden gemartert werden, der Heilige Vater wird viel zu leiden haben, verschiedene Nationen werden vernichtet, am Ende aber wird mein Unbeflecktes Herz triumphieren. Der Heilige Vater wird mir Rußland weihen, das sich bekehren wird, und der Welt wird eine Zeit des Friedens geschenkt werden.[45]

Soweit diese 1942 „enthüllte" „Offenbarung", die 1917 stattgefunden habe und in der bereits Pius XI. (Papst geworden 1922) und die (1917 noch nicht gegebene) kommunistische Deformierung Rußlands vorkommen. Im folgenden handelt Lucia von dem Schrecken vor allem Jacintas wegen dieser Höllenvision:

Wie es kam, daß Jacinta, die doch noch so klein war, von einem solchen Geist der Abtötung und der Buße beseelt war und ihn verstand? Ich glaube, es war erstens eine besondere Gnade, die Gott ihr durch das Unbefleckte Herz Mariens hatte verleihen wollen; zweitens der Gedanke an die Hölle und das Unglück der Seelen, die dort hinkommen.
Manche Leute, auch fromme, wollen Kindern nichts von der Hölle sagen, um sie nicht zu erschrecken. Gott dagegen zögerte nicht, sie drei Kindern zu zeigen, von denen eines erst sechs Jahre alt war, und Er wußte sehr wohl, daß es dabei vor Entsetzen beinahe sterben würde, wenn ich so sagen darf.
Oft setzte Jacinta sich auf den Boden oder auf einen Stein und meinte nachdenklich:
– Die Hölle! Die Hölle! Wie leid tun mir die Seelen, die in die Hölle kommen! Und die Menschen, die dort lebendig brennen wie Holz im Feuer!
Zitternd kniete sie nieder, faltete die Hände und betete, wie Unsere Liebe Frau es uns gelehrt hatte: „O mein Jesus, verzeih uns unsere Sünden, bewahre uns vor dem Feuer der Hölle und führe alle Seelen in den Himmel, besonders jene, die Deiner Barmherzigkeit am meisten bedürfen."
Jetzt, hochwürdigster Herr Bischof, werden Sie verstehen, warum ich den Eindruck hatte, die letzten Worte dieses Gebetes bezögen sich auf jene Seelen, die sich in der größten und unmittelbarsten Gefahr der Verdammung befinden.
Sie blieb lange auf den Knien und wiederholte das gleiche Gebet. Hin und wieder rief sie nach mir oder nach ihrem Bruder (als ob sie aus einem Traum erwachte):
– Francisco, Francisco! Wollt ihr nicht mit mir beten? Wir müssen viel beten, um die Seelen vor der Hölle zu retten! So viele kommen dorthin! So viele!
Andere Male fragte sie:
– Weshalb zeigt Unsere Liebe Frau die Hölle nicht den Sündern? Wenn die sie sehen würden, würden sie nicht mehr sündigen, um nicht hineinzukommen. Du mußt der Dame sagen, sie soll allen diesen Leuten die Hölle zeigen (sie bezog sich auf jene, die sich im Augenblick der Erscheinung in der Cova da Iria befanden), du wirst sehen, wie sie sich bekehren werden.
Später fragte sie mich ein wenig ärgerlich:
– Warum hast du Unserer Lieben Frau nicht gesagt, sie soll jenen Leuten die Hölle zeigen?

---

[45] Erinnerungen (Anm. 14), S. 100 f.

– Ich habe es vergessen, antwortete ich.
– Ich habe auch nicht daran gedacht, sagte sie traurig. Manchmal fragte sie noch:
– Welche Sünden begehen diese Leute, daß sie in die Hölle kommen?
– Ich weiß nicht, vielleicht gehen sie am Sonntag nicht zur hl. Messe, stehlen, gebrauchen böse Worte, lästern oder fluchen.
– Und für so ein Wort kommen sie in die Hölle?
– Freilich, das ist Sünde!
– Was würde es sie kosten, zu schweigen und zur hl. Messe zu gehen?
– Wie tun mir diese Sünder leid! Wenn ich ihnen nur die Hölle zeigen könnte!
Manchmal klammerte sie sich plötzlich an mich und sagte:
– Ich gehe in den Himmel, aber du bleibst hier. Wenn unsere Liebe Frau es dir erlaubt, dann sage es doch jedem, was die Hölle ist, damit sie keine Sünden mehr begehen und nicht dorthin kommen.
Andere Male wurde sie nachdenklich und klagte:
– So viele Leute kommen in die Hölle! So viele Leute in der Hölle!
Um sie zu beruhigen, sagte ich zu ihr:
– Hab keine Angst, du kommst in den Himmel.
– Sicher, sagte sie ruhig, aber ich möchte, daß alle Menschen dorthin kommen.
Wenn sie aus Abtötung nichts essen wollte, sagte ich zu ihr:
– Jacinta, los, iß doch!
– Nein, ich will dieses Opfer für jene Sünder bringen, die zuviel essen.
Als sie schon krank war, ging sie eines Tages zur Messe; ich sagte zu ihr:
– Jacinta, komm nicht, du kannst ja nicht. Heute ist doch kein Sonntag.
– Das macht nichts! Ich gehe für die Sünder, die nicht einmal am Sonntag gehen.
Wenn sie jene Kraftausdrücke hörte, die manche Leute gerne gebrauchen, schlug sie die Hände vors Gesicht und rief:
– O mein Gott! Diese Leute wissen nicht, daß sie in die Hölle kommen können, wenn sie solche Dinge sagen. Verzeih ihnen, mein Jesus, und bekehre sie. Sie wissen sicher nicht, daß sie damit Gott beleidigen.[46]

Nach diesen gegenseitigen Thematisierungen von höllenwürdigen Sünden fiel Lucia das Fehlen der „Fleischessünden" ein. Sie trug nach, Maria könne diese bei einer Erscheinung vor Jacinta im Krankenhaus in Lissabon doch noch genannt haben.[47]

Anläßlich der vierten Erinnerung fiel Lucia ein, daß auch Francisco eine Höllenvision gehabt hatte: „Es war eines von jenen riesigen Tieren aus der Hölle, das gegen mich Feuer spie."[48]

Ein anderer Nachtrag erwähnt diese Einzelheit an Maria:

Vor der rechten Handfläche Unserer Lieben Frau befand sich ein Herz, umgeben von Dornen, die es zu durchbohren schienen. Wir verstanden, daß dies das Unbefleckte Herz Mariä war, verletzt durch die Sünden der Menschheit, das Sühne wünscht.[49]

Von der Erscheinung im August 1917 trägt sie Marias Mahnung nach:

---

[46] Erinnerungen (Anm. 14), S. 101–103.
[47] Erinnerungen (Anm. 14), S. 103.
[48] Erinnerungen (Anm. 14), S. 131.
[49] Erinnerungen (Anm. 14), S. 151.

Betet, betet viel und bringt Opfer für die Sünder, denn viele Seelen kommen in die Hölle, weil sich niemand für sie opfert und für sie betet.[50]

Übrigens wurde auch der Sühnestrick, den die Kinder trugen, von Maria angesprochen (im September 1917):

Gott ist mit euren Opfern zufrieden, aber Er will nicht, daß ihr mit der Kordel schlaft. Tragt sie nur tagsüber.[51]

Als Jacinta starb, fand man die Kordel; sie hatte drei Knoten und war blutbefleckt.[52]

„Fatima" hatte und hat eine riesige Anhängerschaft unter Katholiken. Es gibt Fatima-Zeitschriften (z. B. „Fatima ruft", 6wöchentlich, Auflage 25 000, kostenlos), Fatima-Filme, -Videos, -Aktionen, -Arbeitskreise, ein Fatima-Weltapostolat mit Sitz in USA, das 1986 22 Millionen Mitglieder mit einem Exekutiv-Komitee, einem Internationalen Rat und einer bischöflichen Leitung hatte; es gibt Fatima-Kirchen, eine davon durch Kardinal Lustiger erst 1989 in Paris eingeweiht, usw.[53] Enthusiastische Anhänger hat „Fatima" auch in den höchsten Rängen der kirchlichen Amtsträger (z. B. Papst Johannes Paul II. und Kardinal Joachim Meisner in Köln). Somit kann die „Fatima-Botschaft" nicht einfach auf den Bereich privater frommer Überzeugungen zurückgeführt werden.

Die Berichte über Fatima und insbesondere die Erinnerungen der überlebenden Visionärin machen das Klima, in dem Höllenvisionen entstehen, deutlich: Eine bis ins Hysterische überhitzte religiöse Stimmung, ununterbrochene Indoktrinierung, masochistische Selbstquälereien, psychotische Sündenangst, Mangel an ausreichender Ernährung, stundenlanges Knien, gegenseitige Beeinflussung. Daß die Phantasie der beteiligten Kinder von äußeren Eindrücken entscheidend geprägt war, tritt in den Erzählungen klar zutage (Marienstatuen, Rosenkränze, Engel, Herz-Abbildungen, der „Heilige Vater" usw.). Die bedrängte Lage der Kirche in Portugal wurde – so wie schon zuvor diejenige der Kirche in Frankreich – auf die Angriffe des Satans und der höllischen Mächte zurückgeführt. All diese Komponenten zusammengenommen zeigen, wie real in der Ein-Bildung wahrgenommene Höllenängste entstehen können.

Was das Zustandekommen einer Anhängerschaft angeht, so sind die Hintergründe von Massensuggestionen, Leichtgläubigkeit, usw. hier nicht zu untersuchen. Evident ist, daß die Inhalte der „Botschaft" von Fatima die Zeugnisse der biblischen Offenbarung namhaft verändern und sachlich erweiternde Zusätze darstellen, die, gerade in der Parallelisierung der „Herzen" Jesu und Marias und in der Mentalität religiöser Bußleistungen, ökumenische Anstrengungen ungemein erschweren. Das Bild eines Gottes, der wegen Sünden beleidigt ist, die zum Teil biblisch überhaupt nicht bekannt sind, der unproportionierte ewige Strafen verhängt, die Ausführung

[50]   Erinnerungen (Anm. 14), S. 155.
[51]   Erinnerungen (Anm. 14), S. 74.
[52]   Erinnerungen (Anm. 14), S. 90.
[53]   Vgl. dazu Marienlexikon Bd. II. St. Ottilien 1989, S. 444–451.

dieser Qualen aber von den Opferleistungen dreier Kinder von 7 bis 10 Jahren abhängig macht, der Kontext, in dem das biblische „Barmherzigkeit will ich, nicht
Opfer" und die Warnung vor vielen Worten beim Beten völlig ignoriert werden:
solche Momente stören die Anhängerschaft Fatimas nicht im mindesten. Wer Bedenken dieser Art vorträgt, erhält zur Antwort, die Botschaft von Fatima könne nur
verstehen, wer bereit sei, „Kind zu bleiben", und auch biblisch seien die Mitteilungen Gottes an die „Armen, Demütigen, Einfachen" gegangen.[54] Die permanenten
Aufforderungen zum Infantilismus müssen bei vielen gefährdeten Menschen, da sie
deren Widerstandskräfte schwächen, die Gefahren von Psychosen und Neurosen
noch verstärken. In diesem Sinne lebt die Hölle durch Fatima ungebrochen weiter.

Höllisches in der katholischen Subkultur

Das Zweite Vatikanische Konzil war eine Art Katalysator, der in vielen Problemstel-
lungen klärend wirkte, aber auch zu effektiven Scheidungen führte: Es bildeten sich
in der zuvor als „monolithisch" geltenden römisch-katholischen Kirche Gruppierungen der Nicht-Einverstandenen, die den Glaubensabfall auch der Bischöfe an bestimmten Fixpunkten dokumentiert sahen. Zu diesen gehört an erster Stelle die Liturgiereform, in der das „Missale Romanum" des Papstes Pius V. von 1570 durch
ein neues Meßbuch ersetzt wurde; ferner zählen dazu die ökumenischen Gespräche, die Entdeckung der Zusammengehörigkeit von Judentum und Christentum, die
Anerkennung von Gewissens- und Religionsfreiheit durch das Konzil, die inter-
religiösen Gebete unter Beteiligung von Buddhisten und Hinduisten. Gegebenenfalls kommen noch innerkatholisch-praktische Reizmomente dazu wie die Handkommunion oder Mädchen als Ministrantinnen usw. usw. Auf alle so entstandenen
Gruppierungen treffen prinzipiell die Merkmale zu, die oben als Kennzeichen des
„Integralismus" angegeben wurden. Im einzelnen unterscheiden sie sich nicht im
Hinblick auf fanatischen Wahrheitsanspruch und Aggressivität, sondern durch den
Grad ihrer Kritik oder Distanz hinsichtlich der Kirche von Rom. Alle Gruppierungen
haben ihre Publikationsorgane, die zum Teil gratis verbreitet werden, zum Teil
abonniert werden müssen. Sie kommen zu der katholischen Trivialliteratur hinzu,
die seit dem neunzehnten Jahrhundert an Kirchentüren feilgehalten wird. Anhand
dieser Blätter läßt sich das Überleben jenseitiger Höllen weiter verfolgen.

Ganz gebrochen hat mit der römischen Kirche das „Oratorium von der göttlichen
Wahrheit und der Kleinen Herde", dessen Zeitschrift SAKA (= Sammlung glau-
benstreuer Katholiken) elfmal jährlich in Basel erscheint. Für diese Gruppe gibt es
seit dem Konzil keine rechtmäßigen Päpste mehr; da in Rom Sedisvakanz herrsche,
trägt die Anhängerschaft auch den Namen „Sedisvakantisten". Zur allgemeinen
Kennzeichnung ihrer Sektenmentalität seien einige Belege angeführt.

Ein wesentliches Reizthema der 1993 im 18. Jahrgang erscheinenden Zeitschrift
war das interreligiöse Friedensgebet von Assisi 1985. Als im Spätjahr 1992 die Ein-

---

[54] Marienlexikon (Anm. 53), S. 449.

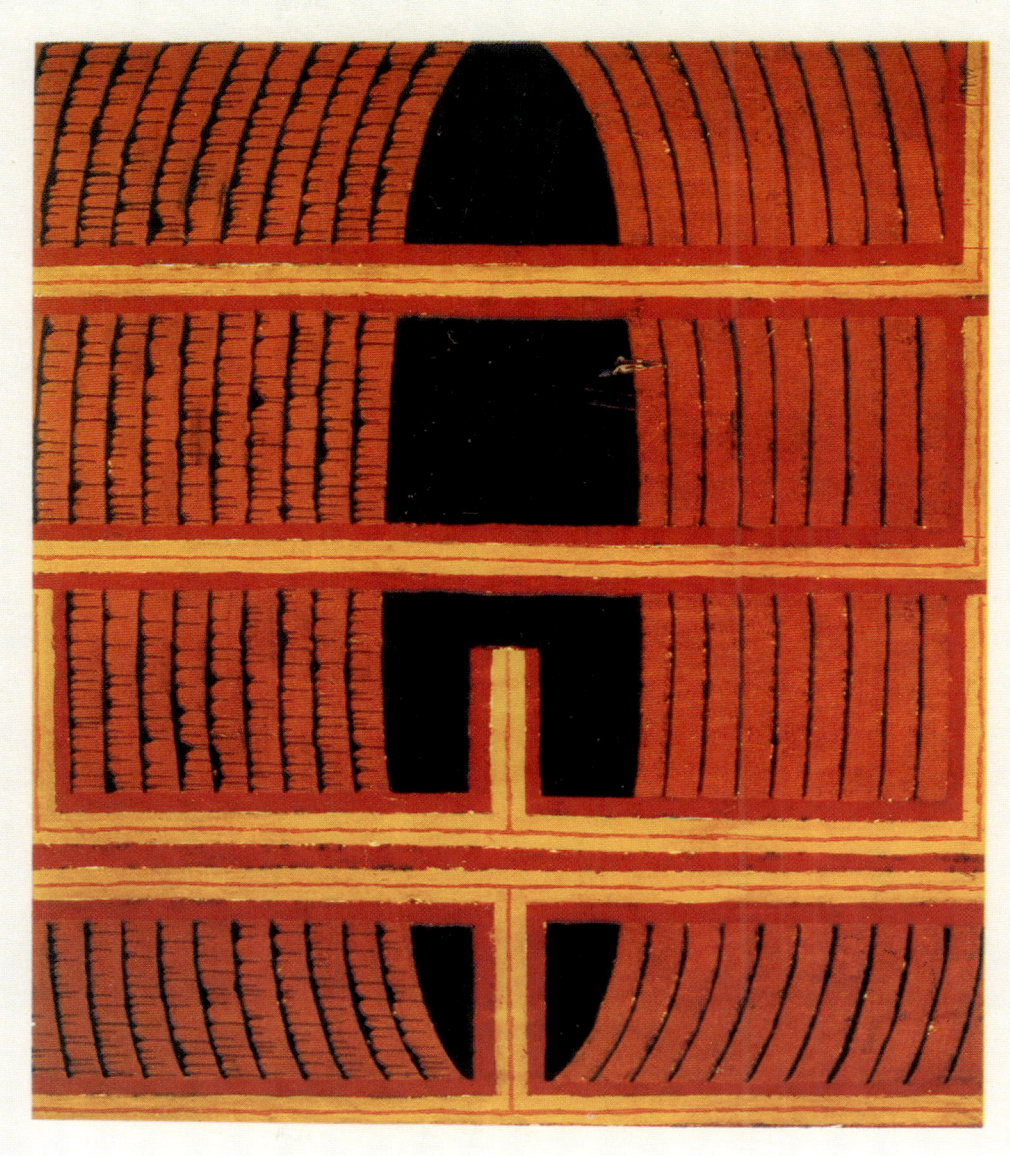

Luis Cruz Azaceta: Hell/Act, 1988

Salomé: Höllenfahrt (1 Petrus 3, 19 f. + 4, 6), 1988

ladung des Papstes und der Vorsitzenden der Europäischen Bischofskonferenzen zu einem ähnlichen Gebetstreffen im Januar 1993 bekannt wurde, fragte das Blatt:

Haben die vielen Kriege nach Assisi 1986 nicht überdeutlich erwiesen, wie sehr solche „Gebete" Gott beleidigen?[55]

Es entspricht dem Gottesbild dieser Sekte, daß die Kriege von Gott angezettelt werden, weil er beleidigt ist. Daher besagt ein Drohgedicht einer Frau Christel Koppehele in derselben Nummer:

Sie aber ziehen es vor,
im multireligiösen Reigen ihrer „relativen Wahrheiten"
den Toleranztanz ihrer Indifferenz zu veranstalten –
[...] Sie werden elend umkommen [...]
Diese WAHRHEIT begegnet ihnen am Ende als GERECHTIGKEIT
und fordert,
daß sie die Knie beugen müssen,
bevor sie ihren Ort erreichen,
Wo ihr Wurm nicht stirbt und ihr Feuer nie erlischt:
Den Versammlungsort der Feinde der Wahrheit.[56]

Die Zeitschrift ist von dem Wahn durchzogen, mit der Wahrheit Gottes schlechthin identisch zu sein, Arm in Arm mit ihr zu fechten und alle anderen, denen man Toleranz oder Indifferenz unterstellen kann, in die Hölle zu schicken.
1991 brachte SAKA einen Artikel des Saarbrücker Soziologen Wigand Siebel, eines ihrer Standardautoren: „Ratzingers Lehre von den letzten Dingen"[57], in dem der Verfasser die 6. Auflage der Eschatologie Ratzingers vor dem Raster seiner Vorurteile sichtet. Der Stil dieses Pamphlets ist durchaus repräsentativ für alle Artikel der Zeitschrift und Siebels im besonderen. An die Stelle von Nachweisen und argumentativen Gedankengängen treten Mutmaßungen und Unterstellungen, ein häufiges „offenbar"; „hohe Auflagen im theologischen Bereich sind Anzeichen für eine modernistische Theologie"[58]; „für Ratzinger ist begriffliche Klarheit und logische Konsequenz in der Gedankenführung weniger wichtig"; „von der Problematik hat Ratzinger offenbar nichts gehört"[59]; „das Desinteresse Ratzingers nicht nur an einer katholischen, sondern auch an einer rationalen Theologie".[60]
Mit solchen und ähnlichen hemmungslosen Behauptungen wird stets versucht, den wissenschaftlichen Ruf eines Autors zu ruinieren, ja, seine Zurechnungsfähigkeit zu bestreiten. Dann erfolgen die näheren theologischen Unterstellungen und Behauptungen ins Blaue:

Zu der entleerten Hölle hat Ratzinger das *entleerte Dogma* gesellt. Sein Leser wird vor der Realität der Hölle nicht gewarnt, weil man das Dogma nach diesem Dogmatiker

---

[55] SAKA 18, 1993, S. 13.
[56] SAKA (Anm. 55), Nr. 1, S. 16.
[57] SAKA (Anm. 55) 16, 1991, S. 201–207.
[58] SAKA (Anm. 55) 16, 1991, S. 201.
[60] SAKA (Anm. 55) 16, 1991, S. 204.

ruhig äußerlich anerkennen, inhaltlich aber als nicht ernst gemeint darstellen und neue Inhalte einfüllen kann.[61]

Dann erfolgt das abschließende Vernichtungsurteil:

> Ratzingers Eschatologie bietet ein verstümmeltes Bild der christlichen Lehre. Eine größere Zahl von Dogmen sind unterminiert oder der Sache nach geleugnet worden. So ist sein Buch ein vorzügliches Mittel zur Bewirkung des Glaubensabfalls bei seinen Lesern. Entscheidend unter allen Häresien ist Ratzingers Christusbild. Von hier aus ergeben sich alle anderen Mängel des Buches. Mit Ratzingers Ansicht, nach der der Mensch Jesus Ausdruck für Gott und sein Handeln ist, huldigt er dem Modalismus. Mit seiner Verleugnung der Gottheit Christi zeigt er sich als Arianer. Ratzinger ist wie sein Lehrer Rahner vom Glauben abgefallen und somit Apostat.[62]

Die Frechheit, mit der hier Rufmord betrieben wird, wird nur noch von der theologischen Ignoranz des Verfassers übertroffen nach dem Rezept: Man nehme aus der Kiste der alten Häresien unbeschwert von theologiegeschichtlichen Kenntnissen und klebe sie einem verdächtigen Subjekt an, je gehäufter um so besser, etwas wird immer bei unkundigen Lesern hängenbleiben. Um Tatsachen braucht der Wahrheitsbesitzer sich nicht zu scheren: Was mag es ihn interessieren, daß Ratzinger niemals bei Rahner Schüler gewesen war – „man" hat ja die unfehlbare Kompetenz, über den Glauben dieser Menschen zu urteilen. Und so kommt man zum Schluß:

> Nach dem Häretiker Johannes Paul II., der seine praktische Apostasie beim Weltkirchengebet von Assisi erwiesen hat, steht damit an zweiter Stelle an der Spitze der römisch-ökumenischen Kirche ein weiterer Apostat.[63]

1992 brachte SAKA ein Höllengedicht eines Jörg Modlmayr, von dem es im Kontext heißt, „die sprachliche Formkraft, das reiche Kolorit seiner Empfindungen und Bilder sowie seine tiefe Gläubigkeit" beeindruckten in ungewöhnlicher Weise; ein Gedichtband dieses Dichters wird dem empfohlen, der „hinter Sichtbares schauen will und Trost sucht":

> Du mächtige Jungfrau
>
> Blick hinab und schaudre tief: Die Schlange!
> Eklig suhlt der Molch im Schwalch der Flut.
> Maul und Lefze geifern kaltes Blut,
> dunkel wie der Mond im Niedergange.
>
> Jählings klappert laut die wilde Zange.
> Vom Gewühl, darin er faul geruht,
> kammbewehrt und bläulich, hornbeschuht,
> steigt das Tier mit pfeifendem Gesange.
>
> Welt und Meer zur Walstatt zu entfachen,
> bläst der Wind den heißen Schwefelsturm,
> Gift und Feuer wirbeln aus dem Rachen,

---

[61] SAKA (Anm. 55) 16, 1991, S. 204.
[62] SAKA (Anm. 55) 16, 1991, S. 207.
[63] SAKA (Anm. 55) 16, 1991, S. 207.

schon bedroht er frech den höchsten Turm.
Mächtig naht die Frau und wirft den Drachen,
abwärts stürzt zur grausen Brut der Wurm.[64]

Natürlich gehören zu den schlimmsten Sünden, die dieses „Oratorium von der göttlichen Wahrheit" anzuprangern hat, die des Fleisches, und auch hier muß der Papst unter den Urhebern „skandalöser Geschehnisse" herhalten. So wird 1993 angeprangert:

daß Johannes Paul II. im April 1984 im Römer Olympiastadion dem Tanz von 1200 Mädchen im knappsten Sportdress zuschaute;
daß der „Heilige Vater" im Herbst 1980 der Gymnastikübung knapp bekleideter Sportlerinnen, die an den Jugendspielen in Rom teilgenommen hatten, zusah;
daß am 8. Mai 1984 in Mount Hagen (Neuguinea) bei einer „Papstmesse" die 18jährige Studentin Susan Kenye als Lektorin auftrat, wobei diese lediglich mit einem Lendenschurz aus Blättern – „oben ohne" also! – bekleidet war;
daß „Seine Heiligkeit" am 9. 5. 1984 auf den Salomoninseln lächelnd der Darbietung einer Gruppe von Bauchtänzerinnen zusah;
daß der „heilige Vater" am 15. 11. 1986 in Sydney (Australien) in Albe und Stola zwei junge Mädchen an den Händen faßte und sich mit den Jugendlichen zu Musik im Pop-Rhythmus wiegte.[65]

Aus der Aufregung, die aus diesen wörtlichen Zitaten spricht, wird die sexualneurotische Verfassung der ungenannten Verfasser deutlich. Nun könnte man die Schreibtischtäter-Mentalität, die unkontrollierte Aggressivität und die Sexualneurosen in dem Winkel belassen, in dem sie vor sich hin existieren, wäre da nicht noch eine gemeingefährliche Komponente. Im November 1992 ging das Blatt zur offenen antisemitischen Hetze über. Es gab einem italienischen Geistlichen mit einem auch in Frankreich nachgedruckten Artikel das Wort: „Der Gottesmord".[66] Dabei rühmte es sich selber, „heiße Eisen" anzugehen. In dem Artikel wird die Ansicht verteidigt, „daß das religiöse Judentum in seiner Gesamtheit für den Tod unseres Herrn Jesus Christus verantwortlich ist":

Man kann daher, ohne eine Übertreibung zu befürchten, sagen, daß die Lehre von der Kollektivschuld des Judentums (als Religion) an der Tötung Christi unbedingt gesichert ist.[67]

Ungehemmt spricht der Beitrag von dem „jüdischen, wegen Gottesmord verdammten und verfluchten jüdischen Volk".[68]

Er bietet eine Reihe von Zitaten, vor allem aus den ersten christlichen Jahrhunderten, auf, um „nachzuweisen", daß das Zweite Vatikanische Konzil und die neuere Theologie sich gegen die wahre katholische Tradition der Judenverdammung gewandt haben. In einer Fortsetzung dieser Polemik heißt es von Seiten der Redaktion 1993:

---

[64] SAKA (Anm. 55) 17, 1992, S. 107.
[65] SAKA (Anm. 55) 18, 1993, S. 20 f.
[66] Von Abbé Curzio Nitoglia, in: SAKA (Anm. 55) 16, 1992, S. 250–257.
[67] SAKA (Anm. 55) 16, 1992, S. 250 f.
[68] SAKA (Anm. 55) 16, 1992, S. 257.

Kann man sich mit denjenigen solidarisieren, die einem Volk angehören, das als solches den Mord an unserem Heiland Jesus Christus zu verantworten hat?[69]
Auf jeden Fall braucht die Kirche die Juden, die ihr so oft mit Feindschaft begegneten, nicht als Gesprächspartner. Wohl aber brauchen die Juden die Kirche, um ihr ewiges Heil nicht zu verlieren.[70]

Hier reicht die Minderheitenhetze über den kirchlichen Binnenraum hinaus; sie wird rassistisch und damit gesellschaftlich relevant. Die Verbindung dieses fanatischen Hasses mit der Höllenthematik kommt im letzten Zitat zum Ausdruck.

Zu den sektiererischen Gruppierungen, die sich außerhalb der römisch-katholischen Kirche gestellt haben, zählt die Anhängerschaft des früheren Missionserzbischofs Marcel Lefebvre.[71] Sein Bruch mit der Kirche war 1988 definitiv geworden, als er neue Bischöfe für seine Sekte zur Weiterführung seiner Gründung weihte. Wesentliche Stütze der letzteren ist die „Priesterbruderschaft St. Pius X." Bei deren 20. Gründungstag sagte Lefebvre in einer Predigt am 29. 4. 1990 in Friedrichshafen vor etwa zehntausend Anhängerinnen und Anhängern:

Aber was ist ein Priester, meine lieben Brüder? Der Priester nach dem Geist der katholischen Kirche ist derjenige, der das Kreuzesopfer Unseres Herrn Jesus Christus darbringt, der durch das Sakrament der Priesterweihe, das er empfängt, die Gewalt besitzt, dasselbe Opfer darzubringen, das Unser Herr Jesus Christus am Kreuz dargebracht hat. Der Priester ist somit der, welcher eine Gewalt hat, eine Gewalt über Gott selbst, über das fleischgewordene Wort – eine Gewalt, Unseren Herrn Jesus Christus selbst auf den Altar herabsteigen zu lassen, um Sein Opfer zu erneuern.
Das ist der Priester. Eine außerordentliche, eine unwahrscheinliche Gewalt! Als arme Geschöpfe, schwache Geschöpfe haben wir eine Gewalt über den Gott, der der Schöpfer des Weltalls ist, der alles erschaffen hat, der uns erschaffen hat – eine Gewalt, Ihn auf den Altar herabsteigen zu lassen, um Sein Opfer zu erneuern.[72]

Nach dieser Verherrlichung der religiösen Gewalt mußte natürlich auch die Gegengewalt zur Sprache gebracht werden:

Meine lieben Brüder, der Gegenstand der verhängnisvollsten, der zähesten, der boshaftesten Angriffe des Teufels auf die Kirche ist das Priestertum. Der Teufel hat einen Haß auf den wahren Priester, einen Haß auf das wahre Priestertum, einen Haß auf die wahre Messe, auf die Messe, die das Kreuz Jesu ist, weil er durch das Kreuz Jesu besiegt worden ist. Seit dieser Zeit hört er nicht auf, das Priestertum anzugreifen, um die Messe zerstören zu können, weil die Messe das ist, wodurch wir ihn besiegen werden. [...] Vor allem, so kann man sagen, geschahen die Angriffe des Teufels auf die Priester einerseits durch die Schismen wie das Schisma Luthers, der das Priestertum zerstört hat und folglich den Altar zerstört hat. Die Angriffe geschahen aber auch durch das Aufgeben der priesterlichen Tugenden auf seiten der Priester, das Aufgeben der Armut, das Aufgeben der Keuschheit. [...] Aber ich glaube, daß niemals die Macht des Teufels so

⁶⁹ SAKA (Anm. 55) 18, 1993, S. 8.
⁷⁰ SAKA (Anm. 55) 18, 1993, S. 9.
⁷¹ Vgl. dazu die Arbeiten meines Schülers A. Schifferle: Marcel Lefebvre – Ärgernis und Besinnung. Kevelaer 1983; ders.: Das Ärgernis Lefebvre. Information und Dokumentation zur neueren Kirchenspaltung. Fribourg 1989.
⁷² Mitteilungsblatt der Priesterbruderschaft St. Pius X. Nr. 136, April 1990, S. 38.

stark gewesen ist wie in unseren Tagen, daß niemals die Angriffe des Teufels so einschnei-
dend und so geschickt und auch so zerstörerisch waren wie heutzutage. [...] Und wie
das? Nun, durch Veranstaltung eines Konzils – durch Veranstaltung eines Konzils, das
einen Geist haben sollte, der sich dem Protestantismus näherte, da der Protestantismus
ein Zerstörer des Priestertums und des Altares ist, weil der Protestant nicht an das
Sakrament der Priesterweihe glaubt, nicht glaubt an das Meßopfer als ein Opfer zur Wiedergutmachung der Sünden – sie zerstören die Messe und das Priestertum. Ja, es ist dem
Teufel gelungen zu bewirken, daß die Autoritäten der Kirche in gewisser Weise dem
Eindringen dieser zerstörenden Prinzipien bis ins Innere der Kirche durch den Öku-
menismus günstig gegenüberstanden. [...] Wenn wir keine katholischen Priester mehr
haben, werden wir keine katholische Messe mehr haben. Und ohne katholische Messe
kommen wir nicht mehr in den Himmel. Die Himmelsstür ist zu. Ja, man muß logisch
sein.[73]

Die Komponenten treten in dieser Predigt des Sektengründers klar an den Tag: Eine
Reform, die auf die Ursprünge zurückgeht, wird nicht akzeptiert, weil sie das Selbst-
und Gewaltbewußtsein (Priestertum) zurücknimmt, das für Menschen dieser Art
die unentbehrliche ideologische Existenzgrundlage ist. Sie meinen, mit dem Ritus
den Schlüssel zum Himmel zu verwalten. Jede Berufung auf die Souveränität der
Gnade Gottes kann für sie nur ein Werk des Teufels sein. Daß der Meßritus „zur
Wiedergutmachung der Sünden" stattfinde, war eine historisch gewordene Eng-
führung, die im Sektenbewußtsein ins Zentrum gerückt wird. Von daher gibt es für
Menschen dieser Art keine ökumenischen Verständigungsmöglichkeiten – und überhaupt keine Gespräche mit Andersdenkenden. Daß sie mit diesen nicht fair verfahren können, weil man mit Agenten des Teufels kein Federlesen macht, versteht sich
von selbst.

Zu denen, die ihr ganzes Glaubensgebäude um den Ritus der lateinischen Messe
von 1570 errichten, gehört die Vereinigung „Una Voce". Sie war eine der ersten,
die im Zusammenhang mit dem Konzil als traditionsorientierte Protestbewegungen
entstanden.[74] Von anderen aufgeregten Kreisen unterscheidet sie sich praktisch nur
dadurch, daß sie die Rechtmäßigkeit der Päpste nach dem Konzil nicht bezweifelt.
Ihre Zeitschrift in Deutschland, „Una Voce Korrespondenz", erscheint 1993 im 23.
Jahrgang. Ihre Autoren und verantwortlichen Redakteure, darunter der sehr häufig pro Nummer mehrfach vertretene pensionierte Caritasangestellte Andreas Schön-
berger, ziehen Fachtheologen, Pfarrer und andere Seelsorger, kirchliche Zeitschrif-
ten und auch Bischöfe vor das Tribunal ihrer Aufsicht über korrekte Riten und rechten Geist. Als selbsternannte Glaubensrichter verteilen sie Zensuren über Häresien
und richten gegebenenfalls denunziatorische Schreiben an obere kirchliche Autoritäten; verhalten diese sich nicht willfährig, dann werden auch sie mit dem Verdikt
als Glaubenszerstörer, „schlechte Hirten" u. ä. belegt. Die hemmungslose Aggressivität (immer gepaart mit penetranter Frömmelei und Opferseligkeit) kommt in dem
erklärten Willen, Existenzen durch Berufsverbote zu vernichten, zum Ausdruck. Die

---

[73] Mitteilungsblatt (Anm. 72), S. 39 f.
[74] Vgl. die immer noch instruktive Selbstdarstellung: Die katholische Traditionalistenbewegung (Reihe
Kritische Texte 5). Zürich 1970.

Zeitschrift führte mehrfach bewegte Klage über das Verschwinden des „Dies Irae"
aus der römischen Liturgie. Diese von der Kirchenmusik häufig packend vertonte
Sequenz, in ihrer letzten Gestalt aus Italien, wohl Mitte des dreizehnten Jahrhunderts, stammend, enthielt Formulierungen der Einschüchterung und Verängstigung,
hier zitiert in der lange Zeit üblichen Schott-Übersetzung:

> Tagt der Rache Tag den Sünden,
> Wird das Weltall sich entzünden,
> Wie Sibyll und David künden.
>
> Welch ein Graus wird sein und Zagen,
> Wenn der Richter kommt, mit Fragen
> Streng zu prüfen alle Klagen!
>
> Laut wird die Posaune klingen,
> Durch der Erde Gräber dringen,
> Alle hin zum Throne zwingen.
>
> Schaudernd sehen Tod und Leben
> Sich die Kreatur erheben,
> Rechenschaft dem Herrn zu geben.
>
> Und ein Buch wird aufgeschlagen,
> Treu darin ist eingetragen
> Jede Schuld aus Erdentagen.
>
> Sitzt der Richter dann zu richten,
> Wird sich das Verborgne lichten;
> Nichts kann vor der Strafe flüchten.
>
> Weh! was werd ich Armer sagen?
> Welchen Anwalt mir erfragen,
> Wenn Gerechte selbst verzagen?
>
> [...]
>
> Wenig gilt vor Dir mein Flehen;
> Doch aus Gnade laß geschehen,
> Daß ich mög der Höll entgehen.
>
> Bei den Schafen gib mir Weide,
> Von der Böcke Schar mich scheide,
> Stell mich auf die rechte Seite.
>
> Wird die Hölle ohne Schonung
> Den Verdammten zur Belohnung,
> Ruf mich zu der Sel'gen Wohnung.
>
> Schuldgebeugt zu Dir ich schreie,
> Tief zerknirscht in Herzensreue,
> Sel'ges Ende mir verleihe. Usw.

Diese Dichtung wurde 1570 mit dem „Missale Romanum" Papst Pius' V., dem heiligen und unantastbaren Buch der Liturgie-Traditionalisten, amtlich in die römische

Liturgie eingeführt und mit deren Reform vierhundert Jahre später wieder daraus entfernt.[75] In der „Una Voce Korrespondenz" wurde generell die Forderung erhoben, in der eucharistischen Liturgie müsse um die „Bewahrung vor der ewigen Verdammnis" gebetet werden, das sei heute ganz besonders notwendig.[76] Diesem kleinen, aber pathologisch rabiaten Kreis wird nicht Unrecht getan, wenn er zu den „Infernalisten" gerechnet wird.[77] Es ist ihm nicht möglich, seinen Höllenglauben ohne die Verunglimpfung Andersdenkender zu bekennen.

Als Forum selbstgerechter Aufregung, der Diffamierung mißliebiger Personen, vorzugsweise auf dem Weg von Unterstellungen und Andeutungen, und auch als Sprachrohr der „Infernalisten" dient die Beilage „Theologisches" zu einer „Offerten Zeitung für die katholische Geistlichkeit und engagierte Gläubige" (wobei die engagierten Gläubigen weniger an Beichtstuhlpolstern und Liedanzeigern interessiert sein werden als an dem, was unverlangt in Pfarrhäuser und Klöster als „Gedankengut" geliefert wird). Redaktionell betreut wird „Theologisches" von jenem Monsignore Johannes Bökmann, erzbischöflich-kölnischer Moralprofessor, der in den achtziger Jahren den Höllenstreit mit Hans Urs von Balthasar wesentlich mitgetragen hat. Die Mentalität und Verhaltensweise von „Theologisches" unterscheidet sich nicht von dem, was bisher zum katholischen Integralismus im allgemeinen und Una Voce im besonderen dargestellt wurde. Der von „Theologisches" betriebene Rufmord ist angesichts der Gratisverbreitung des Blattes über das ganze deutsche Gebiet besonders gravierend. Gelegentlich sind die Autoren mit „Una Voce Korrespondenz" ausgetauscht, z. B. der pensionierte Hochschulprofessor Walter Hoeres, dessen Kassandra- und Untergangsnachrichten, verbunden mit Ketzermutmaßungen, in beiden Blättern erscheinen. Die „Offerten Zeitung" verfügt auch über die Beilage „Apostolisches", herausgegeben vom „Vereinten Apostolat im Geist Mariens", in der die „Fatima"-Botschaft verbreitet wird. Die Mentalität dieses Apostolats wird durch Bezugnahmen auf die überlebende Seherin von Fatima, Lucia, deutlich. Nach dieser hing und hängt Wohl und Wehe der Menschheit davon ab, ob die Welt und ihre einzelnen Regionen dem „Unbefleckten Herzen Mariens" geweiht werden. Diesbezügliche Anweisungen entnimmt sie fortlaufenden Visionen; so droht sie, wenn die Weihe hinausgeschoben wird, 1931 mit dem Schicksal des Königs von Frankreich[78]; der Ausbruch des Zweiten Weltkriegs wird dem Versäumnis der rechtzeitigen Weihe durch Pius XII. zugeschrieben. Folgerichtig führt „Apostolisches" den mörderischen Krieg in Bosnien darauf zurück, daß die Bischöfe von Bosnien und Herzegowina „ihr Land bisher nicht dem Unbefleckten Herzen Mariens geweiht" haben.[79] In diesem Kontext heißt es:

---

[75] Vgl. A. Gerhards: Eschatologische Vorstellungen und Modelle in der Totenliturgie. In: Ders. (Hrsg.): Die größere Hoffnung der Christen. Freiburg 1990, S. 147–158.

[76] Anonym, in: Una Voce Korrespondenz 22, 1992, S. 271.

[77] Vgl. dazu auch von einem weiteren Standardautor der Zeitschrift, dem pensionierten Mainzer Kirchenrechtler G. May: Der Glaube in der nachkonziliaren Kirche. Wien 1983.

[78] 1793 auf der Guillotine.

[79] Offerten Zeitung Nr. 5/Mai 1992, Apostolisches S. 2.

Von vielen Theologen und Gläubigen wird die Existenz von Engeln und Teufeln sowie auch Verdammter (die Hölle ist leer) geleugnet. Dem widerspricht Fatima ganz klar. Die dortigen Ereignisse beginnen mit einer Engelerscheinung. Auch wurde den Seherkindern die Hölle gezeigt. Die Gottesmutter sagte dazu, daß viele Menschen in die Hölle kommen, weil niemand für sie opfert und betet.[80]

Die Mentalität „infernalistischer" Kreise ist nicht harmlos. Sie konkretisiert sich unter anderem in Minderheitenhetze, die, weil sie im Zeichen des großen Kampfes gegen das höllische Reich gesehen wird, nicht selten Pogromstimmung verbreitet. Das gilt auch für die illustrierte Zeitschrift „30 Tage in Kirche und Welt", die der italienischen, an den Neofaschismus grenzenden Kirchenbewegung „Communione e Liberazione" nahesteht und sich außer der Jagd auf einzelne Theologen (wie Karl Rahner) die Stimmungsmache gegen die Freimaurer angelegen sein läßt.

Die „Bewegung für Papst und Kirche", die mit der Zeitschrift „Der Fels" in den achtziger Jahren im Höllenkontext Hans Urs von Balthasar befehdete, besteht nach eigenem Bekunden seit 1967, „weil eine von Grund auf antikatholische, auf Zerstörung zielende Ideologie in den Raum der Kirche eingedrungen ist". Auch sie verfügt über die volle Wahrheit und definiert, was katholisch ist: „Ausschluß der beharrlich Irrenden ist ein Vollzug der wahren Christusliebe."[81] Der Zusammenhang des Blutdenkens mit der Ideologie dieser Bewegung kommt im folgenden drastisch zum Ausdruck:

Während zwei Meßfeiern im „vorkonziliaren (= tridentinischen) Ritus" im Allgäu 1970 zeigten sich zweimal auf verschiedenen Altartüchern Flecken, die als von Menschenblut stammend identifiziert wurden. Da 400 Jahre zuvor das alte „Missale Romanum" eingeführt worden war, wurde der Vorfall sogleich als „Blutwunder" und als „Fingerzeig des Himmels" identifiziert, nach dem wohl niemand mehr ernsthaft behaupten wolle, „daß die überlieferte Heilige Messe nach dem Ordo Pius' V. und der Novus Ordo Missae von 1969 als dogmatisch wie spirituell gleichwertig anzusehen sind." Eine Prämie von 15.000,- DM wurde für den Nachweis ausgesetzt, daß sich eine solche Begebenheit bei einer Messe im nachkonziliaren Ritus je einmal zugetragen habe.[82]

In Burgund besteht ein Kloster, Monastère Saint-Joseph de Clairval, das unverlangt Schriften auch in deutscher Sprache versendet. In der Selbstdarstellung heißt es:

1972 gegründet, hat das Kloster Sankt Josef die Ehre Gottes und das ewige Heil der Seelen zum Ziel. Es befolgt die Regel des hl. Benedikt und ist Papst Johannes II. und der katholischen Hierarchie unterworfen.
Worum handelt es sich? Wir müssen alle sterben, und zwar bald. Nach dem Tod gibt es nur zwei endgültige Lösungen: entweder Himmel oder Hölle. Das ist viel aufs Spiel gesetzt. [...]
Die Welt braucht heute vielleicht mehr denn je das Gebet der Mönche, um die Beleidigungen wiedergutzumachen, die Gott zugefügt werden durch die unzähligen Sünden, die heutzutage begangen werden. Deswegen wird jeden Tag das heilige Meßopfer in der Konventskirche oder in Oratorien von jedem unserer 29 Priester (lateinisch) zelebriert.

---

[80] Offerten Zeitung (Anm. 79), ebd.
[81] Merkblatt vom Oktober 1991: Was ist und was will die „Bewegung für Papst und Kirche?"
[82] Veröffentlicht Leopoldshafen Okt. 1991.

Die Rundbriefe des Klosters arbeiten nach der alten literarischen Methode der Beispielerzählungen und der umfangreichen Zitationen. Sie bieten reiche Belege für den weiterlebenden Höllengeist und die Mentalitäten seines Umfeldes. So heißt es im November 1992 an die Adresse „Lieber Freund des Klosters Saint-Joseph":

> Am 6. Oktober 1986 sagte der Heilige Vater in Ars: „Das Wort Heil gehört zu den am häufigsten wiederkehrenden Worten beim heiligen Pfarrer von Ars. Was bedeutet es für ihn? Gerettet werden heißt, von der Sünde befreit zu werden, die von Gott entfernt, das Herz abstumpft und uns für immer von der Liebe Gottes auszuschließen droht, was das größte Unglück wäre." Diese schreckliche Möglichkeit der ewigen Verdammnis wird uns von Jesus Christus an zahlreichen Stellen des Evangeliums vor Augen geführt. Nun kann es nicht sein, daß die unendliche Weisheit nur so gesprochen hat, um uns „Angst zu machen"; aber hinter den Bildern vom Pfuhl, der von Feuer und Schwefel brennt (Apk 21,8), vom Becher des Zornes Gottes (Ebd. 14,10) und vielen anderen, verbirgt sich eine Wirklichkeit, eine schreckliche Wirklichkeit, über die wir nachdenken sollten; diese Bilder sind trotz allem nicht in der Lage, den ganzen Schrecken an diesem Ort der Qual (Lk 16,28) heraufzubeschwören. Die Furcht vor der Hölle ist eine Gnade, um die wir beten müssen.

Damit ist ein primitiver theologischer Trick gefunden worden: Wer sich nicht vor der Hölle fürchtet, dem fehlt nach diesem vom Abt des Klosters, Dom Augustin Marie OSB, unterzeichneten Rundbrief einfach die Gnade Gottes. Umgekehrt sind dann die „Infernalisten" die Begnadeten. Die Marienapokalyptik kann in diesem Kloster, in dem eine Fatima-Statue in Prozession umhergetragen wird, nicht fehlen; im Text heißt es weiter:

> Auch die Allerheiligste Jungfrau Maria fürchtet die verhängnisvollen Folgen der Sünde für uns. Als sie am 19. September 1846 in La Salette zwei Kindern erschien, sagte sie zu ihnen: „Wenn mein Volk sich nicht unterwerfen will, so bin ich gezwungen, den Arm meines Sohnes loszulassen."

Im folgenden wird auf die alte Zeiteinteilung zurückgegriffen: „Die Zeit unseres irdischen Lebens ist eine Zeit der Barmherzigkeit für die Sünder", damit diese umkehren können. Danach erfolgt das Gericht, das besonders jene erreichen wird, heißt es unter Zitation von 2 Petr 2,9 f., „die in unreiner Begierde der Fleischeslust nachjagen"; hier wird der Bibeltext vom Verfasser ergänzt, damit niemand im Zweifel darüber sei, worin die neutestamentliche Fleischeslust bestehe: „Ehebruch, Empfängnisverhütung, Selbstbefleckung usw." Die Überheblichkeit über die Sünder fehlt nicht:

> Wenn ein Schiff Schiffbruch erleidet, ist es sehr unangenehm, die friedlich Eingeschlafenen wecken zu müssen. Man muß es nichtsdestoweniger tun. Ebenso müssen wir die armen Sünder aufwecken, die in der Erstarrung der Sünde gleichsam eingeschlafen sind und erst für den ewigen Tod erwachen werden, wenn wir sie nicht wecken.

Im gedruckten Rundbrief zu Weihnachten 1992 schreibt der gleiche Abt:

> Der Tod ist nur ein Unglück, wenn man mit schweren Sünden beladen stirbt (Sünden wider den Glauben, die Hoffnung und die Liebe zu Gott und unserem Nächsten; Unterlassen des Gebets und der Beichte, wenn sie notwendig wäre, Jähzorn, Rachsucht,

Haß, Mord, Abtreibung, gegen die Keuschheit verstoßende Gedanken, Blicke und Werke, allein oder mit anderen, Ehebruch, Empfängnisverhütung, Diebstahl, Lüge, Verleumdung, Fluchen, Trunksucht, Drogensucht, Vernachlässigung beruflicher Pflichten usw.). Wenn man das Unglück hat, im Zustand der Todsünde zu sein, muß man vollkommene Reue üben und baldmöglichst beichten, denn niemand kennt den Tag und die Stunde, zu denen Gott einen zu sich ruft.

Von den vielen erbaulichen Stories, die den Abfluß der Sündenermahnungen unterbrechen, sei wenigstens eine zitiert:

Das folgende Zeugnis stammt von einem Priester: „Einer meiner Mitbrüder, ebenfalls Priester, war tief betrübt. Sein älterer Bruder lag im Sterben. Doch trotz aller Bitten und Tränen seiner Frau und der ganzen Familie wollte der Sterbende kein Wort von einem Priester oder von Gott hören, den er 25 Jahre zuvor vergessen und verlassen hatte.
Da sagte ich zu der betreffenden Familie: ‚Versucht doch ohne sein Wissen ein Skapulier[83] zwischen die Kleider des Sterbenden zu schieben.‘ Alle schrien auf: ‚Wir werden nur Zornesausbrüche und Flüche provozieren, wenn der Kranke es merkt! …‘
Nichtsdestoweniger drängte ich weiter: ‚Überlaßt doch der Heiligen Jungfrau die Sorge, ihr formelles Versprechen zu halten: Wer immer mit diesem Skapulier bekleidet stirbt, wird die Flammen der Hölle nicht sehen.‘ Ich sprach vergebens und mußte ohne die Hoffnung weggehen, daß mein Rat befolgt würde.
Doch wenige Tage später erhielt ich einen Brief von meinem Mitbruder, der mir unter anderem folgendes schrieb: ‚Ich schulde dir Dank und statte ihn hiermit aus tiefstem Herzen ab. Der Leib meines Bruders ist noch nicht unter der Erde, doch seine durch den Glauben erleuchtete und durch eine tiefe Reue geläuterte Seele ist heute morgen – davon bin ich überzeugt – in die Hände der Barmherzigkeit gefallen. Wie Du geraten hast, wurde in die Kleider des Kranken ohne sein Wissen ein Skapulier eingenäht. […]
Ich habe an der Kraft des *unerkannt oder widerwillig* getragenen Skapuliers gezweifelt, als könnte ein über einen vor Kälte erstarrten und bewußtlosen Kranken geworfener Mantel diesen nicht erwärmen! Das Skapulier, der Mantel Marias, kann das Feuer der Liebe in einer durch die Kälte des Vergessens und der Sünde erstarrten Seele entfachen.‘“

Solche Texte werden, wie gesagt, 1992 und nicht etwa 1392 oder 1442 unter Katholiken verbreitet.

Ein Beispiel aus der katholischen Trivialliteratur soll diese Hinweise auf das Weiterleben der Höllenangst und -vorstellungen heute beschließen. Unter den Broschüren, die in Schriftenständen an Kirchtüren auslegen, findet sich unter vielen anderen Erscheinungsgeschichten auch eine solche über angebliche Erscheinungen und Mitteilungen des Erzengels Raphael[84], die im niederländischen Haaksbergen stattgefunden haben sollen und vom Seher wie vom Herausgeber „im Gehorsam dem Urteil der röm.-kath. Kirche" unterstellt werden:

Nun, da die Endzeit mit ihren furchtbaren Gefahren und Prüfungen angebrochen ist, tritt Sankt Raphael als Künder und Bote Gottes erneut vor die Menschheit. Er erscheint

---

[83]   Ein Skapulier ist ein Stoffstreifen, der besonders von den Karmeliten seit dem 13. Jahrhundert eingeführt wurde, weil eine Marienerscheinung dessen Tragen für Sterbende als Unterpfand des ewigen Heils empfohlen haben soll.
[84]   Endzeitliche Botschaften August 1984–September 1985, hrsg. von J. Künzli. Jestetten ³1989.

im Licht und will uns das Licht Gottes bringen, damit wir in dieser Dunkelheit nicht in die Irre gehen und dem Abgrund, der Hölle, verfallen.[85]

Folgende Jenseitsreise habe sich am 16. 8. 1985 zugetragen:

Ungefähr fünf Minuten später, gerade als ich mit dem Ankleiden fertig war, stand der heilige Raphael, diesmal in Purpur gekleidet, am Fußende meines Bettes und sagte: „Dies ist mein Bußgewand, nun sollst du den Greuel dieser Welt schauen." Dann streckte er seine Hand aus, die ich festhielt, und dann verließen wir das Haus.
Draußen war es hell. Wir gingen in östlicher Richtung. Unter mir sah ich verschiedene Länder, Rassen und Völker. Ich sah das Schrecklichste der Welt und der Menschen, die durch ihre Taten die Ursache von Christi Leiden sind. Darunter sah ich Abtreibung, Hurerei, Homosexualität, Sakrilegien, Krieg, Mord, Gewalt, Fluchen, Gotteslästerung, Kindesmißhandlung usw. usw. Dann sah ich ein Bild von Jesus Christus, wie sein Herz Liebe ausstrahlt, die von den Menschen aber nicht angenommen wird. Christus weinte. Dicke Tränen liefen über seine Wangen. Von der Erde kam ein gewaltiger Gestank hoch, wie Schwefel und Jauche. Es war ein unbeschreiblicher Gestank. Dabei sah ich eine abscheuliche Gestalt. Sie hatte einen Kopf wie von einem Ziegenbock mit Hörnern, ihre Hände waren Klauen, worin sie einen Beutel mit Goldstücken hielt. Der hl. Raphael zeigte auf diese Gestalt und sagte: „Das ist der Engel des Verderbens; die Menschen erhalten die Goldstücke als Belohnung für ihre schlechten Werke."
Ich sah, wie Kinder von Erwachsenen geschlagen und sexuell mißbraucht wurden. In Holland sah ich, wie Ungeborene durch Abtreibung ermordet wurden; in Japan vielleicht das zehnfache und in Amerika noch mehr.
Über die ganze Welt sah ich viele Männer und Frauen, die mit Personen desselben Geschlechts schlafen.
Dann sah ich gottgeweihte Männer und Frauen in Priesterkleidung oder Habit, die ihrem Gelübde untreu sind, die am Tage die priesterliche und religiöse Pflicht erfüllen und nachts sich dem Sexleben hingeben. Erneut sah ich den weinenden Christus, so wie zuvor beschrieben.
Durch alle diese abscheulichen Handlungen kam wieder derselbe Gestank hoch. Der Engel des Verderbens stand lachend an der Seite und ließ einen Laut erklingen. Er hörte sich an wie von einem heulenden Wolf.
Nun veränderte sich der Engel des Verderbens und ward ein Priester, woran nichts Auffälliges bemerkbar war. Darauf begab er sich unter die nichts ahnenden Menschen, spornte sie an, um das Böse unter dem Schein des Guten zu tun.
Dann hörte ich Menschen fluchen und Gott lästern. Auch sah ich Menschen, die eine Art Turban als Kopfbedeckung tragen, die das Kreuz Christi zertreten und zerschlagen. Darauf wurden mir Frauen in Männerkleidung (lange Hosen) gezeigt. Auch sah ich eine Frau in einem Arbeitsanzug auf einem Bauplatz. Darauf sagte der hl. Raphael voll Abscheu: „Der Platz der Frau in Gottes Schöpfung, so wie er es gemeint hat, ist in der Familie: Als treue Mutter soll sie für ihre Kinder in Liebe und Demut sorgen, mitwirkend an Gottes Schöpfung." Ich sah, als dies gesagt wurde, eine Mutter mit ihren Kindern. Sie erzählte ihnen von Jesus und seiner Liebe zu uns Menschen.
Plötzlich konnte ich das Leid, das Christus angetan wird, nicht mehr mitansehen und begann daher zu weinen. Der heilige Raphael legte daher seine Hand vor meine Augen und tröstete mich, indem er sagte: „Auch das Gute, das noch in der Welt lebt, sollst du sehen."

---

[85] Aus dem Vorwort des Herausgebers J. Künzli.

Nun sah ich ein Bild von einer Menschengruppe, die hauptsächlich aus Frauen bestand. Sie trugen halblange Röcke und hatten auf dem Haupt ein Kopftuch. Sie beteten eifrig den Rosenkranz. Es ging von ihnen ein Lichtstrahl zu dem Allerheiligsten Herzen Jesu aus, und ich sah Jesus vor Freude lächeln. Dann sagte der hl. Raphael: „Laßt diese ein Vorbild für euch und eure Gemeinschaft sein. Sporne viele Menschen zum Gebet an! Allein Gebet und Buße kann diese fluchbeladene und sündige Welt noch retten. Geht viel auf Wallfahrt!"[86]

Noch manche andere Einzelheiten wären für die Kenntnis dieser Mentalität von Belang. Kleine Irrlehren, z. B. die Vorstellung, daß Menschen Engel werden können, stören den Seher nicht:

Dann sah ich Jesus Christus auf einem Thron sitzen. Er hatte seine Hände nach einer langen Reihe von unzählbar vielen Kindern, die alle weiß gekleidet waren, ausgestreckt. Gleich bei ihrer Ankunft scharten sie sich um den Thron als Engelchen. Ich erkannte nun ihre Gesichtchen: Es waren alles abgetriebene Kinder, die im Mutterschoß getötet wurden.[87]

Am Ende des Traktätchens wird berichtet, der Erzengel Raphael habe im September 1985 dem Seher den Auftrag an den Papst mitgegeben, ein marianisches Jahr anzuordnen. Ein holländischer Bischof habe dies im November 1985 dem Papst persönlich mitgeteilt, der daraufhin am 1. 1. 1987 ein marianisches Jahr ausgerufen habe.[88] Auf diese Art wird die Glaubwürdigkeit von Visionären abgesichert, die mit der Leichtgläubigkeit kirchlicher Kreise rechnen.

Die Hölle lebt weiter bei Kindern und Jugendlichen

Ein mit der Höllenthematik nah verwandter, jedoch von mir aus systematischen und aus Raumgründen bisher weitgehend ausgesparter Bereich ist der des heute wieder verstärkt auftretenden Satanismus. Untersuchungen dieses Phänomens[89] machen auf eine notwendige Unterscheidung aufmerksam: Es gibt einen sogenannten rituellen oder organisierten Satanismus, zum Teil nach Art von Geheimorden organisiert, und daneben tritt, viel weiter und vor allem bei Jugendlichen verbreitet, der spontane oder ambulante Satanismus mit okkulten Praktiken, Anrufungen von Geistern, Schwarzen Messen usw. auf. „Im Bereich des sogenannten Kultursatanismus spielt die Faszination Satans besonders in der Hard-Rock-Musik, dem Heavy Metal, eine besondere Rolle."[90] Die genauen Sachverhalte sind nicht erforscht, daher ist es nicht möglich, den Beteiligten zu unterstellen (wie das kirchliche Fundamentalisten und Integralisten häufig tun), es handle sich bei ihnen in der Mehrzahl um überzeugte

---

[86] Künzli (Anm. 84), S. 15–17.
[87] Künzli (Anm. 84), S. 18.
[88] Künzli (Anm. 84), S. 47.
[89] Vgl. dazu C. Krieg: Die Wiederkehr des Teufels? – Satanismus heute. In: Evangelische Theologie 52, 1992, S. 75–85, mit Literaturhinweisen.
[90] Krieg (Anm. 89), S. 83; W. Martin: Teuflische Botschaften der Rockmusik? In: Religion heute H. 12, 1992, S. 266–270 (Lit.).

Hinein mit ihr! – Huhu! Haha!
Der heil'ge Franz ist auch schon da.

Abb. 14 Wilhelm Busch: Karikatur aus Die fromme Helene

Teufelsanhänger. Inwieweit es sich um Provokation des etablierten Bürgertums und der kirchlichen Religiosität oder um die Suche nach Schock- und Reizerlebnissen ohne Überzeugungshintergrund handelt, läßt sich gleichfalls ohne untersuchte Erfahrungen und Aussagen nicht konstatieren. Die Herkünfte des Rock-Musik-Satanismus sind natürlich in den USA zu suchen. Vorformen sind bei den Rolling Stones

Ende der sechziger Jahre mit ihrer „Sympathy For the Devil" zu finden.[91] Bei einem Konzert der Rolling Stones 1969 verübten die „Hell Angels" einen Satansmord.[92] „Seit Beginn der achtziger Jahre gibt es im Heavy-Metal-Bereich einen Okkultismus- und Satanismusboom"[93], repräsentiert z. B. durch die Gruppe „Black Sabbath" und die Black Metal Musik, nicht nur mit Teufelsverherrlichung, sondern auch mit Gewaltpropagierung, Pornographie usw. Ein harmloseres Beispiel ist „Highway to Hell" von Heavy Metal.[94] Über die Wirkweise dieses modernen Satanismus gerade bei Jugendlichen, über mögliche krankmachende Auswirkungen in der Psyche gibt es bisher nur Vermutungen. Einblicke in Auffassungen von einer real existierenden Hölle gibt es bisher nicht.

Eine Möglichkeit, Aufschluß über ein etwaiges Weiterleben von Höllenvorstellungen zu erhalten, ist die Befragung von Schülerinnen und Schülern. Ein wissenschaftlich einwandfreies Bild wäre natürlich nur bei einer repräsentativen Zahl von Befragten zu gewinnen. Von einem meiner Seminare aus wurden im Winter 1990 in mehreren Schulklassen Westfalens, vor allem im Sauerland und im westlichen Münsterland, die Fragen gestellt: Was stellst du dir unter Hölle / unter Fegfeuer vor? Woher weißt du von der Hölle / dem Fegfeuer? Die beteiligten Lehrerinnen und Lehrer (zu denen Sr. Petra Stelzner vermittelte, der ich auch an dieser Stelle herzlich dafür danke) versicherten, daß die Themen Hölle und Fegfeuer in den betreffenden Klassen im Unterricht vorher nie behandelt worden waren. Ich habe von den erhaltenen Antworten, die im Rahmen der Thematik dieses Buches durchaus interessant sind, nur jene weggelassen, die mit den hier wiedergegebenen identisch sind, dagegen habe ich auch solche aufgenommen, die mit anderen manche Einzelheiten gemeinsam haben. Bei den Befragten (die statt der schriftlichen Antworten auch Bilder malen konnten) handelte es sich um 10-, 12-, 13- und 15jährige Schülerinnen und Schüler an Gymnasien katholischer Konfession.

Schülerbefragung: Gruppe der 10jährigen

1. Ich stelle mir unter der Hölle vor, wenn man nicht an Gott glaubt, schlecht über ihn spricht und nicht betet. Wenn man dann stirbt, kommt man nicht in den Himmel, sondern in die Hölle. Dort wartet kein Paradies auf uns, sondern eine schrecklich graue Welt. Wir werden wie Sklaven behandelt. Dort ist auch kein Gott, der uns beschützt.
2. Unter Hölle stelle ich mir einen roten See mit dunkelroten Felsen vor. Ich glaube aber nicht daran, daß man in die Hölle kommt.
3. Die Hölle ist tief im Erdkern, der Eingang ist ein Vulkan. In der Hölle ist glühende Lava und viel Feuer. Es ist wie eine Höhle. In der Hölle ist ein rotschwarzer Teufel. Böse

---

[91] Abgedruckt in „Hölle". Unterrichtspraxis Religion. Hannover 1990, S. 26 f.; englischer und deutscher Text.
[92] Krieg (Anm. 89), S. 83.
[93] Krieg (Anm. 89), S. 83.
[94] Englischer Text in „Hölle" (Anm. 91), S. 28. Vgl. auch H. Barz (Hrsg.): Dämonen im Klassenzimmer. Wenn Pädagogen das neue Zeitalter und Schüler den Teufel beschwören. Weinheim 1990, sowie einzelne Ausführungen in dem Themenheft „Kehrt der Teufel wieder?" von ru. Zeitschrift für die Praxis des Religionsunterrichts, 21. Jg., Oktober–Dezember 1991.

Menschen kommen in die Hölle und werden in die Lava geworfen. In der Lava sind viele blutige Skelette. Der Teufel hat Blut-Hörner, er hat ein schwarzes Gewand. So stelle ich mir die Hölle vor, aber ich glaube nicht daran.

4. In die Hölle kommen die Menschen, die ihre Sünden nicht bereuen und sehr viel Böses getan haben. In der Hölle herrscht der Satan, er wird als roter, furchterregender Teufel dargestellt. Er ist gemein den Menschen gegenüber, er freut sich, wenn wir etwas Böses begehen, und versucht, uns vom Gottesweg wegzulocken.

5. Hölle bedeutet für mich: wo der Teufel ist. Eigentlich gibt es für mich die Hölle und den Teufel nicht. Wenn man etwas Böses macht oder von der Hölle spricht, kommt man in die Hölle. Und wenn man etwas Gutes und Schönes macht, kommt man in den Himmel.

6. Ich stelle mir die Hölle so vor. Die Hölle stell ich mir als rotglühender, heißer Raum vor. Ungefähr wie eine Höhle. Ich bin mir nicht sicher, ob es das gibt.

7. Hölle: ein Ort, wo sehr viel Feuer ist. Ich denke mir, in der Hölle leben die Teufel, was sicher nicht stimmt.

8. Die Hölle stelle ich mir schwarz und dunkel vor. Alle Menschen, die da sind, hassen einander. Der Herrscher ist ein roter Mensch mit rotglühenden Augen. Der sagt ihnen, daß sie einander hassen sollen. Ich weiß nicht, ob es die Hölle gibt.

9. Hölle ist ein böser Ort, wo Sünder hinkommen, die nicht an Gott glauben. Wenn ein Sünder in die Hölle kommt, dann wird er dadurch gestraft, daß es in der Hölle kein Wasser gibt. Aber an den Teufel glaube ich nicht. Im Gegenteil zum Himmel ist es in der Hölle schwarz und rot. Man könnte sagen, die Hölle ist ein großer Kessel.

10. Hölle: Das ist eine Höhle, wo der Teufel haust und der ganz gemein ist. Hölle kenne ich auch unter dem Begriff: da, wo die gemeinen Menschen hinkommen. Hölle ist auch eine Wirtschaft unten in der Stadt an der Kirche. Der Teufel haust aber nicht in der Wirtschaft. Der Teufel ist schon lange von Gott besiegt worden. Der Teufel kommt aber nur in Sagen vor.

11. Ich meine, daß es eine Hölle wirklich gibt. In einer Hölle lebt ein Teufel. In der Hölle ist ein riesiges Feuer. In die Hölle kommt ein Mensch, der böse Taten getan hat, der gelogen hat, der gemordet hat. Die Hölle ist tief unter der Erdoberfläche. Ich stelle mir vor, daß es in der Hölle um die 500 °C heiß ist. Ich glaube, daß man in der Hölle an die 1000 °C heißen Wände gefesselt wird. Der Teufel läßt dann heiße Lava in die Hölle.

12. Ich stell mir unter Hölle vor: Zur Hölle gehört ein Teufel. Wenn einer das ganze Leben lang böse, unartig, schlecht war, kommt er in die Hölle. Bestimmt hängt in der Hölle ein Kochtopf. Es hausen ganz viele Ungeheuer und Monster in der Hölle. Ich glaube, die Hölle ist unter der Erde oder ein anderer Planet oder eine Höhle.

13. Ich stelle mir unter einer Hölle eine große Höhle mit einem großen Kochtopf, in dem heißes Wasser brodelt, vor. Dann stelle ich mir vor, daß in der Hölle ein Teufel mit einem Ungeheuer an der Leine steht, und jeder, der in die Hölle kommt, der muß in den Kochtopf springen, und derjenige, der sich weigert, wird von dem Ungeheuer gebissen. Hoffentlich kommt da keiner rein.

14. Böse Kinder kommen in die Hölle. In der Hölle ist es rot, und überall leuchten rotgelbe Flammen. In der Hölle ist der Teufel. In der Hölle ist es schrecklich.

15. Hölle: Teufel, Feuer, heiß, böse, furchtbar, gemein. Gibt es aber nicht.

16. Hölle: Es ist tief unter der Erde, und dort ist glühende Lava und Feuer. Dort kann man nicht hin, nur wenn man sein ganzes Leben etwas ganz Böses getan hat, dann kommt seine Seele dort hin. In der Hölle wohnt der Teufel, der die Menschen bestraft für das Böse, was er sein ganzes Leben getan hat. Die Hölle ist wie eine Höhle. Sie ist ganz schwarz, und nur die glühende Lava und das Feuer ist knallrot. Die Hölle ist auch ein Restorant in Menden.

Abb. 15 Kinderzeichnung

17. Wenn man ein Sünder oder ein Verbrecher ist, kommt man in die Hölle. (Natür-lich wenn man tot ist.) Wenn man ein Verbrecher ist, der muß Kohle in das Feuer wer-fen. Wenn man ein Sünder ist, wird ausgelost, ob er doch in den Himmel kommt. Der Teufel ist der Herr der Hölle.

18. Die Hölle gibt es nur in unserer Fantasie. Ich persönlich glaube nicht an die Hölle, aber manche Menschen glauben an die Hölle und meinen, daß dort der Teufel lebt. Man sagt ja, daß dort die bösen Menschen nach ihrem Tod hinkommen.

19. Hölle bedeutet für mich, wo der Teufel ist. Für mich gibt es die Hölle nicht. Auch den Teufel nicht. Manchmal denk ich, wenn man widerspricht, kommt man in die Hölle. Und wenn man lieb ist, kommt man in den Himmel. Unter Fegefeuer verstehe ich ein loderndes großes Feuer. So recht vorstellen kann ich mir davon nichts. Mit viel Rauch. Ich weiß, daß man kein Feuer fegen kann.

20. Hölle: Feuerort, wenn man auf der Erde böse, schlecht, hinterhältig usw. ist. Man sagt, die Hölle wäre ein teuflischer, heißer Ort. – Fegefeuer: Unter diesem Wort stelle ich mir eine zusammengefegte Feuerstelle vor.

21. Hölle: Dahin kommen die Menschen, die böse waren und nicht an Gott geglaubt haben. Sie haben im Leben nicht gebetet und sind nicht in die Kirche gegangen. Hölle ist für mich etwas Böses. Es ist das Haus des Bösen. In der Hölle ist es dunkel und traurig. In der Hölle gibt es Teufel, die böse sind. Sie sind häßlich und schrecklich. Hölle ist das Gegenteil von Himmel.

22. Unter Hölle stelle ich mir vor, daß dort ein Teufel lebt, und wenn man das Leben lang böse ist, dann dort nach dem Tod hinkommt. Der Teufel ist mit Feuer umringt, und jeder, der dort hinkommt, muß dem Teufel dienen und durchs Feuer gehen.

Kinderzeichnung zum Thema Hölle

Kinderzeichnung zum Thema Hölle

23. Unter Hölle stelle ich mir vor: irgend etwas tief unter der Erde. Eine Höhle, wo
der Teufel einen riesigen Suppentopf mit einem kochenden Zeug darin hat. – Unter
Fegefeuer stelle ich mir ein Feuer vor, das wie Wind überall umherfegt.

24. Ich stelle mir unter der Hölle die Wohnung des Teufels vor. Ein Fegefeuer kenne
ich nicht, aber ich denke mir, daß es etwas Furchtbares ist. Hölle: Aber der Teufel ist
ja schon lange von Gott besiegt worden. In den Filmen werden die bösen Menschen in
die Hölle und die guten in den Himmel gebracht. Das stimmt nicht. Alle Menschen
kommen in den Himmel.

Gruppe der 12jährigen

1. Fegefeuer: Letzte Chance, sich zu Gott zu bekehren.
Hölle: Behausung des Teufels, wo die schlechten Menschen vernichtet werden. Satan
(Teufel): Engel, der von Gott abgefallen ist.

2. Hölle: Da kommen die Menschen hin, die nur Schlechtes in ihrem Leben gemacht
haben. Hölle ist das Gegenteil von Himmel. In den Himmel kommen alle hin, die was
Gutes in ihrem Leben gemacht haben. Als erstes kommen sie auf den Friedhof, und hin-
terher, wenn sie verwest sind, kommen sie in den Himmel oder in die Hölle. Gott nimmt
die Guten in den Himmel auf.

3. Wenn man in die Hölle kommt, stelle ich mir vor, daß man vom Hellen ins Dunkle
kommt. Und wenn man einmal in der Hölle ist, kommt man nicht mehr raus.

4. In der Hölle befinden sich die Seelen, bei denen das Böse überwiegt. Nachdem ein
Mensch gestorben ist, wird das Gute gegen das Böse ausgewogen. Wenn das Gute über-
wiegt, kommt man in den Himmel, wenn aber das Böse überwiegt, kommt man in die
Hölle. Ich glaube aber nicht, daß in der Hölle Teufel wohnen.

5. Hölle: Kann ich mir nur drunter vorstellen, daß man in die Hölle kommt, wenn man
ein schlechter Christ war, nach dem Tod, sonst nichts, und dort seine Sünden in der
Hitze verschwitzen muß.

6. In der Hölle wohnt der Teufel. In die Hölle kommen, so erzählen die Erwachsenen
ihren Kindern, alle bösen Menschen hin und werden in großen Behältern, die über dem
Feuer erhitzt werden, gekocht. Hölle ist das Gegenteil des Himmels (Paradies) und ist
im Erdinnersten.

7. Hölle: Teufel; Ort, wo die „Bösen" bestraft werden; Flammenmeer; Gadafi, Sadam
Hussein, Adolf Hitler, Stalin.

8. Hölle: weit weg von Gott, ewige Qual, weil man nicht zu Gott kann und deswegen
keine Liebe erfährt.

9. Hölle: das Böse, das Gegenteil zum Reich Gottes, eigentlich kann es die Hölle im
Reich Gottes nicht geben. – Fegefeuer: zwischen Himmel und Hölle; man ist zwar nicht
bei Gott, man darf aber immer noch hoffen, zu ihm zu kommen.

10. Fegefeuer: Feuer, das in der Hölle brennen soll.

11. Fegefeuer: Hexenverbrennung, Tod durch das Feuer.

12. Fegefeuer: Ich weiß nicht genau. Ich glaube, es ist ungefähr das gleiche wie die Hölle.

13. Unter dem Begriff Fegefeuer kann ich mir leider gar nichts vorstellen, weil ich ihn
nicht kenne, genau wie meine Reli-Kameraden.

14. Fegefeuer: In diesem Feuer brennt unser Herz, wir bereuen dort unsere Sünden.
Dort bleibt man so lange, bis man alle seine Sünden eingebüßt hat, und erst dann kommt
man in den Himmel. Das Fegefeuer ist ein Ort vor dem Himmel oder vor der Hölle.

15. Fegefeuer: Ich habe das Wort noch nie gehört, aber ich könnte mir vorstellen, daß
es irgend etwas mit dem Tod zu tun hat. Vielleicht reißt es alle Leute mit, die ungläubig

sind, schlecht über Gott reden und nicht mal dann beichten gehen. Die werden vom
Fegefeuer mitgerissen in den Tod. Dadurch kommt man vielleicht in die Hölle.
16. Fegefeuer ist mir kein Begriff.
17. Fegefeuer: Dazu fällt mir nichts ein, weil ich es noch nie gehört habe.[95]

Gruppe der 13jährigen

1. Meine Mutter hat mir früher immer gesagt: „Die Kinder und die Leute, die böse sind,
die kommen in die Hölle. Und die Leute, die in die Hölle kommen, werden in einen riesigen Kessel mit heißem Wasser getan, und ein Teufel mit Mistgabel und Hörnern steht
vor dem Kessel und lacht. Wenn man tot ist, liegt man auf dem Boden und wird in die
Erde gezogen."
2. Unter der Hölle verstehe ich einen unheimlich heißen Raum, der nichts Gutes bedeutet. Von der Hölle spricht man nur Schlechtes, und ich weiß dies auch nur aus Erzählungen von älteren Menschen. Sie erzählen zum Beispiel, daß, wenn ein Mensch
Unrechtes tut, er in die Hölle kommt statt in den Himmel zu Gott, aber daran glaube
ich nicht, da Gott alle Menschen liebt. Alte Menschen sagen, die Hölle besteht aus Feuer.
Die Hölle ist das Gegenteil vom Himmel. Der Himmel bedeutet Gutes, die Hölle
Schlechtes. Die Hölle besteht aus Haß, Krieg usw. Eigentlich weiß ich den Begriff Hölle nur aus Erzählungen zu erklären. Ich denke, das weiß keiner so genau.
3. Hölle: daß dort die Leute hinkommen, die sehr böse sind und die sehr viele Sünden haben. Und daß es dort einen bösen Mann gibt, der immer sehr böse ist. Daß die
Leute dahin kommen und im Feuer verbrennen.
4. Unter Hölle verstehe ich einen Ort, an dem es sehr heiß ist. Es könnte der Mittelpunkt
der Erde sein. Man kann hier nicht leben, weil es zu heiß ist. Aber die Hölle gibt es meiner
Meinung nach nicht. Wahrscheinlich meint man mit der Hölle den Mittelpunkt.
5. Himmel und Hölle, zwei Wörter. Ich glaub' nicht so recht daran. Ich denke, vielleicht wird wirklich am Ende unseres Lebens entschieden werden, was mit uns passiert.
Wird Gott uns aufnehmen in seine große Gemeinschaft? Es kommt wahrscheinlich auf
uns an. Wie haben wir uns benommen, was haben wir aus unserem Leben gemacht?
6. Jeder Baum ist gefällt, jeder Fluß ist verseucht, jedes Tier ist geschlachtet, jeder
Mensch ist gedemütigt, jedes Kind ist gestorben, jede Landschaft zerstört, das ist die
Hölle! Nur Gott ist noch da! Ganz allein der Mensch war schuld! Hätte er doch mal
die Tiere gefragt!
7. Unter Hölle stelle ich mir vor, daß in der Hölle nur Böses ist. Dort kommen die Leute
hin, die nur gesündigt haben in ihrem Leben. Sie kommen zum Teufel, zu dem Bösen,
das in der Hölle ist.
8. Hölle: Ein Ort für die Leute, die große Sünden zu Lebzeiten getan haben. Ein Ort,
wo die Toten von ihren Sünden „rein" werden. Früher dachte ich, daß dort ein Teufel
herrscht.
9. Hölle: Ich meine, so was gibt es nicht, denn Gott nimmt alle zu sich.
10. Das Reich des Satans, der alle großen Sünder zu sich holt. Dort müssen sie große
Hitze aushalten.
11. Hölle: Andere Welt, wo sündhafte Menschen nach ihrem Tod hinkommen.
12. Hölle: Ein Ort, in den die Toten kommen, die angeblich ganz böse waren und nicht
in den Himmel durften. In der Hölle wohnt der Teufel mit den Geistern der Unterwelt.
Sie müssen dort arbeiten.

---

[95] Die Antworten Nr. 16 und 17 sind die in großer Mehrzahl vorkommenden.

13. Fegefeuer kenne ich nicht!
In der Hölle: ganz heißes Wasser
Teufel
furchtbare Qualen
auch so ganz heiß
da wird man gekocht.
14. Ich stelle mir unter der Hölle viele Teufel vor, die den toten Menschen die Augen
ausstechen u. ä. Da ist ein großes Feuer und ein Schwefelbad.
15. Hölle: Feuer, Buße, Kessel, Kannibalismus, Unterdrückung.
16. Fegefeuer: Da kommen die Menschen herein, die in der Hölle nicht ordentlich gearbeitet haben.
17. Unter Fegefeuer stelle ich mir den Ort für die Armen Seelen vor. Dort nämlich soll
man die letzten Sünden büßen, die ein Mensch noch nach dem Tode auf sich hatte. Es
wird meiner Meinung nach jedoch schnell gehen, da Jesus Christus für unsere Sünden
gestorben ist und deshalb schnell verzeiht.
18. Hölle: Alles Böse, Dämonen, Schuld, schlechtes Gewissen, es ist zu spät, sich zu
verbessern, „ewige Hypnose".
19. Hölle: Teufel, Kochtopf, rot, heiß, Buße, Strafe
Fegefeuer: Hexen, Hexenverbrennung, Hexenverfolgung, Zauber.
20. Hölle: Tod, Sünde, Haß, Nazis, 3. Reich usw.
21. Hölle: Damit soll das Gegenteil von Himmel gemeint sein. Denkt man an Hölle,
denkt man automatisch an Teufel, bei Himmel an Gott. Eben das Gute und Hölle das
Böse. Früher hat man Kindern gedroht: „Wenn du nicht brav bist, kommst du später
mal in die Hölle." Viele Leute glaubten daran, vielleicht auch jetzt noch, ich glaube nicht
daran, aber man kann auch hier nichts garantieren!

Gruppe der 15jährigen

1. Unter der Hölle stellen sich Menschen oft das Leben unter der Erde vor. Sie meinen, wenn sie nicht in den Himmel kommen (bzw. ihre Seele), kommen sie in die Hölle. Dort, so meinen sie, ist alles böse und unheimlich, und sie bekommen ihre Strafe.
Ich selbst glaube weniger an die Hölle. Es ist zwar auch schwer zu begreifen, wie es im
„Himmel" ist, jedoch beziehe ich in meinen Glauben die Hölle eigentlich gar nicht ein,
da es für mich nur Gott und das Himmelreich gibt und dort bekommen die „schlechten" Menschen auch die gerechte Strafe. Darüber habe ich jedoch noch nicht viel nach-
gedacht, welche Strafe sie erhalten könnten. Für mich gibt es Gott, und an einen Teufel glaube ich eigentlich nicht so sehr.
2. Unter Hölle stelle ich mir nicht einen großen Ofen mit Teufeln vor, sondern einen
kalten leeren Zustand, wo die bösen Menschen schmachten. Sie werden sehen können,
wie gut es denen im Himmelreich geht und wie nah sie Gott sind. Die Ferne von Gott
wird die größte Strafe für sie sein.
3. Ich finde, daß das Fegefeuer und Hölle dasselbe sind. Dazu fällt mir ein: Teufel, Hitze, schlechte Menschen kommen in die Hölle, Buße für die Bosheit, der sie auf Erden
verfallen waren, schwarz, unter der Erde, häßlich. Menschen müssen schmoren, bis sie
ihre Boshaftigkeit bereuen.
4. Hölle: Ist wenn man schlecht behandelt wird. Gibt es nicht. In der Hölle wohnt der
Teufel. In die Hölle kommen Böse. Die Hölle ist das Gegenteil des Himmels. In der Hölle
gibt es nur Böses. Die Hölle ist eine Höhle.
5. Hölle: Hier wird man für Sünden bestraft. Dennoch glaube ich nicht ganz daran,

weil Gott so barmherzig und lieb ist, daß er jedem verzeiht. Aber ich denke dennoch, daß er Sünden etwas bestraft. (Vorangestellt: Dies wurde mir erzählt, als ich ca. 4 Jahre alt war. Inzwischen bin ich mir darin nicht mehr so ganz sicher, doch einiges davon ist einfach in mir haften geblieben.)

6. Die Hölle gibt es in meinem Sprachschatz nicht. Ich glaube nicht, daß es so etwas gibt. Ich bin ja Christ und kein Kultfan von irgendeiner Satans- oder Teufelssekte.

7. Als ich noch ein kleines Kind war, ist mir immer gesagt worden, daß in der Hölle der Teufel lebe und daß es dort sehr heiß sei. Ich habe dann immer an ein großes Loch gedacht, in dem in der Mitte kochende Glut sei. Aber jetzt glaube ich dies nicht. Ich meine, daß die Hölle das Gegenteil vom Himmel ist. In die Hölle kommen die „Bösen", in den Himmel die „Guten".

8. In Geschichten und Märchen wird erzählt, daß, wenn man eine böse Tat begangen hat, man in die Hölle kommt. In der Hölle ist der schwarze Teufel. Die Hölle ist ganz rot, rot wie Feuer. Man wird verbrannt. So wird das Feuer größer und größer. Bei uns zu Hause wird das Wort Hölle nie genannt, in der Schule auch nicht. Aber ich glaube, daß die Hölle eine Erfindung des Menschen ist. Vielleicht sollte es eine Ermahnung sein, nicht böse zu sein.

9. In die Hölle kommen die Menschen, die mehr Schlechtes als Gutes in ihrem Leben getan haben. Die Hölle ist nicht wie das Fegefeuer eine Chance zur Umkehrung, sondern eine Strafe Gottes für das ganze Leben. Die Hölle wird als großes Feuer beschrieben. In die Hölle kommen die Menschen, die zu ihren Mitmenschen gemein und hart waren.

10. Vor der Hölle habe ich Angst. Dort kommt man hin, wenn man in seinem Leben böse war. Da ich die Hölle nicht mag, rede ich mir ein, daß es sie nicht gibt, aber manchmal stelle ich sie mir so vor.

11. Man sagt, daß die Hölle existiert. Aber das glaube ich nicht. Gott verzeiht allen Menschen, weil er sie liebt. Woher wollen die Menschen wissen, daß es eine Hölle gibt? Wenn es eine Hölle gäbe, dann würde Gott uns gar nicht lieben. Man sagt auch, daß in der Hölle der Teufel ist und auf die bösen Menschen mit Feuer wartet, um sie zu verbrennen. Wenn der Teufel nur die Bösen verbrennt, dann liebt er ja die guten Menschen. Aber das macht er nicht. Dann gibt es auch keine Hölle. Na ja, schon, aber da ist nur der Teufel drin. Kein Mensch kommt zur Hölle. (Vielleicht gibt es eine Hölle und einen Teufel.)

12. Hölle: Eine Warnung für die Menschen, besser zu leben.

13. Ich stelle mir unter einer Hölle eine Höhle vor, die in Flammen steht, aber nie abbrennen wird und kann. Ich glaube, daß die schlimmen Dinge der Erde dort verbrannt werden. Für mich ist die Hölle das Gegenteil vom Himmelreich. Die Hölle hat auch was mit Mord zu tun.

14. In Märchen ist die Hölle immer mit Feuer und Teufel mit Hörnern und Pferdefuß. Ich aber stelle mir den Teufel als schlechtesten, ganz normalen Menschen vor, der in der Hölle regiert. Die Hölle stelle ich mir so vor, daß in die Hölle die Menschen kommen, die das ganze Leben lang gesündigt und nicht an Gott geglaubt haben. Und ich glaube, daß die, die in der Hölle sind, ein ganz normales sterbliches und schlechtes Leben führen. Wie die Hölle genau aussieht, weiß ich nicht. Doch sie wird vielleicht Hölle genannt, weil dort überall Bosheit, Lügen und Unfreundlichkeit herrschen.

15. Fegefeuer: Feuer, das sich schnell ausbreitet. Könnte Symbol sein für schnelle Glaubensausbreitung. Hölle: Das Dunkle des Himmels, die unschöne Seite. Dort wo schlechte Menschen büßen müssen.

16. Fegefeuer: Teufel fegt über die Erde und holt sich die bösen Menschen zur Bestrafung in die Hölle.

17. Hölle: Teufel, Böses, ist man einmal drin, kann man nicht mehr zu Gott kommen, ewige Qual.

Fegefeuer: Jüngstes Gericht, man steht vor Gott und bekennt seine Sünden. Zwischenteil zwischen Himmel und Hölle.

18. In die Hölle kommen die Leute, die zuviel gesündigt haben und dies auch nicht bereuen. In der Hölle ist der Teufel. Dort ist man von den „Guten" im Himmel getrennt.

19. Fegefeuer, was ist das denn? Vielleicht ein großer brodelnder Kessel, wo die Bösen drin schwimmen. Hölle ist für mich die schrecklichste Zeit, nachdem ich gestorben bin. Aus der Hölle muß Gott mich dann erretten.

20. Also, in die Hölle komme ich, wenn ich ein nichtchristliches Leben geführt habe. Oder auch Mörder, die allerdings nicht freiwillig sterben, sondern dazu verurteilt werden, denn das ist ja kein „wahrer" Tod, sondern ein künstlich herbeigeführter.
Fegefeuer: Meiner Meinung nach stelle ich mir darunter nur ein riesiges Feuer vor, das entfacht ist, um vielleicht die Menschen auf Urias aufmerksam zu machen. Aber richtig kann ich mir darunter eigentlich nichts vorstellen.

21. Hölle: Ich stelle mir darunter die Behausung des Teufels vor. In alten Büchern stellte man immer eine dunkle rote Höhle dar. Das ist meiner Meinung nach die bildliche Darstellung. Man kann sich aber auch fühlen, als ob man durch die Hölle geht. Meinetwegen wenn man etwas sehr bereut, was man vorher getan hat.

22. Unter Hölle verstehe ich: im Tiefsten der Erde ist ein großes Loch, ich meine damit eine unterirdische Höhle, wo sich ein großes Feuer befindet, was ganz heiß ist. Dort lebt der Teufel. Der Weg dorthin ist sehr dunkel. Dort sollen alle bösen Menschen bestraft werden. Aber irgendwie glaube ich nicht an die Hölle und den Satan, da es ja heißt, daß vor Gott alle Menschen gleich sind und daß Gott allen Menschen verzeihen wird, egal ob er was Böses getan hat oder nicht.

Weitaus die meisten auf der Basis völliger Freiwilligkeit befragten Schülerinnen und Schüler zogen es vor, die Hölle im Bild, meist farbig, darzustellen. So kamen viele Dutzende von Abbildungen zusammen. Auf einigen von ihnen brachten die Malerinnen und Maler Bildlegenden an, die ihre Auffassungen erklären sollten. Zur Vervollständigung der Eindrücke seien mehrere von ihnen hier wiedergegeben.

Bildlegenden von 10jährigen

1. Mit diesem Bild will ich zeigen, daß die bösen Menschen in die „Hölle" kommen und gequält werden, z. B.
– im heißen Kessel
– auf dem Nagelbrett
– in dem 100 Volt Bett
– an die Kette gespannt werden usw.
Dadurch wird ihnen der Tod zur Quälerei. (Im Himmel ruhen die Seelen.)

2. Ich stelle mir vor, daß in der Hölle die Menschen in glühende Lava geworfen werden, daß es dort heiß ist und die Vulkane dort blubbern.

3. So stelle ich mir die Hölle vor: Der Teufel quält die Toten. Der schwarze Mann ist der Tod. Er bringt dem Teufel einen neuen Sünder, er kam durch das Tor. Der Drache auf dem Thron warnt die Lebenden vor dem Tod und hält sie auf, wenn sie fliehen wollen. Der lilane Doppelkopf ist der Diener und Herold des Todes. Er schlägt einen Sünder zusammen, der nicht dem Teufel dienen will. Andere Sünder werden mit einem Lavabad gequält. Ein besonders schlimmer Sünder hängt über einem Feuer und wird dadurch gequält.

4. Ich stelle mir vor, daß in der Hölle die Menschen voneinander getrennt werden und in Käfige gesteckt. Die, die sich auf der Erde *ganz* schlecht benommen haben, werden qualvoll ermordet.

5. In der Mitte steht der Teufel. Die Hölle ist heiß und brutal. Die Menschen werden in heiße Lava getaucht. Wenn sie einmal in der Lava sind, sind sie sofort tot und nur noch ein Skelett.

6. Die Hölle habe ich mir so vorgestellt: Man fliegt als erstes durch das Weltall und fällt dann in einen großen Topf mit Gift und Menschenfraßsäure. Nach dem wird man entweder zersägt, oder der Kopf wird zermalmt.

7. Die Totenköpfe sagen alle, daß sie lieber besser hätten sein sollen auf der Erde.

8. Ich habe mir gedacht, daß der Oberteufel die Menschen zu kleinen Teufeln verwandelt, aber die ganz bösen Menschen kommen in einen glühenden Käfig oder bekommen einen glühend heißen Ring um den Hals, oder aber sie kommen ins Feuer.

9. So stelle ich mir die Hölle vor: Oben rechts ist ein Mensch, der ausbrechen möchte. Das soll heißen, daß niemand aus der Hölle ausbrechen kann. Im gelben Feuer kämpfen welche, das soll heißen, daß sie böse sind.
Der links ist der Teufel.
In der Mitte muß jemand Kohlen schleppen. Das tut weh!
Im unteren Feuer kämpfen noch welche.

10. In einigen Käfigen sitzen Menschen. Vollkommen isoliert von den anderen. Der Oberteufel hält in der Hand einen Schlüsselbund mit den Schlüsseln für die Käfige. Rechts und links von ihm stehen Wachposten, ebenfalls Teufel. Alle Gefangenen, die schreien, werden im Feuer gefoltert. Die gesamte Hölle glüht von Feuer, Mißgunst, Neid und Bosheit. Alle Gefangenen haben einen *grünen* Sträflingsanzug an, sie tragen ihn, weil die Teufel grün hassen. Die Teufel wollen damit ausdrücken, daß sie die Menschen hassen.

11. Ich habe den Eingang der Hölle gemalt. Es ist eine dunkle Höhle. Am Eingang stehen Bewacher, die aufpassen müssen, daß keine Feinde oder andere in die Hölle kommen. Zuerst kommen sie zu dem Teufel, der die Menschen auspeitschen läßt. Dort, wo die Hölle ist, ist immer Nacht.

12. Die Menschen fahren in einem Aufzug zur Hölle. Dort sorgt ein Teufel dafür, daß alle über eine Leiter auf einen Galgen klettern. Auf dem Galgen zanken sich die Menschen noch. Wenn sie jedoch erhängt worden sind, fallen sie sofort ins Feuer und verbrennen dort. Dort bereuen sie erst, daß sie so viel Böses getan haben.

13. In der Hölle soll es grauenvoll sein. Die Menschen sind in Käfigen eingesperrt. Wenn ein angeketteter Mensch einen Tropfen abkriegt, wird er auch ein Teufel. Die Menschen, die von der Erde kommen, sind blind, damit sie den Weg zur Erde nicht wiederfinden.

Bildlegenden von 12jährigen

1. Ich denke mir, daß in der Hölle die Teufel Menschen umbringen, essen und die Seelen in der Seelenkammer aufbewahren.

2. Ich habe mir bei diesem Bild gedacht, daß in der Hölle die Menschen ganz klein auseinandergenommen werden und alle beisammen ans Regal gehängt werden.

3. Die Menschen werden ausgepeitscht, gestohlene Herzen werden eingemacht, Menschen werden seelisch gefoltert.

4. Ich stelle mir die Hölle folgendermaßen vor. Ein Henker zerteilt die bösen Menschen und stellt die Einzelteile auf ein großes Regal. Das Blut wird in Töpfen aufbewahrt. Ein Engel bringt die bösen Leute aus dem Himmel. Der Hund frißt Köpfe.

5. Ich stelle mir vor, daß die Menschen zum Feuer hingezogen werden und am Holz immer Steine bekommen, die den Menschen auf der Erde Kummer bereiten. Sie bekommen Brandstellen, und wenn sie ganz schwarz sind, werden sie auch ein Teufel, der aber immer ganz traurig ist.

6. In der Hölle sind alle Menschen in ganz kleine Zellen eingesperrt. An den Wänden hängen und stehen Foltergeräte, ein Helm, der das letzte bißchen Gutes aus einem raussaugt. Überall hängen Bilder von schrecklichen Ereignissen. Ein Diener des Teufels foltert gerade einen Mann, ein anderer Mensch hängt über Kopf in seiner Zelle. Ein Dieb hat den Teufel gereizt und muß zur Strafe jetzt eine halbe Stunde im Vulkan bleiben. Alle Menschen in der Hölle sind fast am Verhungern, weil sie viel zu wenig zu essen bekommen.

7. In der Hölle wird keiner umgebracht, sondern qualvoll zu einem Teufel. Der Oberteufel hat einen anderen Staub als die anderen. Die Hölle ist in der Erde, darum sind Klappstellen auf der Erde gemacht, wenn einer hineinfällt, kann er nicht wieder heraus. Auch ein Teufel kann nach ein paar Jahrtausenden sterben, dann werden die Knochen in eine Schale gelegt und werden je nach Mächtigkeit geordnet, je nach Größe. Die untertanen Teufel sind viel kleiner, und jeder hat vier Hände.

8. Die Seelen sind im Käfig eingesperrt und werden bewacht. Einer, der ins Feuer fällt, ist verloren. Die Seelen können sich an den Zacken verletzen, und sie können nie mehr aus der Hölle zurück.

9. Ich stelle mir die Hölle so vor, daß die Menschen vom Teufel im Kessel gebraten werden und dann aufgegessen werden, und daß der Teufel süchtig nach den Menschen ist. Es ist alles rot wie Blut. Roter Rauch ist auch da.

10. Ich stelle mir die Hölle so vor, daß der Teufel seine Gefangenen über einen Grill hängen läßt oder in ein Gefängnis sperrt, bis sie verrotten, oder daß der Teufel sie in einen Kerker wirft, wo Wasser enthalten ist.

11. Der Teufel quält die Seele der Menschen, indem er sie aufhängt, verbrennt usw. Ich habe den Teufel extra größer gemalt, weil er sich groß tut. Er will immer der Größte sein.

12. Die Menschen, die in der Hölle sind, müssen qualvoll leiden. Sie bitten den Teufel um Gnade, aber der Teufel bleibt hart. In der Hölle ist es stickig und dunkel, wie man an der grauen Wolke sieht. Der, der aufgehängt worden ist, ist schon blau, weil er dort schon so lange hängt.

Die Text- und Bildbeispiele von Schülerinnen und Schülern zeigen generell, daß das Thema Hölle weiterexistiert. Ein nicht unerheblicher Teil äußert Skepsis oder souveränen Nichtglauben hinsichtlich der Höllenerzählungen oder Einschüchterungspädagogik der früheren Generation. Wo Vorstellungen wiedergegeben werden, ist das noch kein Beweis dafür, daß das Vorgestellte auch für existent gehalten wird. Immerhin aber treten in den Vorstellungen, die nur in Worten wiedergegeben werden, erstaunlich viele Bestandteile, auch topographischer Art, der mittelalterlichen Visionsliteratur auf. Sie muß in der mündlichen Tradition ein zähes Überleben führen. Manches wird auf Märchen zurückgehen. Wo sich die Schülerinnen und Schüler zur Herkunft ihrer Höllengedanken äußern, kommen nie Gottesdienste – in denen doch Lk 16 oder Mt 25 gehört werden müssen – oder Werke der kirchlichen Kunst vor. Neben den Erwachsenen oder der älteren Generation werden einmal Filme erwähnt.

Anders als bei den Wortbeiträgen spielen bei so gut wie allen bildlichen Darstellungen sadistische Elemente die dominierende Rolle. Nach dem Staunen und Erschrecken der ersten Betrachter wurden Rückfragen an die Schülerinnen und Schüler gestellt, um die Herkunft der grausamen Elemente zu ermitteln. In keinem Fall wurden drohpädagogische Behauptungen von Eltern oder religiösen Erziehern angegeben; alle brachten die von ihnen ins Bild gebrachten Höllenvorstellungen mit Horror-Videos in Beziehung. Zu diesem Phänomen existieren zahlreiche wissenschaftlich detaillierte Untersuchungen, die sich allerdings verständlicherweise nicht auf die Frage erstrecken, inwieweit Horror-Videos zum Weiterleben von Höllenvorstellungen beitragen und über Höllenängste krankmachend wirken können.[96] Nach neueren Umfragen sehen mehr als 40 % der 13- bis 16jährigen „häufig" bis „sehr häufig" Horror-Videos.[97] Nach der Theorie des Kinderpsychologen Bruno Bettelheim wären „aggressive Phantasien" für die meisten Kinder notwendig, um „feindselige Gefühle stellvertretend ausleben zu können"; gefährdet wären dabei nur „von Haus aus ernstlich gestörte Kinder", d. h. solche, die aus zerrütteten Familien oder sozialen Randgruppen stammen, die als Kinder mißhandelt oder verstoßen wurden und oft unter Neurosen, Wahnideen, Minderwertigkeitskomplexen und ähnlichem leiden.[98] Unter den Morden, die unter dem Einfluß spektakulärer Gewaltdarstellungen in Horror-Videos begangen wurden, sind auch solche, die einen satanischen und okkulten Kontext hatten.

Diese Medienforschung liefert selbstverständlich unentbehrliche Hinweise für die Gefährdung von Kindern und Jugendlichen seitens skrupelloser Geschäftemacher unter der Duldung exzessiv liberalistischer Gesetzgeber und damit für die notwendigen pädagogischen Ansätze zu Auseinandersetzung und Verarbeitung. Darüber hinaus kann sie zur Erklärung des Weiterlebens von Höllenvorstellungen in kirchlichen Kreisen beitragen. Diese wären nicht nur auf die von der Mentalitätsgeschichte ergründete „Reliktmentalität" zurückzuführen. Gewiß wird diese das Ihre zu den heutigen Höllenängsten beitragen. Die Reliktmentalität in Sachen Hölle wird ja in einem eigentlichen Fundamentalismus begründet sein, das heißt in einem kritiklosen, unreflektierten Festhalten am Bibeltext, auch bei biblischen Höllendrohungen.

---

[96] Vgl. J.-U. Rogge: Heidi, PacMan und die Video-Zombies. Die Medienfreunde der Kinder und das Unbehagen der Eltern. Reinbek 1985; M. Charlton / K. Neumann: Medienkonsum und Lebensbewältigung in der Familie. Methode und Ergebnisse einer strukturanalytischen Rezeptionsforschung. München 1986 (Zahlreiche Fallstudien sollen den Nutzen der Medien im Hinblick auf Selbstbestimmung der Kinder dokumentieren); G. Maletzke: Kulturverfall durch Fernsehen? Berlin 1988 (Sammlung negativer Argumente); Ch. Doelker: Kulturtechnik Fernsehen. Analyse eines Mediums. Stuttgart 1989 (über die Notwendigkeit der Einübung des Mediums); Ch. Büttner: Video-Horror, Schule und Gewalt. Pädagogische Entwürfe für die Lehrerfortbildung gegen Horror- und Gewaltvideos bei Kindern und Jugendlichen. Weinheim 1990; W. Glogauer: Kriminalisierung von Kindern und Jugendlichen durch Medien. Wirkungen gewalttätiger, sexueller, pornographischer und satanischer Darstellungen. Baden-Baden 1991; medien + erziehung, Heft 4/1991, Themenheft: Kinderland Medien (u. a. J. U. Rogge zum Umgang mit Aggressionen); Ch. Büttner / E. W. Meyer (Hrsg.): Rambo im Klassenzimmer. Wie Lehrer/-innen sich der Videofaszination ihrer Schüler annähern können. Weinheim 1991; S. Manthe / B. Hoffmann: Kinder und Fernsehen. Bonn 1992 (Hrsg. von der Zentralstelle Medien der Deutschen Bischofskonferenz); R. Merkert: Medien und Erziehung. Einführung in pädagogische Fragen des Medienzeitalters. Darmstadt 1992 (Betonung anthropologischer und entwicklungspsychologischer Aspekte).

[97] Vgl. Popstar in der Kühltruhe. In: DER SPIEGEL Nr. 17/1991, S. 101–105.

[98] DER SPIEGEL (Anm. 97), S. 104.

Der Fundamentalismus kann sich auch auf ein autoritätshöriges Festklammern an frühere kirchliche Lehrtexte erstrecken. Aber zusätzlich zu fundamentalistischen Elementen würden dann heutige „Infernalisten" im Sinn der Kinderpsychologie die Höllenphantasien benötigen, um an stellvertretenden Personen und einem stellvertretenden Material ihre feindseligen Gefühle abreagieren zu können. Da es sich bei den „Infernalisten" um Erwachsene handelt, müßte es sich bei ihnen um ein Stadium des abgebrochenen Erwachsen-Werdens, kurz um Infantilismus handeln. Während bei Kindern diese selber vor den Auswirkungen der Horror-Phantasien zu schützen sind, müssen bei volljährigen Infantilen auch die von ihrer Aggressivität Betroffenen in Schutz genommen werden.

Schluß

Der Gang durch die Geschichte der Hölle zeigt weltweit verbreitet und vor allen Dingen im Alten Orient gemeinsame Höllenvorstellungen, das heißt die realistisch ausgemalten Ängste des Menschen, nach dem Tod nicht nur freudlos, sondern auch bestraft und gequält überleben zu müssen. Die Herkünfte dieser Ängste sind deutlich: Zur Einschüchterung durch die unbegriffene Natur – Vulkane, Höhlen, Wüsten, Meere, Nebel, Tiere – kamen von alters her Zustände von Furcht und Panik im Zusammenhang mit Sterben, Leichen, Grab. Diese Elemente trugen zum Ausbau des antiken Weltbildes wesentlich mit bei, zu dem eine „Unterwelt" als Ort der Toten und düsterer Mächte gehörte.

Die Erfahrungen des Lebens, ungerechte Schicksale, krasse Unterschiede von Arm und Reich, Herrschenden und Beherrschten förderten die Vorstellung, daß die Menschen hoffnungslos der Götterwillkür ausgeliefert sind. Das Aufkommen der Meinungen von einem Totengericht und von einem gerechten Ausgleich der Lebensschicksale nach dem Tod trug zu einer gewissen Milderung der Ohnmachtserfahrungen bei.

Das Judentum, bleibende Grundlage und Wurzel der christlichen Religion, stützt sich in seinen jahrhundertelangen Bedrängnissen auf den Glauben an den Gott der ausgleichenden Gerechtigkeit. Im Judentum entstanden, in seiner apokalyptischen Ausprägung, die Erwartungen einer anderen, jedenfalls radikal erneuerten Welt mit der Rettung der Opfer der Geschichte in der Auferweckung der Toten. Mit dieser Hoffnung verband sich die Überzeugung, daß die Sünder – prinzipiell die Unterdrücker, Lebens- und Gottesfeinde – vom glücklichen Leben der erneuerten Schöpfung wegverbannt sein würden. Von daher wuchsen allmählich die Bilder von einer negativen Gegenwelt, zu der der Schutt der Geschichte gehören würde, von den Örtlichkeiten des Ausgleichs, der Hölle. Jüdische Erwartungen dieser Art trafen sich in der jüdisch-hellenistischen Diaspora mit verwandten Gerechtigkeitsüberlegungen der Griechen.

Ohne Zweifel hat Jesus, von dem das Christentum sich ableitet, in seiner werbenden Verkündigung Elemente der Höllendrohung, die zu seiner Zeit bereits sprichwörtlich geworden waren, mit eingesetzt. Dadurch entstehen in einer (noch immer) von den Humanitätsidealen der Aufklärung stark geprägten Menschheit gravierende Fragen an die christliche Religion:

– Welchen Rang hätte eine Liebe (zu Menschen, aber gerade auch diejenige zu Gott), die durch Höllendrohungen erzwungen oder auch nur wesentlich mit motiviert wäre?

– Welchen Stellenwert hätte eine Sittlichkeit, die primär aus Furcht vor einer

Höllenstrafe erzwungen wäre? (Eine analoge Frage ist hinsichtlich der Verlockung durch himmlischen Lohn zu stellen.)

– Welches Niveau hätte eine Strafe, die mit den Gedanken von Vergeltung und Rache begründet wird, einschließlich der damit verwandten Gedanken von einer „Wiederherstellung der Ehre Gottes"?

– Welche Moralität wäre einem Gott zuzuschreiben, der Vergehen, und wären sie noch so schwerwiegend, mit einer radikal unverhältnismäßigen Strafe ahnden würde?

Die Entwicklung der Theologie vor allem in den letzten hundert Jahren zeigt, daß es möglich ist, hermeneutische Kriterien zur Beurteilung der entsprechenden Bibeltexte zu entwickeln. Sie können sich auf Gotteserfahrungen bereits in Israel stützen: „Liebende Selbstbeschränkung" Gottes, Erweis einer alle Negativitäten überwindenden Treue und Zuneigung, Unbegrenztheit seiner Macht auch über den Tod hinaus, Souveränität Gottes auch gegenüber allen Erwartungen und Ansprüchen menschlicher Logik und ihrer Unerbittlichkeit. Alle diese Züge sind in der Gottesverkündigung Jesu verstärkt enthalten.

Sowohl im Judentum als auch im Christentum entwickelten sich in den ersten nachchristlichen Jahrhunderten Höllenvorstellungen, bei denen die Erwartungen von Vergeltung und Rache der ausmalenden Phantasie überlassen wurden. Blutdurst und sadistische Empfindungen wurden zugelassen. Historisch bildete dabei Alexandrien, Begegnungsstätte von Griechen, Juden und Christen, ein Zentrum. Die biblischen Texte wurden dabei als unzureichend empfunden. Der Einsatz von Visionen und Träumen, die für glaubwürdig erachtet wurden, wurde unentbehrlich.

Die christliche Theologie erarbeitete die Glaubenslehren von der Ewigkeit der Hölle und von der doppelten Strafe, dem Verlust der Nähe Gottes und der Seligen sowie der sinnenhaften Peinigung. Die genauere Ausmalung der Hölle stand jeweils in Korrespondenz zu gesellschaftlichen Mentalitäten, insbesondere zu den Justizauffassungen und -verhältnissen einer Zeit. Bei den Christen dominierte dabei bis in die zweite Hälfte des zwanzigsten Jahrhunderts eine Strafauffassung, die auf Vergeltung und Rache basierte. Die viel höher stehende, griechisch inspirierte, von Origenes vertretene Konzeption einer ausschließlich pädagogisch-medizinellen Strafbegründung wurde von kirchlichen und politischen Mächten zu unterdrücken versucht, fand aber zu allen Zeiten Anhängerinnen und Anhänger. Nachdem die christliche Jenseitsgeographie den naturwissenschaftlichen Erkenntnissen zum Opfer gefallen war, wurde auch die Existenz einer ewigen Strafhölle, als Zustand gedacht, immer mehr in Zweifel gezogen.

Die Verhaltensweisen von Christen gegenüber dem überlieferten Höllengut lassen sich unterscheiden in solche,

– die ein Scheitern des Menschen vor Gott durch negative Lebensentscheidungen für möglich halten und in den biblischen Höllenworten bildhafte Mahnungen für den Ernst des Lebens sehen wollen;

– die in der Hölle nicht eine Möglichkeit, sondern eine real eingetretene Wirklichkeit sehen und sich vor ihr fürchten;

– die als Wissende nicht nur die Höllenstrafen, sondern auch die zur Hölle füh-

renden Einzelsünden genau kennen und die Höllenrede als Drohinstrument gegen
Andersdenkende einsetzen.

Vor allem die zweite und die dritte Verhaltensweise lassen sich näherhin analy-
sieren. Ängste vor der Hölle entstehen aus dem Unbegriffenen, Drohenden, der
ungewissen Zukunft, aus eigenen negativen Erfahrungen von Gewalttaten, aus Depressionen. Sie lassen Psychosen und Neurosen auftreten, die ihrerseits Visionen und
Halluzinationen hervorrufen können: Selbstzerstörungsängste als mikrokosmische
Gründe der Hölle. Nicht ausgelebte oder unbewältigte Aggressionen, Über-Ich-
Dominanz, Rache- und Omnipotenzphantasien lassen sich durch „fundamentalistischen" Rückgriff auf Bibeltexte und christlich angesehene Visionen legitimie-
ren: psychotische Panikreaktionen und Vernichtungswillen als makrokosmische
Gründe der Hölle. Hier zeigen sich in der Gewaltverherrlichung und in der Minderheitenhetze die gesellschaftlichen Aufgaben der Therapierung von Höllenbeses-
senen.

Die Höllenängste weisen in dunkle und noch nicht zureichend aufgehellte Abgründe der menschlichen Psyche. Sie haben zu allen Zeiten aufschlußreichen Ausdruck in Werken der Kunst und Dichtung gefunden.

Eine realistische Auffassung der Hölle, wie sie heute weit verbreitet ist, hat bereits Walter Benjamin ausgesprochen: „Daß es ‚so weiter' geht, *ist* die Katastrophe.
Sie ist nicht das jeweils Bevorstehende, sondern das jeweils Gegebene. So Strindberg
– in ‚Nach Damaskus?' –: die Hölle ist nichts, was uns bevorstünde, sondern dieses
Leben hier."

Literaturverzeichnis

Häufig verwendete Abkürzungen

AAS   Acta Apostolicae Sedis. Rom 1909 ff.

DS   H. Denzinger: Enchiridion Symbolorum, Definitionum et Declarationum de rebus fidei et morum, von der 32. Aufl. an hrsg. von A. Schönmetzer. Freiburg/Barcelona 1963 u. ö.

HDG Handbuch der Dogmengeschichte, hrsg. von M. Schmaus u. a. Freiburg 1951 ff.

LCI Lexikon der christlichen Ikonographie, hrsg. von E. Kirschbaum. Freiburg 1968 ff. u. ö.

LG   Konzilskonstitution „Lumen Gentium" des II. Vaticanums.

NR   J. Neuner/H. Roos: Der Glaube der Kirche in den Urkunden der Lehrverkündigung, seit der 8. Auflage neu bearbeitet von K. Rahner und K.-H. Weger. Regensburg 1971 u. ö.

TRE Theologische Real-Enzyklopädie, hrsg. von G. Krause u. a. Berlin 1974 ff.

can. Canon
ebd. ebenda
hrsg. herausgegeben
Kap. Kapitel
V.   Vers

Die Abkürzungen der biblischen Bücher folgen den Loccumer Richtlinien.

Ahlbrecht, A.: Tod und Unsterblichkeit in der evangelischen Theologie der Gegenwart. Paderborn 1964.

Almeder, Robert: Beyond death: evidence for life after death. Springfield/Il. 1987.

Amat, J.: L'authenticité des songes de la Passion de Perpétue et de Félicité. In: Augustinianum 29, 1989, S. 177–191.

Angenendt, A.: Das Frühmittelalter. Die abendländische Christenheit von 400–900. Stuttgart 1990.

Atzberger, L.: Geschichte der christlichen Eschatologie innerhalb der vornicänischen Zeit. Freiburg 1896.

Bachl, G.: Über den Tod und das Leben danach. Graz 1980.

v. Balthasar, H. U. (Hrsg.): „Hinabgestiegen in das Reich des Todes". Der Sinn dieses Satzes in Bekenntnis und Lehre, Dichtung und Kunst. München 1982.

v. Balthasar, H. U.: Apokatastasis. In: Trierer Theologische Zeitschrift 97, 1988, S. 169–182.

v. Balthasar, H. U.: Kleiner Diskurs über die Hölle. Ostfildern ²1987.

v. Balthasar, H. U.: Was dürfen wir hoffen? Einsiedeln 1986.

Baltrušaitis, J.: Das phantastische Mittelalter. Antike und exotische Elemente der Kunst der Gotik. Frankfurt 1985 (Orig.: Le Moyen Age Fantastique. Paris 1981).

Baltrušaitis, J.: Imaginäre Realitäten. Fiktion und Illusion als produktive Kraft. Tierphysiognomik, Bilder im Stein, Waldarchitektur, Illusionsgärten. Köln 1984 (Orig.: Aberrations. Les Perspectives Dépravées. Paris 1983).

Baudler, G.: Jesus und die Hölle. Zum religionspädagogischen und pastoralen Umgang mit den Bildern der Gehenna. In: Theologie der Gegenwart 34, 1991, S. 163–174.

Bauer, M.: Die Ikonographie der Höllenfahrt Christi bis zum 16. Jh. Diss. Göttingen 1948.

Bautz, J.: Die Hölle. Im Anschluß an die Scholastik dargestellt. Mainz 1882, 2. verbesserte und vermehrte Auflage 1905.

Becker, H./Franz, A. (Hrsg.): Kommentierte Edition der orientalischen, lateinischen und reformatorischen Sterbe- und Begräbnisliturgien. II. Die lateinische Tradition. 2 Bde. St. Ottilien (Pietas Liturgica. Interdisziplinäre Beiträge zur Liturgiewissenschaft Bd. 11 und 12), in Vorbereitung.

Becker, H./Ühlein-Sari, H. (Hrsg.): Kommentierte Edition der orientalischen, lateinischen und reformatorischen Sterbe- und Begräbnisliturgien. I. Die orientalische Tradition. 2 Bde. St. Ottilien (Pietas Liturgica. Interdisziplinäre Beiträge zur Liturgiewissenschaft Bd. 9 und 10), in Vorbereitung.

Bennett, J. A. W. and Smithers, G. V. (Eds.): Early Middle English Verse and Prose. Oxford 1966; New York 1968.

Benz, E.: Außerirdische Welten. Von Kopernikus zu den Ufos. Freiburg 1990.

Berry, Th.: Religions of India. London/New York 1971.

Betz, O.: Die Eschatologie in der Glaubensunterweisung. Würzburg 1965.

Bialostocki, J.: The Door of Death. The Survival of a Classical Motif in Sepulchral Art. In: Ders.: The Message of Images. Studies in the History of Art. Vienna 1988, S. 14–41.

Blake, N. Z.: Middle English Religious Prose. London 1972.

Blench, J. W.: Preaching in England in the Late Fifteenth and Sixteenth Centuries. Oxford 1964.

Borges, J. L./Bioy Casares, A.: Das Buch von Himmel und Hölle. Stuttgart 1983 (Orig.: Libro del Ciel y del inferno. Buenos Aires 1960).

Boulgakov, S.: L'Échelle de Jacob. Des Anges. L'Age D'Homme. Lausanne 1987.

Brandenburger, E.: Das Recht des Weltenrichters. Matthäus 25,31–46 in der neueren Exegese. Stuttgart 1980.

Brandon, S. G. F.: Man and His Destiny in the Great Religions. Manchester 1962.

Brandson, S. G. F.: The Judgement of the Dead. London 1967.

Breasted, J. H.: The Development of Religion and Thought in Ancient Egypt. New York 1966.

Brenk, B./Brulhart, A.: Hölle. In: LCI 2, 1970, S. 313–321.

Brenk, B.: Teufel. LCI 4, 1972, S. 295–300.

Brenk, B.: Weltgericht. In: LCI 4, 1972, S. 513–523.

Brunner-Traut, E.: Gelebte Mythen. Darmstadt 1981, S. 55–98.

Budge, E. A. W. (Ed.): The Book of the Dead. London 1960; New York 1967.

Buri, F./Lochman, J. M./Ott, H.: Dogmatik im Dialog, Band I. Gütershoh 1973, S. 307–318.

Caird, G. B.: The Revelation of St John the Divine. London / New York 1966.

Camporesi, P.: L'enfer et le fantasme de l'hostie. Une théologie baroque. Paris 1989.

Carlgren, F.: Der anthroposophische Erkenntnisweg. Frankfurt 1984. (Perspektiven der Anthroposophie).

Carozzi, C.: La géographie de l'Au-delà et sa signification pendant le Haut Moyen Age: Popoli e paesi nella Cultura altomedievale (Settimane di Studio del Centro Italiano di Studi sull'Alto Medioevo XXIX). Spoleto 1983, S. 423–481. (Eine Diskussion mit J. Le Goff ebd. 483–485).

Cavendish, R.: The Powers of Evil. London / New York 1975.

Cavendish, R.: Visions of Heaven and Hell. London 1977.

Charles, R. H. (Ed.): The Book of Enoch. London 1966.

Clemen, C.: Das Leben nach dem Tode im Glauben der Menschheit. Leipzig / Berlin 1920.

Congar, Y.: Das Fegfeuer: Das Mysterium des Todes. Frankfurt 1955, S. 241–288, 297–304.

Coulton, G. G.: Life in the Middle Ages – 4 vols. Cambridge 1967.

Cremer, H.: Jenseits des Grabes. Gießen ⁹1987.

Cumont, F.: After Life in Roman Paganism. New York 1959.

da Fonseca, L. G.: Maria spricht zur Welt. Fatimas Geheimnis und weltgeschichtliche Sendung. Innsbruck ⁷1948 (1. ital. Originalauflage 1931).

Daley, B. unter Mitarbeit von J. Schreiner und H. E. Lona: Eschatologie. In der Schrift und Patristik. Freiburg 1986 (HDG IV 7a).

Dante – Vergil – Geryon. Der 17. Höllengesang der Göttlichen Komödie in der bildenden Kunst. Stuttgart 1980.

Dante: The Divine Comedy – trans. L. Grant White. New York 1948.

Dantes Göttliche Komödie in sieben Jahrhunderten – geschrieben, gedruckt, illustriert (Ausstellungskatalog Museum für Kunsthandwerk Frankfurt a. M.). Perugia 1988.

Das Totenbuch der Ägypter. Eingeleitet, übersetzt und erläutert von E. Hornung. Darmstadt 1990.

Davidson, H. R. Ellis: Gods and Myths of Northern Europe. Harmondsworth 1964.

Dawood, M. J.: The Koran. Harmondsworth 1966.

Deissler, Alfons: Was wird am Ende der Tage geschehen? Biblische Visionen der Zukunft. Freiburg 1991.

Delumeau, J.: L'aveu et le pardon. Paris 1990.

Delumeau, J.: La peur en Occident (XIVᵉ–XVIIIᵉ siècles). Une cité assiégée. Paris 1978. Dt.: Angst im Abendland. Die Geschichte kollektiver Ängste im Europa des 14. bis 18. Jahrhunderts. 2 Bde. Reinbek 1985.

Delumeau, J.: Le péché et la peur. La culpabilisation en Occident XVIᵉ–XVIIIᵉ siècles. Paris 1983.

di Nola, A.: Der Teufel. Wesen, Wirkung, Geschichte. München 1993.

Dictionnaire de Spiritualité, Ascétique et Mystique. Band IV, Paris 1960, S. 729–745.

Dictionnaire de Théologie catholique. Band V. Paris 1924, S. 28–120.

Dieterich, A.: Nekyia. Leipzig 1913.

Dillon, M. and Chadwick, N.: The Celtic Realms. London 1967.

Dinzelbacher, P. (Hrsg.): Mittelalterliche Visionsliteratur. Eine Anthologie. Darmstadt 1989.

Dinzelbacher, P./D. R. Bauer (Hrsg.): Frauenmystik im Mittelalter. Ostfildern 1985.

Dinzelbacher, P. A.: An der Schwelle zum Jenseits. Sterbevisionen im interkulturellen Vergleich. Freiburg i. Br. 1989.

Dinzelbacher, P.: Reflexionen irdischer Sozialstrukturen in mittelalterlichen Jenseitsschilderungen. In: Archiv für Kulturgeschichte 61, 1979, S. 16–34.

Dinzelbacher, P.: Revelationes. Turnhout (Belgien) 1991.

Dinzelbacher, P.: Vision und Visionsliteratur im Mittelalter. Stuttgart 1981 (reiche Lit.!).

Döring-Hirsch, E.: Tod und Jenseits im Spätmittelalter. Berlin 1927.

Drewermann, E.: Ich steige hinab in die Barke der Sonne. Alt-Ägyptische Meditationen zu Tod und Auferstehung in Bezug auf Joh 20/21. Freiburg [2]1989.

du Prel, K.: Der Tod, das Jenseits, das Leben im Jenseits. Leipzig [5]1922.

Duchesne-Guillemin, J.: La Religion de l'Iran ancien. Paris 1961.

Edsman, C.-M.: Ignis Divinus. Le feu comme moyen de rajeunisement de l'immortalité: contes, légendes, mythes et rites. Lund 1941.

Edwards, I. E. S.: The Pyramids of Egypt. Harmandsworth 1961.

Eliade, M.: From Primitives to Zen. London 1967.

Emmerich, A. K.: Visionen über die Engel, die Armen Seelen im Fegfeuer, die streitende Kirche u. a. Aus den Tagebüchern Clemens Brentanos hrsg. v. P. Karl Erhard Schmöger. Augsburg [10]1988.

Entschluß 39, 1984, Heft 2. Mit Beiträgen von K. Rahner u. a.

Erich, O. A.: Die Darstellung des Teufels in der christlichen Kunst. Berlin 1931 (Kunstwissenschaftliche Studien 8).

Escribano-Alberca, I.: Eschatologie. Von der Aufklärung bis zur Gegenwart. Freiburg 1987 (HDG IV 7d).

Evans, M.: Laster. In: LCI 3, 1971, S. 15–27.

Evans-Wentz, W. Y. (Ed.): The Tibetan Book of the Dead. Oxford 1960.

Falk, W.: Des Teufels Wiederkehr. Alarmierende Zeichen der Zeit in der neuesten Dichtung. Stuttgart 1983.

Felten, W.: Attische Unterweltsdarstellungen des VI. und V. Jahrhunderts vor Chr. München 1975.

Fleischhack, E.: Fegfeuer. Die christlichen Vorstellungen vom Geschick der Verstorbenen geschichtlich dargestellt. Tübingen 1969.

Franzoni, G.: Der Teufel – mein Bruder. Der Abschied von der ewigen Verdammnis. München 1990 (ital.: Il diavolo, mio fratello. 1986).

Frazer, J. G.: Der goldene Zweig. Das Geheimnis von Glauben und Sitten der Völker [The Golden Bough, 1922]. Aus dem Englischen von Helen von Bauer. Reinbek 1989.

Fudge, E. W.: The Fire that Consumes. Houston 1982.

Gardiner, E. (Ed.): Visions of Heaven and Hell before Dante. New York 1989.

v. Glasenapp, H.: Unsterblichkeit und Erlösung in den indischen Religionen. Halle 1938. (Schriften der Königsberger Gelehrten Gesellschaft. Geisteswissenschaftliche Klasse. Vierzehntes Jahr 1937/38, S. 1–72).

Glogauer, W.: Kriminalisierung von Kindern und Jugendlichen durch Medien. Wirkungen gewalttätiger, sexueller, pornographischer und satanischer Darstellungen. Baden-Baden 1991.

Grant, F. C. (Ed.): Ancient Roman Religion. New York 1957.

Greenfield, R. P.: Traditions of Belief in Late Byzantine Demonology. Amsterdam 1988.

Greshake, G. (Hrsg.): Ungewisses Jenseits? Himmel – Hölle – Fegfeuer. Mit Beiträgen von Joachim Gnilka, Gisbert Greshake, Werner Ross und Leo Scheffczyk. Düsseldorf 1986 (Schriften der Katholischen Akademie in Bayern, Band 121).

Griffiths, J.: The divine verdict. A study of divine judgment in the ancient religions. Leiden 1991.

Grof, S. und Ch.: Jenseits des Todes. An den Toren des Bewußtseins. München [2]1986.

Haag, H.: Teufelsglaube. Tübingen 1974.

Haas, A. M.: Todesbilder im Mittelalter. Fakten und Hinweise in der deutschen Literatur. Darmstadt 1989.

Hall, R. L.: The Logic od Damnation: A defense of the Traditional Doctrine of Hell. Diss. University of Notre Dame / USA 1989.

Handwörterbuch des deutschen Aberglaubens, hrsg. v. H. Bächtold-Stäubli. Band IV, Berlin 1987 (Neuauflage), S. 184–257 (Hölle).

Heidel, A.: The Gilgamesh Epic and Old Testament Parallels. Chicago 1949.

Heiler, F.: Unsterblichkeitsglaube und Jenseitshoffnung in der Geschichte der Religionen. München 1950.

Hemleben, J.: Jenseits. Ideen der Menschheit über das Leben nach dem Tode vom Ägyptischen Totenbuch bis zur Anthroposophie Rudolf Steiners. Reinbek 1988.

Hendriksen, W.: Das Jenseits. Grundriß der biblischen Lehre von den letzten Dingen. Marburg 1992.

Hermsen, E.: Die zwei Wege des Jenseits. Das altägyptische Zweiwegebuch und seine Topographie. Fribourg 1991.

Hierzenberger, G.: Erkundungen des Jenseits. Der Blick auf die andere Seite der Wirklichkeit. Wien 1988.

Himmelfarb, M.: Tours of Hell. Philadelphia 1983.

Hinz, W.: Woher – Wohin. Zürich [3]1989.

Hofgärtner, I.: Teufel und Dämonen. Zugänge zu einer verdrängten Wirklichkeit. München 1985.

Höllen und Paradiese in der Kunst unserer Zeit: Kunst und Kirche H. 4, 1983, S. 186–218.

Hommel, H.: Die Tore des Hades. In: ZNW 80, 1989, S. 124 f.

Hornung, E.: Altägyptische Höllenvorstellungen. Berlin 1968.

Hughes, R.: Heaven and Hell in Western Art. London 1968.

Hunger, H.: Lexikon der griechischen und römischen Mythologie mit Hinweisen auf das Fortwirken antiker Stoffe und Motive in der bildenden Kunst, Literatur und Musik des Abendlandes bis zur Gegenwart. Wien 1953.

Huxley, A.: Heaven and Hell. Harmondsworth 1959.

Hwang, J.-U.: Der junge Calvin und seine Psychopannychia. Frankfurt 1991.

Ingrisch, L.: Reiseführer ins Jenseits. Wien 1990.

Jackson, K. H. A.: Celtic Miscellany. London 1951.

James, H.: Unsterblichkeit [Human Immortality, Two supposed Objections to the Doctrine, 1989]. In: Der Morgen 1, 1925, H. 5, S. 525–542.

James, M. R. (Ed.): The Apocryphal New Testament. Oxford 1953.

Jansen, H. H. (Hrsg.): Der Tod in Dichtung, Philosophie und Kunst. 2. neu bearb. und erw. Aufl. Darmstadt 1989.

Joest, W.: Dogmatik. Band II: Der Weg Gottes mit dem Menschen. Göttingen 1986.

Jonas, H.: Zwischen Nichts und Ewigkeit. Drei Aufsätze zur Lehre vom Menschen. Göttingen 1963, [2]1987.

Kals, H.: Kontakt mit Verstorbenen? Erfahrungen – Vermutungen – Beweise. Freiburg 1987.

Kees, H.: Totenglauben und Jenseitsvorstellungen der alten Ägypter. Grundlagen und Entwicklungen bis zum Ende des Mittleren Reiches. Berlin [5]1983.

Kehl, M.: Eschatologie. Würzburg 1986.

Kemp, W.: Seelenreise, Seelengericht. In: LCI 4, 1972, S. 142–145.

Klauck, H.-J.: Judas – ein Jünger des Herrn. Freiburg 1987.

Klimkeit, H.-J. (Hrsg.): Tod und Jenseits im Glauben der Völker. Wiesbaden [2]1983.

Knoch, O.: „Wirst du an den Toten Wunder wirken?" Sterben, Tod und ewiges Leben im Zeugnis der Bibel. Ein besinnliches Lesebuch. Regensburg 1977.

Kondor, L. (Hrsg.): Schwester Lucia spricht über Fatima. Fatima [4]1977.

Köppen, A.: Der Teufel und die Hölle in der darstellenden Kunst von den Anfängen bis zum Zeitalter Dante's und Giotto's. Berlin 1895.

Kremer, J.: Wir alle werden leben. Die christliche Hoffnung auf die Auferstehung der Toten. In: Stimmen der Zeit 115, 1990, H. 11, S. 733–744.

Kretzenbacher, L.: Die Seelenwaage. Zur religiösen Idee vom Jenseitsgericht auf der Schicksalswaage in Hochreligion, Bildkunst und Volksglaube. Klagenfurt 1958.

Kuck, D. W.: Judgment and community conflict. Paul's use of apocalyptic judgment language in 1 Corinthians 3:5–4:5. Leiden 1992.

Küng, H.: Ewiges Leben? München 1982.

Kunz, E.: Protestantische Eschatologie. Von der Reformation bis zur Aufklärung. Freiburg 1980 (HDG IV 7c 1. Teil).

Landau, M.: Hölle und Fegfeuer in Volksglaube, Dichtung und Kirchenlehre. Heidelberg 1909 (ältere Lit.!).

Lang, B./McDannell, C.: Der Himmel. Eine Kulturgeschichte des ewigen Lebens. Frankfurt 1990.

Lang, B.: Hölle. In: Neues Handbuch theologischer Grundbegriffe, hrsg. v. P. Eicher. Erw. Neuausgabe. München 1991, Band 2, S. 362–373.

Langton, E.: Satan. A Portrait, A Study of the Character of Satan through all the Ages. London 1945.

Le Goff, J. (Hrsg.): Der Mensch des Mittelalters, Frankfurt 1990.

Le Goff, J.: Die Geburt des Fegefeuers. Vom Wandel des Weltbildes im Mittelalter. Stuttgart 1990.

Le Jugement des morts. Egypte ancienne – Assour – Babylone – Israel – Iran – Chine – Japon (Sources Orientales IV). Paris 1961.

Leeper, E. A.: Exorcism in early Christianity. Ann Arbor, Mich. 1991.

Lehner, E. und J.: Devils, Demons, Death und Damnation. New York 1971.

Lewis, C. S.: The Great Divorce. London 1963.

Lives of the Saints – trans. J. Z. Webb. Harmondsworth 1965.

Loerzer, S./Berger, M.: Berichte aus dem Jenseits. Vom Leben nach dem Tod. Augsburg 1990.

Longenecker, B. W.: Eschatology and the Convenant. A comparison of 4 Ezra and Roman 1–11. Sheffield 1991.

Lorber, J.: Das jenseitige Kinderreich. Mitteilungen über die geistigen Lebensverhältnisse der frühverstorbenen Kinder im Jenseits durch das Innere Wort empfangen. Bietigheim ²1987.

Lorber, J.: Jenseits der Schwelle. Sterbeszenen. Durch das innere Wort des Geistes empfangen. Bietigheim ⁷1990.

Lucchesi Palli, E. mit Hoffscholte, L.: Drache. In: LCI 1, 1968, S. 516–524.

Lucchesi Palli, E.: Höllenfahrt Christi. LCI 2, 1970, S. 322–331.

Mâle, E.: The Gothic Image: Religious Art in France in the Thirteenth Century. London 1961; New York 1973.

Martin, W.: Teuflische Botschaften der Rockmusik? In: Religion heute H. 12, 1992, S. 266–270 (Lit.).

Marty, M. E.: Hell Disappeared; No One Noticed. In: Harvard Theological Review 78, 1985, S. 381–398.

Matthews, W. (Ed.): Later Medieval English Prose. London 1962; New York 1963.

Mattiesen, E.: Der Jenseitige Mensch. Eine Einführung in die Metapsychologie der mystischen Erfahrung. Berlin und Leipzig 1925.

Mensen, B.: Jenseitsvorstellungen verschiedener Völker. St. Augustin 1985.

Mew, J.: Traditional Aspects of Hell. Michigan 1971.

Minois, G.: Histoire des enfers. Paris 1991.

Moraldi, L.: Nach dem Tode. Jenseitsvorstellungen von den Babyloniern bis zum Christentum. Zürich 1987.

Morgan, A.: Dante and the medieval other world. Cambridge 1990.

Müller, G.: Ungeheuerliche Ontologie. Erwägungen zur christlichen Lehre über Hölle und Allversöhnung. In: Evangelische Theologie 34, 1974, S. 256–275.

Müller, J./Mischo, J./Keller, K.-A./Vergauwen, G./Wenisch, B.: Kontakte mit dem Jenseits? Spiritismus aus christlicher Sicht. Zürich 1989 (Weltanschauungen im Gespräch, Band 6).

Müller, K.: Studien zur frühjüdischen Apokalyptik in der neutestamentlichen Forschung. Frankfurt 1989.

Newman, J. H.: Meditations and Devotions. London 1964.

Nibbrig, Ch. L. H.: Ästhetik der letzten Dinge. Frankfurt 1989.

Nigg, W.: Der Teufel und seine Knechte. Olten ²1985.

Ntedika, J.: L'Evocation de l'au-delà dans les prières pour les morts. Löwen 1971.

Ohler, N.: Sterben und Tod im Mittelalter. München 1990.

Ott, H.: Die Antwort des Glaubens. 3. überarb. u. erw. Aufl. hrsg. v. K. Otte. Stuttgart 1981.

Ott, L.: Eschatologie. In der Scholastik. Aus dem Nachlaß bearbeitet von E. Naab. Freiburg 1990 (HDG IV 7b).

Owen, D. D. R.: The Vision of Hell. Edinburgh 1970.

Owst, G. R.: Literature and Pulpit in Medieval England. Oxford 1961.

Pago, A.: „Behold, he comes with clouds". Untersuchungen zur eschatologischen Dichtung in der englischen Literaturgeschichte des 17. und 18. Jahrhunderts. Diss. phil. Fak. (Anglistik). Münster 1991.

Panneton, G.: Le ciel ou l'enfer. II: L'enfer. Paris 1956.

Patch, H. R.: The Other World According to Descriptions in Medieval Literature. Harvard 1950.

Petzoldt, L.: Dämonenfurcht und Gottvertrauen. Zur Geschichte und Erforschung unserer Volkssagen. Darmstadt 1989.

Petzoldt, L.: Kleines Lexikon der Dämonen und Elementargeister. München 1990.

Pfammatter, J./Christen, E. (Hrsg.): Hoffnung über den Tod hinaus. Antworten auf Fragen der Eschatologie. Zürich 1990 (Theologische Berichte XIX).

Pfister, O.: Das Christentum und die Angst. Olten ²1975.

Pissarek-Hudelist, H.: Universaler Heilsoptimismus – Denkanstoß für den Religionsunterricht? In: Glaube im Prozeß, hrsg. von E. Klinger/K. Wittstadt. Freiburg i. Br. 1984, S. 713–740.

Radermacher, L.: Das Jenseits im Mythos der Hellenen. Untersuchungen über antiken Jenseitsglauben. Bonn 1903.

Rahner, K.: Hölle. In: Sacramentum Mundi II, Freiburg 1968, S. 735–739.

Ratzinger, J.: Eschatologie – Tod und ewiges Leben. Regensburg ⁶1990 (Kleine Katholische Dogmatik, Bd. 9).

Reiser, M.: Die Gerichtspredigt Jesu. Eine Untersuchung zur eschatologischen Verkündigung Jesu und ihrem frühjüdischen Hintergrund. Münster 1990.

Resch, A. (Hrsg.): Fortleben nach dem Tode. Innsbruck ⁴1987.

Richmond, I. A.: Archaeology and the After-Life in Pagan and Christian Imagery. Oxford 1950.

Ries, J./Limet, H. (Hrsg.): Anges et démons. Lovain-la-neuve 1989.

Rosenau, H.: Allversöhnung. Ein transzendentaltheologischer Grundlegungsversuch. Berlin 1993 (Origenes, F. Schleiermacher, K. Barth).

Rosenberg, A.: Engel und Dämonen. Gestaltwandel eines Urbildes. München, 2. erw. Aufl. 1986.

Ross, A.: Pagan Celtic Britain. London 1967; New York 1967.

Rowell, G.: Hell and the Victorians: Study of the Nineteenth-Century Theological Controversies Concerning Eternal Punishment and the Future. Oxford 1974.

ru. Zeitschrift für die Praxis des Religionsunterrichts 21, 1991, Oktober/Dezember, Thema: Kehrt der Teufel wieder?

Rüegg, A.: Die Jenseitsvorstellungen vor Dante und die übrigen literarischen Voraussetzungen der ‚Divina Commedia‘ I. Einsiedeln 1945.

Ruppert, H.-J.: Okkultismus. Geisterwelt oder neuer Geist. Hrsg. v. Th. Lardon. Wiesbaden, Wuppertal 1990.

Sachs, J. R.: Current Eschatologie: Universal Salvation and the Problem of Hell. In: Theological Studies 52, 1991, S. 227–254.

Santarcangeli, P.: NEKYIA. La discesa dei poeti agli Inferni. Mailand 1980.

Sartory, G. und Th.: In der Hölle brennt kein Feuer. München 1968.

Schade, H.: Dämonen. In: LCI 1, 1968, S. 465–468.

Schade, H.: Dämonen und Monstren. Regensburg 1962.

Schäfer, Ph.: Eschatologie. Trient und Gegenreformation. Freiburg 1984 (HDG IV 7c 2. Teil).

Schauer, F.: Was ist es um die Hölle? Dokumente aus dem norwegischen Kirchenstreit. Stuttgart 1956.

Schiebeler, W.: Leben nach dem irdischen Tod. Die Erfahrungen von Verstorbenen. Der Bericht eines Physikers. Melsbach / Neuwied 1989.

Schiebeler, W.: Zeugnis für die jenseitige Welt. Eine Darstellung der Erfahrungsbeweise. Der Bildbericht eines Physikers. Melsbach / Neuwied 1989.

Schmied, A: Ewige Strafe oder endgültiges Zunichtewerden? In: Theologie der Gegenwart 18, 1975, S. 178–183.

Schumann, H. W.: Buddhism. London 1973.

Senkowski, E.: Das Jenseits rückt uns näher. Instrumentelle Transkommunikation. Frankfurt 1989.

Simon, U.: Heaven in the Christian Tradition. London 1958.

Sineux, R.: La vérité sur l'Au-delà. Montpellier 1953.

Söderblom, N.: La vie future d'après le Mazdéisme à la lumière des croyances analogues dans les autres religions. Paris 1901.

v. Speyr, A.: Das Geheimnis des Todes. Einsiedeln [2]1989.

v. Speyr, A.: Die Pforten des ewigen Lebens. Einsiedeln 1953.

Staudinger, J.: Das Jenseits. Schicksalsfragen der Menschenseele. Einsiedeln / Köln 1939.

Steinpach, R.: Wieso wir nach dem Tode leben und welchen Sinn das Leben hat. Stuttgart [15]1988.

Stephensen, G. (Hrsg.): Leben und Tod in den Religionen. Symbol und Wirklichkeit. Darmstadt [2]1985.

Swedenborg, E.: Über das Leben nach dem Tode. Eine christliche Jenseitsschau. Visionen und Auditionen. Zürich 1988.

Teyssedre, B.: Le Diable et l'Enfer. Paris 1985.

Teyssedre, B.: Naissance du Diable. Paris 1985.

Theologische Realenzyklopädie, Band XV, Berlin 1986, S. 449–455 (Hölle), S. 455–461 (Höllenfahrt Christi).

Toynbee, A., J.: Man's Concern with Death. London 1968.

Toynbee, J. M. C.: Death and the Burial in the Roman World. London 1971.

Toynbee, P.: Dante Alighieri, His Life and Works. New York 1965.

Tromp, N. J.: Primitive Conceptions of Death and the Other World in the Old Testament. Rom 1969 (mit Ugarit).

Trübners Deutsches Wörterbuch, hrsg. v. A. Götze. Bd. III. Berlin 1939, S. 469 f. (Hölle).

Tschizewskij, D.: Paradies und Hölle. Recklinghausen 1957.

Tworuschka, U.: Sucher, Pilger, Himmelstürmer. Reisen im Diesseits und Jenseits. Stuttgart 1991 (Reihe Symbole).

v. Vesme, C. Baudi Ritter: Geschichte des Spiritismus. Bd. 1: Das Altertum. Leipzig 1898. Bd. 2: Mittelalter und Neuzeit, ebd. 1898. Bd. 3: Die Neuzeit, ebd. 1900.

Villeneuve, R.: Le Diable dans l'Art. Paris 1957.

Vita Aeterna [Themenschwerpunkt]. Internationale katholische Zeitschrift 20, 1991, S. 1–61.

Vorgrimler, H.: Hoffnung auf Vollendung. Aufriß der Eschatologie. Freiburg [2]1984.

Wacker, M.-Th.: Weltordnung und Gericht. Studien zu 1 Henoch 22. Würzburg 1982.

Waldenfels, H. (Hrsg.): Ein Leben nach dem Leben? Die Antwort der Religionen. Düsseldorf 1988.

Walker, D. P.: The Decline of Hell. Seventeenth-Century Discussion of Eternal Torment. Chigaco 1964.

Willett, T. H.: Eschatology in the Theodicies of 2 Baruch and 4 Ezra. Sheffield 1989.

Witte, J.: Das Jenseits im Glauben der Völker. Leipzig 1929.

Yeats, W. B.: A vision (1925) / A Critical Edition of Yeats's *A Vision* (1925). Edited by George Mills Harper and Walter Kelly Hood. London 1978.

Sachregister

Personenregister

(nur der im Text vorkommenden Namen)

Bildquellen

mit Erläuterungen von Caspar Söling

Farbtafeln

Nach Seite 32

Dem Stuttgart-Psalter Bibl. fol. 23 der Württembergischen Landesbibliothek Stuttgart, entstanden in Saint-Germain-des-Prés zwischen 820 und 830, entstammt diese Illustration zu Ps 19,4. Links der Teufel, der mit dem Tartarus über die Wunder Jesu spricht (aus dem Nikodemus-Evangelium). Rechts Jesus, zu seinen Füßen eine Frau, die aus dem Höllentor ihm entgegenkriecht, während er einen nackten Besessenen heilt. Über ihm die Hand Gottes.

Auf der Illustration zu Ps 21, 9 und 10 des Stuttgart-Psalters erscheinen im brennenden Ofen die Feinde Gottes, dessen strafende Hand von oben in den Ofen einwirkt. Unten ein kleiner Teufel, der auf eine andere Hand Gottes trifft. Rechts der Psalmist.

Eine Darstellung des Höllenabstiegs Christi, der von rechts in Begleitung eines Engels die Höllenpforten stürmt. In der Hölle neben dem Tor der fliehende Höllenfürst, die dunkle Gestalt am Boden der personifizierte Tod (Stuttgart-Psalter, Illustration zu Ps 24,7–10).

Oben befinden sich die Seligen in der himmlischen Stadt Gottes, in ihrer Mitte der Psalmist. Unten ihre Widersacher, die in höllischen Kesseln brennen, und Teufel, die die Feuer schüren (Stuttgart-Psalter, Illustration zu Ps 44,8).

Nach Seite 48

Otranto LVIII. Die einmaligen Mosaiken der Kathedrale der kleinen Adriastadt Otranto sind zwischen 1163 und 1165 entstanden; sie dienten sicherlich nicht nur der Verschönerung des Gotteshauses, sondern auch der Be-

lehrung der Gläubigen. Wie sonst ließen sich die umfangreichen Höllendarstellungen erklären, wie z. B. dieser Ausschnitt, der einige Verdammte zeigt, die die Qualen der Hölle erleiden.

Otranto LV. Dieser Bildteil aus den Apsismosaiken von Otranto zeigt, wie Satanas auf einem schlangenförmigen Monster sitzt. Links von ihm befindet sich Infernus an Händen und Füßen gekettet.

Nach Seite 80

Eleonore. Der um 1240 für die Königin Eleonore, Gemahlin Heinrichs III. von England, angefertigte Codex befindet sich heute im Trinity College in Cambridge. Die Abbildung: fol. 25 v.

Sinners. Dieser Psalter der St. Swithuin's Priory von ca. 1150 zeigt die Sünder, die durch einen Engel in das Maul der Hölle eingeschlossen werden.

Nach Seite 96

Facundus. Die Miniaturen des Facundus waren eine Auftragsarbeit für König Ferdinand I. von Spanien und seine Gemahlin Sancha. Der Kodex ist im Jahre 1047 entstanden und illustriert den damals berühmten Beatus-Kommentar zur Apokalypse. Er befindet sich heute in der Madrider Nationalbibliothek. In dem abgedruckten Ausschnitt aus dem Jüngsten Gericht finden sich die Verdammten, die nach Beatus nackt ,in dem Feuersee, welcher der zweite Tod ist', liegen oder schwimmen. Ihnen ist keine Wiedererweckung beschieden, obwohl eine Verbindung zu dem darüberliegenden Fegefeuer vorhanden ist.

Facundus. Der hier gezeigte Ausschnitt der Facundus-Miniaturen bezieht sich nicht auf die Apokalypse selbst, sondern auf den Kommentar des Beatus: „Der Teufel wurde auf die Erde geschleudert [...] und seine Tage waren gezählt."

Nach Seite 176

Klimakos. Johannes Klimakos war Ende des sechsten Jahrhunderts Abt des Sinaiklosters. Die Ikone der Tugendleiter stammt aus der zweiten Hälfte des zwölften Jahrhunderts und befindet sich heute im Katharinenkloster/Sinai.

Berry. Die Très Riches Heures des Jean Duc de Berry im Musée Condé in Chantilly waren beim Tod des Herzogs 1416 nur halb vollendet; das vom Text unabhängige Höllenbild gehörte zu den Fertiggestellten; es stammt von den Brüdern Paul und Jean Limburg aus Nijmegen.

Nach Seite 192

Giotto. Der italienische Baumeister und Maler Giotto di Bondone (1266–1337) wird allgemein als der Begründer der neuzeitlichen Malerei angesehen. Das Fresko „Das Jüngste Gericht" aus der Capella degli Scrovegni in Padua (1305) ist nur ein Beispiel für die von ihm geleistete Revolutionierung der Malerei, mit der er sich aus den festen, einengenden Traditionen der byzantinischen Malerei löste. Abbildung: Detail.

Menabuoi. In der Zeit zwischen 1363 und 1365 hat der Florentiner Maler Giusto di Menabuoi (gestorben vor 1393) dieses Letzte Gericht (gezeigt wird ein Ausschnitt) in der Pfarrkirche von Viboldone geschaffen. Die Ähnlichkeiten zur Darstellung Giottos sind frappierend, wenngleich es an einem Überfluß der Objekte und an der Dramatik des Vorbildes fehlt, so daß es dem Betrachter eine größere, eher romanische Monumentalität vermittelt.

Nach Seite 224

Fra Angelico. Zwischen 1432 und 1435 fertigte der Dominikanermönch Guido di Pietro, der wegen seiner ‚engelgleichen' Malweise Fra Angelico genannt wurde, diese Darstellung des ‚Jüngsten Gerichts' an. Der hier gezeigte Ausschnitt des sich im Museum von San Marco in Florenz befindenden Gemäldes demonstriert die Unterscheidung der Höllenstrafen je nach Laster.

Pacher. Der spätgotische Maler Friedrich Pacher (ca. 1405–1508) war Schüler, aber nicht Verwandter seines berühmten Namensvetters Michael Pacher. Seine Arbeiten, wie z. B. dieser Teufel (Christus in der Vorhölle) aus dem Museum der bildenden Künste, Budapest, sind gekennzeichnet von einem starken linearen Charakter, der nur schwerlich eine Versöhnung der Darstellung von Menschen und Architektur erreichen kann.

Nach Seite 240

Bosch. Der um 1450 geborene niederländische Maler Hieronymus Bosch war bereits zu seinen Lebzeiten bekannt für seine schrankenlose Phanatasie, die er gleichzeitig mit einer extrem realistischen Sichtweise verband. Zwölf Jahre vor seinem Tod schuf er das Triptychon „Das jüngste Gericht" (1504, Prado Madrid), in dem er auf lustvoll-grausame Weise u. a. seine Vorstellungen von der Hölle darlegte. Abbildung: Mitteltafel des gleichnamigen Triptychons und zwei Ausschnitte daraus, die als beispielhaft für die sehr konkreten Vorstellungen des Künstlers gelten können.

Nach Seite 272

Brueghel. ‚De Dulle Griet' des Pieter Breugel d. Ä. (um 1520–1569) geht auf die Legende der Hl. Margarete zurück, nach der die Heilige den Teufel auf ein Kissen festgebunden hat. Der hier gezeigte Ausschnitt eines Höllenmauls zeigt deutlich, wie sehr der Maler von Hieronymus Bosch inspiriert worden ist. Das Bild wurde 1562 gemalt und befindet sich heute im Musée Mayer van den Bergen, Antwerpen.

Orsini. Pierrefrancesco Orsini ist der Erbauer dieses Höllen-Tores in Bomarzo, Mitte des sechzehnten Jahrhunderts. Die Inschrift auf der Oberlippe lautet ‚Alle Gedanken fließen' und mahnt auf diese Weise alle Besucher, die in den innenliegenden Speisesaal eintreten wollen.

Nach Seite 288

Lochner. Stefan Lochner (ca. 1400–1450) ist zweifellos die schöpferischste Persönlichkeit der sogenannten Kölner Malerschule während der ersten Hälfte des fünfzehnten Jahrhunderts. Das früheste seiner Hauptwerke, der Weltgerichtsaltar, entstand ca. 1435 und befindet sich heute im Wallraff-Richartz-Museum in Köln. Abbildungen: Mitteltafel und zwei Ausschnitte daraus.

Nach Seite 320

Orcagna. Andrea di Cione Orcagna (genannt Orcagna, vermutlich 1308–1368) ist in den Matrikeln der Medici als einer der bedeutenden Maler von Florenz verzeichnet. Darüber hinaus war er in späteren Jahren auch Bildhauer und Architekt. Das hier gezeigte Fragment eines Höllenfreskos wurde 1911 zufällig unter einem Altar freigelegt und befindet sich heute im Museo Sta. Croce, Florenz.

Blake. Das Bild ‚Lucifer und der Papst in der Hölle‘ (1795) ist von der Thematik her typisch für den Engländer William Blake (1757–1827), der sich als Graphiker, Maler und Dichter vor allem mit phantasievollen Traumwelten und mystischen Weltanschauungen beschäftigte. Es befindet sich heute in der Henry E. Huntington Library and Art Gallery, San Marino, Kalifornien.

Nach Seite 336

Signorelli. Die Darstellung der ‚Strafe der Verdammten‘ auf den Fresken des Doms zu Orvieto (1499/1505) zählt zu den Höhepunkten der Arbeiten Luca Signorellis. Über die plastische, rein formale Darstellung hinaus gelingt es ihm hier, durch die Bewegungen und Haltungen der Körper die seelischen Zustände der Betroffenen, ihre Ängste und Schmerzen auf einmalige Weise zum Ausdruck zu bringen (Details aus dem genannten Fresko).

Nach Seite 368

Goya. Francesco de Goya (1746–1828) war in seiner Zeit besonders als Porträtmaler bekannt. In dem hier gezeigten Bild „Saturn" (1820/23, heute im Prado, Madrid) entlarvt

der ehemalige Hofmaler Karls VI. das Dämonische, die Grausamkeiten und Bosheiten der Menschen, wie er sie in den Wirren seiner Zeit selbst erfahren mußte.

Kubin Saturn. Alfred Kubins Zeichenkunst beschäftigte sich immer wieder mit dämonischen Themenstellungen. Es heißt, er sei sein ganzes Leben von Halluzinationen und Gesichten bedrängt gewesen, so daß seine Beschäftigung mit ‚Saturn‘, dem antiken Urvater, der seine Kinder verschlingt, nicht zufällig erscheint. Mit dieser Darstellung trivialisiert Kubin das in diesem Band ebenfalls reproduzierte Bild Goyas. Bei ihm ist es jedoch Bestandteil der Serie ‚Planeten‘, die im Jahr 1943 als persönliche Allegorie entstanden ist. Das Bild ist heute in der Neuen Galerie der Stadt Linz, Wolfgang-Gurlitt-Museum zu sehen.

Nach Seite 384

Munch Selbstbildnis. Immer wieder hat Edvard Munch die psychischen Spannungen der menschlichen Existenz symbolisch darzulegen versucht. Als Beispiel hierfür läßt sich auch das ‚Selbstbildnis in der Hölle‘ (1895) verstehen. Das Bild ist heute im Munch Museum Oslo (Oslo Kommunes Kunstsamlinger) zu sehen.

Munch Harpyie. Die frühen Konfrontationen mit dem Sterben und dem Tod der Mutter und einer Schwester prägen vielfach das Werk des Norwegers Edvard Munch (1863–1944). Die ‚Harpyie‘, so der Titel dieser 1900 entstandenen Lithographie, ist in der griechischen Göttersage ein weiblicher Unheilsdämon mit Flügeln und Vogelkrallen, der hier die angstvolle Bedrohung der Existenz demonstriert (heute im Munch Museum Oslo).

Nach Seite 416

Azaceta. ‚Hell/Act‘ (1988) des gebürtigen Kubaners Luis Cruz Azaceta zeigt den zwerghaften Künstler neben einer Leiter, die in die Jauchegrube der Hölle reicht, wo bronzene Wände mit heißem flüssigem Teer beschmiert sind. Der hohe, blaue Hut des Malers erinnert an jenen Dummkopf-Hut, der im frühen Amerika Sünde und Demütigung repräsentierte. Über die ganze Leinwand steht das

Wort „Hell" (Hölle) in schreiendem Gelb und Rot, wie es z. B. in der 42. Straße den heute in New York lebenden Künstler in Versuchung führen will.

Salomé. Mit der ‚Höllenfahrt (1 Petrus 3,19f. + 4,6)' von 1988 nimmt die Gegenwartskünstlerin Salomé die alte Tradition der Fastentücher wieder auf. Dieses Bildthema Nr. 52 zum ‚Güglinger Palmtuch' befindet sich in der Mauritiuskirche zu Güglingen.

Nach Seite 432

Kinderzeichnung Baum. Sehr plastisch erfolgt auf dieser Kinderzeichnung die Zuordnung von Himmel und Hölle. Letztere befindet sich unmittelbar unter der Grasnarbe, wo eine arme Seele von einem Teufel bewacht auf einem Herdfeuer ‚blubbert'. Mit dem ‚Himmel' wird direkt der geographische Ort assoziiert, wo auf einer Wolke – der Sonne zugewandt – ein Mensch (Jesus?) steht.

Kinderzeichnung Sarg. Die Illustration eines Kindes zum Thema Hölle zeigt einen Sarg zwischen Himmel und Hölle. Er befindet sich in einer Art Feuergang. Offensichtlich gibt es für den Toten zwei Möglichkeiten: entweder er landet beim Teufel in einem großen Topf (eine Seele blickt aus dem Topf heraus, die Knochen einer weiteren liegen ihm zu Füßen), oder sie fliegt zu Gott, dessen großes Himmelstor sich oben rechts eröffnet.

Schwarzweiß-Abbildungen

Abb. 1, S. 29. Vézelay

Aus einem Kapitell der Kathedrale von Vézelay stammt diese Darstellung Christi in der Vorhölle. Sie bezieht sich auf das apostolische Glaubenbekenntnis, wo es heißt, Christus sei „hinabgestiegen in das Reich des Todes".

Abb. 2, S. 39. The gloomy kingdom

Innerhalb des Antlitzes einer Eule – dem Vogel der Nacht – sitzen die entthronten Königsherrscher des Hades, Pluto und Persephone, mit Cerberus zu ihren Füßen. Unterhalb von ihnen fließen die vier Ströme der Unterwelt als

Umkehrung der vier Flüsse des Paradieses. Diese französische Illustration gehört zu den frühesten Bild-Rezeptionen Ovids, die sich ab dem vierzehnten Jahrhundert finden lassen. Die Handschrift befindet sich heute in der Bibliothèque Nationale, Paris.

Abb. 3, S. 137. Bourges

Im dreizehnten Jahrhundert wurde dieses Tympanon der Kathedrale von Bourges geschaffen. Die Szene aus dem ‚Jüngsten Gericht' zeigt die Seelenwaage, in deren einen Schale das Eidolon des Verstorbenen von einem Engel beschützt wird. In der anderen Waagschale findet sich die Sündenlast in Gestalt eines Dämons.

Abb. 4, S. 150. Le Rouge

Aus einer Serie über die Bestrafung der sieben Todsünden ist dieser Holzschnitt entnommen. Er wurde 1496 in Troyes von Nicolas Le Rouge in der Schrift ‚Le grant kalendries et compost des Bergiers' veröffentlicht und zeigt, wie die Sünder bei lebendigem Leibe zerteilt werden.

Abb. 5, S. 155. Ut.

Der Utrecht-Psalter, Hs. 32 der Bibliothek der Rejksuniversiteit Utrecht, wurde auf Pergament geschrieben und mit Zeichnungen in hellbrauner Tinte versehen. Er ist in der Abtei Hautvillers OSB zwischen 816 und 833 entstanden und gehört zur sogenannten Reimser Schule der karolingischen Buchmalerei. Die Abbildung zu Ps 103 (102) zeigt unten den Höllenrachen mit quälenden Dämonen, links den Psalmisten, dem ein Engel eine Krone überreicht, links im Baum den Adler (103, 4 und 5).

Abb. 6, S. 166. Le Rouge

Ebenfalls aus der Serie über die Bestrafung der sieben Todsünden (aus ‚Le grant kalendres et compost des Bergiers' 1496) entstammt diese Darstellung. Sie zeigt, wie die Gierigen in Töpfen mit siedendem Öl gequält werden.

Abb. 7, S. 176 und Abb. 8, S. 178. Doré

Die Graphiken Gustave Dorés waren schon zu seinen Lebzeiten (1832–1883) berühmt. Vor allem seine Buch-Illustrationen, wie hier z. B. zu Dantes Inferno, sind aufgrund ihrer unerschöpflichen Phantasien und spannungsvollen Hell-Dunkel-Inszenierungen bekannt geworden. Während die hier gezeigten Beispiele eine mysteriöse Atmosphäre prägen, sind andere Illustrationen durch scharfen, satirischen Witz gekennzeichnet.

Abb. 9, S. 247. Pinamonti

Das Bild zeigt das Titelbild zu dem Bruderschafts-Betrachtungsbuch ‚Infernus apertus, considerationibus VII in septem hebdomadae dies‘. Es wurde von dem italienischen Jesuiten Giovanni Pietro Pinamonti († 1703) geschrieben und in Münster 1706 gedruckt. Heute befindet es sich in der Stiftsbibliothek Xanten.

Abb. 10, S. 249. Memling

Dieser Höllen-Ausschnitt aus einem Polyptychon, das sich heute im Museum der Schönen Künste in Straßburg befindet, stammt vermutlich nicht von Hans Memling selbst. Es ist in seiner Schule um 1485 als Teil eines Altarstücks entstanden und zeigt Satan, wie er die Sünder in das Maul Leviathans stopft.

Abb. 11, S. 354. Rodin

Das unvollendet gebliebene ‚Höllentor‘ (1880 f.) gilt als eines der wichtigsten Werke des französischen Bildhauers Auguste Rodin (1840–1917). Von Michelangelo inspiriert, gelang es ihm mit Hilfe vielfältiger neuer Formen, seelische Erregungen wie Freude oder Verzweiflung in Gestik und Bewegung der menschlichen Körper zu übertragen. Das ‚Höllentor‘ befindet sich heute im Musée Rodin in Paris.

Abb. 12, S. 377. Kubin

‚Der Weg zur Hölle‘ (um 1900) endet nach der Vorstellung des österreichischen Zeichners und Graphikers Alfred Kubin (1877–1959) unterhalb eines mageren Götzen, der in der Haltung eines Buddhas meditiert und dessen Gesicht von einer Mondsichel verborgen wird. Das Bild befindet sich heute im Besitz von Graf A. W. von Faber-Castell, Nürnberg.

Abb. 13, S. 379. Ensor

Der belgische Maler James Ensor (1860–1949) ist u. a. dafür bekannt geworden, daß er sich in seinen Bildern mit Gestalten der Mythologie und der Glaubensgeschichte identifiziert hat. Insofern ist das Bild „Dämonen, die mich quälen“ (1888, Privatbesitz in Gent) ebenso repräsentativ für das Œuvre des Künstlers wie das hier nicht abgebildete Bild ‚Philipp in der Hölle‘ von 1891.

Abb. 14, S. 429. Busch

Wilhelm Busch (1832–1908) ist den meisten Zeitgenossen bekannt durch seine Karikaturen, die sich mit bissiger Schärfe über das kleinbürgerliche Spießertum lustig machen.

Abb. 15, S. 432. Kinderzeichnung

Aus der sechsten Klasse einer Hauptschule entstammt diese Kinderzeichnung. Sie zeigt einen Herd, auf dem Töpfe mit den Bezeichnungen Mutti, Vati, Oma, Opa und Onkel Peter stehen. Rechts sieht man den Teufel mit einem tropfenden Rührstab. An seiner Seite ein weiterer großer Topf mit herausragenden Gebeinen.
